Platon-Lexikon

Platon-Lexikon

Begriffswörterbuch zu Platon
und der platonischen Tradition

Herausgegeben von Christian Schäfer

Die Deutsche Nationalbibliothek verzeichnet diese Publikation
in der Deutschen Nationalbibliografie;
detaillierte bibliografische Daten sind im Internet über
http://dnb.d-nb.de abrufbar.

Die Herausgabe des Werkes wurde durch
die Vereinsmitglieder der WBG ermöglicht.
Redaktion: Dr. Fred Slanitz, München
Satz: Setzerei Gutowski, Weiterstadt
Gedruckt auf säurefreiem und alterungsbeständigem Papier
Printed in Germany

Besuchen Sie uns im Internet: www.wbg-darmstadt.de

ISBN 978-3-534-17434-8

Inhalt

Einleitung des Herausgebers

Platoni imputes, non mihi,
hanc rerum difficultatem;
nulla est autem sine
difficultate subtilitas ...
(Seneca, Ep. 58)

„Ein Buch, das nicht durch sich und für sich selbst spricht, ist schlecht und die beste Vorrede nützt ihm nichts; so könnte denn nach meinem Ermessen allen Büchern, die bestimmt sind, von Anfang bis zum Schluß gelesen zu werden, die Vorrede fehlen. Anders freilich steht es mit einem Wörterbuch." – Mit dieser lapidaren Feststellung eröffnet Wilhelm Gemoll sein mittlerweile in Ehren altgedientes Griechisches Wörterbuch. Für ein Wörterbuch zu Platon gilt das Gesagte in besonderer Weise, denn Platon ist ein gesucht unterminologisch schreibender Autor. Von den vielen Kolleginnen und Kollegen der verschiedensten Fachrichtungen, die zur Mitarbeit an diesem Lexikon eingeladen waren, hat daher ein stattliches Kontingent nicht zusagen wollen. Denn wer Platon wirklich schätzt, der ist ganz dem Zusammenhang und der inneren Entwicklung der Dialogtexte und der auch inhaltlich vielsagenden Stimmungen, die sie kreieren, ergeben, der scheut sich, Platon in Begriffe zu zerlegen und ihn sprachlich auf etwas „festzunageln", und das mit gutem Grund. Diesen guten Grund zu erläutern und gleichzeitig eine sinnvolle Apologie dafür zu liefern, dass hier dennoch und gegen alle Unwahrscheinlichkeiten ein Lexikon zu Platon vorzulegen gewagt wird, bedarf es einer Bevorwortung, die über den Rahmen und die Form einer intellektuellen Biographie des behandelten Autors, einer Sondierung des status quaestionis der Forschung und einige Handhaberegeln ein wenig hinausgreift. Denn ein Autor, der nicht aus sich selbst und für sich selbst spricht, taugt nichts, und auch die beste Einleitung in ein Wörterbuch zu seinen Schriften wird daran nichts ändern. Anders freilich steht es mit Platon.

1. Platons Leben: „Platon aus Athen war der Sohn des Ariston und der Periktione oder Potone, die ihr Geschlecht auf Solon zurückführte. Des Solon Bruder nämlich war Dropides; dessen Sohn war Kritias, dessen Sohn Kallaischros, dessen Sohn Kritias, das Haupt der Dreißig, und Glaukon. Des letzteren Kinder waren Charmides und Periktione, von der Platon stammte aus ihrer Ehe mit Ariston, als sechster von Solon abwärts. Solon aber führte sein Geschlecht auf Neleus und Poseidon zurück. Auch Platons Vater soll sein Geschlecht auf Kodros, des Melanthos Sohn, zurückgeführt

haben, die nach Thrasyllos gleichfalls als Nachkommen des Poseidon gelten." Mit diesen Worten leitet Diogenes Laertios (3, 1) seine Lebensbeschreibung Platons ein. Dieser wurde also in eine der angesehensten Familien Athens hineingeboren. Seine Eltern gründeten ihre Ahnenreihe einerseits auf Solon, den großen Gesetzgeber der Stadt, und andererseits durch Kodros auf deren halbmythisches Königsgeschlecht (und damit schließlich auf göttlichen Samen). Viele von Platons näheren Verwandten spielten eine führende Rolle in den Leitungsangelegenheiten der Polis, Kritias als Vertreter der „Herrschaft der Dreißig" (404/03 v. Chr.) wird von Diogenes Laertios eigens erwähnt. Dagegen scheinen weder das Jahr noch der Ort von Platons Geburt noch eindeutig zu ermitteln zu sein: Die konstruktionsfreudigen Testimonien der Alten und ihre modernen Ausdeuter schwanken in ihren Angaben zwischen Athen und Ägina sowie den Jahren zwischen 430/29 und 423 v. Chr. Platons Geburtsname soll gemäß allerdings oft angezweifelter Überlieferung Aristokles, nach seinem Großvater, gewesen sein, den „Spitznamen" *Platôn*, „der Breite", habe er später erhalten, sei es der Breite seines Körperbaus, seines Stils oder seiner Gedanken wegen.

Anders als ihr Autor selbst, tauchen Mitglieder seiner Familie in den Platonischen Dialogen häufig als mitunter titelgebende Protagonisten auf, sein Onkel Charmides etwa, oder sein Halbbruder Antiphon als Erzähler im *Parmenides*, Kritias im *Charmides* und *Protagoras*, seine älteren Brüder Glaukon und Adeimantos im *Parmenides* und in der *Politeia*, daneben außerdem Persönlichkeiten des öffentlichen und intellektuellen Lebens Griechenlands: der Komödienschreiber Aristophanes, die Sophisten Protagoras, Thrasymachos und Gorgias, die maßlosen politischen Wunderknaben Phaidros und Alkibiades, Pythagoreer und Eleaten als Repräsentanten bedeutender auswärtiger Philosophenschulen – all das legt Zeugnis ab von Platons familiärer und pädagogischer Beheimatung in den „besten Kreisen", die vielleicht allerdings auch damals gleichzeitig die verkommensten gewesen sein mochten. Bald jedoch stand Platon im Bann eines anderen Kreises, nämlich dessen um Sokrates, dem Platon um die zehn Jahre lang angehört haben mag. Aus einer versprengten Notiz bei Xenophon (*Memorabilia* 3, 6,1), der anderweitig kein großer Freund Platons war, ist zu ersehen, dass Sokrates den Platon äußerst geschätzt haben soll. Sokrates ist auch die Hauptfigur fast aller Dialoge Platons, in denen bezeichnenderweise sein eigener Name nur in der von ihm nachverfassten Verteidigungsrede des Sokrates (*Apologie* 34a) und ganz am Rande in der Erzählung vom Todestag des Sokrates im *Phaidon* auftaucht. Vielleicht auch das nicht von ungefähr: Der herkömmlichen Doxographie zufolge markiert der Prozess und das Todesurteil gegen Sokrates durch die athenische Bürgerschaft den richtungsändernden Einschnitt in Platons Leben. Mag sein, dass schon der *Phaidon* diese populäre Sicht der Dinge vorbereitet hat: Am Todestag des Sokrates findet man weder Glaukon noch Adeimantos noch sonst ein Familienmitglied Platons bei seinem alten Lehr- und Lebemeister. Platons eigene rätselhafte Aussage, er selbst sei, so wurde angenommen, damals krank gewesen (*Phaidon* 59b), mag eine fiebrige Krise zwischen familiärem Loyalitätsdruck und innerer Überzeugung, zwischen politischer Räson und geschuldetem Freundschaftsdienst andeuten, die erst in der Nachfolge eine dann allerdings gänzliche Parteinahme für die Sache und die Person des Sokrates zeitigte. Der Virus des Sokrates hatte indes schon früher Wirkung gezeigt: Traut man unbehelligt von allen Echtheitsfragen mit den antiken Gewährsmännern der autobiographischen Passage von Platons „Siebtem Brief" (Ep 7, 324b–326b), so hätte Platon gemäß den eingangs geschilderten Vorzügen seines Elternhauses eine politische Karriere ergreifen können und auch wollen, sobald er mit dem dafür nötigen Alter „sein eigener Herr geworden wäre". Es kam aber ganz anders. Vom politischen Treiben Athens wandte er sich mit Abscheu weg, die ungerechte Hinrichtung des Sokrates besiegelte Platons „Absage an die Welt" (so Wilamowitz-Moellendorff) und ließ ihn seine Zuflucht in der Philosophie finden, „die allein erkennen lässt, was im Staatswesen wie auch im Leben jedes Einzelnen gerecht ist". So will es die Rückschau des alten Platon in dem unter seinem Namen überlieferten Rechtfertigungsbrief (Ep 7, 326a) und so wollte es dann auch die Tradition sehen: Erst die Philosophie ließ Platon aus der Krise hervortretend wirklich und im tieferen Sinn „sein eigener Herr werden", und erst das sollte es dann ermöglichen, dass er später übrigens doch noch zu aktiver Teilnahme an öffentlichen Geschäften zurückfand (was vielleicht ein wenig allzu auffällig an den idealen Werdegang des Philosophenherrschers in der *Politeia* erinnert).

Letzteres ist mit seiner ersten Sizilienreise bezeugt, die er antrat, als er „ungefähr vierzig Jahre" zählte (Ep 7, 324a). Zwischen diesem Alter und dem Tod des Sokrates 399 war ein gutes Dutzend Jahre vergangen, Platons „dark years", und wie die meisten sogenannten dunklen Jahre offenbar von ernster Vorbereitung, tiefer innerer Verarbeitung und äußerer Erarbeitung großer Gedanken geprägt. Er soll in dieser fraglichen Zeit ausgedehnte Reisen unternommen haben, nach Kyrene und Tarent, angeblich auch nach Ägypten, von Kontakten mit den herausragenden Köpfen der Epoche ist in der Überlieferungsfolklore die Rede, außerdem von längeren Aufenthalten in Megara und Unteritalien. (Das alles mag man cum grano salis nehmen, denn die geographischen Angaben scheinen doch stark den philosophischen Interessensthemen von Platons Dialogen angeformt: Kyrene mit Theodoros der Mathematik, Megara mit der dortigen Philosophenschule der Logik, Syrakus der Politik und Ägypten der Weisheit alter Mythen.) Vor allem aber muss Platon während dieser Jahre als Philosoph aufgetreten und als solcher auch bekannt geworden sein (die Philologen weisen seine „Frühdialoge" dieser Zeitspanne zu), sonst wäre das Folgende nicht so recht erklärlich.

Auf seiner Sizilienreise nämlich wurde er mit Dion, dem Schwager des Tyrannen Dionysius I. von Syrakus, bekannt und fand dort somit Einlass in politisch maßgebliche Kreise; nach anderen Quellen hatte Dionysius selbst Platon als bekannten Philosophen an seinen Hof eingeladen. Dieser mochte berechtigte Hoffnungen gehegt haben, was seine Rolle und Einflussmöglichkeiten betraf: Es gibt historische Zeugnisse davon, dass, anders als im Mutterland, in den griechischen Pflanzstädten (nicht nur) des Westens Philosophen erfolgreich und mit allgemeiner Zustimmung an die Grundfesten der politischen Konstitution Hand anlegen konnten. Platons Einschätzungen führten allerdings schon bald zu einem tiefen Zerwürfnis mit Dionysius, das sich in der Erzählung widerspiegelt, der Tyrann habe den athenischen Philosophen festnehmen und als Sklaven verkaufen lassen, so dass er schließlich von Freunden auf dem Markt von Ägina ausgelöst werden musste – all das würde geradezu symbolisch zu dem passen, was oben über den Zusammenhang von politischer Betätigung und „sein eigener Herr sein" erzählt wurde.

„Nach seiner Rückkehr nach Athen wählte er zu seiner Wohn- und Lehrstätte die ‚Akademie', ein baumreiches Gymnasium vor der Stadt, das seinen Namen von einem Heros namens Hekademos hat", so wieder Diogenes Laertios (3, 7). In die ungemein erfolgreiche Lehr- und Schreibtätigkeit der anschließenden Zeit hinein ereilte ihn wiederum der Ruf aus Syrakus, wo inzwischen Dion unter Dionysius II. weiter politisch aufgestiegen war. Trotz anfänglicher Bedenken, die bald herbe Bestätigung finden sollten, beschloss Platon, auf sein Glück zu trotzen und schiffte nochmals, ja später noch zu einem dritten Versuch nach Sizilien ein, indem er für die Dauer seiner Abwesenheit die Führung seiner Schule dem Knidier Eudoxos überließ, bezeichnenderweise einem Mathematiker also (zur Zeit von dessen Interimsleitung soll Aristoteles der Akademie als Schüler beigetreten sein). Platon scheiterte abermals und auch mit seiner noch weit bedenklicheren dritten Syrakusreise. Die in ihrer Art so interessante Autobiographie des Briefwerks (Ep 7, 324b; 352a) steht im Dienste der Erklärung von Platons Rolle in den Angelegenheiten von Syrakus, einer Erklärung, der sich die antiken Lebensbeschreibungen anschließen und damit auch deren charakteristisches an spätere Generationen weitergegebenes Bild vorzeichnen. Es ist dies ein Bild, das aus diesem Grund vordringlich den äußeren Lebensverlauf bietet und den politisch aktiven Platon in den Vordergrund stellt. Die inneren Entwicklungen, so sie denn für eine Philosophenbiographie und wohl anders als die äußeren wirklich von Aussagekraft sind, liegen andererseits ziemlich im Dunkeln und es bleibt vielleicht letztlich der Datierung und Deutung der Dialoge überlassen, ob sie Auskunft darüber zu geben imstande sind. Dazu gleich mehr.

Platon soll „im dreizehnten Jahr der Königsherrschaft des Philipp von Makedonien" gestorben sein, oder nur unwesentlich später (und zwar angeblich an seinem Geburtstag und bei einem Hochzeitsgelage, nach anderen mitten im Schreiben). „Bestattet wurde er in der Akademie, wo er die meiste Zeit mit philosophischer Arbeit zubrachte. Daher wurde seine Schulrichtung auch die akademische genannt, wie denn auch die gesamte Bevölkerung dieses (athenischen) Bezirks ihm das Grabgeleit gab" (Diogenes Laertios 3, 40–41). Die Akademie selbst hatte – wenn auch mit tiefgreifenden doktrinalen Umschwüngen und Richtungswechseln – nach Platons Tod noch Jahrhunderte Bestand, ja die „Platonische Schule" in Athen wurde erst 529 n. Chr. vom Oströmischen Kaiser Justinian geschlossen. Bis dahin wurde dort Jahr für Jahr Platons Gedenktag kultisch begangen. Spätestens seit Poseidonios im frühen ersten Jahrhundert v. Chr. sprechen die Doxographen vom *theios Platôn*, dem „göttlichen Platon", oder, wie Cicero, vom *divus auctor Plato.*

2. Platons Schriften: Was aber lässt Platon als Autor so „göttlich" erscheinen? Eine antike Anekdote erzählt, man habe nach Platons Tod unter seinen Notizen eine Anzahl verschiedener Variationen der Anfangspassage der *Politeia* aufgefunden. Das mutet eigentümlich an, denn nichts philosophisch Tiefschürfendes scheint diesem Beginn innezuwohnen, und die Version, auf die Platon schließlich die Wahl fallen ließ, lautet: „(*Sokrates*:) Gestern stieg ich mit Glaukon, dem Sohn des Ariston, zum Piräus hinab, um die Göttin anzubeten und weil ich mir zugleich anschauen wollte, auf welche Weise man denn dort das Fest feiern würde, weil es da nämlich gerade zum ersten Mal gefeiert wurde, und der Festzug der Einheimischen schien mir auch sehr schön zu sein, gewiss jedoch scheint der, den die Thraker veranstalten, nicht weniger glanzvoll – nachdem wir also gebetet und uns umgeschaut hatten, gingen wir wieder zur Stadt hinauf" (327a). Platon hat mit Bedacht größten Wert auf die äußere Gestalt seiner philosophischen Schriften gelegt, und diese von den Doxographen keineswegs zufällig weitergegebene Episode spiegelt das wider: Der Anfangssatz der *Politeia* ist eine Vorwegnahme der gesamten inneren Dialogbewegung von Auf- und Abstieg in der Rahmenerzählung, er deutet den Auf- und Abstieg im Höhlengleichnis vorausweisend an, die Symbolgehalte von Unterweltsabstieg (durch die Thrakische Göttin, die eine Unterweltsgottheit war), wie sie etwa im Höhlengleichnis (514a–518b) und am Ende der Schrift in der Unterweltserzählung des Er (614a–621b) auftauchen, und der Stadt als politischer Menschengemeinschaft auf der sichtbaren Höhe der Landmarke, die es erst zu ersteigen gilt, und als Höhepunkt der langsam ansteigenden Gesprächsentwicklung des Dialogs, greifen hier auf der einleitenden Handlungsebene ineinander mit den Momenten, an denen man erkennt, dass Sokrates von Platon dargestellt wird wie einer, der – ähnlich dem Philosophen des Höhlengleichnisses wiederum – aus der lichten Höhe hinabsteigt, um eine Zeitlang unten zu verweilen und andere, die dort leben und ihre Freude am Betrachten von Fackelspielen haben (328ab), über das wahre Licht der Erkenntnis des Höheren zu belehren und dorthin mitzuziehen. Dass Platon ein Meister der sprachlichen und literarischen Darstellung war, erfordert jedoch für keinen seiner Leser wirklich einen Beleg mehr. Wer Platon liest, gerät unweigerlich in den Bann seiner Sprachgewalt, seiner Bilder, seines wohlgesetzten nüchternen Pathos und seiner nicht immer nur feinen Ironie. Kein Wunder also auch, dass die alte Überlieferung, Platon habe vor seiner Hinwendung zur Philosophie Tragödien verfasst, gerne geglaubt wurde.

Warum aber Dialoge, hat auch einen bestimmten Grund: Viele Philosophen nach Platon haben ebenfalls „more socratico" ihre Philosophie in kunstvollen Dialogen gestaltet, doch keiner hat die Höhe des Platonischen Anfangs je erreicht. Die Antwort darauf mag u. a. darin zu finden sein, dass sie alle Dialoge schrieben, weil sie schreiben wollten, Platon dagegen, weil er es offenbar eigentlich nicht wollte. Die Dialogform war für Platon, so darf man annehmen, der Ausweg aus einem Dilemma, das sich peinlich und fast unausweichbar mit seiner Schriftkritik ergibt. An berühmter Stelle führt der Autor des *Phaidros*, eingebettet in einen ägyptischen Mythos, eine Rüge des geschriebenen Worts vor, die es fraglich erscheinen lässt, warum er sich denn als Philosoph dann überhaupt der Schrift bedient habe (*Phaidros* 274c–275e). Deren Erfindung nämlich habe gedächtniszersetzend gewirkt, sie verleite dazu, Unverstandenes „schwarz auf weiß nach Hause zu tragen“ und sich damit im Besitz dessen zu wähnen, was da geschrieben wurde, ohne dass man es begriffen, geistig aufgenommen habe, ohne dass es „in die Seele geschrieben“ sei, also durch das Verstehen verständnisbringend in den Verstand gewandert. Zum Vergleich: Die literarische Figur Professor Kien etwa in Elias Canettis Roman „Die Blendung“ bedient sich der Methode, alles, was ihn ärgert, in ein kleines Notizbuch niederzuschreiben, weil er diese störenden Banalitäten damit aus dem Kopf aufs Papier verbannt und den Gedanken daran endlich loshabe. Platon will genau das verhindern: Den philosophischen Gedanken einfach loshaben zu können (hineinspielen mag da auch die ideale Auffassung von der philosophischen *mania*, dass man bestenfalls ohnehin nicht den Gedanken hat, sondern der Gedanke einen selbst). Das Geschriebene treibe sich ja dann übrigens auch ununterschieden bei denen herum, die es verstehen, und bei denen, die es nicht, noch nicht oder nicht richtig verstehen, und so kann der in Schrift gefasste LOGOS sich auch nicht mehr aussuchen, bei wem er seine Heimstatt nehme, der Gewinn für die aber, die ihn bei sich führten, sei gering, enttäuschend und oftmals auch täuschend: Dünkten sie sich doch allein schon durch den Besitz des Geschriebenen und dadurch, dass sie es lesen können, als weise. Rechenschaft ablegen aber (der griechische Ausdruck dafür, *logon didonai*, heißt schließlich auch soviel wie „den Sinn hergeben oder wiedergeben“) können weder sie selbst noch das Geschriebene als in Buchstaben gegossener Logos. Alles, was geschrieben steht, „ähnelt darin ziemlich der Malerei: Denn auch die stellt das, was sie hervorbringt, hin als sei Leben in ihm, doch wenn man das Gemalte dann etwas fragt, dann schweigt es ganz ehrwürdig still. Und genauso ist das mit den Schriften. Du könntest vermeinen, sie sprächen, als verstünden sie etwas von dem, was sie da von sich geben, fragst du sie aber wissbegierig näher aus, was sie denn da bitteschön sagen, so bieten sie dir doch immer nur ein und dasselbe“ (*Phaidros* 275d). Somit kommt es auch, dass wenn das Geschriebene dann „beleidigt wird oder ungerechterweise beschimpft, es immer der Hilfe seines Autors bedarf, da es selbst weder imstande ist, sich zu schützen, noch sich zu helfen“ (*Phaidros* 276e).

Dieses Letztere zeigt Platon im *Theaitetos* anhand des berühmten Satzes des Protagoras vom Menschen als „Maß aller Dinge“: Der Satz, bloß und erläuterungslos wie er eben geschrieben dasteht, kann nicht Rede und Antwort stehen, er ist eine dingfest gemachte Weltaussage und in dieser kondensierten Formfixierung, die nichts über den Sinn herausrückt, gleicht der Satz eher einer Geheimlehre, so dass man sich staunend fragen muss, ob vielleicht Protagoras nicht gar „überweise war, und die Sache zwar uns nur durch vielen Nebel dunkel angedeutet, seinen Schülern aber insgeheim das Eigentliche gesagt hat?“ (*Theaitetos* 152c). Wie ein MYTHOS (das Wort fällt dort) ist der Satz des Protagoras in einem schlechten Sinne ‚gläubig‘ und aus dem Vertrauen auf die Autorität des Verfassers heraus anzunehmen oder eben nicht. Befragen allerdings kann man ihn kaum. Den verstorbenen Verfasser nicht mehr und den Satz auch nicht, und damit muss man sich offenbar abfinden. Sokrates unternimmt es daher, den Spruch des Philosophen „wie ein Waisenkind" zu bemuttern und sich um ihn zu kümmern, ihn zu verstehen zu suchen, zu beschützen und wie ein Vormund für ihn zu sprechen. Es ist eine Demontage des Protagoras, die damit erfolgt (*Theaitetos* 165e–168d), und die gezielte Bösartigkeit des Sokrates verfehlt ihre Wirkung auf die Zuhörer im Dialog keineswegs. Aus ihren Reaktionen lässt sich unschwer erraten, wie unangenehm es ihnen ist, dass Sokrates aus dem feierlichen Spruch des zu Lebzeiten gefeierten Sophisten – den einige der anwesenden Gesprächsteilnehmer persönlich gekannt und geschätzt haben – ein auf gütige fremde Hilfe angewiesenes und unverständlich brabbelndes Waisenkind gemacht hat, das Mitgefühl und wohlmeinende Nachsicht weit nötiger hat als die geistige Auseinandersetzung auf gleicher Augenhöhe. Was Platons Kritik am geschriebenen Wort meint, wird dadurch ebenso klar wie durch die etlichen Passagen etwa im *Politikos* und in den *Nomoi*, die nachvollziehbar davon sprechen, dass man nicht dem Buchstaben der Gesetze folgen soll, sondern ihrem Geist, denn, so möchte man fast ergänzen, der Buchstabe tötet, der Geist macht lebendig.

Platon fand indes offenbar Wege, sich der Schrift zu bedienen, ohne der Statik des Buchstabens, der Verfügbarkeit durch den Leser und der Gefahr des wohlfeilen Gedankenverkaufs zu verfallen. Einer dieser Wege, und vielleicht der entscheidende, war die Dialogform, die er seinen philosophischen Werken gab. Die Lehrschrift des Anaxagoras konnte jeder Beliebige auf dem Marktplatz von Athen für eine Drachme in seinen Besitz bringen (so *Apologie* 26de). Wahrheit lässt sich aber nach Platon nicht besitzen und auch nicht wie Eigentum verkaufen, das ist schließlich die ständige Auseinandersetzung mit den Sophisten im Platonischen Werk, die sich dort als kostspielige Weisheitslehrer gerieren, als würden sie eine Fertigkeit veräußern und in Aussicht stellen, und wenn sie sich geäußert hätten, dann sei man mit der Weisheit eben fertig – oder wohl eher am Ende, würde Platons Sokrates mahnen. Sich hingegen der Gedanken Platons derart zu versichern, dass man sie sich aneignen kann, bedarf es weit größeren Aufwands, nämlich einer intensiven Aneignungsarbeit, die nicht allein darin besteht, das zu lesen, was der Autor schreibt, und es hinlänglich verstanden zu haben. Sondern vielmehr darum, das Entscheidende im Gesagten und Ungesagten aufzuspüren und in sich wirken und fortdenken zu lassen. Das ermöglicht der Platonische Dialog, in dessen singulärer Verarbeitungsform sich um der Besonderheit der SCHRIFTKRITIK willen auch bestimmte identifizierende Eigentümlichkeiten niederschlagen: Nichts scheint sich hier in feste Begriffe oder auch nur Thesen fassen zu lassen, selbst vermeintlich „typisch Platonische" Schlagworte wie IDEE sind in den Dialogen bewusst unterminologisch gebraucht, mal haben sie einen spezifischen Sinn, mal einen anderen und oft genug nur einen ganz allgemeinen oder umgangssprachlichen. Es bleibt stets dem Leser überlassen, aus der Gesprächssituation heraus die passende Bedeutung zu wählen, und manchmal ist bei aufmerksamem Nachlesen die Wahl bloß einer der denkbaren Varianten ganz unmöglich. Wer sich je vorgenommen hat, griffig aus den Dialogtexten zu zitieren und welthaltige Einzelsätze herauszubrechen, deren Aussagen für sich stehen und sozusagen Platons ganze Philosophie emblematisieren sollen, Sätze, die es zulassen, „sich einen Reim auf das Ganze machen zu können", der merkt schnell, wie geschickt sich der Text solchen Ansinnen entzieht. Das Schicksal des Spruchs des Protagoras soll eben gerade vermieden werden. Selbst vermeintlich Altbekanntes, wie der angebliche Ausspruch des Sokrates „Ich weiß, dass ich nichts weiß", lässt sich nicht dingfest machen, es sei denn, man zitierte wenigstens eine halbe Druckseite und lieferte dabei gleichzeitig noch das weitere Umfeld der Gedankenentwicklung mit. Platon mag u.a. deshalb nicht aus Zufall der erste antike Philosoph sein, dessen Werke uns offenbar in ihrer Gesamtheit erhalten sind: Die aller seiner Vorgänger sind nur noch in Bruchstücken überliefert, gerade weil sich ihre Hauptgedanken in der Auffassung der Doxographen augenscheinlich isolieren und in einer Art „Best of"-Sammlungen zusammenfassen ließen, die sich in späterer Zeit als handbuchartige Nachschlagewerke großer Beliebtheit erfreuten. Was tradiert wurde, war dann schließlich nur noch der Inhalt dieser Kompendien, nicht mehr die Gesamtinhalte der Originalschriften.

Dafür identifiziert man Platon gerne mit großartigen und detailreich referierten Bildern, wie etwa dem schon angesprochenen Höhlengleichnis, mit farbenfrohen und teilweise verstörenden Mythen, Metaphern und Allegorien, die alle ihrerseits dazu angetan sind, nichts Fixiertes zu sein, sondern ein phantasievolles Weiterspinnen des verbildlichten Gedankens anzuregen. Platon beschwört in seinen Dialogen kunstvoll Situationen und Gesprächsstimmungen herauf, die meist deutlich vermitteln, worum es geht, ohne dass es jemals eindeutig ausformuliert herausbenannt würde, und die das Denken immer wieder zu filigraner Verzweigung in Bereiche locken, die nie expressis verbis zur Sprache kommen. Diese Situationen und der Ton des Gesprächs bedingen nicht selten das Gesagte in entscheidender Weise: Wer bei der Lektüre des *Phaidon* etwa nicht begreift, worauf die Gesprächsentwicklung insgesamt abzielt, wird auch nicht erkennen können, warum einige der Argumente für die Unsterblichkeit der Seele nur angeführt werden, um sie bewusst scheitern zu lassen, und welche. Es sind eben zunächst gar nicht Platons Argumente, sondern die seiner Dialogfiguren, und nicht selten ist deren Verhalten ausschlaggebender als ihre Argumente, auch dafür bietet der *Phaidon* mit der Sokratesfigur des Dialogs ein Beispiel, von der ja Phaidon in der Rückschau ein ums andere Mal sagt, die Person habe ihn überzeugt, nicht einmal jedoch, die Argumente. Genauso gilt das für das Problem der Bewertung anderer Figuren: Die Mitunterredner des Sokrates im *Phaidon* und auch der Adressat des Rahmendialogs sind Pythagoreer (oder Schüler von solchen), und damit selbst Philosophen, die im Grundsatz die Auffassung von der wesensgemäßen TRENNUNG von Leib und SEELE vertreten und auch die von deren Weiterleben nach dem Tod. Über Auffassungen lässt sich streiten, nicht aber über Auffassungsgrundlagen, und somit führen die Dialogfiguren nicht selten ein ad hominem-Argument ein, was keine Entmündigung des Lesers darstellt, sondern die Argumentationsgrundlagen klärt, die das Gespräch erfordert. Bei Platon findet sich nirgends ein Satz wie: „Im Folgenden gehe ich davon aus, dass der Leser die Meinung oder Überzeugung teilt, dass …“. Das alles wird „undogmatischer“ über Dialogkonstellationen eingeführt, die sicherstellen sollen, dass sich der Gedanke in dieser schriftlichen Fixierung eben nicht frei verfügbar bei jedem herumtreibt, ob er ihn aufgrund seiner Überzeugungsfundamente und Aufnahmebereitschaft verstehen kann oder nicht: Er richtet sich in der Gesprächssituation ganz eindeutig an solche Menschen, die eine bestimmte Grundlage mitbringen und darauf aufbauend den Gedankengang zumeist vernünftig weiterzuführen imstande sind. Gottesbeweise lassen sich nur ad hominem führen, bemerkt dann Leibniz sehr viel später und spricht damit eine ganz ähnliche Einsicht aus, dass der Nullpunkt der Argumentation utopisch ist. Der Platonische Dialog geht tatsächlich genau davon aus: Statt im Wortsinn „utopisch“ überall und somit nirgendwo stattzufinden, hat er immer seinen „Sitz im Leben“, eine konkrete, möglichst alltägliche Situation, von der her er seinen Ausgang nimmt, und die ihn weiterhin trägt und beeinflusst. Die zahlreichen APORIEN oder „Sackgassen“, in die viele der Dialoge hineinführen, sind nicht zuletzt ein Reflex der ad hominem-Struktur, denn der erfolglose Abbruch des Gesprächs erweist sich oft genug als (mitunter recht späte) Folge der Unmöglichkeit einer Verständigung über letzte (oder eben erste) inhaltliche Grundlagen. Auch die Aporien werfen den Leser damit zurück auf die Frage nach diesen Grundlagen und führen zu einer anderen Form des Durchdenkens und Weiterdenkens als sie der geschriebene und im nachlesbaren Ergebnis gescheiterte Dialog geboten hat. Das Entscheidende ist dann gerade das nicht Geschriebene, das nicht schwarz auf weiß Verfügbare oder Fassbare, was letztlich jedem selbst obliegt.

Die Dialoge Platons wären somit als „Lehrschriften“ offenbar unzulänglich kategorisiert, sie sind weniger und doch gleichzeitig mehr. Von den (leider nicht erhaltenen) Dialogen, die Aristoteles geschrieben hat, wissen wir etwa, dass der Autor selbst in ihnen ganz massiv aufgetreten sein soll, dass die Dialoge als ein weitgehend unmissverständliches Sprachrohr seiner eigenen Grundthesen gelesen werden konnten und sollten, ähnlich wie später die Ciceros, die des Augustinus oder des Erasmus. Wie gesagt, bei Platon ist das nicht so. Seine Dialoge gleichen manchmal eher Schachspielen, die Persönlichkeiten sind wie Figuren des Spiels, jede mit ihrer möglichst selbstständigen Charakteristik, ihren Stärken und Schwächen und der Strategie, die sich daraus ergibt (so ähnlich legt es Platons Text aus *Politeia* 487b–c auch nahe). Platon setzt sie in den Dialogen wie Spielsteine ein, doch er hält sich an die Regel, sie im Rahmen der Spielentwicklung möglichst vollauf sie selbst sein zu lassen. So weiß man aus erhaltenen Fragmenten der Schriften von Polos, einem der Hauptunterredner des *Gorgias*, dass das, was Platon ihn vortragen lässt, im Wortlaut recht nahe an dem ist, was er als historische Person selbst geäußert hat. Das hat bedeutende Konsequenzen: Weil wir beispielsweise von Phaidon aus Elis wissen, dass er eine Philosophie betonter, man würde heute sagen: „Leibfeindlichkeit“ und „Lustabkehr“ vertrat und lehrte, lässt sich der straffe Leib-Seele-DUALISMUS des Dialogs *Phaidon*, der den historischen Phaidon zum fiktiven Erzähler hat und die Leib-Seele-Spaltung in einer im restlichen Dialogwerk nie wieder in dieser Pointierung geäußerten Weise ausspricht, vielleicht höchstens als „Platonisch“ in Anführungsstrichen mit starker Phaidonischer Färbung verbuchen. Der antike Leser zu Platons Zeiten wusste um die Ansichten des historischen Phaidon und also auch darum, dass die Sicht der Dinge im Dialog der Grundansicht des Phaidon über dieselben Dinge gleichförmig oder zumindest (vielleicht verdächtig) ähnlich erschien. Das ist weit mehr als bloße Rhetorik oder ein vernebelnder Kunstgriff, und eine ernstzunehmende Schwierigkeit tut sich hier auf: Die Interpretation und Analyse eines Gedankens oder Arguments unter rationalen Wahrheitskriterien bleibt immer die Hauptaufgabe philosophischen Denkens. Doch was Platon betrifft, scheint diese Hauptaufgabe nicht alles zu sein, und selbst wenn sie gelöst wäre, würde der Dialog mit dieser Lösung nur neue Aufgaben stellen. Der Interpret ist somit oft genug erst dann am Ziel, wenn ihn die Lösung seiner Hauptaufgabe zur Aufgabe zu zwingen scheint.

Nicht viel anders steht es mit der Aufmerksamkeit, die der Leser den unscheinbaren Nuancen der Formulierungen entgegenzubringen hat, die einem in den Übersetzungen so leicht unter der Hand verschwinden. So lässt sich die Entgegnung des jungen Sokrates auf die Ausführungen des großen Parmenides in *Parmenides* 131c: *phainetai hutô ge*, eben nicht einfachhin und wie oft leichtfertig übersetzt als Zustimmung deuten im Sinne von: „offenbar ja“ oder „ja, so scheint es“, so dass man als Leser beruhigt mit der Lektüre weiterfahren könnte. Vielmehr schränkt die unscheinbare enklitische Partikel *ge* das Gesagte ein und relativiert es in unnachahmlicher Weise, so dass man eher übersetzen müsste: „naja, *so* (wie du es jetzt sagst) will es ja nun allerdings auf einmal tatsächlich so scheinen“. Der Sinn ist, den Leser aufmerksam werden und ihn aufhorchen zu lassen, ihm klar zu machen oder ihn darauf hinzustoßen, dass vielleicht doch nur mit Vorbehalt zugestimmt werden sollte, und dass es am tunlichsten wäre, das bisher Gesagte noch einmal nachzublättern, über das dort Geschriebene hinaus zu bedenken und zu prüfen, sich nicht überstürzt auf eine Position einschwören zu lassen, ein paar Textseiten zurückzuschlagen und aufs Neue durchzulesen, wo denn Argumentations- oder Voraussetzungsschwächen liegen könnten, wo sich typische kleine Fehler mit enormer Fernwirkung eingenistet haben könnten. Der lebendige Dialog, in den Platon somit mit seinen Lesern tritt, ergibt sich zum guten Teil eben daraus, dass fast jede seiner Aussagen gleichzeitig ernstgenommen und ernsthaft überprüft werden will, dass der Leser an ihnen Anstoß nehmen und eigene Position beziehen soll, und doch steckt die Kunst Platons darin, dass man stets wissen zu dürfen glaubt, worin und womit es ihm ernst ist, worum es ihm eigentlich geht, obwohl und manchmal gerade weil er es nicht ausspricht, obwohl und gerade weil er zum offenen Umgang mit dem Geschriebenen herausfordert und mit dem Ernst spielt. In der alten griechischen Philosophie hat Platon deswegen vor allem zwei einander entgegengesetzte Deutungstraditionen gehabt: Einmal die der von ihm selbst gegründeten Akademie, die mit der Zeit als „Neue Akademie“ zu einer skeptischen Schule wurde, da, wie es noch Cicero scheint (*Academica* 2, 46), ja auch Platon nie einen eigenen Standpunkt vorgebracht, sondern nur die Standpunkte anderer gegeneinander gestellt habe, ohne dabei auf Wahrheitsanspruch zu pochen; und dann diejenige Richtung, die historisch als „Platonismus“ bezeichnet wird, und die aus Platons Schriften eine eigene platonische Philosophie herausarbeitet, fast wäre man versucht zu sagen: ein „System". Es ist diese „dogmatische" Schule, durch die Platon ein Nachleben zuteil wurde, wie es keinem anderen Philosophen jemals beschieden war (das vorliegende Lexikon wird darauf Bezug nehmen). – Für Platons „Spiel im Ernst" spricht auch das, was Sokrates in *Theaitetos* 148d–151d erklärt: Er sei wie eine Hebamme, die bei der Geburt von Gedanken hilft, obwohl er es der Beurteilung anderer überlasse, ob die Geburten dann überlebensfähig sind; jeder der Gesprächsteilnehmer solle also prüfen, ob die Gedanken, die das Gespräch unter Leitung des Sokrates hervorgebracht hat, auch der Prüfung standhalten oder nicht vielmehr Fehlgeburten oder nur halbausgetragene Frühgeburten sind, die den Anforderungen des Lebens nicht widerstehen können, oder ob sie nicht vielleicht sogar (denn auch das gehöre zur Fertigkeit von Hebammen) von Sokrates vorzeitig abgetrieben wurden, ob es nicht Scheinschwangerschaften und die Kinder statt wahre Gedanken nur Dummheiten waren usw. Wachsam also solle man gegenüber der Kunst des Dialogführens sein, so wie der keineswegs immer sympathische Sokrates sie betreibe, denn solche Gesprächsführung erfordere Aufmerksamkeit und das Ansehen der Person, und offenbar lässt sich der eine von der Kunst des Sokrates zur Wahrheit verhelfen, der andere zu „Mondkälbereien" (wie Schleiermacher so nett übersetzt), der eine erweise sich da als aufnahmebereit zum Guten, der andere aber nicht.

Die Wahl der Person und dessen, was er sie auf welche Weise sagen lässt, entspricht also zum guten Teil Platons caveat an den Leser, nicht zu glauben, man könne etwas wie „Platons reine Lehre" tel quel und mit dem Dialog in der Tasche schwarz auf weiß nach Hause tragen. Man kann dieses Verschwinden Platons in und hinter den eigenen Dialogtexten vielleicht im Anschluss an einige neuere Deutungen am ehesten mit der Auflösung der Zentralperspektive in der Malerei vergleichen. Das perspektivische Malen platziert die Gegenstände in Ordnung auf das „Sehfenster" des Künstlers hin, auf das alles zu konvergieren scheint: Was in Blickrichtung rechts des Malers steht, wird rechts gemalt, was weiter hinten, kleiner oder verschwunden hinter Objekten im Vordergrund, die deutlich größer und schärfer wiedergegeben werden usw. Wer das Bild richtig sehen will, der muss auf dem Punkt stehen, auf dem der Maler während der Arbeit gestanden hat. Realistisch, würde man nach modernen Maßstäben wohl sagen, doch entspricht das nicht Platons Absichten, denn hier wird eine Perspektive, ein Standpunkt auf die Dinge festlegend aufgezwungen. In der *Politeia* (596de) beschreibt Platons Sokrates einen solchen Realisten: Es ist ein Mensch, der mit einem Spiegel durch die Welt läuft und ein Künstler zu sein behauptet, da er doch alles natürlich, will sagen mit einem Höchstmaß an Realismus, abbilden könne. Platons Vorstellung von der Darstellungskunst sieht offenbar anders aus: Das Wesen der Sache gilt es erst zu begreifen, dann darzustellen; das „Wesen von etwas" sei der eigentliche Naturbegriff, der „naturalistische" nur der abgeleitete. Und so ist der Dialog kein unmittelbarer Reflex dessen, was sich dem Autor darstellt, gewissermaßen wie aus der Zentralfensterperspektive auf die Welt, sondern eher eine Reflexionsleistung, in der das Wesentliche der Situation oder eben der Dialogteilnehmer mit ihren

Thesen und Gegenthesen herausgearbeitet wird, und somit das Eigentliche oder Wesentliche daran, und bestenfalls an der Welt. Ein jedes soll, so legt es der Darstellungsversuch Platons nahe, seine Selbständigkeit im Dialog behaupten, ohne von der Interpretation auf den Standpunkt des Autors hin allein schon deswegen abzuhängen, dass er der Autor ist, und in den Hintergrund zu rücken, verstellt zu werden oder eine Position „links“ oder „rechts“ nur dadurch zugewiesen zu bekommen, wie sich der Standpunkt zum Betrachter ergibt, auch wenn sich Platon freilich einige Bösartigkeiten in der Darstellung dadurch nicht verbieten lässt. Allerdings zeigt die in der *Politeia* vorgetragene Ansicht über die rechte Art der Darstellung auch, dass eine Wesensschau vorausgegangen sein muss, dass mithin das, wozu die schriftliche Fassung von PHILOSOPHIE allein nie dienen kann, erreicht sein muss, bevor die Schrift zur Sprache kommen darf. Schreiben also sollte man als hilfreiche Abstiegsbewegung, wenn man keine Zweifel mehr haben muss, dass man das Wesen selbst aufweisen kann und somit gerade nicht mehr eine eigene Erkenntnis, sondern die Dinge „wie sie sind“, will sagen: wie sie wesentlich sind. Im Ausgleich dazu, dass die Dialogtechnik Platons den „Nullpunkt“ der Argumentation als im schlechten Sinne utopisch aufgibt, holt dieselbe Technik damit das philosophische Anliegen des angesprochenen utopischen „Nullpunkts“ der Argumentation auf ganz andere Weise wieder ein: Ihre Auflösung der auf den Standpunkt des Autors hin konvergierten Zentralperspektive eröffnet der Darstellung der Gedanken und dem Zugriff des Lesers auf sie in gewisser und den Ausstattungen der Vernunftfähigkeit angemessener Weise den berühmten „Blick von Nirgendwo“ auf die Wirklichkeit, der nun wieder eine der epistemischen Vorzugsutopien von Philosophen allgemein ist.

Vielleicht darf man vermuten, es ginge Platon also noch nicht einmal darum, „richtig verstanden“ zu werden, was sonst das Lieblingstrauma von Autoren und Rednern ist. Das hängt wohl auch damit zusammen, dass es ihm offenbar auch nicht darum geht, dass wenn man, was er schreibt, nur richtig verstünde, man auch die Wahrheit richtig sehen würde (wie das auffällig oft zum Beispiel bei Kant-Experten der Fall zu sein scheint, die gerne behaupten, wenn man Kant nur recht verstehen würde, dann würde man auch verstehen, dass er recht hat). Vielmehr geht es im Dialog darum, durch den Dialog zu einem Verständnis der Wahrheit zu kommen, ob man Platon selbst dabei versteht oder missversteht ist nebensächlich. „Kümmert euch nicht so sehr um den Sokrates, sondern weit mehr um die Wahrheit, und wenn es euch scheint, ich sagte etwas Richtiges, dann stimmt mir zu, wenn aber nicht, dann gebt mir nur möglichst Kontra, damit ich nicht im Eifer des Gefechts mich und euch zugleich betrüge“, sagt Platons Sokrates bezeichnenderweise in *Phaidon* 91c.

Gleich im Anschluss an seine Schriftkritik im *Phaidros* lässt Platon seinen Sokrates aber auch erzählen, wie man, wenn überhaupt, philosophisch schreiben könne und solle. Er tut es, was wunder, in einem Bild: Die Leute hätten den spielerischen Brauch, bevor es Jahr für Jahr an die Aussaat auf den Feldern ginge, kleine sog. Adonisgärtchen anzulegen, indem sie Proben aus dem Saatgut in eine Art Blumenkästen pflanzten, betrachteten, wie die Saat in kurzer Zeit aufginge, und sich daran freuten, es wohl auch für ein gutes Omen nähmen. Erst dann gingen die Bauern an die ernsthafte Arbeit und säten auf den Äckern, wo die Saat dann nach Monaten erntereif stehe. Die Schrift, so Sokrates, sei wie dieses Spiel mit den kleinen Gärten: Man könne mit ihr wohl im Kleinen und spielerisch erproben, was man im Ernst und lebensentscheidend eigentlich betreiben solle. Das Ausschlaggebende aber sei, was man sich in die Seele schreiben und was sich nicht in Buchstaben fixieren lasse. Ein Spiel von der Art versucht anscheinend der Platonische Dialog. Er zeigt, wie eine Auseinandersetzung um philosophische Themen aussieht, ohne jedoch für sich in Anspruch zu nehmen, das Eigentliche in der ihm angemessenen Tiefe preiszugeben oder schriftlich auch nur preisgeben zu können – und schon gar nicht, es aufdrängen zu wollen. Er zeigt in langer Ausarbeitung Richtungen auf und tippt erwägenswerte Gedanken an, aber er führt sie nicht aus und zu Ende, er gibt keine Patentantwort, mit der man zufrieden sein und die man einmal gelesen und verstanden beruhigt zwischen Buchdeckeln begraben könnte. Beruhigung ist das Gegenteil von Platons philosophischer Pädagogik. Der Dialog ähnelt einem Raubtierkinderspiel, das teilweise auch wie Ernst aussieht, aber doch immer dort abbricht, wo es ernst wird, gleichzeitig jedoch auf den Ernst vorbereitet, denn beim Jagen und Kämpfen werden die ausgewachsenen Raubtiere nichts anderes tun als die Kleinen im Spiel, nur eben im Ernst und es wird dabei ums Leben gehen. Das Raubtierkinderspiel ist daher ein Spiel, aber eben nicht nur ein Spiel, und Ähnliches gilt für die geschriebene Philosophie Platons. Was das Spiel lehrt, dann umzusetzen, ist Philosophie, der Dialog selbst ist ein philosophisches Spiel, aber eben nicht nur. Der Leser der Dialoge muss sich also damit zufrieden geben, dass er hier für die Platonische Philosophie trainiert wird und sozusagen das Rüstzeug zum Selberdenken vermittelt bekommt. Das Spielerische im Ton und in der Gangart der Dialoge ist also alles andere als zufällig, alles entspricht hier der Überzeugung, dass *paideia*, Bildung, und *paidia*, kindliches Spiel, sich gegenseitig bedingen, ohne dass man sie durcheinanderwerfen und für dasselbe halten solle (*Theaitetos* 151b–c).

Diese Schriftlichkeitskritik Platons hat verschiedene Deutungsversuche hervorgerufen. So wird häufig davon ausgegangen, seine Dialoge seien im Sinne der literarischen Gattung des *logos protreptikos* aufzufassen, wie eine „Werbeschrift", die über die Themen, nicht aber über die Antworten Platonischer Philosophie anstoßhalber Auskunft geben und somit auch Interessenten an die Akademie ziehen sollte. Es kann wohl schlecht bestritten werden, dass Platons Schriften vielleicht auch diesen Zweck verfolgten. Und wirklich wird ja im Platonischen Dialogwerk ein paar Mal darauf angespielt, dass andere Philosophen es tatsächlich so machten, dass sie das Wesentliche für sich behielten und es nur ihren Schülern sagten (so wieder über Protagoras in *Theaitetos* 252c) – doch ist hier scheinbar eine ganze Menge Ironie im Spiel und die innere Gegnerschaft Platons zu den in solchen Zusammenhängen genannten Philosophen ist notorisch. Darüber, ob es eine innerakademische Lehre der Art gegeben habe, dass sie als „Fortsetzung oder Schlußstein der schriftlichen Mittheilungen" Platons betrachtet werden dürfe, tobt der Streit nicht erst, seitdem Karl Friedrich Hermann im 19. Jahrhundert diese Frage stellte.

Der angelsächsische Philosoph R.M. Hare emblematisiert eine andere Interpretationsrichtung, die als Reaktion auf die verwirrende Textlage bei Platon den „literarischen“ Mythenerzähler und Moralisten („Laton“) von einem spürbar „philosophischeren“ Erkenntnistheoretiker und glänzenden Logiker („Paton“) methodisch zu trennen versucht, um die Gedanken des einen mit Genuss zur Kenntnis zu nehmen, die des anderen mit seriösen Denkmitteln zu durchdringen. Eine abgeschwächte Variante dieser Deutungsrichtung, die in ihrer aggressivsten Spielart in Platons Schriften den Beleg sehen will, wie schlechte Philosophie gute Literatur ergeben kann, legt den Finger auf die spürbare Entwicklung seines Denkens zwischen den heute als „früh“ und als „spät“ anerkannten Dialogen und versucht daraus ihre Schlüsse zu ziehen, wobei zumeist das Spätere als philosophisch hochwertiger oder „interessanter“, jedenfalls als reifer veranschlagt und dann deshalb v.a. von dorther der Standpunkt auf Platons Philosophie als Ganze erklommen wird. Ihr gegenüber steht, wie könnte es anders sein, ein Interpretationsbekenntnis, das in allen Dialogen eine fertige Philosophie im Hintergrund erkennt, die erst graduell und in vorsichtig pädagogisch aufbauender Gewöhnung des Lesepublikums expliziter hervortritt. Dieser Entwicklung hin zum Expliziteren entspräche dann der außerordentliche Implikationsreichtum auch der bereits „frühesten“ Schriften, deren gezielte Aporien, Abbruchstellen und lose Enden ohne den fertig durchdachten Gedanken so nicht komponiert hätten werden können. Da die heute gängige, wenn auch keineswegs unumstrittene Periodisierung der Dialoge Platons in drei oder vier chronologische Gruppen auch in zahlreichen Lemmata dieses Lexikons eine Rolle spielt, sei sie hier kurz zur Orientierung angedeutet. Zu den „frühen“ Dialogen zählt man gerne *Apologie*, *Charmides*, *Kriton*, *Euthyphron*, *Hippias Minor*, sodann *Alkibiades*, *Hippias Maior* und *Theages* (die bei einigen jedoch als pseudo-platonisch gelten), *Ion*, *Laches*, *Lysis* und *Menexenos*; zu den Werken der sich daran anschließenden „Übergangszeit“ werden *Euthydem*, *Gorgias*, *Menon* und *Protagoras* gerechnet; als „mittlere“ Dialoge bezeichnet man zumeist *Kratylos*, *Phaidon*, *Symposion* (das „*Gastmahl*“), *Politeia* (der „*Staat*“), *Phaidros*, *Parmenides* und *Theaitetos*; während *Timaios*, *Kritias*, *Sophistes*, *Politikos*, *Philebos* und *Nomoi* (die „*Gesetze*“) als „spät“ angesehen werden.

Bekannt geworden unter dem Namen „Tübinger Schule“ ist der Interpretationsvorschlag, bei Platon eine Ungeschriebene Lehre anzunehmen, die seine systematische Philosophie hinter den Dialogtexten bilde und den eigentlichen, aber nicht nach außen verbreiteten Lehrinhalt der akademischen Schule darstelle. Diese „esoterische“ Platoninterpretation hat zahlreiche Befürworter gefunden und vor allem die Diskussion darüber, ob und in welchem Ausmaß die „innere Lehre“ der Platonschule noch zu rekonstruieren sei, scheidet seit Jahrzehnten die Geister. (Der „Ungeschriebenen Lehre“ ist daher als einem der ganz wenigen Ausdrücke, die nicht selbst bei Platon vorkommen, ein eigenes Lemma dieses Lexikons gewidmet.) Je nachdem, ob man davon ausgeht, dass Platon das Wesentliche seiner Philosophie bloß nicht gesagt hat oder schlicht nicht sagen konnte, ob es also an ihm lag oder an der Sache selbst, sehen andere in den Dialogen die Grenze der Sprachlichkeit im Vordergrund: Nicht exakte

Darlegung, sondern das Erzeugen einer Grundhaltung, die sich daraus ergibt, dass man sich auf Platons Denken einlässt, sei der Sinn Platonischen Schreibens. Es handle sich nicht um Wahrheiten extensiver Tendenz, die nach Verbreitung schreien, sondern um solche intensiver Art, die nicht nur nicht schriftlich, sondern gar nicht sprachlich gefasst werden können. Höchstens erzeugt. Dieser Deutungsrichtung kommt eine Passage aus dem Siebten Brief zu Hilfe (Ep 7, 341a–d), die hier den fast schon poetischen Abschluss dieses Überblicks zum Platonischen Schreiben bilden soll: „Das zumindest kann ich wahrlich über alle verkünden, die darüber schon geschrieben haben und noch schreiben werden und die zu kennen behaupten, worum ich mir Mühe mache, ob sie es nun von mir gehört oder von anderen oder selbst herausgefunden haben wollen: Die können nach meiner Auffassung von der Sache nichts verstehen. Es gibt ja auch von mir darüber keine Schrift und kann auch niemals eine geben; denn es lässt sich keineswegs in Worte fassen wie andere Lerngegenstände, sondern aus häufiger gemeinsamer Bemühung um die Sache selbst und aus dem gemeinsamen Leben entsteht es plötzlich – wie ein Feuer, das von einem übergesprungenen Funken entfacht wurde – in der Seele und nährt sich dann schon aus sich heraus weiter".

3. Das Lexikon zu Platon: Ein Lexikon zu Platon darf daher nicht unbefangen angegangen werden. Die Probleme, die sich aus Platons Haltung zur Schrift und der Dialogform seiner Werke für die Erstellung eines Lexikons ergeben, liegen auf der Hand, und wer zu diesem Lexikon greift, soll wissen, was es gemessen an den traditionell hohen Erwartungen an ein Lexikon leisten kann und was nicht. Es darf also zufürderst nicht einfachhin davon ausgegangen werden, dass es immer „Platon selbst" ist, der da spricht, die Dialogsituation und Gesprächsdynamik, schließlich auch die Eigenständigkeit der Dialogcharaktere stünden so einer platten Annahme entgegen. Wo immer man „Platon sagt" oder „Platon schreibt" liest, ist das letztlich eine abkürzende Redeweise, vergleichbar den pyrrhonischen *phonai*, in welchen die Kurzformel elliptisch für die umständlichere und in ihrer Ausführlichkeit eigentlich adäquatere Formulierung steht. Der Ton des Platonischen Gesprächs ist oft genug bewusst umgangssprachlich gehalten, Fachterminologie wird dabei zumeist vermieden, er ist in einer kunstvoll konstruierten Dialogsituation bewusst adressatenspezifisch formuliert, der fingierte „Sitz im Leben" alles Gesagten unterstreicht das Unspezifische und Kolloquiale der Wortwahl, und wo einmal spezifisch Fassbares auftaucht und Wissenschaftssprache bemüht wird, verbleibt das fast ausnahmslos in einer eigenartigen Ambivalenz gegenüber der Normalsprache und spielt gewollt mit Mehrdeutigkeiten im Hintergrund. Wer spricht, in welcher Situation, aufgrund welcher Gesprächsentwicklung oder Kontexteinbindung und generell im Hinblick auf was, markiert das Gesagte auch inhaltlich und beeinflusst mitunter entscheidend die Art und Weise, wie es zu lesen (und weiterzudenken?) ist. Schließlich bleibt der Platonische Dialog aus den oben angegebenen Gründen auch weitgehend zitatresistent, er sperrt sich gegen griffige Fassungsversuche und erfordert, lange Paraphrasen und die

Fährnisse der Deutung auf sich zu nehmen, wenn man denn überhaupt etwas „textnah" wiedergeben will.

Auch die so häufig gewählte Vorgehensweise philosophischer Platondeutung, die im sorgfältig durchdachten Dialogverlauf als Versatzstücke eingebauten Einzelargumente der Platonischen Dialoge herauszubrechen und auf Stichhaltigkeit zu überprüfen als stünden sie als Argumente für sich selbst, erweist sich für ein Platon-Lexikon als problematisch, so interessant und geistig stimulierend solche Auseinandersetzungen über eigentlich kontextverwiesene Einzelthemen auch unbestreitbar sind. Denn gerade dass Platon in den Dialogen Argumente einstreut, um sie dann bewusst zum Scheitern zu bringen, lässt es als äußerst fragwürdig erscheinen, hier von „Platonischen" Argumenten und Gedankenentwicklungen zu reden, und was Platon da schreibt, ist in vielen Fällen offenbar nichts, was ein Lexikon zu Platon als Wort für Wort genuin „Platonisch" verbuchen dürfte. Man muss sich also darauf beschränken, sich auf den Dialogzusammenhang und den Gesamtzusammenhang Platonischen Denkens, sofern er für uns aus dem Werk spricht, einzulassen und zu berufen, um somit bestenfalls „Platonische Themen" zu isolieren, die sich dann jeweils in Lemmata eines Lexikons fassen lassen.

Die Voraussetzungen, ein Begriffslexikon zu Texten dieser Art zu erstellen, sind also denkbar schlecht. Der Weg, der sich bei all diesen Widerständen und angedeuteten Problemen als gangbar erwies und letztendlich zur Zusammenstellung des vorliegenden Lexikons führte, war folgender: Den Autorinnen und Autoren aus verschiedenen Fachrichtungen wurden zumeist je nach ihrer jeweiligen wissenschaftlichen Schwerpunktsetzung solche Lemmata angetragen, die miteinander in innerem Zusammenhang stehen, damit sie diese nicht isoliert, sondern als Gesamt und sachlich untereinander in Verbindung stehend behandeln können, damit sie oder er die Verweiszusammenhänge selbst herstellen und wo nötig quantitative Verschiebungen von einem Stichwort zum anderen bei gleichbleibender Gesamtseitenzahl aller ihrer oder seiner Artikel selbst in der Hand habe. Solche Lemmatagruppen mit gemeinsamem Autor sind etwa: DÄMON – JENSEITS – UNSTERBLICHKEIT oder DEMIURG – MATERIE – RAUM – ZEIT. Thematische Überschneidungen, etwa zwischen den Stichwortartikeln DIHÄRESE und DIALEKTIK oder NACHAHMUNG und DICHTUNG, waren dabei mitunter unvermeidlich, sollen aber auch zur Kompaktheit des Lexikons beitragen. Gemäß den Vorgaben des Verlags sollten die Lexikoneinträge die zentralen Termini erläutern und analysieren, exegetische Streitpunkte benennen, sie im historischen Kontext verankern und ausführliche Textverweise bieten. Außerdem war es gerade im Hinblick auf die Probleme der Platonischen Dialogform das Ziel, jedem Stichwort-Artikel genug Raum für eine adäquate Darstellung einzuräumen, ohne dass die Platznot allzu grobe Verkürzungen oder grausam schmerzliche Vereinfachungen der Begriffsverwendung oder des Forschungsstands aufzwingen würde. Daher wurde der Überlegung der Vorzug gegeben, besser einige Lemmata einzusparen, um den anderen, dann allerdings wenigeren, mehr Umfang geben zu können und somit eine tiefere und angemessenere Bearbeitung zu ermöglichen. So wurde dabei auch in Kauf genommen, dass interessante und bisweilen pittoreske Lemmata zugunsten philosophisch bedeutsamerer ausgespart werden mussten: „Ironie", „Atlantis", „Tod" oder „Geschichte" etwa, während man sich für andere ausgebliebene, wie „Herrschen/Herrschaft", auf Polis und Anfang (als politische *archê*) verweisen lassen muss. Dadurch ergab sich in einigen seltenen Fällen, dass bestimmten Lemmata, die andere subsumieren, breiterer Raum zugestanden wurde, also z.B. Identität, worunter die schwierige Frage der *megista genê* verhandelt wird. Da sich das Lexikon neben Platon selbst vor allem auf die nach-Platonische philosophische Tradition konzentriert, ist auch auf die Hereinnahme einiger „vorplatonischer" Begriffe, die durchaus bei Platon auftauchen, jedoch keine ausschlaggebende Rolle mehr spielen, verzichtet worden, so etwa auf „Element" und ähnliche „physikalische" Termini; das Nötige dazu ist unter Raum, Demiurg oder sachverwandten Lemmata zu finden. Durch die relative Länge der Artikel und die auch für ein philosophisches Wörterbuch untypische Bandbreite in den Schreibstilen sowie in den Herangehens- und Bearbeitungsweisen durch die Autoren – angefangen mit der Einbindung von Primärtexten und Sekundärliteratur bis hin zur inneren Abschnittsfolge und -aufteilung – mag der vorliegende Band daher streckenweise vielleicht eher einem „Companion" gleichen als einem Lexikon. Hoffentlich nicht zum Nachteil des Ganzen und, wenn das nicht zu viel zu wünschen ist, in mancher Hinsicht vielleicht sogar zum Vorteil.

Angesichts der Eigenarten und des Status des Geschriebenen bei Platon wurde auch das ursprüngliche Vorhaben der Wissenschaftlichen Buchgesellschaft, das Lexikon als ein Begriffswörterbuch zu Platon und dem Neuplatonismus in einem zu publizieren, nach Absprache mit dem damaligen Verlagslektor Dr. Bruno Kern und dank seines fachlich versierten Entgegenkommens als zu groß angelegt und innerlich zu heterogen verworfen. Dennoch sollte aus demselben Grund die platonische Tradition nicht vernachlässigt, sondern als entscheidender Bestandteil unseres heutigen Platonbildes mitverrechnet werden. So erhielt mit wohlerwogener Absicht (nahezu) jeder Stichwortartikel zum Abschluss einen summarischen „Ausblick" auf die Tradition nach Platon, wobei innerhalb der von typischer Platznot diktierten Rahmenvorgabe, vordringlich und wenn möglich ausschließlich die wichtigsten Vertreter des paganen griechischen Platonismus zu behandeln, auch hier wieder die quantitative Gewichtung und Auswahl der jeweiligen Autorin oder dem jeweiligen Autor überlassen blieb. Sinn dieses Ausblicks am Ende jedes Stichwortartikels ist es, die bei Platon aus den angedeuteten Gründen so unterminologische Verwendung der Begriffe in ihrer traditionellen Weiterentwicklung darzustellen. Damit sollte es ermöglicht werden, die Erstarrung der Platonischen Termini in der Überlieferung seiner Nachfolger nachzuvollziehen, die keineswegs mehr more platonico schrieben, sondern Lehrschriften und Auslegungswerke verfassten, Meditationen, Kommentare oder Ähnliches, also die Platonische Art zu schreiben aufgaben. Das brachte eine Gerinnung der platonischen Sprache zur Fachterminologie mit sich, die so bei Platon eben gerade nicht zu finden war, aber auf die Folgezeit mächtige Wirkung hatte, weswegen man mehrheitlich davon sprechen kann, dass die herkömmlichen Auffassungen von *P*latonischer Philosophie eigentlich *p*latonischer Philosophie entsprechen, angefangen von allgemeinen Vorstellungen (etwa über den anthropologischen Dualismus) bis eben zur philosophischen Terminologie, die für gewöhnlich als platonische in der Deutung Platons als „typisch" Anwendung findet. Aus demselben Grund übrigens wurden einige Begriffe, die bei Platon nicht oder so nicht auftauchen, in dieses Lexikon mitaufgenommen: Ungeschriebene Lehre etwa, Religion, Dualismus und Dritter Mensch. Getragen wird diese Vorgehensweise zum guten Teil von der Erfahrung, dass man den unterminologischen Platon von seiner stark terminologisch geprägten und manchmal geradezu kanonisch gebundenen Überlieferung durch den Platonismus kaum mehr losketten kann, und dass es umgekehrt die beste Annäherung an den Platonischen Text sein könnte, sich der Tradition, durch die er auf uns gekommen ist, aus aktiver Aneignung und intensiver Beschäftigung bewusst zu werden. Das trägt dann auch der Tatsache Rechnung, dass die Aufgabe, Platon zu lesen, zum guten Teil darin besteht, den Standpunkt des heutigen Lesers mitzuverrechnen, einen Standpunkt, der seinerseits aus einer jahrhundertelangen Tradition des Platonlesens hervorgegangen ist und von dem nach menschlichem Ermessen offenbar kein rechter Weg mehr zurück zum status innocentiae führt – falls es den in der Lektüre Platonischer Werke jemals gegeben haben sollte. Denn was weiter oben über die Eigenheiten und Eigentümlichkeiten Platons als Autor schriftenkritischer Schriften gesagt wurde, legt unmissverständlich nahe, dass es bei ihm mit einem solchen „unschuldigen Lesen" so seine Bewandtnis hat. Ob es möglich ist, noch jemals Platon per se zu lesen, ist denn doch sehr fraglich. Das macht die philologische Aufgabe, von einem Verständnis quoad nos aus immer wieder den Weg über den Platonismus zu den Quellen zu gehen, nicht müßig, sondern umso interessanter.

In den genannten Punkten unterscheidet sich das vorliegende Lexikon deutlich von seinen Vorgängerwerken, auf die es in vielen Hinsichten allerdings auch dankbar aufbaut und auf die es Bezug nimmt. Sie waren ihm in vielen Einzelfragen auch ein Vorbild in der Einfachheit der Handhabung. Dass diese zwar angestrebt war, jedoch leider nicht selbsterklärend ist, hängt mit einigen Besonderheiten zusammen, die im Folgenden noch kurz erwähnt werden sollen.

4. Zur Handhabung des Lexikons: Den verschiedenen Verfasserinnen und Autoren der Lemmata wurde für ihre Arbeit an den Stichwort-Artikeln möglichst großer Freiraum gewährt, so dass jeder ihre jeweils eigene persönliche oder fachspezifische Herangehensweise und Kompetenz als Fachgrößen des bestellten Gebiets widerspiegelt. Dafür wurden auch gewisse Inkongruenzen etwa in der Binnengliederung der Stichworttexte und im Umgang mit der Sekundärliteratur hingenommen. Die Verfassernamen finden sich am Ende jedes Artikels und noch einmal in vollständiger Auflistung am Ende des Lexikons. Auf ungebräuchliche Abkürzungen wurde im Sinne eines breiteren Lesepublikums genauso verzichtet wie auf griechischen Text. Werktitel Platons werden nach dem vorangestellten Abkürzungs-Schlüssel mit Angabe der

Standardzählung gemäß der Stephanus-Paginierung zitiert, alle weiteren antiken Werke sind mit vollem Titel angeführt, die Standardausgaben verzeichnet die Bibliographie unter „Primärliteratur". Moderne Sekundärliteratur wird in Anlehnung an die angelsächsische Konvention mit Autorennamen und folgender [eckig eingeklammerter] Jahreszahl des Werks sowie daran anschließender Seitenzahlangabe angeführt. Wo in den Texten wörtlich zitierte Platon-Stellen aus den gängigen deutschen Übersetzungen von Schleiermacher, der Apelt- oder der Heitsch/Müller-Ausgabe verwendet wurden, ist die alte Rechtschreibung belassen worden, für selbst übersetzte Zitate wurde die neue Rechtschreibung zugrunde gelegt. Griechische Wörter und Phrasen werden stets translitteriert, wobei nach üblich gewordenem deutschen Standard u = y; h = ê; w = ô; gg, gx = ng, nx; ou = u; usw. Verweise zwischen den Lemmata sind jeweils durch verkleinerte Versalschreibung des Wortes, auf das verwiesen wird, kenntlich gemacht.

Gerade das Bestreben, die Handhabung des Lexikons einfach und gebrauchsfertig zu halten, machte die Arbeit an der Erstellung und Formatierung des Lexikons besonders zeitraubend und schwierig. Um den (gewünschten) Eigenheiten und verschiedenen Bearbeitungsansätzen möglichst vieler Einzelartikel gerecht zu werden und dabei dennoch eine gewisse Konstanz der Formatierung zu erreichen, musste manchmal wie bei der Geschichte von dem Vater und dem Sohn der Esel mit den Füßen an einem Ast aufgehängt über der Schulter den steinigen Weg entlang getragen werden. Ich möchte daher abschließend nicht versäumen, dem Verlag meinen Dank dafür auszusprechen, dass ich in Person von Dr. Bruno Kern und seinem Nachfolger im Lektorat Philosophie, Dr. Bernd Villhauer, stets wohlgesonnene Ansprechmöglichkeit fand und mir vieles ausnahmshalber zugestanden und anderes erlassen wurde, was beides die Arbeit an diesem Lexikon vereinfachte und erträglicher machte. Die DFG hat die Finanzierung der Stelle einer Studentischen Hilfskraft für das Lexikonvorhaben ermöglicht, in Herrn cand. phil. Christopher Franke habe ich dank dieser Großzügigkeit einen fleißigen und kompetenten Mitarbeiter bei der Erstellung der jetzigen Gestalt des Buches gefunden. Frau stud. theol. Veronika Bogner und Frau stud. theol. Iris Rechtsteiner sei für die Mühe in Korrektur und Formatierung der Texte gedankt, Frau Eleni Gaitanu für ihre Arbeit an den Indices.

Alles in allem jedoch gilt auch für dieses Buch, was Goethe (über ein ganz anderes Vorhaben) auf seiner Italienischen Reise geschrieben hat: „So eine Arbeit wird eigentlich nie fertig, man muß sie für fertig erklären, wenn man nach Zeit und Umständen das möglichste getan hat".

Abkürzungsverzeichnis (Werke Platons)

Alk 1, 2	Alkibiades 1, 2	Lg	Nomoi/Die Gesetze
Ap	Apologie	Lys	Lysis
Ax	Axiochos	Men	Menon
Charm	Charmides	Min	Minos
Def	Definitiones	Mx	Menexenos
Ep	Briefe	Parm	Parmenides
Epin	Epinomis	Phd	Phaidon
Euthyd	Euthydemos	Phdr	Phaidros
Euthyph	Euthyphron	Phlb	Philebos
Gorg	Gorgias	Plt	Politikos
Hipparch	Hipparchos	Prot	Protagoras
Hipp Ma	Hippias Maior	Resp	Politeia/Der Staat
Hipp Mi	Hippias Minor	Sis	Sisyphos
Kleit	Kleitophon	Symp	Symposion/Das Gastmahl
Krat	Kratylos	Soph	Sophistes
Kri	Kriton	Thg	Theages
Krit	Kritias	Tht	Theaitetos
La	Laches	Ti	Timaios

Fragmente und Testimonien der vorplatonischen Philosophen werden nach der Ausgabe der Fragmente der Vorsokratiker von Diels/Kranz unter dem Kürzel VS angegeben.

Alphabetisches Verzeichnis der Begriffe

(Ab)Bild (*eidôlon, eikasia, eikôn*)

Das Verhältnis von Vorbild und Abbild (Original und Bild) wird in den Dialogen häufig als Denkmodell für das Teilhabeverhältnis zwischen sinnlich erfahrbarem Einzelphänomen und geistig erkennbarer Idee herangezogen (sog. Platonischer Paradeigmatismus; vgl. Parm 132c–d). Die in der Bedeutung „Abbild, Bild“ (A., B.) begegnenden griechischen Wörter *eikôn* (B.), *eidôlon* (B., Scheinb.), *phantasma* (Scheinb., Erscheinung) und *mimêma* (Nachahmung, Imitation, Kopie) sind grundsätzlich synonym (Soph 241e; die terminologische Abgrenzung von *eikôn* „Ebenb.“ und *phantasma* „Trugb.“ in Soph 236a–c bleibt vereinzelt und folgenlos). Platons Wort für „Vorb.“ ist *paradeigma* (Ti 29b; Euthyph 6e und häufig), doch steht als Antithese zu „B.“ oft auch „die Wahrheit“ (*alêtheia*, Symp 215a usw.), „das Wahre“ (*alêthes*, Symp 212a; Resp 533a usw.) oder „(die Sache) selbst“ (*auto*, Soph 266c usw.). Das B. wird so von vornherein als etwas von der Wahrheit Abweichendes, Unwahres und somit – wegen Platons Gleichsetzung des Wahren mit dem wirklich Seienden (*ontôs on*) – als Nichtseiendes begriffen, woraus sich für den B.begriff eine Reihe ontologischer und erkenntnistheoretischer Probleme ergibt. „B.“ (*eikôn*) oder „Beispiel“ (*paradeigma*, in dieser Bedeutung synonym mit *eikôn*) ist außerdem Platons Bezeichnung für die sog. Gleichnisse der Dialoge (z. B. Resp 515a über das Höhlengleichnis, vgl. auch Ähnlichkeit, Mimesis, Teilhabe (*methexis*)).

I. Ideen und A.: Entsprechend der ethisch-praktischen Grundausrichtung der Ideenlehre liegt bei der paradeigmatistischen Charakterisierung der Ideen als Vorb. der Akzent oft auf ihrem „Gebrauch“, d. h. ihrer Funktion als objektiver Maßstab für die Bewertung von Einzelhandlungen und für die eigene Lebensgestaltung (Euthyph 6e; Resp 540a–b; sh. Werk). Das Liniengleichnis definiert „B.“ als das durch natürliche Abbildung entstehende Analogon einer Sache, z. B. den Schatten oder das Spiegelb. (Resp 509e–510a, vgl. 510e und bereits 402b; künstliche Abbildung wird dagegen in der Mimesis-Diskussion von Resp Buch 10 thematisiert und in die unmittelbare Abbildung der Idee durch den Handwerker und die mittelbare durch den Künstler unterteilt). Die sinnlich wahrnehmbaren und der Meinung unterworfenen Gegenstände (*aisthêta, doxasta*) verhalten sich zu den geistig erkennbaren Gegenständen (*noêta*) wie Schatten oder Spiegelb. zu ihren Urb. (Resp 509e–510a). Wie schon im Sonnengleichnis (Resp 508b, vgl. 516b–c) wird das Vorb.-A.-Verhältnis zugleich als ein Kausalitätsverhältnis gedacht (zu den Ideen als Ursachen der Einzeldinge vgl. Phd 100c–d). Im Einzelnen wird das Vorb.-A.-Schema im Liniengleichnis jedoch stark differenziert (sh. Analogie). So ist davon die Rede, dass das diskursiv vorgehende (etwa mathematische) Denken sinnlich wahrnehmbare Gegenstände als B. seiner eigenen Gegenstände *gebraucht* (gemeint sind etwa geometrische Diagramme) und sich dadurch von dem ohne die Hilfe von B. unmittelbar mit den Ideen umgehenden noetischen Denken unterscheidet (Resp 510b–e); ob indessen dieses Gebrauchen einem ontologischen Abbildungsverhältnis korrespondiert, bleibt offen und ist in der gnoseologisch orientierten Überlegung des Liniengleichnisses auch relativ uninteressant (vgl. Ebert [1974]: 180f.). Die Schatten und Spiegelb. im untersten Segment der Linie sind anscheinend mit den Schatten an der Höhlenwand im folgenden Höhlengleichnis zu analogisieren, die ihrerseits die von der Mehrzahl der Polisbewohner ungeprüft für wahr gehaltenen Äußerungen von Dichtern oder Politikern repräsentieren (vgl. Resp 514c–515a mit 596c). Nach der Argumentation von Resp Buch 10 verfertigen die Dichter im Gegensatz zu den unmittelbar nach der Idee arbeitenden Handwerkern (Resp 596b; vgl. Krat 389b–390b) nur A. dritten Grades oder A. von Abbildern (599d), doch treten sie mit dem Anspruch auf Wahrheit auf und täuschen die Mehrheit über den A.charakter ihrer Erzeugnisse hinweg (vgl. Guthrie [1975]: 515; Pritchard [1995]: 100 mit dem Hinweis auf die scheinhaften, aber meinungsmächtigen B. des Fernsehens).

Da die Ideenlehre in den Dialogen nirgends als Lehre systematisch entfaltet wird, können nicht alle Äußerungen über B. eindeutig der Ideenlehre zugeordnet werden. So wird in der vorläufigen Bestimmung der Gerechtigkeit in Resp Buch 4 die äußere Gerechtigkeit der Polis als B. (*eidôlon*) der „wahren", in der richtigen Hierarchie der Seelenteile bestehenden inneren Gerechtigkeit bezeichnet (Resp 443c–d; vgl. Guthrie [1975]: 474f.; Adam I [1902]: 262). Der Entwurf des Idealstaats selbst hat eine merkwürdige Zwischenstellung, insofern ihn Sokrates anfangs als gedankliches Konzept einstuft (Resp 472d), ihm zum Schluss aber den Rang eines „Vorb. im Himmel" zuweist (592a–b). In Tht 176e ist von „im Seienden fixierten Vorb." des Glückseligen und des Elenden die Rede, woraus sich bei Bezug auf die Ideenlehre die problematische Annahme einer Idee des Bösen ergäbe (zum Problem: Guthrie [1978]: 92–100). Die scheinbar eindeutig paradeigmatistische Formulierung der Ideenlehre in Parm 132c–d ist im Gange des Dialogs eine dialektische Ausflucht des Sokrates, nachdem der Teilhabebegriff unter Druck geraten ist, und wird selbst sogleich einem Regressargument ausgesetzt. Metaphysikkritische Interpreten haben daher auf der Suche nach einem nichtgegenständlichen Ideenverständnis den Paradeigmatismus öfters als verfehlte Platon-Interpretation im Sinne der von Aristoteles kritisierten „Zweiweltentheorie" (vgl. Trennung) verworfen (Ebert [1974]: 180f.; vgl. Wieland [1982]: 98 u.ö.).

II. Vorb. und A. in der Kosmologie (Cornford [1937]: 23–28, 34–41; Guthrie [1978]: 253–262; Brisson [1998b]: 101–172; Johansen [2004]: 48–91): Die Kosmologie des Ti basiert auf der Prämisse, dass die sinnlich wahrnehmbare, dem Werden unterworfene Welt insgesamt das A. (*eikôn*) eines ewig bestehenden, geistig erkennbaren Vorb. (*paradeigma*) ist. Ein göttlicher Handwerker (*dêmiurgos*; vgl. Demiurg) bildet das A. dem Vorb. in der bestmöglichen Weise nach (Ti 27c–30c; vgl. Dörrie/Baltes [1996]: 356f.). Da der Körperkosmos sämtliche Arten von Lebewesen enthält und selbst ein Lebewesen ist, ist als sein Vorb. ein vollkommenes geistiges Lebewesen zu erschließen: die Idee des Lebewesens an sich, die die Ideen aller Einzel-Lebewesen in sich enthält (30c–d, 39e). Aus der Einzigartigkeit des Vorb. (31a: Regressargument) folgt laut Ti – gegen die Annahme mehrerer Welten – die Einzigartigkeit des A. (31b). Die Zeit als Struktur und Maß des körperlichen Werdens ist ein A. der Ewigkeit des geistigen Seins (37c–38b). Der Abbildungsvorgang ist hier eindeutig nach einem handwerklichen Fertigungsprozess beschrieben, während in der Resp die natürliche Abbildung als Muster für das Verhältnis von Idee und Einzelding maßgeblich war (sh. I.). Die für griechisches Denken irritierende Konzeption einer Erschaffung der Welt in der Zeit ist wohl mit der Mehrheit der antiken Interpreten so zu erklären, dass damit das Angewiesensein alles Werdenden auf eine seiende Ursache betont und eine rationale Struktur durch prozesshafte Darstellung anschaulich gemacht werden soll (vgl. Baltes [1976/1978]). Dennoch ist der Handwerker-Gott keine bloß mythische Figur (so Cornford [1937]: 38; dagegen Guthrie [1978]: 255), sondern garantiert in Platons theistischem Entwurf die teleologische Sinnhaftigkeit der natürlichen Abläufe (vgl. Soph 265b–c). Schwer zu sagen ist, ob mit dem Vorb. das Gesamtsystem der Ideen (so die durchgängige antike Interpretation) oder nur die „Idee des Lebewesens" unter Ausschluss etwa der ethischen Ideen (so Cornford [1937]: 40f.) gemeint ist. Der Wortlaut lässt keinen eindeutigen Schluss zu (vgl. Guthrie [1978]: 257–259).

III. Die problematische Realität der B. (Derbolav [1972]: 187–194; Dorter [1994]: 136–140; Kolb [1997]: 76–90): Die mit dem Paradeigmatismus einhergehende Entgegensetzung von B. und Wahrheit als Schein und Sein macht das Sein und die Erkennbarkeit der B. überhaupt problematisch. Ein B. ist einer falschen Aussage strukturell genau analog: Eine falsche Aussage *ist* (eine Aussage) und *ist nicht* (das, was sie zu sein vorgibt, eine wahre Aussage); und ein B. *ist* (ein B.) und *ist nicht* (das Abgebildete, das Wahre). Nach der von der Sophistik aufgegriffenen eleatischen Logik ist damit kein widerspruchsfreies Sprechen über B. möglich (Soph 236d–241e). Im anschließenden Exkurs des Soph muss daher die eleatische Logik revidiert und die Möglichkeit eröffnet werden, dass das Nichtseiende (qua Anderes) in gewissem Sinne seiend ist (sh. Sein). Die zuvor getroffene Unterscheidung zwischen Ebenb. und Trugb. (Soph 235d–236e; Kriterium war hier die korrekte oder verzerrende Wiedergabe der Proportionen in der bildenden Kunst) bleibt dabei folgenlos, da das genannte logische Problem jede Art von B. betrifft (Soph 241e, vgl. 264c–d). Wie Sokrates im Krat feststellt, ist es konstitutiv für das Wesen des B., dass es im Vergleich mit seinem Vorb. sowohl ähnliche als auch nichtähnliche Züge aufweist; vollkommene Ähnlichkeit würde das B. zu einem zweiten Original machen (Krat 432a–c). Damit bleibt – im Einklang mit der Mimesis-Kritik der Resp – jede Abbildung eine Verfälschung und ontologische Herabminderung; der Unterschied von Ebenb. und Trugb. schrumpft zur Belanglosigkeit.

IV. Die erkenntnistheoretische Seite des B.begriffs: Wenn das B. selbst kein Kriterium zur Bestimmung seines Wahrheitsgehalts enthält, dann kommt alles auf den Umgang des Denkens mit den B. an. Entscheidend ist, ob das Denken sich des B. als eines B. bewusst ist oder ob es das B. naiv für die abgebildete Wahrheit hält (vgl. die Metaphorik von Traum und Wachen in Resp 476c–d). Aus der Verwechslung von Scheinb. mit der Wahrheit und der entsprechenden Überbewertung der B. ergeben sich Unwissen und eine verfehlte Lebensführung (Tht 150e; Resp 516c–d über das Leben der Höhlenmenschen). Im Liniengleichnis gebraucht das diskursiv-mathematische Denken Sinnendinge als B. und verschafft sich damit einen Zugang zu den Ideen, auch wenn es damit dem ohne Rückgriff auf B. direkt mit den Ideen umgehenden dialektischen Denken unterlegen ist (Resp 510b–511c; sh. oben I.). Der nach dem Liniengleichnis schwächste Zustand des Denkens, die *eikasia* („Vermuten"), ist dagegen wohl ein Erkennen von A. zweiten Grades ohne die notwendige Reflexion auf ihre A.haftigkeit; das wirkt bei den im Liniengleichnis erwähnten Schatten zwar etwas lebensfern, lässt sich aber gut auf die „Schatten an der Höhlenwand" (Dichtungen usw.) anwenden (Resp 511e, vgl. 534a; vgl. Adam II [1902]: 72; Ebert [1974]: 152f.; Wieland [1982]: 204–207; Lizano-Ordovás [1995]; anders Pritchard [1995]: 110f.). Im Ti erfolgt die gesamte naturphilosophische Darstellung im Bewusstsein der A.haftigkeit des Körperkosmos. Die Darstellung kann keinen größeren Wahrheitsanspruch erheben als ihr Gegenstand, der das wahrhaft seiende All-Lebewesen lediglich abbildet, es aber nicht selbst ist; sie ist daher keine wahre, sondern nur eine „wahrscheinliche Darstellung" (*eikôs logos*, Wortspiel mit *eikôn*), die mit ihrem sich ständig verändernden Gegenstand auch die Inkonsistenz teilt (Ti 29b–d). Der Ti grenzt sich damit vom naiven Dogmatismus der vorsokratischen Physiologie ab (vgl. Cornford [1937]: 28–32; Guthrie [1978]: 250–253; Johansen [2004]: 48–64). In Sokrates' Kritik der Schriftlichkeit (sh. Schriftkritik) im Phdr wird der niedergeschriebene Text als A. (*eidôlon*) der lebendigen Rede eines Wissenden eingestuft (276a). Wenn dieses Urteil Platons eigene Dialoge mit einschließt, dann würden diese zwar wahre dialektische Gespräche abbilden, wären aber selbst nicht diese Gespräche und dürften bei der Lektüre nicht mit ihnen verwechselt werden (vgl. Szlezák [1993a]: 77; vorsichtig Heitsch [1997]: 196; auf die den Dialog gegenüber der Lehrschrift auszeichnende Fähigkeit, den „Realkontext" von Aussagen abzubilden, macht Wieland [1982]: 53f. aufmerksam).

V. B. als Gleichnisse: Die zahlreichen Gleichnisse der Dialoge sind von dem Gesprächsführer ad hoc entworfene Analogien zur Stützung der dialektischen Argumentation (im Gegensatz zu den Mythen, für die sich Sokrates stets auf eine angebliche Tradition beruft; sh. Mythos). Wie alle B. sind sie nicht die Wahrheit, deuten aber auf sie hin (Symp 215a). In den eleatischen Dialogen haben sie – neben der dialektischen Übung – die Funktion, identische Elemente zunächst in „kleineren", einfachen und sinnfälligen Strukturen sichtbar zu machen, damit sie dann in „größeren", komplexen und nur dem Denken zugänglichen Strukturen wieder erkannt werden (Plt 277e–278e; kontrastierend damit das „mikrosokopische" Verfahren der Resp, wo die individuelle Gerechtigkeit zunächst in der „größeren" Struktur der Polis ins Auge gefasst wird). Diese Gleichnisse haben die heuristisch-didaktische Aufgabe, schattenhaft vorhandene Kenntnisse zu klären und ins Bewusstsein zu heben (Plt 277d). Es ist nie ausdrücklich die Rede davon, dass B. einen eigenen argumentativen Wert haben oder eine bisher unbekannte Wahrheit erschließen können; in der Praxis ist freilich mit der Wahl des B. (z. B. der Webkunst als B. der Staatskunst) bereits eine Entscheidung über das Wesen des Abgebildeten getroffen (vgl. Pender [2000]: 43–60; Goldschmidt [1947]: 9–47). Die Gesprächsführer begründen den Gebrauch von B. außerdem mit der prinzipiellen Begrenztheit des menschlichen Denkens (z. B. Lg 897d–e) oder dem eingeschränkten Auffassungsvermögen des aktuellen Gesprächspartners (so bei der Gleichnisserie der Resp, 506d–e und besonders 533a). Umstritten ist, ob mit solchen Hinweisen auf unbildliche, etwa prinzipientheoretische Versionen der Gleichnisse in der Ungeschriebenen Lehre verwiesen wird („Aussparungsstellen“: Szlezák [1993 a]: 98–100) oder der Versuch, Nichtgegenständliches wie die Ideen in gegenständlicher Rede zu thematisieren, prinzipiell aufs Metaphorische beschränkt werden soll (Wieland [1982]: 98 f. u. ö.). Platons Gleichnisse sind sehr schwer zu interpretieren, weil sie wie jedes B. sowohl ähnliche als auch nichtähnliche Züge enthalten (sh. unter III.; Wieland [1982]: 196 f. und 222 f.). Gerade in wichtigen Gleichnissen wie denen der Resp hat Platon die für das Gleichnis wesentlichen Züge nicht eindeutig markiert, so dass die Auswahl zwangsläufig vom philosophischen Standpunkt des Interpreten beeinflusst ist. So sind B. wie das Höhlengleichnis zwar „philosophisch frustrierend“ (Annas), aber dafür von großer poetischer und rhetorischer Suggestivkraft; man kann sie als Produkte der im Phdr und anderswo thematisierten philosophischen, im Dienste der Wahrheit stehenden Rhetorik sehen (vgl. Annas [1981]: 256–259).

VI. Fortwirken: Aristoteles hat in seiner Kritik der Ideenlehre die Vorb.-A.-Theorie zusammen mit der Teilhabe als poetische, in der Philosophie illegitime Metapher ohne Begründungswert verurteilt (*Metaphysik* 991a). Dagegen wurde in der platonischen Tradition entsprechend der seit der Alten Akademie nachweisbaren Konzentration der Exegese auf den Ti der Paradeigmatismus zur verbindlichen Interpretation der Ideenlehre (vgl. Brisson [1998 b]: 55–71, 136–164). Nach einer im Mittelplatonismus des zweiten Jahrhunderts n. Chr. begegnenden Dreiprinzipienlehre entsteht das A. (der Körperkosmos) durch eine von Gott (dem Demiurgen) vorgenommene Abbildung des als Gesamtsystem der Ideen begriffenen Vorb. in die als aristotelische Materie aufgefasste *chora*. Zugleich werden die Ideen als „Gedanken Gottes“ in den Demiurgen verlegt (Alkinoos *Didaskalikos* 8–10; vgl. Dörrie/Baltes [1996]: 387–399). Plotin griff Platons Unterscheidung von natürlicher und künstlicher Abbildung auf und deutete die Erfahrungswelt als eine Abschattung oder Abspiegelung der geistig erkennbaren Welt. Das Bestehen des A. ist eine natürliche und unaufhebbare Konsequenz des Bestehens des Vorb.; der Kosmos als ganzer ist Ausdruck der unmittelbaren Gegenwart des Geistigen (Plotin *Enneaden* V.8[31].12.17–19, VI.4[22].10.; Beierwaltes [1985]: 73–113; Schroeder [1992]: 40–65; Gerson [1994]: 88–93). Den Demiurgen als vermittelnde Instanz gab Plotin auf (*Enneaden* III.2[47].1.15–26) und entwickelte stattdessen eine Metaphysik des Geistes als der Einheit von Erkennendem und Erkanntem. Der spätere Neuplatonismus entwickelte auf der Basis Plotins die Formel, dass alles geistig Produktive nicht nach dem handwerklichen Muster, sondern „allein durch sein Sein“ (*autô tô einai*) schafft (Proklos *Elementatio theologica* 18; 20 usw.). Das so Entstandene *ist* das Hervorbringende *selbst*, wenn auch nur „in abbildhafter Weise“ (*eikonikôs*); umgekehrt ist das Hervorbringende „auf vorbildhafte Weise“ (*paradeigmatikôs*) das Hervorgebrachte (Proklos *Elementatio theologica* 65; 195). In der Version des Proklos wurde der platonische Paradeigmatismus in die Schriften des Pseudo-Dionysios Areopagita (um 500 n. Chr.) übernommen (*De divinis nominibus* 4,10; 5,8; 7,3 usw.) und wirkte von da aus ins christliche Mittelalter und darüber hinaus.

Literatur: Adam [1902] – Annas [1981] – Baltes [1976/1978] – Beierwaltes [1985] – Brisson [1998b] – Cornford, F. M. [1937] – Derbolav [1972] – Dörrie/Baltes [1996] – Dorter [1994] – Ebert [1974] – Gerson [1994] – Goldschmidt [1947] – Guthrie [1975] – Guthrie [1978] – Heitsch [1993] – Johansen [2004] – Kolb [1997] – Lizano-Ordovás [1995] – Pender [2000] – Pritchard [1995] – Schroeder [1992] – Szlezák [1993a] – Wieland [1982]

Christian Tornau

Abstieg/Aufstieg (*katabasis/anabasis*)

I. Das Thema von Abstieg (Ab.) und Aufstieg (Au.) bildet bei Platon des Öfteren und auf verschiedenen Ebenen ein aussagetragendes Strukturprinzip der Dialoggestaltung. Gleich der Anfang der Resp 327a–b etwa führt das Motiv von Ab. (zum Piräus) und Wiederau. (zur Stadt) auf der äußeren Handlungsebene der Rahmenerzählung des Gesprächs ein, das Gespräch selbst entspricht dem dann spiegelsymmetrisch im gedanklichen Aufbau und anschließenden Abbau einer Polis im Geiste. Am Scheitelpunkt dieser Gesprächsbewegung im sechsten Buch der Resp erzählt das „Höhlengleichnis“ vom Au. aus der Höhle zum sonnenhaften Licht des Wissens (515e) und dem pädagogischen Wiederab. aus dem Licht der Sonne in die Welt des menschengemachten Feuers, von dem auch bezeichnenderweise schon in Resp 327a in motivischer Vorwegnahme die Rede gewesen war (516e, 518b). Ähnlich skizziert Resp 511b–c im Zusammenhang des „Liniengleichnisses“ die letztgültige Erkenntnis im Ideenbereich mit dem Bild eines Aufsteigens zur hypotheselosen Idee des Guten (hier begegnet der Terminus *epibasis*, also „Einstieg zum Au.“) und eines Wiederabsteigens (*katabasis*) nach den Regeln der Dialektik zum vollständigen Ergreifen der Ideenzusammenhänge. Traditionsbildend hat vor allem die ontologische Diskussion des Parm gewirkt, die in einem Argumentdurchgang (137c–142a) das ‚Eine‘ in positiven Bestimmungen aufbaut (sog. ‚Kataphase‘, von *kataphêmi*: behaupten, zusprechen), im darauf folgenden jedoch (142b–155e) diese wieder unter neuer Perspektive verneint (sog. ‚Apophase‘, von *apophêmi*: leugnen, absprechen), wobei diese beiden Argumentgänge zusammen selbst wieder nur die Elemente der umgreifenden Erörterung einer kataphatischen Grundannahme und ihrer (onto)logischen Konsequenzen bilden („Wenn E/eines ist“: Parm 137c), der die einer apophatischen („Wenn E/eines nicht ist“: Parm 160b) folgt und entgegensteht.

II. Die genannten Motive werden von den späteren Platonikern philosophisch ernst genommen und in einen welterklärenden Zusammenhang verschmolzen. So wird der Hervorgang der Wirklichkeit aus dem Einen und ihre Rückkehr zu diesem überwirklichen einen Ursprung als Ab.- und Au.bewegung (*prohodos* und *epistrophê*) in formaler Nachfolge des Platonischen Parm dargestellt (z. B. Varessis [1996]: 188 u. ö.), und genauso die Implikation der hervorzugehenden Wirklichkeit im Einen kataphatisch beschrieben, seine Explikation zur Weltwirklichkeit apophatisch (vgl. Halfwassen [1992]: 130–135 u. ö.; Beierwaltes [1979]: 50–117). Sowohl dieser ontologische Prozess wie der erkennende Nachvollzug dieses Prozesses durch die Seele wird auch als *katabasis* und *anabasis* bezeichnet (Plotin *Enneaden* I.8[51].13). Das mündet schließlich in die Tradition der Unterscheidung von „negativer Theologie", die über das Göttliche nur (apophatisch) auszusagen vermag, was es sicher nicht ist, und „positiver Theologie", die dem Göttlichen dann auf Grundlage der apophatischen Kautele doch wieder (kataphatisch) bejahende Zustimmungen, meist über die via eminentiae, zulegt. Der dialektische Au.- und Ab.-Prozess, der in der apophatischen Abstreichung aller Inhalte den Königsweg zum Eigentlichen erkennt und demgegenüber in den kataphatischen Gottesprädikationen den gesamten Kosmos anhand „göttlicher Namen" verstehen lernt, ist kennzeichnend für die platonische Theologie sowohl christlicher wie auch nichtchristlicher Provenienz. Das Motiv vom Au. und Ab. im Höhlengleichnis hallt wider in der neuplatonischen Psychologie. Vom „Ab. der Seele in die Leibeswelt" (*Enneaden* IV.8[6]) ist bei Plotin die Rede, die epistrophische Wiederaufstiegsbewegung ist die eigentliche Aufgabe des Menschen (Porphyrios *Vita Plotini* 2,26: „das Göttliche in uns zum Göttlichen in allem hinaufführen") – und bleibt das auch für den Platonismus im Folgenden.

Literatur: Beierwaltes [1979] – Halfwassen [1992] – Varessis [1996]

Christian Schäfer

Ähnlichkeit (*homoiotês*), ähnlich/unähnlich (*homoios/anhomoios*), Anähnlichung (*homoiôsis*)

Als „ähnlich" (ä.) definiert Platon solche Gegenstände, die „in irgendeiner Weise einen identischen Zug haben" (Parm 139e, vgl. 148c, 158e; Aristoteles *Metaphysik* 1018a; Allen [1997]: 235f.). Nach dieser weitgefassten, am gemeinsprachlichen Wortgebrauch orientierten Definition kann Ähnlichkeit (Ä.) sowohl völlige Gleichheit (synonymer Gebrauch von *homoios* und *ho autos* „derselbe": Ti 39b u. ö.) als auch Übereinstimmung in nur einem einzigen Punkt bedeuten. Einen enger gefassten, technischen Ä.begriff gibt es bei Platon nicht. Da Ä., außer im Sonderfall der völligen Gleichheit, das gleichzeitige Vorliegen identischer und nichtidentischer Züge impliziert, ist die Zuschreibung von Ä. oder Unä. oft eine Frage des Standpunkts und unter den Gesprächspartnern der Dialoge umstritten (Prot 331d–e). Die geometrische Definition der Ä. (ä. sind Figuren, bei denen die Winkel und die Proportion der Seiten identisch, die Seitenlängen aber verschieden sind: Euklid *Elemente* 6 Definition 1) muss Platon bekannt gewesen sein, wird aber nicht ausdrücklich erwähnt (angedeutet vielleicht im Kontext der Mensch-Polis-ANALOGIE von Resp 435a).

I. Ä. als Problem des Sokratischen ELENCHOS: Das wichtigste argumentative Verfahren des Sokrates in den Frühdialogen bis etwa zum Gorg besteht darin, eine Reihe von speziellen Aussagen über bekannte Gegenstände (meist handwerkliche Fertigkeiten) zu treffen und daraus entweder eine allgemeine („Induktion"; vgl. Vlastos [1991]: 267–269) oder eine weitere spezielle Aussage abzuleiten (ANALOGIEschluss; vgl. Guthrie [1971]: 109; Robinson [1953]: 33, 207). Dieses Verfahren wird auch von anderen Sokratikern bezeugt und geht vermutlich auf den historischen Sokrates zurück (Kahn [1996]: 4). Das Problem des Analogieschlusses ist, dass er die Ä. (Vergleichbarkeit) der Beispiele mit dem Gesuchten voraussetzt, ohne dass diese Voraussetzung offengelegt oder gar begründet wird. Im Charm wird Sokrates wegen dieses Verfahrens kritisiert. Die Gesprächspartner sind sich einig, dass die Besonnenheit (*sôphrosynê*) ein WISSEN ist. Sokrates fragt daraufhin nach dem Produkt und dem Gegenstand dieses Wissens. Kritias lehnt die Frage nach dem Produkt ab, weil sie vorschnell die Ä. der Besonnenheit mit den produzierenden Wissenschaften annimmt und die Existenz nichtproduzierender Wissenschaften (d.h. die Unä. der Wissenschaften untereinander) ignoriert. Gegen die Frage nach dem Gegenstand wendet Kritias ein, dass die Besonnenheit keinen anderen Gegenstand als sich selbst habe, also eine Sonderstellung einnehme; Sokrates dagegen setze zu Unrecht ihre Ä. mit den anderen Wissenschaften voraus (Charm 165e–166c). Auf diese Weise gelingt es Kritias, den Sokratischen ELENCHOS vorläufig zu blockieren (Kahn [1996]: 191–194). Platon hat das Problem offenbar ernst genommen (vgl. den zeitgenössischen, ebenfalls das Ä.problem hervorhebenden Einwand des Sokratikers Eukleides gegen den Analogieschluss; Diogenes Laertios 2, 107) und in der Folge den Sokratischen Elenchos durch das hypothetische Verfahren des Men (HYPOTHESE) und die DIALEKTIK der Resp ersetzt (Kahn [1996]: 144). Ein anderes Problem mit der Ä. benennt der Prot: Gegen Sokrates' Schluss, dass GERECHTIGKEIT und Frömmigkeit eins seien, weil Gerechtigkeit fromm und Frömmigkeit gerecht sei, wendet Protagoras ein, dass man mit dieser Logik sogar die Ä. von Gegensätzen wie Schwarz und Weiß beweisen könnte (Prot 331d–e). Gemeint ist offenbar der Fehlschluss von einer gemeinsamen Eigenschaft auf Identität; Sokrates steht hier nicht zu Unrecht im Verdacht einer an Zenon von Elea geschulten Eristik. In der Resp warnt Sokrates selbst vor der Verwechslung von Ä. und IDENTITÄT (Resp 476c).

II. Die Idee der Ä. und der Ä.regress: Im Parm trägt Zenon ein typisch eleatisches Argument gegen die Annahme von Vielheit vor: Wenn es viele Seiende gäbe, wären diese zugleich ä. und unä., was widersprüchlich ist (Parm 127d–128a). Sokrates schlägt als Lösung des Problems eine Unterscheidung zwischen der Eigenschaft und ihrem Träger vor: Dass die Ä. bzw. Unä. selbst die jeweils gegensätzliche Eigenschaft besäßen, sei zwar ausgeschlossen, aber andere Dinge könnten an beiden teilhaben und so beide Eigenschaften zugleich besitzen (Parm 128e–130a). Das entspricht der Ideenlehre der mittleren Dialoge (Allen [1997]: 76–103). Parmenides beginnt daraufhin seine bekannte Kritik der Ideenlehre (sh. IDEE). Nachdem Sokrates in diesem Gespräch bereits durch das TEILHABE-Dilemma (Parm 131a–e) unter Druck geraten ist, schlägt er eine neue, die Kategorien „Teil" und „Ganzes" vermeidende Ideen-Definition vor, nach der die Ideen nunmehr als konstant seiende Vorbilder (*paradeigmata*) der Einzeldinge und die Teilhabe der Einzeldinge an den Ideen als Ä. und Abbildung verstanden werden soll (Parm 132c–d; vgl. Allen [1997]: 179f.). Dieses „paradeigmatistische" Verständnis der Ideenlehre (sh. [AB-]BILD) wird durch mehrere Stellen der mittleren Dialoge nahegelegt (Phd 74–76; Phdr 249e–250b; Resp 510–511; vgl. schon Euthyph 6e) und kehrt im Ti wieder (37c, 39c usw.). Parmenides reagiert mit einem Regressargument. Ä. ist eine reziproke Relation, also ist nicht nur das Abbild dem Vorbild, sondern auch das Vorbild dem Abbild ä. Das aber setzt eine weitere Idee voraus, an der beide teilhaben, usw. ad infinitum (Parm 132d–133a). Zwei Rekonstruktionen dieses Arguments sind möglich: 1) Die Idee, an der Idee und Einzelding aufgrund ihrer Ä. teilhaben, ist die Idee der Ä.; es ergäbe sich also ein unendlicher Regress von Ideen der Ä. 2) Die Idee „Mensch" und der einzelne Mensch sind einander ä., weil sie beide Menschen sind; ihre Ä. setzt also eine weitere Idee des Menschen voraus usw. Dies ist das von Aristoteles (*Metaphysik* 990b und Fragment 118.3, p. 381 Gigon = Alexander von Aphrodisias *In Metaphysica* 84,20–85,5) referierte „Argument vom dritten Menschen" (DRITTER MENSCH; zur breiten Forschungsdiskussion: Allen [1997]: 187–190). Platons Lösung des Problems bietet vielleicht der Ti: Hier stehen die Einzeldinge den Ideen nicht mehr, wie im Parm, als separater Bereich gegenüber (Parm 130b), sondern existieren ausschließlich in Abhängigkeit von den Ideen (Ti 49d–e). Damit ist das Vorbild-ABBILD-Verhältnis keine reziproke Ä.beziehung mehr, so dass der Regress vermieden ist (Allen [1997]: 186; vgl. Derbolav [1972]: 190). In der dialektischen Übung des zweiten Teils des Parm gehören Ä. und Unä. zu den in jeder Ableitung berücksichtigten Ideen (meist in Korollarien zu den Argumenten über IDENTITÄT und Differenz: Parm 139e–140b, 147c–148d, 158e–159a, 161a–c, 164a, 165c–d).

III. Freundschaft und Ä: (Kahn [1996]: 265, 283–291; Bordt [1993]: 160–177; Price [1989]: 5f.). Im Lys diskutiert Sokrates die seit Homer *Odyssee* 17,218 sprichwörtliche Auffassung, dass Ä. die Voraussetzung der Freundschaft (*philia*, auch übersetzbar mit „LIEBE") ist. Er verengt sie zunächst auf die These, dass nur gute Menschen miteinander befreundet sein können (schlechte Menschen sind nicht einmal sich selbst ä. und daher auch niemandes Freunde) und verwirft sie dann, weil dem Guten wegen seiner AUTARKIE Freundschaft keinen Nutzen bringe (Lys 214a–215c). Die wohl ad hoc entworfene Gegenthese (Sokrates beruft sich auf einen anonymen Gewährsmann), dass Unä. die Basis der Freundschaft ist, scheitert an dem Widerspruch, dass dann absolute Gegensätze wie Freundschaft und Hass einander lieb (*philos*) sein müssten (Lys 215c–216b). Als Lösung wird ins Auge gefasst, dass das Liebende das weder Gute noch Schlechte und das Geliebte das Gute ist (Lys 216c ff.). Platons Absicht ist hier kaum, die sonst energisch vertretene Überzeugung von der Freundschaft der Guten ernstlich in Zweifel zu ziehen (vgl. Lg 716c, 837a; Phdr 255b; Resp 351c–

352d). Eher geht es darum, Schwierigkeiten des utilitaristischen Freundschaftsverständnisses aufzuzeigen und neben dem symmetrischen Freundschaftsbegriff den asymmetrischen Begriff von Liebe als Streben nach dem Guten ins Spiel zu bringen, der auf das Symp vorausweist.

IV. Anähnlichung an Gott: Im Exkurs des Tht über den Vorrang des Philosophen vor dem Rhetor-Politiker (Tht 172c–177c) fasst Sokrates das Wesen der philosophischen Lebensweise so zusammen: Wegen der Unvermeidlichkeit des Übels in der Erfahrungswelt ist es notwendig, aus dieser zu fliehen; diese Flucht besteht in der „Anähnlichung an Gott, soweit dies möglich ist" (*homoiôsis theô kata to dynaton*); Gottä. wiederum besteht im möglichst vollkommenen Besitz von Tugend im Verbund mit Wissen. Da kein Gott jemals ungerecht ist (vgl. Resp 379b–c), ist der nach Gerechtigkeit strebende Philosoph gottä. Die „realistischen" Rhetoren und Politiker dagegen merken nicht, dass ihre Ungerechtigkeit sie dem ewigen Urbild (*paradeigma*, sh. (Ab-)Bild) des Elends ä. und dem der Glückseligkeit (sh. Eudaimonie) unä. macht (Tht 176a–177a). Diese Partie wiederholt eindrucksvoll das Plädoyer des Gorg und der mittleren Dialoge für die sokratische Lebensweise und versieht es mit einem markanten, an den Phd erinnernden außerweltlichen Akzent (vgl. Burnyeat [1990]: 31–39). Das Motiv der Gottä. des Philosophen klang schon an in Resp (besonders Resp 613a–b, vgl. Resp 500b–c: Gottä. des Philosophen durch Schau der Ideenwelt und Anähnlichung an deren göttliche Ordnung), im Phd (80d–81d: Die Seele soll sich schon zu Lebzeiten möglichst vom Körper lösen, um nach dem Tod in den Bereich des unsichtbaren, unveränderlichen Seins der Ideen einzugehen, dem sie wesensmäßig ä. ist) und im Phdr (Phdr 253a–b); später wird es im Ti wieder aufgenommen, wo Anähnlichung an Gott gleichbedeutend ist mit der Wiederherstellung der ursprünglichen, noch nicht von den Sinneseindrücken entstellten Gestalt der Seele (Ti 90c–d, vgl. 43b–d; Guthrie [1978]: 91 f.). Gottä., verstanden als das Wissen vom wahren Sein und das von diesem Wissen gelenkte Handeln, kann somit (wie in der antiken Rezeption) als das Ideal und Endziel (*telos*) des Platonischen Philosophierens gelten.

V. Fortwirken: Eine Auseinandersetzung mit den im Parm angesprochenen und von Aristoteles vermehrten und scharf ausformulierten Problemen der Ideenlehre ist für uns erst im Neuplatonismus erkennbar (sh. Dritter Mensch). Plotin bemerkt, dass nur zwischen den Abbildern eines gemeinsamen Vorbildes, nicht aber zwischen Vorbild und Abbild reziproke Ä. besteht (*Enneaden* I.2[19].2.4–10; vgl. Proklos *In Parmenidem* 913,11–14 Cousin [1864]), womit die entscheidende Voraussetzung des Ä.regresses entfällt. Nach Plotins Interpretation will der Parm auf den sich aus unserer Befangenheit im Sinnlichen ergebenden Denkfehler der dualistischen Trennung von Ideenwelt und Sinnenwelt aufmerksam machen (sh. Dualismus); die Aporien lösen sich, sobald man seine Perspektive korrigiert und das sinnliche Sein ganz in Abhängigkeit vom wahren Sein der Ideen begreift (*Enneaden* VI.4[22]-VI.5[23], VI.3[44].8; Schroeder [1992]: 3–23). Plotins Lehre von der absoluten Formlosigkeit des überseienden Einen kann als Versuch gelesen werden, das höchste Prinzip gegen das „Argument vom Dritten Menschen" immun zu machen (Regen [1988]). Der Platonische Gedanke der Gottä. des Philosophen kehrt in Aristoteles' Bestimmung des kontemplativen Lebens als des höchsten Gutes wieder (*Nikomachische Ethik* 10, 7). In der Ethik des schulmäßigen Platonismus der Kaiserzeit wird „Anähnlichung an Gott" zur Formel für das Ziel (*telos*) allen menschlichen Handelns (Alkinoos *Didaskalikos* 28; Plotin *Enneaden* I.2[19].1.1–5, I.6[1].60.19f.). Daraus ergibt sich das Problem, dass Gottä. nach Platon Tugend bedeutet, Gott aber über der Tugend zu stehen scheint (Alkinoos *Didaskalikos* 28, p. 181,44f.). Plotin findet auf der Basis des Grundsatzes der Nichtreziprozität der Ä. (sh. oben) die Lösung, dass Tugend die menschliche Nachahmung des Seinsvollzugs des Geistes (Gottes) ist (*Enneaden* I.2[19].6). Die Aufstiegs- und Erlösungskonzeptionen der spätantiken Platoniker und neuplatonisch beeinflussten christlichen Denker fassen die Gottä. zugleich als Verwirklichung der höchsten Möglichkeit des Menschen und als Wiedererreichen seines göttlichen Ursprungs (Merki [1952]) auf.

Literatur: Allen [1997] – Bordt [1993] – Burnyeat [1990] – Derbolav [1972] – Guthrie [1971] – Guthrie [1978] – Kahn [1996] – Merki [1952] – Price [1989] – Regen [1988] – Robinson [1953] – Schroeder [1992] – Vlastos [1991]

Christian Tornau

Allseele siehe **Weltseele**

An sich siehe **Für sich**

Anähnlichung siehe **Ähnlichkeit**

Analogie (*analogia*)

Analog (*analogos, ana logon*) bezeichnet im Sprachgebrauch der Zeitgenossen Platons speziell die mathematische Proportion, die sich in der Form „*A* verhält sich zu *B* wie *C* zu *D*" ($A{:}B = C{:}D$) bzw. „*A* verhält sich zu *X* wie *X* zu *B*" ($A{:}X = X{:}B$; *X* ist der geometrische Mittelwert oder die mittlere Proportionale der Größen *A* und *B*) ausdrücken lässt. In den modernen Sprachen bezeichnet „Analogie" (A.) dagegen allgemein eine strukturelle Entsprechung und ist tendenziell synonym mit Begriffen wie „Ähnlichkeit", „Korrespondenz" oder „Vergleich". Platon selbst geht vom mathematischen A.begriff aus, überträgt ihn aber auf Verhältnisse nichtmathematischer Termini, sofern sich diese nach dem Muster der mathematischen Proportion zueinander in Beziehung setzen lassen. Diese Übertragung ist möglich aufgrund der wiederholt ausgedrückten Überzeugung, dass die harmonische Ordnung (*kosmos*) des Seinsganzen auf mathematischen Gesetzmäßigkeiten beruht (Gorg 507e–508a; Ti 32b–c).

Dieser Eintrag beschränkt sich auf Verhältnisse, die in den Dialogen ausdrücklich als A. bezeichnet werden. Die Fälle, in denen die Forschungsliteratur unter Zugrundelegung des modernen, weiten A.begriffs von A. spricht, sind zahlreicher, bleiben aber aus Platzgründen unberücksichtigt, z. B. die Parallelität von Polis und Individuum in der Resp und die sog. sokratischen A.schlüsse (*ana logon* in diesem Zusammenhang nur an der unechten Stelle Alk 2 145d). Sh. auch (Ab-)Bild, Ähnlichkeit, Nachahmung.

I. Die Gleichnisserie der Resp (Resp 507a–518b): In seinen Überlegungen zur Erziehung der Philosophenkönige benennt Sokrates die Idee des Guten als den wichtigsten Lerngegenstand (*megiston mathêma*; Resp 505a). Ohne Einsicht in das Gute wäre den künftigen Herrschern auch das Verständnis des Gerechten, Schönen usw. verschlossen, so dass sie zum Herrschen unfähig wären (Resp 506a). Auf die Frage, was das Gute eigentlich sei, gibt Sokrates unter Berufung auf sein Nichtwissen keine direkte Antwort, sondern antwortet mit einem Bild, das aus den drei einander illustrierenden Gleichnissen der Sonne, der geteilten Linie und der Höhle besteht. Alle drei Gleichnisse verwenden das Verfahren der A. (so ausdrücklich über das Sonnengleichnis Resp 508b *analogon*; über das Liniengleichnis Resp 509d, Resp 511e *ana logon*). Da jedoch mathematische Proportionen nur im übertragenen Sinne vorliegen bzw. nur illustrierend verwendet werden, stellt sich für die Interpretation häufig die Frage, wo die Grenzen der A. liegen.

Die Sonne als Analogat des Guten (Resp 507a–509c): Das *Sonnengleichnis* hat zunächst gnoseologische Bedeutung. Im Bereich der sinnlichen Wahrnehmung kommt ein Sehvorgang nur zustande, wenn die Sonne durch ihr Licht den sichtbaren Gegenstand mit dem Organ des Sehens (dem Auge) verbindet; in diesem Sinne verleiht sie dem Auge erst das Sehvermögen und dem Gegenstand die Sichtbarkeit. Analog dazu vermag die Seele mit ihrem Organ der geistigen Erkenntnis (*nus*) die Objekte geistigen Erkennens (die Platonischen Ideen; *noumena* oder *noêta*) nur zu erkennen, wenn die Idee des Guten mit dem „Licht der Wahrheit" (vgl. Resp 508d) den Geist mit den Ideen verbindet; hierdurch verleiht sie dem Erkenntnisorgan Wissen (*gnôsis, epistêmê*: Resp 508e) und dem Erkenntnisobjekt Wahrheit (*alêtheia*, zu verstehen als Realität, nicht als Korrespondenz; vgl. Resp 508d). (Zu den weiteren sich daraus ergebenden Entsprechungen vgl. die Tabelle bei Adam II [1902]: 60; Dörrie/Baltes [1996]: 325.) Der genaue Inhalt der A. von Sonne und Idee des Guten ist schwer zu fassen, doch kommt es Sokrates wohl darauf an, dass ohne die richtige wertmäßige Orientierung kein Wissen möglich ist, worin sich die eminent praktische Ausrichtung von Platons Philosophie zeigt (vgl. Annas [1981]: 246f.; der Gedanke wird im Höhlengleichnis vertieft, Resp 519a–b). Die gnoseologische A. wird dann durch eine ontologische ergänzt: So wie die Sonne (durch ihre Wärme) das Werden der werdenden Dinge garantiert, ohne dass sie selbst Werden ist, so garantiert die Idee des Guten das Sein der Seienden, ist aber selbst „jenseits des Seins an Würde und Kraft" (Resp 509b). Bedeutsam ist die Aussage, dass das Gute die Sonne „als einen ihr selbst analogen Abkömmling geschaffen" hat (Resp 508b), woraus sich ergibt, dass die A. von Sonne und Idee des Guten nicht nur semantisch, sondern auch kausal zu verstehen ist (vgl. Resp 516b–c *aitios*; vernachlässigt bzw. minimal interpretiert von Annas [1981]: 245–247; Ebert [1974]: 138). Damit ist die ontologische Aussage zumindest angedeutet, dass das Gute das universale Prinzip des Seins und die A. das Strukturprinzip der Wirklichkeit ist (vgl. Wieland [1982]: 198; Szlezák [1997]: 220f.). Platon kann damit als Urheber der für die spätantike und mittelalterliche Philosophie wichtigen Vorstellung der *analogia entis* gelten (Dörrie/Baltes [1996]: 323).

Das dem Sonnengleichnis folgende und es ergänzende *Liniengleichnis* verwendet dagegen eine mathematische Proportionsa. lediglich zur Veranschaulichung der Binneneinteilung der Bereiche „Sichtbares“ und „geistig Erkennbares“. Eine Strecke wird in zwei ungleiche Teile geteilt; beide Teile werden anschließend im selben Verhältnis (Resp 509d *ana ton auton logon*) noch einmal geteilt:

$$(A + B) : (C + D) = A : B = C : D \rightarrow B = C.$$

Aus dieser Einteilung der Linie folgt mathematisch zwingend die identische Länge der Abschnitte *B* und *C*, was jedoch im Text nicht erwähnt wird. Jeder Abschnitt der Linie steht für eine bestimmte Wissensform und deren Objekte. Die Hauptabschnitte stehen für die geistige Erkenntnis (*noêsis*: *C*+*D*) bzw. für die bloße Meinung (*doxa*: *A*+*B*). Als Objekte der *doxa* werden das Werden (*genesis*) und die sichtbaren Gegenstände genannt, doch sollen wohl auch unreflektierte Alltagsmeinungen über Wertbegriffe erfasst sein (vgl. Resp 517d–e). Objekt der *noêsis* ist das geistig erkennbare Sein (*noêton, usia*). Von den Unterabschnitten steht A für die *eikasia*, deren Objekte Schatten- oder Spiegelbilder von Sinnendingen sind (sh. [Ab-]Bild). B steht für den „Glauben“ (*pistis*), der sich auf die Sinnendinge selbst bezieht. *C* ist das „Denken“ (*dianoia*); Paradigma sind die mathematischen Wissenschaften, die von unbefragten Hypothesen ausgehen und auf den Gebrauch von sinnlichen Abbildern (Zeichnungen) ihrer Gegenstände angewiesen sind (sh. Mathematik). *D* steht für das Wissen (*epistêmê*, Resp 533e; auch *noêsis*, Resp 511d) des Dialektikers, der sich ausschließlich im Bereich der Ideen bewegt und seine Hypothesen befragt, bis er beim „voraussetzungslosen Prinzip“ (*archê anhypothetos*, Resp 510b; gemeint ist die Idee des Guten) angelangt ist. Daraus ergeben sich folgende A.verhältnisse (vgl. Platons Zusammenfassung Resp 533e–534a; Stichwort *analogia* in Resp 534a): Sein verhält sich zu Werden wie geistiges Erkennen (*noêsis*) zu bloßer Meinung; geistiges Erkennen (*C*+*D*) verhält sich zu Meinung (*A*+*B*) wie Wissen (*D*) zu Glauben (*B*) und wie *dianoia* (*C*) zu *eikasia* (*A*). Aus dieser Darstellung ergeben sich vor allem zwei interpretatorische Schwierigkeiten. 1. Zwar sagt Sokrates, dass die Deutlichkeit der vier Wissensformen dem Wahrheitsgehalt (*alêtheia*) ihrer Objekte analog ist (Resp 511e). Doch werden in Resp 510–511 die Abschnitte *C* und *D* nur unter dem Aspekt der Wissensform beschrieben, und in Resp 534a wird die Binneneinteilung der Objekte von *doxa* und *noêsis* ausdrücklich übergangen. Es fragt sich also, ob die Gegenstände der Mathematik (*C*) gegenüber den Ideen einen eigenen ontologischen Status haben (so Adam II [1902]: 159f., mit Hinweis auf die Sekundärbezeugung bei Aristoteles *Metaphysik* 987b; gefolgt vor allem von den Vertretern der „Tübinger Schule“, z. B. Szlezák [1997]: 213f.; ähnlich auch Dörrie/Baltes [1996]: 334–337) oder ob Mathematik (*C*) und Dialektik

(*D*) vielmehr zwei unterschiedlich kompetente Zugangsweisen zum selben Gegenstand, den Ideen, sind (Wieland [1982]: 201–218; Ebert [1974]: 183–193 mit weitgehender Eliminierung der ontologischen Elemente als Missverständnis des Gesprächspartners Glaukon; Guthrie [1975]: 509; Pritchard [1995]: 94f.: dreistufige Ontologie bei vierstufiger Epistemologie, daher die Gleichheit der Abschnitte *B* und *C*). Die Problematik des Liniengleichnisses liegt wesentlich darin, dass keine der beiden Lösungen dem Text völlig gerecht werden kann (vgl. Annas [1981]: 251f.). 2. Es bleibt unklar, worin die von Sokrates ausdrücklich hervorgehobene (Resp 534a) A. von *eikasia* (*A*) und *dianoia* (*C*) besteht. *A* befasst sich mit den Abbildern der Objekte von *B*. Die Mathematik (*C*) sollte sich also mit Abbildern von *D* befassen. Doch ist davon nur einmal andeutungsweise die Rede (Resp 532c); stattdessen hebt Sokrates wiederholt das Vorbild-Abbild-Verhältnis von *C* zu *B* hervor (Resp 510b, 510d–e, 511a). Die Funktion des Liniengleichnisses, das Sonnengleichnis fortzuführen und durch die Analogisierung von Bekanntem (sichtbarer Bereich: *A* und *B*) mit Unbekanntem (geistiger Bereich: *C* und *D*) erhellend zu wirken, ist damit stark eingeschränkt.

Das *Höhlengleichnis* soll nur knapp behandelt werden, da Platon hier nicht ausdrücklich von A. spricht. Die dem Gleichnis zugrunde liegende Proportion ist: Die Höhle verhält sich zum sichtbaren Bereich (*horaton*) wie der Bereich der Sinneswahrnehmung und Meinung (*horaton/doxaston*, vgl. Resp 516d) zum Bereich des geistigen Erkennens (*noêton*) (Schema *A*:*B* = *B*:*C*; vgl. Adam II [1902]: 95). Es ergänzt die anderen Gleichnisse um die dynamischen Elemente der Umwendung (*periagôgê*, Resp 518d–e u.ö.) eines fehlorientierten Bewusstseins und des Aufstiegs (sh. Ab-/Aufstieg) von der Unkenntnis zum Wissen mit Hilfe der mathematischen Wissenschaften. Anders als die ersten beiden Gleichnisse, hat es einen starken politischen Akzent (die Höhle stellt „nicht primär die Physis, sondern die Polis" dar: Ebert [1974]: 201). Die Analogisierung mit den anderen Gleichnissen lässt sich daher trotz entsprechender Rezeptionsanweisung des Sokrates (Resp 517a–c) nicht restlos durchführen. Zwar entspricht die Sonne wieder der Idee des Guten; doch das Feuer in der Höhle kann nicht einfach mit der Sonne des Sonnengleichnisses identifiziert werden, und die von den Gefangenen für real gehaltenen Schatten an der Höhlenwand sind nicht die Objekte der *eikasia* des Liniengleichnisses, sondern stehen eher für unreflektierte und irrige Meinungen über Wertbegriffe (Resp 517d–e; vgl. Annas [1981]: 255f.; Guthrie [1975]: 515–517; Ebert [1974]: 204f.).

II. A. und Kosmologie: Die Kosmologie des Ti ist der Text Platons, in dem am häufigsten von A. im mathematischen Sinne die Rede ist (Ti 31a–32c, 37a, 53e, 56c, 69b, 82b). Die gesamte Methodik von Timaios' Darstellung beruht auf der aus dem Liniengleichnis bekannten A. von Seins- und Wissensformen: Werden verhält sich zu Sein wie Glauben (*pistis*, hier synonym mit *doxa*) zu Wahrheit (*alêtheia*, hier synonym mit *epistêmê* oder *noêsis* – Ti 29b–c; vgl. Resp 534a). Timaios zieht hieraus einen Schluss über den Grad an Gewissheit, der einer rationalen Darstellung (*logos*) erreichbar ist: Sichere, unumstößliche Erkenntnis ist auf den Bereich des Seins beschränkt, während eine Darstellung wie die des Timaios, die sich auf den in unaufhörlicher Veränderung befangenen Körperkosmos bezieht, lediglich Wahrscheinlichkeit für sich beanspruchen kann (*eikôs*, *logos/mythos*, Ti 29d, 30b u.ö.; vgl. Guthrie [1978]: 250–253; Dörrie/Baltes [1996]: 356f.; Johansen [2004]: 48–64). Ein wesentlicher Teil dieser „wahrscheinlichen Darstellung" ist die mathematische Struktur des Universums. Ihr Grundzug ist die A. der Form $A{:}X = X{:}B$, weil in dieser die Außenwerte A und B durch den (geometrischen) Mittelwert X am vollkommensten zu einer Einheit vermittelt sind und sie infolgedessen das „schönste Band" ist, mit dessen Hilfe der Demiurg die ihm vorgegebenen ungeordneten Materialien zu einem harmonischen, sinnvollen Ganzen (eben dem *kosmos*) zusammenfügt (Ti 31c–32a, vgl. 32c, 56c, 69c). So werden die Elemente Wasser und Luft als zwei geometrische Mittelwerte zwischen den Außenwerten Erde und Feuer erklärt ($A{:}X = X{:}Y = Y{:}B$, Ti 31c–32c, vgl. 53e; zum Hintergrund in der zeitgenössischen Mathematik vgl. Brisson [1998b]: 374–382). Die komplizierte Konstruktion der Weltseele, bei der das „Material" zunächst in zwei geometrische Reihen (2^x und 3^x) „aufgeteilt" und dann durch Einfügung arithmetischer und harmonischer Mittelwerte wieder „verbunden" wird (Ti 35a–36d), basiert, wie nachträglich festgestellt wird (Ti 37a), auf dem Prinzip der A. (vgl. Brisson [1998b]: 314–318). Körperliche Krankheit ist eine Störung der A.verhältnisse der vier Elemente im Körper (Ti 82b; zum medizinischen Hintergrund: Cornford [1937]: 332–334).

III. Fortwirken: Der antike Platonismus hat die A. von Seins- und Wissensformen in Liniengleichnis und Ti durchweg ontologisch verstanden und die sich daraus ergebende Zweiweltenlehre als Grundzug der Philosophie Platons aufgefasst (sh. Trennung). Die Lösung für das daraus resultierende Vermittlungsproblem (diagnostiziert schon Parm 133a ff.) bot das Sonnengleichnis, das eine allgemein gültige Formel bereitzustellen schien, nach der verschiedene Stufen und Arten von Sein zueinander in Beziehung gesetzt werden konnten („Große A.formel": Dörrie/Baltes [1996]: 324). Im Mittelplatonismus erscheint die via analogiae neben der via negationis und der via eminentiae als dritter Weg der Erkenntnis des ersten Prinzips; ihr Paradigma ist das Sonnengleichnis (Alkinoos *Didaskalikos* 10, p. 165,20–26). Plotin scheint als erster die Formulierung „jenseits des Seins" des Sonnengleichnisses (Resp 509b) als Hinweis auf die absolute Transzendenz des Guten über Sein, Erkennen und Erkennbarkeit gedeutet und damit den Vorrang der negativen Theologie im Neuplatonismus begründet zu haben. Die A. von Sonne und Idee des Guten war damit nur noch begrenzt durchführbar. Proklos neutralisiert Stellen des Platon-Textes, nach denen die Idee des Guten seiend oder erkennbar ist, mit dem Argument, dass keine A. für das Absolute und Singuläre ganz adäquat sein könne (*In rem publicam* 1, 281 f. Kroll [1965]). Der Gedanke der Seinsa. bleibt aber im Neuplatonismus zentral, insofern sich der Seins- und Einheitsgrad jedes Seienden nach seiner Nähe oder Ferne zum Absoluten bemisst (Proklos *Elementatio theologica* 100; Beierwaltes [1979]: 153–158). Die neuplatonische Deutung des Sonnengleichnisses findet auch in der modernen Platonforschung noch gelegentlich Zustimmung (Halfwassen [1992]: 220–264).

Literatur: Adam [1902] – Annas [1981] – Bärthlein [1996] – Beierwaltes [1979] – Brisson [1998b] – Cornford [1937] – Dörrie/Baltes [1996] – Ebert [1974] – Guthrie – [1975] – Guthrie [1978] – Halfwassen [1992] – Johansen [2004] – Pritchard [1995] – Szlezák [1997] – Wieland [1982]

Christian Tornau

Anamnesis siehe **Wiedererinnerung**

Anfang/Prinzip/Ursprung (*archê*)

I. *Archê* in vorplatonischer Zeit: In seiner Grundbedeutung bezeichnet der Begriff *archê* (a., zugehörige Verbformen *archein*/*archesthai*) den Punkt, an dem etwas beginnt bzw. von dem her etwas seinen Ausgang nimmt (vgl. Aristoteles *Metaphysik* 1013a ff.; *Physik* 188a f.). Bereits in der vorplatonischen Phase wird a. in allen auch bei Platon vorzufindenden spezifischeren Bedeutungen verwendet: 1. umgangssprachlich als zeitlicher Anfang; 2. als politischer bzw. militärischer Begriff für die Ausübung von Macht oder Herrschaft über andere; 3. als naturphilosophischer Terminus. Nur im dritten Bereich kam es zu einer im eigentlichen Sinne philosophischen Reflexion über den mit a. bezeichneten Sachverhalt. Der Versuch, die Fülle der Phänomene auf möglichst wenige Ursachen zurückzuführen, bestimmte griechisches Denken von Anfang an (z.B. das Chaos in Hesiods *Theogonie*). Das Gesamte der Wirklichkeit ließ sich so als eine kohärente Ordnung (*kosmos*) begreifen. Die vorsokratische Philosophie blieb bei der Suche nach dem Prinzip/den Prinzipien (P.) kosmologisch orientiert. Trotz der Präsenz der Sache wurde jedoch a. als philosophischer Terminus dort nur selten, vielleicht erstmals bei Anaximander verwendet (VS 12 A 9; vgl. auch Philolaos VS 44 B 8). Sonst ist eher von „Gestalten“ (*morphai*), „Wurzeln“ (*rhizômata*) oder „Elementen“ (*stoicheia*) die Rede. Die Erklärungsleistung, die der Rekurs auf ein oder mehrere P. erbringen sollte, betraf einerseits die materiale Beschaffenheit der Wirklichkeit, andererseits die zu einer geordneten Kosmosstruktur führenden Veränderungen/Bewegungen. Das glaubten manche Vorsokratiker durch Rückführung auf materiale P. leisten zu können, die sie allerdings mit einem göttlichen Vermögen (z.B. Wasser bei Thales, Luft bei Anaximenes, Feuer bei Heraklit) oder mit einer auf Zufall beruhenden Bewegung (Atome bei Demokrit) ausstatteten. Andere Vorsokratiker nahmen darüber hinaus vor oder neben den materialen P. eigenständige, vorempirische, gestalterische P. an (Anaximander das „Unbegrenzte“ (*apeiron*), Empedokles „Freundschaft“ (*philia*) und „Streit“ (*neikos*)). Am nächsten kam der Philosophie Platons Anaxagoras. Er unterschied klar eine undifferenzierte materiale Instanz von einem bewegenden und zugleich auf ein strukturelles Ziel hin ordnenden göttlichen Intellekt (*nus*). Wenn auch nicht immer in klarer Unterscheidung der kausalen Instanzen, sah die Vorsokratik in den P. doch materiale, bewegungs- und zielursächliche Aspekte wirksam.

II. a. bei Platon: 1. Umgangssprachlich: Platon führte die drei Bedeutungen von a. in seinen Dialogen fort. Der umgangssprachliche Gebrauch findet sich häufig, meist zeitlich konnotiert, z. B. für den „Anfang/Beginn" des Lebens (Ti 36e; Lg 785a), eines Schiffsbaus (Lg 803a), eines Lernprozesses (Euthyd 277e), einer Festgesandtschaft (Phd 58c), bei der Untersuchung eines Krankheitsverlaufs „von Anfang an" (Lg 720d), seltener räumlich, etwa bei einem teilbaren Gegenstand, der Anfang, Mitte und Ende hat (Parm 137d). Dieser Gebrauch von a. bedarf keiner besonderen Behandlung. In die Nähe philosophischer Bedeutung beginnt die zeitliche Bedeutung zu rücken, wenn es um das Anfangen, das Beginnen einer Erörterung bzw. Rede (*logos*) (Euthyph 11b; Ap 19a; Resp 450a; Tht 151d), einer Betrachtung (*skepsis*) (Soph 232b) oder eines Beweises (*apodeixis*: Phdr 245c) geht.

2. Politisch: a. als „politische Herrschaft", „Amt" oder „Behörde" stellt den größten Teil der Stellen (Plt 275a: Herrschaft, Leitung; 291d: Verfassungsform; Ap 32a: politisches Amt; Hipp Ma 304b: Behörde), und zwar naturgemäß vor allem in den Dialogen mit politischer Thematik (Resp, Plt, Lg). Zwar entwickelte Platon eine ausgearbeitete politische Theorie, nach der die ideale Staatsordnung auf dem gelungenen Ausgleich zwischen dem monarchischen P. der Herrschaft und dem demokratischen P. der Freiheit beruht, während der Verfall aus der einseitigen Verselbstständigung eines der beiden Momente resultiert (Lg 693d–701e; Ti 21e–25d; Krit 108e; Ep 8, 354c–355a). Doch wenn auch im Umfeld dieser Diskussion der Begriff der a. eine Rolle spielt, wurde diese Lehre nicht speziell in Reflexion auf ihn entwickelt.

3. Philosophisch: Der sachlichen Bedeutung der Platonischen P.lehre entspricht häufig kein strikt terminologischer Gebrauch von a. Dies entspricht der Intention der Dialoge, die weder ein dogmatisches Handbuch noch eine unmittelbare Reproduktion der schulinternen Diskussionen sein sollen. Dennoch wird a. immerhin als (schulinterner) Terminus technicus der P.lehre kenntlich. Im Einzelnen differenziert sich die philosophische Bedeutung von a. in (1) Seins-, (2) Erkenntnis-, (3) Handlungsp.

(1) Seinsp.: Die Platonische Lehre von den Seinsp. setzt die naturphilosophische Diskussion der Vorsokratik in eigenständiger, neuer Weise fort. An verschiedenen Stellen der Dialoge lässt sich ein im Grundsatz dreistufiger Wirklichkeitsaufbau erkennen (z. B. Phdr 246a–247e: Körperwelt, Seele, intelligibler Bereich; Resp 506d–517c: in Linien-, Sonnen- und Höhlengleichnis jeweils analoge Stufung von wahrnehmbar-körperlichem Bereich, diskursiv-mathematischem bzw. seelischem Bereich und noetischem Bereich; sh. Analogie). Über all diesen gestuften Seinsweisen steht ein allem Sein gegenüber transzendentes P. (Resp 509b), die Idee des Guten (Resp 508e) bzw. das Eine (Parm 137c–142a), dessen Besprechung in den Dialogen freilich umgangen (Ti 48c; Ep 7, 341c–d; Resp 506d) oder allenfalls indirekt-metaphorisch bzw. negativ vorgenommen wird. Es wird erkannt durch einen analytischen Aufstieg von den ontologisch niederen, komplexeren, der menschlichen Erkenntnis aber näher liegenden Stufen aus zu deren einfacheren Voraussetzungen, d. h. es wird eine die Spezifika des jeweils niedrigeren Seinsbereiches zurücklassende Bewegung auf die jeweiligen Prinzipien hin vollzogen. Diese werden dann auch selbst als durch noch höhere P. zu begründende, bedingte, hypothetische Entitäten (*hypotheseis*) verstanden

(sh. Hypothese). Platon erläutert dies an mathematischen Beispielen: So liegen etwa dem arithmetischen Bereich ‚gerade' und ‚ungerade', dem geometrischen Bereich dagegen die verschiedenen Figuren und Winkelarten als Voraussetzungen zugrunde. Diese Voraussetzungen fungieren in Relation zum jeweils begründeten Bereich als P., sind jedoch auch selbst nicht voraussetzungslos, sondern auf höhere P. zurückführbar (Resp 510c–d, 511b). Dieser sich stufenhaft (*hoion epibaseis*) vollziehende Aufstieg endet bei dem selbst unbedingten, voraussetzungslosen (*anhypotheton*), ungewordenen und unvergänglichen „P. von allem" (Resp 511b: *hê tu pantos archê*; Phdr 245d). Von ihm her ist alles geworden, erhält alles seine spezifische Aktivität/Bewegung und Wesenheit (Phdr 245d; Lg 894e; Resp 509b).

Wie die Rede von einem voraussetzungslosen, unbedingten P. alles Seienden zeigt, müssen die die verschiedenen Seinsbereiche jeweils begründenden *hypotheseis* als bedingte, niedere P. verstanden werden. Wenngleich der Begriff a. auch in diesem Bereich nur sehr begrenzt erscheint, liegen der Sache nach folgende Arten von P. vor: 1. Intelligible Entitäten (‚Ideen', ‚Vorbilder', *paradeigmata*; als ideale Zahlen verstanden; vgl. Aristoteles *Metaphysik* 1080a ff.), die als reine, unveränderliche, mit sich identische Sachverhalte die Ursachen alles Entstehenden und sinnlich Wahrnehmbaren sind (Ti 27d–28b, 48e); 2. Der Schöpfergott (*demiurgos*, sh. Demiurg), der auf die intelligiblen Vorbilder schaut und nach ihnen wirkursächlich die sichtbare Welt gestaltet (Ti 29a, 28b, in 29e als a. bezeichnet); 3. Das (jeweils) Gute als Ziel, auf das hin die Welt als ganze und alle ihre Teile in möglichster Vollkommenheit gestaltet werden (Ti 30a–c). Die drei bisher genannten P. fallen jedoch der Sache nach in eins: Der Schöpfergott, dessen geistiger Inhalt die *paradeigmata* sind, erkennt die Welt durch Wendung auf sich selbst als deren Ursache und gestaltet sie auf sich hin. 4. Ein gestaltbares, aufnehmendes Substrat (*hypodochê*), in dem sich die Formung der Welt vollzieht. Dieses passive, eigenschaftslose (*amorphon*) und nur indirekt erkennbare (Ti 49a–52d) Substrat nimmt metaphorisch gesprochen wie eine „Amme" (*tithênê*), „Knetmasse" (*ekmageion*), „Mutter" (*mêtêr*) oder wie ein „Platz" (*chôra*) Formung in sich auf. 5. Die immanente Form: Die aus dem Zusammenwirken der bisher genannten vier Ursachen entstehende sichtbare und körperliche Welt ist ein „Abbild des (intelligiblen) Vorbildes" (Ti 48e: *mimêma paradeigmatos*). Dabei ist die den Körpern eigene Formung nicht der jeweilige intelligible Sachverhalt selbst, sondern eine an das materiale Substrat gebundene Form (Phd 103b: *eidos enon*). Das der Welt als ganzer immanente, unsterbliche Gestaltungs- und Lebensp. ist die vom Demiurgen geschaffene Weltseele, die zwischen dem intelligiblen und dem materialen Bereich vermittelt (Ti 34b–37c, 42e).

Im Ganzen dieser P.lehre bilden einerseits das im höchsten Maße bestimmte transzendente Eine/Gute und andererseits die völlig unbestimmte Materie, die neben den eher metaphorischen Benennungen in den Dialogen schulintern auch „Unbestimmte Zweiheit", „Groß-Kleines" oder „Mehr-Weniger" genannt wurde (vgl. *Testimonia Platonica* 49–55 Gaiser [1963]), die Eckpunkte, zwischen denen sich die Seinswirklichkeit entfaltet. Weniger prägnant und nicht eigentlich terminologisch kann a.

im Rahmen der Seinsp. auch das unsterbliche P. der Seele (Ti 69c), die Wirkursache für Veränderungen oder Entwicklungen verschiedenster Art (Resp 559e; Lg 681c: politisch; Ti 80b: physikalisch), physikalische oder biologische Grundphänomene, etwa die Dreiecke als Konstruktionsp. der vier Elemente (Ti 53d) oder das Mark als Grundlage für Knochen und Fleisch (Ti 73b), bezeichnen.

(2) Erkenntnisp.: Die Erkenntnis der ‚höheren' Wirklichkeitsstufen vollzieht sich als Aufstieg von ‚unten' nach ‚oben', d. h. vom sinnlich Wahrnehmbaren aus (vgl. vor allem das Höhlengleichnis, Resp 514a). Die Sinneswahrnehmung (*aisthêsis*) ist daher in gewisser Weise zumindest als conditio sine qua non Erkenntnisp., insofern sie den Ausgangspunkt menschlichen Erkennens liefert (Lg 672c: *aisthêsis* als a. am Beispiel von Rhythmus und Harmonie; Phd 83a). Erkenntnisleitendes P. jedoch ist die Idee des Guten/das Eine, das metaphorisch dem menschlichen Erkennen das Licht bietet, ohne das nicht erkannt werden kann (Resp 508a–509b). Das menschliche Erkennen erhält so den Maßstab, mit dessen Hilfe es unterscheidend das jeweils spezifische Sein, d. h. die je spezifische Einheit, der Dinge erkennen kann. Es ist dies das Widerspruchsaxiom (Resp 436b–437a), auf dessen Anwendung die Platonische Technik der Gesprächskunst, die Dialektik, beruht (Phd 99d–101e; Resp 511b–c; Phlb 16c–17a). Wenn auch der Sache nach die genannten Erkenntnisp. für Platon unbestreitbar sind, fällt doch der Begriff a. auch dort nur selten. Die prinzipielle Möglichkeit der Verwendung von a. im Sinne von Erkenntnisp. ist jedoch in den Dialogen durch die Verwendung auf weniger grundsätzlichen Bedeutungsebenen gesichert. So kann es den subjektiven Beweggrund zum Philosophieren, das Wundern, bezeichnen (Tht 155d) oder die als Ausgangspunkt einer Argumentation bzw. Gesprächsführung dienende Prämisse (Phd 101e; Tht 156a; Parm 142b; Phdr 237b; Phlb 16d; Krat 436d; Ti 29b).

(3) Handlungsp.: Unter den drei P.bereichen tritt dieser bei Platon am wenigsten hervor. Grundsätzlich gilt, dass oberstes P. auch in diesem Bereich die Idee des Guten/das Eine ist, in dem somit oberstes Seins-, Erkenntnis- und Handlungsp. zusammenfallen. Das Gute ist das, „worum sich jede Seele bemüht und worum willen sie alles tut" (Resp 505d). Das Gute ist also allgemein ebenso wie in jedem einzelnen Fall P. des Handelns. Entsprechend bildet in jedem Lebewesen die Erinnerung an eine (als wiederholbar gedachte) Lust das jeweils konkrete Handlungsp. (Phlb 35d).

III. Nachwirkung: Zum festen philosophischen Terminus wird a. erst in den Lehrschriften (Pragmatien) des Aristoteles. Er verwendet ihn begrifflich anachronistisch, aber in der Sache zutreffend sowohl zur Beschreibung vorsokratischer Lehren wie der Lehre Platons. Die Auseinandersetzung mit der Platonischen P.lehre (vor allem *Metaphysik* Buch 14) ist polemisch und daher oft einseitig. Aristoteles' eigene P.lehre unterscheidet ähnlich wie die Platonische zwischen Seinsp. (Form-, Wirk-, Ziel-, Materialursache), Erkenntnisp. (Axiome, Sachprinzipien der einzelnen Wissenschaften als Beweisvoraussetzungen, sinnliche Wahrnehmung) und Handlungsp. (das wirkliche oder scheinbare Gute). Mit dem Aufkommen der teilweise auf die Vorsokratik zurückgreifenden materialistischen Philosophien des Hellenismus (vor allem Stoa,

Epikureismus, Skeptizismus) wird die platonisch-aristotelische P.lehre verdrängt und der a.-Begriff anders gefüllt. Erst in der römischen Kaiserzeit kommt es zu einem Wiederaufleben der platonisch-aristotelischen Traditionen, die die Grundlagen christlichen, jüdischen und arabischen Philosophierens bis zum Ausgang des Mittelalters bilden.

Literatur: Aubenque [1989] – Becker [1959] – Burkert [1962] – Fritz [1955] – Gaiser [1968a] – Krämer [1964] – Lumpe [1955] – Marten [1954] – Reale [1993a]

Christian Pietsch

Anschein siehe **Meinung**

Aporie (*aporia*)

I. Das Wort ‚Aporie' (A.; griechisch *aporia*, Gegensatz *euporia*; lateinisch *dubitatio*) bedeutet Ausweglosigkeit, Not, Verlegenheit und Bedürftigkeit. In Platons Dialogen bezeichnet die A. das Empfinden eines Mangels, die inhaltliche Problematik eines philosophischen Sachverhaltes oder die Unfähigkeit, etwas beschaffen zu können (Krat 415c; Symp 203e; Men 76; Prot 324e). Bei Platon steht die A. in engem Zusammenhang mit dem Verfahren des ELENCHOS, dessen ‚Resultat' die A. beschreibt. Der A. kommt eine zentrale Bedeutung in den Dialogen Platons zu (Erler [1987a]; Mackenzie [1988]: 15–45). Denn in zahlreichen Dialogen enden Versuche, Tugenden zu bestimmen oder ihre Lehrbarkeit zu begründen, aporetisch, d.h. in Ratlosigkeit der Unterredner (z.B. La, Charm, Euthyph, Prot, Lys). Aporetisch enden aber auch Diskussionen über die Ideen (Parm; Erler [1987b]: 153–163) und über die Möglichkeiten der Erkenntnis (Burnyeat [1990]). Diese A. ergeben sich, indem sich ein scheinbar wissender Gesprächspartner in Widersprüche verwickelt, die Fragwürdigkeit seiner Wissensgewissheit erkennt, deshalb nicht mehr weiter diskutieren kann, aber auch nicht mehr zu wissen beansprucht, was er nicht weiß. Je nach Begabung der Gesprächspartner bedeutet A. Aufgabe der Suche (z.B. Agathon im Symp) oder Stimulus zur Weitersuche (Sokrates, Symp 201d ff.). Die A. führt also zu jenem wissenden Nichtwissen, das zwischen Nicht-Wissen (*doxosophos*) und Wissen (*sophos*) angesiedelt ist und den Beginn der Suche nach Wissen und damit der Philosophie markiert (Charm 169c–d). Ursache des aporetischen Zustandes, der oft mit Metaphern wie Schwindel, Sprachlosigkeit, Lähmung beschrieben wird (Men 84c; Prot 321c), ist das Fehlen des zur Verteidigung der Thesen notwendigen Wissens bei Sokrates' Partnern. Allerdings spielen bisweilen auch argumentative Unregelmäßigkeiten oder Zurückhaltung von Wissen – empfunden als ironische Verstellung – auf Seiten des Sokrates eine Rolle. Kommentierende Hinweise durch Sokrates legen dem Leser die Annahme nahe, dass es Möglichkeiten für eine Überwindung der A. im Sinne Platons gibt (Erler [1987a]: 78ff., 259ff.). Die A. markiert somit zugleich Endpunkt, aber auch Neuanfang für weiteres, zielbewusstes Suchen. Mit ihrem wegweisenden Charakter auf dem Weg vom Mangel zur Fülle und Erkenntnis wird die A. als Durchgangsstation zu einem wesentlichen Teil der Philosophie Platons (Schulz

[1960]: 261–275; Erler [1996]: 38–42). Als Hinweis, dass Platon die A. als prinzipiell lösbar ansah und angesehen wissen wollte, und welche Kondition hierzu zu erfüllen ist, mag im Sinne einer Eigeninterpretation der Aufbau der Resp dienen. Die Frage nach der GERECHTIGKEIT scheitert im ersten Buch im Gespräch mit Thrasymachos, wird aber in den folgenden Büchern mit den ‚philosophisch' aufgeschlosseneren Brüdern Adeimantos und Glaukon auf höherem Niveau mit durchaus positiven Aspekten weitergeführt (Szlezák [1985]: 281 f.). Wesentlich ist offenbar ein Niveauwechsel bei der Betrachtung des Problems, der – wie dies in den Dialogen tatsächlich oft geschieht – mit einem Partnerwechsel im Gespräch einhergeht und gleichsam dramatischen Ausdruck findet. Das Höhlengleichnis in der Resp – hinzuweisen wäre auch auf die Befragung des Sklaven im Men (Szlezák [1985]: 186) – bestätigt diese Deutung: Der nach Schau der WAHRHEIT in die Höhle zurückgekehrte Philosoph zwingt durch Frage und A. die gefesselten Höhlenbewohner (Resp 515d), die von der Illusion befangen sind, die Bilder an der Wand seien mit der Realität identisch, sich gänzlich umzudrehen (Szlezák [1997]: 223). Allein dann ist der Aufstieg zur Erkenntnis der Wahrheit möglich.

In eine A. zu führen gehört also zum *pragma* des gottgesandten Sokrates, der offenbar wieder in die Höhlen hinabgestiegen ist und bei der ‚Umwendung' der Gefesselten helfen soll (Erler [2002]: 387–414). Auch dies bestätigt, dass Platon die A. prinzipiell als lösbar ansieht. Denn Ursache der A. ist Sokrates' bisweilen als unfair beklagtes Vorgehen. Doch dient dies immer dem Aufweis, dass eigentliche Ursache für die A. das von Sokrates' Partnern vorgegebene Denkniveau ist, an das er durch Platons Dialogregeln gebunden ist (Erler [1987 a]: 280 ff.). Dieser Umstand legt die Vermutung nahe, dass zur Überwindung der A. nicht einfach ein Neuansatz oder eine bloß genauere Wiederholung des alten Ansatzes hinreichend ist. Es ist zweifelhaft, ob der Leser sich rein textimmanent nur zur Sicht ‚des Inneren erheben muss', um die Probleme zu lösen, wie Schleiermacher annahm (Schleiermacher [1855]: 17). Platons ‚Eigeninterpretationen' und die Betrachtung der aporetischen Dialoge zeigen, dass eine Änderung der Blickrichtung im Sinne des Höhlengleichnisses verlangt wird, um die A. zu überwinden. Für die Hermeneutik der aporetischen Dialoge folgt, dass eine bloße Suche nach logisch argumentativen Fehlern der Gespräche nach Platon zwar hilfreich, aber offenbar nicht hinreichend ist, um über Lösbarkeit oder Unlösbarkeit der aufgeworfenen Probleme zu urteilen. Platon sieht die aporetische Situation als Zeichen mangelnden Verständnisses auf Seiten der Unterredner und damit als überwindbar an. Dies unterstreicht ihren Übungscharakter, ist Hinweis für die Leser (vgl. Ep 7, 341e *smikra epideixi*; hierzu Szlezák [1985]: 144, 363) und bedeutet ein Angebot zur Reinigung von vermeintlichem Wissen. Die A. hat somit als beiläufiger Zustand, nicht als existentielle Befindlichkeit zu gelten. Umstritten ist freilich, ob man bei den offenbar möglichen Lösungen der A. an formelhafte Aussagen denken soll oder ob sich Misstrauen gegen verbale Formulierbarkeit ausdrückt (Wieland [1996]: 22), und dass deshalb der Vollzug der ‚tapferen' Suche (La 194a) eben dieses Misstrauen illustriert. Allerdings ist für Platon der LOGOS das Mittel, Wahrheit zu erkennen (Erler [1987 a]:

268 ff.). Doch bedeutet dies nicht, dass es sich bei eventuellen Lösungen gleichsam um fertige Formeln handeln muss. Denn nach Platon benötigen formulierbare Lösungen klärender Hilfe in dialektischer Diskussion (Erler [2003]: 153–174).

II. In Platons Nachfolge kommt der A. auch bei Aristoteles richtungsweisender Charakter zu. Denn nach seiner Ansicht lässt die A. das jeweilige Problem erst deutlich werden und bereitet die Lösung vor. Deshalb steht die A. oft am Beginn der Untersuchung (vgl. *Metaphysik* 995a). Die A. folgt aus der Gleichheit konträrer Argumente, die im *aporema*, dem dialektischen Schluss auf das Gegenteil einer Behauptung (*Topik* 145b, 162a), herbeigeführt wird. Von Bedeutung ist die A. auch bei der skeptischen Schule Pyrrhons und der mittleren Akademie (Arkesilaos; *aporêtikoi*), bei denen allerdings der Aspekt des Durchgangsstadiums zurücktritt. Das „Gleichgewicht der Gründe“ soll Glauben, Wahrnehmung und Gewissheit destruieren, mit dem Ziel, Gleichgültigkeit der Dinge herbeizuführen, und zur Enthaltung vom Urteil führen (Gellius *Noctes Atticae* 11, 5,6; Diogenes Laertios 9, 69 ff.). Den Aspekt des Durchgangs gewinnt die A. zurück im Neuplatonismus. Ähnlich wie Platon sieht Proklos in den A. den Anfang des Fragens und betont ihren anagogischen Aspekt (*In Parmenidem* 951, 32 f. Cousin [1864]; dazu Erler [1987 b]: 153 ff.; Steel [1987]: 101 ff.). Die A. im ersten Teil des Parm ergeben sich zu Recht und mit Notwendigkeit (*In Parmenidem* 972,4 ff. Cousin [1864]). Proklos stellt fest, was bei Platon Regel ist: Die A. sind durch den Denkhorizont der Partner verursacht (*In Parmenidem* 972,9 ff. Cousin [1864]). Die A. des späteren Platonismus, Unsagbares sagen zu müssen, führt zur negativen Dialektik und damit zum „Anfang metaphysischen Fragens“ (Beierwaltes [1979]: 339). In der Rhetorik ist die A. Mittel des Redners, durch gespielte Zweifel am eigenen Standpunkt dessen Glaubwürdigkeit zu erhöhen (Quintilian *Institutio oratoria* 9, 2,19). Sie kann zur Ethopoiie gerechnet werden. Zu unterscheiden ist zwischen gedankenbezogenen und auf sprachliche Ausdrucksform bezogenen A. Die A. hat im Denken des 19. und 20. Jahrhunderts (N. Hartmann; H. G. Gadamer) wieder an Bedeutung gewonnen.

Literatur: Beierwaltes [1979] – Burnyeat [1990] – Erler [1987 a] – Erler [1987 b] – Erler [1996] – Erler [2002] – Erler [2003] – Görler [1994] – Ilting [1973] – Mackenzie [1988] – Matuschek [1992] – Motte/Rutten [2001] – Politis [2004] – Reale [1993 b] – Schleiermacher [1855] – Schulz [1960] – Steel [1987] – Szlezák [1985] – Szlezák [1997] – Waldenfels [1961] – Wieland [1996]

Michael Erler

Aufstieg siehe **Abstieg/Aufstieg**

Augenblicklich(keit), Plötzlich(keit), Unvermittelt(heit) ([*to*] *exaiphnês*)

Das Wort *exaiphnês* kommt im Platonischen Werk eigentlich eher selten vor. Selten zumindest gemessen an der gesteigerten Bedeutung, die der damit verbundene Begriff für Platon, und mehr vielleicht noch für die platonische Tradition, hat.

I. Plötzliche Erkenntnis: Teil der Platonischen Erkenntnislehre ist eine Psychologie des Erkennens, deren Hauptmerkmal die Plötzlichkeit (P.) des letzten, entschlüsselnden Erkenntnisschrittes oder -überschlags ist. Sie ergibt sich aus den Vorgaben der Platonischen Philosophie, und insbesondere der Ideenlehre und der mit ihr zusammenhängenden Anamnesislehre (sh. WIEDERERINNERUNG). Suchen ist durativ, Finden (und Erinnern) ist plötzlich. Platons Dialogfiguren und die Platoniker der Folgezeit sahen und analysierten einen markanten Unterschied vom langen und schmerzhaften Suchen gegenüber dem instantanen Erkennen, das wie eine urplötzliche Einleuchtung ‚von oben' empfunden wird, als sei es nicht bis ins Letzte von menschlicher Seite erzwingbar und herbeiführbar. Dass dieser Erkenntnisumschlag jedoch von menschlicher Seite eine lange Disziplin, eine Einübung und (im antiken griechischen Wortsinn) ‚Askese' voraussetzt, die zum Erkennen bereitmacht, ist ein Topos, der dann auch in der Mystologie, die sich terminologisch an die Vorgaben der Beschreibung des instantanen Erkennens im Symp anbindet, eine maßgebliche Rolle spielt. Die P., die mit einem einzigen Gedanken das Dunkel des Nichtwissens wie ein Blitz erleuchtet und den alles entschlüsselnden Blick auf die gesamte geistige Landschaft ermöglicht, nennt die platonische Tradition mit einem zum Fachterminus dieser Richtung avancierten Ausdruck *to exaiphnês*, das Augenblickliche. Möglicherweise bauen Platons Dialoge diese P. des Erkennens, den Augenblick, der alles auf einen Schlag erklärt und der es erlaubt, sich mit einem Mal einen Reim auf alles zu machen, was vorher ganz oder teilweise verborgen lag, stilistisch nach: Lange werden da Fragen gestellt, Missverständnisse diskutiert, Antworten vorgeschlagen und verworfen und unter falschen Fährten gelitten, bis dann die Lösung meist in einem ganz knappen Gedankengang klar vor Augen geführt wird, der zeigt, dass vorher ein ausschlaggebender Augenblick der Einsicht stattgefunden haben muss. Dieser Augenblick des Gesprächs, wo sozusagen auf einmal ‚der Groschen fällt' und die Erkenntnis in Gang ist, entspricht der Platonischen Metaphysik, in der die Trennlinie, der Chorismos zwischen irdischer Schattenwelt des Meinens und Vermutens und intelligibler Welt der klaren und reinen, unwiderlegbaren IDEEN unendlich dünn und ohne Übergangsbereich ist, ohne irgendein vermittelndes Tertium (sh. TRENNUNG). Ist diese Trennlinie überschritten, und das geschieht unter diesen metaphysischen Voraussetzungen schlagartig, dann wird auch schlagartig alles klar. Symp 209e–212b bietet eine schöne Beschreibung dieses exaiphnetischen Einleuchtens, schön auch (und teilweise ironisierend) im Anschluss kontrastiert durch das plötzliche (212c), ja als überfallartig beschriebene (212d) Erscheinen der Personen in der Rahmenhandlung des Dialogs. Die P. des Erkennens ist ferner ein Thema in Tht 162c und Plt 291b, wo es beide Male als etwas ganz Erstaunliches verbucht wird. Berühmt ist die Häufung von *exaiphnês* im Höhlengleichnis der Resp (515c, 516a, 516e), wo es mal die P. des Umschlags von einem Erkenntniszustand zum anderen, mal der Befreiung von Unkenntnis bezeichnet, schließlich auch (in 516a) die Verwiesenheit der letzten plötzlichen Erkenntnisstufe auf lange gewöhnende Vorbereitung im Denken. Die bündigste Beschreibung des exaiphnetischen Erkennens und seiner Folgen bietet dann in einer unnachahmlichen Metapher Ep 7, 341c–d: „Aus häufiger Unterredung über den Gegenstand sowie aus innigem Zusammenleben entfacht sich plötzlich jener Gedanke in der Seele wie aus einem Feuerfunken das angezündete Licht, und bricht sich dann selbst weiter seine Bahn."

II. Übergangslosigkeit in der Welterklärung: Der ‚ontologische Status' des Augenblicks wird mehrmals im Parm zum Thema. Die Diskussion dort knüpft an die Methodik des tertium non datur in der Metaphysik des historischen Parmenides an (VS 28 B 6; 28 B 8, 16) und an seine Entstehungslehre (VS 28 B 8, 6–21). Insbesondere Parm 156d–157a wird anhand des Umschlags von Ruhe zu Bewegung vorgeführt, dass es zwischen den Zuständen des ‚Einen' keine durative Vermittlung geben kann. So wird das Augenblickliche, das „zwischen der Bewegung und der Ruhe als außer aller Zeit seiend liegt" (Parm 156d) als jenes Wunderliche oder nicht zu Verortende (*atopon*) geltend gemacht, in dem das Eine von einem zum anderen übergeht (Parm 156e; Mesch [2003]: 287–290). Ähnlich, so wird nahegelegt, verhalte es sich auch mit den Übergängen aus Sein ins Vergehen oder aus Nichtsein ins Werden (Parm 156e–157a).

III. Die platonische Tradition: Während Aristoteles den Gedanken des exaiphnetischen Überstiegs ablehnt (*Physik* 222b), fand er bei den Platonikern Aufnahme sowohl in der erkenntnistheoretischen wie in der ontologischen Variante. Als plötzliches Einleuchten etwa bei Plotin *Enneaden* V.3[49].17.29, VI.7[38].34.13, VI.7.[38].36.18, IV.8[6].1.1 u.ö., von wo aus es toposbildend wirkt. Die Philosophie des exaiphnetischen Umschlags findet durch die extensive und intensive Aufnahme und Diskussion des Parm Eingang in die neuplatonische Spekulation.

Literatur: Allen [1997] – Mesch [2003]

Christian Schäfer

Autarkie (*autarkeia*)

I. Definition von Autarkie (A.): Zusammensetzung aus *autos* – selbst und *arkos/arkios* – Wehr/sicher; der Bedeutung nach verwandt mit *hikanos, hikanotês, enkratês, autokratôr, autonomos.* Man unterscheidet die beiden Bedeutungstendenzen von „abwehren"/„sich verschließen" und „helfen"/„genügen". A. bezieht sich ursprünglich auf Sachen (z.B. auf die Erde [*autokratôr*] Plt 274a) wie auf Personen (Krückeberg [1971]: 685). Für die Polis besteht A. in der Freiheit (*eleuteria*) im Gegensatz zur Despotie im Inneren bzw. zur Abhängigkeit von auswärtigen Herrschern. Bei Demokrit hat die Natur (*physis*) A. gegenüber dem Schicksal (*tychê*) (VS 68 B 176). Für die Ethik garantiert die Besonnenheit (*sôphrosynê*) die Lebensweise der A. und der Unerschütterlichkeit durch die Leidenschaften und Affekte (VS 68 B 210; 68 B 246). Demokrit versteht die A. also als Bedürfnislosigkeit und Genügsamkeit, als Maßhalten bei den körperlichen Genüssen und den Leidenschaften. Ähnlich stellt man sich den Begriff auch bei Sokrates vor (Widmann [1967]: 30f.). Bei Xenophon ist die A. die Freiheit, sich für die Erkenntnis, die Tugend und insgesamt für das Gute im Sinne des Besten (*kalokagathia*) entscheiden zu können. Sokrates ist demnach der am meisten Freie und sich selbst Genügende (*autarkestatos*) und in dieser Hinsicht auch göttlich (Xenophon *Memorabilia* 1, 2,14; 1, 6,10; 4, 7,1; 4, 8,9/10/11). Diesen Grundzug der A. – die Unabhängigkeit von den sinnlichen Bedürfnissen – betont Pohlenz auch für Platon (Pohlenz [1955]: 87–109).

II. A. bei Platon: A. im eigentlichen Sinne hat Gott (Ti 68e). Durch ihren Schöpfer hat auch die Welt A. (Ti 33d; Plt 274a). Platon wendet sich heftig gegen die Ansichten, dass man die Götter irgendwie beeinflussen könne oder dass diese auf Opfer der Menschen angewiesen seien (Resp 362e–367a; Euthyph 10a–15c). Für das Gute gelten nach Phlb (20d und 22a–b) drei Voraussetzungen: 1. Es muss vollkommen sein. 2. Es muss sich selbst genug sein (Platon verwendet hier den Begriff *hikanos*; vgl. auch Phlb 67a). 3. Alle Lebewesen, die zu einem solchen Streben fähig sind, müssen danach streben (vgl. auch Aristoteles *Nikomachische Ethik* 1097b). Auch bei Platon ist die Besonnenheit eine der entscheidenden Voraussetzungen für die A., da sie die Lüste und Begierden zu mäßigen vermag. Beim Besseren hat die Seele Gewalt über das Schlechtere (Resp 430d–431b). Die A. drückt so die Vollkommenheit des Guten über alle anderen Güter der Lust oder der Vernunft aus, obwohl auch die Vernunft A. haben kann (Krat 413c). Ein rechtschaffener Mann hat infolge der A. auch keine Furcht vor dem Sterben und beklagt nicht sein Schicksal (im Gegensatz zum weibischen Geheul homerischer Helden – Resp 387d–e; Mx 247c–e). Zuletzt kann auch eine Einsicht sich selbst genügen (Tht 169d).

III. A. und der Staat: A. gewinnt man durch *eudaimonia*, diese aber durch Einsicht (sh. Glück). Durch den Staat entsteht für die A. des Einzelnen ein Zwiespalt, da dieser infolge der Arbeitsteilung in der Stadt (Resp 369d–371b) auf die anderen angewiesen ist, also gar nicht mehr die A. haben kann (Resp 369b–c). Entweder der Einzelne zieht sich vom öffentlichen Leben zurück und steht dann völlig für sich (etwa Hipp Mi 368b–e; Hipp Ma 283b oder vgl. den Individualismus der Kyniker; problematisch sieht das Lys 215a–c), oder es geht insgesamt eher um die A. des Staats. Die A. des Staats wird später vor allem von Aristoteles (*Politik* 1252b–1253a) betont; bei Platon scheint die A. des Gemeinwesens wiederum an der A. seiner Herrscher zu hängen. Für Aristoteles stellt es für den Staat ein organisatorisches Problem dar, die A. zu erlangen, da dieser sie nur dann hat, wenn er seine Bürger vollständig ernähren und erhalten kann (Aristoteles *Politik* 1326b, 1291a). A. ist infolgedessen für den Staat in Griechenland nicht möglich, da es dort keine Territorien gibt, welche die Stadt ohne ausländische Getreidelieferungen ernähren könnten (Gigon [1975]: 66).

IV. Weitere Tradition der A. (vgl. Krückeberg [1971]: 687f.): Auch für Aristoteles (vgl. Widmann [1967]: 33–36) verweist die A. auf das vollkommene Gute (*eudaimonia*), das um seiner selbst willen erstrebt wird (*Nikomachische Ethik* 1097a–1097b). Nach *Politik* 1261b ff. muss zur äußeren A. des Staates im Inneren eine möglichst große Vielheit herrschen. Auch Aristoteles kennt allerdings die A. des Weisen, der sich selbst genügt und so Anteil am höchsten Gut hat (*Nikomachische Ethik* 1177a). Nach Epikur (*Brief an Menoikeus*, bei Diogenes Laertios 10, 130) macht die A. von der Vielfalt der Güter unabhängig und garantiert so Zufriedenheit, höchsten Lustgewinn und ein göttliches Leben (*Brief an Menoikeus* 10, 128). In der Stoa (vgl. Widmann [1967]: 32f.) erreicht der Mensch die A. über die Tugend und das Tun seiner Pflicht (Zenon

Stoicorum veterum fragmenta I, 46). Dadurch kommen wir zu uns selbst (Cicero *Paradoxa* 2; Epiktet *Dissertationes* 1, 19,15; 3, 13,5f.). Marc Aurel interpretiert die A. stärker religiös (*Zu sich selbst* 1, 26; 2, 13,1). Für Plotin ist die A. ein Ausdruck des selbstgenügsamen, göttlichen Seins (*Enneaden* VI.8[39].12 und 15), das seine Vollendung in der Einheit von *theoria* und Leben findet. Der Mensch kann sich diesem Zustand des *nus* nur annähern (*Enneaden* III.8[30].8). Religiös inspiriert ist auch die Vorstellung, welche die A. als *autoteleiotês* mit dem Göttlichen in uns identifiziert. Sie ist nicht mehr selbstgenügsam, sondern bedarf des Gespräches mit Gott (Iamblichos *De mysteriis* 1, 15). Unabhängiger erscheint die A. dagegen wieder bei Proklos: Zwar hat das Autarke seinen Ursprung bei den Göttern, von welchen es die Seinsstufen absteigend verteilt wird. A. hat in erster Linie aber der *nus*, weil er sein Sein und sein Gut von sich selbst her hat. Der Mensch ist nur durch den *nus* in der Lage, die A. zu erlangen; er erreicht sie aber nur insoweit, als er dem Guten ähnlich werden kann (vgl. Proklos *Institutio theologica* 3, 16f., 66–68, 120–122; *In Alcibiadem* 1, 106).

Literatur: Gigon [1975] – Krückeberg [1971] – Pohlenz [1955] – Widmann [1967]

Günter Fröhlich

Begründung siehe **Grund**

Beispiel siehe **Abbild**

Bestform siehe **Tugend**

Bewegung (*kinêsis*)

I. Begrifflichkeit und Bedeutung des Wortes bei Platon: Das griechische Wort für Bewegung (B.), *kinêsis*, bezeichnet jede Art von, zumindest physischer, Veränderung. Platons Aussagen zur B. spiegeln diese Weite des Begriffs wider; was B. bei ihm bedeutet, wird am besten aus seinen Aussagen erschlossen. Daher wird hier kein Begriff von B. vorausgesetzt. Der Artikel geht aber nur auf B. als Begriff für physische Veränderungen und auf die „B." der nicht materiellen Dinge ein, nicht auf das allgemeinere Werden/Vergehen, das bei Platon ebenfalls als B. bezeichnet werden kann (Parm 162b–c).

II. B. körperlicher Gegenstände: Grundsätzlich ist B. ein Geschehen der physischen Welt, doch wird deren B. bei Platon fast immer im Zusammenhang mit nicht körperlicher „B." diskutiert. Körperliche B. teilt er in Veränderung (*alloiôsis*) und Ortsb. (*phora*). Bei der letzteren ist wieder zwischen einer Kreisb. und einer weiter fortschreitenden B. zu unterscheiden (Parm 138b–c; Tht 181c–d). Wenn in den Lg zehn Arten der B. unterschieden werden, so müssen von diesen, wenn man die zwei Arten von Selbstb. (sh. unten III.) abzieht, acht körperliche B. sein. Es ist allerdings nicht sicher zu sagen, welche Liste von acht B. genau aus den insgesamt elf Begriffen Kreisb., Fortb., Gleiten, Rollen, Spaltung, Verbindung, Wachsen, Abnehmen, Zugrundegehen, Werden, Vergehen (Lg 893b–894b) zu eruieren ist (Steiner [1992 a]: 133 f.). Auch von den im Ti vorausgesetzten sieben Arten von B. (34b, 40a–b) werden sechs als körperlich angesehen, während die selbstbezügliche Kreisb. dem Verstand (*nus kai phronêsis*) zukommt. Welches die körperlichen B. sind, wird nicht gesagt und muss aus Parallelstellen geschlossen werden (Taylor [1928]: 104, 225 f.; Kaulbach [1971]: 866: nach oben/unten, vorne [Ti 40b]/hinten, rechts/links). – Die metaphysische Bedeutung dieser B. wird im Tht deutlich: B. ist das kennzeichnende Merkmal der gesamten veränderlichen Welt, bzw. nach Heraklit und Protagoras von allem Seienden (152d–e). Gemeint ist damit Ortsb., Mischung (*krasis*) und Reiben (*tripsis*; 153a), aber auch Lernen (*mathêsis*) und Sorge (*meletê*; 152d–153c). Daraus wird geschlossen, B. sei das die ganze Wirklichkeit bewahrende und stabilisierende Gute, während Stillstand bzw. Ruhe (*hêsychia/stasis*) zum Untergang führe. Diese Theorie wird vom Platonischen Sokrates widerlegt, indem er die Sinneswahrnehmung analysiert, die die angemessene Erkenntnisart für die bewegte Welt ist. Doch ist es möglich, dass die Beschreibung dieser Welt auf „herakliteisch-protagoreische" Weise Platons eigene Meinung über den veränderlichen Kosmos wiedergibt (Burnyeat [1990]: 8 f., 60–65).

III. Die Seele als B.prinzip der materiellen Welt?: Ein Hauptthema Platons ist die Frage, wie diese bewegte alltäglich beobachtbare Welt sich zum Sein der Ideen verhält. Schon in Phdr 245c–246a schließt Platon aus dem Faktum der B. darauf, dass es ein nicht von etwas anderem bewegtes, sondern sich selbst dauernd bewegendes (*aeikinêton*) Prinzip geben müsse, nämlich die Seele, die genau aus diesem Grund unsterblich sein soll. Ein ähnliches Ziel verfolgt der bereits genannte Gedankengang im zehnten Buch der Lg. Hier werden zwei Weisen unterschieden, auf die etwas das B.prinzip anderer Dinge sein kann: Entweder soll etwas sich selbst und anderes in B. setzen können, oder es soll nur zur B. von anderem in der Lage sein (894b–c; Guthrie [1975]: 420f.). Als Funktionen der Selbstb. werden dabei unterschieden, dass sie zum einen der Grund jeder ablaufenden Veränderung (*prôton metaballon*) und zum anderen erstes Prinzip des In-B.-Setzens zuvor unbewegter Gegenstände (*archê kinêseôs*; 894b–895c) ist. Dass diese physikalische Beschreibung in erster Linie zu einer Klassifizierung der Handlung dient, wird daran deutlich, dass die selbstbewegte Seele und ihre B. von jeder anderen Veränderung in unbeseelten Körpern unterschieden werden (896a–b; Kauffmann [1993]: 179–181).

IV. B. im nicht-körperlichen Sein: Die Voraussetzung, dass B. auf die körperliche Welt beschränkt ist, wird fraglich, wenn im Parm das Problem des Einen dialektisch diskutiert wird. In der ersten Hypothese wird zunächst ausgeschlossen, dass das Eine sich bewegen oder stillstehen kann, wobei B. als körperliche B. definiert wird (138b–139b; sh. oben). Im Gegenbeweis wird die B. des Einen dagegen daraus geschlossen, dass es in etwas anderem ist (146a). In 156a–157b wird schließlich eine zeitweise B. desjenigen Einen erschlossen, das zwischen Einheit und Vielheit steht. Zwischen B. und Stillstand steht aber der Umschlag vom einen zum anderen, der momentan (*exaiphnês*; sh. Augenblicklichkeit) erfolgt. Im Moment dieses Umschlags ist das Eine zeitlos, während es in den Phasen der B. und des Stillstands zeitlich ist. Im Moment der Zeitlosigkeit ist es dagegen frei von B. und Stillstand (ebenso wie von Werden/Vergehen; zum Verhältnis zu Aristoteles' „Jetzt" vgl. Allen [1997]: 310–312). Im Soph schließlich wird B. als eine Grundkategorie der gesamten Wirklichkeit eingeführt. Gegen einen Ideentheoretiker wendet der Gast aus Elea ein, es sei absurd, dem Seienden Geist, Leben und Seele abzusprechen, als Beseeltes müsse es sich aber bewegen (248e–249a). Das Seiende müsse daher sowohl mit B. als auch mit Stillstand identifiziert werden (249c–d). Mit „B." ist hier offenbar jede Art von Veränderung gemeint; trotz der Notwendigkeit, sie als seiend anzunehmen, wird auch weiterhin ein Stillstand in gewissen Bereichen des Seins gefordert (249b–c). Unter diesen Voraussetzungen werden Sein, B., Stillstand sowie Identität und Differenz als die fünf größten Gattungen (*megista genê*) in der – sowohl sinnlichen als auch aus Ideen bestehenden – Welt herausgearbeitet (255a–e). Während hierbei deutlich ist, dass der „B." auch in gewisser Weise Sein zukommt, bleibt es unklar, ob hier den unveränderlichen Ideen B. bzw. Veränderung zugeschrieben wird (so Kaulbach [1971]: 866; weitere Nachweise: Guthrie [1978]: 144 Anmerkung 1), oder ob lediglich der Begriff des Seins über die unveränderlichen Dinge hinaus auch auf den Bereich von innerhalb der Materie befindlichen und somit in gewisser Weise veränderlichen Formen ausgedehnt wird (so etwa De Rijk [1966]: 103–107 und wohl auch Guthrie [1978]:

141–145). Für die letztere Ansicht könnte auch die Lehre von der kreisförmigen und geordneten B. des Geistes im zehnten Buch der Lg (897c–898d) sprechen, die mit den Gedanken (*logismoi*) der Seele identifiziert wird.

V. B. in der platonischen Tradition: Körperliche B. wurde auch im antiken Platonismus in der Sprache der aristotelischen Physik beschrieben (z. B. in Proklos *Elementatio physica*), deren Voraussetzungen erst am Ausgang der Antike durch Johannes Philoponos' Impetus-Theorie infrage gestellt wurden (Sorabji [1988]: 227–285). Dagegen regten Platons Andeutungen auf B. im nicht körperlichen Bereich die Neuplatoniker zur Konstruktion einer dynamischen Ontologie des Geistigen an. Die Gattungen des Soph wurden dabei mit Aristoteles' Lehre vom unbewegten Geist (*nus*) als Prinzip aller B. (*Metaphysik* Buch 7) verbunden. Das ist schon bei Plotin klar erkennbar: Er integriert die B. in sein System der aus dem Soph bekannten ersten Gattungen (*genê prôta*), mit denen, anders als mit Aristoteles' unzureichendem System der Kategorien, auch das geistige Sein beschrieben werden kann. Dabei steht B. für das Leben (*zôê*) des Seins (*usia*); sie ist gleich ausgedehnt wie das Sein, aber nicht begrifflich identisch mit diesem (*Enneaden* VI.2[43].7.14–20). B. ist die Aktivität (*energeia*) des Denkens (*noein*), in dem der denkende Geist (*nus*) sich selbst erkennt und auf diese Weise sein eigentliches Sein, in dem ihm Stillstand zukommt, einholt und sich so mit seiner eigenen Bestimmung verbindet (*Enneaden* VI.2[43].8). Diese Selbstbezüglichkeit des Geistes wird im späten Neuplatonismus zur Grundlage der Beschreibung der triadisch in Beharren, Hervorgehen und Rückgang strukturierten geistigen Realität (Dodds [1963]: 201 f., 206–208). Der aristotelische Gedanke der Unbewegtheit des Geistes wurde dabei entsprechend der Annahme seiner Bewegtheit in den Lg relativiert, indem die triadische Entfaltung als dessen eigene B.art dargestellt wurde (Proklos *In Timaeum* 2,251, 4 f.: *kinêsis akinêtos*; vgl. Gersh [1973]). Da auch Aristoteles die Aktivität (*energeia*) der geistigen Substanz als Vollendung von deren Sein (*usia*) verstand, konnte man diese B.theorie sogar in dessen Aussagen finden (Priskian von Lydien [Pseudo-Simplikios] *In De Anima* 243,27–245,2 zu *De anima* 430a) und voraussetzen, dieser habe nur deswegen nicht von B. des Geistes gesprochen, weil er den Begriff B. – im Gegensatz zu Platon – auf die veränderliche Welt beschränkt habe (ebenda 312, 24–33). Teilweise wurde aber, in der Tradition des Numenios, auch weiterhin angenommen, dass die höchste Stufe geistigen Seins ganz unbewegt ist (Belege: Dodds [1963]: 208). Das galt in jedem Fall für körperliche B.: Der Geist ist aus diesem Blickwinkel unbewegt (*akinêton*), während die von ihm abhängige Seele selbstbewegt (*autokinêton*) ist und den von ihr beseelten Körpern zumindest eine scheinbare Selbstbewegtheit mitteilt (Proklos *Elementatio theologica* 14, 17,20; 16, 9–29; 18, 21–20; 2; 22, 1–31 Dodds [1963]). Platons Beweis der Selbstbewegtheit der Seele wird dann so interpretiert, dass diese die Ursache aller B. in der Natur ist (Hermias *In Phaedrum* 118, 23–119, 22 Couvreur [1910]).

Literatur: Allen [1997] – Burnyeat [1990] – De Rijk [1966] – Dodds [1963] – Gersh [1973] – Guthrie [1975] – Guthrie [1978] – Kauffmann [1993] – Kaulbach [1971] – Sorabji [1988] – Steiner [1992 a] – Taylor [1928]

Matthias Perkams

Beweis (*apodeixis*)

I. Die umgangssprachliche Verwendung von *apodeixis* (einschließlich der dazu gehörigen Verben *apodeiknymi* oder *deiknymi*) hat im Griechischen ein breites Spektrum: Eröffnung, Bekanntmachung, Aufzeigen, Vorzeigen wie auch – vor allem in der RHETORIK – Argumentation oder Beweis (B.). In diesem weiten Sinn gebraucht es auch Platon von den frühen (Ap 20d; Charm 169b; Prot 323c u.ö.; Gorg 454a u.ö.) bis zu den späten Dialogen (Parm 129b; Soph 256c; Plt 277b; Lg 893b).

Verwendungen im Sinne von ‚B.' in einem engeren Sinn sind bei ihm dagegen selten. Das liegt zum einen daran, dass Platon terminologische Festlegungen meidet und daher oft den Passepartoutbegriff *logos* (= Wort, Begriff, Argument, Erklärung, Rechtfertigung) oder – weniger häufig – *tekmêrion* (= Zeugnis, Bezeugung, vgl. Ap 24d, 32a, 40c; Phd 70d, 72a; Tht 158b; Parm 127e–128b) oder *sêmeion* (Tht 153a; Soph 237d; Ti 71e) verwendet. Auch Kombinationen finden sich gelegentlich (vgl. Hipp Mi 369c: „Ich werde dir durch vielerlei Bezeugungen (*tekmêria*) als hinreichendem Argument (*hikanô logô*) zeigen (*apodeixô*), dass Homer den Achilleus als besseren Menschen dargestellt hat als den Odysseus"; Tht 158b: „… welches Zeugnis (*tekmêrion*) wir aufzuweisen (*apodeixai*) haben, wenn uns jemand im Augenblick fragen würde, ob wir schlafen … oder wach sind."). Zum anderen verträgt sich das informelle Vorgehen in den meisten Dialogen schlecht mit einem Anspruch auf die Stringenz ihrer Resultate (oder auch nur für Teilargumente). Obwohl viele der mittleren und späteren Dialoge zu positiven Ergebnissen kommen, werden diese doch nicht als dogmatische Lehren präsentiert, sondern als gemeinsam erzielte Übereinstimmungen; das gilt z.B. für die ‚erste *apodeixis*' (Resp 580c) der Überlegenheit der GERECHTIGKEIT über die Ungerechtigkeit durch die Schilderung des unseligen Lebens des Tyrannen, auf die noch drei weitere Argumente (*apodeixeis*) zur Begründung der Überlegenheit der LUST des Philosophen über die aller anderen folgen. Anstelle von B. bieten diese Argumente aber lediglich Explikationen der verschiedenen Arten von Lust und ihrer Bewertung.

Apodeixis und *apodeiknymi* bezeichnet bei Platon daher höchst unterschiedliche Vorgehensweisen: Zeigen (durch Beispiele, Vergleiche, Gleichnisse), Nachweise (durch ANALOGIEfälle, Begriffsanalysen, Indizien) und Rechtfertigungen eines Standpunktes durch mehr oder weniger strenge Argumentationen. Dies gilt auch noch für die späten Dialoge, in denen weniger Personen als vielmehr philosophische Positionen auf dem Prüfstand stehen oder sogar ‚Auftragsarbeit' auszuführen ist, wie etwa die Aufgabe des ‚Eleatischen Fremden', den Unterschied zwischen dem Sophisten, dem Staatsmann und dem Philosophen darzulegen. Der dort bevorzugten Methode der Begriffsbestimmung durch DIHÄRESEN unterstellt Platon zwar Zuverlässigkeit, aber nicht den Status von B.

Zu einem Terminus technicus im Sinne des streng deduktiven Beweisens wurde *apodeixis* erst in der Syllogistik des Aristoteles (vgl. *Analytica Posteriora* besonders 1, 1–10). Platons Zurückhaltung, was die Stärke seiner B.führungen angeht, lässt sich jedoch nicht darauf zurückführen, dass er B.verfahren im eigentlichen Sinn noch nicht kannte. Vielmehr war er durchaus vertraut mit dem deduktiven Vorgehen, das die Mathematiker seiner Zeit entwickelten. Dafür sprechen häufige Verweise auf die MATHEMATIK (Euthyd 12c–d; Prot 357a; Gorg 453e, 508a), die mathematischen Beispiele (Men 82b–85b; Tht 147d–148b) und seine Bewertung des hypothetischen Vorgehens in der Mathematik (Men 86e–87b; Resp 510c–511b). Diese Kenntnis manifestiert sich auch in Forderungen nach B. oder in Erörterungen ihrer Tragfähigkeit, wie etwa bei den B. oder Argumenten für das Lernen als WIEDERERINNERUNG; Phd 77c: Kebes moniert, der B. für die vorgeburtliche Existenz der Seele liefere nur die Hälfte des ‚B.' für ihre Unsterblichkeit; 87e–88b wendet er ein, man könne dem *logos* nicht trauen, dass die Seele nach dem Tod weiter existiert und verlangt nach einem B. (*apodeixai*), dass sie nicht allmählich abgenützt wird; Simmias gibt zu (92d), er habe der Theorie, die Seele sei eine Harmonie, ohne ‚B.' (*apodeixis*) zugestimmt, obwohl er wusste, dass Argumente (*apodeixeis*) auf der Basis von Plausibilitäten (*dia tôn eikotôn logôn*) unzuverlässig sind. Trotz dieser Differenzierungen gibt Platon nicht zu erkennen, ob er auch nur seinen letzten B. für die UNSTERBLICHKEIT der Seele für gültig hält. Sokrates' Versicherung (107b), seine Partner würden sich bei näherer Überprüfung der Bedingungen dem *logos* anschließen, soweit dies in der Macht der Menschen steht, und wenn diese ihnen klar seien, nichts weiter suchen, lässt die Frage nach der Stringenz des *logos* offen.

Prima facie scheint Platons Zurückhaltung jedoch schlecht zu dem Eindruck logischer Schärfe und Folgerichtigkeit in den sokratischen Gesprächen zu passen und auch nicht zu der Ermahnung, sich nicht mit bloßen WAHRSCHEINLICHKEITEN zufrieden zu geben. Demgegenüber ist aber daran zu erinnern, dass sich dieser Eindruck auf die Widerlegungspraxis (sh. ELENCHOS) beschränkt. Auch wenn die logischen Mittel dabei nicht immer unbedenklich sind, erweist sich Sokrates als ein Meister der reductio ad absurdum. Die Ergebnisse der Widerlegungen (*elenchoi*) sind aber gerade nicht das, was das griechische Wort *apodeixis* seinem Wortsinn nach fordert, nämlich ‚Aufzeigungen'.

II. Im Gegensatz zu den konfrontativen Streitgesprächen führen die späteren kooperativen Dialoge zwar zu positiven Ergebnissen, stellen aber auch dann keine höheren Ansprüche an die Stringenz, wenn sie B.führungen oder auch widerlegende Erprobungen enthalten (vgl. dazu Robinson [1953]: 61: Betont Platon in seiner früheren Zeit die Methode und sagt wenig über Methodologie, so betont er später die Methodologie, nicht aber die Methode). B.verfahren im strengen Sinn stehen weder in der einen noch in der anderen Periode im Vordergrund der Platonischen Dialektik: ‚B.' und *apodeixis* kommen in den Indizes der einschlägigen Sekundärliteratur nicht vor (vgl. Robinson [1953]; Stemmer [1992]; Clagge/Smith [1992]; Gill/McCabe [1996]). Positive Ergebnisse präsentiert Platon nicht als Resultate unumstößlicher B., sondern als Summen aus gemeinsam erarbeiteten Annahmen, Vergleichen und Argumenten. Das gilt auch für die Lehrgespräche unter den Spätdialogen. Die Verwendung von *apodeixis* umfasst vielmehr weiterhin das gewohnte breite Spektrum: Neben simplem Aufzeigen mit Hilfe von Indizien, Erläuterungen, Vergleichen (Plt

269c, 273e, 277a) finden sich komplexere Vorgehensweisen wie die Überprüfung sämtlicher Kombinationen (Soph 256c: „Schon früher wurde gezeigt (*apodeixis*), dass manche der ‚wichtigsten Gattungen' sich miteinander verbinden, andere nicht."), die Lösung des Problems des Nichtseins als Verschiedenheit (Soph 261a: „Wenn wir das klar sehen, können wir zeigen (*apodeixômen*), was Falschheit ist") oder sorgfältige Differenzierungen wie die zwischen relativem und richtigem Maß (Plt 284d): „die Art der genau zutreffenden Darlegung" (*apodeixis*).

Verweise auf striktes argumentatives Vorgehen lassen gleichwohl erkennen, dass Platon sich des Unterschiedes zwischen Erklärungen, plausiblen Argumenten, Indizienb. und Argumentationen, die eine Folgerung erzwingen, sehr wohl bewusst ist (vgl. Soph 242b: „Widerlegung und Beweisführung" die Position des Parmenides betreffend; Ti 40e: „Man kann nicht umhin, an die herkömmlichen Götter zu glauben, auch wenn notwendige Beweise dafür fehlen (*anankaiôn apodeixeôn*)"). Dass er sich mit Behauptungen zurückhält, etwas mit Notwendigkeit gezeigt zu haben, liegt also nicht am fehlenden Deduktionsbegriff, sondern am dialogischen Vorgehen. Denn auch weiterhin werden Ergebnisse als gemeinsam erzielte Resultate präsentiert, wie etwa im Phlb. Zwar lässt Sokrates dort im Namen des Protarchos durch einen Herold verkünden, dass statt der Lust das Maß sich als das beste aller Güter erwiesen hat (66a), Sokrates selbst ist dann aber in seiner Schlussfolgerung bemerkenswert bescheiden: Er selbst verlässt sich auf die ‚Weissagungen der Muse der Philosophie' (67b).

III. In der Folgezeit hat sich innerhalb der Philosophie (wenn auch nicht im allgemeinen Sprachgebrauch) der strenge aristotelische Begriff der *apodeixis* als deduktives B.verfahren durchgesetzt, eine Tendenz, die durch die stoische Logik noch verstärkt wurde. Von dieser Dominanz zeugen auch die Schriften der Neuplatoniker und die Verwendung von *demonstratio* in der Philosophie des lateinischen Mittelalters.

Literatur: Blößner [1997] – Clagge/Smith [1992] – Gill/McCabe [1996] – Robinson [1953] – Stemmer [1992] – Vlastos [1994]

Dorothea Frede

Bild siehe **(Ab)Bild**

Bildung/Erziehung (*paideia*)

I. Die Grundlagen bei Platon: Eng verbunden mit dem erkenntnistheoretischen Konzept Platons, das sich exemplarisch im Höhlengleichnis (Resp 514a–518d; vgl. Heidegger [1942]: 25f.) entfaltet, ist sein pädagogisches Programm: geht es doch in letzter Konsequenz um die Erkenntnis der Idee des Guten. Das GUTE kann nicht universal genug gedacht werden: in pädagogischer Hinsicht steht das gute, weil gelungene Leben im Zentrum, das auf der guten und damit erfolgreichen, geglückten Handlung (*eupragia*) beruht. Es führt auch zum Guten in der SEELE, das sich in einem geordneten Seelenzustand („Seelenstaat") äußert. Erkennt man die Idee des Guten und damit die Wahrheit der Dinge durch das Licht der Idee des Guten (vgl. Beierwaltes [1957]: 61–79), handelt man gut und verachtet das BÖSE. Man ist dann auch gehalten, anderen dieses gute Handeln mitzuteilen, es sie zu lehren und sie dazu anzuleiten, also pädagogisch zu wirken. Der Philosoph, der die WAHRHEIT erkannt hat, muss unweigerlich wieder in die Höhle hinabsteigen und lehren, was er geschaut hat, auch wenn ihn dort seine Umwelt, die POLIS, nicht versteht und er seinen Abstieg sogar mit dem Leben bezahlt (Resp 517a). Die Aufgabe des Philosophen besteht insbesondere in der *periagôgê*, der Umwendung der Höhlenbewohner weg von den Schattenbildern hin zu den Dingen selbst (Resp 515c–d, 518b–519b und 521c). Nur so können die Höhlenbewohner Erkenntnisse gewinnen und zum Aufstieg zum Licht der Wahrheit gelangen. Die *psychês periagôgê* („Umwendung der Seele", Resp 521c) bedingt und begründet die *paideia*. Der Erkenntnisaufstieg bei Platon führt den Menschen unweigerlich auch auf den Weg des rechten Handelns und Lebens, so hat allein der Erkenntnisgewinn schon pädagogische Funktion. Das Gute sehen heißt, es auch zu tun (vgl. Ballauff [1952]: 41–52, besonders 45–52). Die *paideia* hat für Platon zunächst nicht so sehr mit der Erziehung speziell von Kindern zu tun, als vielmehr mit der Formung des Innern des Menschen, der Seele. Anders als für die Sophisten steht für Platon weniger der praktische, materielle (Prot 318a–319a) als vielmehr der ideale Wert der Bildung (B.) im Vordergrund (Prot 311a–312b und Gorg 484c–485d). Die B. ist Platon zufolge eine der wichtigsten Aufgaben des Philosophen. Nicht zuletzt aufgrund dieser pädagogischen Pflicht des Philosophen gründet Platons Forderung nach dem Philosophenkönigtum (Resp 473c–e und 519b–521b; vgl. Guthrie IV [1975]: 487 f.), das den Staat zu seiner Blüte reifen lassen kann. Erst nach fast lebenslangem Einüben in die PHILOSOPHIE ist ein Mensch ab dem Alter von 50 Jahren fähig, das höchste Amt im Staate zu bekleiden. Ungebildete, schlechte Herrscher – vornehmlich die Tyrannen – sind im Gegensatz dazu der Untergang des Staates, da sie nicht am Wahren orientiert sind und damit keinen Führungsanspruch geltend machen können. Sie haben die Idee des Guten nicht geschaut und sind deshalb nur an ihrem eigenen Erfolg interessiert, ohne in GERECHTIGKEIT und Sittlichkeit auf das Gemeinwohl aller Bürger in der Polis zu achten. Herrscher dieser Art können deshalb auch nicht glückselig (*eudaimôn*; sh. EUDAIMONIE) genannt werden (vgl. das Beispiel vom Großkönig: Gorg 470e und Soph 230d–e). Glückselig ist allein der am Guten und Wahren orientierte Gerechte, dessen Moral durch sittliche B. geformt ist.

Platon schreibt für die Stände im Staat trotz des im Grunde allgemeinen Charakters seiner *paideia* ein konkretes pädagogisches Programm vor (Resp 376e–414b und 521c–541b; vgl. Guthrie IV [1975]: 450–461 und Lg 653a–664b; vgl. Guthrie V [1978]: 327–329), je nach der Fähigkeit, der Kardinaltugend, die dem einzelnen Stand besonders zu eigen ist (Resp 427c–435a). Die höchste B. wird den Philosophen zuteil, deren Aufgabe die Leitung des Staates ist: nach dem später sog. Quadrivium der mathematischen Wissenschaften Arithmetik, Geometrie, Astronomie und Harmonielehre (sh. MATHEMATIK) führt die DIALEKTIK zur Schau der Idee des Guten (Resp 521c–534e; vgl. Guthrie IV [1975]: 521–526). Später wurde die Dialektik zusammen mit der Grammatik und der Rhetorik als Trivium dem Quadrivium vorgeordnet. Trivium und Quadrivium sollen als die sieben freien Künste (*septem artes liberales*) eine umfassende, enzyklopädische B. (*enkyklios paideia*) grundlegen. Die TUGEND (*aretê*) ist als „Bestform“ der Seele zu sehen, die nur durch das richtige „Training“ (*paideia*) erreicht werden kann. Tugend ist für Platon lehrbar. Die Unterweisung in der Tugend ist Platon zufolge wie die Erziehung Sache des Staates. Dabei sind Gymnastik und musische B. (Dichtung, Musik und Tanz) von besonderer pädagogischer Bedeutung: lehrt doch, dem antiken Schönheitsideal entsprechend, die eine das Gleich- und Ebenmaß (*symmetria*, Phlb 64e) hinsichtlich des Körpers, die andere das Gleich- und Ebenmaß hinsichtlich der Seele, die wie eine Lyra recht gestimmt sein muss, die richtige Stimmung haben muss, um Gutes zu leisten. Die drei Seelenbereiche (*logistikon*, *thymoeides*, *epithymêtikon*, Resp 435a–441c, besonders 440e und 441a) sind dabei gut geordnet. Diese Ordnung drückt sich in der richtigen, weil edlen Haltung aus und steht im Zentrum des antiken Adelsideals, der Kalokagathie (*kalokagathia*, zusammengesetzt aus *kalos kai agathos*): das Schöne (*to kalon*) und das sittlich, moralisch Gute (*to agathon*) sind notwendige äußere und innere Kennzeichen für diese richtige Haltung als Ergebnis einer gelungenen *paideia*. Dies zeigt deutlich, dass antikes Denken, exemplarisch das Denken Platons, Ästhetik und Ethik stark zusammenführt. Die Seele soll sich in ihrem Streben auf Tugend und WEISHEIT, die innere SCHÖNHEIT, ausrichten (Symp 183d–185c). Nicht zuletzt deshalb lehrt die Gottheit den Platonischen Sokrates im Gefängnis zu dichten (Phd 60c–61c), um in dieser letzten, extremen Situation des Lebens die Seele entsprechend zu schulen und um sie auf den entscheidenden Moment im Leben vorzubereiten: den Tod, die befreiende Scheidung der Seele vom Leib (Phd 64b–c, 65c–d und 67d). Da sich Seele und Leib im Tod trennen, muss bereits zu Lebzeiten die Seele auf ihre dann wieder körperlose Existenz nach dem physischen Tod vorbereitet werden. Dies kann nur durch die rechte B. der Seele geschehen (Ap 29d–30b und 36c, Kri 48b sowie Phd 80e–82c und 107d und Alk 1 130e, 131a und 132c). Wie die Seele klingt auch der Staat harmonisch zusammen (Resp 427c–428a), wenn die einzelnen Stände gut geordnet sind, das jeweils Ihrige tun (*to ta hautu prattein*, „das Seinige tun“, Resp 433a–b) und so die Kardinaltugend der Gerechtigkeit als einendes Band guten und rechten Handelns verwirklichen. Platon nimmt hier eine ANALOGIE von Seele und Staat an (Resp 368d–369b und 434d–436a). Grund für ein gerechtes Staatswesen können also nur an der Wahrheit ausgerichtete Seelen der Bürger sein. Dies kann allein die wahre B. (*paideia*) ermöglichen.

II. Die Pädagogik/B. (*paideia*) im Platonismus: Gerade in Verbindung mit Platons Psychologie hat die Pädagogik in der Antike besondere Bedeutung erlangt, geht es doch um das Bilden und Erhalten einer gesunden Seele als Grundlage eines geordneten Staatskörpers (vgl. Jaeger II [1959]: 281–285 und III [1959]: 99–104 und 289–309). Die Notwendigkeit der B. und Pflege der unkörperlichen und unsterblichen Seele zeigt sich auch bei Aristoteles (besonders *De anima* 402a–405b) und Plotin (vor allem *Enneaden* IV.1 [21], IV.2 [4] und IV.7 [2]) sowie im christlichen Platonismus (vgl. Kafka/Eibl [1928]: 284–299, Jaeger [1961]: Kap. II, 12–26 und von Ivánka [1964]: 19–23 und 373–385) und später im Humanismus, der sich neben der römischen *humanitas* auch an der platonischen *paideia* orientiert (zu *paideia* und *humanitas* vgl. Gellius *Noctes Atticae* 13, 17). Der platonische Begriff *paideia* setzt jedoch andere Akzente als die Pädagogik im neuzeitlichen Sinne, wie sie besonders durch Jean-Jacques Rousseau (1712–1778), Johann Heinrich Pestalozzi (1746–1827) und Friedrich Wilhelm August Fröbel (1782–1852) geprägt wurde; sie hat vornehmlich den erzieherischen Aspekt der B. von Kindern und Heranwachsenden als freie Individuen im Blick.

Literatur: Ballauff [1952] – Beierwaltes [1957] – Geerlings [1997] – Guthrie [1975] – Guthrie [1978] – Heidegger [1942] – Ivánka [1964] – Jaeger [1959] – Jaeger [1961] – Kafka/Eibl [1928]

Hans Otto Seitschek

Böse/Übel/Schlechte, das (*kakon*)

Platon hat keine „Lehre“ vom Bösen (B.) vorgelegt, doch hat er sich dem Phänomen des B. an verschiedenen Stellen seiner Dialoge in einer für seine unmittelbaren philosophischen Nachfolger recht verwirrenden Weise gewidmet.

I. Das Argument von Unwissenheit und Harmoniestörung: Die zeitlich wohl frühesten Aussagen des Platonischen Werks zum B. ergeben sich aus dem alltäglichen Lebensvollzug und dem tagtäglichen Tun. Platon folgt dabei offenbar dem unmittelbaren Sokratischen Fragen nach den „menschlichen Dingen“, nach dem konkreten Handlungsmaßstab und nach dem, was, wie sein Sokrates sagt (Phdr 230a), das Zusammenleben der Menschen im Gegensatz zum weit öffnenden Blick auf das kosmische Gesamt des Weltgeschehens lehrt. Platons Interesse gilt daher in einem ersten Schritt dem moralischen B. und in zweiter Linie dem konkreten natürlichen oder physischen Übel, und mithin solchen Übeln, die unmittelbar zu erfahren sowie in ihrer „Entstehung“ nachzuvollziehen sind. Sein Antwortversuch auf das Phänomen des moralischen B. ist auch unter dem Schlagwort „ethischer Intellektualismus“ bekannt geworden und besagt im Grunde, dass dem moralischen B. nichts weiter als ein Erkenntnisfehler (sh. Irrtum/Täuschung) bedingend voraus liegt (Ap 37a; Lys 216c–220b; Euthyd 278e–282a; Prot 345d–e, 360b; Gorg 499c; Men 78b; Resp 412e–413a, 589c; Soph 230a; Ti 86d–e; Lg 860–864; Ep 7, 336b), dass also eine Wissenslücke und darauf aufbauend ein Denkfehler für böses Handeln verantwortlich ist, denn kein Mensch tue freiwillig B. (so deutlich auch Lg 731c). In Phlb 48c werden dann deshalb das B. und Unwissenheit (*agnoia*) lapidar gleichgesetzt. Die *agnoia* ist jedoch keineswegs von vornherein als Grundzustand menschlicher Existenz einsichtig darzustellen, und daher sehr viel eher als Störung eines Grundzustands, jedenfalls aber zumindest als Perversion, Vermissen oder Fehlen eines Sein-Sollens erklärungsbedürftig. Diese Störung interpretieren die Dialoge an mehreren Stellen (Prot 352b–d; Men 87c ff.; Euthyd 278e–282e), am weitläufigsten sicherlich in einigen notorisch bekannten Passagen in der Resp, als eine Disharmonie der „Seelenaspekte“ (sh. Seele), d.h. als Usurpationsbewegung der „unteren“ Seelenvermögen gegenüber dem „oberen“, eigentlich leitungsbestimmten (Resp 435b–445e, vor allem 441c–

444a). Das Ersticken oder die Blockade des Vermögens geistiger Erfassung von grundsätzlich als gut Erkennbarem durch „niedere" Inklinationen und widergeistige Triebe also lässt die Seele in Bezug auf die Erkenntnis dessen, was richtig wäre, intellektuell irren und entsprechend im Handeln fehlgehen (Lg 689a–d). Als Metapher dieser Verwirrung der Prioritäten im Seelenleben dient der metaphysische „Fall" der Seele, wie er in Phdr 247b im Bild vom „Seelenwagen" ausgemalt ist. Nun scheint Platon an anderen Stellen nahelegen zu wollen, dass nicht das so beschriebene metaphysische Geschehen des Seelenschicksals für sich allein als Grund dieser Perversion in der Seele angesehen werden dürfe. Veranlassung dafür sei vielmehr die suggestive Macht des Körperlichen über den unteren Seelensaum (Phdr 248a–b). Somit korrelieren körperlich Verfasstes (*sômatoeides*) und „unterer" Seelenaspekt bei Platon gerne in der Verursachung der Übel. Als Veranlasser der im mythischen Bild von den Tendenzen des „schlechten Rosses" symbolisierten „unteren" Seelenbewegung sowie als Hemmnis der geistigen, „oberen" kann der Körper in dieser Konstellation selbst als ein Übel aufgefasst werden (vgl. Resp 611c). Weitere Hinweise darauf, dass und wie sich Platon das Körperliche als Hemmnis der formenden Vernunfthandlung vorstellt, liefern u. a. auch Stellen wie Plt 269d, 273b–c und Ti 46c ff. Aufgabe des Menschen sei es also, das Körperliche wegen seines Gefährdungspotentials für das Geistige zu fliehen (Phd 67d). Parallelisierungen der negativen Funktion des Somatischen am Menschen mit dem *sômatoeides* im Kosmos zieht Platon scheinbar auch im Mythos des Plt (263b–c, ganz im Gegensatz zur positiven Zeichnung des Kosmos in Ti 56c) und nennt etwa in Resp 609a das Körperliche die dem Kosmos eigene Schlechtigkeit (*oikeia kakia*), womit er auch gleich eine Mitschuld alles Göttlichen am B. in der Welt ausschließen will (Resp 379a ff., 391e, 617e). Auch gibt es nach Ti 68e offenbar zwei Seinsprinzipien der Welt, von denen nur das eine, das Göttliche, als gut gewertet wird, und sich das andere, das „Notwendige" (*anankaion*), sozusagen „zurechtformt" und mit (gutem) Sein ausstattet (vgl. Ti 46d–e, 48a). Dass dieses Notwendige mit dem Körperprinzip gleichzusetzen sei, bringen verschiedene Interpreten mit Tht 176a in Verbindung (Happ [1971]: 273 ff.; Benz [1990]: 181 ff.), wo gesagt wird, das Gute in der Welt müsse, ähnlich wie das Geistige das Körperliche, ein notwendiges Gegenteil haben.

II. Das argumentum e gradibus: Platoninterpreten, die eine konsistente und stringent durchgeführte Lehre vom B. bei Platon bestreiten, weisen vor allem auf die Unvereinbarkeit solch einer Lehre mit einem Grunddatum der Platonischen Philosophie hin, nämlich der Partizipation an den Ideen (sh. TEILHABE). IDEEN, die „Urbilder" der sinnlich erfahrbaren Welt, sind in den Dialogen Platons durchwegs positiv besetzt, sie haben eine über alles irdische Vorstellen hinausgehende „Würde" (*timê* oder *presbeia*, Resp 509b). Ideen für Negativa, deren Auftreten in der Welt gleichwohl nie geleugnet wird, können bei Platon nicht auftauchen (Parm 130b–d). Eine Deutungsmöglichkeit ergibt sich nun aus dem Soph (257b–258c), wo die Frage der Verneinung von Ideen diskutiert und über den Verschiedenheitsbegriff für durchführbar erachtet wird. Schlecht, übel oder böse könnte demnach also das sein, was von der Idee des

Guten (dem alle Ideen integrierenden Angelpunkt des Ideenkosmos) als hinreichend verschieden abweicht (oder nicht mehr ausreichend an ihr partizipiert). Eine Antwort darauf, wie B. interpretiert werden kann, ohne eine Idee des B. anzunehmen, bietet da das sog. argumentum e gradibus an, das Platon insbesondere im Ti (28a ff.) grundgelegt hat: Der Demiurg formt im Hinblick auf die Ideen den Kosmos als deren Abbild, doch wie jedes Abbild bleibt dieser qualitativ hinter seinem Urbild zurück, womit nahegelegt wird, das Platonische *kakon* liege in einem „shortfall from perfection" (Guthrie [1978]: 93). Insbesondere die körperliche Einfassung, durch die den Wesen, welche eigentlich ihren unsterblichen immateriellen Vorbildern möglichst ähnlich sein sollten, „Sterbliches eingeflochten wird", lässt den Kosmos in dieser Sicht hinter dem durchwegs unantastbar positiven Wert der Ideenwelt zurückstehen (Krat 432c–d; Soph 240a–b; Resp 597a). Das Bild vom göttlichen Handwerkskünstler erklärt damit, dass es Partizipation an der Ideenwelt als künstliche Nachahmung (sh. Mimesis) darstellt, auch gleichzeitig, dass es in dieser Nachahmung zu gelungenen und (meist aus Materialresistenz) weniger gelungenen Ähnlichkeiten mit den Urbildern kommen kann. Die graduelle Abstufung wiederum lässt erkennen, wie es dazu kommt, dass die Abbilder unter Umständen dem Urbild nicht mehr hinreichend ähnlich und daher schlecht/übel sind. Dass die Ordnungshandlung des Demiurgen aber in wesentlichen Punkten als Ergebnis hinter dem Gestaltungsvorbild zurückbleibt, scheint sich der „Einflechtung", des Zugrundeliegens von Materie (oder „Tiefe" wie Platon auch sagt), des „Mutterprinzips" (so Ti 50d) der sichtbaren Welt, zu verdanken.

III. Antagone Weltprinzipien?: Auch in den Lg ist es so, dass die *amathia*, das Nichtwissen, zum Negativen anleitet (Lg 688 f.), da sie dem Verlust der Vernunftführung und einer sozusagen pervertierten Neigung der Seele(n) weg vom Geistigen entspricht (Lg 732a–b). Von der aus anderen Dialogen bekannten Rolle des *sômatoeides* beim Zustandekommen des Negativen wendet sich der Platon der Lg nun allerdings offenbar zugunsten einer anderen Interpretation ab, die eine Menge ernster Probleme aufwirft, da sie offenbar die Existenz zweier aktiv widerstreitender Weltprinzipien im Platonischen Denken suggeriert. In Lg 892a hebt ein Beweisgang an, der, davon ausgehend, dass die Seele „älter" ist als das Körperliche (vgl. Ti 34c), darin mündet, dass die Seele überhaupt älter als *alles* andere ist (Lg 896b) und letztlich – da sie die gesamte Welt verwaltet und belebt (896a; ähnlich Phdr 245c–246b) – als Ursache des Guten wie des B. sowie aller anderen bestehenden Gegensätze zu gelten habe (so Lg 896a und 896d). Platon nimmt hier also offenbar zwei „Seelen" an, eine, die Gutes bewirkt, und eine, die Schlechtes hervorbringt (deutlich Lg 896e und 897c–d). Dagegen ist es in Lg 897a–b wieder (allein?) *eine* Seele, die bald alles zum Guten bestellt, bald dem Irrtum (*agnoia*) verfallend Schlechtes bewirkt. Zur Verwirrung über diese Stelle trägt dann zusätzlich bei, dass gleich darauf explizit nochmals von zwei „Arten von Seele" und in 898c wiederum klipp und klar von der „besten Seele" und der ihr entgegengesetzten, also der „bösen" die Rede ist, während 899b schließlich abermals nahelegt, es sei vollkommen gottlos, von einem widervernünftigen Prinzip des Kosmos allen Ernstes zu sprechen. Diese Diskussion um die „zwei Seelen“ ist in der Forschung noch zu keinem befriedigenden Ergebnis gelangt (die Positionen formuliert Mohr [1978]). Ob man nun annimmt, Platon habe die Existenz eines schlechten (Mit-)Prinzips zumindest des sichtbaren Kosmos verteidigt, und ob er es dann – im Hinblick darauf, dass er diesen Kosmos ja allenthalben als schön und wohldurchdacht darstellt – dem guten Seelenprinzip unterordnet und wie tief (Greene [1968]: 310f.), oder ob Platon vielleicht nur hypothetisch den Gedanken eines bösen metaphysischen Veranlassers zur Erklärung des B. in der Welt erwägt (Hager [1963]: 253ff.; Alt [1993]: 11), ob er an zwei „Aspekte“ oder „Kräfte“ ein und derselben Weltseele gedacht haben mag (Cherniss [1954]: 26), ob schließlich die „zwei Seelen“ nur eine Art metaphysischer Farce sind, die Platon sich leistet, scheint weiterhin unklar.

IV. An die Ambivalenz der Lg konnte die platonische Tradition anschließen. So entscheidet sich Plotin (*Enneaden* I.1[53].12.1–18) für die Variante, nach Platons Vorgabe die Seele zunächst ihrem Wesen nach als „schlechthin Eines und Einfaches“ zu sehen, aber auch noch eine mehr oder weniger unwesentliche Beimischung einer „anderen Art von Seele, welche die schlimmen Leidenschaften enthält“ (*Enneaden* I.1[53].12.9) zuzulassen, und weist Platon zitierend darauf hin, die Seele sei eben so vielgestaltig wie der Meergreis Glaukos. Berühmter wurde jedoch die neuplatonische Wiederaufnahme des Gedankens von der Hemmung der Seelentätigkeit durch das Körperliche. Unter Einfluss aristotelischen Gedankenguts wurde somit das Körperliche als ein Hemmnis oder eine Beraubung (*sterêsis*) für die Tätigkeit der Seele angesehen (so Plotin *Enneaden* V.9[5].10.18–21), und es war auch Plotin, der schließlich eine Gleichsetzung von Materie und B. in seiner Altersschrift *Über das Woher der Übel* (*Enneaden* I.8[51].30.35ff., I.8[51].50.8f., I.8[51].13.9, u.ö.) suggerierte. Der Streit darum, wie genau das bei Plotin zu verstehen sei und ob bei Plotin seiner Voraussetzung gemäß, dass es nur einen und guten Ursprung für alles gibt, ein selbständiges böses Gegenprinzip tatsächlich angenommen werden dürfe, schwelt unter den Interpreten weiterhin (Alt [1990]). Jedenfalls setzt sich auch Proklos in seinem Traktat *De malorum subsistentia* (31,5–21) mit der Meinung „gewisser solcher“ (30,6) auseinander, die behaupten, die Materie sei das Prinzip des B. Ob er damit die Stellungnahme Plotins oder anderer innerplatonischer Fraktionen aufgreift, ist fraglich (zum innerschulischen Streit auch Schäfer [2002a]: 174f., 405). Er verwirft sie jedenfalls zugunsten einer Weiterentwicklung der Privationsthese, in der das B. nur eine Beraubung von Gutem darstellt. Da tatsächlich alles Seiende seines alleinigen guten Ursprungs wegen gut ist, kann das B. nur als eine parasitäre Schwächung am Sein verstanden werden, ähnlich wie eine Krankheit nichts an sich darstellt, sondern nur eine Teilberaubung des guten Gesundheitszustands. Der ontologische Status des B. wird dann von Proklos als *parhypostasis* festgelegt (Schäfer [1999]), als unselbständige nichtsubstantielle Mit-Realisierung an einem substantiell Seienden (auch Plotin hatte übrigens die Materie als „unterhalb der Seinsgrenze“ ontologisch verortet: *Enneaden* II.4[12].100.34f.). Dabei schwingt in der Bezeichnung auch die privative Seite der *parhypostasis* als Bremser und Be- oder Verhinderer der Substanzen (als *para hypostasin*) immer noch mit und verrät ihr Herkommen aus dieser Überlegungsvariante.

Literatur: Alt [1990] – Alt [1993] – Benz [1990] – Cherniss [1954] – Greene [1968] – Guthrie [1978] – Hager [1963] – Hager [1987] – Happ [1971] – Mohr [1978] – Schäfer [1999] – Schäfer [2002 a] – Steiner [1992 a]

Christian Schäfer

Chorismos siehe **Trennung**

Dämon/(Schutz-)Geist (*daimôn*); Daimonion

I. Der Begriff Dämon (D.) (*daimôn*) wird im Griechischen in früher Zeit nicht mit Negativem assoziiert. In den Homerischen Epen kann D. einen Gott bezeichnen, zumeist einen, dessen Identität für die Menschen nicht erkennbar ist. Zuerst bei Hesiod *Erga* 122f. werden D. von den Göttern unterschieden: Die Menschen des Goldenen Geschlechts werden nach ihrem Tod zu D., die das Tun der Menschen überwachen. In den folgenden Jahrhunderten finden sich verschiedene Aussagen über D., jedoch können bis in Platons Zeit Götter und D. als gleichrangige, den Menschen überlegene Wesen von primär positivem Charakter verstanden werden. Platon übernimmt die Vorstellung von D. als göttlichen, Gutes bewirkenden Wesen, gibt ihnen dabei unterschiedliche, auch neue Deutungen, woraus aber keine einheitliche Dämonologie resultiert.

II. Gleichbedeutend mit Göttern werden D. genannt in der Anklageschrift des Sokrates (Ap 24b–c): Dieser ehre nicht die Götter, die die Stadt ehrt, sondern führe neuartige Gottheiten, *daimonia*, ein; damit sind Götter gemeint (vgl. Ap 27c–d). Als Götter gelten D. auch in Resp 619c; Plt 272e, 274b. Die Götter der Tradition (im Unterschied zu den Gestirngöttern) werden in Ti 40d–e als D. bezeichnet.

D. von den Göttern unterschieden: In Ap 27d sind D. Götter oder Kinder von Göttern. In Krat 398b–c werden D. etymologisch als *daêmones*, Wissende, erklärt; es heißt, jeder vortreffliche Mensch könne nach dem Tod ein D. werden. Als mittlere Wesen zwischen Göttern und Menschen und als Vermittler werden D. in Symp 201d–203a beschrieben; auch Eros sei kein Gott, sondern ein großer D. Als Hüter der Tiere fungieren göttliche D. (Plt 271d), für die Menschen sorgt der Gott selbst. Öfter werden Gott oder Götter und D. nebeneinander genannt (so Lg 713d, 730a, 747e, 848d, 906a), auch Götter, D., Heroen (Resp 392a, 427b; Lg 717b, 738d, 818c). Genauere Angaben finden sich in der pseudo-Platonischen Epin 984d–e, 985a: Räumlich folgen die D. im Kosmos den Göttern nach, ihre Bereiche sind Äther (*aithêr*) und Luft, sie besitzen erstaunliche Klugheit, erkennen die Gesinnung der Menschen und haben Anteil an Freude und Schmerz, wovon die Götter unberührt bleiben.

III. D. als persönlicher Schutzgeist, Geleiter der Seele: Diese Vorstellung (die vor Platon nicht sicher literarisch bezeugt ist) erscheint nur in den Mythen von Phd und Resp sowie (nicht mythisch) in Lg. Der D. führt in Phd 107d–108c die Seele, die er für das Leben erlost hat, nach dem Tod in den Hades zum Gericht; danach leitet sie ein anderer D. Manche Seelen widerstreben, so dass sie führerlos gewaltsam an den gebührenden Ort gelangen; vorzügliche Seelen erhalten Götter als Führer. Dagegen wählen in Resp 617e, 620d die Seelen selber im Jenseits ihren D. zugleich mit ihrem künftigen Erdenleben, mit dem der D. verknüpft ist; er wird für die Erfüllung dessen, was gewählt wurde, sorgen. Wie er dieses Amt ausübt, wird hier nicht erläutert, wohl aber für eine spezielle Situation in einem juristischen Kontext (Lg 877a): Bei einem intendierten Mord hat der D. des Täters aus Mitleid mit diesem wie mit dem Opfer bewirkt, dass statt der Tötung nur eine Verwundung erfolgte; so bewahrte er den Täter vor einem fluchbeladenen Geschick und das Opfer vor der tödlichen Wunde. – Umgedeutet wird der persönliche D. in Ti 90a–c: Er bezeichnet das Göttliche im

Menschen, das einem jeden vom Gott gegeben wird; wer den D. in sich ehrt und fördert, wird in besonderer Weise glückselig, *eudaimôn*, sein (sh. Eudaimonie).

IV. Das Daimonion des Sokrates: Bei Platon wird es nur an wenigen Stellen erwähnt. In Ap 31c–d und 40a spricht Sokrates von etwas „Göttlichem und Daimonischem" (*theîon, daimonion*, beides identisch gemeint), einer inneren Stimme, die ihm seit der Kindheit vertraut sei und ihn jeweils davon abhielte, etwas zu tun oder zu sagen, niemals aber ihn antriebe. Das Schweigen dieser Stimme während seines Weges zum Gericht wie seiner Verteidigungsrede gilt ihm als Beweis, dass der Ausgang des Prozesses, das Todesurteil, etwas Gutes bedeute. Genannt wird das Daimonion ferner in Euthyph 3b, Tht 151a sowie Phdr 242b–243b: Sokrates sagt, das Daimonion hindere ihn am Weggehen, bevor er sich von der Verfehlung gegenüber dem Göttlichen (in seiner ersten Eros-Rede) gereinigt und eine „Palinodie" vorgetragen habe. – Dagegen gibt im pseudo-Platonischen Thg 128d–e das Daimonion auch Rat für andere, wie bei Xenophon *Memorabilia* 1, 1,4.

V. Andeutung von negativen Aspekten des D.: Bei Platon können Götter nur Gutes bewirken; Entsprechendes gilt für D. als göttliche Wesen. Allerdings gibt es einen Hinweis auf einen anscheinend betrügerischen D. (Phdr 240a–b): Es habe wohl ein D. den vielen üblen Dingen etwas Erfreuliches beigemischt (zu bedenken ist, dass es sich um die erste Sokrates-Rede handelt, von deren „Vergehen" er sich entsühnen sollte). Eine deutlichere Aussage steht in Ep 7, 336b: Ein D. oder eine Rachegottheit (*alitêrios*) habe durch Gesetzlosigkeit, Gottlosigkeit und Dummheit übel eingewirkt; vermutlich eine Reminiszenz an den Volksglauben, generell sind für Platon die D. positiv wirkende Wesen.

VI. Nachwirkung: Klar abgegrenzt werden D. von den Göttern zuerst in der pseudo-Platonischen Epin 984d–e (sh. oben II); die Definition, dass die D. anders als die Götter Affekten unterliegen, bleibt später weithin gültig (die D. sind *empatheis*, die Götter *apatheis*). Nach den Angaben verschiedener Autoren kümmern sich die D. um menschliche Belange, z.B. um Orakel und Mysterien, und vermitteln zwischen Göttern und Menschen. Nach Xenokrates Fragment 15 H. (213 Isnardi [1998a]) gehören sie in den sublunaren Bereich. Bei Plutarch *De facie in orbe lunae* 28–30 gelangen alle Seelen auf den Mond und wandeln sich in D. – Die Vorstellung des D. als Seelengeleiter wird von Plutarch, Maximos von Tyros, Apuleius übernommen, aber nur in jenen Schriften, die das Daimonion des Sokrates behandeln. Bei Plutarch *De genio Socratis* 24 heißt es, dass nur wenige vollendete Menschen nach zahllosen Inkarnationen zuletzt einen D. als Führer erhalten, dass nach dem Tod ihre Seelen zum Mond aufsteigen und selber helfende D. werden. Nach Maximos von Tyros *Orationes* 8, 181ff., 202ff. (Trapp [1997]) haben die D. unterschiedliche Wesensarten und sind jeweils Menschen ähnlicher Art zugeordnet; eine schändliche Seele erhält keinen D. als Führer. Den Wandel von Seelen zu D. hat Plutarch auch in *De defectu oraculorum* 10 vermerkt, den von D. zu Göttern *De Iside et Osiride* 27 und 30. Plotin hat das Thema des persönlichen D. nur in der Schrift *Enneaden* III.4.[15] behandelt; dabei nimmt er niedere und göttlichere D. an, bis hin zu einem Gott als Seelenführer. Die Seele selber kann für Plotin schon im Erdenleben ein D. oder sogar ein Gott sein und wird dies nach dem Tod bleiben. Böses bewirkende D. sind bezeugt für Xenokrates Fragment 23–25 H. (223, 225–230 Isnardi [1998a]). Plutarch spricht von bösen D. in *De defectu oraculorum* 13–17, *De Iside et Osiride* 25–27, 46 (hier wird der Dualismus Gott-D. aufgezeigt). Für Plotin sind böse D. nicht möglich. Dagegen handelt Porphyrios *De abstinentia* 2, 36–42 ausführlich von bösen D. und ihrem Wirken; nach *Ad Marcellam* 11 kann die Seele zur Herberge böser D. werden und muss sich vor ihnen hüten. Böse D. verzeichnet auch Iamblichos *De mysteriis* u.a. 3, 13 und 31.

Literatur: Alt [2000] – Heinze [1892] – Vrugt-Lentz [1976]

Karin Alt

Darstellung siehe **Nachahmung**

Definition (*horos*)

I. Als ‚Erfinder' des Definierens in einem technischen Sinn gilt bereits Platons Lehrer Sokrates. Aristoteles schreibt ihm „als erstem" die Kompetenz zur Definition (D.) ethischer Begriffe im Allgemeinen zu (*Metaphysik* 987b). Dass D. ethischer Wertbegriffe ein Sokratisches Anliegen waren, bezeugen nicht nur die Frühdialoge Platons, sondern auch der Bericht Xenophons (*Memorabilia* 1, 1,16). Ein Terminus technicus für ‚D.' findet sich in diesen Dialogen jedoch noch nicht. Stattdessen fordert Sokrates seine Partner mit „Was ist X?"-Fragen (*ti estin*) zur Präzisierung von vagen, unreflektierten oder auch umstrittenen Begriffen auf. (Vgl. La 190d–e: „Als erstes wollen wir zu sagen versuchen, was die Tapferkeit ist (*andreia ti pot' estin*); ähnlich 194c; Charm 159a: die Besonnenheit; Euthyph 5c–d: das Fromme/Heilige; Men 71a–b: die Tugend; Hipp Ma 287d: das Schöne; Gorg 447c: die Rhetorik; Resp Buch 1 (sh. Schönheit und Gerechtigkeit).)

Zur Rechtfertigung dieser Praxis beruft sich Sokrates auf seine ‚göttliche Mission', das vermeintliche Wissen seiner Mitmenschen zu überprüfen (Ap 20d–22e). Am Anfang jeder Überprüfung steht die Frage nach dem Wesen oder der Natur des fraglichen Gegenstandes (sh. Physis). Wissen ist für Sokrates aber kein Selbstzweck, sondern beruht auf seiner Überzeugung, das ungeprüfte Leben sei nicht lebenswert (Ap 38a; La 187e–188c). Da das Alltagswissen üblicherweise auf unreflektierten Meinungen und einem wenig präzisen Sprachgebrauch basiert, sind die Befragten nicht in der Lage, ihr Verständnis in einheitlichen D. zusammenzufassen: Begnügen sie sich nicht mit dem Aufzählen von Beispielfällen, so sind ihre D. zu eng oder zu weit, erweisen sich als widersprüchlich oder zirkulär. Das Ungenügen dieser Versuche wird nicht terminologisch gekennzeichnet, sondern mit Hilfe des Elenchos exponiert. Es finden sich aber auch theoretische Hilfestellungen. So klärt Sokrates Euthyphron auf, es gehe ihm um die *einheitliche Form*, die der Vielfalt von Einzelfällen gemeinsam ist: Alles, was heilig und unheilig ist, solle *eine* Gestalt besitzen (Euthyph 5d: *mian tina idean*; Euthyph 6d–e: *auto to eidos*; *autên tên idean*). Obwohl dabei Termini verwendet werden, die später für die Ideenlehre typisch sind, scheint Platon hier nur an die Einheit der Begriffe und noch nicht an eine abgetrennte Natur zu denken. Es ist jedoch unzweifelhaft, dass er die Existenz einer einheitlichen Natur voraussetzt und damit die Position eines metaphysischen Realismus vertritt. Andernfalls wäre die Suche nach universellen D. nur ein intellektuelles Spiel.

Ob Platon annimmt, ein erfolgreicher ELENCHOS werde den wahren Kern aus den zwar vagen und unbegründeten, aber nicht zwangsläufig falschen Meinungen herausschälen (sh. WIEDERERINNERUNG), lässt sich für die frühe Phase nicht dogmatisch entscheiden. Dass angemessene D. auf geeigneten Abgrenzungen beruhen, wird aber nicht nur elenktisch vorgeführt, sondern auch terminologisch angedeutet. Neben der allfälligen Forderung nach einem LOGOS findet sich die Verwendung des Terminus *horos* (Gorg 470b, 488c; Resp 331d), und bereits in den früh-mittleren Dialogen werden die Verben *horizô* (Charm 163d; Euthyph 9c–d; La 194c; Gorg 453a, 470b, 513d; Phd 104c) und *dihorizô* (Charm 163e; Prot 349c; Gorg 488d; Resp 341b, 344e) verwendet. Dass Platon durchaus schon die spätere kanonische Form der D. im Auge hat, bezeugen gelegentliche ‚Musterd.' des Sokrates (vgl. La 192a–b: Schnelligkeit ist „das Vermögen bei jeder Art Tätigkeit, in kurzer Zeit viel zustande zu bringen"; Men 74b–76a: „Die Gestalt ist die Begrenzung eines Körpers").

Das Nomen *horos* (in den regional verschiedenen sprachlichen Formen) wird seit Homer zur Bezeichnung von ‚Grenze', ‚Begrenzung', ‚Grenzmarkierung', ‚Grenzstein' aber auch im zeitlichen Sinn von ‚Frist' verwendet (entsprechend das Verb *horizô* = ‚begrenzen', ‚markieren', ‚trennen', ‚teilen'). Daraus ergab sich in klassischer Zeit eine Vielzahl abstrakter Verwendungen zur Bezeichnung von politischen und gesetzlichen Dekreten, von Intervallen in der Musik, von Proportionen in der Mathematik und generell im Sinn von Standard, Maß oder Kennzeichen. Dieses Spektrum macht begreiflich, dass Aristoteles später *horos* sowohl zur Bezeichnung von Prämissen und Konklusionen in Syllogismen wie auch für die darin verwendeten ‚Terme' verwendet; für ‚D.' bevorzugt er (neben *logos* mit gelegentlicher Ergänzung durch *horistikos logos*) den abgeleiteten Ausdruck *horismos*. Bei allen abstrakten oder metaphorischen Verwendungen schwingt jedoch die ursprüngliche Bedeutung von ‚Grenze' oder ‚Eingrenzung' mit – und diese gilt selbst für die lateinische Übersetzung *definitio* (vor allem bei Cicero), denn das lateinische *finis* (Ende, Grenze) hat ähnliche Konnotationen wie das Griechische *horos*. Zeugnisse für all diese Verwendungen von *horos* finden sich auch in Platons Werken (gesetzliche Bestimmung: Lg 744d u. ö.; Tonintervalle: Resp 443d; Ti 36b; Phlb 17d; Standard, Maß, Kennzeichen, Verhältnis, Vorschrift, Norm: Resp 373d, 423b, 551a; Phdr 237d u. ö.).

II. Lässt Platon in den frühen und manchen der früh-mittleren Dialoge nur indirekt erkennen, welche Bedingungen korrektes Definieren zu erfüllen hat, so kennzeichnet er in den späteren Werken das Definieren als integralen Bestandteil systematischen Vorgehens. Platon bezeichnet diese Disziplin als DIALEKTIK und versteht darunter die konstruktive Form der Diskussion, wie bereits ein Hinweis im Men zeigt, in einem solchen Austausch gehe es nicht nur um Wahrheit, darüber hinaus dürften dabei nur Begriffe verwendet werden, deren Bedeutung die Partner verstehen (75d). Ausführlicher sind die Ausführungen über diese ‚höchste' Disziplin in der Resp

(531d–535a): Der Dialektiker zeichnet sich durch das Vermögen aus, einen *logos* über das Wesen (*usia*) jedes Dinges zu geben (534b). Dazu gehört nicht nur die siegreiche Abwehr aller Widerlegungsversuche, sondern ebenso die Fähigkeit, den Begriff (in diesem Fall den des Guten) durch eine Bestimmung (*logos*) abzugrenzen (*diorisasthai*) und damit von allem anderen abzuheben (534b–c). Über dieses Abgrenzungsverfahren lässt sich Platon hier nicht näher aus. Es ist daher unklar, ob er bereits das ‚dihäretische Verfahren' im Sinn hat, das erstmals im Phdr erklärt und zur bevorzugten Methode zur Begriffsbestimmung in seinen Spätdialogen wird (sh. Dihärese). Diese Methode (vgl. Phdr 265c–266c) besteht in der Zusammenführung (*synagôgê*) zu *einem* obersten *Genus* und in der Aufteilung (*dihairesis*) in dessen natürliche *Spezies*. Wie Platon dort mit der Metapher vom geschickten Koch besonders nachdrücklich aufzeigt, kommt es darauf an, die Aufteilungen ‚an den natürlichen Gelenken' vorzunehmen, statt den Braten/das Gebiet mitten entzwei zu hacken. Die dihäretische Methode, die an Darstellungen von Stammbäumen erinnert, wird in einigen der Spätdialoge weiter erläutert und auch ausführlich praktiziert (so im Soph zur D. des Sophisten und im Plt zur Bestimmung des Staatsmannes). Auch bei dieser ausführlichen Bestimmungsarbeit verwendet Platon immer wieder – neben *logos* – den Ausdruck *horos* und die entsprechenden Verbformen (Plt 266e, 292a–293e; Phlb 56d). Platonische D. bestehen aus der Aufzählung all derjenigen ‚Äste' des Stammbaums, die zur Bestimmung des gesuchten Begriffs geführt haben (Soph 267c–d: Der Sophist gehört zu den „Nachahmern der widerspruchserzeugenden, verstellenden Art von Meinungen, innerhalb der Nachahmung zur illusionserzeugenden Herstellung von Abbildern, nicht göttlicher sondern menschlicher Art, durch die Erzeugung von Tricks mit Worten."). Angesichts der Umständlichkeit solcher D. plädiert Aristoteles für ihre Abkürzung (*Metaphysik* 1037b–1038a: Außer dem *Genus* genügt die letzte *Differentia*).

Eine besonders eingehende Beschreibung der dihäretischen Methode findet sich im Phlb. Dort bezeichnet sie Sokrates als ein „Geschenk der Götter" (16c), mit dessen Hilfe die Menschen „forschen, lernen und einander belehren" sollen (17e). Zu dieser göttlichen Methode gehört nun nicht nur, die Vielfalt zu einer obersten Einheit zusammenzufassen. Bei der Aufteilung (die hier nicht nur Zweiteilungen, sondern auch mehrfache Unterteilungen zulässt) ist außerdem auf Vollständigkeit der Einteilung und auf die Folgerichtigkeit in ihrer Abfolge zu achten. Das Verfahren nötigt zur Erforschung des jeweiligen Gebietes als Ganzes und zu einer taxonomischen Bestimmung all seiner Elemente. Auf diese Weise, so Sokrates im Phlb, lässt sich nicht nur das Problem von Einheit und Vielheit von Gattung und Arten, sondern auch das der Teilhabe einer unbegrenzten Menge unterschiedlicher Einzelfälle an einer unveränderlichen Einheit lösen (Phlb 15b–c, 19b).

Das dihäretische Verfahren hat Platon offensichtlich auch zu Reflexionen über diejenigen Begriffe veranlasst, die als Kriterien der Einteilungen dienen. So finden sich vom Tht an immer wieder Reflexionen auf formale Begriffe (185a–186e: *koina*) wie Sein und Nichtsein, Eines/Vieles, Selbigkeit/Verschiedenheit, Ähnlichkeit und Unähnlichkeit als die Prinzipien systematischen Denkens. Auch für sie fordert Platon angemessene *horoi* (Soph 248c: der *horos* des Seins). So wird die Klärung dieser

‚wichtigsten Begriffe' (Soph 254d: *megista genê*), ihrer Verknüpfung und Trennung im Soph als das ureigene Geschäft des Philosophen bezeichnet (Soph 254a–b). Im Ti schließlich macht Platon diese Begriffe zu den Grundbestandteilen der Seele des Alls und der Menschen (Ti 35a–b, 41d–42a); nur so kann die Seele die Natur des Ewigen wie auch die des Veränderlichen richtig erkennen (Ti 37a–c).

Auch der späte Platon beschränkt den Nutzen systematisch erzielter D. nicht auf die Wissenschaft, wie die Anwendung der Methode im Phlb zeigt: Obwohl Sokrates das Verfahren zur Bestimmung von Lust und Wissen nur im Ansatz (zur Bestimmung ihrer Genera und einer Grobeinteilung ihrer Arten) anwendet, liefert es ihm die Kriterien zur Auslese für diejenige ‚Mischung aus Lust und Wissen', die das gute Leben ausmachen soll. Der Nutzen der Fähigkeit des Definierens für das Leben bleibt also erhalten. Entsprechendes gilt auch für die Lg, wo den Mitgliedern des nächtlichen Rates sowohl die Kenntnis des Wesens der Tugend und der Anzahl ihrer Arten abverlangt wird wie auch die Fähigkeit, Rechenschaft (*logos*) darüber abzulegen (Lg 963a–966b).

III. Eine formale Definition von *horos* als ‚D.', die der später üblichen Standardformulierung nahe kommt, findet sich erst in den pseudo-Platonischen Def (414d): „Eine D. (*horos*) ist eine aus der Differenz und dem Genus zusammengesetzte Bestimmung (*logos*)." Diese Schrift zeugt aber davon, dass Platons Forderung nach Genauigkeit des Definierens die weitere Entwicklung in seiner Schule, der Akademie, wesentlich beeinflusst hat. Dass gleichwohl nicht Platon oder gar dessen Lehrer Sokrates, sondern Aristoteles als Begründer wissenschaftlichen Vorgehens gilt, liegt zu einem guten Teil daran, dass die auf *genus proximum* und *differentia specifica* reduzierte Form der D. als Teil der aristotelischen Tradition kanonisiert wurde. Überdies hat Aristoteles das Definieren mit solcher Persistenz auf allen Gebieten seiner Philosophie angewandt, dass man dieses Vorgehen als selbstverständliches Erbe des ‚Vaters aller Wissenschaften' ansah. Für die platonisch-aristotelische Philosophie der Spätantike bestand auch kein Anlass, gerade in diesem Punkt eine Unstimmigkeit zwischen Platon und Aristoteles zu sehen; denn trotz Aristoteles' kritischer Einstellung zum dihäretischen Verfahren (vgl. *Analytica Priora* 46a; *Analytica Posteriora* 2, 5 u. ö.) war er sich über die Bedeutung systematischen Vorgehens mit seinem alten Meister völlig einig und hat sich des dihäretischen Verfahrens in taxonomischen Bestimmungen eifrig bedient. In der Philosophie der Spätantike gehörte das dihäretische Vorgehen zu den Grundlagen jeder Wissenschaft, da es durch die ausführliche Erläuterung des Fortschreitens vom obersten Genus zu den Spezies mit Hilfe der *Differentiae* in der *Isagogê* des Porphyrios (*Isagogê* Busse [1887], besonders 4,21–5,16; 6,13–23) weite Verbreitung fand. Dank der Übersetzung der *Isagogê* durch Boethius hat dieses Verfahren auch die Philosophie des Mittelalters stark beeinflusst, wie die zahlreichen Illustrationen zum sog. ‚Baum des Porphyrios' bezeugen.

Literatur: Ackrill [1970] – Barnes [2003] – Cherniss [1962] – Cornford [1935] – Ebert [1974] – Frede [1997b] – Frede [2004] – Owen [1966] – Robinson [1953] – Stemmer [1992] – Vlastos [1994]

Dorothea Frede

Demiurg (*dêmiurgos*)

I. Der Demiurg (D.; *dêmiurgos*) ist ein Handwerker, der sich durch Sachverstand in einer Kunst (*technê*) vom Laien (*idiôtês*) unterscheidet (Ion 531c; Prot 327c; Gorg 503d–e; Plt 298c; Lg 916b). Obwohl meist ein einfaches Handwerk gemeint ist, kann dem D. durchaus Raffinesse zugetraut werden (Resp 529e). Allerdings gilt es, bloße Raffinesse von echtem Sachverstand zu unterscheiden, wie die Kritik an Rhetorik und Sophistik zeigt. Dabei geht es nicht zuletzt um ihr Selbstverständnis, wonach der Redner D. der Überzeugung ist (Gorg 453a, 454a). Ein ambivalentes Beispiel liefert auch die Dichtung. Zwar können D. aller Künste als Dichter (*poiêtês*) gelten, wenn man ein weites Verständnis von Produktion (*poiêsis*) zugrundelegt (Symp 205b). Aber dies ändert nichts daran, dass D. schöner Taten D. schöner Dichtungen übertreffen (Lg 829d). In ontologischer Hinsicht werden Dichter sogar Handwerkern wie dem Tischler untergeordnet, weil sie deren Produkte, die schon Nachahmungen von Ideen sind, nur nochmals nachahmen (Resp 595c ff.). Vor dem Hintergrund der Kritik an Rhetorik, Sophistik und Dichtung lässt sich auch die Tätigkeit des Philosophen, der auf die wahrhafte Hervorbringung von Erkenntnis, Tugend und Bildung zielt, als demiurgisch bezeichnen (Resp 500d; Phlb 59e; Lg 898b). Schließlich finden sich Wendungen mit einer offenkundigen Metaphorik. Man denke etwa an den Schreiber und den Maler, die als D. in unseren Seelen Reden und Bilder herstellen (Phlb 39b).

II. Platons Konzeption eines göttlichen D., von dem der gesamte Kosmos gestaltet wird, ist von all diesen Beispielen zu unterscheiden. Denn einerseits unterstellt dies eine Tätigkeit, die weit über menschliche Technik hinausführt; andererseits wird nirgendwo gesagt, dass es sich um eine bloße Metapher handelt. Die Konzeption findet sich in verschiedenen Dialogen. Gelegentlich wird sie nur erwähnt (Resp 507c, 530a), gelegentlich erläutert (Soph 265c). Dabei geht es um die Herstellung von körperlich Seiendem, das eine Materie hat, vorrangig um Himmelskörper und Lebewesen bzw. ihre einzelnen Vermögen, daneben auch um natürliche Phänomene wie Träume oder Spiegelungen, nicht jedoch um körperlose und immer seiende Ideen, weil diese keine Ursache benötigen, um ins Sein zu treten. Eine gewisse Ausnahme ist der Wesensbildner (*phyturgos*), von dem die Dichterkritik spricht. Denn dieser soll Verfertiger (*poiêtês*) von Ideen sein, und sich dadurch vom Handwerker unterscheiden, der nur Einzeldinge herzustellen vermag (Resp 597d). Es fällt jedoch auf, dass der Phyturg nicht als D. bezeichnet wird. Vermutlich ist der Ausdruck vermieden, weil die Herstellung von Ideen selbst dann auf eine andere ontologische Ebene gehört als die Herstellung von Körpern, wenn sie demselben Gotte zuzuschreiben sein sollte. Eine weitere Möglichkeit besteht darin, den Phyturgen nur auf Ideen von Artefakten zu beziehen und diese in der Seele anzusiedeln. Denn damit wäre er mit einem D. harmonisiert, der auch die Seele hervorzubringen hat.

Was dafür spricht, körperliches Sein demiurgisch zu begreifen, wird häufig betont. Es ist die Vortrefflichkeit kosmischer Strukturen, die eine vernünftige Ursache fordert. Um dies einsichtig zu machen, kritisieren verschiedene Dialoge die vorsokratische Annahme, dass unvernünftige Ursachen bzw. bloßer Zufall ausreichen (Soph 265c; Lg 888e ff.). Das gilt auch für den Ti, der detailliert erläutert, wie der Kosmos entsteht. Denn der Zufall spielt dabei nur insofern eine Rolle, als der D. „Mitursachen" (*synaitia*, Ti 46c) benötigt. Diese gehören auf die Ebene der Notwendigkeit, die durch Überredung (*peithô*) dazu gebracht wird (Ti 48a, 51e), sich der Vernunft zu fügen. Demnach entsteht der Kosmos zwar „aus einer Verbindung von Notwendigkeit und Vernunft" (*ex anankês te kai nu systaseôs*). In dieser Verbindung ist aber die Vernunft das beherrschende Moment (Ti 48a). Und nur deshalb hängt der gesamte Kosmos vom D. ab, während die bloße Notwendigkeit auf den bestimmungslosen Raum (*chôra*) verweist, in dem die Gestaltung stattfindet (Ti 48e ff.). Der D. wirkt primär durch jene Ursachen, die „mit Hilfe der Vernunft Hersteller des Guten und Schönen sind" (*meta nu kalôn kai agathôn dêmiurgoi*, Ti 46e). Dabei ist seine Tätigkeit dadurch charakterisiert, dass er ungeordnete Bewegung ordnet (Ti 30a). Um dies zu leisten, muss er nicht nur den Weltkörper gestalten, sondern auch eine Weltseele, deren Aufgabe darin besteht, Vernunft an den Körper zu vermitteln (Ti 30b). Für die vernünftige Gesamtstruktur des Kosmos, die mit der Erschaffung von Zeit und Himmel abgeschlossen ist (Ti 37c ff.), wird der Einfluss des D. besonders betont. Schon vor der Erschaffung der Menschenseelen zieht er sich zurück, indem er erschaffenen Gestirnsgöttern den Auftrag erteilt, die übrigen Lebewesen zu erschaffen und ihn dabei nachzuahmen (Ti 41c). Noch weniger deutlich ist sein Einfluss in der Erörterung der Notwendigkeit, die sich als erforderlich erweist (Ti 46c ff.), bevor dieser Auftrag vollständig ausgeführt werden kann (Ti 69c). Allerdings wird auch hier betont, dass die erkennbaren Strukturen der Materie vom D. gestaltet worden sind (Ti 53a–b). Abgesehen vom gestaltlosen Raum, in dem sich nur stoffliche Spuren finden, gibt es keinen Aspekt des Kosmos, der von der demiurgischen Gestaltung unabhängig wäre.

Ihre Grundlage wird im Proömium der Kosmologie gelegt, das den D. als beste Ursache für das schönste Werdende einführt (Ti 29a), obwohl sich dessen „Hersteller und Vater" nur schwer finden und nicht allgemeinverständlich erläutern lässt (Ti 28c). Demnach ist der Kosmos (Ab-)Bild (*eikôn*) des immer Seienden (Ti 29b), und der D. sorgt als beste Ursache dafür, dass die Eigenschaften dieses besten Vorbilds bestmöglich an das werdende Abbild vermittelt werden. Das Proömium geht dabei von zwei Voraussetzungen aus. Zunächst gilt es, das immer Seiende, das niemals wird, vom immer Werdenden, das niemals ist, zu unterscheiden (Ti 27d–28a). Während das Seiende Gegenstand dialektischen Denkens ist (*noêsis meta logu*), eignet sich das Werdende nur als Gegenstand wahrnehmungsgestützter Meinung (*doxa met' aisthêseôs*). Nach dieser ontologischen Unterscheidung, die auf die Ideenlehre der mittleren Dialoge zurückgreift, wird in kausaler Hinsicht betont, dass alles Werdende eine Ursache benötige (Ti 28a). Und an die Stelle dieser Ursache rückt der Text den D., ohne den Übergang eigens zu erläutern (vgl. Phlb 26e). Ein solches Vorgehen ist nicht nur auffällig, weil es „Werden" (*gignesthai*) vorrangig als Entstehen und weniger als Veränderung fasst, sondern auch, weil sich die eingeführten Ideen bereits als Ursachen des Werdenden anbieten. Geht man von aristotelischen Begriffen aus, erscheint die Idee zwar als causa formalis und der D. als causa efficiens (vgl. *Physik* 2, 3). Es fragt sich aber, ob dies dem Platonischen Gedanken angemessen ist, zumal Aristoteles den D. gar nicht erwähnt, sondern Was und Woher bei natürlichen Vorgängen der Art nach identifiziert (*Physik* 198a). Statt eine solche Unterscheidung zu entwickeln, versucht das Proömium nachzuweisen, dass der D. bei der Gestaltung des schönen Kosmos auf das immer Seiende geblickt haben muss. Auch später wird betont, dass es um die größtmögliche Ähnlichkeit von Vorbild und Abbild geht (Ti 29e, 30c, 30b, 37c). Doch größtmögliche Ähnlichkeit bedeutet keine Identität. Der wahrnehmbare Kosmos, der nur ein Abbild von Ideen ist, kann deshalb nicht mit der Genauigkeit der Ideendialektik erkannt werden, sondern nur durch eine bildliche Rede (*eikôs logos*), die der Wahrheit von Ideen zwar nahe kommt, sie aber niemals ganz erreicht (Ti 29b–d).

Besonders deutlich zeigt sich dies an ihrer irritierenden Zeitstruktur. Während es zunächst so aussieht, als wäre zuerst der Weltkörper und dann die Weltseele erschaffen worden, wird eine solche Auffassung kurz darauf bestritten, weil sonst das Jüngere das Ältere beherrschen müsste (Ti 34b–c). Die demiurgische Gestaltung des Kosmos darf also kaum als zeitlicher Vorgang verstanden werden. Dazu kommt der aristotelische Einwand, eine zeitliche Entstehung der Zeit sei unsinnig (*De caelo* 1, 10–12).

III. Seit der Alten Akademie nehmen deshalb die meisten Platoniker an, dass Platon eine sukzessive Weltentstehung nur aus didaktischen Gründen (*didaskalias charin*) annehme. Dabei ist häufig versucht worden, den D. zu entmythologisieren. Im Mittelplatonismus findet sich seine Identifikation mit der Weltseele (vgl. Numenios Fragment 12 des Places [1973]), die insofern naheliegend erscheint, als beide Vernunft an Körper vermitteln. Da der D. die Weltseele herstellt und dabei auch auf ein körperliches Sein zurückgreift (Ti 35a), das ihm selbst unmöglich zukommen kann, muss diese Deutung jedoch zurückgewiesen werden. Auch seine mittelplatonische Identifikation mit der Idee des Guten (Philon von Alexandria *De opificio mundi* 7 ff.; Plutarch *De E apud Delphos* 392 ff.) vermag nicht zu überzeugen. Denn der D. wird zwar als gut bezeichnet (Ti 29e), ist aber anders als die Idee des Guten auf keinen Fall jenseits des Seins (Resp 509b). Diese Deutung kann nur dann plausibel erscheinen, wenn das Gute nicht als transzendent, sondern als eine Art causa finalis betrachtet wird. Im Neuplatonismus findet sich schließlich eine Interpretation des D., die ihn mit dem vernünftigen Ideenkosmos identifiziert (Plotin *Enneaden*, z. B. III.7[45].11, IV.8[6].4). Für diese Deutung spricht, dass der D. den Kosmos nicht nur den Ideen, sondern auch sich selbst möglichst ähnlich machen soll (Ti 29e), was mit seiner Erläuterung als Vater verbunden erscheint (Ti 50d), dass die Ideen nicht nur als ein unbewegtes Vorbild, sondern auch als ein vollendetes Lebewesen bestimmt werden (Ti 31b) und dass betont wird, der D. sei das Beste unter dem Denkbaren und Seienden (Ti 37a). Auch eine Identifikation von D. und Ideenkosmos ist bei Platon allerdings nirgendwo eindeutig vollzogen.

Literatur: Baltes [1976] – Baltes [1996] – Brisson [1994 a] – Ebert [1991] – Halfwassen [2000] – Mesch [2002]

Walter Mesch

Denken (*noêsis, dianoia, doxa*)

I. Die für Platon charakteristische strikte Entsprechung zwischen den Abstufungen der Kognitionsarten und ihrer Gegenstandsbereiche macht das unmittelbar an das Sonnengleichnis anschließende Liniengleichnis in der Resp (509d–511e) besonders anschaulich: Teilt man eine Linie in ungleiche Abschnitte, so soll der untere Abschnitt (A) den Bereich des Sichtbaren (*horaton* – allgemeiner des Wahrnehmbaren) mit der Sonne als ‚Herrscher' repräsentieren, der obere Abschnitt (N) den Bereich des von der Idee des Guten beherrschten – nach dem Kriterium der Wahrheit (*alêtheia*) und Klarheit (*saphêneia*) höherstehenden – *noêton*. Teilt man diese beiden Abschnitte nochmals im Verhältnis der ursprünglichen Teilung, so erhält man auf dem Abschnitt des Sichtbaren zum einen den Teilabschnitt (A1) der wahrnehmbaren Gegenstände (Lebewesen, Pflanzen, Artefakte (510a); sh. SINNESWAHRNEHMUNG) und andererseits den (A2) ihrer ABBILDER (*eikones* – Schatten und Spiegelbilder und dergleichen), auf dem Abschnitt des *noêton* erhält man als unteren Teilabschnitt (N2) denjenigen der Mathematik und als oberen den der Dialektik (N1). Wäre mit *noêton* nur das ‚Denkbare' gemeint, so wäre zu fragen, warum sich A und N nicht überschneiden. Denn intuitiv scheint ja zunächst nichts dagegen zu sprechen, dass auch wahrnehmbare Gegenstände im Sinne von A1 und A2 Objekte des Denkens (D.) sein können. Ferner werden den vier Linienabschnitten folgende Kognitionsarten oder ‚Zustände (*pathêmata*, 511) in der Seele' zugeordnet: N1: *noêsis*, N2: *dianoia* (sh. unten), A1: *pistis* (Glauben), A2: *eikasia* (Mutmaßung) – in der Wiederaufnahme 533e–534a alternativ N1: *epistêmê* (Wissen) und zusammenfassend N1+N2=N: *noêsis* und A1+A2=A: *doxa* (Meinung). Nun kann ‚Meinung' (*doxa*) ein Resultat nicht nur von Wahrnehmung, sondern von D. im üblichen Sinn sein, also wird man *noêsis* in Anbetracht der Disjunktheit von N (*noêsis*) und A (*doxa*) nicht einfach mit ‚D.', und *noêton* nicht schlicht mit ‚denkbar' wiedergeben können. Da außerdem Wissen-*epistêmê* zu N gehört, ist das dem *noêton* zugrundeliegende Verb *noein* wohl am ehesten nicht in seiner *activity*-, sondern seiner *achievement*-Bedeutung *durch D. erfassen, begreifen, einsehen* oder Ähnliches und *noêton* durch das herkömmliche ‚intelligibel' zu übersetzen. Dennoch bleibt die strikte Trennung von A und N erklärungsbedürftig. Denn warum soll Meinung und Wissen nicht über dasselbe möglich sein?

Etwas Klarheit bringt die zentrale auf den Philosophenkönigssatz (473c–e) folgende Abgrenzung (475e ff.) der durch Lust am Schauen der Wahrheit gekennzeichneten Philosophen von den Schau- und Kunstliebhabern (*philotheamones*) überhaupt. Dort heißt es von den Letzteren, dass sie zwar schöne Einzelphänomene (Farben, Töne, Gestalten, oder ganze Typologien solcher Erscheinungen, Gosling [1960]) nicht aber die Natur des Schönen selbst erfassen können, dass sie insofern träumen, als sie das einer Sache Ähnliche für die Sache selbst halten (476c) und so im Unterschied zum Philosophen das Schöne selbst mit dem an ihm Teilhabenden verwechseln. Ihr kognitiver Zustand ist daher nicht als Erkenntnis (*gnômê*), sondern als Meinung, Glauben (*doxa*, 476d) zu charakterisieren. Erkenntnis ist nämlich (und das gilt als nicht weiter begründungsbedürftig) nur möglich von dem, was ist, und in vollem Sinne erkennbar ist das, was im vollen Sinne ist (*to men pantelôs on pantelôs gnôston*), was jedoch in keiner Hinsicht ist, ist dagegen völlig unerkennbar (*mê on de mêdamê pantê agnôston*, 477a). Graden der Erkennbarkeit entsprechen also Grade des Seins. Da dies als selbstverständlich hingestellt wird, ist mit Annas [1981]: 198 zu schließen, dass ‚Sein' hier weder als Existenz noch veritativ als Wahrsein (so Fine [1978]) gemeint sein kann, da weder Grade der Existenz noch solche des Wahrseins als selbstverständlich gelten können. Vielmehr ist ‚Sein' hier ‚prädikativ' im Sinne von ‚F-Sein' also ‚Bestimmtsein' zu verstehen. Erkennbar ist also das vollständig und einschränkungslos Bestimmte. Um nun Erkenntnis bzw. Wissen von Meinung abzugrenzen, werden beide als ‚Vermögen' (*dynameis*) betrachtet, deren Identität im Unterschied zu der von Dingen auf zweierlei beruht, auf ihrem Gegenstandsbereich und dem, was sie bewirken (*eph' hô te esti kai ho apergazetai*, 477d). Der Gegenstandsbereich der Erkenntnis ist das, was ist (d.h. vollständig bestimmt ist), und ihr Effekt ist zu erkennen, wie das bestimmt ist, was ist (*epistêmê men epi tô onti pephyke, gnônai hôs esti to on*, 477b und 478a), und zwar ist sie im Gegensatz zur fehlbaren (*mê anamartêtô*, 477e) Meinung unfehlbar (*anamartêtos*, 477e). Das ist nicht in dem trivialen Sinn zu verstehen, dass Wissen überhaupt wahr ist, sondern dass es notwendigerweise wahr ist (Annas [1981]: 199). Nun wird kühn geschlossen (478a), dass Wissen und Meinung aufgrund der Verschiedenheit dessen, was sie ‚vermögen', auch einen unterschiedlichen Gegenstandsbereich haben. Der Gegenstand des Meinens ist nun zwar nicht das, was überhaupt nicht ist, da Meinen immer auf etwas gerichtet ist (*ho doxazôn epi ti pherei tên doxan*, und *doxazein men, doxazein de mêden … adynaton*, 478b), es ist auch nicht das, was ist (nämlich völlig bestimmt ist), also der Gegenstand des Wissens, vielmehr muss es einen Zwischenstatus zwischen Sein- (*qua* Bestimmtsein) und Nicht-Sein (*qua* Unbestimmtsein) einnehmen (478d). Und genau durch diesen Zwischenstatus sind die ‚ästhetischen Urteile' der *philotheamones* gekennzeichnet, weshalb es sich bei diesen auch um Instanzen von *doxa* handele (479a ff.).

Diese zunächst wenig plausible Position wird verständlicher, wenn man Annas [1981]: 200 folgend in Rechnung stellt, dass Wissen hier nicht primär (gleichsam cartesianische) Zweifel ausschließende Gewissheit garantieren soll (diese kann man auch über das der *doxa* zugeordnete eingeschränkte Zukommen einer Bestimmung haben), sondern ein Höchstmaß an Einsicht durch vollständige inhaltliche Bestimmtheit: nicht zusätzliche Gründe für das Fürwahrhalten bewirken den Übergang vom Meinen zum Wissen, sondern ein Zuwachs an Verstehen und Erklären durch Einbettung in den Gesamtzusammenhang des schon Erkannten. Der Bereich des Meinens dagegen ist das episodisch Vereinzelte der phänomenalen Welt, wo Bestimmungen wie ‚schön', ‚gerecht', ‚fromm' ferner ‚doppelt', ‚groß', ‚leicht' stets in Kopräsenz, wenn auch in jeweils anderer Hinsicht, mit ihren konträren Gegenstücken ‚hässlich', ‚ungerecht', ‚unfromm', ‚halb', ‚klein', ‚schwer' vorliegen (479a–b). (Eine schöne Jungfrau ist schön unter den Sterblichen, aber hässlich im Vergleich zu den Göttinnen, Hipp Ma 289b.) Gegen das Widerspruchsprinzip, das Platon auch für die phänomenale Welt anerkennt (Resp 436b), wird dabei wegen der Aspektverschiedenheit des Zukommens konträrer Bestimmungen natürlich nicht verstoßen. Doch keine der Bestimmungen kommt hier ‚rein' (*eilikrinôs*, 477a) vor, wie sie ‚an sich' ‚selbst' und ‚ausschließlich' ist (im Sinne der Ideen-Formel *auto kath' auto ho estin*), aber nur dieser Modus des Vorliegens als Idee (479a) garantiert die für Wissen erforderliche Unfehlbarkeit bzw. notwendige Wahrheit – jedenfalls für solche Bestimmungen, für die es konträre Gegensätze gibt.

Die eigentümliche (außerhalb der Resp nicht wiederkehrende) Abstufung von *noêsis/epistêmê* (N1) zu *dianoia* (N2) im Liniengleichnis betrifft primär methodische Aspekte des kognitiven Zugangs und nicht oder jedenfalls nicht explizit den ontologischen Status der jeweiligen Objektbereiche. Das Vorgehen der zu N2 gehörigen Mathematik ist (speziell im Falle der Geometrie) gekennzeichnet (i) durch Verwendung wahrnehmbarer dem Abschnitt A1 zugewiesener Figuren, (ii) durch Benutzung unausgewiesener ‚Hypothesen' (*hypotheseis*), (iii) durch ‚absteigende', im Wesentlichen deduktive Denkbewegungen (510b). Aufgrund von (i) entsteht eine Kluft zwischen den eigentlich von den Mathematikern intendierten eidetischen Gegenständen – z. B. dem Viereck selbst (*tetragônu autu*, 510d) und dem Durchmesser selbst (*diametru autês*, 510d) – und den sichtbaren Diagrammen, über die explizit gesprochen wird, im verfehlten Bestreben, das sehen zu wollen, was man nur durch D. erfassen kann (511a). Das (so kann man ergänzen) verführt (ii) dazu, statt auf begriffliche Analysen auf angebliche Evidenz (*hôs panti phanera*, 510d) zu setzen und rechtfertigungslos (510c) nicht hinterfragte (*akinêtus*, 533c) Hypothesen zu verwenden, die dann (iii) als scheinbar unproblematische ‚Anfänge' (*archas*, 511b, *ek tutôn archomenoi*, 510d; sh. Anfang) für zwar konsistente (*teleutôsin homologumenôs*, 510d) aber eben kein Wissen garantierende Deduktionen einsetzbar sind, da die hypothetischen Ausgangspunkte ja schon kein Wissen darstellen (533c). Demnach wäre der der Mathematik zugeordnete kognitive Status der *dianoia* ein Mittelding zwischen *doxa* und *noêsis/nus* (511d), da sie zwar einen virtuell dem Wissen zugänglichen Gegenstandsbereich hat, aber kein wirkliches Wissen erreicht. Im Gegensatz dazu verbleibt die ‚dialektische Bewegung' (533c) der *noêsis* stets im Bereich des eidetischen Seins und macht alle ihre Hypothesen explizit, um sie in einer aufsteigenden (wohl nicht-deduktiven) Bewegung zum voraussetzungslosen wirklichen Anfang (*mechri tu anhypothetu epi tên tu pantos archên*, 511b) ‚aufzuheben', d. h. durch Verankerung in Höherem ihres Hypothesenstatus zu entkleiden (*tas hypotheseis anhairusa*, 533c), wobei wohl eher an begriffliche Klärung als ‚propositionale' Ableitung zu denken ist. Dahinter dürfte die Vorstellung stehen, dass dann, wenn für die Idee des Guten – anders als in den Bildern und Gleichnissen der Resp – eine Bestimmung gefunden worden ist, die ihrem allgemein akzeptierten intuitiven Adäquatheitskriterium genügt, Inbegriff des um seiner selbst willen Erstrebten zu sein (505d f.), gleichzeitig das Fundament einer Selbstbegründung der Dialektik (beim intrinsisch Guten endet das Rechtfertigen – *logon didonai*) freigelegt ist, wobei freilich der Status einer auf diesem Fundament dialektisch ‚aufgehobenen' Mathematik im Dunkeln bleibt (am aussichtsreichsten dürfte hier noch der Klärungsversuch von Krämer [1997]: 196 ff. sein).

II. Die ‚ontologische Aufladung' der *doxa* im Liniengleichnis als strikt dem Wahrnehmbaren verhaftete Kognitionsart ist in anderen Kontexten nicht so eindeutig feststellbar. Im Men werden dem Sklaven, nachdem er ‚eingesehen' hat, dass die Fläche eines Quadrats Q durch Konstruktion eines Quadrats über der Diagonale von Q verdoppelt wird, ‚wahre Meinungen' (*alêtheis doxai*) über etwas zugestanden, über das er zwar kein Wissen hat (*peri tutôn hôn uk oide*, Men 85c), worüber er aber bei entsprechend differenzierter weiterer ‚Befragung' schließlich genau Bescheid wissen würde (*udenos hêtton akribôs epistêsetai peri tutôn*, Men 85d). Im Tht wird der Wahrnehmung u. a. deshalb der Anspruch, Wissen zu sein, bestritten, weil sie keinen Zugang zu begrifflichen Bestimmungen, wie Sein, Identität, Diversität und Ähnlichem (*koina*) hat, die für die Wahrheitsfähigkeit erforderlich sind (Tht 184b–186e). Unmittelbar anschließend wird in den Bereich des ‚Meinens', ‚Urteilens', *doxazein* übergegangen, wo ‚die Seele sich auf sich selbst gestellt mit dem Seienden beschäftigt', und als neuer Kandidat für den Titel des Wissens die wahre Meinung *alêthês doxa* ins Spiel gebracht wird (Tht 187a–b).

III. Sowohl im Men wie im Tht reicht der Gegenstandsbereich der *doxa* also in den Bereich des Intelligiblen hinein und umgekehrt sind Bestimmungen des D. erforderlich, um Urteile über Wahrnehmbares zu bilden. Im Soph schließlich wird nach der epochemachenden syntaktisch-semantischen Analyse des *logos* (261c–263d) das D. (*dianoia*) als lautloses Gespräch (*dialogos*, 263e) der Seele mit sich selbst und die *doxa* als Vollendung eines solchen inneren Dialogs (*dianoias apoteleutêsis*, 264b) in Form einer Bejahung oder Verneinung bestimmt. Es ist daher verständlich, dass man die aufgrund der (Selbst-)Kritik der ‚klassischen Ideenlehre' im ersten Teil des Parm ohnehin für plausibel gehaltene Annahme, Platon habe seine Philosophie grundlegend revidiert, auch auf seine Auffassung der phänomenalen Welt und ihrer Erkennbarkeit ausdehnte. Owen [1953] ging konsequenterweise soweit, den Ti, der der klassischen ‚Zweiweltendoktrin' der Resp-Zeit verhaftet erscheint, in die Periode der mittleren Dialoge umzudatieren und störende Phlb-Partien (Phlb 57e–59d) interpretatorisch zu entschärfen (doch vgl. dazu Frede [1997b]: 328–341). Eine wichtige Rolle spielt dabei die Frage, ob und in welchem Maße Platon seine ‚herakliteische' Auffassung (vgl. Aristoteles *Metaphysik* 987a) von der Erkenntnis ausschließenden Prozesshaftigkeit des sinnlich Wahrnehmbaren, die im Ti besonders eindeutig vertreten wird (Ti 27d–28a, 48e–52d), revidiert hat, insbesondere ob die gegen die radikale Flusstheorie gerichtete Argumentation im Tht als eine Anerkennung von wenigstens partieller Konstanz im Sinnlichen zu deuten ist, was die Möglichkeit genuiner empirischer Erkenntnis eröffnen würde, vgl. 182a–183c: Wenn sich alles so im Fluss befindet, dass bei der Wahrnehmung nicht nur das affizierende (*poiun*) und affizierte (*paschon*) Moment in ständiger Bewegung (*kinêsis*) ist, sondern auch die durch die Affektion auf Seiten des *poiun* entstehende Qualität (*poiotês*, z. B. Wärme oder Weiße) und die auf Seiten des *paschon* entstehende Wahrnehmungsempfindung (*aisthêsis*) ständiger (qualitativer) Veränderung (*alloiusthai*) unterworfen ist, so liegt nie jemals eine F-Qualität oder eine Wahrnehmung eher vor als eine Nicht-F-Qualität oder Nicht-

Wahrnehmung. Bei Identität von Wissen und Wahrnehmung wäre demnach absurderweise nichts eher Wissen als Nichtwissen und es gäbe nichts, worauf sich sprachliche Ausdrücke beziehen könnten. Entscheidend ist nun, dass dies wegen seiner jegliche Kommunikation ausschließenden Konsequenz auch unabhängig von seinem Kontext als Widerlegung der Flusstheorie angesehen wird (so tendenziell Burnyeat [1990]: 46; anders McDowell [1973]: 183–184) und damit indirekt als ein Widerruf der Position des Ti. Das gilt jedoch nur unter Voraussetzung *universal*-ontologischer und nicht auf das Sinnliche beschränkter Geltung der Flusstheorie (*kata tên tu panta kineisthai methodon*, Tht 183c; vgl. Cornford [1935]: 95 ff.), die für die ‚klassische Ideenlehre' und den Ti gerade nicht zutrifft (vgl. auch Krat 439b–440d). Dem totalen Fluss entzogen (obgleich bewegt) ist z. B. die anschließend (Tht 184d) thematisierte Seele als das sich durchhaltende eigentliche Subjekt der Wahrnehmung. Und als Kommunikation ermöglichende ontologische Basis der Semantik kann nach wie vor nur das völlig dem Wechsel enthobene eidetische Sein fungieren, wie der alte Parmenides gerade im gleichnamigen angeblichen ‚Wendedialog' (Parm 135b–c) nachdrücklich betont (zur Gesamtproblematik vgl. die hervorragende Analyse von Cherniss [1957]).

Literatur: Annas [1981] – Burnyeat [1990] – Cherniss [1957] – Cornford [1935] – Fine [1978] – Frede [1997b] – Gosling [1960] – Krämer [1997] – McDowell [1973] – Owen [1953]

Peter Staudacher

Dialektik (*dialektikê*)

I. Das Adjektiv *dialektikos*, das dem Nomen *dialektikê* zugrundeliegt, ist vor Platon nicht belegt. Es ist mithilfe des Zugehörigkeitssuffixes *-ikos* aus dem Verbalsubstantiv *dialektos* (Sprache, Sprechweise) gebildet, das seinerseits aus dem Verb *dialegesthai* ‚sich unterreden' abgeleitet ist.

Es ist plausibel mit Müri [1944] anzunehmen, dass Platon, der ja sonst terminologische Fixierungen meidet, die Neubildung *dialektikos* benutzte, um die Systematisierung des durch ein bestimmtes Ethos getragenen *dialegesthai* des Platonischen Sokrates zu einer Methode philosophischer Erkenntnisgewinnung zu kennzeichnen. Charakteristisch für das Sokratische *dialegesthai* ist ja das kompromisslose Bemühen um Rechtfertigung bzw. Begründung (*logon didonai*) fremder und eigener Positionen sowie ihre Überprüfung auf Konsistenz hin (*elenchos*). Da darüber, was begründungsbedürftig ist, sinnvollerweise der Adressat und nicht der Verteidiger einer These entscheiden sollte, ist der Dialog für Sokrates die natürliche Form für das Argumentieren und nicht etwa die lange monologische Rede (vgl. Prot 329a ff.), die sich wie der schriftlich fixierte *logos* der Rechtfertigung durch Stillschweigen entzieht (vgl. Phdr 275d). Das offensichtliche Dilemma, das dadurch für den geschriebenen Dialog entsteht, hat Platon durch Eröffnung einer zweiten, gleichsam virtuellen Dialogebene zu lösen versucht, auf der der Leser in die jeweilige Problemsituation hineinzuziehen versucht wird, wie vor allem Heitsch [1984, 1988 und 1992] gezeigt hat.

Eine besonders anspruchsvolle Form der Rechtfertigung hält Sokrates für die Zuweisung von Wertprädikaten *P* wie tapfer, besonnen oder gerecht für erforderlich, nämlich die Antwort auf die Frage ‚Was ist *P*-sein', deren Semantik in letzter Konsequenz zur Annahme eidetischen Seins (der ‚Ideenlehre') führt. Es ist daher folgerichtig, dass die sich entfaltende Konzeption der Dialektik (D.) im Sinne einer Rechtfertigungskunst stets auf den Bereich des eidetischen Seins bezogen bleibt.

Als Fachmann für das *dialegesthai* ist der *dialektikos*, wie es im Krat heißt, derjenige, der sich auf das Fragen und Antworten versteht (*ton … erôtan kai apokrinesthai epistamenon*, 390c), also auf die Grundmodi von Kommunikation überhaupt. Daher verfüge er auch über die sprachkritische Kompetenz, die Arbeit des Verfertigers der Namen (*onomaturgu*, 389a) zu überwachen, insbesondere daraufhin, ob seine Erzeugnisse, die Namen, ihre Bestimmung als Werkzeuge (*organon*) der Unterrichtung (*didaskalikon*) und der Unterscheidung des Seins (*diakritikon tês usias*, 388c) erfüllen, eine Bestimmung, die sie (wenn auch nicht ihre Lautform, wie später deutlich wird (435a–c)) der Beliebigkeit der Konvention entzieht und ihre ‚Richtigkeit' auf eine objektive (‚natürliche') Basis stellt. Die kritische Beurteilung der Sprache durch den Dialektiker setzt jedoch einen sprachunabhängigen Zugang zur Wirklichkeit voraus, womit die Sprache als genuine Quelle der Erkenntnis relativiert wird oder gänzlich ausscheidet (vgl. 439a–b).

Eine Spitzenstellung in einer vorausgesetzten Hierarchie von Disziplinen und ihrer Bewertung erhält der Dialektiker auch im Euthyd in einem angeblich von einem jungen Novizen (Kleinias) scheinbar beiläufig geäußerten Gedanken, der aber in Wirklichkeit dem Sokrates zuzurechnen ist, demzufolge Geometer, Astronomen und Arithmetikexperten die von ihnen ‚erjagten' Ergebnisse und Funde den ‚Dialektikern' übergeben, da ihnen selbst das Wissen über deren rechten Gebrauch abginge (290c, zur entsprechend kritischen Einordnung der mathematischen Wissenschaften in Resp 511b sh. unten II).

II. Einen oder sogar den Gipfel für die Sicht auf die *dialektikê*, wie sie jetzt heißt (Resp 534e, 536d), liefern die mittleren Bücher 5–7 der Resp. Leider wird dort lediglich ein skizzenhafter, gleichnisdurchsetzter und somit wenig ‚dialektischer' Umriss (vgl. *hypographê*, 504d) gegeben, da Sokrates seine Mitunterredner nicht überfordern will oder sie nicht für hinreichend vorgebildet hält (533a, zu den ‚Aussparungen' insgesamt und ihren Hintergründen vgl. die Arbeiten von Szlezák [1985 und 2003]).

Die D. bildet den Schlussstein (*thrinkos*, 534e) im wissenschaftlichen Bildungsgang der zukünftigen Herrscher des (zunächst nur zum Zwecke der Explikation des Begriffs der Gerechtigkeit) konstruierten Staates. Der Zusammenhang ist der folgende (vgl. dazu Stemmer [1992]): Eine aus der Kontroverse zwischen Sokrates und Thrasymachos im ersten Buch eigentlich unerledigt gebliebene Frage lautete, warum es besser sein soll gerecht zu sein als ungerecht bzw., wie es im zweiten Buch verschärfend heißt, inwiefern Gerechtigkeit um ihrer selbst willen (als intrinsisches Gut) erstrebt werden soll (357a, 367e). Die Klärung des Begriffs der Gerechtigkeit selbst reicht zur Beantwortung dieser Frage offenbar nicht aus, es muss vielmehr geklärt werden, was das GUTE selbst ist, also die Idee des Guten als der Inbegriff dessen, worumwillen alles andere getan wird (505d). Dieses letzte intrinsische Worumwillen wird zwar von jedermann vorausgesetzt, aber ohne Kenntnis seines Gehalts (505e). Unter den Bedingungen des Resp-Gesprächs hält es Sokrates nun nicht für möglich, auch nur seine Meinung darüber darzulegen, was das Gute ist (über WISSEN verfüge er ohnehin nicht), lediglich einen Abkömmling des Guten, der ihm sehr ähnlich ist, könne er angeben (506e f.) – es folgt das berühmte Sonnengleichnis: Wie die Sonne dem Sehen das Licht schenkt, so gewährt die Idee des Guten dem Erkennen die WAHRHEIT. Und wie die Sonne dem Sichtbaren WERDEN, Wachstum und Nahrung verleiht, so verleiht die Idee des Guten dem durch sie Erkennbaren das Sein. Als Seins- und Erkenntnisgrund steht die Idee des Guten somit jenseits des Seins (*epekeina tês usias*) und übertrifft es an Würde und Macht (509b).

Das für die Herrscher unabdingbare Wissen um das Wesen der Gerechtigkeit setzt also die Einsicht in den Wert-, Seins- und Erkenntnisgrund alles Seienden voraus, mit anderen Worten, die Herrscher müssen Philosophen sein (vgl. den ‚Philosophenkönigssatz', 473d). Ihr Bildungsgang muss daher im Sinne des Höhlengleichnisses (514a ff.) als Umwendung von der Welt des Scheins und Aufstieg zur Welt des allein der Erkenntnis zugänglichen wahren Seins begriffen werden.

Diejenige Disziplin nun, die am Ende dieses Aufstiegs die Erlangung des größten Lehrstücks, *megiston mathêma* (505a), die Idee des Guten, ermöglichen soll, ist die D. Sie setzt zwar die Ausbildung in den mathematischen Disziplinen der Arithmetik, Geometrie, Stereometrie, theoretischen Astronomie und Harmonik voraus (522c–531d). Doch anders als diese beschränkt sie sich im Sinne des Liniengleichnisses ganz auf den Bereich des reinen Denkens (*noêsis*, 511d), während man etwa in der Geometrie auf Sichtbares, nämlich auf gezeichnete Figuren Bezug nimmt, obwohl man eigentlich nicht über diese, sondern über die von ihnen abgebildeten reinen Begriffe redet (*diametru autês, all'u tautês hên graphusin*, 510d; sh. MATHEMATIK).

Die Methode der D. ist von dem Ziel her bestimmt, Wissen (*epistêmê*) zu erreichen, wie man aus 533c–e und 534c erschließen kann. Dieses Wissen muss unbedingt (vgl. *anhypotheton*, 510b) sein, denn jede etwaige Bedingung schafft eine Abhängigkeit von Nichtgewusstem und entwertet daher den Wissenscharakter (533c). Daraus ergibt sich neben der Beschränkung der D. auf den Bereich des allein wissbaren eidetischen Seins eine Radikalisierung ihres Rechtfertigungsanspruchs (*logon didonai*, vgl. 533c). Wieder im Gegensatz zur Praxis der Mathematik, die insofern über das Seiende nur träume (533b), soll es keine nicht hinterfragten (*akinêtus*, 533c), stillschweigenden ‚HYPOTHESEN' (*hypotheseis*) geben, wie sie z. B. in der unreflektierten, d. h. ‚rechtfertigungslosen' Verwendung von Begriffen wie etwa ‚gerade–ungerade' in der Arithmetik oder in den in der Geometrie als selbstverständlich benutzten Figuren und den drei Winkelarten (510c) impliziert seien. Vielmehr sind alle ‚Hypothesen' explizit zu machen (511b), um sie in einer Bewegung nach ‚oben' ‚aufheben' zu können (*tâs hypotheseis anhairusa*, 533c).

Wie dies vonstatten gehen soll, wird allenfalls nur angedeutet. Die Hypothesen, von denen auch die D. – freilich als offen deklarierte Hypothesen – ausgehe (510b), sollen nicht als ‚jedem evidente' (vgl. *panti phanera*, 510d) und daher scheinbar unproblematische ‚Anfänge' (*archas*, 511b, *ek tutôn archomenoi*, 510d; sh. ANFANG) für zwar Konsistenz (*teleutôsin homologumenôs*, 510d) aber kein Wissen (533c) garantierende Deduktionen fungieren wie in der Mathematik, sondern gleichsam als Stufen und Ansätze (*epibaseis te kai hormas*, 511b) für einen Aufstieg bis zum Voraussetzungslosen, zum Anfang von Allem (*mechri tu anhypothetu epi tên tu pantos archên*, 511b). Hat man diesen Anfang ergriffen, so kann man sich an das haltend, was an ihm hängt, zum Ende hinabsteigen (sh. ABSTIEG/AUFSTIEG), ohne je auf Wahrnehmbares zurückzugreifen, sondern nur auf Ideen, und so ‚durch Ideen zu Ideen schreitend bei Ideen endigen' (511b–c). Ziel der D. wäre demnach eine Bewegung zu einer restfreien, absoluten Letztbegründung und einer Art deduktivem Abschluss (*epi teleutên katabainê*, 511b). Nimmt man an, dass der voraussetzungslose Anfang (*archê anhypothetos* 510b) die Idee des Guten sein soll, was unproblematisch sein dürfte (vgl. 532a–b), so scheint klar zu sein, worin der Hypothesen ‚aufhebende' Aufstieg besteht: es handelt sich um eine Art universalen teleologischen Erklärungsansatz, der im Phd zwar als Desiderat (97c–98b), aber als unerreichbar (99c) erachtet wird (obwohl auch dort ein Aufstieg von ‚Hypothese' zu ‚Hypothese' zum ‚Hinreichenden' (*hikanon*, 101e) ins Auge gefasst wird, und wie im Phd (vgl. Robinson [1953]: 129 ff. und kritisch Ebert [2004]: 350 ff.) so wohl auch hier die als Zwischenschritte verwendeten Hypothesen einer Konsistenzüberprüfung (*elenchein*) unterworfen werden sollen (vgl. Resp 534c)). Vorausgesetzt nun, man verfügt über eine Bestimmung der Idee des Guten, die ihrem Adäquatheitskriterium genügt, Inbegriff des um seiner selbst willen Erstrebten zu sein, so kommt die teleologische Frage nach dem ‚Worumwillen' bei ihr quasi analytisch zu ihrem Ziel, das Tun des intrinsisch Guten bzw. das Streben danach bedarf keiner weiteren Rechtfertigung mehr, sondern rechtfertigt sich selbst – ein Fall von Letztbegründung durch Selbstbegründung, deren Kern freilich im Nachweis der Erfüllung des genannten Adäquatheitskriteriums bestehen müsste und nicht in einer höheren Intuition oder gar mystischen Schau, zumal sich die dialektische Bewährung nach wie vor im kompetenten Fragen und Antworten vollzieht (*erôtan te kai apokrinesthai epistêmonestata*, 534d).

Inwieweit dieser Anspruch auf Selbstbegründung für die aus dem innerakademischen Diskurs als Platonisch bezeugte Bestimmung des Guten als Prinzip des *Einen* (vgl. z. B. Aristoteles *Metaphysik* 988a, 1091 b) einzulösen versucht wurde, muss hier offen bleiben (vgl. hierzu die grundlegenden Arbeiten von Krämer, vor allem Krämer [1959]). Immerhin ist unübersehbar, dass in der Resp insgesamt Einheitsstiftung sowohl in der IndividualSEELE (vgl. 443e) wie in der POLIS (z. B. 423d, 462b) als Wirkung des höchsten Guten gilt.

III. Wenn nach der Resp über D. reflektiert wird, so stehen die Ideen insgesamt als auch jeweils für sich genommen als komplexe Strukturen im Blick. Aus der Sicht des ersten Teils des Parm lassen sich dabei folgende Stufen einer EINHEIT-VIELHEIT-Problematik unterscheiden:

1. Problem des Zenon: Wenn es viele Seiende gibt, so sind diese ähnlich und unähnlich, das aber ist unmöglich. (Schein-)Trivialisierung des Problems durch den jungen Sokrates: Unterscheidet man die Einzeldinge, die (u. a.) ähnlich bzw. unähnlich sind, von der Ähnlichkeit bzw. Unähnlichkeit selbst, so ist es sehr wohl möglich, dass etwas zugleich an der Ähnlichkeit und der Unähnlichkeit *teilhat*. Trennt man also Bestimmung bzw. Idee und Bestimmungsträger (*ean … tis … dihairêtai chôris auta kath' auta ta eidê*, Parm 129d), so kann eines zugleich an vielen (auch konträren) Ideen teilhaben und so eines vieles sein, ohne dass dadurch eine Unmöglichkeit resultiert.

2. Problem des jungen Sokrates: Lässt sich das Problem des Zenon auf der Ebene der Ideen reproduzieren, d.h. kann eine Idee gleichzeitig eines und vieles sein (129b–c und 129e)?

3. Problem der Teilhabe (des alten Parmenides): Wenn an einer Idee viele Einzeldinge (sinnlich wahrnehmbare Instanzen) teilhaben, wie vermeidet man dann die Hörner des Dilemmas, dass die Idee in Teile zerfällt oder als ganze vervielfältigt von sich selbst getrennt wird (131a–e)?

Abwandlungen des 1. Problems werden auch später als Trivialvarianten des Einheit-Vielheit-Problems behandelt (vgl. Soph 251a–b; Phlb 14c–e). Das 3. Problem bleibt eigentlich bis zu einer indirekten Lösung im Ti in der Schwebe. Das 2. Problem hingegen bildet den Ausgangspunkt für eine Theorie sowie eine zugehörige ‚dialektische' Analysemethode der Struktur eidetischen Seins. Es handelt sich um das Verfahren, auf das das Gespräch im Phdr (265c–266c) sozusagen beiläufig stößt als etwas, das ‚zufällig' in den vorangehenden Reden des Sokrates über den Eros instanziiert wurde, und nunmehr als *dihairêsis* und *synagôgê* charakterisiert wird (sh. Dihärese). *Synagôgê* besteht dabei darin, das vielfach Zerstreute (*ta pollachê diesparmena*) zusammenschauend (*synhorônta*) ‚in eine einzige Form' (*eis mian idean*) zu bringen, damit man dadurch, dass man jeweils eine Definition gibt, den Gegenstand eindeutig bestimmt, über den man gerade informieren will (265d, Übersetzung von Heitsch [1993]: 52). *Dihairêsis* ist das Zerlegen (*diatemnein*) nach Formen (*kat' eidê*) gemäß ihrer natürlichen Gliederung (*kat' arthra hê pephyken*), ohne dass man nach Art eines schlechten Koches versucht einen Teil zu zerbrechen (265e). Die Teilung wird rekursiv in Anwendung auf ihr eigenes Resultat fortgesetzt bis zur vollständigen Abtrennung all dessen, was das Gesuchte mit anderem teilt (vgl. Soph 264e). Dabei scheint die Vorstellung einer hierarchischen taxonomischen Baumstruktur (mit ‚rechten' und ‚linken' Ästen) leitend zu sein, freilich nicht immer oder gar prinzipiell, wie die Kreuzklassifikation im Soph (*kata platos* versus *kata mêkos temnein*, 266a) zeigt (vgl. Heitsch [1993]: 146f.). Dass weder die Schritte der ‚Zusammenschau' noch jene des ‚Teilens' sich jeweils logisch zwingend ergeben, wie von Aristoteles mehrfach eingewandt (*Analytica Priora* 46a–b; *Analytica Posteriora* 91b–92a), dürfte auch Platon klar gewesen sein, wie das Nebeneinander alternativer Dihäresen des Sophisten in Soph 231d–e zeigt, wenngleich natürlich die Schlussdihärese 264c–268d durch die grundlegenden Erörterungen, die vorangehen, eine ‚tiefere' Fundierung erhält. Es handelt sich somit eher um eine Art Heuristik-‚framework' für die Aufdeckung eines *logos usias* sowie ein Mittel der Adäquatheitsüberprüfung von Definitionen (als solches auch partiell von Aristoteles anerkannt, vgl. *Analytica Posteriora* 96b–97b). Außerdem macht gerade einer der Kritikpunkte des Aristoteles – dass der Ausschluss alternativer Zweige bei der *dihairêsis* nicht logisch erschlossen, sondern vom Dialogpartner *erfragt* werde (91b) – das Verfahren zu einem ‚dialektischen' (Phdr 266c) im wörtlichen Sinn. Entscheidend ist jedoch, dass die Methode im Soph durch die Struktur der Ideenverflechtung (*symplokê eidôn*, Soph 259e) oder ihrer selektiven Mischung (253b, zu einer mereologischen Deutung, vgl. Kutschera III [2002]: 23 ff.) fundiert wird, die ihrerseits erst dadurch dem eleatischen Verdikt gegen die Annahme einer Nichtsein implizierenden Vielheit entzogen wird, dass dieses Nichtsein als harmloses Verschiedensein erwiesen wird (258d–e). Das dialektische Verfahren der dihairetischen Nachzeichnung der Ideenstruktur selbst (*kat' genê dihaireisthai*, 253d) wird prägnant als korrektes Erkennen eidetischer Identität und Diversität charakterisiert (253d). Falls in den viel diskutierten enigmatischen Zeilen 253d–e überhaupt dihairetische Operationen zur Sprache kommen, geht es wohl darum, jeweils eine ‚durch viele (vermutlich: Einzeldinge) überallhin ausgespannte Idee' auszumachen (Identifikation einer Gattung), ferner zu erkennen, wie ‚viele voneinander verschiedene (Ideen) von einer von außen umfasst werden' (Zergliederung der Gattung) und schließlich wie ‚eine Idee durch viele ganze hindurch in einer Einheit zusammengeknüpft' wird (rekursiver Abstieg und Zusammenfassung zur infima species) und auf diese Weise eine Mannigfaltigkeit ‚vollständig bestimmter abgegrenzter' Einheiten entsteht (infimae species analog in allen Zweigen).

Im Phlb (16c–17a) wird die dihairetische Methode, durch die alles je mit einer Kunst Zusammenhängende entdeckt worden sei, überschwänglich als Geschenk der Götter gepriesen, das von einem Prometheus zusammen mit hell leuchtendem Feuer herabgeschleudert wurde. Ihr gemäß gilt es, in den durch Einheit und Vielheit sowie Grenze (*peras*) und Unbegrenztheit (*apeiria*) charakterisierten Dingen eine Form oder Idee der generischen Einheit zu finden, die dann rekursiv in Untereinheiten (je nach Bedarf in zwei, drei oder mehr) aufzuteilen ist, ohne dass ein Schritt ausgelassen wird, da es auf die Anzahl der zu gewinnenden Einheiten ankommt, bevor man am Ende der Analyse die Vielheit ins Unbegrenzte entgleiten lässt. Vollständigkeit und angemessenes Tempo der Schrittfolge macht dabei den Unterschied zwischen ‚dialektischer' und ‚eristischer' Auseinandersetzung. Vielleicht ist man versucht, angesichts dieser hymnischen Anpreisung die ätzende Kritik von Ryle [1939]: 322 an der dihairetischen Methode als Gegenmittel zu nehmen: „No philosopher … has ever tried to employ it (scil. the Method of Division) for the resolution of any serious philosophical problem". „Except in artificial hierarchies, such as libraries and regimental ranks, there are few, if any, rigid scales of kinds". Doch dass das vernichtende Urteil Ryles unberechtigt ist, kann dem gründlichen und umsichtigen Kommentar zum Phlb von Frede [1997b]: 149 ff. entnommen werden. Dort wird überzeugend nachgewiesen, dass das zur Illustration der ‚göttlichen Methode' gedachte, schlicht auftretende Beispiel der *grammatikê* – der Schreibkunst (18b–d) – nicht einfach auf eine geistlos pedantische Taxonomie hinausläuft, sondern *in nuce* das Prinzip einer strukturellen Analyse (einer phonologischen – es geht um lautliche *stoicheia* = ‚Elemente' nicht um *grammata* = ‚Buchstaben') enthält, die in interdependent abwechselnden ‚bottom up' und ‚top down' Analysen und Klassifikationen ein *System* entwickelt, in dem im Sinne eines ‚holistischen' Wissenskonzeptes alle Laute der Sprache in ihrem funktionellen Zusammenhang erfasst werden (vgl. 18c–d).

Literatur: Ebert [2004] – Frede [1997b] – Frede [2004] – Heitsch [1984] – Heitsch [1988] – Heitsch [1992] – Heitsch [1993] – Krämer [1959] – Kutschera [2002] – Müri [1944] – Robinson [1953] – Ryle [1939] – Stemmer [1992] – Szlezák [1985] – Szlezák [2003] – Szlezák [2004]

Peter Staudacher

Dichtung (*poiêsis, poiêtikê* oder bisweilen *musikê*)

I. Eine Definition von „Dichtung" (D.) und „Dichter" steht in Symp 205b–c: „Du weißt doch, daß Dichtung etwas gar Vielfältiges ist. Denn was nur für irgendetwas Ursache wird, aus dem Nichtsein in das Sein zu treten, ist insgesamt Dichtung. Daher liegt auch bei den Hervorbringungen aller Künste Dichtung zugrunde, und die Meister (*dêmiurgoi*) darin sind sämtlich Dichter. [...] Aber doch weißt Du schon, daß sie nicht Dichter genannt werden, sondern andere Benennungen haben, und von der gesamten Dichtung wird nur ein Teil ausgesondert, der es mit der Tonkunst (*musikê*) und den Silbenmaßen zu tun hat, und dieser wird mit dem Namen des Ganzen benannt. Denn dies allein wird Dichtung genannt und, die diesen Teil der Dichtung innehaben, Dichter". – Schleiermachers Übersetzung zeugt von der Unzulänglichkeit einer deutschen Wiedergabemöglichkeit des Wortspiels um *poiêsis*, das Diotima hier vorträgt: allgemein heißt *poiêsis* „Hervorbringung" oder „Schaffen", im engeren Sinne jedoch die D., der schöpferische Umgang mit Worten nach gewissen musischen Regeln und Maßgaben (*metra*). Für Platons Verhandlung von Fragen der D. ist diese Passage aus dem Symp als Ausgangspunkt und Stichwortvorgabe gut brauchbar. Denn zum einen steht diese Definition ganz im Dienste der Ergriffenseins-Theorie, mit der Diotima das philosophische Leben charakterisieren möchte (ihre Einführung als „Mantineerin" lautet absichtlich an *mantis* an, den oder die in Verzückung Sehende(n)) und die mit dem dichterischen Ergriffensein kontrastiert wird (siehe unten II), womit der „alte Streit der Philosophie mit der D." (Resp 607b) angedeutet ist und auch schon die verwirrend strenge Platonische Zensur der Dichtkunst (sh. unten III) am Horizont heraufdämmert. Zum anderen tut sich im Hintergrund von Diotimas Wortwahl das Thema des demiurgischen Tuns (sh. Demiurg) auf, in dessen Zusammenhang Platon ebenfalls noch einmal auf die D. eingeht (sh. unten IV).

II. Mit der Philosophie teilt das Dichten das Ergriffensein, das bestimmte Gefühl oder die Gewissheit, das Ausschlaggebende im Sprechen und Denken letztendlich nicht aus sich selbst heraus, sondern gleichsam aus einem Übersteigen des Eigenen und wie von einem Anderen, Höheren erfasst und durchdrungen zu vollenden

(Symp 218a–b; Ion 533e; Ap 22a–c; Phdr 245e; Lg 682a, 719c–d; vgl. Kutschera I [2002]: 69). Das entspricht, soweit es die D. betrifft, wohl auch der Beobachtung, ein Kunstwerk sei „immer auch über die Absichten des Künstlers hinaus sinnvoll: eine kleine Welt für sich, die reicher ist an Aspekten als es ihrem Schöpfer bewußt war" (Kerényi [1941]: 21; gerade dieses nicht Bewusste lässt den Künstler dann bisweilen recht dumm dastehen, meint Platon, und es ergebe sich die prekäre Situation, dass andere über seine Schöpfung besser Auskunft zu geben imstande seien als er selber: Ap 22a–c, ähnlich der gesamte Tenor des Dialogs Ion). Bei der D. und der mit ihr (zumal in der griechischen Tradition) eng verwandten *musikê* jedenfalls tut sich das für diese Charakterisierung nötige erotische Moment des Manischen und Ekstatischen unschwer erkennbar in Harmonie und Rhythmus kund (Symp 187d). Diese verzückte Begeisterung und das Unerzwingbare des Vermittelten, weniger anscheinend der gemeinsame Anspruch, welterklärend und existenzleitend zu sein, eint den Philosophen und den Dichter, die beide in Bezug auf das von ihnen Geäußerte Besessene sind und nicht Besitzende (das ist der markante Unterschied zwischen Dichter und Sophist). Genau im Umgang mit dieser zunächst ähnlichen Anfangs- oder Ausgangssituation sehen die Platonischen Dialoge aber auch die entscheidende Differenz zwischen der dichterischen und der philosophischen Existenzform. Der Philosoph nämlich antwortet auf und verantwortet das Besessene im rationalen Umgang mit ihm: Er trainiert in mathematischer Übung, logischer Heranführung und schließlich in Beherrschung der DIALEKTIK das *logon didonai*, d.h. er erkämpft sich im vernunftgemäßen Nachfragen, Analysieren und Begründen die Kompetenz, Rechenschaft von seinem WISSEN ablegen zu können, das macht sein Wissen zur Wissenschaft. Das Besessensein macht sich dem Philosophen zum Auftrag und gibt ihm den inneren Antrieb, das, was ihn hitzig ergriffen hat, nun seinerseits auch abgeklärt zu begreifen. Das vermag der Dichter offenbar nicht, die D. kann daher auch weder als Form eines Wissens noch in diesem Sinne als Wissenschaft gelten (vgl. Resp 522a–b). Ähnlich wird zu Anfang der Resp (332b–c) nahegelegt, der Dichter Simonides habe das, worum es bei der Gerechtigkeit geht, zwar dichterisch intuiert (das erotische „Zeugen im Schönen", das die D. bestenfalls erreichen können sollte, lässt hier anscheinend den Dichter zumindest als teilweise kompetent zur gehaltvollen Andeutung der Korrelation von SCHÖNHEIT und Gerechtigkeit erscheinen, die Platon anderweitig anspricht; sh. GERECHTIGKEIT I). Doch wenn man denn tatsächlich begreifen will, was die Gerechtigkeit ist und was sie bedeutet, bringt anschließend erst die ausführliche philosophische Erörterung der Resp in Korrektur des Simonides Klärung und fundiertes Wissen.

Das Ergriffensein des Dichters und des Dichtungsbegeisterten beschreibt Sokrates im Gespräch mit dem Rhapsoden Ion (Ion 533d–535a) durch den Vergleich mit der „packenden" Ausrichtungskraft des Magnetsteins auf Eisenringe: Der Magnet zieht einen Eisenring nicht nur an, sondern verwandelt ihn gleichsam in einen Magnetring, der dann einen weiteren Ring anzieht und magnetisieren kann usw. Genauso sei das Verhältnis der beutelnden Gottheit zum Dichter und dessen (so ist es wohl gemeint) Verhältnis zu seinen begeisterten Auslegern, wie Ion einer ist (recht nett ist hier das Motiv des Gottes als des „unbewegten Bewegers“ anhand des Magnetbeispiels impliziert). Dass Ion sich dann 542a–b dem Anspruch entzieht, kompetent Auskunft über sich und sein Wissen geben zu können und sich auf den gänzlich anderen Anspruch der von seiner Seite dann allerdings unbeantworteten göttlichen Inspiriertheit (sowie der Achtung, die sie, und er durch sie, genießt) zurückzieht, beschreibt sozusagen den Kernpunkt der Platonischen Dichterkritik allgemein und den Unterschied der D. zur Philosophie (vgl. Men 99d; Ap 22a–c; Heitsch [2002], Flashar [1958]: 112; auch die Selbstzensur des „dichtenden“ Sokrates in Phdr 241d–243e ist wohl in diesem Sinne zu deuten). Die Dichter, die im Moment des Ergriffenseins nicht bei Bewusstsein (nicht als *emphrones*, so die qualifizierend offen gehaltene Formulierung Ion 534a) sprechen und denken, können das anders als der wahre Philosoph offenbar auch nicht so recht nach den Momenten der verzückten „Besessenheit“ (teilweise erinnert das an die Platonische Auseinandersetzung mit dem letztlich zur Auskunft unbrauchbaren Geschriebenen in der SCHRIFTKRITIK des Phdr). Das alles bezieht sich wohlgemerkt soweit nur auf die Inhalte, das Formale der D. bleibt davon fürs Erste unberührt: Hier hat der Dichter nach wie vor seine „technische“ Kompetenz und „harte Arbeit“ zu leisten (Kutschera I [2002]: 69).

III. Aus all dem ergibt sich Platons Forderung, die D. könne zwar pädagogische und gewissermaßen heuristische Bedeutung für die ERZIEHUNG zur Philosophie haben, dürfe dieser allerdings keineswegs als gleichwertig zur Seite gestellt werden – davon, dass die Dichter die Philosophen gleichrangig zu ersetzen in der Lage wären, gar nicht erst zu reden. D. und Musik dienen (wie andere Künste) dem AUFSTIEG zum GUTEN (indem man sich über das Schöne den Weg dorthin bahnt). Der Philosoph aber sollte beide, sobald er sich ihre heuristische Leistungsfähigkeit zur Genüge zu eigen gemacht hat, gerade im Sinne des Aufstiegs hinter sich lassen (Resp 531a). Die Philosophie steht daher höher als die D., ja eigentlich ist sie die höchste Art zu „dichten“, so die Meinung des Sokrates im Phd (60e–61a; vgl. Lg 875c–d). Erst jedoch die ERKENNTNIS, die die Philosophie birgt, insbesondere die Erkenntnis des Guten, gibt den Ausschlag für jede weitere fundierte Erkenntnis. Dem steht nun die Eigenart griechischer Bildung entgegen, in den Dichtern, insbesondere in Hesiod und Homer, die Lehrer des Volkes und den kanonischen Maßstab der (sittlichen) Erziehung zu sehen: Resp 606e; Prot 338e–339e; vgl. Herodot 2,49 und Xenophanes VS 21 B 10. Die politisch bildende Funktion des Dramas und die gesuchte und gewollte Öffentlichkeitswirkung von mitunter panhellenischen Dichter- und Rhapsodenwettstreiten in Griechenland mag einen weiteren Hintergrund für Platons Überlegungen zur D. darstellen: Zwar denkt auch Platon wie gesagt an die D. als ein Hauptkonstitutivum des Bildungsgangs des Philosophen (die *musikê* wird in dieser Absicht als Pendant der *gymnastikê* in Ti 88c und Resp 411c genannt), und vielleicht findet sich nicht zuletzt in dieser propädeutischen Funktion, die das Musikalisch-Dichterische mit der MATHEMATIK in Platons Philosophenbildungsprogramm teilt, auch der ein oder andere (nicht unbedingt nur „pythagorisierende“) Hinweis auf die mathematische Komponente der Musik (so Phlb 17c–d; Resp 531a–c). Gerade im Sinne dieses intrikaten und in der Deutung durch die Forschungsliteratur nach wie vor umstrittenen Bildungsprogramms setzen die Platonischen Dialoge aber auch auf eine strenge Überwachung der D., und zwar (in erster Linie) ihrer Inhalte, ihrer *logoi*, wie (in zweiter Linie) ihrer Ausdrucksformen, der *lexis* (Resp 392c; vgl. Halliwell [1997]: 321; sh. auch NACHAHMUNG II). Das hat dann auch seinen Niederschlag etwa in der Platonischen Zensur der Versmaße. Diese Kontrolle soll die D. jedoch nicht ersticken oder verunmöglichen, denn sie macht wie jede Kunst das Leben erträglicher (Plt 299e), sondern ihren pädagogischen Charakter unmissverständlich aufdecken und sie somit als das, was sie ist und sein soll, zur Geltung kommen lassen (Plt 304a–d). Platons Rückstufung der D., von der im Folgenden die Rede sein wird, „versteht sich dann aus der Radikalität seiner Option für die Philosophie" (Kutschera I [2002]: 70).

Erkenntnis ist von der D. also letztlich nicht zu bekommen, vor allem aber nicht die höchste Erkenntnis des Guten. Das erklärt auch, warum die Dichter unmoralische Geschichten über die Götter (sh. GOTT) erzählen und ungefiltert weitergeben. Platon steht hier in einer langen Tradition des Gedankens von der geforderten „Gottangemessenheit" (*theoprepeia*) des Redens. Gott sei gut und tue oder bewirke deswegen nichts Schlechtes (Resp 379a ff.). Alles, was die Mythenerzählungen der Dichter (insbesondere wieder Homers und Hesiods) den Göttern anlasten: Täuschung, Lügen, Ehebruch, Mord, Diebstahl und Ähnliches mehr, halte diesem gereinigten und vernünftig einzig vertretbaren Gottesbild nicht stand und dürfe daher nicht zugelassen werden: Resp 607a u.ö.; zum Herkommen der Tradition vgl. Xenophanes VS 21 B 11 und 12; Schäfer [1996]: 251 ff. Solche Göttergeschichten taugten für die Heranbildung von Menschen, die ihr Leben in moralischer Eigenentscheidung führen lernen und den Tod nicht fürchten sollen, genauso wenig wie solche Erzählungen, die von den Schrecken der Unterwelt oder vom Glück schlechter Leute handeln; sie müssen daher bei aller Wertschätzung für Homer, aber eben noch größerer Liebe zur Wahrheit zensiert werden (Resp 386c–392c, 612a–613e, beides wohl mit Bezug auf Kephalos in 330d–e, vgl. Halliwell [1997]: 314; Teile der Argumentation nehmen dann die Anliegen Epikurs im *Brief an Menoikeus* 133–135 und im *Brief an Herodot* 81–82 vorweg). Ähnlich wie die Musik kann D. über das Gefühl die menschlichen Haltungen beeinflussen und darin in hohem Maße förderlich wie verderblich wirken (Resp 673a; darin gleicht D. der RHETORIK und deren Stärken und Fallen, wie Resp 396e nahelegt, vgl. Halliwell [1997]: 322 und 328 f., generell zu Rhetorik und D. auch Halliwell [2002]: 7 f.). Da D. ihrem ganzen Wesen gemäß NACHAHMUNG sei, durch ihre Wirkung insbesondere auf die nichtrationalen Seelenteile jedoch große Macht auf die psychische Entwicklung nehme und damit selbst wieder Nachahmung hervorrufe, dürfe die D. nur solches erzählen oder zur Darstellung bringen, was vorbildlich sei und zur Handlungsumsetzung als Vorbild dienlich, alles andere sei als unzulässig zu behandeln (Resp 394c ff., 401c, 595a–608b; Phlb 48a ff.). Die ontologische Mimesis-Kritik (sh. unten IV) transformiert sich bei Platon demgemäß an manchen Stellen in eine ethische und „politische" (Koller [1954]: 16; Flaig [1994]: 52 ff.). So bringen es die beiden großen D.kritiken im zweiten (379a–398b) und im zehnten Buch der Resp (595a–608b) in wiederholten Anläufen zum Ausdruck, jedoch nicht ohne gelegentliche Schmerzensbekundungen und Entschuldigungen für das Vorgehen.

IV. Am schwersten wiegt aber der Vorwurf, die D. biete nur „Surrogate des Lebens" (Kutschera I [2002]: 70) und habe über die Dinge, wie sie in Wahrheit sind, nichts vorzubringen als Täuschendes und daher Enttäuschendes, schon gar nicht über die Tugenden (Resp 600e; sh. NACHAHMUNG III). In der Hierarchie der Wissensbereiche, die das Liniengleichnis ausbreitet, kommt der künstlerischen Darstellung lediglich der des Uneigentlichsten zu, der *eikasia*, symbolisiert durch Schatten und Spiegelungen der dreidimensionalen Gegenstände auf dem Wasser (sh. ANALOGIE). Im zehnten Buch der Resp (595a–598b) skizziert Platons Sokrates das Bild eines Künstlers, der mit einem Spiegel durch die Welt stolziert und von sich brüstet, er könne, was ihm auch immer im Bereich des Sichtbaren begegne, unmittelbar und bis ins letzte Detail getreu wiedergeben. Platon hält diesen Anspruch für an jeder wirklichen Kunst (das ist die, die er im Idealstaat zulassen würde) vorbeigehend. Dagegen steht seine eigene Auffassung, die nicht nur eine Kunsttheorie ist, sondern eben eine Theorie von der rechten Art, die Wirklichkeit zu begreifen: Nicht der unmittelbare Reflex des sinnenfällig Begegnenden ist wahrheitsfähig, denn er ist nur ein ABBILD (nach Resp 595a ff.: ein Spiegelbild) eines Abbilds der Wahrheit (Schmitt [2002]: 292 ff.). Die Wahrheit selbst hingegen eröffnet sich in der geistigen Reflexion, die, wie in der Philosophie, nicht die konkreten Einzeldinge ins Auge fasst, sondern deren Wesen oder Sinngehalte sowie die reinen Sinnverhältnisse zwischen ihnen. Nicht den Einzelfall eines Königs in naturalistischer Spiegelbildlichkeit wiederzugeben sei der Sinn künstlerischen Erfassens; sondern an *einem* König das Wesen des Königseins selbst zu ergreifen und zur besonderen Darstellung zu bringen, um es somit begreiflich zu machen (Resp 597e). So sagt es Sokrates auch im Phd (96a–101e): Von der direkten Weltbetrachtung in den beobachtbaren Einzeldingen sei er enttäuscht gewesen und habe daraufhin für die wahre Erkenntnis seine Zuflucht zu den reinen Wesensgestalten und Sinnverhältnissen genommen. Der Künstler, der *dêmiurgos* und insbesondere der *poietês*, hätte es nach Platon eigentlich zur Aufgabe, dem weltbildenden Gott nachzueifern, dem *Dêmiurgos* großgeschrieben, der den Kosmos mit direktem Blick auf die reinen Wesenheiten und Sinnverhältnisse ins sinnlich Erfassbare hineinbildet (Resp 596b–c). Wesensschau durch Reflexion als zunächst erreichbare Auftaktgrundlage der *poiêsis* ist hier also das Verhandlungsthema, das Aufrufthema ist der Appell, die Welt wie mit den Augen des göttlichen Weltmachers nach ihren ewigen Sinnverhältnissen im Wahrheitsbereich zu betrachten. Die unmittelbar begegnende Wirklichkeit der Sinnenwelt ist dagegen als Abbild dieses Wesentlichen zu betrachten, sie ist ein Reflex der reinen Sinnverhältnisse der Ideen, der zur Reflexion auf diese einladen sollte. Diesen Handschuh nimmt aber nach Platon nur die Philosophie auf, die D. ist dazu unfähig (Resp 596b–598d).

V. Nach Phd 60e–61a hielt Sokrates also die Philosophie für die wahre D. Auf diesem Hintergrund haben Platons Kritik der D. und seine Anweisungen zur richtigen

Dichtkunst in der Forschung großes Interesse hervorgerufen und für die Interpreten die Frage aufgeworfen, wie Platon sein eigenes kunstvolles Schreiben einordnet und inwieweit Platon seine eigenen literarischen (Dialog-)Produktionen hier als „wahre“ und gereinigte, also „philosophische“ Kunst vorgelegt haben könnte und verstanden wissen wollte (Büttner [2000]: 11ff.; Gadamer [1985]; Müller [1975]; Dalfen [1974]: 282ff.). Insbesondere die Stellen der Resp (etwa 392c–395b), wo über die Wiedergabearten und -techniken von Gesprochenem referiert wird, haben in diesem Zusammenhang, aber auch im Zusammenhang mit der Schriftkritik des Phdr (Gaiser [2004]: 42f.), verständlicherweise Aufmerksamkeit erregt. Große Wirkung war dieser Platonischen Alternative (so man darin eine solche sehen darf) aber nicht wirklich beschieden. Vielmehr rief die negative Voraussetzung Platons, nämlich die Dichterkritik, seit jeher (Reichel [1997]) Kopfschütteln und wie im späten Fall Karl Poppers mitunter erbitterten Widerstand hervor, auch wenn Platons „Säuberung“ der D. nicht immer nur als übertriebener und gänzlich banausischer Moralismus verworfen wurde, sondern offenbar Befürworter u.a. in Cicero (*Tuskulanen* 2,23) und Augustinus (*Confessiones* 3,2–4) hatte. Im Platonismus zeigt sich – neben Fortführungen der Platonischen D.kritik, etwa in Plotinns *Enneaden* III.8[30].4 – einerseits eine Wiedergewinnung des Mythos und der D., deren altehrwürdige Wahrheit nun allegorisch herausgearbeitet und somit für die Philosophie salviert wird (Halliwell [2002]: 323–334). Insbesondere die neuplatonische Symbolphilosophie verdankt dieser Wendung viel. Auch Platons Aufruf, v.a. „Hymnen an die Götter“ in philosophisch gereinigter Form zuzulassen (Resp 607a), verhallt nicht ungehört: Der philosophische Hymnus hat in Platonikern wie Julian Apostata, Marius Victorinus, Proklos und anderen seine großen Vertreter gefunden (Van den Berg [2002]). Andererseits war die Dichterkritik Platons in ihrem engen Zusammenhang mit den negativ bestimmenden Maßgaben (*typoi*) für die Theologie aus Resp 379a–383b neben den analytischen Durchgängen des Parm eine ernstzunehmende Vorgabe für die „negative Theologie“ der platonischen Philosophie des Einen (Greene [1968]: 376; Pelikan [1993]: 40ff.; Mansfeld [1988]).

Literatur: Büttner [2000] – Dalfen [1974] – Flaig [1994] – Flashar [1958] – Gadamer [1985b] – Gaiser [2004] – Greene [1968] – Halliwell [1997] – Halliwell [2002] – Heitsch [2002] – Kannicht [1996] – Kerényi/Lanckoronski [1941] – Koller [1954] – Kutschera [2002] – Mansfeld [1988] – Müller [1975] – Murray [1996] – Pelikan [1993] – Reichel [1997] – Schäfer [1996] – Schmitt [2002] – Staiger [1971] – Van den Berg [2002]

Christian Schäfer

Dihärese/Dihairesis (*dihairesis*)

I. Dihärese (D.) bezeichnet die methodisch durchgeführte Einteilung von Ideen. Vorläufer der Platonischen D. ist die Synonymik des Prodikos von Keos, die zwei scheinbar gleiche Wörter unterscheiden möchte. Dieses Verfahren ist nach Platon nur eine „Einteilung von Wörtern“ (*ta onomata dihairein*) und noch nicht zu einer philosophisch begründeten Einteilung der Ideen nach ihrem sachlichen Umfang fähig (vgl.

La 197d; Charm 163d; Prot 358a). Erst bei ihm wird sie zu einer wissenschaftlichen Methode und in den späteren Schriften sogar zum Kern der Dialektik selbst (Soph 253d). Sie löst damit den früheren Begriff der Dialektik ab, die Platon verstanden hatte als kritische Aufhebung der im *hypothesis*-Verfahren (sh. Hypothese) unbegründet angenommenen Voraussetzungen im Hinblick auf den voraussetzungslosen Anfang, die Idee des Guten (Phd 99d–100b; Resp 533c).

Das Ziel der D. ist die Definition. Dazu wird eine allgemeine, undifferenzierte Gattungsidee (*genos*) schrittweise so lange differenziert, bis die Einteilung zu einer unteilbaren Artidee (*atmêton eidos*) kommt (Phlb 16c–17a; Phdr 277b; Soph 264e). Dabei muss man jedoch beachten, dass Platon Art (*eidos*) und Gattung (*genos*) noch nicht terminologisch trennt und *genos* sowohl für Art als auch für Gattung gebraucht werden kann (Soph 227d; vgl. Cornford [1957]: 186). Die Definition ergibt sich als Zusammenführung (*synagôgê*) aller Unterscheidungsmerkmale, die sich bei der D. ergeben haben; die Zusammenführung wird schon auf jeder Stufe der Einteilung angewandt, wenn die Gattung mit den voraufgegangenen Unterschieden zu *einer* speziellen Art zusammengefasst und benannt wird (Soph 267a f.). Somit ist die *synagôgê*, die das „vielfach Zerstreute in einer einzigen Idee zusammenführt" (Phdr 265d f.) und die Definition ermöglicht, die notwendige Ergänzung zur D. und bildet zusammen mit dieser die Methode der Dialektik (Phdr 265d–266b).

II. Kennzeichnend für die D. ist, dass kein differenzierender Unterschied ausgelassen werden darf (Plt 285a f.; vgl. Aristoteles *Analytica Posteriora* 96b–97a) und dass nur Unterschiede zulässig sind, die die Gattung oder eine davon gebildete Unterart sachgerecht „nach ihren Gelenken" (*kat' arthra*) bzw. „Gliedern" (*kata melê*) zerschneiden und damit die Sache wirklich bestimmen (Phdr 265e; Plt 287c). Andere Einteilungsgesichtspunkte, die keine eigenständige Art ergeben wie Teile oder quantitative Unterschiede, sind nicht zulässig. So ist z.B. die entgegengesetzte Art zu „Griechen" nicht „Barbaren", weil diesem Wort keine eigenständige, natürliche Art entspricht (Plt 262b–e). Außerdem darf der Unterschied nicht sachlich unvollständig bestimmt sein (Plt 274e f.). Wie eine Benennung nicht notwendigerweise einer Idee entsprechen muss, so kann eine D. auf Grund der Systematik ihrer Einteilung auf Arten führen, für die es in der Umgangssprache keinen Ausdruck gibt (Soph 224c, 230e f., 267d). Die Vollständigkeit der einteilenden Unterschiede ist notwendig, um den methodischen Fortgang vom Allgemeinen zum Besonderen zu gewährleisten.

III. Eine D. kann entweder gleichermaßen alle Arten und Unterschiede in der Einteilung einer Gattung angeben – so benutzt sie etwa Speusipp (vgl. Cherniss [1944]: 54–58; bei Platon nur verwendet in Phlb 16c–17a) – oder nur diejenigen Unterschiede, die zu einer bestimmten Art und zu ihrer Definition führen. Gewöhnlich findet man bei Platon die letzte Art der D., z.B. bei der Bestimmung des Anglers (Soph 219a–221b), des Sophisten (Soph 221d–231e, 265a–268d) oder des Politikers (Plt 258b–267c). Die Dichotomie ist die zunächst und zumeist verwendete Einteilungsmethode. Eine Einteilung mit mehreren Verzweigungen (z.B. die der Buchstaben Phlb 17b–18c) wird erst dann getroffen, wenn eine weitergehende Untergliederung von der Sache her verlangt ist und eine dichotomische Einteilung nicht ausreicht. Dabei muss die jeweils nächst höhere Zahl an Gliederungsschnitten benutzt werden (Plt 287c; Phlb 16d). Eine logisch-ontologische Begründung für den Vorrang der Dichotomie ist, dass auf jeder Stufe der D. die höchsten Ideen Sein und Nicht-Sein bzw. Verschiedenheit so zusammenwirken, dass jedem Unterschied oder jeder Art etwas entspricht, das *nicht* dieser Unterschied oder diese Art und daher von ihnen verschieden ist (Soph 257b f.; vgl. Stenzel [1961]: 59f.); die Dichotomie ist also die am einfachsten zu handhabende Einteilungsmethode, die zugleich durch die Verbindung (*symplokê*) der höchsten Ideen als Position oder Negation von etwas sachlich fundamentiert ist. Aristoteles formuliert es formallogisch so, dass es zu jeder Differenz in derselben Gattung mindestens eine andere Differenz gleicher Stufe (*antidiêrêmenon*) gibt, die genauso wie diese eine Art bildet (Aristoteles *Topik* 143a–b). Dabei ist diese Differenz nicht als Negation der gegebenen Differenz (142b; vgl. Plt 262d) oder gar der Gattung (*Topik* 143b–144a) zu bestimmen. Eine mathematische Erklärung des Vorrangs der Dichotomie bietet eine Rekonstruktion anhand der sog. Ungeschriebenen Lehre Platons, die die D. als Linienteilung im Verhältnis der harmonischen Mitte auffasst (Gaiser [1968a]: 125–136).

Neben der Frage, nach welcher Regel die Einteilungen getroffen werden, beschäftigen die Interpreten weiter die Fragen, was Platon als Anfang und Ende der D. ansieht und in welchem Verhältnis sie zur Ideenlehre steht. Stenzel ([1961]: 54) betont, dass durch die D. die bisher als unteilbar angenommene Idee teilbar wird und damit dem Begriff angenähert werde; zudem gelinge es Platon durch die D., das Problem der Trennung (*chôrismos*) von Ideen- und Erscheinungswelt zu überwinden und die Teilhabe (*methexis*) der empirisch fassbaren Phänomene an den Ideen zu begründen. Cornford ([1957]: 184–187) beschreibt die D. als systematische Klassifikation von Ideen bzw. Formen, wobei Gattung und Unterschiede intuitiv erkannt würden und die Teilung selbst „a downward process" von der Gattung zur Art sei. Gaiser ([1968a]: 125–136) erklärt im Rahmen seiner Rekonstruktion der Ideenlehre aus der frühakademischen Gleichsetzung von Ideen und Zahlen die D. als Flächenteilung, wohingegen Moravcsik ([1973]: 169 und 175) betont, dass räumliche Ausdrücke bei Platon für die D. nur metaphorisch zu verstehen seien. Er selbst bietet zwei Interpretationsmodelle der D.: einerseits als mengentheoretisch-extensionale Subordination von Unter-Klassen unter Ober-Klassen, die begrifflich auf derselben Stufe stehen; andererseits als „intensional mereology", in der Differenz und Art zwei verschiedene intensionale Teile der Gattungsidee sind. Moravcsik bevorzugt das intensionale Modell, weil die D. die ontologische Aufgabe übernehme, natürliche Arten qua intensionale Begriffe einzuteilen, während sich Cohen [1973] für eine modifizierte Variante des extensionalen Modells entscheidet.

IV. Rezeption: D. wurden häufig in der Alten Akademie verwendet, aber auch von Aristoteles und den Stoikern, obwohl sie in deren logischer Systematik nur eine untergeordnete Rolle spielen. Fälschlich unter dem Namen des Aristoteles sind sog. *Divisiones* überliefert, die vermutlich für den Schulgebrauch der Alten Akademie gesammelt sind und Musterd. einiger Grundbegriffe anführen. Aristoteles sah es als problematisch an, dass einerseits die Ideen Platons unteilbare Singularitäten sein sollen und andererseits die Gattungsidee an der Vielheit verschiedener Artideen teilhaben soll (Aristoteles *Metaphysik* 1085a); die Annahme von Ideen würde so die Möglichkeit von D. und Definition zerstören (*Topik* 143b). Aristoteles bestimmt daher die Gattung als Materie der D., die potentiell im Artbegriff enthalten ist und nachträglich durch Abstraktion gewonnen wird (*Metaphysik* 1038a; vgl. Cherniss [1966]: 51–54). Aristoteles kritisiert weiter die D. als Schlussform: Sie sei nur ein „schwacher Syllogismus", weil sie das Allgemeine zum Mittelbegriff mache und das zu Beweisende postuliere (*Analytica Priora* 1, 31). Damit ist für Aristoteles auch der Platonische Anspruch, mittels D. die DEFINITION zu beweisen, hinfällig (*Analytica Posteriora* 2, 5). Nichtsdestotrotz sieht er den Nutzen der D. für die Formulierung von Definitionen, weil sie die Reihenfolge der Begriffe in einer Definition klären und ihre Vollständigkeit gewährleisten könnten (*Analytica Posteriora* 96b–97b). Im Hellenismus und in der Kaiserzeit werden zunehmend Spezifizierungen der D. eingeführt. So wird bei den Stoikern die D. terminologisch näher differenziert; neben der D. in Gattung und Arten gibt es die sog. „Antid." der Gattung durch kontradiktorisch entgegengesetzte Differenzen und die „Hypod." als fortgesetzte D. eines der Glieder und daneben – als neue, gleichsam akzidentelle D. – eine „Teilung" (*merismos*) von Attributen nach den Substanzen, an denen sie vorkommen (Diogenes Laertios 7, 61 f.). Der Mittelplatoniker Alkinoos gibt schließlich fünf Arten der D. an und nennt neben der D. in Gattung und Art die des Ganzen in Teile, der Attribute nach ihren Substanzen und der Substanzen nach ihren Attributen (Alkinoos *Didaskalikos* 5, 156,34–157,4 Whittaker-Louis [1990]; vgl. auch Clemens von Alexandria *Stromateis* 8,19,3 ff.). Ein sehr beliebtes Anwendungsfeld der dihäretischen Methode war im Platonismus allgemein die D. des gesamten Seienden, also eine dihäretische Entfaltung der ganzen Wirklichkeit (vgl. Dörrie/Baltes [1996]: 310–321).

Literatur: Cherniss [1944] – Cherniss [1966] – Cohen [1973] – Cornford [1957] – Dörrie/Baltes [1996] – Gaiser [1968 a] – Moravcsik [1973] – Stenzel [1961]

Michael Schramm

Dritter Mensch (*tritos anthrôpos*)

I. Terminus: Als ‚Dritten Menschen' (D.M.) bezeichnet man einen Einwand gegen die Ideenlehre, den Platon selbst formuliert hat. Der Terminus ist von Aristoteles überliefert (vgl. *Metaphysik* 990b, 1079 a). Er hat das Argument in der verlorenen Schrift *Peri Ideôn* ausformuliert, die durch den Metaphysikkommentar des Alexander von Aphrodisias fragmentarisch auf uns gekommen ist (dazu Fine [1993]: 30 ff.). Dass der D.M., wie von Baeumker [1879]: 82 behauptet, auf Polyxenos zurückgeht, ist mit dem Zeugnis des Alexander nicht in Übereinstimmung zu bringen (vgl. Taylor [1916]: 53 ff.).

II. Problem: Platon lässt Parmenides zwei Regressargumente gegen den jungen Sokrates vorbringen: (1) Wenn Sokrates zu einer Menge von großen Dingen eine Idee der Größe annimmt, so ergibt sich eine unendliche Menge an Ideen der Größe (Größenregress: Parm 131e–132b). (2) Wenn er, weil sich zwei Dinge ähnlich sind, eine zugehörige Idee annimmt, so ergibt sich eine unendliche Menge solcher Ideen (Ähnlichkeitsregress: Parm 132c–133a). Die gängige Forschungsmeinung wertet die beiden Regresse als zwei Versionen des D.M. Allen [1997]: 183 ff. jedoch hält sie für unterschiedliche Argumente, die aus unterschiedlichen Lösungsvorschlägen zur Teilhabeproblematik resultieren und zunächst auf die Größe und die Ähnlichkeit beschränkt sind. Erst mit der Zusatzannahme, dass zwei Dinge einander aufgrund der Eigenschaft F und nicht, wie Allen meint, kraft der Idee der Ähnlichkeit ähnlich sind, lasse sich der Ähnlichkeitsregress zum D.M. generalisieren. Einige (Adam [1897]: ad locum; Apelt [1891]: 53) sehen eine weitere Version des D.M. im Argument vom dritten Bett (Resp 597c–d), andere (Fine [1993]: 237; Parry [1985]) hingegen deuten Resp 597c–d als Argument für die Einzigkeitsannahme der Idee. Nach Vlastos [1954; 1969] beruht der D.M. auf folgenden Voraussetzungen: (1) Eine-Einheit-über-vielen: Zu einer Menge von Dingen mit der Eigenschaft F gibt es eine Idee F-selbst, so dass diese Dinge die Eigenschaft F durch Teilhabe an der Idee F-selbst haben (fachterminologisch OM (One over Many); diese Annahme war als *hen-epi-pollôn* bereits bei Aristoteles (vgl. *Metaphysik* 990b) ein fester Begriff). (2) Selbstprädikation: F-selbst hat die Eigenschaft F (fachterminologisch SP). (3) Nicht-Identität: Wenn ein Ding die Eigenschaft F hat, so ist es nicht identisch mit der Idee F-selbst, kraft derer es diese Eigenschaft hat (fachterminologisch NI). Vlastos' Bestimmung der Voraussetzungen des D.M. ist in der Forschung Standard. Sellars [1955] rekonstruiert aus ihnen den Regress: Gegeben sei eine Menge M, deren Elemente die Eigenschaft F haben. Aufgrund der Annahme Eine-Einheit-über-vielen gibt es zu dieser Menge eine Idee F-selbst. Die Idee F-selbst hat die Eigenschaft F (wegen des Prinzips der Selbstprädikation) und ist kein Element der Menge M (wegen des Prinzips der Nicht-Identität). Es lässt sich eine Menge M_1 aus den Elementen der Menge M und der Idee F-selbst bilden. Alle Elemente der Menge M_1 haben die Eigenschaft F. Aufgrund der Annahme Eine-Einheit-über-vielen gibt es zu dieser Menge M_1 eine Idee F-selbst$_1$. Sie hat die Eigenschaft F und ist, weil sie wegen des Prinzips der Nicht-Identität kein Element der Menge M_1 ist, von F-selbst verschieden, so dass sich die Menge M_1 um F-selbst$_1$ zur Menge M_2 erweitern lässt, deren Elemente alle die Eigenschaft F haben, so dass die Annahme Eine-Einheit-über-vielen eine weitere Idee erfordert usw. Ein infiniter Ideenregress beraubt die Platonische Idee ihrer epistemologischen Funktion und widerspricht der Einzigkeitsannahme für Ideen, die bisweilen in Men 75a erblickt wird (Kutschera [1995]: 29). Im Sinne dieser Einzigkeitsannahme deutet Vlastos die Annahme Eine-Einheit-über-vielen: Es gibt genau eine Idee F-selbst. Dann lässt sich ein Widerspruch zwischen den Prinzipien der Nicht-Identität und der Selbstprädikation nachweisen, wenn man „ein Ding" in der Nicht-Identitätsannahme durch „F-selbst" ersetzt (vgl. Vlastos [1954]: 326). Damit der D.M. funktioniert, muss gelten: (1) Die Annahme Eine-Einheit-über-vielen erlaubt Mengen, die aus empirischen Dingen und Ideen bestehen. (2) Das Prinzip der Selbstprädikation gilt im Sinne der

Klasseninklusion: F-selbst ist Element der Klasse der Dinge mit der Eigenschaft F. Im Ähnlichkeitsregress erscheint dieses Prinzip als die Annahme der symmetrischen Ähnlichkeit zwischen Idee und Instanz. (3) Das Prinzip der Nicht-Identität behauptet nicht nur die Verschiedenheit der Idee von ihren empirischen Instanzen (dies könnte als Ausdruck des Chorismos gewertet werden), sondern vielmehr die Verschiedenheit der Idee F-selbst von allem, was F ist, also auch von Ideen.

III. Deutungen und Lösungsvorschläge: Strittig ist seit der Antike, ob der D.M. Platons Ideenlehre anficht. Die Neuplatoniker lesen Parm als mäeutisch (sh. MAIEUTIK) und halten den D.M. für bewusst konstruiert. Nach Aristoteles ist Platons Ideenkonzeption fehlerhaft und fällt, weil sie Universalien mit Partikularien verwechselt, dem D.M. anheim (vgl. *Metaphysik* 1038b). Die moderne Forschung bewegt sich zwischen diesen beiden Extremen. Im Gegensatz zur Antike, die Platons Werk grundsätzlich als Einheit begreift, eröffnen sich durch die neuzeitliche Erwägung einer an Platons Werk ablesbaren philosophischen Entwicklung zusätzliche Deutungsmöglichkeiten. Vlastos [1954; 1969] und Scaltas [1992] halten Platons Ideenkonzeption für eine metaphysische Fehlkonstruktion, die nach Vlastos [1954]: 336ff. auf der misslungenen Unterscheidung zwischen Idee und Instanz beruht: Während die Idee F-selbst in vollkommener Weise F ist, sind ihre Instanzen in defizitärer Weise F. Diese Unterscheidung ergibt sich aus der Abbild–Theorie und einer Theorie, die Vlastos „Degrees-of-Reality Theory“ nennt und so rekonstruiert, dass sie die beiden Prinzipien Selbstprädikation und Nicht-Identität als integrale Bestandteile von Platons Ideenkonzeption nach sich zieht. Nach Vlastos konnte Platon den Fehler in seiner eigenen Theorie nicht diagnostizieren und hat daher weiterhin an ihr festgehalten (vgl. Vlastos [1954]: 343: der D.M. als „record of honest perplexity“). Geach [1956] stimmt dieser Einschätzung zu, hält das Prinzip der Selbstprädikation jedoch für entbehrlich. Nach Owen [1953] hat sich Platon als Reaktion auf den D.M. von der Abbild–Theorie verabschiedet, die nach Owens Deutung das Prinzip der Selbstprädikation impliziert. Nach Sellars [1955] hingegen hat Platon dieses Prinzip zur Zeit der Abfassung des Parm bereits bewusst abgelehnt. Damit folgt Sellars der klassischen Strategie, den D.M. zu untergraben, indem man Platon das Prinzip der Selbstprädikation nicht unterstellt. Dies erfordert jedoch alternative Deutungen für Aussagen des Typs „die Idee F-selbst ist F“ (vgl. Prot 330c–d; Phd 100c; Symp 210e–211d), wie z.B. als Identitätsaussage (Taylor [1916]: 88; Cherniss [1944]: 296; Allen [1997]: 192: die Idee F-selbst ist F, die Instanz hingegen hat F), als Aussage über die Natur der Idee (Nehamas [1979]: 179: „The F itself … is what it is to be F“), als hauptanaloge Verwendung von F, dergegenüber die nebenanaloge Verwendung abfällt (Owen [1960] und Moravcsik [1963] diskutieren diese vom späten Neuplatonismus in die Diskussion gebrachte Deutung), als Paulinische Prädikation (ein Vorschlag des späten Vlastos [1972]: 452ff.: die Aussage bezieht sich in Wahrheit auf die Instanzen der Idee), als Extremfall einer „tree-predication“ (gemäß dem 2. Teil des Parm unterscheidet Meinwald [1992] die gewöhnliche Prädikation (*pros ta alla*) von der „tree predication“ (*pros heauto*), die keine Klasseninklusion impliziert). Andere Autoren halten die Nicht-Identität für das Prinzip, das man Platon nicht unterstellen sollte

(Bluck [1957]; Fine [1993]: 207; Kutschera [1995]: 138; Schweizer [1994]), weil eine Menge, die aus der Idee und ihren Instanzen besteht, ein geschlossenes System ist: Die Idee F-selbst hat kraft ihrer selbst die Eigenschaft F. Die genannten Autoren unterstellen Platon das Prinzip der Selbstprädikation: Nach Fine ist die Idee F-selbst aufgrund ihrer explanatorischen Rolle Element der Klasse der Dinge mit der Eigenschaft F, aber gleichwohl kein Partikulare, womit Fine eine naive Lesart des Prinzips der Selbstprädikation, nach der sich die Idee des Hundes hinter den Ohren kraulen ließe (vgl. Allen [1965b]: 43), unterbinden will. Schweizer erklärt die Selbstprädikation durch Selbstpartizipation. Kutschera schließt diese Möglichkeit ganz aus: Nach seiner Deutung ist die Idee F-selbst F – und zwar im Sinne der Klasseninklusion –, weil sie mit sich selbst identisch ist. Graeser [2003]: 12 hält die Vergegenständlichung der Ideen für die bewusst konstruierte Problematik des Parm. Im D.M. schlägt sie sich in der Annahme Eine-Einheit-über-vielen und im Prinzip der Selbstprädikation nieder.

IV. Die neuplatonische Tradition hat den D.M. durch Ablehnung der Selbstprädikation widerlegt. Dieses Prinzip entspricht der synonymen Benennung von Idee und Instanz (vgl. Proklos *In Parmenidem* 880) bzw. der symmetrischen Ähnlichkeitsrelation zwischen Idee und Instanz. Gegen beide Auffassungen wendet sich Proklos: (1) Die Ähnlichkeit der Instanz als eines ontologisch abhängigen Abbildes zur Idee als ihrem Urbild unterscheidet sich von der Ähnlichkeit zwischen Gleichrangigen (*syzygon*, *In Parmenidem* 912). Darin folgen ihm Taylor [1916]: 85ff., Cherniss [1944]: 295ff. und Allen [1997]: 186, deren Unterscheidung zwischen F sein und F haben, bereits in Proklos' Unterscheidung zwischen *poion* F und *haplôs* F angelegt ist: Die Instanz hat die Eigenschaft F, die Idee ist F im absoluten Sinne (*In Parmenidem* 1096). (2) Mit Berufung auf Parm 126c vertritt Proklos, wie schon sein Lehrer Syrianos (dazu Opsomer [2004]), dass Idee und Instanz homonym benannt sind, wenngleich nicht im üblichen Sinne der gänzlichen Bedeutungsverschiedenheit. Nach Proklos gehört der Name in erster Linie (*prôtôs*) der Idee und in zweiter Linie (*deuterôs*) der Instanz (*In Parmenidem* 851). Die Instanzen verhalten sich zur Idee wie die Nebenanalogate zum Hauptanalogat (sh. Teilhabe), sie sind – aristotelischer Terminologie folgend (vgl. *Nikomachische Ethik* 1096b) – *aph' henos* und *pros hen* (*In Parmenidem* 939). Allerdings deutet Proklos diese sprachphilosophische Relation des Aristoteles im Sinne der völligen Abhängigkeit der Nebenanalogate: Die Instanzen erlangen von der Idee Benennung und Sein (*In Parmenidem* 849). Eine Besonderheit an Proklos' Deutung des D.M. ist, dass sie den Ideenregress nicht völlig unterbindet, sondern einen finiten Regress erlaubt, der das neuplatonische Stufenmodell über Natur und Seele bis hin zum Intellekt durchläuft. Die Idee im Intellekt ist die eigentliche, gänzlich transzendente Idee, die mit ihren Instanzen in keiner Weise verrechnet werden darf.

Literatur: Adam [1897] – Allen [1960] – Allen [1965b] – Allen [1997] – Apelt [1891] – Baeumker [1879] – Bluck [1957] – Cherniss [1944] – Cornford [1939] – Fine [1993] – Geach [1956] – Graeser [2003] – Kutschera [1995] – Meinwald [1992] – Moravcsik [1963] – Nehamas [1979] – Opsomer [2004] – Owen [1953] – Owen [1960] – Parry [1985] – Scaltas [1992] – Schweizer [1994] – Sellars [1955] – Taylor [1915/16] – Vlastos [1954] – Vlastos [1969] – Vlastos [1972]

Veronika Roth

Dualismus (Leib-Seele-Verhältnis)

I. Die Ausgangsfrage der frühen Dialoge Platons ist es, wie der Mensch zu richtigem Wissen über die Wesensbestimmungen der Dinge, näherhin der handlungsleitenden Tugenden, gelangen kann. Dazu unterscheidet Platon im Dialog Men (97a–98a) die richtige MEINUNG (*orthê doxa*) vom begründeten WISSEN (*epistêmê*). Die Antwort auf die Frage, woher die Einsicht in die WAHRHEIT gewonnen werden kann (Men 80d–86c), wird für das Platonische Verständnis sowohl des Seins wie des Menschen entscheidend. Die Sinneserkenntnis führt nach Platon nur zu einer Meinung, deren Richtigkeit zwar wahrscheinlich sein kann, nicht aber mit Sicherheit und Gewissheit festzustellen ist. Der ganze Bereich des materiellen Werdens scheidet demnach als Ort der Wahrheitserkenntnis aus. Wenn so allein das reine Denken als Weg zum Wissen übrig bleibt, so muss Platon erklären, wie der Mensch im Denken zu Einsichten kommt, die er nicht aus der SINNESWAHRNEHMUNG gewonnen haben kann. Dazu dient die Lehre von der sog. WIEDERERINNERUNG (*anamnêsis*): Die Seele des Menschen hat schon vor und außerhalb des Körpers existiert und in diesem ihrem präexistenten Zustand die idealen Wesenswahrheiten aller Dinge gesehen. Durch die Geburt im Körper hat sie dann diese vollkommen geschauten Wahrheiten vergessen. In ihrer körperlichen Gebundenheit kann die Seele nur dadurch zum Wissen gelangen, dass sie sich in einem mühsamen Prozess, in welchem ihr von philosophischen Lehrern wohl geholfen werden kann (vgl. die „Hebammenkunst" (MAIEUTIK) des Sokrates), an die vergessenen Wesenseinsichten erinnert. Was gemeinhin unter ‚Lernen' verstanden wird, ist nach Platon nichts anderes als dieser Prozess der Wiedererinnerung. Die Frage nach der Möglichkeit des Wissensgewinns führt bei Platon also zu einem ontologischen und anthropologischen Dualismus: Aus der Auffassung, dass die Welt des sinnenfälligen WERDENS keine sichere ERKENNTNIS vermitteln kann, folgert er die Gegebenheit eines welttranszendenten Bereiches rein idealer Wesenswahrheiten, die nur der geistigen Erkenntnis des Denkens zugänglich sind und von der Seele immer schon apriorisch gewusst werden.

II. Die anthropologischen Konsequenzen dieses Konzeptes von Erkenntnis entfaltet Platon in seinen mittleren Dialogen, vor allem in Phd, Phdr und Resp (zu den ontologischen Implikationen sh. TRENNUNG (*chôrismos*)). Im übergeordneten Handlungszusammenhang des Phd-Dialoges kommt auch jenes anthropologische Grundphänomen zur Sprache, das für die Entfaltung dieses dualistischen Seins- und Erkenntniskonzeptes bei Platon motivierend gewesen sein mag: Es geht um die Betroffenheit des Menschen vom Tod, denn die Überlegungen des Dialoges nehmen historisch-fiktiv von jener Situation ihren Ausgang, in der Sokrates im Gefängnis nach seiner Verurteilung im Kreis von Freunden auf seine Hinrichtung wartet. Um die Angst vor dem (jedem) bevorstehenden Tod zu überwinden, lässt Platon Sokrates eine Reihe von Argumenten für die UNSTERBLICHKEIT der SEELE vortragen, in denen die vom Körper losgelöste Seele als das eigentliche Wesen des Menschen gesehen wird (vgl. auch Lg 959b), das demnach vom leiblichen Tod gar nicht mehr tangiert wäre. Die gesamte Abwertung der sinnlich-körperlichen Dimension des Seins bei Platon (und in der platonischen Tradition) mag in der Unfähigkeit und Angst davor ihren Grund gehabt haben, den leiblichen Tod und das Vergehen als solches anzunehmen.

Die Unsterblichkeitsargumente des Phd-Dialoges (70a–107d) haben allesamt direkte oder indirekte Implikationen und Konsequenzen für die Sicht des Verhältnisses von Leib und Seele. Mit dem Gedanken, dass Lebendiges immer aus Totem hervorgehe, greift Platon im ersten Argument einen Gedanken der vorsokratischen Naturphilosophie auf (vgl. Heraklit VS 22 B 88). Für Platons Bestimmung des Leib-Seele-Verhältnisses waren vor allem orphisch-pythagoreische Vorstellungen leitend: Von Pythagoras ist der Gedanke überliefert, dass die Seele wertvoller als der Leib ist, nicht mit dem Leib stirbt, sondern auch ohne diesen existieren kann (VS 14 B 1 und B 14, 1). Ebenso pythagoreischen Ursprungs ist die Vorstellung, dass die Seele durch den Leib verunreinigt werde (vgl. Phd 81b; in 95d ist sogar von Untergang und Krankheit die Rede) und sich in einem Prozess reinkarnativer Seelenwanderungen zu läutern hätte (vgl. Phd 81d–82d; Ti 42b). An verschiedenen Stellen findet sich bei Platon in Abwandlungen die orphische Überlieferung, wonach der Leib das „Grab" oder das „Gefängnis" der Seele sei (Krat 400c; vgl. Gorg 493a). Diese Vorstellungen gehen auch in den Phd-Dialog ein, wo es von der Seele heißt, sie sei „im Leib gefesselt, ihm anklebend und gezwungen, wie durch ein Gitter durch ihn das Sein zu betrachten" (Phd 82e; vgl. auch 67d). Die pythagoreische Vorstellung von der Seele als Harmonie des Leibes (Phd 85e–86d) lehnt Platon aber ausdrücklich ab, weil sie die unteilbare Einheit der Seele in Frage stellen würde (Phd 92a–e). Das zweite Unsterblichkeitsargument nimmt die Wiedererinnerungslehre des Dialogs Men als Beweis für die Präexistenz der Seele und damit für ihre Unabhängigkeit vom Leib auf. Für den Wesensvollzug der Seele in der geistigen Erkenntnis habe der Leib keine konstitutive Funktion, sondern er habe lediglich durch die Sinneswahrnehmung eine Anregung zur Wiedererinnerung zu wecken (Phd 73d–e). Das dritte Argument ergibt sich als Implikation aus eben dieser Wiedererinnerungslehre: Weil die Seele über die Erkenntnis der unwandelbaren Ideen verfügt, ist sie nicht dem Vergänglichen, sondern dem Göttlichen ähnlich und kann daher nicht wie der Leib untergehen (vgl. bereits Men 86a–b; Resp 610a–611a). Aufgrund ihrer Nähe zum Göttlichen ist die Seele dem Leib überlegen und beherrscht ihn (vgl. Ti 34c; Lg 967d). Der letzte Beweis argumentiert mit dem Gedanken, dass die Seele das Lebensprinzip des Körpers sei, so ihrem Wesen nach Leben sei und damit nicht den Tod als ihr Gegenteil aufnehmen kann (vgl. auch Phdr 245c–e: Seele als unsterbliches Bewegungsprinzip des Leibes). Als das Lebensprinzip des Körpers muss die Seele demnach auch älter als der Leib sein (vgl. Ti 34c; Lg 892a–896b).

III. Die Reduktion des Wesens des Menschen auf die unsterbliche Seele hat nun auch ethische und lebenspraktische Konsequenzen, die Platon in seinen Vorstellungen vom idealen, philosophischen Leben artikuliert (insbesondere Phd 64a–68b): Da der Leib uns durch seine Bedürfnisse und Begierden beschäftigt, ablenkt und verwirrt, können wir erst dann die unwandelbare Wahrheit erkennen, wenn wir die Seele so weit wie möglich vom Körper abtrennen. Da die „Erlösung und Trennung der Seele vom Leib“ (Phd 67d) die Platonische Definition für den Tod ist, folgt daraus, dass das Leben des Philosophen ein Prozess des kontinuierlichen und sich intensivierenden Sterbens ist. Die leibliche Hinrichtung des Sokrates erscheint so als die natürliche und gewollte Konsequenz seiner philosophischen Lebensform.

Auch die von Platon im Dialog Resp (438d–441b) vorgenommene Dreiteilung der Seele hat Folgen für die Bestimmung des Leib-Seele-Verhältnisses: Da die beiden unteren Seelenteile, der begehrende und der muthafte, mit den Regungen des Leibes zusammenhängen, indem sie entweder davon bestimmt werden oder diese bestimmen, sterben sie mit dem Leib; allein der oberste, geistige Seelenteil (das *logistikon*) ist unsterblich (vgl. Ti 69a–70d). Mit dieser Position wird später auch Aristoteles übereinstimmen, der zwar in kritischer Absetzung von Platon die Seele als Wesensform des Leibes denkt, diese Funktion aber nur den beiden unteren Seelenteilen (vegetative und sensitive Seele) zuspricht und die „von außen“ in den Menschen gelangende Geistseele (*nus*) ausdrücklich davon ausnimmt (*De generatione animalium* 736b).

Im Phdr-Dialog (246a–257b) fasst Platon seine Sicht des Leib-Seele-Verhältnisses schließlich in einem bezwingenden Bild zusammen, im Mythos vom Seelenwagen und seinem Flug zum „überhimmlischen Ort“ (*hyperuranios topos*). In ihrer Dreiteilung entspricht die Seele einem Pferdegespann, das schlechtere Pferd steht für den begehrenden Seelenteil, das bessere für den muthaften, der Wagenlenker aber für die Vernunft. Die Seelen sind beflügelt, aber nur die Flügel der göttlichen Seelen sind stark genug, um die Höhe des unvergänglichen Wissens zu erreichen, von dem sich die Seele unsterblich nähren kann. Beschädigt oder verliert die Seele ihre Flügel, so fällt sie so lange, bis sie in einen erdhaften, sterblichen Körper gelangt, von dem aus sie die Wahrheit bestenfalls entfernt sehen kann. Dies gelingt nur den Seelen der Philosophen, denn diese haben vor ihrem Fall und vor ihrer Einpflanzung in einen Leib sich in einem so hohen Maß bereits von der Wahrheitsschau ernährt, dass sie nicht wie die anderen gefallenen Seelen in einem Tierleib enden.

IV. Im Neuplatonismus steht vor allem die Frage nach dem Verhältnis der individuierten, leibgebundenen Einzelseelen zur allgemeinen Weltseele im Vordergrund. Nach Plotin sind die Einzelseelen in der Weltseele enthalten, aber durch ihre Einsenkung in die Materie mit dem Übel verbunden (*Enneaden* III.5[50].4.10–12, I.2 [19].3.13). Durch Loslösung von den Sinnen kann der Mensch seine individuierte Seele aus dem Leib befreien und zum allgemeinen (Welt-)Geist als ihrem ursprünglichen Ort zurückbringen, wo immer ein Teil von ihr verblieben war (*Enneaden* I.1[53].10.9–11, IV.8[6].8.2–6). Ganz in diesem Sinne spricht auch Porphyrios in der idealisierten Lebensbeschreibung seines Lehrers Plotin davon, dass dieser sich geschämt hätte, in seinem Leib zu sein (*Vita Plotini* 1, 1). Auch für Proklos ist die Seele ihrem Wesen nach unkörperlich und vom Körper getrennt (*Elementatio theologica* 186).

Literatur: Blumenthal [1971] – Blumenthal [1983] – Cherniss [1962] – De Strycker [1955] – Frede [1988] – Guthrie [1955] – Kahn [1987] – Ricken [1979] – Ricken [1989] – Robinson [1970] – Steiner [1992b] – Szlezák [1976] – William [1951]

Martin Thurner

Eine, das (*hen*); Eines/Vieles

I. Das Problem der Beziehung zwischen Einem (E.; *hen, henas, monas*) und Vielem (V.; *plêthos, polla, pleon, hathroon*) ist eine der Grundfragen der Platonischen Philosophie und zugleich die vielleicht am schwierigsten zu lösende (Ti 68d). Der Begriff des E. bzw. der Einheit umfasst eine große Spanne von Verwendungsweisen: er fungiert als (emphatisch gebrauchtes) Zahlpronomen und Prinzip von Zahl und Maß, logische Begriffseinheiten, Einheiten von Entitäten, Bestimmungen oder Sachverhalten, als abgrenzbare, konkret bestimmte Individuen, komplexe (synthetische) Einheiten aus Teilen bzw. als Ganzheiten (Resp 441c), als jede Vielheit abweisende, reine Einheit, als Identität des Sich-Gleichbleibenden (Phdr 275d) oder kontinuierlich Zusammenhängendes (Teilbares und Unteilbares); ebenso ist die Einheit eine unabdingbare, universale Bedingung möglichen Erkennens und methodischen Denkens.

II. Bereits in den Frühdialogen steht häufig die Frage nach dem Wesens- und Einheitsbegriff von bestimmten Tugenden oder technischen Vermögen im Vordergrund, d.h. nach dem Allgemeinen, Gemeinsamen und Verbindenden in verschiedenen Handlungen, Tätigkeiten oder mannigfaltigen Einzelfällen, das die Einheit ihres Wesens ausmacht und als ontologischer Grund sowie logische Erkenntnisbedingung fungiert. Die Wesensfrage (als Primärfrage; Robinson [1953]: 49) zielt von Anfang an auf die Einheit im V. und dessen Zusammenfassung zum Ähnlichen respektive Gleichartigen durch die eine konstitutive Gemeinsamkeit, wovon dann die Ideenproblematik ihren Ausgang nimmt (Euthyph 6d–e; Euthyd 301a; Prot 325a; Men 75a). Die Ideen sind wahrhaft seiende, undingliche, bloß denkbare reine Einheiten von Bestimmungen, Prinzipien, Begriffen oder Gegenstandsklassen, die allem Einzelnen, das unter sie fällt, das vermitteln, was es als es selbst sein lässt und wodurch es als bestimmt erkennbar ist (Phd 75d, 78d, 100c–d; Symp 210e–211b; Resp 511d; Phdr 247d; Soph 246b; Ti 37d; Phlb 59a), weshalb die Ideen als „Einheit über der Vielheit" zu bezeichnen sind (Aristoteles *Metaphysik* 990b; Phd 78b–d; Resp 476a, 507b, 596a; Phdr 249b, 265d–e; Parm 129b–d; Phlb 15a–b; Lg 965b–966b). Im Fortgang von der Vorsokratik zu Platon wandelt sich die Einheit eines Prinzips zum Problem des Prinzips der Einheit (Idee); das Allgemeine wird zur Einheit (Hartmann [1965]: 174–176). Die Inhaltsarmut dieser bestimmten, eidetischen Einheiten bei Platon (Wieland [1999]: 97–98, 141) weist voraus auf die Unbestimmtheit und Aporetik (sh. Aporie) der Einheit selbst im Parm. Die Ideen stehen untereinander in Verbindungs- und Ausschlussrelationen, wie der Soph an den höchsten Ideen und ihrer *symplokê* und *koinônia* demonstriert, während ihr Erscheinen, Anwesendsein oder Partizipiertwerden im Empirisch-Sinnlichen oder in Handlungen die dem Begriff immanente Vielheit expliziert, ohne seine Einheit zu verlassen. Wenn die Ideen als seiende Einheiten in Denken und Wissen, die vielen an ihnen teilhabenden sinnlichen Dinge aber als werdend in der Vorstellung erfasst werden (Resp 476c–479d), so liegt es nahe, Sein mit Einheit und Intelligiblem, Werden mit Vielheit und Sensiblem in Korrespondenz zu setzen (Tht 152d–e; Phlb 15b), womit Platon die Gleichsetzung von E., Seiendem und Denkbarem bzw. von V., Nichtsein, Vorstellung und Bewegung bei

Parmenides weiterführt. Wie die jeweils eine Idee das Sein verkörpert, so repräsentieren die vielen teilhabenden Dinge das Werdende und die Anderen des Einen, weshalb ein Ding viele Prädikate und Namen haben kann (sh. TEILHABE). Die reinen Ideen sind im Sinnlichen vermischt und verbunden (Resp 524a–d). Jedes individuelle Ding bildet die gemischte, veränderliche Einheit vieler reiner, für sich seiender Bestimmungen. Die Einheit als arithmetisches Prinzip der Zahl und der abgrenzbaren Selbstständigkeit leitet das Wahrnehmen zum Erkennen des wahren Seins hin, führt vom Werden zum Sein (Resp 524d–526a). Das vernünftige Denken vermag die (unendlich) vielen verschiedenen und gemischten Wahrnehmungen zusammenzufügen und zu trennen, woraus die Einheit reiner eidetischer Begriffe samt ihrer möglichen Verhältnisse hervorgeht (Phdr 249b–c), was ebenso für abstrakte, mathematische Größen gilt (Tht 147d). Im Sinne des Prinzips von Zahl, Maß und Messen bedeutet die Einheit (Eins) die unteilbare, unhintergehbare Basis aller Teilungen und Verbindungen in einem quantitativen Einheitsbegriff (Phd 96e–97b).

Gründet die Identität jedes Einzelnen in der Präsenz von Ideen, an denen es teilhat, so besteht die Forderung an die PHILOSOPHIE, die Ideen in den Phänomenen zu erkennen und den idealen Grund des Vielen auf einen Begriff zu bringen, was die Einheit zu einem auch wissenschaftlich-methodisch zentralen Prinzip werden lässt, etwa bei DIALEKTIK und HYPOTHESISmethode, die das V. und Disparate auf ein E. hin zusammenführen und -sehen sollen (Phdr 265d) – das Hinblicken auf die leitende Einheit ermöglicht das Hineinschauen der Einheit in die Dinge. Einheit wird so auf vielfache Weise zum Prinzip von SEIN, DENKEN und WISSENSCHAFT sowie ihres Zusammenhangs. Deshalb wird die Einheit als Bedingung von Güte (Resp 433a, 453b, 588d; Lg 739d) und Stabilität (Lg 664a) eines Komplexen, aber auch als selten (Prot 322c) sowie als nur schwer und langsam zu erzeugen betrachtet (Lg 708d). Einheit bildet eine Universalnotwendigkeit für jede Seinsordnung und Gegebenheit, die als Fundamentalbedingung unhintergehbar ist (Resp 478b; Ti 30d–31b).

III. Die wichtigsten Elemente des Platonischen Einheitsbegriffs finden sich in Phlb, Soph und Parm. Im Phlb (14c–18d) wird das Einheits-Vielheits-Problem zunächst am „kindischen" Gebrauch eingeführt, dementsprechend sinnlich veränderliche Objekte zugleich E. und V. sind, während erst bei idealen, seienden Gegenständen henologische Schwierigkeiten auftreten respektive bei ihrer Beziehung untereinander und zum Werdenden (Parm 128e–130a). Im Hintergrund steht die Frage, wie eine Entität viele (gegensätzliche) Prädikate aufweisen kann (Soph 251a). Jede Idee ist eine, umfasst aber eine Vielheit von Arten und Einzeldingen, die unter ihr stehen, wodurch ihre Einheit extensional bedroht scheint (Löhr [1990]: 68–69). Wenn Platon zum Problem der Vereinbarkeit von Sein und Einheit gelangt (Phlb 15b), dann kann dies sowohl auf die ersten beiden Hypothesen des Parm verweisen als auch als Gefährdung der Ideen durch WERDEN und VERGEHEN gelesen werden. Erst die DIALEKTIK vermag zu zeigen, dass Einheit und Vielheit alles Seiende konstituieren: Dank der dihairetischen Methode (sh. DIHÄRESE) lässt sich die Einheit einer Idee, vermittelt über eine begrenzte Zahl immer speziellerer Unterarten, bis hinab zu den unendlich vielen Einzeldingen unterteilen, womit ein genetischer Übergang von Einheit zu Vielheit erfolgt, den die Dialektik aufweist (Hackforth [1958]). Eine Idee ist nicht aus Teilen zusammengesetzt, aber trotzdem V. und nicht nur E. Jede Idee bildet eine spezielle, begrenzte Form und enthält eine endliche Zahl von Untergliederungen, doch zugleich haben potentiell unendlich viele Dinge an ihr teil, und es ist das spezielle Können der Dialektik, die genaue Zahl (Natorp [1921]: 314–318) von Unterklassen aufzuweisen, Einheit und Vielheit nicht (eristisch) überhastet einander gegenüberzustellen, sondern gemäß den richtigen Proportionen, da andernfalls der volle sachlich-prädikative Gehalt der Idee übersehen und der Hiatus zwischen Einheit und Vielheit, Idee und Einzelding zu groß wird, was zum Nominalismus führen kann. Platon scheint also im Phlb bereits *im* Begriff der Einheit (Henade) eine Vielheit enthalten zu sehen, um so das Teilhabeproblem auszuschalten (Löhr [1990]: 186–191), was jedoch den Übergang vom Noetischen zum Sensiblen, vom Endlichen zum Unendlichen nicht klärt. Die spätere Prinzipienlehre (Phlb 23c–27b) ist vor dem Hintergrund der Einheits-Vielheits-Problematik zu sehen.

Der Soph entwickelt die Frage nach der Einheit ausgehend vom Verständnis des Philosophen Parmenides als eines Einheitsdenkers. Weil das Seiende grundsätzlich sowohl E. oder V. als auch beides zugleich sein kann (Soph 242c–243e), offenbart sich die Aporetik (sh. Aporie) des Seinsbegriffs, auch bezüglich seines Verhältnisses zum Einen (Soph 244b–245b): Wird das All (*pan*) als E. und als seiend bezeichnet, so resultiert daraus eine Vielheit von Namen, die seine Einheit auflöst; wird das Eine als Ganzes gefasst, dann kann das Seiende entweder ein Ganzes sein, was jedoch zur Vielheit der Teile führt, so dass es nicht das Eine selbst sein kann, oder das Seiende ist kein Ganzes, womit es nichtseiend wäre und das All zu mehr als einem würde, oder das Ganze existiert gar nicht, was dem Seienden das Sein, das Gewordensein und die Größe nähme. Gemäß der ersten Alternative kann ein Geteiltes in jedem seiner Teile zwar E. sein, aber nicht das Eine: Das absolute Eine kann keine Teile umfassen, doch ihm können auch kein Sein und kein Name zukommen. Der Begriff des Einen steht hier in ersichtlicher Nähe zum partizipations- und relationslosen Einen der ersten Hypothese des Parm, während das relationale Eine der zweiten Hypothese im Hintergrund der Lösung der Aporien steht. Die Möglichkeit viele Namen und Bestimmungen von einem Subjekt zu prädizieren, ohne seine Einheit aufzuheben, gilt im Soph zwar als leicht begreifliches Prinzip (251a–d), wird aber auf dem Boden der *koinônia* der Ideen, d. h. der dialektisch erfassbaren Gemeinschafts- und Ausschlussrelationen zwischen allen Ideen, die Denken und Sprache ermöglichen, fundiert (Soph 251d–253a). Der Dialektiker kennt Ausdehnungsbereich und Für-sich-Sein aller Ideen, ihr Hindurchreichen durch bestimmte andere Ideen, ihre Exklusionen, ihr Umfasstsein in höheren Ideen, mit einem Wort: ihre Einheits- und Differenzverhältnisse (Soph 253d–e), weshalb die Dialektik die Methode des Aufweises der konkret bestimmten, in sich relational-differenten Einheit der vielen Ideen darstellt. Auf diesem Fundament entwickelt der Soph die Lösung des Einheits-Vielheits-Problems im dihairetischen Verfahren (Stenzel [1959]: 11–13; vgl. Dihärese).

Die umfänglichsten Analysen zum Begriff der Einheit bietet der Parm, vor allem in seinem zweiten Teil. In diesem werden in acht Folgerungsketten die Konsequenzen der beiden antithetischen GrundHYPOTHESEN „Wenn Eines ist, ...“ und „Wenn Eines nicht ist, ...“ für das Eine und das Andere untersucht – sowohl jeweils in Bezug auf es selbst als auch in Bezug auf das Andere. Im dialektischen Durchgang durch die acht Hypothesen verwickelt sich jede hinsichtlich der auf das E. bezogen gedachten generischen Ideen in antinomische Konsequenzen, weshalb in der ersten Hypothese alle Prädikate vom Einen abgewiesen (vielheitsloses E.), in der zweiten alle Prädikate vom Einen bejaht werden (seiendes, relationales E.; Gloy [1981]: 39–63). Das Aussagbarkeitsproblem der (reinen) Einheit, die durch weitere Bestimmungen vervielfacht würde, tritt auch hier auf.

IV. Kaum ein Dialog ist so unterschiedlich gedeutet worden wie der Parm: als antieleatischer Traktat, dialektisch-logische Übung (Robinson [1953]: 264ff.; Zekl [1971]), Niederschlag innerakademischer Diskussionen (vor allem zwischen Platon und Speusipp: Graeser [1999]), Propädeutik, Bedingungsanalyse möglicher Erfahrung (Natorp [1921]: 221–278; Friedländer [1960]: 173–200; Bröcker [1967]: 388–440) oder theologische, stufenhafte Metaphysik des Absoluten (Speiser [1937]; Wyller [1960]: 60ff.; Halfwassen [1992]). Besonders an diesem Dialog ist die Wirkungsgeschichte des Platonischen Einheitsbegriffs festzumachen, etwa bei Plotin, Porphyrios, Proklos, Damaskios, Cusanus, Ficino oder Hegel. – Umstritten ist die Bedeutung von Einheit und Vielheit in der sog. UNGESCHRIEBENEN LEHRE Platons (Krämer [1959]; Gaiser [1963]) bzw. ihre Bedeutung für die Konstitution eines Gesamtsystems. Die Ideen stehen als Idealzahlen über den zur sinnlichen Welt hin vermittelnden mathematischen Zahlen, wobei alles Seiende aus den Urprinzipien des Einen und der unbestimmten Zweiheit hervorgeht. Die *dyas* bedingt die Vielheit, die durch die Einheit zu Ideen oder konkreten Individuen bestimmt und begrenzt wird (Parm 157c–158d), weshalb das Eine auch mit dem Guten identifiziert wird.

Literatur: Allen [1983] – Bröcker [1967] – Friedländer [1960] – Gaiser [1963] – Gloy [1981] – Graeser [1999] – Hackforth [1958] – Hägler [1983] – Halfwassen [1992] – Hartmann [1965] – Horn [1995b] – Krämer [1959] – Löhr [1990] – Meinwald [1991] – Natorp [1921] – Robinson [1953] – Speiser [1937] – Stenzel [1959] – Wieland [1999] – Wyller [1960] – Zekl [1971]

Dirk Cürsgen

Einfach (*haplus*)

I. Der Terminus des Einfachen (E.; *haplus*) ist dem des *monoeidês* verwandt bzw. den negativen Begriffen des Teillosen (*ameres*), Unzusammengesetzten (*asyntheton*) oder Unteilbaren (*atomon*), womit er im Gegensatz zu dem des Vielgestaltigen (*poikilon, polyeidês, polyplokôteron*) oder Zusammengesetzten (*syntheton, synkeisthai*) steht. Der Begriff indiziert oft emphatisch die schlechthinnige, allgemeine Geltung einer elementaren Erkenntnis (Tht 188d; Phdr 244a; Parm 163c), bildet aber auch im Sinne der Einfachheit als Klarheit und Deutlichkeit die Bedingung eines gelingenden Dialogs, d.h., Fragen und Antworten dürfen kein *poikilon* sein (Tht 146d). Die Verwendung des Terminus zur Kennzeichnung des moralisch-integren, biederen, wahren und einfachen Menschen – in seiner Entgegensetzung zum vielgewandten (*polytropos*) und falschen – findet sich im gesamten Werk Platons (Hipp Mi 364e–365b; Resp 361b, 547e), und findet seine Näherbestimmung in den Idealen der einfachen Erzählung (Resp 393d–394b), des einfachen Lebens, der einfachen Musik oder der einfachen Gesetze (Resp 404b–e), die zu den fundamentalen, stabilen Verwirklichungen von Ordnungsstrukturen wie Gesundheit, Besonnenheit und Gerechtigkeit führen sollen. So impliziert die Gerechtigkeit Einfachheit und Konstanz; das Ideal eines Staates und seiner Verfassung liegt in wandelloser Einfachheit (Resp 549c), und die Form seiner Gesetze soll möglichst einfach sein (Lg 913c). In diesem Sinne gilt auch für die Theologie, dass Gott einfach und unzusammengesetzt, mithin ewig und unwandelbar sein muss und darzustellen ist (Resp 380d, 382e), was schon die ‚Etymologie' des Namens Apollon aufweist (Krat 405b–406a). Gleichwohl ist das E. nicht bestimmungslos, weder bei Seelenvermögen noch bei Göttern, sondern bedeutet vielmehr die unbedingte, universale Geltung bzw. Unwandelbarkeit einer Bestimmung (Symp 183d, 206a), auch im Fall der Ideen. Trotz gelegentlicher Analogsetzungen von E., Unteilbarem (*ameriston*) und Einem-Sein (Tht 205c–e; Krat 405b–c) hebt Platon das Eine bzw. die Einheit und das E. doch zumeist voneinander ab (Phd 108a), wobei das E. primär ontologisch mittelstufige oder phänomenale Gegebenheiten (Gott, Seele, Staat, Gesetze, Menschen, Kosmos oder Sprache) charakterisiert, wohingegen die Einheit auch metaphysische und logisch höchststufige Entitäten bezeichnen kann (die Ideen oder das Eine selbst) respektive ihr Wirken in empirisch-erscheinungshaften Strukturen. Die Bestimmungen von *asyntheton* und *monoeidês* werden zwar auch vermittelt auf Ideen – bzw. die Unsterblichkeit der Seele wegen der Nähe zu ihnen – angewandt (Phd 78c–d), dienen aber der Anzeige der Enthobenheit der Ideen über die Gegebenheitsformen teilbarer Ganzheiten im sinnlichen Bereich, d.h., sie bezeichnen die Verneinung teilbarer Totalitäten.

II. Zentral ist deshalb die Frage, ob die Seele einfach oder zusammengesetzt ist (Phd 92a). Ist sie – wie das Körperliche – zusammengesetzt, dann ist sie auch wandelbar, auflösbar und vergänglich (*metabolon*), denn nur das sich immer Gleiche ist unzusammengesetzt und seiend (Phd 78b–d, 86a; Resp 611b; Phdr 230a; Ti 35a), also unsterblich. Die Seele besitzt dergestalt zwar unterschiedliche Bestimmungen, Vermögen und Leistungen, ist jedoch zugleich einfach und ohne Teile. Wie bei allen Dingen hat sonach auch bei ihr zu gelten, dass die Grunddifferenz von Einfachheit und Vielgestaltigkeit zur Kennzeichnung ihrer Gegebenheit anzuwenden ist (Phdr 270d, 277c). Jedwedes Zusammengefügte setzt (relativ) einfachere Elemente voraus, die allerdings zuletzt im absoluten Gegensatz zum Zusammengesetzten stehen, was bei den Körpern, aber überdies bei den Verbindungen von Seelen und Körpern der Fall ist, während die Seele selbst rein ist und einfach für sich unabhängig besteht. Sogar die Sprache ist aus einfachen Bestandteilen konstituiert (Buchstabe, Hauptwort, Zeitwort), aus denen sie zusammengesetzt ist (Krat 431c, 434b; Soph 263d). Grundsätzlich schließlich kann sich das, was einfach ist, zum niemals E. (als dem ihm Unähnlichen) unmöglich jemals richtig verhalten (Plt 294b–c), was konkret z.B. bedeutet, dass die faktischen politischen und menschlichen Zustände – in ihrer Vielgestaltigkeit und -artigkeit – die Herrschaft einfacher Gesetze verbieten.

Dirk Cürsgen

Element siehe **Materie II, Raum II**

Elenchos (*elenchos*)

Das Wort ‚Elenchos' (E., *elenchos*) wird bei Platon nicht terminologisch verwendet. Das Wort meint ‚befragen' (*erôtan*), untersuchen (*zêtein*), prüfen (*exetazein*) (Daux [1942]; Lesher [1984]; Furley [1989b]). Zur terminologischen Bezeichnung für Sokrates' Verfahren der Überprüfung von Meinungen wird das Wort E. erst bei Grote (Grote I [1973]: 374). Der E. bezeichnet das Sokratische Verfahren (Dalfen [2004]: 277), durch Fragen Meinungen zu prüfen und zu widerlegen. Zusammenhänge dieses Verfahrens mit Brauchtum (Erler [1986]), vor allem aber mit dem Gerichtswesen sind festzustellen (Dorion [1990]). Im forensischen Kontext bezeichnet Elenktik das Verfahren, Prozessgegner im Dialog und oft unter Beiziehen von Zeugen zu prüfen und zu widerlegen (Lysias *Orationes* 12, 24f.; vgl. Ap 24c ff.). Wir finden eine entsprechende Vorgehensweise auch im sophistischen Kontext (vgl. Dionysodor und Euthydem in Platons Euthyd 272a–b). Hier wie vor Gericht dient der E. weniger der Wahrheitssuche (Gorg 471e) als dazu, einen Sieg zu erringen.

Der E. ist ein Frage- und Antwortspiel (Vergleich mit Brettspiel, vgl. Resp 487b–c), dessen ursprünglich agonistischer Charakter (Resp 539b) bei Sokrates und Platon freilich inhaltsorientiert ist. ‚Elenktische' Partien finden sich in frühen, vor allem aporetischen Dialogen wie Ion, Hipp Mi, La, Charm, Euthyph, Prot, Gorg, Men, aber auch an verschiedenen Stellen der mittleren (z.B. Prüfung Agathons durch Sokrates) und der späten Dialoge (Kahn [1996]: 249). Trotz mancher Ähnlichkeit ist Sokrates' philosophische Elenktik von der forensischen Elenktik unterschieden (Gorg 471e–472c). Denn für Sokrates wird die Elenktik zum wesentlichen Bestandteil seines göttlichen Auftrages, Wissensansprüche zu prüfen (Ap 20e–21e). Der Sokratische E. soll dem Nachweis von Inkohärenz der von seinen Partnern vertretenen Positionen dienen (Benson [2000]). Diese kathartische Wirkung des E. wird freilich oft als bloße Polemik empfunden (vgl. z.B. Charm 166c–d; Euthyph 7a). Doch dient der Sokratische E. der Seelentherapie, indem er hilft, von Illusionen zu befreien und für die Aufnahme der Wahrheit bereit zu machen. Zwar scheint das Ergebnis elenktischer Diskurse immer negativ zu sein. In der Tat kann der E. nicht die allgemeingültige Richtigkeit einer These beweisen. Doch kann mehrfache Überprüfung (Tht 148e; Men 85c–d) eine These als besonders ‚widerlegungsresistent' (Stemmer [1992]: 142f.) erweisen (Resp 534e ff.), so dass sie als momentan gültig angesehen wird wie z.B. Sokrates' These von der Unfreiwilligkeit des Unrechttuns (Gorg 527b). Umstritten ist die These, zum E. gehöre, dass die Partner glauben, was sie sagen (Vlastos [1983]; Diskussion Benson [2000]; Gill [2004]).

Man hat mehrere Anwendungsarten von E. unterschieden (Woodruff [1986]:

22–37, besonders 26): Den reinigenden E., der Gewissheit im Wissen des Partners erschüttern will, den verteidigenden E., der auf Inkonsistenzen bei Ablehnung einer These hinweist, den prüfenden E., der eine These oder Definition auf die Probe stellt. Besonders letzterer kommt in den aporetischen Dialogen (was-ist-X-Frage) zur Anwendung.

Es handelt sich beim E. um ein Verfahren (Robinson [1953]) mit ethischem Anspruch (Renaud [2002]: 183–198). Bisweilen stehen Personen (vgl. Ap 29e; Robinson [1953]: 15–17), weniger Aussagen (vgl. La 187e–188b; Prot 333c) auf dem Prüfstand. Im Gorg geht es um Thesen, wobei ad hominem argumentiert wird (Kahn [1996]: 133–142).

Die Regeln des E. werden in den Dialogen nirgends explizit gemacht, sind aber erkennbar (Kapp [1962]; Kapp [1968]: 254–277; Stemmer [1992]: 96ff.) und von Aristoteles analysiert worden (Moraux [1968]: 277–31; Primavesi [1996]). Es handelt sich beim Sokratischen E. um ein Rollenspiel zwischen einem Fragenden und einem Antwortenden mit festen Vorgaben (Men 75d; Prot 338c). Auf die Frage, was etwas ist, bietet der Antwortende eine These oder Definition. Dabei wird meist vorausgesetzt, der gesuchte Begriff sei ‚gut, nützlich, schön'. Bisweilen wird formelle Korrektheit der Vorschläge zugegeben, der Wahrheitsgehalt aber infrage gestellt (Charm 159b ff., 162e; Euthyph 7a ff.; Men 78c; Resp 339a; Tht 151e ff.). Der Fragende hat auf die These inhaltlich einzugehen (Euthyph 14c), lenkt die Argumentation – bisweilen auch auf Holzwege (Euthyph 14c; Alk 1 116d) –, bereitet den Boden für die Widerlegung und bestimmt insofern den Verlauf der Argumentation. Gelingt es dem Fragenden, Zustimmung zu einem Beispiel zu erhalten, wonach der Thesenbegriff nicht ‚gut', ‚schön', ‚nützlich' ist, ergibt sich ein Widerspruch zur These. Der Antwortende kann nichts mehr zum Gespräch beitragen und verstummt (Resp 487b–c). Er hat ‚verloren'. Dieser negative Ausgang weist aber nur auf einen Widerspruch hin und besagt nicht, dass der Definitionsvorschlag notwendig falsch ist. Das Ergebnis ist von der Qualität der Prämissen und dem Vorverständnis des Partners abhängig und somit vorläufig (Erler [1987a]: 79ff.). Der E. ist besonders von Aristoteles in der *Topik* analysiert und als negativer Syllogismus bestimmt worden (*Topik* 165a, 168a). In späteren Rhetoriken wie der sog. *Alexander-Rhetorik* des Anaximenes wird der E. zu den Beweisen gezählt und mit natürlichen Notwendigkeiten oder Unmöglichkeiten in Verbindung gebracht (*Rhetorica ad Alexandrum* 1431a ff.). Andere sehen im E. die Forderung nach untechnischen Beweisen. Im Christentum wird der E. mit dem Glauben als E. des nicht Sichtbaren in Verbindung gebracht (Schirren [2000]: 1016) oder wird zu einer Art von Gewissen (Nikiprowetzky [1967]).

Literatur: Benson [1995] – Benson [2000] – Dalfen [2004] – Daux [1942] – Dorion [1990] – Erler [1986] – Erler [1987a] – Furley [1989b] – Gill [2004] – Grote [1973] – Kahn [1996] – Kapp [1962] – Kapp [1968] – Lesher [1984] – Moraux [1968] – Nikiprowetzky [1967] – Primavesi [1996] -Renaud [2002] – Robinson [1953] – Schirren [2000] – Stemmer [1992] – Vlastos [1956] -Vlastos [1983] – Vlastos [1991] – Vlastos [1994] – Woodruff [1986]

Michael Erler

Entstehen siehe **Werden**

Erkenntnis (*epistêmê, noêsis, nus, gnôsis, phronêsis, mathêsis*)

I. Zu den Bestimmungsstücken des klassischen Erkenntnis(E.)- oder Wissensbegriffs zählen WAHRHEIT, Überzeugung und Begründung, so dass ein Wissen genau dann gegeben ist, wenn eine begründete Überzeugung vorliegt, die wahr ist. Bei Platon lassen sich alle genannten Bestimmungsstücke des klassischen Wissensbegriffs finden und sogar dessen explizite Definition. Darüber hinaus finden wir bei Platon aber auch schon die tiefgreifende Infragestellung dieses Wissensbegriffs.

Gemäß Gorg 454d ist Wissen (*epistêmê, mathêsis*) nicht dasselbe wie Überzeugtsein (*pistis*), denn zum Wissen gehört stets Wahrheit (*alêtheia*; sh. auch die Implikationen von Euthyd 296d–297a), zum Überzeugtsein aber nicht. Wie Gorg 454e nahe legt, ist aber jedenfalls das Überzeugtsein im Wissen enthalten, wenn es auch nicht mit diesem zusammenfällt.

Jedoch ist auch wahre Überzeugung noch nicht Wissen, wie Men 97e–98a ausgeführt wird: Wissen liegt erst dort vor, wo die an sich flüchtigen wahren/richtigen MEINUNGEN (*alêtheis/orthai doxai*) durch Darlegung ihres Grundes (*aitias logismô*) „gebunden", verankert werden (Men 98a). Eben durch dieses Gebundensein – Begründetsein – unterscheide sich Wissen von der (bloßen) richtigen Meinung (Men 98a). Dass richtiges Meinen (*ortha doxazein*) ohne die Fähigkeit zur Begründung (*aneu tu echein logon dunai*) kein Wissen sei, wird Symp 202a betont. Zur Unerlässlichkeit der Begründbarkeit für Wissen sh. auch Phd 76b; Resp 534b; sowie Ti 51e.

Im Tht schließlich – ein Dialog, der in erster Linie der Bestimmung des E.- bzw. Wissensbegriffs gewidmet ist (sh. Tht 145e–146a) – begegnen wir der oben schon referierten klassischen Wissensdefinition in der folgenden Formulierungsvariante: Wissen ist wahre Meinung mit BEGRÜNDUNG (*meta logu alêthês doxa*; Tht 201c–d), und zwar nachdem zuvor zwei andere vorgeschlagene Wissensdefinitionen – Wissen als Wahrnehmung (*aisthêsis*, Tht 151e) und Wissen als wahre Meinung (*alêthês doxa*, Tht 187b, 200e) – diskutiert und für unannehmbar befunden worden sind (Tht 186e, 201c).

Auch im Tht wird also Wissen wie im Men gegenüber wahrer Meinung abgesetzt: als etwas über wahre Meinung Hinausgehendes. Aber das Besondere im Tht ist, dass dort die klassische Wissensdefinition, wie ihre beiden Vorgängerdefinitionen im Dialog, verworfen wird (Tht 210a–b), so dass der Dialog aporetisch endet (da Platons Diskutanten keine weitere Wissensdefinition versuchen). Die Platonische Kritik an der klassischen Wissensdefinition, die sich den quasi-mereologischen Ausführungen von Tht 201d–206b entnehmen lässt, besteht darin, dass die Begründung, von der in jener DEFINITION die Rede ist, in jedem Fall von Wissen einen begründungslosen Anfang haben muss – Platons Sokrates spricht zur Bezeichnung dieses Anfangs bildhaft-mereologisch von „[*prôta*] *stoicheia*": „[erste] Grundbestandteile", aber auch: „Buchstaben" (Tht 201e). Sonst erhielte man ja einen infiniten Begründungsregress, der als solcher die wahre Meinung, die das fragliche Wissen mitkonstituiert – Platons Sokrates spricht zur Bezeichnung des begründeten Wissens bildhaft-mereologisch von *„syllabê"*: „das Zusammengenommene", aber auch: „Silbe" (Tht 202e) –, sicherlich nicht begründen kann. Der begründungslose ANFANG einer Wissensbegründung ist nun selbst ein Wissen, oder aber nicht. Aber wie kann eine Begründung, die von dem ausgeht, was kein Wissen ist (*stoicheia agnôsta*; Tht 202e), eine wahre Meinung zum Wissen ergänzen (vgl. Tht 203c und vor allem Resp 533c)? Vielmehr gilt, dass eine zu wahrer Meinung hinzukommende Begründung sich schon auf ein erstanfängliches Wissen stützen muss, um die wahre Meinung zum Wissen zu machen (vgl. Tht 203c–d). In welchem Sinne ist aber nun das Wissen, das am begründungslosen Anfang einer Wissensbegründung steht, ein Wissen? Es ist ja kein Wissen im Sinne der klassischen Wissensdefinition (vgl. Tht 202d–e), fehlt ihm doch die Begründung; die klassische Wissensdefinition erfasst also nicht jede Form von Wissen (vgl. Tht 206b). Man kann diese Definition auch nicht einfach wie folgt verbessern: Wissen ist *durch Wissen begründete* (also mit Wissen verbundene) wahre Meinung (vgl. Tht 210a). Denn es ist offensichtlich „ganz und gar töricht" (Tht 210a), Wissen so zu definieren: Im Definiens wird ja der Begriff, der erst zu definieren ist, bereits vorausgesetzt; versucht man ihn dort mithilfe der angegebenen zirkulären Definition zu eliminieren, so gerät man ersichtlicherweise in einen infiniten Ersetzungsregress, in dem der zu eliminierende Begriff bei jedem Eliminationsschritt abermals auftaucht.

Der Ausweg aus dieser misslichen Lage ist nun nirgends bei Platon als eine weitere Wissensdefinition vorfindlich, aber viele seiner Aussagen zu Wissen und E. passen gut zu der folgenden Definition: Wissen ist in *Evidenz** stehende (sh. unten II) wahre Meinung oder wahre Meinung, die letztlich durch in *Evidenz** stehende wahre Meinung begründet ist. In einem weiteren Sinn von Begründetsein kann man eine in *Evidenz** stehende wahre Meinung als *begründet* ansehen (obwohl bei *Evidenz** kein eigentlicher – diskursiver – *logos* gegeben wird), so dass die klassische Wissensdefinition durch die eben angegebene *aufgehoben* wird (im doppelten Hegelschen Wortsinn gleichzeitig überwunden und bewahrt wird). In diesem Gedanken liegt vielleicht die Erklärung dafür, warum Platons Sokrates Tht 202d sagt, dass die Definition von Wissen als begründete richtige Meinung wohl an sich schon richtig sein dürfte, und warum Platon auch im Ti noch an der Notwendigkeit einer Begründung für Wissen festhält (sh. Ti 51e).

II. Entscheidend für den Platonischen Gehalt der angegebenen Wissensdefinition ist natürlich, worin für Platon *Evidenz**, d.h.: *wissenstiftende Evidenz* besteht und wo sie (für uns Menschen) zu haben ist. Dass Platon die sinnliche Wahrnehmung – die Erfahrung – durchaus nicht immer und überall als Quelle wissenstiftender Evidenz zurückgewiesen hat, geht aus Tht 201b–c hervor. Für manches, etwa den Hergang eines Verbrechens, gilt eben, dass es nur dem, der es mit eigenen Augen gesehen hat (der also diesbezüglich sinnliche Evidenz besitzt), möglich ist, es zu wissen (*idonti monon estin eidenai*; Tht 201b); in diesem Sinne ist aber dann wohl auch anzunehmen (Platon gemäß), dass wer es mit eigenen Augen gesehen hat, es demzufolge *weiß*. Zudem – wie Men 97a–b ausgeführt wird – unterscheidet sich derjenige, der nur eine richtige Meinung bezüglich des Weges nach Larissa hat, von demjenigen, der den Weg nach Larissa *weiß*, dadurch, dass er den Weg nicht selbst gegangen ist, also ihn nicht aus eigener Erfahrung kennt, keine ihn betreffenden sinnlichen Evidenzen besitzt (nicht aber dadurch, dass er etwa ein schlechterer Führer auf jenem Weg wäre).

Im Allgemeinen hat jedoch Platon – in der Tradition des Lehrgedichts des Parmenides (sh. VS 28 B7, 3–5) – die sinnliche Wahrnehmung als Quelle wissenstiftender Evidenz nicht gelten lassen, so ganz dezidiert auch im Tht: Der sinnlichen Wahrnehmung, heißt es dort, ist nicht verliehen, der WAHRHEIT und des SEINS handgreiflich habhaft zu werden (*hapsasthai*, Tht 186e; sh. SINNESWAHRNEHMUNG). Ebenso wird Phd 65b aufgrund mangelnder Genauigkeit, Klarheit und Zuverlässigkeit (zurückzuführen auf ihre Körpergebundenheit) der sinnlichen Wahrnehmung abgesprochen, dass sie einen Wissenszugang darstellt.

Wann also wird die SEELE der Wahrheit handgreiflich habhaft (*alêtheias haptetai*; Phd 65b)? Im DENKEN (*en tô logizesthai*; Phd 65c), wenn irgendwo, wird der Seele etwas vom Seienden offenbar (*katadêlon autê gignetai ti tôn ontôn*; Phd 65c). Für Platon (wie für Parmenides) stellt hiernach das Denken die einzige Quelle wissenstiftender Evidenz dar (und zwar am besten, wenn es möglichst rein ist – rein im Doppelsinn von frei von sinnlicher Wahrnehmung und frei vom Körper; vgl. Phd 65c, 65e–66a).

Entsprechend seiner Ablehnung der sinnlichen Wahrnehmung als Quelle wissenstiftender Evidenz, gibt es für Platon von der empirischen Welt – von der Welt, die sich in der Erfahrung, der sinnlichen Wahrnehmung zeigt – kein Wissen, keine E. (d.h., *im Allgemeinen* ist das so bei Platon, jedoch durchaus nicht immer, wie oben zu sehen war). Hinzu kommt aber ein weiterer – herakliteischer – Grund für Platons Zurückweisung der empirischen Welt als Objekt von E.: Die empirische Welt ist eine unstete, im steten Wandel befindliche Welt. Auch deshalb gibt es von ihr kein Wissen, keine E. (sh. Phlb 59a–b); denn man kann von nichts in ihr zu Recht sagen, dass es so und so *ist* (vgl. Tht 152d–e). Aristoteles sagt über Platon – sehr wahrscheinlich richtig –, er sei von Jugend auf mit den herakliteischen Lehren des ständigen Fließens aller Sinnendinge und ihrer (dadurch bedingten) Unerkennbarkeit vertraut gewesen und habe auch später daran festgehalten (*Metaphysik* 987a). E. gibt es für Platon, wie schon für Parmenides, nur vom unwandelbar Seienden – was für ihn, wie für Parmenides, das Seiende überhaupt ist –, nicht aber vom wandelbar Seienden, vom WERDENden und VERGEHENden (vgl. Ti 27d–28a, 29c; Resp 534a).

III. Immerhin fällt die empirische Welt nicht völlig aus dem Rahmen des Erkennens heraus: Wenn auch nur das Denkbare – *to logistikon* – für die Weltseele Gegenstand von Vernunft und E. (*nus* [*kai*] *epistêmê*) ist (Ti 37c), Meinungen und Überzeugungen (*doxai kai pisteis*), die zuverlässig und wahr sind (*bebaioi kai alêtheis*), sind der WELTSEELE bezüglich des sinnlich Wahrnehmbaren – *to aisthêton* – dennoch gegeben (Ti 37b–c). Was aber für die Weltseele gilt, gilt mit Einschränkungen gewiss auch für die menschliche SEELE. Und in der Tat soll von der empirischen Welt eine unübertroffen wahrscheinliche Ansicht dem Menschen erreichbar und angemessen sein (Ti 29c–d; vermutlich handelt es sich bei der Stelle – insbesondere 29c – um ein bewusstes Parmenides-Echo: vgl. VS 28 B8, 60–61). Ersichtlicherweise zeichnet sich ab, dass nach Platon den menschlichen Evidenzvermögen und den ihnen jeweils zugehörigen (mit diesen Vermögen maximal erreichbaren) epistemischen Stufen auf ontologischer Seite disjunkte Klassen von ihnen intentional zugehörigen Gegenständen entsprechen: Dem sinnlichen Wahrnehmen und der zugehörigen epistemischen Maximalstufe des bloßen wahren Meinens entspricht das sinnlich Wahrnehmbare; dem Denken und der zugehörigen epistemischen Maximalstufe des Wissens entspricht das Denkbare. Eben dieses epistemo-ontologische Entsprechungsverhältnis wird Ti 51d–52a, ausgehend von einer Gattungsverschiedenheit von Wissen (dort *nus* genannt) und bloßer wahrer MEINUNG (dort einfach als *doxa alêthês* bezeichnet), explizit angegeben, wobei das Denk- und Wissbare näherhin bestimmt wird als Bereich der nicht sinnlich wahrnehmbaren, unwandelbaren Formen (*eidê*; so auch, im Effekt, Phd 65d–e), und das sinnlich Wahrnehmbare, bestenfalls wahrer Meinung Zugängliche als das in ständiger Veränderung, insbesondere in räumlicher Bewegung Begriffene.

In äußerst ausgefeilter Form finden wir die Platonische Korrespondenz zwischen verschiedenen Evidenzvermögen und epistemischen Stufen einerseits, und getrennten Seinsbereichen andererseits, im sog. Liniengleichnis der Resp (509d–511e) (vgl. zum Grundgedanken auch Resp 476e–478e). Dort werden getrennte Seinsbereiche durch Abschnitte auf einer Linie dargestellt. Diese Linie zerfällt zunächst in zwei Abschnitte: das Sichtbare (*to horaton, to horômenon*) und das Denkbare (*to noêton, to numenon*). Das Sichtbare ist dabei gleichzeitig *to doxaston* – das, worauf sich (bloße) Meinung bezieht – und das Denkbare *to gnôston* – das, worauf sich E. bezieht (vgl. Resp 510a). Leicht erkennbar ist hier einerseits die Zuordnung des sinnlich Wahrnehmbaren (*pars pro toto* „das Sichtbare" genannt) zum Evidenzvermögen der sinnlichen Wahrnehmung (für das *pars pro toto* das Sehen einsteht) und zur E.stufe der bloßen Meinung, und andererseits die Zuordnung des Denkbaren zum Evidenzvermögen des Denkens und zur E.stufe des Wissens.

Der Abschnitt des Sichtbaren zerfällt aber nun wiederum in den Abschnitt *Bilder* (*eikones*) – gemeint sind natürliche ABBILDungen, wie Schatten und Spiegelbilder (Resp 509e–510a) – und in den Abschnitt *Körper* (Resp 510a). Der Abschnitt des Denkbaren wiederum zerfällt in den Abschnitt der idealen geometrischen Objekte (Resp 510c–511b) und in den Abschnitt der höchsten Formen: derjenigen Objekte, die, wie es heißt, die Vernunft selbst durch das dialektische Vermögen erfasst (Resp 511b), oder, wie es auch heißt, die durch das dialektische Erkennen des Seins und des Denkbaren geschaut werden (Resp 511c). Entsprechend dieser weiteren Aufteilung der Seinsbereiche erfolgt eine differenziertere Zuordnung von E.stufen, und wie die Seinsbereiche ihrer ontologischen Wertigkeit nach eine Hierarchie bilden (gemäß ihrer Teilhabe an „Wahrheit": *alêtheia*; Resp 510a, 511e), so auch die zugeordneten E.stufen ihrer epistemologischen Wertigkeit nach (gemäß ihrer Teilhabe an „Klarheit und Deutlichkeit": *saphêneia*; Resp 511e). Der aufsteigenden ontologischen Hierarchie: 1. Bilder, 2. Körper, 3. ideale geometrische Objekte, 4. höchste Formen (abgebildet als vier Abschnitte hintereinander auf einer Linie, wobei 1. + 2.: *horata, doxasta,* und 3. + 4.: *noêta, gnôsta*) entspricht die folgende aufsteigende epistemologische Hierarchie (Resp 511d–e): 1. bloße Vermutung (mit geringfügigem Wahrheitsgehalt): *eikasia,* 2. bloße Überzeugung (ohne direkte oder indirekte wissenstiftende Evidenz, aber in manchen Fällen mit hinreichendem Wahrheitsgehalt): *pistis,* 3. Verstandese. (der Wahrheit, ohne direkte, aber mit indirekter wissenstiftender Evidenz): *dianoia,* 4. Vernunfte. (der Wahrheit, mit direkter wissenstiftender Evidenz): *noêsis.*

Von besonderem Interesse ist hier die Differenzierung von Verstandes- und Vernunfte., da sie schlaglichtartig beleuchtet, dass Platon in der Resp den oben zuletzt definierten Wissensbegriff tatsächlich benutzt (wenn er ihn auch nirgendwo explizit definiert) und deshalb schon in der Resp nicht mehr selbst in der Aporie des Tht steckt: weil er über den Begriff des Wissens als wahre Überzeugung mit Begründung eigentlich schon hinaus ist. Gemäß Resp 510b, 511a geht Verstandese. – realisiert in den mathematischen Wissenschaften: sh. Resp 510c–d, 511b, 511d – von in ihrem Rahmen nicht weiter hinterfragbaren Voraussetzungen aus und schreitet *absteigend* zu Folgerungen aus diesen fort. (Sehr treffend erfasst hier Platon den grundlegenden epistemologischen Charakter auch der modernen MATHEMATIK, wo ja nichts anderes getan wird, als dass aus schlicht vorausgesetzten Axiomen Theoreme streng logisch deduziert und insofern bewiesen werden.) Da WAHRHEIT, Überzeugung und Begründetsein der Überzeugung bei jenen Voraussetzungen und Folgerungen gegeben sind und da auch die letztliche Verankerung des Begründetseins in wissenstiftender Evidenz bei ihnen nicht fehlt, also gilt: sie sind wahre MEINUNGEN, die letztlich durch in Evidenz* stehende wahre Meinung begründet sind, kann man ihnen nicht absprechen, (*mittelbare*) E. und Wissen zu sein; aber da die für sie einschlägige, sie letztlich erst zum Wissen machende Evidenz* außerhalb der Verstandese. liegt und innerhalb der Verstandese. gar nicht in den Blick genommen wird, gibt es noch eine qualitativ höher stehende Art von E. als Verstandese.: es ist die Vernunfte. (vgl. Resp 511a, 511c–d; Vernunfte. wird von Platon im gegebenen Kontext auch *nus* genannt). Vernunfte. verwendet Voraussetzungen nur dazu, um von diesen ausgehend nach dialektischer Methode zum epistemologisch Voraussetzungslosen *aufzusteigen*, nämlich zu den in Evidenz* stehenden (und daher keiner Begründung mehr bedürfenden) wahren Meinungen: zu *unmittelbaren* E. (vgl. Resp 510b, 511b–c) – auf denen dann auch die Verstandese. letztlich aufruhen und so überhaupt erst zu E. werden (vgl. Resp 511d, 533b–c). Die höhere Wertigkeit der unmittelbaren Vernunfte. gegenüber den mittelbaren Verstandese. wird dadurch betont, dass Platons Sokrates – Resp 533c–534a die vierfache Aufteilung des Liniengleichnisses noch einmal aufgreifend – den Verstandese. den Titel *epistêmê* nun bewusst vorenthält (Resp 533d) und allein für die Vernunfte. reserviert (Resp 533e; das Wort *noêsis* hingegen, das vormals allein für die Vernunfte. vorgesehen war: Resp 511b, wird Resp 534a sowohl für Vernunft- als auch Verstandese. gebraucht). Man braucht aus dieser Wendung der Diskussion nicht zu schließen, dass Platon am Ende nur in Evidenz* stehende wahre Meinungen als E. angesehen habe.

IV. Die Gegenstände der für Platon – am Ende des Aufstiegswegs der Vernunfte. – in wissenstiftender Evidenz stehenden wahren Meinungen sind nun, wie gesagt, *die höchsten Formen*; und der Charakter der aus dem Denken kommenden, bei den höchsten Formen gegebenen wissenstiftenden Evidenz ist für Platon – in Analogie zur Evidenz, die durch sinnliche Wahrnehmung gewährt wird – der Charakter eines Berührens (*tuto hu autos ho logos haptetai*; Resp 511b; *epi tên tu pantos archên iôn, hapsamenos autês*; Resp 511b) oder Schauens (*pros tên tu aristu en tois usi thean*; Resp 532c) – und auch das Schauen offenbar in einem konkreteren ANALOGsinn, als es der Sinn ist, in dem es Resp 510e von den Geometern heißt, dass sie, obwohl sie sich sinnlicher Bilder bedienten, das zu *sehen* trachten, was man nur mit dem Verstand *sehen* kann.

Hiermit gibt es nun aber ein Problem. Wissenstiftende Evidenzen bezogen auf *solche* Gegenstände und mit *solchem* Charakter kommen bei uns Menschen während unserer Existenz in der empirischen Welt offenbar äußerst selten aktual vor – wenn überhaupt jemals. Es darf bezweifelt werden, ob Symp 210e–211b einen seelischen Zustand schildert, den irgendjemand irgendwann in seinem Leben wirklich gehabt hat. Platon, freilich, hat das vermutlich anders gesehen.

Andererseits dürfte Platon aber auch das Missverhältnis bewusst gewesen sein zwischen der – während der Existenz in der empirischen Welt – unzweifelhaften Seltenheit E. stiftender Evidenzen (in seinem äußerst anspruchsvollen Sinn) und der vergleichsweisen Häufigkeit der E. selbst (die offenbar auch dann noch vorliegt, wenn man seinen strengen Einschränkungen hinsichtlich der Gegenstände von E. folgt). Jedenfalls hat Platon eine Ansicht vertreten, die als Lösungsvorschlag für das aufgewiesene Problem erachtet werden kann: Die wissenstiftenden Evidenzen, auf die alle menschlichen Wissensansprüche, sofern sie zu Recht bestehen, zurückgehen, sind nicht (jedenfalls in den allermeisten Fällen nicht) während der Existenz in der empirischen Welt aktual gehabte Evidenzen, sondern vielmehr während dieser Existenz – anlässlich entfernter Ähnlichkeiten, die in der sinnlichen Wahrnehmung gegeben sind – *erinnerte* Evidenzen; aktual gehabt wurden sie dagegen während einer – körperlosen – Präexistenz (sh. Phd 72e–76d; Phdr 247c–e, 249b–c, 249e–250b). Das ist Platons berühmte Lehre von der WIEDERERINNERUNG (*anamnêsis*) – sie mag durch den Kontakt mit pythagoreischem Gedankengut inspiriert worden sein –, die zuerst Men 81c–d formuliert und nachfolgend in sehr ansprechender Weise plausibel gemacht wird: durch Vorführung eines konkreten Falls von Wissen aus offenbarer Wiedererinnerung (Men 82b–85d).

Ersichtlicherweise ist aber die Wiedererinnerungslehre mit einer großen metaphysischen Hypothek belastet (und deshalb aus erkenntnistheoretischer Sicht höchst problematisch): die Annahme unserer Präexistenz (als Seelen). Tatsächlich *nicht* logisch gefordert ist hingegen durch die Wiedererinnerungslehre die Annahme unserer UNSTERBLICHKEIT (als Seelen) – welche Annahme aber Platons Sokrates ebenfalls mit jener von ihm, laut Platon, vertretenen Lehre verbindet (sh. Men 86b; Phd 76d–77d).

Dem tatsächlichen Sokrates näher stehen (trotz der Aussage Phd 72e) dürfte jedoch der Sokrates der Ap, der von sich sagt, er sei nicht weise (Ap 21b; vgl. Tht 150c–d), wie überhaupt jegliche menschliche Weisheit wenig wert sei (Ap 23a); im Gegensatz zu anderen glaube er, Sokrates, aber nicht, zu wissen, was er nicht weiß (Ap 21d), und dies Wenige an Weisheit mag er anderen voraushaben (Ap 21d). Im Tht stellt sich (Platons) Sokrates dann als jemand dar, der, wenn er auch selbst kein Wissen hervorbringt, die Wissensansprüche anderer (und natürlich auch von sich selbst) richtig zu beurteilen weiß (sh. Tht 150b–c – im Rahmen der Beschreibung der Sokratischen MAIEUTIK: Tht 148e–151d). Unterscheidet man zwischen *Objektwissen* – d.h. Wissen, das auf Sachverhalte bezogen ist, die weder normative Sachverhalte sind, noch ethische, epistemische oder epistemologische Sachverhalte (und also insbesondere nicht selbst Sachverhalte des Wissens) – und *Metawissen* – d.h. Wissen davon, dass jemand (inklusive man selbst) etwas weiß bzw. nicht weiß –, so lässt sich Sokrates' Selbstbeschreibung im Tht so deuten, dass er sich zwar ein Metawissen zu-, ein Objektwissen aber abspricht. Dass die Unterscheidung zwischen Objekt- und Metawissen – Wissens-Wissen: *epistemôn epistêmê* – auch ausdrücklich (vom Text her) im Platonisch-Sokratischen Sinn ist, zeigt Charm 166b–c und vor allem Charm 166e–167a. Dort wird zudem gesagt, dass *Selbste.* eine besondere Form des Metawissens ist, nämlich darin besteht zu wissen, was man weiß und was man nicht weiß (Charm 167a).

Schon an der Stelle Ap 22c–d lässt Platon – wohl getreu den historischen Fakten – Sokrates behaupten, was als Behauptung des Sokrates beinahe allbekannt ist: er wisse, dass er *nichts* wisse – was nun aber im Lichte des Tht und Charm nichts anderes sagen will als dies: er *metawisse*, dass er nichts *objektwisse*. So verstanden stellt Sokrates Behauptung keinen Selbstwiderspruch mehr dar, bleibt aber freilich dennoch eine äußerst radikale Aussage.

Weitere Belege der Sokratischen Behauptung zu wissen, *nichts* zu wissen, sind bei Platon (in großer Näherung) Symp 216d und Ap 23b. Dass Sokrates hiermit nicht behaupten will, überhaupt nichts zu wissen, sondern nur kein Objektwissen zu besitzen, wird indiziert durch die Stelle Men 98b, wo sich Sokrates explizit und dezidiert ein Wissen zuschreibt – kein Objektwissen und auch kein Metawissen, sondern das *epistemologische Wissen*, dass Wissen und wahre Meinung verschieden sind. (Es ist der Erwähnung wert, dass sich Sokrates an einer Stelle in der Ap auch ein *Wertwissen* – also wiederum weder ein Objekt- noch ein Metawissen – zuschreibt (Ap 29b). Euthyd 293b antwortet Sokrates auf die Frage, ob er etwas wisse, ironisch: „Freilich, und vieles. Kleinigkeiten wenigstens.")

Die Sokratische Skepsis gegenüber dem Objektwissen (zweifelsohne nicht nur gegenüber dem eigenen, sondern gegenüber dem jedes Menschen) und die Sokratische Auszeichnung des Metawissens gegenüber dem Objektwissen sind nun Erscheinungen im Werke Platons, die neben dem sonst bei Platon durch den Mund von Sokrates zu Wissen und E. Gesagten wie Fremdkörper wirken. Denn zum einen ist, wie gesehen, die Platonische Epistemologie nicht eben durch Skepsis gegenüber der Objekte. charakterisiert (wenn es auch für Platon keine E. der empirischen Welt gibt), zum anderen dürften die wissenstiftenden Evidenzen, die die Wurzeln des Metawissens sind, ganz anderer Art sein als diejenigen Evidenzen, aus denen das Objektwissen kommt – welche Evidenzen, wie gesehen, für Platon in einer unmittelbaren Schau der höchsten Formen bestehen.

V. Platons eher sokratisch inspirierte epistemologische Aussagen wirkten in der akademischen Skepsis nach (beginnend mit Arkesilaos). Soweit dagegen epistemologische Aussagen Platons eher parmenideischer oder pythagoreischer Inspiration sind, entfalteten sie einen großen Einfluss auf den Neuplatonismus (Plotin, Iamblichos, Proklos). Die für den Neuplatonismus zentrale Hierarchisierung ontologischer Stufen hat unverkennbar ihre Wurzeln in Platons Hierarchie epistemologisch-ontologischer Stufen. Platonischen Ursprungs ist auch die neuplatonische Konzeption der intellektuellen Schau. Platons Lehre, dass es kein Wissen der empirischen Welt gibt, hat dazu beigetragen (als ein Faktor unter vielen), das epistemische Interesse an der Natur jahrhundertelang gering zu halten – bis, in einer der größten Ironien der Geistesgeschichte, es in der Renaissance gerade der Platonismus war, der gegen den scholastischen Aristotelismus die modernen Naturwissenschaften in die Gänge brachte. Dazu war es allerdings notwendig, zu der *un*platonischen Einstellung überzugehen, dass die Platonischen E.objekte – die zeitlosen Formen, inklusive der idealen geometrischen Objekte – für uns Menschen gerade nicht die primären E.objekte darstellen, sondern ausgerechnet die – in der sinnliche Wahrnehmung zugänglichen – Abspiegelungen jener Formen in der veränderlichen empirischen Welt. Wenn auch unplatonisch, so war der besagte Einstellungswechsel durch den Ti – Platons bis zur Renaissance meistrezipierte Schrift – doch schon deutlich vorbereitet worden (sh. Meinung).

Es bleibt zu sagen, dass Platons große Einsicht in die Unzulänglichkeit der klassischen Definition von Wissen als begründete wahre Überzeugung *vergessen* und erst in der zweiten Hälfte des 20. Jahrhunderts wiederholt wurde („Gettier-Problem").

Literatur: Annas [1992] – Hardy [2001] – Horn [1997] – Kutschera [2002] – Mittelstraß [1997] – Moser [1994] – Zeller [1963 a] – Zeller [1963 b]

Uwe Meixner

Erziehung siehe **Bildung**

Eudaimonie/Glück(seligkeit) (*eudaimonia*)

I. *Eudaimonia* (e.; von *eudaimôn*, „Glücklicher", eigentlich „einen guten Daimon habend") ist jener Gesamtzustand eines Lebens, der als „gutes, gelingendes Leben" bezeichnet werden kann. „E." ist mit „Glück" dann nicht gut übersetzt, wenn „Glück" ein Glücksgefühl bezeichnet. „*Eudaimôn* sein" wird auch bei Platon identifiziert mit – oder ähnlich gebraucht wie – „gut leben" (*eu zên*, Resp 354a) oder „gut gehen" (*eu prattein*, Alk 1 116b; Gorg 507c), „gut leben" wird ferner mit „auf schöne Weise leben" (*kalôs zên*) verbunden (Kri 48b; Charm 172a; Gorg 507c). Als Glückliche, d.h.

als Träger von e., kommen bei Platon Mann und Frau in Frage (Gorg 470e), sofern sie „gut und nobel“ (*kalos kagathos*) sind. Ferner ist von Göttern als Glücklichen die Rede (Tht 176a) sowie von der glücklichen Polis (Resp 500e; Plt 311c; Lg 781b). Als Beispiel für einen glücklichen Menschen wird Sokrates genannt (Phd 58e).

E. gilt bei Platon, wie auch in der antiken Ethik insgesamt, ohne weitere Frage als Ziel menschlichen Strebens, Handelns und Lebens überhaupt (vgl. Kri 48b; Euthyd 278e–279a; Symp 205a). Die zentrale Frage danach, wie zu leben ist (Resp 352d; Gorg 500c), ist die Frage, wie e. zu erlangen ist. Vereinfacht gesagt geht es in den früheren Dialogen zunächst um den Einzelnen und seine e., in den mittleren Dialogen zusätzlich um die e. des Einzelnen als Teil einer sozialen und politischen Gemeinschaft, in den späteren Dialogen auch um die e. des Einzelnen als Teil der Welt insgesamt.

II. E. steht in einem bestimmten Verhältnis zur Natur des Glücklichen, insofern für ihr Vorliegen vorausgesetzt wird, dass die Seele des Glücklichen ihre natürliche Funktion ausübt und dass sie dies auf gute, exzellente Weise tut (sh. das ergon-Argument Resp 352d–354a; sh. auch Gorg 489a–b; Resp 370a–c, 444d, 453b–c). Sofern bei Platon diskutiert wird, was e. ist, erfolgt diese Diskussion entsprechend vermittelt über die Diskussion und Bestimmung von *aretê* (Exzellenz, „Tugend“), und dies auch deshalb, weil für Platon nicht so sehr die Bestimmung von e., als vielmehr ihr Erwerb im Vordergrund steht, dieser Erwerb aber ausschließlich oder wesentlich über den Erwerb und Besitz von *aretê* erfolgt.

Die Interpretation des Verhältnisses von e. und *aretê* ist nun mit Schwierigkeiten behaftet (sh. Tugend). So müsste zunächst die *aretê*-These begründet werden, dass e. mit *aretê* verbunden ist. Kallikles etwa vertritt die konkurrierende *hêdonê*-These, wonach höchstes Ziel und Glück das höchste Maß an (körperlicher) Lust (*hêdonê*) sei (Gorg 492c, 494a–c): Er hätte hier etwa auch argumentieren können, dass die Maximierung von Lust langfristig angelegt ist, womit die *hêdonê*-These ihrer Widerlegung im Gorg hätte entzogen werden können. Dass Platon selbst bei der *aretê*-These noch Argument-Bedarf sah, zeigt sich an der Ausführlichkeit, mit der er sich ab Resp Buch 2 erneut der Behandlung der Frage widmet, ob der vollkommen Gerechte oder der vollkommen Ungerechte glücklicher sei (Resp 360d–361d, vor allem 361d, sh. zuvor 352d). Dass er auch später noch Diskussionsbedarf sah, zeigt etwa die Aufgabenstellung im Phlb, wo u.a. vom Vertreter einer *hêdonê*-These wie andererseits vom Vertreter der These, intellektuelle Betätigung sei besser als *hêdonê*, verlangt wird zu zeigen, dass die jeweilige Disposition der Seele allen Menschen ein glückliches Leben zu gewährleisten vermag (Phlb 11d). Der gesuchte Zustand erweist sich dann als eine bestimmte Mischung aus intellektueller Aktivität und *hêdonê* (Phlb 21a–22a, 27d, 59d–65a).

Wenn nun *aretê* aber doch zumindest Vorrang besitzen sollte, ist sie dann konstitutiv oder bloß ein Mittel für e.? Einige Passagen sind im Sinne der instrumentellen Auffassung gedeutet worden (vgl. Euthyd 279d–282d, 288d–e; Gorg 508a–b; sowie die Einordnung von Gerechtigkeit in die Gruppe von Gütern, die auch um ihrer Folgen, nämlich um des Glücks willen liebenswert sind, Resp 357d–358a). Auch die

Analogie von *aretê* mit *technê* bzw. *epistêmê* (vgl. La 198d–199b; Charm 174b–175a; Gorg 460b; Resp 349d–350c) scheint auf einen Produktionscharakter von *aretê* zu verweisen. Unklar ist allerdings, weshalb aus solchen Stellen der instrumentelle Charakter von *aretê* hervorgehen sollte. So besagt der Umstand, dass *aretê* zum richtigen Handeln und zum richtigen Umgang mit Menschen und Dingen befähigt, nicht, dass *aretê* instrumentell mit Blick auf e. zu verstehen wäre. Zumindest sprechen die Passagen nicht gegen ein Verständnis, wonach man glücklich ist, indem man exzellent handelt: e. ist jedenfalls nicht ein *Produkt* jener Handlungen.

Unabhängig davon, ob *aretê* konstitutiv oder instrumentell für e. aufzufassen ist: ist sie dies allein oder nur zusammen mit anderen (nämlich körperlichen oder externen) Gütern? Oder gibt es Grade von e., so dass *aretê* hinreichend und notwendig für e. ist, dass e. aber durch das Vorliegen anderer Güter vermehrt werden kann? Manche Passagen legen die Auffassung nahe, nur *aretê* sei hier relevant und e. hänge direkt von *aretê* ab, sei also unabhängig von sonstigen äußeren, materiellen Gütern (vgl. Ap 41c–d; Kri 47e; Gorg 470e, 507b–c, 508a–b; Lg 660d–e). Die Behauptung der direkten Abhängigkeit der e. von Gerechtigkeit oder sonstiger Exzellenz wird jedoch nicht durch ein Argument gestützt, und jene Passagen, die die Annahme der Identität von Exzellenz bzw. Exzellenz-Ausübung und e. suggerieren, sind nicht notwendig so strikt zu lesen. Andere Passagen wiederum fassen bestimmte nicht-seelische Güter (Gesundheit, finanzielle Mittel) dann als etwas Gutes und zu Wählendes auf, wenn ihr Erwerb und Besitz das exzellente Handeln unterstützt oder zumindest nicht beeinträchtigt (vgl. Euthyd 279a–b; Prot 351b–c; Gorg 467e–468b, 499c–500a; Men 87e–88a; Lg 631b–d, 661b–d). Unklar bleibt auch dann, ob der richtige Gebrauch dieser Güter e. erweitert – so dass Exzellenz lediglich mit einer Kern-e. identisch ist – oder ob er eine Unterstützung oder Ergänzung von e. ist. Unklar ist ferner, ob jemand (angesichts der *aretê*-Abhängigkeit der e.) bestimmte Handlungssituationen gezielt aufsuchen muss, um *eudaimôn* sein zu können. Oder soll angenommen werden, dass diese Situationen sich schon von selbst immer ergeben werden? Vielleicht soll auch nur gesagt sein, dass jemand, der glücklich ist, immer, wenn es die Situation erfordert, entsprechend handelt. Zumindest scheint die Vorstellung zu bestehen, dass aus gutem Handeln Wohlergehen folgt oder sogar identisch mit ihm ist. Für die Begründung der Identität wird auch eine Doppeldeutigkeit des Ausdrucks „*eu prattein*" ausgenutzt (vgl. Gorg 507c), der beides bezeichnet („auf gute Weise handeln"/„gut gehen").

Mit der Abhängigkeit der e. von der *aretê* übertragen sich auch auf e. die Probleme des Verhältnisses der einzelnen *aretai* zueinander: sind die *aretai* echt verschieden oder sind sie lediglich verschiedene Aspekte ein und derselben Sache oder sind sie gleichartige Teile ein und derselben Sache (vgl. La 197e–198b; Prot 329c–330b, 349a–d; Plt 306a–c)? Für e. stellt sich auch deshalb die weitergehende Frage, ob alle *aretai* für sie vorliegen müssen oder nur einige oder ob mit einer *aretê* automatisch auch schon alle anderen *aretai* vorliegen. In der Resp werden den einzelnen Teilen oder Bereichen des Individuums spezifische *aretai* zugewiesen: Voraussetzung für e.

ist, dass jeder Teil das Seine tut, so dass das Ganze gerecht ist und gerecht handelt (Resp 433a–434c, 441d–e; sh. Gerechtigkeit). Allerdings ist nicht jeder Mensch so disponiert, dass, selbst bei bestem Bemühen, jeder seiner Teile in besonderem Maß exzellent ist: auch für Kinder und Sklaven soll möglicherweise gelten, dass jeder ihrer Teile das Seine zu tun habe (Resp 433d), und doch werden sie nicht *eudaimones* sein. In der Polis liegt e. dann vor, wenn sie in idealer Weise strukturiert ist (inklusive Arbeitsteilung, Wächter und Philosophen-König; sh. u. a. Resp 473c–e, 500d–e). Unter Ausnutzung dieses Polis-Modells für die Erläuterung der relevanten Individuums-Struktur hieße dies, dass die Teile des glücklichen Individuums nicht nur bestmöglich disponiert sein müssen, sondern dass das Individuum Teile auch solcher Art besitzt, die es zu bestimmten intellektuellen Aktivitäten befähigen (z. B. einer Beschäftigung mit bestimmten Standards oder Ideen; sh. auch Men 88c).

Selbst wenn nun *aretê* ab Resp Buch 2 nicht mehr (nur) intellektualistisch verstanden werden sollte, behält e. auf diese Weise ihren stark intellektualistischen Zug. Dies kommt auch in der Formel von der „Angleichung an Gott" (der *homoiôsis theô*, Tht 176b; sh. auch Ti 90b–d) als „glücklichstem Vorbild", d. h. als Inbegriff von e., zum Ausdruck, in der verschiedene Merkmale des *sophos* gebündelt sind (nämlich etwa der Besitz eines bestimmten Realitätsbezugs, einer bestimmten psychischen Struktur und einer holistischen Erkenntnis-Struktur).

Ein besonderer Aspekt der e. bei Platon zeigt sich in den wiederholten Hinweisen auf eine e. nach dem Tod, oftmals angesehen als Belohnung für hiesiges exzellentes Verhalten (vgl. Ap 41c; Gorg 523a–b; Phd 58e–59a, 80e–82c, 111c, 115d–e; Ti 42b–d). Die Resp schließt mit einem Plädoyer des Sokrates dafür, Gerechtigkeit zusammen mit *phronêsis* auszuüben, damit es einem hier und auf der tausendjährigen Wanderung gut gehe (*eu prattein*, Resp 621c–d).

III. In der platonischen Tradition wird zunächst der Naturbezug von e. aufgenommen (vgl. Speusipp Fragment 77 Tarán [1981]). Uneinigkeit scheint darüber bestanden zu haben, ob e. ausschließlich *aretê* voraussetze. Xenokrates identifiziert zwar den *eudaimôn* mit dem Guten (*spudaios*, Aristoteles *Topik* 112a, 152a; Fragmente 81–82 Heinze [1892]), bestimmt aber e. als den Besitz der eigenen (*oikeia*) *aretê und* des Vermögens, sie zu unterstützen bzw. ihr zu dienen. Clemens von Alexandria zufolge meinte er offenbar, dass körperliche und äußere Güter zumindest notwendige Bedingungen für das Vorliegen von e. seien (Clemens von Alexandria *Stromateis* 2 22, 133, 5–6; Fragmente 77 und 86 Heinze [1892]). Hingegen soll Polemon *aretê* auch für hinreichend für e. gehalten haben, so dass e. unabhängig vom Vorliegen von körperlichen und äußeren Gütern gewesen wäre (Clemens von Alexandria *Stromateis* 2 22, 133, 7) – eine Diskrepanz, die ähnlich auch zwischen einer peripatetischen und einer stoischen Auffassung von e. besteht. Im späteren Platonismus, bei Alkinoos, wird das für uns Gute in der Erkenntnis und in der Betrachtung des Guten (Gott, Intellekt, intelligible Realität) gesehen. Oberstes Ziel ist die Angleichung an Gott, die die verschiedenen *aretai* betrifft und die hinreichend für e. ist (vgl. *Didaskalikos* 27–28). Ganz ähnlich besteht auch Plotin zufolge *eudaimonia* in einem besonderen Leben, nämlich, im Fall des Menschen, im Leben seines Geistes (*Enneaden* I.4[46].3.14–15, 3.33–4.17). Der Leib oder leibliche oder sonstige externe Güter, aber auch Schmerzen, sind für den Glücklichen irrelevant (*Enneaden* I.4[46].5–8). Gut ist nur das Eine oder das, was dem Einen möglichst nahe steht, oder was dazu führt, dass etwas dem Einen näher kommt (*Enneaden* I.7[54].1.7–13): Ziel und Glück ist die Angleichung an das Eine (*Enneaden* I.4[46].16.12).

Literatur: Frede [2003] – Irwin [1995] – Van Ackeren [2003] – Vlastos [1973] – Vlastos [1991] – Wolf [1996]

Friedemann Buddensiek

Exzellenz siehe **Tugend**

Form siehe **Idee**

Freiheit/Notwendigkeit (*anankê*)

I. Platons noch stark an der Polis orientiertes Freiheitsverständnis unterliegt der Spannung zwischen politischer und innerer Freiheit (F.); letztere wird in der Geschichte des Platonismus zunehmend zur dominierenden, etwa unter den Begriffen *autexusia* oder *eph'hêmin* bzw. durch die Problematik des Verhältnisses von Seele und Leib, wobei schon Platon die Seele als innere, spontane und freie Selbstbewegung charakterisiert (Phdr 245e). Bis zum Peloponnesischen Krieg galt F. als Gruppenphänomen, das die freie Hingabe des Einzelnen an das Ganze forderte (Pohlenz [1955]: 35, 67, 170). Der freie und edle Mensch zieht den Tod der Knechtschaft vor und ist im Gegensatz zum Sklaven an den politischen Entscheidungen beteiligt. Platon bemüht sich noch in seinem Spätwerk um die an Sparta orientierte Mischung von F., gegenseitiger *philia* der Bürger und Leitung des Lebens durch die Vernunft (Resp 576a; Lg 698b, 699c), die eine individuelle Lebensgestaltung nur soweit freistellt, wie der Staatszweck dies zulässt. Eingriffe ins Privatleben sind ebenso notwendig (Lg 780a) wie die F. des eigenen politischen Urteils, das nie auf Kosten des Sachverstandes gehen darf (Lg 700a–701e). Sowohl ‚Militarismus' als auch ‚Pazifismus' gefährden die F. der Polis (Plt 307e). Ein Ausgleich von F. und Abhängigkeit stiftet die stabilste politische Verfassung (Ep 8, 354a–355e), während eine bis zum Extrem realisierte F. der Anarchie verfällt. Der freie Mensch ist gekennzeichnet durch Selbstbestimmung (*autarkia*, sh. Autarkie), Selbstbeherrschung (*enkrateia*; Phd 108a; Phdr 256b), Vernunftherrschaft (*phronêsis*), Seelenharmonie, Ordnung und aristokratische Zucht; er ist über Äußeres erhaben, kontrolliert seinen Körper wie seine Affekte und orientiert sich an der Erkenntnis des Guten. Deshalb ist Bildung nur Erziehung zum F.ideal einer Bindung an *aretê* und *agathon*; die F. muss das Gute wollen und ist vom *telos* einer vernunftgemäßen Ordnung nicht zu lösen. F. ist das Prinzip des Tuns-aus-sich hin zum Ziel des Guten, und wissentlich schlecht handeln zu wollen, hieße, F. in Unf. aufzuheben (Maurer [1970]: 184–206). Als wirklich freies Wollen gilt das Streben nach dem objektiv Guten gemäß der wahren Natur der menschlichen Seele für sich und innerhalb des Staates, der Reinheit und Herrschaft des inneren Menschen qua Wissen (Resp 588a–592a). Daher ist die Dialektik als höchste Wissenschaft auch die Wissenschaft des freien Menschen (Soph 253c). Die Kontrastfolie dieses Entwurfs findet sich in Platons Auffassung von sophistischem F.konzept und Demokratie: Wahre F. besteht weder in Amoralität und Tyrannei (Gorg 452d), die den Einzelnen nicht mehr als Glied eines Ganzen sehen und seine Eingebundenheit in den natürlichen Weltzusammenhang sowie seine Ordnung suspendieren, noch in der Demokratie (Resp 557b–558c, 562b–563c), deren Identifizierung von F. und Gleichheit im Schlagwort „leben, wie man will" (*zên hôs buletai tis*) nur zügellosen Hedonismus, Ungerechtigkeit, vorgeschobene Machtlegitimation und Zuchtlosigkeit (*akolasia*) verursacht. Die Einschätzung der Polis als Naturgegebenheit oder als menschlich gesetzte Einrichtung führt notwendig zu differenten F.konzepten.

II. Neben der politischen F. finden sich bei Platon handlungstheoretische, pädagogische, ethische, erkenntnistheoretische, psychologische und sogar metaphysische Aspekte des Terminus. Trotz des Fehlens eines entwickelten Willensbegriffs (Dihle [1985]) finden sich auf F. bzw. Unf. basierende handlungstheoretische Konzepte, ausgedrückt durch Absicht, Abwägung (*bulêsis*), vorsätzliche Wahl (*prohairesis*), Entschluss oder (Un-)Freiwilligkeit (*hekusios/akusios*), die allesamt innerseelische Kräfte- und Vermögensverhältnisse ausdrücken. Hierher gehört auch die Lehre von der Unfreiwilligkeit des Unrechttuns oder Irrtums und der Unmöglichkeit einer wissentlichen Wahl des Schlechteren, die Sokratischen Paradoxe (Ap 37a; Lys 216c–220b; Euthyd 278e–282a; Prot 345d–e; Gorg 499c; Resp 412e–413a; Soph 230a; Ti 86d–e; Lg 860–864). F. gilt als der Vernunft konforme, ihr zumindest nicht zuwiderlaufende Handlung, was einen intellektualistisch-psychologischen F.begriff evoziert, dem gemäß das Wissen das Handeln leitet (Wieland [1999]: 256–257; Zeitler [1983]: 45–46). Die Erkenntnis bildet keinen Gegensatz zur Willensentscheidung; diese wiederum fällt in eins mit der Tugendhaftigkeit: F. ist der Ausdruck eines tugendhaften Lebens (Alk 1 122a), d.h., die *aretê* als Einheit aller Tugenden und Gutes selbst führt zum f.gemäßen Leben (Alk 1 135c), in dem jeder als Gerechter das Seinige tut. *Freiheit*, die das Gute erstrebt, ist wie dieses und die Vernunft (Lg 875c–d) autark, sich selbst wollend (Resp 576c–578d; Lg 693b; Nestle [1967]: 91 ff.) und aus sich beharrungsfähig (Phd 62d; Phdr 245c; Lg 959b), womit sie in der Nähe von Tugend, Güte, Ordnung und Einheit steht. Tugend und Wissen – als wahre Natur des Menschen und seiner F. (Katz [1917]) – sind aber nur durch einen Bildungsprozess (*paideia*) zu verwirklichen, den das Höhlengleichnis anschaulich beschreibt: Aus ihrer natürlichen Unwissenheit und Unf. sind einige, aber nie alle Menschen mit Gewalt sowie unter Schmerzen zu befreien, um den Weg des Aufstiegs zur Erkenntnis der Ideen zurücklegen zu können (sh. Ab-/Aufstieg); dieser Befreiungsweg wird räumlich im Bild des Ins-Freie-Kommens umgesetzt (Fink [1970]: 46–48; Heidegger [1997]: 35–36, 42–43, 58–64, 81–82, 90–91). Zu diesem Komplex zählt überdies die Unfreiwilligkeit der Philosophenregentschaft im Idealstaat (Resp 521a, 540b). Schließlich bleibt noch der F.aspekt im Kontext von Dialog und Logos zu erwähnen, wo die Freimütigkeit (*parrêsia*) sowohl eine notwendige Gesprächstugend ist als auch in Schamlosigkeit als böswillige Ausnutzung von F. umschlagen kann, um die philosophische Wissenssuche gewaltsam zu zerstören (Gorg 486e–487d).

III. Der metaphysische Kern des Platonischen F.begriffs findet sich – nach seiner Vorbereitung durch den Gedanken der Befreiung der Seele vom Sinnlichen und Leiblichen – im Mythos der intelligiblen Selbstwahl des gesamten eigenen Lebens durch die Seele vor der Geburt (Resp 613e–621d), der auch die Rezeption dieses F.begriffs im Platonismus maßgeblich bestimmt (Cürsgen [2002]). Der Er-Mythos sucht nach der Verbindung von F. und Notwendigkeit (N.) in der Entwicklung der Individualität (Stenzel [1928a]: 179–182; Stenzel [1928b]: 309–311) im Kontext von Unsterblichkeit und Erinnerung. In einer präexistenten Wahl ist die Seele genötigt, aus ihrer Einsicht in den Zusammenhang von irdischem und transzendentem Leben ein ganzes, neues Lebensmuster zu wählen, eine Lebenseinheit (*bios*), für die sie allein und vollständig verantwortlich ist. F. liegt nicht in der Willkür des Wählenkönnens, sondern in der Forderung, die höchste Möglichkeit des eigenen Seins zu wollen, wobei alle Seelen ihren Anteil an der „herrenlosen Tugend" (Resp 617e) erlangen können. In der vernunftgeleiteten Wahl des Besten und der Tugend (*mesos bios*) sollen F. und N. koinzidieren. Realisation und Konkretion dieser Wahl des Dämons werden von Platon nicht mehr ausgeführt (Stenzel [1928a]: 185–190), zumal die Seelen vor der WIEDERGEBURT ihre Wahl zum Teil vergessen müssen. Damit löst sich das F.bewusstsein endgültig vom Schicksalsglauben der Tragödie, sofern Gott nur noch formaler Grund von Gutem, nicht mehr von allem ist.

IV. Die Göttin Ananke (Resp 616c), die als Weltgesetz, Inbegriff aller Gesetze, vereinigende Kraft (*synecheia*), Weltfessel oder Bindung der Seele an den Leib (Phd 82e–84b; Resp 617b–c, 620e–621a) verstanden wird und der selbst die anderen Götter unterworfen sind (Fink [1970]: 73), wird bei Platon von EROS entthront (Symp 195b–c, 197b–c) – gleichzeitig gilt der Liebeszwang als N. neuer Art (*erôtikai anankai*; Resp 458d; Phdr 240c). Der Begriff der N., der Überschneidungen mit den Termini des Bandes (*desmos*), des Schicksals (*dikê, heimarmenê, adrasteia, moira*), der NATUR (*physis*) oder des GESETZES (*nomos*) aufweist (Schreckenberg [1964]), wird bei Platon vielfältig verwendet, oft in Beziehung zu Joch oder Fessel (Symp 195c; Lg 770e), die sowohl Zwang und Gefangenschaft als auch Halt und Bindung anzeigen. Konkret kennt Platon menschlich-physische N., wie Hunger, Durst, Schlaf (als Begierden nach dem Lebensnotwendigen: Resp 559a–b), Schmerzen, Affekte, Verwandtschaftsbeziehungen oder den Tod (Krat 403c–404a; Resp 369d, 458d, 574b–c; Lg 918e, 920b), die er von der göttlichen – etwa der geometrischen (Lg 818a–b) – N. (Phd 62c) abhebt. Außerdem kennt er die logisch-erkenntnistheoretische N., z.B. die Verknüpfung von Bestimmungen oder zwischen Subjekt und Objekt (*anankê syndei*; Tht 160b; Phd 76e), die N. der Bindung an Gesetze, seien sie natürlich oder politisch (Prot 322c; Gorg 483e–484a; Resp 519e–520a), oder die sog. „Diomedische N." (*diomêdeia anankê*: Resp 493c–d), die als besonders zwingende Unentrinnbarkeit gilt, wobei dieser Zwang schlecht, faktisch oder gut sein kann. – Der Kosmologie des Ti, die die Entstehung der Welt teilweise auf den *nus*, teilweise auf die *anankê* zurückführt, geht der Versuch einer Etymologie im Krat voran (Krat 420d–e), an dem bereits der Bezug der N. zum Vernunftlosen, zur Unwissenheit und Unf. offensichtlich wird. Der *nus* dominiert auch in der Kosmologie die N. durch Überredung und fügt die Einheit der Dinge dadurch zum bestmöglichen Zustand (Ti 47e–48a), d.h., der blindwirkenden Naturkraft wird die Vernunft gegenübergestellt und übergeordnet (Ti 75e; Lg 818d), so dass der *nus* zur Hauptursache, die *anankê* (als Prinzip der Körperlichkeit) zur Mitursache aller kosmischen Gegebenheiten wird (Ti 46c–e). Daneben kann der N.begriff aber weiterhin als Bestimmung des Vernünftigen auftreten, etwa als notwendiger, nicht nur wahrscheinlicher Grund (Symp 200a; Ti 40e) oder als notwendige Erkenntnis stets identischer Entitäten (Resp 484b–c; Tht 162e), während auch das Gegenteil des Guten und Vernünftigen, das Böse, nie vergehen kann, weil es als dieses Gegenteil notwendig immer existieren muss (Tht 176a).

Literatur: Cürsgen [2002] – Dihle [1985] – Fink [1970] – Heidegger [1997] – Katz [1917] – Kauffmann [1993] – Maurer [1970] – Mayr [1960] – Nestle [1967] – Pohlenz [1955] – Schreckenberg [1964] – Stenzel [1928a] – Stenzel [1928b] – Trendelenburg [1855] – Wieland [1999] – Zeitler [1983]

Dirk Cürsgen

Funktion siehe **Werk**

Für sich (per se; *kath' (h)auto*)/in Bezug auf uns

Die Präpositionalphrase *kath' auto* – üblicherweise übersetzt mit ‚an sich' oder ‚aufgrund seiner selbst' – kennzeichnet zusammen mit anderen Bestimmungen seit den mittleren Dialogen die Seinsweise der Ideen. So erhält im Symp das ‚Schöne' (*kalon*), um dessentwillen die Liebe (*erôs*) die Stufen von den körperlichen und seelischen Manifestationen der Schönheit bis zu den geistigen durchschreitet, schließlich von der mantineischen Priesterin Diotima die Charakterisierung (Symp 211b): es ist ‚selbst' (*auto*) ‚an' (oder ‚durch') ‚sich selbst' (*kath' auto*) ‚mit sich selbst' (*meth' hauto*) ‚stets eingestaltig seiend' (*monoeides aei on*), während alles übrige Schöne an ihm teilhat (*metechonta*), ohne dass es (das Schöne selbst) dadurch im Geringsten beeinträchtigt oder tangiert wird. Die Bestimmung *auto kath' auto* steht dabei im Gegensatz zu den mannigfachen Einschränkungen und Relativierungen, denen die Instanziierungen des Schönen unterworfen sind. Anders als diese unterliegt es (Symp 211a) weder Werden noch Vergehen, Wachstum oder Schwund, es ist nicht in einer Hinsicht schön, in anderer hässlich, bald schön, bald nicht, auch nicht vergleichsweise (*pros men to*) schön und auch wieder vergleichsweise (*pros de to*) hässlich, nicht hier schön und dort hässlich, für die einen schön, die anderen hässlich, vielmehr ist es (Symp 211e) lauter (*eilikrines*), rein (*katharon*) und unvermischt (*ameikton*). Entscheidend ist, dass das Schöne selbst überhaupt nicht in irgend etwas anderem (*ude pu on en heterô tini*, Symp 211a) als einem etwaigen Träger erscheint oder ist, sondern selbst aufgrund seiner selbst und ausschließlich das ist, was es ist, nämlich schön (*auto … ho estin kalon*, Symp 211c), in der prägnanten wenn auch umstrittenen Formel von Cherniss [1944]: 298: „the idea *is* that which the particular has as an attribute". *Kath' auto*-Sein bedeutet somit zunächst ein Sein ohne Abhängigkeit und Relativierung, ein Sein, das in seiner Was-Bestimmung vollständig aufgeht, in dem also begriffliche Identität numerische impliziert.

Die hier im Symp (211b) hervorgehobene unabhängige Existenz der Idee von den an ihr teilhabenden Einzeldingen (vgl. dazu allgemein Fine [1984]) wird im Parm explizit mit ihrem Status als *usia kath' autên* (133c) verbunden – freilich in der für den ersten Teil des Parm charakteristischen kritischen Zuspitzung.

II. Die Orientierung der Ideenreflexion an in Gegensätzen auftretenden Bestimmungen oder Prädikaten, für welche nicht-*kath' auto* vorzuliegen bedeutet, dass sie in den sinnlichen Einzeldingen in Kopräsenz mit ihren konträren Gegenstücken erscheinen (schön-hässlich, sh. oben), ist auch in der Resp zu beobachten: Während die Philosophen in der Lage sind, das Schöne an sich *kath' auto* (476b) zu erkennen, das im Sinne eines ontologischen Komparativs seiend im vollgültigen Sinne (*pantelôs on*, Resp 477a) ist, verlieren sich die Schau- und Kunstbeflissenen (*philotheamones*) in den vielen schönen Einzelphänomenen (Farben, Tönen, Gestalten), in denen jede Bestimmung stets mir ihrem konträren Gegenstück verbunden ist (Resp 479a–b), und gelangen so nur zu *doxa* (Meinung) nicht aber zu *gnômê* (Erkenntnis 476d) – es fehlt ihnen das Kriterium für ihr jeweiliges Urteil. Im zentralen *anamnêsis*-Abschnitt des Phd (72e–76e) wird ein prinzipielles Zurückbleiben der sinnlichen Manifestationen von Gleichheit hinter der Gleichheit selbst (*auto to ison*) als antiempiristisches Argument dafür verwendet, dass das Konzept der Gleichheit nicht aus der Wahrnehmung entnommen sein könne und daher ‚wiedererinnert' werde (sh. Wiedererinnerung). Umstritten ist dabei, ob die Defizienz des Sinnlichen ausschließlich darin besteht, dass die Gleichheit im Sinnlichen entsprechend dem eben Gesagten aufgrund einer unausweichlichen Kontextabhängigkeit stets kopräsent mit Ungleichheit vorkommt (Phd 74b; so Nehamas [1975]: 87f.), oder ob Gleichheit im Sinnlichen grundsätzlich niemals (‚das sinnlich Gleiche strebt zwar zu sein wie das Gleiche selbst, erreicht es aber nicht', Phd 75a) strikt als – modern gesprochen – Äquivalenzrelation realisiert ist, da sie z.B. nicht transitiv abgeschlossen ist (es kann wahrnehmbar $a_1=a_2$, $a_2=a_3,\ldots$, $a_{n-1}=a_n$ und trotzdem $a_1\neq a_n$ gelten) und so allenfalls ‚approximative' Gleichheit ist.

Ein weiteres indirekt mit ihrem *kath' auto*-Sein verbundenes Kennzeichen der Idee ist ihre Konstanz (*hôsautôs kata tauta echein*, z.B. Phd 78d), aufgrund der sie dem permanenten Wechsel oder ‚Fluss' der phänomenalen Welt entzogen ist. Dieser Aspekt scheint die Reichweite der Ideenkonzeption über die in Gegensatzpaaren auftretenden Eigenschaften (schön-hässlich, gerecht-ungerecht, gleich-ungleich usw.) hinaus auch auf gegensatzlose (vgl. dazu Resp 523d–e) ‚Dinge' auszuweiten, da deren Erkennbarkeit eben Objektkonstanz und somit ein Transzendieren des sinnlichen Flusses erfordert, weshalb in Resp 10 (596a) konsequenterweise für jedes allgemeine Prädikat (also nicht nur für solche für Eigenschaften) eine Idee angesetzt wird.

III. Wie im Tht deutlich wird, weisen die erkenntnistheoretischen Implikationen der Flusstheorie auf einen weiteren Aspekt des *kath' auto*-Seins: auf den Gegensatz zwischen Objektivität und subjektiver Relativität. Nach dem ersten Definitionsversuch des jungen Theätet soll Erkenntnis Wahrnehmung sein (Tht 151e). Es ist analytisch, dass Erkenntnis bzw. Wissen wahr ist (Tht 152c), daher wird die Definition von Sokrates, um sie zu retten, im Sinne des Relativismus des Protagoras interpretiert, demzufolge für jeden ausschließlich das wahr sei, was ihm als wahr erscheint (Tht 152a–c), was seinerseits wiederum mit einer in eine universale Flussontologie eingebetteten Wahrnehmungstheorie untermauert wird, nach der jede Wahrnehmung ein kausales Flussereignis ist, das aus dem Zusammentreffen zweier Bewegungen resultiert (Tht 156c–157c): die Wahrheit einer Erkenntnis *qua* subjektiver Sinnesempfindung beruht demnach auf der Unfehlbarkeit *qua* Unausweichlichkeit, mit der eine

Ursache mit einer Wirkung verknüpft ist. Die Konsequenz ist: nichts hat den Status eines *kath' auto*-Seienden (*uden einai hen auto kath' auto*, Tht 157a), alles hat den Charakter eines subjektiven Prozesses, (*tini aei gignesthai*, Tht 157b) – es gibt keine objektive Erkenntnis. Nach Destruktion dieses absoluten Relativismus (Tht 169d–171d, 177c–179b) und nach Widerlegung (Tht 181b–183b) der herakliteischen Flusslehre als universelle Fundamentalontologie (also nicht etwa als Theorie der phänomenalen Welt) sowie dem Nachweis (Tht 184b–186e), dass der Wahrnehmung als lediglich rezipierendem Vermögen der Zugang zu den begrifflichen Voraussetzungen des Urteilens und damit der Wahrheitsfähigkeit als der Voraussetzung des Wissens versperrt ist, bleibt im Tht offen, welche Instanz stattdessen die für Erkenntnis als notwendig erwiesene *kath' auto*-Basis, die Objektivität verbürgen kann, in Frage kommt. Sowohl der Phlb (57e–59d) wie der Ti (27d–28a, 48e–52d) machen jedoch klar, dass an der Flusstheorie für die phänomenale Welt (in Übereinstimmung mit der Platondarstellung in Aristoteles *Metaphysik* 987a) festgehalten wird und dass es somit dabei bleibt, das das *kath' auto*-Sein der Ideen die alleinige objektive Basis der Erkenntnis ist (so Cherniss [1957] gegen Owen [1953]).

IV. Unabhängig oder orthogonal zu der Unterscheidung zwischen Konstanz und Veränderung bzw. Sein und Werden werden im *megista genê*-Abschnitt des Soph zwei grundlegende Arten unterschieden, in denen ‚seiend' ausgesagt werden kann (Soph 255c): „von dem Seienden wird das eine mit Bezug auf sich selbst (*tôn ontôn ta men auta kath' auta*), das andere mit Bezug auf etwas anderes seiend genannt (*ta de pros alla aei legesthai*)" (Übersetzung von Frede [1967]: 28). Der unmittelbare Zweck dieser Unterscheidung ist der, die beiden *megista genê* (größten Gattungen) ‚das Seiende' (*on*) und ‚das Verschiedene' (*thateron*) als verschieden von einander zu erweisen. Das geschieht durch den Nachweis (Soph 255d), dass für die Gattung *thateron* im Gegensatz zur Gattung *on* lediglich die Möglichkeit besteht, *pros alla* ausgesagt zu werden, dass also „das Verschiedene immer mit Bezug auf etwas anderes verschieden genannt wird bzw. ist" (*to de g' heteron aei pros heteron*). Frede [1967] macht plausibel, dass der Gegensatz *kath' auto* versus *pros alla* weder absolute von relativen Prädikaten noch eine ‚vollständige' existentielle von einer ‚unvollständigen' identifizierenden (so Cornford [1935]) oder kopulativen Bedeutung von *estin* (‚ist') abgrenzt, sondern dass dadurch zwei unvollständige Verwendungsweisen charakterisiert werden, die beide zu einer einzigen Bedeutung von ‚seiend' (*on*) gehören, nämlich derjenigen, die von dem *megiston genos* ‚*on*' fundiert wird (sh. Sein): in der ersten Verwendung ‚x ist_1 Y' steht x für die Idee Y-heit, in der zweiten ‚x ist_2 Y' steht x für ein Einzelding oder eine von Y-heit verschiedene Idee, *Y* steht beide Mal für Y-sein (oder eine Gattung von Y-Sein). In ‚x ist_1 Y', z. B. ‚die Gerechtigkeit ist gerecht', oder ‚Weiß ist eine Farbe' wird also Y-sein von x *qua* Y-heit aufgrund ihrer selbst (*kath' auto*) ausgesagt, in ‚x ist_2 Y', z. B. ‚Sokrates ist weiß' oder ‚Die Farbe Weiß ist selbstidentisch', wird Y-sein von x, das ein Einzelding oder eine Idee sein kann, in Bezug auf eine von x verschiedene Idee (*pros allo*) ausgesagt. Zugunsten des Fredeschen Ansatzes spricht vor allem, dass sich damit eine befriedigende Deutung der notorisch schwierigen Verbindung der Falschheits-

(Soph 262e–263d) mit der Nicht-Seins- bzw. Negationspassage des Soph (255e–258b) ergibt. Darüber hinaus eröffnet er eine interessante Sicht auf das Dritte-Mensch-Argument (sh. DRITTER MENSCH) und die sog. Selbstprädikation (eines von einer Idee Y-heit fundierten Prädikats Y von Y-heit selbst): „Y-heit ist Y" oder „das Y selbst ist Y" ist nach Frede eine einfache Instanz einer ...*ist*$_1$...-Verwendung „Y-heit ist *kath' auto* Y" und daher notwendigerweise wahr (SP). Das Dritte Mensch-Argument, das der alte Parmenides im gleichnamigen Dialog (Parm 132a–b) gegen den Ideenansatz des jungen Sokrates vorbringt, beginnt in etwa so: Sei eine Pluralität M von Dingen F, dann gibt es nach dem ‚Eins-über-Vielem'-Prinzip (EP) des Sokrates eine Idee F-heit, aufgrund der alles in M F ist. Nun gilt aber nach (SP) „F-heit ist$_1$ F". Da nunmehr in M'= M∪{F-heit} alles F ist, gibt es wieder nach (EP) eine Idee F'-heit, aufgrund der alles in M' F ist. Würde nun generell die ‚Nicht-Identitätsthese' (NI) gelten: *X ist F* impliziert *X ist keine Idee, aufgrund der X F ist,* ergäbe sich (wie in Parm 132a) F-heit ≠ F'-heit, es könnte also aus EP, SP, NI die Existenz einer unendlichen Menge verschiedener F-heiten abgeleitet werden. Da nun aber die *kath' auto*-Version von SP besagt, dass F-heit aufgrund *ihrer selbst* F ist, gilt NI für das ‚selbstprädikative F-Sein' gerade nicht. Der Regress kommt nicht zustande.

Nach einem Vorschlag von Meinwald [1991] kann die *kath' auto-pros alla*-Dichotomie in der Fredeschen Deutung auch die logische Struktur der acht Hypothesen des 2. Teils des Parm (137c–165c) durchsichtig machen: oberflächlich betrachtet scheinen sie über ‚das Eine' (*to hen*) und ‚die Andern' (*ta alla*) in abwechselnden Deduktionen (traditionell ‚Hypothesen' genannt) aus der Hypothese „Wenn das Eine ist" eine Reihe konträrer Bestimmungen jeweils zu- und abzusprechen und ebenso aus der Hypothese „Wenn das Eine nicht ist". Im Programm (Parm 136a–c) für dieses als Übung angekündigte dialektische Vexierspiel werden die Deduktionen als Folgerungen über das jeweilige Subjekt in Bezug auf sich selbst (*pros hauto*) und in Bezug auf anderes (*pros alla*) angekündigt. Versteht man die beiden Bezüge im Sinne der *kath' auto-pros alla*-Dichotomie des Soph, lösen sich, wie Meinwald zeigt, die Kontradiktionen zwischen den Hypothesen durch Unterscheidung der Hinsichten des jeweiligen Zu- und Absprechens auf (Parm 136a–c). Die Klärung der internen Logik der ‚Hypothesen' bedarf freilich noch weiterer Bemühung.

Literatur: Cherniss [1944] – Cherniss [1957] – Cornford [1935] – Fine [1984] – Frede [1967] – Frede [1992] – Meinwald [1991] – Nehamas [1975] – Owen [1953]

Peter Staudacher

Geist/Intellekt/Nus (*nus*)

I. Vorplatonisch: Bei Homer fungiert der Begriff *noos* als Prinzip richtigen, situationsgerechten Handelns. Im Gegensatz zu dem zwischen Alternativen sich bewegenden Räsonnieren (*diandicha mermêrizein*) erfasst der *noos* die Situation sowie die angemessene Reaktion bzw. den richtigen Plan unmittelbar. Ein hochentwickelter *nus* (n.) wie der des Odysseus kann zum besonderen Merkmal eines Menschen werden, der sein Leben zum Erfolg zu bringen versteht (Homer *Odyssee* 13,255).

In der frühgriechischen Philosophie kamen weitere Aspekte hinzu. Parmenides thematisierte den n. als die allein zur Wahrheit fähige menschliche Erkenntnisweise, die immer auf das Sein der erkannten Sache bezogen, mit ihr gar identisch sein muss. Schließlich bahnte sich über das menschliche Vermögen hinaus auch ein kosmologisches Verständnis des n. an. Wenngleich terminologisch meist nicht als n. bezeichnet, finden sich bei etlichen Vorsokratikern aktive kosmische Ordnungsprinzipien: ‚Recht' (*dikê*) und ‚Verstand' (*logos*) bei Heraklit, ähnlich *dikê* bei Parmenides, ‚Liebe' (*philia*) bei Empedokles und n. bei Anaxagoras. Sie implizieren nicht nur Maximen gezielter kosmischer Gestaltung, sondern sind auch von dem durch sie gestalteten Bereich qualitativ grundsätzlich geschieden.

II. Platon: Platon führte die Bedeutungen von n. als kosmischem sowie menschlichem Erkenntnis- und Handlungsprinzip in weiterentwickelter Form fort. Eine eigentliche Theorie des n. findet sich allerdings erst von den mittleren Dialogen an. Überall, wo eine sinnvolle Ordnung vorliegt, muss es ein Prinzip, eine aktive Ursache dieser Ordnung geben (Phd 96a–c). Diese Instanz kann nicht von derselben Qualität wie das von ihr Geordnete sein. Sie ist geistige Kausalität, die spontan und aus Einsicht in das sachlich Beste wirksam ist (Phd 97b–98b). Das gilt für die Ordnungsstrukturen im menschlichen Bereich genauso wie für die Ordnung des Kosmos insgesamt. Entsprechend müssen ein menschlicher und ein kosmischer n. voneinander unterschieden werden (Phlb 22c).

1. Kosmologisch: Platon steht kosmologisch in der Tradition der n.-Lehre des Anaxagoras (Phd 97c, 98a; Krat 400a, 413c; Lg 966e, 967b), den er aber insofern auch kritisiert, als Anaxagoras bei der konkreten Erklärung der Naturphänomene sein noetisches Prinzip nicht hinreichend konsequent angewendet habe (Phd 98b–c). Die Einsichten, auf denen die Gestaltung der Welt beruht, findet der n. in sich selbst. Diese intelligiblen Sachverhalte werden als Ideen (*ideai*, Resp 507b), als kausale ‚Vorbilder' (*paradeigmata*, Ti 28b) beschrieben. Der göttliche n. lässt sich nun gleichsam auf zwei Ebenen beschreiben: einerseits als ein auf seine eigenen Inhalte reflektierender, bei und in sich selbst verharrender Träger der Ideen, andererseits als aus der Reflexion heraus sich gleichsam nach ‚unten' wendend und die intelligiblen Gehalte in die Materie hinein vermittelnd. In diesem zweiten Sinn wird er kraft seiner planenden und gestalterischen Tätigkeit (*to poiun, to dêmiurgun*, Phlb 26e–27b) zum Schöpfer (*dêmiurgos*, sh. Demiurg) der ihn abbildhaft widerspiegelnden sichtbaren Welt (Ti 29d–30c, 39e). Dabei verleiht der demiurgische n. in seiner Weisheit (*sophia*) dem von sich her ungestalteten Substrat der Schöpfung, der unbestimmten, blinder

Notwendigkeit unterliegenden Materie, hinreichende Begrenzung und Formung (Ti 47e–48a; Phlb 23c–31a). Sein Kriterium, an dem er sein schöpferisches Tun ausrichtet und aus dem sich die Sinnhaftigkeit der Schöpfung ergibt, ist „das Beste“ und „das Schönste“, eine auf Vollkommenheit zielende Teleologie (Phd 98a–b; Ti 30b; sh. Ziel). So ist der n., der alles Seiende hervorbringt, ausschließlich Ursache von Gutem (Krat 416c). Während die Materie bzw. die körperlichen Elemente lediglich passive Mitursachen (*synaitia*) sind im Sinne einer conditio sine qua non (vgl. Phd 99a), sind die vom n. vermittelten Formen im prägnanten Sinne Ursachen einer auch selbst vernunfthaften Natur (*emphronos physeôs aitiai*, Ti 46c–e). Allerdings gestaltet der göttliche n. als intelligibler Ort der Ideen die Materie nicht unmittelbar selbst. Ohne die Zwischeninstanz ‚Seele‘, die als körperliches Bewegungsprinzip die erforderlichen raumzeitlichen Veränderungen initiiert, kann der n. nicht auf die Materie zugreifen (*paragenesthai*, Ti 30b; Soph 248e–249a; Phlb 30c). Der Demiurg beseelt daher den Kosmos, wobei diese Weltseele als Analogon zum Demiurgen über einen ihr eigenen n. verfügt, der gleichsam seinen Sitz in ihr hat (Ti 30b–c) und als ihr oberster, führender Teil betrachtet werden kann (Phdr 246b). Er ist umfassende Ursache aller Abläufe von den kosmischen Bewegungen (Lg 966e), die der noetischen Aktivität am ähnlichsten sind (Ti 34a, 47b; Lg 897c, 898a–b), bis hin zum Wechsel der Jahreszeiten (Phlb 30c). Die unterste, partikularste Ebene hat der n. in der Seele des Menschen erreicht, wobei nur wenige Menschen ihn zu entfalten in der Lage sind (Ti 51e). Unterhalb des Menschen, etwa auf der Ebene der Tiere, gibt es keinen individuellen n. mehr, da er den Besitz von Rationalität (*logos*) voraussetzt (Lg 963e).

2. Ontologisch: Der n. ist Ursache alles Seienden (Krat 416c), er ist aber auch selbst seiend. Denn noetische Kompetenz ist ebenso notwendig ein Merkmal wahrhaften Seins wie Leben (*zôê*), Beseelung (*psychê*), Bewegung im Sinne der spontanen Aktivität (*kinêsis*) und Stillstand im Sinne des identischen Verbleibens in sich selbst (*stasis*). All dies sind Implikate, die die Reflexion auf den Sinn von ‚Sein‘ freilegen (Soph 248e–249c). Von daher zeigt sich, dass die Begriffe n. und Sein konvertible Sachverhalte benennen, wobei der Begriff n. die geistige Kompetenz wahren Seins bezeichnet. Der n. ist Sein, sofern es (sich selbst) erkennt. Sind aber n. und Sein identisch, lässt sich die ontologische Stellung des n. im Rahmen der gesamten Wirklichkeit präzise bestimmen. Er kann dann nämlich mit dem überseienden Guten, das Platon als absolutes erstes Prinzip alles Seienden annimmt (Resp 509b), nicht identisch sein. Der n. als Inbegriff des Seienden muss vielmehr selbst als erstes Geschöpf des Guten angesehen werden. Er gibt dann seinerseits seine Seinsfülle an die Seele weiter, die sie in die Materie vermittelt. Dieser Aufbau wird vor allem im Sonnen-, Linien- und Höhlengleichnis dargestellt (Gutes (*agathon*): überseiendes Prinzip – n.: Bereich des Intelligiblen, des intuitiven Begreifens – *dianoia*: Bereich der Seele, des diskursiven Denkens – *pistis*: Bereich der Raumzeitlichkeit, der sinnlichen Wahrnehmung (*aisthêsis*), des auf Wahrscheinlichkeit beruhenden Meinens – *eikasia*: Bereich vager Vermutungen bezogen auf Abbilder von Körpern wie Spiegelbilder, Schatten; Resp 507a–511e).

3. Erkenntnistheoretisch: Das Wesen des n. besteht in der intuitiven Schau des wahren, intelligiblen, prinzipienhaften Seienden. Da der Stufung der Wirklichkeit eine Stufung der Erkenntnisvermögen entspricht, bildet der n. als das reflexiv erkennende Moment am Sein das höchste Erkenntnisvermögen oberhalb von diskursivem Denken (*dianoia*) und Meinung (*doxa*) (Resp 511d). Analog zum Sein ist auch das Erkennen durch das Gute als absolutes Prinzip begründet (Resp 508e, 517c), ist die Erkenntnis des n. das erste Kausat. Nur der n. kann die höchste und eigentliche Form von Sein, das Intelligible ohne Farbe, Gestalt und körperliche Berührbarkeit (*achrômatos, aschêmatistos, anhaphês usia*, Phdr 247c) erfassen. Nur seine Erkenntnis ist daher im eigentlichen Sinne Wissen und in gültiger, rational nachvollziehbarer Weise (*alêthês logos*) etwa durch Lehre (*didachê*) vermittelbar (Ti 51e). Insofern lässt er sich geradezu als die Wahrheit (*alêtheia*) selbst bezeichnen (Phlb 65d). Dieses noetisch erkannte intelligible Sein befindet sich, metaphorisch gesprochen, am überhimmlischen Ort (*hyperuranios topos*, Phdr 247c) bzw. in dem „Lebewesen, das (im prägnanten Sinne) Sein besitzt" (*ho estin zôon*, Ti 39e). Auch hier zeigt die Zuordnung von ‚Sein', ‚Lebe(wese)n' und n., dass der n. mit dem intelligiblen Seienden sich selbst erfasst, offensichtlich in einem Akt der Reflexion; vgl. Soph 248e sowie oben II.2. Von Werdendem dagegen, d.h. von nicht im prägnanten Sinne Seienden, kann es keinen n. und damit kein Wissen im eigentlichen Sinne geben (Phlb 59b). Während der göttliche n. als in ewiger Selbst- und Ideenschau befindlich gedacht werden muss, ist der n. der menschlichen Individuen zunächst nur potentiell vorhanden. Eine Aktualisierung zu noetischer Erkenntnis ergibt sich durch die Annäherung an das wahrhaft Seiende (Resp 490a–b), stufenweise von Wahrnehmungen, Begriffen und Definitionen, die zu Meinungen, diskursivem Wissen und schließlich zu intuitiver Einsicht führen können (Ep 7, 342a–d, 344b–c; Ti 37b–c). Nur der n., der allein das richtige Mischungsverhältnis zwischen richtiger Einsicht und (sinnvollen) Lüsten herzustellen vermag, kann ein gelungenes Menschenleben ermöglichen (Phlb 21a–22b, 23c, vor allem 30d–e, 63c–64a).

4. Ethisch/politisch: Der n. erkennt nicht nur die physischen, sondern auch die ethischen Prinzipien. Kann er die Strebungen der übrigen Seelenteile lenken, wird er zum Prinzip richtigen Handelns (Resp 431a–c). N. wird daher häufig im Sinne von ‚Besonnenheit' bei ethisch relevanten Entscheidungen verwendet (Phd 114d; Resp 591c; Lg 930e). In der Seele gehören der n., die Vollendung der Persönlichkeit (*aretê*) und der Besitz moralischer Qualität (*agathê einai*) zusammen (Phd 93b). Der n. macht im Rahmen ethischen Handelns an sich moralisch indifferente Dinge (Geld, Gesundheit usw.) durch ihre richtige Verwendung zu Gütern (Euthyd 281b; Resp 331b). An ihm als der höchsten, leitenden Instanz müssen sich die übrigen Seelenteile orientieren (Lg 963a). Der Besitz von n. bedeutet Wachsamkeit gegenüber ethisch falschem Verhalten (Lg 783e). Ist dagegen, wie meist bei jungen Menschen, der n. nicht ausgebildet, ist gerade der Begabte für Fehlverhalten, etwa Hochmut, anfällig (Resp 494d). Aus der Bedeutung des n. für das Individuum ergibt sich in der Folge seine Bedeutung für das Zusammenleben der Individuen in einer Gemeinschaft. Denn würde

in den Individuen der n. herrschen, wären Gesetze unnötig (Lg 875c–d). Gute Gesetze (*nomoi*) versuchen das, was die Individuen aus sich heraus nicht schaffen, gleichsam von außen her zu leisten. Indem Gesetze sich an den ethischen Tugenden ausrichten und diese wiederum am n. als höchster Instanz (Lg 963a), sind Gesetze eine Ausgeburt des n. (*gennêmata nu*, Lg 890d), d.h. eine vom n. des Gesetzgebers getroffene, in sich kohärente Disposition (*dianomê*, Lg 632c, 714a). Einen solchen zu sinnvoller Gesetzgebung fähigen n. besitzen jedoch nur wenige (Plt 297b–c), etwa die ratführenden alten Leute, die gleichsam den n. ihrer Polis bilden (Lg 965a). Ihn ahmen die Gesetze nach. So kann man auch die richtige Gesetzgebung als n. einer Polis bezeichnen (Lg 701d).

III. Nachwirkung: Im Rahmen der altakademischen Philosophie behielt der n. seine Bedeutung auch nach Platon. Sie nahm sogar noch zu, da einige seiner Schüler, etwa Xenokrates oder Aristoteles, das überseiende Eine bzw. Gute der Platonischen Metaphysik nicht übernahmen und der n. daher zur obersten Stufe der Wirklichkeit wurde. Selbst im materialistisch orientierten Hellenismus spielte er zumindest in der Theologie der Stoa als Terminus für Gott eine Rolle. Die Rückwendung auf Platon und Aristoteles im Mittel- und Neuplatonismus führte zu einer erneuten Belebung und systematisierenden Vertiefung altakademischer n.-Konzeptionen.

Literatur: Fritz [1945] – Fritz [1946] – Fritz [1964] – Fritz [1968] – Gerson [2005] – Jäger [1967] – Krämer [1964] – Menn [1995] – Oehler [1962] – Schmitt [1990]

Christian Pietsch

Gerechtigkeit (*dikaiosynê*)

I. Die Gerechtigkeit (G.) als Idee: Die G. (oder „das Gerechte selbst“, *dikaion auto*, Phd 65d u.ö.) ist eine Idee, in vielem vergleichbar dem Schönen (Symp 210e, 211a). Vergleichsschlüssel ist dafür offenbar die beste Maßgabe richtiger Proportionsbestimmungen, die beiden zukommt. Als Idee ist die G. am „überhimmlischen Ort“ zu sehen (Phdr 247d), sie ist ungeworden und ewig wie die mathematischen Zuordnungsverhältnisse. Wer daher G. als zeitlich gewordenes Produkt sozialer Verhältnisse und Entwicklungen betrachtet, gerät auf Abwege (wie die Diskussion im Anschluss an die Annahme in Resp 359a zeigt). Mit dieser Auffassung von der „jenseitigen“ G. als Prinzip normativer Zuordnungsmuster konnte sich Platon älteren Deutungen anschließen, nach denen Göttliches „Garant einer G. ist, die sich in der geschichtlichen Welt nie wirklich durchzusetzen vermag“ (Gigon [1975]: 136). Tatsächlich ist G. sozusagen das Vorführbeispiel eines stets wie anamnetisch (sh. Wiedererinnerung) präsenten Wissens um einen wünschenswerten Idealzustand, der sich gleichwohl in den ontischen Umsetzungen dieses Ideals nur in sehr unbefriedigender Weise wiederfindet (sh. Böses). So räumt auch Sokrates in Resp 472a–d und 540e ein, dass die Möglichkeit einer Umsetzung der G. der Polis, die er hier idealiter konzipiere, dahinstehe. Aber „im Himmel (*en uranô*) ist doch vielleicht ein Leitbild (*paradeigma*) [der G.] aufgestellt für den, der sehen und nach dem, was er da sieht, sich selbst einrichten will. Es ist aber eigentlich gleich, ob so jemand irgendwo existiert oder je existieren wird" (Resp 592b, vgl. 472e).

II. Die Definition der G.: Eine andere alte Deutung bestimmt das Gerechte als das Ausgeglichene. Auch diese vorplatonische Auffassung betrifft primär den göttlich-kosmischen Bereich (Anaximander VS 12 B 1) als übergeordneten Maßstab des sozialen und individuellen. Ähnlich spricht die hippokratische Medizin von einem „gerechten" Körperzustand, wenn sich alle vier „Säfte" des Leibes im Ausgleich befinden, ohne dass einer überhand nähme. Dem schließt sich Platons G.konzeption mutatis mutandis an, doch müssen in diesem Zusammenhang erst missverständliche Deutungen abgewehrt werden, was vor allem im ersten Buch der Resp geschieht. Es wird hierbei auch diejenige Vorstellung verworfen, die in späteren Zeiten zur Standarddefinition der G. werden sollte: Gerecht sei, „Freunden Gutes zu tun und Feinden Böses" oder schlicht „jedem das ihm Gebührende zukommen zu lassen" (Resp 332c) – seit Ulpian idiomatisch: (constans et perpetua voluntas) suum cuique tribuendi. Platons Sokrates hat dagegen einzuwenden: Zu schaden ist erstens immer ungerecht (Resp 362c); dass Guten Gutes und Bösen Böses widerfahren soll, ist allzu iustalionistisch gedacht und erinnert an die seltsame Logik des Sankt-Florian-Prinzips „verschon' mein Haus, zünd' andre an" – als ob der Angerufene unausweichlich ein Brandstifter wäre und nur die Frage entscheidend, bei wem. Es lassen sich Parallelen erkennen zu Platons Kritik am Homerischen Zeus, der Urheber von Gutem und Schlechtem gleichermaßen ist (wogegen Resp 379c–e: *theos anaitios*). Ebenso gilt: Zu schaden hat mit gerecht handeln nichts zu tun. Auf Ähnlichkeiten zum (nicht nur biblischen) Gedanken (Mt 5, 44), auch Sünder (und Hunde: Resp 375e) täten ihren Freunden Gutes und ihren Feinden Böses, worin also nichts Verdienstvolles sei, hat man wiederholt hingewiesen (Schütrumpf [1997]: 37). Zweitens sind solche Auffassungen „für Platon grundsätzlich unzulänglich, da sie G. als eine Verpflichtung gegenüber anderen definieren und nicht als Wirksamkeit der eigenen Natur [… Sie] ignorieren jegliche ethische Dimension, die durch die Qualität der Seele des Handelnden determiniert ist" (Schütrumpf [1997]: 37; vgl. Annas [1981]: 157–167). Platons Gegenentwurf insistiert darauf, dass G. als eigene Angelegenheit zu betrachten und nicht aus dem Bezug zu anderen zu erschließen ist (Resp 443d; wogegen Aristoteles in der *Nikomachischen Ethik* 1129b heraushebt, G. sei eine Tugend *pros heteron*, bezogen auf einen anderen). G. sei auch keine Absichtshaltung, sondern ein in objektiven Verhältnissen fassbarer innerer Zustand. Wenn im Phd 100d–101b dargelegt wird, ein Mensch sei nicht im Vergleich zu anderen als groß (oder klein) aufzufassen, sondern weil und insofern er an der Idee Größe (nicht) teilhat (sh. TEILHABE), so gilt gleichermaßen für die G.: Gerecht ist „der Mensch nicht, indem er sich anderen Menschen gegenüber auf bestimmte Weise verhält, sondern indem seine Seele an der Idee der G. partizipiert" (Gigon [1975]: 138f.). Der Gerechte wird durch die innere Ordnung der Seele der Idee der G. angeglichen, strukturähnlich. So kann diese Seele auch (nach dem Tod: Phd 78b–80b) zu den Ideen aufsteigen (Resp 614a–621d). Daher muss man sich innerlich in Harmonie bringen (hier liegt nochmals der Zusammenhang mit der Idee der Schönheit vor; vgl. auch Resp 505d), dann ist man gerecht. Auf diese Weise ist zu verstehen, warum G. eine Tugend ist, d.h. eine Bestform (*aretê*) etwas oder irgendwie zu sein. G. bedeutet die Bestform von innewohnenden Abstimmungsverhältnissen, und so kann Platon – anders als der deutsche Sprachgebrauch – auch sinnvoll von einer „Tugend der Polis" (Resp 432b) sprechen. Die definierende Struktur oder absolute „Form" (sh. Idee) der G. ist dieselbe im einzelnen Menschen, im Gemeinwesen oder im Kosmos. Platon zeigt das am Beispiel der „Kleinbuchstaben" und „Großbuchstaben", die trotz Verschiedenheit in der Größe doch dieselben Buchstaben sind (Resp 368d; vgl. Gorg 507e). Anhand des Gemeinwesens wird auch eine atemporal aufbauende Bestimmung der G. entwickelt – von der „sozusagen gesunden" Polis mit ihrer Sicherung der ökonomischen Basis der Gemeinschaft über die „opulente" Polis und die Herausforderung der Sicherstellung des Friedens angesichts der Probleme raffinierteren Mehrhabenwollens (*pleonexia*) bis zur „schönen" Polis als des geordneten Läuterungszustands der opulenten Polis zur gerechten (Resp 369b–427c; vgl. Höffe [2002]: 222–260). Die G. ergibt sich als Fazit der Nachbetrachtung zu diesem Gemeinschaftsaufbau aus der richtigen Koordination von (traditionell sog.) „Nährstand", „Wehrstand" (als exekutiver und militärischer Gewalt) und leitendem „Lehrstand" (die sog. „Philosophenkönige", vgl. Spaemann [1997]): Resp 443c–444a. Wie es jedem „Stand" (griechisch eigentlich *genos*) als angewiesenem Teil eines Ganzen gebührt, das jeweils Seinige korrekt zu verrichten (die sog. „Idiopragie"-Forderung), so auch den Potenzen der Seele (*ta en psychê genê*) im Einzelnen: „Begierde" und „Muthaftes" sollen unter Leitung der Vernunft stehen und dabei doch alle drei das ihnen Gemäße verrichten. Nicht „jedem das Seine", sondern „jeder das Seine" ist die Formel der G. So wird die individuelle G. als der sozialen strukturgleich erwiesen: Resp 443c–444a. Bestform oder „Tugend" (*aretê*) des Verhaltens dieser drei politischen und seelischen „Schichten" oder „Bereiche" (*genê*) sind dabei entsprechend und aufeinander aufbauend die „Besonnenheit" oder das „Maßhalten", die „Tapferkeit" oder (vielleicht treffender) „Tatkraft" und die „Weisheit". Auch in Phd 83e wird entsprechend von den Philosophen gesagt, sie seien anspruchslos, durch Vernunft innerlich geordnet (*kosmioi*), und „Manns genug" (*andreioi*), dies auch gegen alle Widrigkeiten und Gefährdungen durchzuhalten. „In Wahrheit war also die G., wie sich zeigte, […] nicht an den äußeren Handlungen in bezug auf das, was dem Menschen gehört [festzustellen], sondern an der wahrhaft inneren Tätigkeit in Absicht auf sich selbst und das Seinige, indem einer nämlich jegliches in ihm nicht Fremdes verrichten läßt, noch die verschiedenen Kräfte seiner Seele sich gegenseitig in ihre Geschäfte einmischen, sondern jeglichem sein wahrhaft Angehöriges beilegt, und sich selbst beherrscht und ordnet und sein eigener Freund ist, und die drei in Übereinstimmung bringt" (Resp 443c–d).

Ung. erweist sich dagegen als mangelnde oder fehlerbehaftete Koordination (und/oder Ausbildung) der drei Konstitutionselemente, meist im Verstoß gegen die „Idiopragie" (Resp 444b).

III. Weiterführende Probleme der Definition: Was die individuelle Eigenordnung betrifft, so gilt, dass G. kein Expertenwissen darstellt. Jeder muss irgendwie an der (Idee der) G. teilhaben, sonst darf er keine Gemeinschaft mit anderen pflegen (Prot 323b). In dieser Gemeinschaft selbst hingegen muss es Spezialisten geben, die für andere die Rolle übernehmen, welche die Vernunft in der Seele innehat. Denn Idiopragie heißt keineswegs, dass, wenn jeder an sich denkt, auch schon an jeden gedacht ist. Da die G. als Höchstform der dialektischen Zuordnungen mathematische Proportionsverhältnisse impliziert, werden die Führer der idealen Polis in entsprechendem Denken unterrichtet, und erst der wahre Dialektiker wird zum politischen Koordinator zugelassen (Resp 591a). G. üben und richtig philosophieren sind somit dasselbe (Soph 253e). Beides ist formal Dialektik.

Eine besondere Beziehung besteht zwischen G. und Glück sowie zwischen G. und dem Guten. Um Bestform zu sein, muss G. auch zum Glück befähigen, und mehrere Dialogstellen beteuern nachdrücklich, dass gerecht zu handeln und glücklich zu leben letztlich identisch ist (Resp 353e, 354a; Gorg 479e, 507c, 512b). Parallel wird im Gorg (499e) betont, Ziel aller Handlungen sei das Gute. Auch die G. steht unter dessen Maßgabe. Der Mensch will schließlich nicht nur G. und sonst nichts, während sich über Glück und das Gute nicht mehr begründend hinausfragen lässt: Glück und Gutes will man um ihrer selbst willen und wegen nichts Weiterem, sie teilen den Charakter des *anhypotheton kai hikanon* (vgl. Resp 505b–506a). Der anhypothetischen Idee des Guten steht die G. aber insofern nahe, als auch sie als Idee in anderen Ideen ihre Anwesenheit nimmt (und sie unter sich zusammenfasst), nämlich zumindest in denen, die man als ethische Bestformen fassen kann. G. als höchste und subsumierende Kardinaltugend ist, ähnlich wie das Gute wiederum, sowohl Ziel- als auch Definitionsbestimmung anderer. Deutlicher wird das, wenn man denjenigen Interpreten folgt (etwa Perls [1973]: 135), die in der angenommenen Monopragmatie des idealen Polisaufbaus von Resp 370b, 374a usw., wo jedem Menschen nur *eine* ihn bestimmende Tätigkeit zugewiesen wird, eine personifizierende Anspielung auf die Ideen sehen wollen, die ebenfalls immer nur eines sind, im Sinne von stets deckungsgleich mit sich selbst, also immer nur das vorstellen, was sie sind und nichts anderes. G. wäre hier dann analog vorgeführt das Prinzip der rechten Zuordnung dieser immer nur einen, vollständig definierenden Weise zu sein, nicht nur in der sozialen Welt, sondern auch in der der Ideen: Denn „das war […] eine Art von Schattenbild der Gerechtigkeit, dass der von Natur aus schusterhafte Mensch auch recht daran tue, nur Schuhe zu machen und nicht anderes zu verrichten, und der zimmermännische nur zu zimmern und die andern ebenso" (Resp 443c).

IV. G. in der platonischen Tradition: Dieser Gedanke, die G. insbesondere als ein Prinzip überweltlicher, dann aber vor allem auch kosmisch umgesetzter Bestverhältnisse zu sehen, verstärkt sich im Platonismus. Angereichert von stoischen und peripatetischen G.-Lehren, namentlich vom Lehrstück der geometrischen Proportionalität der distributiven G. (die den suum cuique-Gedanken wieder ins Spiel bringt), verbindet sich die ursprüngliche Platonische Definition bereits in den pseudo-Platonischen Def (411d–e) zu einer Tendenz, die etwa Plutarch mit der Vorstellung des Demiurgen aus dem Ti (sh. DEMIURG) zum Prinzip verdichtet, dass „der Gott stets Geometrie treibt“ (*theos aei geômetrei*: so *Quaestiones convivales* 718 BC; *De E apud Delphos* 386 E; beides mit Bezug auf Gorg 508a–b). Gemeint ist, dass der Kosmos von göttlicher Macht nach Maßgabe der G. entsprechend perfekter (mathematischer, dialektischer) Abstimmungsverhältnisse geordnet und somit sein Bestand durch Gleichgewichtserhaltung gesichert wird. Hierarchisierungen der Abstimmungsverhältnisse als Ausdruck von G. lassen auch die individuelle G. wieder stärker an die Vorgaben Platons aus der Resp rücken: Der Einzelne ist dem Kosmos ähnlich, eine innere Welt für sich, die um zu glücken der gleichen Strukturmerkmale bedarf wie das „selige“ Weltall (Ti 34b; Plotin *Enneaden* IV.8[6].10.42ff.). Dieser Gedanke wird im späteren Platonismus verfeinert beibehalten (Plotin *Enneaden* I.2[19].1.1–53; Proklos *In Alcibiadem Primum* 181, 18–182, 1; *In Rem publicam* 1, 269, 24ff.) und verschmilzt schließlich in neuer Aufwertung mit der G. des gleichermaßen erschaffenden, erhaltenden und (eschatologisch) richtenden Gottes der christlichen Platoniker (Dionysius Areopagita *De divinis nominibus* 893D-897C, 896D unter Verwendung des Wortes *idiopragia* als Fachterminus; *Ecclesiastica Hierarchia* 372D-373B).

Literatur: Annas [1981] – Höffe [2002] – Perls [1973] – Schütrumpf [1997] – Spaemann [1997]

Christian Schäfer

Gesetz, Nomos (Konvention, Sitte, Norm; *nomos*)

I. Definition: In seiner Grundbedeutung als „Festgesetztes“ hat *Nomos* (N., Plural *nomoi*) im Griechischen verschiedene Bedeutungen, weshalb die Übersetzung mit „Gesetz“ (G.) zu eng ist: Dieses bezieht sich sowohl auf das der NATUR nach Gegebene (vor allem bei Heraklit VS 22 B 112, B 114, wobei hier Natur und Vernunft dasselbe bedeuten), ebenso wie auf das durch die Götter oder die Tradition Gültige (Sitte, Brauch, das von Thesmotheten – Solon, Lykurg – Gegebene), als auch auf das durch Konvention Vereinbarte (Demokrit VS 68 B 248; Epikur *Ratiae sententiae* 31–33; Resp 358e–359b). Es bezeichnet also die Satzung selbst als auch das ihr zugrunde Liegende (vielschichtig von Platon diskutiert in Prot 320d–328d). In Gorg 482c–484c (vgl. auch Prot 337c–d; Lg 889e) macht der Sophist Kallikles den folgenreichen Unterschied zwischen *physis* und N., der den N. als bloße, aus dem Ressentiment geborene Konvention desavouiert. Bei Antiphon ist das Natur-G. im Gegensatz zum N. verantwortlich für das Streben des Menschen nach Lust (VS 87 B 44; vgl. auch Prot 337c). Zum einen gilt in der Sokratik das sittliche G. als angeboren, zum zweiten als der Natur des Menschen innewohnend (so auch noch bei Aristoteles *Eudemische Ethik* 1216b; *Nikomachische Ethik* 1145b). Der Mensch habe nach sittlicher Vollkommenheit zu streben (Ap 30a–b; Verbeke [1974]: 524). Diese Identifizierung der Sittlichkeit mit der menschlichen Natur führt letztlich zur Kritik des N. als bloßer menschlicher Setzung, an die sich der Weise und Einsichtsvolle nicht zu halten brauche (vgl. z.B. auch Sophokles *Antigone* 454f.). Die vielfältige Bestimmung des N. kritisiert Antisthenes mit der Behauptung, nach dem G. gebe es viele Götter, der Natur nach nur einen (Diels *Doxographi Graeci* 538). Heinimann ([1972]: 123) macht auf den Unterschied im Numerus zwischen der geltenden Anschauung (*nomos*) und den staatlichen Gesetzen (*nomoi*) aufmerksam.

II. N. bei Platon: Die sophistische Relativierung trachtet Platon zu überwinden (Plumpe [1974]: 494), indem er zunächst den göttlichen Ursprung des N. hervorhebt (Kri 50c ff.; Lg 715c–d, 762e, 885b, 890d; Plt 309c; Ep 7, 354e). Der N. ist sogar selbst ein Gott (Lg 957c; *N. basileus* schon bei Pindar Fragment 169; Lg 715e geht vielleicht auf Orphisches zurück). Bei Platon bestimmt sich die Gerechtigkeit wieder nach der Natur (Resp 444d). Sokrates betont die Verbindlichkeit des N. (Kri 50a–52d). Doch Platon kritisiert, dass der N. absurd (Resp 425a–426e), schändlich (Phdr 277d–e) und unflexibel ist und sich so nicht an das in der Situation Gegebene anpassen lässt (Plt 294a–299e). Der in der *epistêmê politikê* Versierte (Höffe [1997]: 336ff.) könne nicht jedem das gerade Angemessene ausdeuten. Dennoch ist der N. offenbar notwendig (Krawietz [1974]: 481), wenn es kein Kriterium gibt, den guten vom schlechten Herrscher zu unterscheiden, denn beide regieren ohne N. In Lg 713c behauptet Platon allerdings, dass es einem Menschen nicht möglich ist, ohne übermütig zu werden, „in eigener Machtvollkommenheit alle menschlichen Angelegenheiten zu verwalten“ (vgl. auch Lg 875b). Gegenüber der Diskussion in Resp um die *dikaiosynê* nimmt Platons Lehre vom N. im Plt und in den Lg den realpolitischen Teil seiner politischen Schriften ein (Spaemann [1997]: 168). Allerdings verwirklicht die G.ordnung nur den zweitbesten Staat (Lg 739e, 874e, 875c–d; Plt 300c) gegenüber dem idealen, der von den Philosophenkönigen beherrscht wird (Resp 473b–504a). Der ist aber wegen der gemeinhin fehlenden Einsicht nicht überall realisierbar (Plt 292e, 297b–c). Höffe ([1997]: 333f.) betont die Gültigkeit der Philosophenherrschaft auch für den Entwurf in den Lg (875c–d, 965b–968b).

III. Der Ort des N. ist die Gemeinschaft. Er gewährleistet die staatliche und soziale Ordnung (Gerechtigkeit), wenn es keine Regelung der öffentlichen Angelegenheiten durch Einsicht gibt. Der N. ist damit grundsätzlich auch auf die Sicherung des Wohls der Polis hin ausgelegt (Resp 541a; Plt 297e–301a; Lg 715b). Dabei kann der N. nur Grundsätzliches festlegen, nicht alles detailliert ausformen. So stimmt der N. mit dem „Guten“ und dem „Gerechten“ überein – ebenso wie mit dem Einsichtsvollen, dem Besonnenen und der Freundschaft (Lg 693b–c).

IV. Die Ausgestaltung des N.: Da wir nicht von selbst wissen, wie wir das Gute erreichen können, müssen wir die Regeln für unser Handeln immer erst ausarbeiten (Gigon [1975]: 140). Dennoch ist damit nicht gesagt, dass der N. zwangsläufig erfunden oder eine reine Konvention sei. Vielmehr werden die Regeln des Zusammenlebens „gefunden, ausgearbeitet und durch die Gemeinschaft rezipiert“ (ebenda). Auch ein Thesmothet schaltet nicht beliebig. Er wird aus dem durch die Tradition Gegebenen auswählen, Unpraktikables verwerfen und Einzelnes ergänzen. Dennoch kann die Tradition grundsätzlich in Frage gestellt werden. Dann kann eine Konvention Einzelnes ersetzen oder es findet eine Rückbindung an göttliche, kosmische oder ethische Ursprünge statt, wie z.B. an die Idee der Gerechtigkeit. Nur wer die Erkenntnis von dieser IDEE hat, ist ein guter Herrscher und kann gute N. geben, wodurch der Staat vollkommen wird (Plt 292b–303d; vgl. Aristoteles *Politik* 1284a f.; vgl. auch Spaemann [1997]: 171f.). Im anderen Fall braucht es den N. Wenn aber jemand ohne N. regiert und dabei nicht die vollkommene Einsicht hat, kommt es zwangsläufig zur Anarchie.

Es stellt sich allerdings die Frage, wie detailliert der N. ausgestaltet werden soll. Nach Gigon ([1975]: 141f.) stehen nebeneinander die Forderung nach Einheitlichkeit – weswegen Platon eine Neigung hat, das gesamte Leben jedes Bürgers unter die Ordnung der N. zu bringen und so das gesamte private Leben gegenüber dem öffentlichen zurückzudrängen –, die Berücksichtigung des Misstrauens – weil die meisten Menschen nicht fähig sind, aus eigener Einsicht das Richtige zu tun, und ihnen also gesagt werden muss, was das Richtige ist – und damit die Zwangsbewehrung des N. – dieser droht Strafe an, sollte jemand ihm zuwider handeln – sowie die Beschränkung auf das Wesentliche – eine zu ausufernde und kleinteilige Regelung wäre nutzlos, da derjenige, welcher nur die Gesinnung zum Richtigen habe, ohnehin wisse, was er zu tun habe (Gorg 503d; Resp 425a–427a). Ein weiteres Problem ist die Anwendung des N. durch den Richter (Perls [1973]: 151). Platon wird, da er diese Frage gestellt hat, zum „ersten Lehrer einer Methode der Auslegung des Gesetzes" (Michelakis [1953]: 17, vgl. auch 21ff.). Die Gesetzgebung steht nach Gorg 520b über der Rechtsprechung. Niemand dürfe sich also für weiser als die N. halten (Plt 299c).

Unter ethischen Gesichtspunkten ist nur der Einsichtige für sein Verhalten verantwortlich zu machen. Die anderen Bürger müssen dagegen über jedes G., seinen Grund und seine Absicht belehrt werden, und das von Kindheit an (Prot 326c; Lg Bücher 2, 7, 12). Manche werden sich mit der Belehrung schwer tun, andere werden sich gar nicht belehren, sondern allenfalls durch Strafe von der G.übertretung abhalten lassen. Grundsätzlich beruht das G. aber auf Einsicht und Freiwilligkeit (Lg 645a, 690c). Außerdem führt das G. den Bürger auf den Weg zur *eudaimonia* (Lg 630b, 702a–b), indem es die öffentliche Ordnung so zu regeln vermag, dass jeder Bürger nach seinem Charakter glücklich werden kann (sh. EUDAIMONIE). Über dem G. steht aber in jedem Fall die Einsicht in das Gerechte (Lg 875c–d). Dessen G. ist nach Perls die DIALEKTIK (Perls [1973]: 148f., 151; vgl. auch Resp 531d, 532b–e, 533a, 537e–541a; Ti 29b).

V. Die weitere Tradition des N.: Bei Aristoteles ist der N. an den G.geber und an das jeder politischen Satzung vorgegebene Ethos gebunden. Im Römischen Recht findet eine Verschiebung auf das Verfahren, d.h. auf das Zustandekommen von G. statt, wohingegen bei Cicero wieder vom „ewigen G." die Rede ist (Cicero *De natura deorum* 1, 15,40; *De legibus* 2, 4,8); ebenso bei Augustinus, der platonische, stoische und christliche Elemente des Begriffs N. zusammenfließen lässt (Wieland [1974]: 514f.).

Literatur: Heinimann [1972] – Höffe [1997] – Krawietz [1974] – Michelakis [1953] – Plumpe [1974] – Spaemann [1997] – Verbeke [1974] – Wieland [1974]

Günter Fröhlich

Gestalt siehe **Idee**

Gleichnis siehe **Abbild I und III–V**

Glück(seligkeit) siehe **Eudaimonie**

Gott/Götter (*theos, theoi; daimôn*)

I. Platons Überlegungen zu Gott (G.) und den Göttern (Gö.) gehen von der griechischen Polisreligion aus, in der Gö. als Individuen angerufen und in der mythologische Erzählungen über die Gö. verfasst worden sind. Dabei ist das griechische Wort für G., *theos*, nicht, wie manchmal angenommen worden ist, von einem ursprünglicheren Prädikatsnomen abgeleitet, das auf unpersönliche Kräfte referiert (vgl. O'-Connell [1985] gegen Grube [1935]). Ebenso missverständlich ist es, den G.begriff von der Verwendung des Adjektivs *theios* (‚göttlich') her bestimmen zu wollen (vgl. Van Camp und Canart [1956] gegen Mugnier [1930]). Platon knüpft mit seinen Auffassungen über G. und die Gö. vielmehr an eine Tradition an, die sich kritisch und ablehnend gegenüber dem Bild der Gö. verhält, das Homer und Hesiod teilweise in ihren Epen zeichnen (vgl. z.B. Xenophanes VS 21 B 11, B 12, B 14–16). Er kritisiert vor allem, dass Homer und Hesiod den Gö. unmoralisches Verhalten zugeschrieben haben. Über die eher knappen Passagen in Euthyph 5d–6c und Lg 887c–e hinaus ist das zweite Buch der Resp (Resp 377b–383c) der dafür zentrale Text. Platon lässt seinen Sokrates vortragen, dass sich die Gö. nicht so verhalten würden, wie sie von Homer und Hesiod dargestellt würden. Als ein Beispiel bringt er die Kastration des Uranos durch seinen Sohn Kronos. Man dürfe solche Geschichten nicht weiter tradieren, weil sie einen verheerenden Einfluss auf den Charakter derjenigen hätten, die diese Erzählungen hören, und weil sie schlicht falsch seien. Diejenigen Dichter, die Erzählungen über die Gö. (griechisch *theologia*; vgl. Resp 379a f.) schrieben, müssten den G. vielmehr so darstellen, wie er tatsächlich sei. Dabei ist es die Aufgabe der Philosophen, den Dichtern die Regeln (*typoi*) vorzugeben, nach denen sie ihre Dichtung zu richten haben. Platon nennt zwei Regeln der *theologia*, die jeweils sagen, wie der G. wirklich ist: Erstens ist der G. wirklich gut (Resp 379b ff.), zweitens ist er unveränderlich (Resp 380d ff.). Dass er gut ist, bedeutet auch, dass er ausschließlich Ursache der guten Dinge und nicht der schlechten Dinge ist. Dass er unveränderlich ist, bedeutet, dass er weder seine eigene Gestalt verändert noch die Menschen glauben lassen möchte, dass er seine Gestalt verändern kann. Platons Bestimmung des G. ist revolutionär. Zwar haben auch Intellektuelle vor Platon behauptet, man dürfe keine schlechten Eigenschaften von einem G. aussagen, aber kein Autor vor ihm hat je ausgesagt, dass der G. gut (*agathos*) und nur Ursache der guten Dinge ist.

II. Ein Problem der Interpretation der Aussagen über den G. im zweiten Buch der Resp besteht in der Frage, was genau mit dem Ausdruck ‚der G.' gemeint ist. Umstritten ist insbesondere, ob Platon mit dem Ausdruck einen individuellen G. bezeichnet, der nicht nur der oberste G. von allen anderen Gö. ist (ähnlich wie Zeus der ‚Chef' der olympischen Gö. ist), sondern sich auch ontologisch von den anderen Gö. unterscheidet und ob Platons G.begriff so in Richtung eines philosophischen Monotheismus weist. Es gibt Interpreten, die meinen, es sei ein Anachronismus, Platon eine Form von Monotheismus zu unterstellen (z. B. François [1957]). Gegen diesen Einwand kann dafür argumentiert werden, dass es bereits vor Platon und zu Platons Zeiten Intellektuelle gegeben hat, die dafür argumentiert haben, dass es der Sache nach überhaupt nur einen G. geben kann, so dass die Entwicklung zu einem philosophischen Monotheismus vorbereitet gewesen ist (vgl. Xenophanes VS 21 B 23–26; Empedokles VS 31 B 29, B 31 und vor allem Antisthenes *Socratis et Socraticorum Reliquiae* V A 179.180.1–3). Die Resp legt nahe, dass Platon einen obersten G. angenommen hat, an dem deutlich wird, was es heißt, ein G. zu sein. Sein Monotheismus ist kein Monotheismus im strikten Sinn, sondern ein Monotheismus im Polytheismus, weil er weiterhin die Rede von vielen Gö. zulässt, die sich allerdings ontologisch von dem einen G. unterscheiden (zu dieser Form des Monotheismus vgl. West [1999]).

Die Ausführungen über den G. im zweiten Buch der Resp haben Interpreten von der Antike an immer wieder bewogen, die Identität zwischen G. und der Idee des Guten zu behaupten (z. B. Ritter [1931]; Jaeger [1936]; Robin [1968]; in Varianten: Verdenius [1954]; Enders [1999]). Die Idee des Guten wird ähnlich wie der G. charakterisiert: Sie ist sowohl selbst gut und Ursache des Guten als auch unveränderlich. Gegen diese Identifikation wird eingewendet, dass G. und die Gö. in Platons Dialogen nicht mit einem obersten Prinzip identisch seien, sondern mit Seelen zu identifizieren seien, die die Aufgabe hätten, zwischen der Welt der unveränderlichen Ideen und der veränderlichen Erfahrungswelt zu vermitteln (z. B. Cornford [1937]; Ross [1951]; vor allem Solmsen [1942]). Vertreter dieser Position können sich dabei auf Dialoge wie Euthyph, Phdr, Ti und das zehnte Buch der Lg berufen. Im Euthyph argumentiert Platon dafür, dass eine Handlung eines Menschen von den Gö. geliebt wird, wenn und weil sie fromm ist. Diese Auffassung impliziert, dass die Gö. einen Grund dafür haben müssen, eine Handlung zu lieben. Das wiederum bedeutet, dass die Gö. selbst kein letztes Prinzip sein können, sondern nicht näher genannten Prinzipien unterstellt sind, welche die Richtigkeit einer Handlung bestimmen (vgl. Xenakis [1957]). Im Phdr erzählt Sokrates in seiner zweiten Rede, dass die Gö. am Himmelsgewölbe entlangziehen und sich regelmäßig an einen überirdischen Ort begeben, um sich dort an dem Blick des wahrhaft Seienden zu nähren und Kraft zu schöpfen. Dieses Bild setzt ebenfalls voraus, dass die Gö. nicht letzte Prinzipien sind, sondern von anderen Prinzipien abhängen. Was im Euthyph und Phdr vorausgesetzt wird, wird im Ti und im zehnten Buch der Lg genauer ausgeführt.

III. Dabei ist besonders das zehnte Buch der Lg von Belang, in dem Platon gegenüber denjenigen, die die Annahme von Gö. leugnen, zeigen will, dass es Gö. gibt. Platon argumentiert im zehnten Buch nicht unmittelbar für die Annahme von Gö., sondern widerlegt den Materialismus, der die ontologische Voraussetzung für eine bestimmte Spielart des Atheismus ist. Dieser Art des Atheismus zufolge sind die Himmelskörper nicht Gö., wie in einer bestimmten Tradition der griechischen Religion angenommen worden ist, sondern lediglich Materiehaufen. Der entscheidende Unterschied zwischen der Auffassung, die Himmelskörper seien Gö., und derjenigen, sie seien Materiehaufen, besteht darin, dass im ersten Fall die Himmelskörper beseelt sein müssen. Platon muss also zeigen, dass sich die Himmelskörper ohne die Annahme einer SEELE oder mehrerer Seelen nicht verstehen lassen. Der Beweis für die Beseeltheit der Himmelskörper beruht im Wesentlichen darauf, dass die Bewegung der Himmelskörper geordnet, d.h. mathematisch beschreibbar ist. Wenn etwas eine mathematisch beschreibbare Bewegung vollzieht, dann muss man annehmen, dass diese Bewegung vernünftig ist, eben weil sie mathematisch beschreibbaren Gesetzen folgt, die ein Ausdruck der Vernunft sind. Nun kann sich die Vernunft aber nur in etwas ausdrücken, das fähig ist, vernünftig zu sein. Das, was der Vernunft fähig ist, ist aber eine Seele. Insofern müssen die Himmelskörper beseelt sein und werden mit den Gö. identifiziert. Auffällig bei diesem Beweis ist, dass das Verhältnis der Himmelsg. zu den Olympischen und anderen Gö. der griechischen Volksreligion unklar bleibt (vgl. dazu auch Ti 40d–41a).

Für eine Interpretation des Verhältnisses zwischen der Annahme aus der Resp, dass es einen obersten G. gibt, der einem obersten Prinzip entspricht, und der Annahme aus den Lg, dass die Gö. Seelen sind und nie mit obersten Prinzipien identifiziert werden können, kann man sowohl darauf hinweisen, dass die Konzeption der Resp offen für die Annahme von mehreren Gö. ist, die ontologisch von dem obersten G. abhängig sind, als auch darauf, dass die Konzeption der Gö. in den Lg und im Ti die Annahme nahelegen, dass diese Gö. ihrerseits wiederum von einem obersten G. abhängen. Im Ti hält der Demiurg, der für die Vernunft, den *nus*, steht und ebenso „der G." genannt wird, eine Rede an die Gö., die er selbst geschaffen hat (Ti 41a–d). Aus dieser Rede wird deutlich, dass es einen Unterschied zwischen dem einen, obersten G. und den vielen Gö. gibt. Der eine G. (d.h. der DEMIURG) ist z.B. ungeschaffen, die Gö. sind von ihm geschaffen worden. Der eine G. ist unsterblich, weil es seiner eigenen Natur entspricht, die vielen Gö. sind zwar auch unsterblich, aber nur, weil es der Wille des einen G. ist, dass sie unsterblich sind. Ein ähnliches Verhältnis zwischen den vielen Gö. und dem einen G. wird auch im zehnten Buch der Lg angedeutet. Von den vielen Gö. wird gesagt, dass sie auf die Vernunft, den *nus*, angewiesen sind, der für sie wahrhaft ein G. sei (Lg 897b f.; zu G. als Vernunft vgl. Hackforth [1936]; Menn [1995]; Bordt [2006]).

IV. Mit der Identifizierung von Gö. und Himmelskörpern hat Platon eine außerordentlich einflussreiche Möglichkeit für Intellektuelle in der Antike geschaffen, an dem G.glauben festzuhalten, ohne dabei auf mythologische Erzählungen rekurrieren zu müssen. Es ist für die philosophische Tradition in der Nachfolge Platons charakteristisch, dass die Ausführungen über G. und die Gö. nicht mehr im Rahmen einer Untersuchung oder einer Kritik der Volksreligion und damit auch der Polis und der Staatsphilosophie stehen, sondern ausschließlich die Frage diskutiert wird, was für eine Art von Prinzip G. ist oder die Gö. sind. Dabei finden sich bereits in der Antike beide bis heute diskutierte Interpretationen: Die in der Antike weit verbreitete Auffassung, dass G. mit dem obersten Prinzip zu identifizieren ist (vgl. z. B. Xenokrates; Plutarch *De E apud Delphos*; Maximos von Tyros *Orationes* 11; Albinos von Smyrna *Didaskalos* 10, 2–3), und die weniger häufig vertretene Auffassung, dass ein G. eine Seele ist und von einem obersten Prinzip abhängig sein muss (vgl. Speusipp Fragment 38 Lang [1911]). Die Diskussion führt bei Platonikern wie Moderatos oder Numenios dazu, dass als erste Prinzipien teilweise zwei oder sogar drei Gö. angenommen werden, von denen der eine G. mit der Vernunft und der zweite mit dem Demiurgen (oder auch mit der Weltseele) identifiziert wird.

Literatur: Bordt [2006] – Cornford [1937] – Enders [1999] – Ferrari [1998] – François [1957] – Grube [1935] – Hackforth [1936] – Jaeger [1936] – Menn [1995] – Mugnier [1930] – O'Connell [1985] – Ritter [1931] – Robin [1968] – Ross [1951] – Solmsen [1942] – Van Camp/Canart [1956] – Verdenius [1954] – West [1999] – Xenakis [1957]

Michael Bordt SJ

Grund/Begründung/Ursache (*aition/synaition, aitia* usw.)

I. Die Entdeckung, dass die uns auch im Alltag geläufigen Begriffspaare Ursache (U.) und Wirkung sowie Grund (G.) und Folge im Griechischen ein – relativ spätes – Ergebnis philosophischer Theorien waren, dürfte zunächst befremden. Was uns als unverzichtbarer Bestandteil jeder Sprache erscheint, fehlte aber auch im Griechischen nicht. Vielmehr wurden ursächliche oder erklärende Zusammenhänge informell zum Ausdruck gebracht (etwa durch: ‚weil', ‚infolge', ‚aufgrund', ‚deswegen' oder Ähnliches). Die Entwicklung der Nominalbegriffe durch die Philosophen erforderte auch keine sprachliche Neuschöpfung, sondern lediglich eine Erweiterung der Bedeutung von vorhandenem Vokabular. Die später für U./G./Begründung (B.) verwendeten Ausdrücke gehörten durchaus zum Altbestand der griechischen Sprache, entstammten aber der Rechtssphäre im weitesten Sinn des Wortes. Das Adjektiv *aitios/aition* bedeutete ‚schuldig' oder verantwortlich (*anaitios* = unschuldig; *synaitios* = mitschuldig, mitverantwortlich), das Nomen *aitia* die betreffende Schuld, Beschuldigung, Anklage oder Verantwortung (Entsprechendes gilt übrigens auch für das lateinische ‚causa' und das deutsche ‚U.'). So bringt etwa Agamemnon in der *Ilias* vor, nicht er sei schuld (*aitios*) an dem Streit mit Achilleus, sondern Zeus, die Moira und die im Nebel wandelnde Erinys, die ihn mit einer furchtbaren Verblendung geschlagen hatten (*Ilias* 19,86–89). Auch in der Tragödie und in der Lyrik werden *aitios, aitia* und *anaitios* in diesem moralisch-rechtlichen Sinn häufig verwendet. Das Verb *aitiaomai* (= ‚beschuldigen', ‚anklagen', ‚verantwortlich machen') blieb auf diese Verwendung beschränkt; ein Verb für ‚verursachen' wurde im Griechischen auch später nicht gebildet.

Bereits in der klassischen Zeit wurde *aitios/aitia* auch zur Bezeichnung von Faktoren aller Art gebraucht, wie die Erklärungen von Historikern oder im medizinischen Schrifttum belegen (vgl. z. B. Herodot (1, 1.1): „aus welchem G. (*aitia*) sie gegeneinander kämpften"; Thukydides (1, 1.1): „Der G. (*aition*) war nicht so sehr der Mangel an Menschen als der an Geld"; Hippokrates (*De vetere medicina* 1, 4): „die U. (*aitiê*) für Krankheit und Tod bei den Menschen"). Damit verlor das Wort seine meist negative Konnotation, die mit Verletzungen von Rechts- oder Moralnormen einhergeht; zugleich verlor die Unterscheidung zwischen dem Schuldigen (*aitios*) und dessen Schuld (*aitia*) an Bedeutung, so dass beide Bezeichnungen oft unterschiedslos gebraucht wurden. Da neben der Wirku. (wer oder was etwas getan oder bewirkt hat) auch Motivationen (warum) und andere konstitutive Faktoren (wie, womit) als *aitios*/*aitia* bezeichnet wurden, verband sich damit nur selten ein Exklusivanspruch, d. h. die Annahme, es handle sich um ‚die' allein verantwortliche U. Daher kam auch die Notwendigkeit, die man heute mit dem Begriff der U. verbindet, zunächst gar nicht ins Spiel.

II. Bei Platon finden sich von den Früh- bis zu den Spätschriften Hunderte von Belegstellen für beide Bedeutungsfelder von *aitios* und *aitia*, d. h. im Sinne von verantwortlich/schuldig oder Schuld/Verantwortung wie auch in dem von U./G. (vgl. Ap 24a: „die Verleumdungen gegen mich und deren G. (*aitia*) …" und Lg 967c: „Dass die unbeseelten Körper so am Himmel verteilt sind, sehen sie als U. (*aitiai*) für den ganzen Kosmos an."). Der Begriff *synaitios* wird in Platons früheren Werken nur einmal im Sinne von ‚mitschuldig' verwendet (Gorg 519b). Im Spätwerk bezeichnet er dagegen meist ‚mitwirkende Faktoren' (die Hilfsfunktionen und Instrumente beim Weben, Plt 281c–e, und Regieren, 287b–289c). Im Ti moniert Platon, dass die materiellen Gegebenheiten von vielen Menschen als die eigentlichen U. angesehen werden, obwohl der Demiurg sie nur als Hilfsu. (*synaitia*) gebraucht (46c–d).

Obwohl die weitere Verwendung von *aition*/*aitia* Platon vorausgeht, war er insofern ein entscheidender Neuerer, als er zum ersten Mal die Bedeutung von G./B./U. *thematisiert* und damit wesentlich zu ihrer Differenzierung und Klassifizierung beigetragen hat. Dass eine Rechtfertigung durch B. aus Meinungen Wissen macht und mit der Wiedererinnerung gleichzusetzen ist, deutet bereits der Men an (Men 98e). Der Locus classicus ist jedoch die Stelle im Phd (Phd 95e–99d), in der Sokrates zunächst (a) sein eigenes Unvermögen eingesteht, mit dem Begriff von ‚U.' umzugehen (95e–97b), und (b) Anaxagoras kritisiert, weil dieser sein Versprechen, die Vernunft als ‚U.' aller Dinge im Kosmos auszuweisen, nicht gehalten und daher Sokrates nicht aus seiner Verlegenheit geholfen hat (97c–99c). Zwischen beiden Punkten besteht zwar ein Zusammenhang, der Begriff der U./G. ist aber jeweils anders gefasst: (a) Gilt der Unterscheidung von natürlicher U. und begrifflicher Erklärung, (b) der Unterscheidung von Zweck und Mitteln oder auch notwendigen Bedingungen.

(a) Das Thema ‚U.' wird im Phd deswegen aufgenommen, weil Sokrates sich nicht in der Lage sieht, angemessen auf die Kritik des Kebes an seinen Beweisen für die Unsterblichkeit der Seele zu antworten: Er müsste auf die ‚U.' (*tên aitian*) von Entstehen und Vergehen eingehen, um zeigen zu können, dass die Seele nicht durch viele Geburten und Tode ‚abgenützt' wird. Zur Erklärung seines Unvermögens geht Sokrates auf Schwierigkeiten ein, denen er sich schon früh bei der Beschäftigung mit naturwissenschaftlichen Fragen ausgesetzt sah. Die Liste von Sokrates' ‚Verwirrungen' ist nicht nur lang, sondern setzt, grob gesprochen, zwei unterschiedliche Begriffe von U. voraus. Sie enthält (i) Fragen nach U. (*dia ti*) für Entstehen und Vergehen, die wir heute der Physiologie oder der Physik zuweisen würden: Entstehen Lebewesen durch Hitze oder durch Kälte? Ist das Blut, die Luft oder das Gehirn das Organ des Denkens? Wie kommt es zur Entstehung von Dingen am Himmel und auf Erden (96b–d)? Sie enthält (ii) Fragen, die eine begrifflich-logische Erklärung fordern: In welchem Sinn ist Wachstum die Vermehrung der Materie? Was heißt, einen Kopf größer (oder kleiner) zu sein? In welcher Weise ‚übertrifft' die 10 die 8 um 2? Wie ‚entsteht' bei der Zusammenfügung von 1 + 1 die 2 (Phd 96d–97b)? Da Sokrates die Schwierigkeiten begrifflich nicht näher kennzeichnet und auch keine Lösung anbietet, wird nur indirekt deutlich, dass Platon zwischen physischer U. und rationaler Erklärung sehr wohl zu unterscheiden weiß. Dies ist seinen abschließenden Erläuterungen zur Verwirrung des Sokrates zu entnehmen (Phd 100e–101c). Sie bestätigen, dass zur Lösung von (ii) nicht auf physische Faktoren oder U., sondern auf logische oder begriffliche Verhältnisse zu rekurrieren ist, die etwa dem Größer- und Kleinersein oder mathematischen Operationen wie Addition und Teilung zugrunde liegen. Dass Platon auf die Lösung der Paradoxa nicht näher eingeht, beruht darauf, dass er eine andere Art von Erklärung im Auge hat: Statt der U. für Werden und Vergehen lässt er Sokrates mit dessen ‚Flucht' zu formalen Erklärungen (*logoi*) den Beweis für die Unsterblichkeit der Seele bei den Ideen als *aitia* und ihren Beziehung zueinander suchen (Phd 99d–e). Diese logico-metaphysische Beweisführung der Zusammengehörigkeit von Seele und Leben aufgrund entsprechender Beziehungen zwischen den IDEEN kann hier aber nicht weiterverfolgt werden.

(b) Sokrates gibt zwar zunächst vor, die Lösung seiner Schwierigkeiten von der Ankündigung in Anaxagoras' Schrift erwartet zu haben, die Vernunft (*nus*) sei das ordnende Prinzip (*diakosmôn*) und die U. (*aitia*) aller Dinge. Wie oben angedeutet, enthält dieser Abschnitt aber statt der erforderlichen Begriffsklärungen eine Unterscheidung von U. anderer Art: von (mechanischen) Mitteln einerseits und Zwecku. andererseits. Zu dieser Unterscheidung kommt Sokrates, weil Anaxagoras in seiner Kosmologie mit dem *nus* ‚gar nichts anfängt', sondern lediglich auf die Natur der Elemente und den Effekt eines kosmischen Wirbels rekurriert, statt zu zeigen, dass alle Dinge im Kosmos auf das *Beste* geordnet sind (98b–c). Eine solche ‚Bestheitsannahme' erfordert nicht nur die Erklärung der Zweckmäßigkeit einzelner Dinge, sondern auch der des Gesamtzusammenhanges und damit zugleich des Werdens und Vergehens aller Dinge (99d–e).

Anders als in den Paradoxien liefert Platon hier eine terminologische Festlegung nach (Phd 99b): Zu unterscheiden ist zwischen dem wirklichen G. (*to aition tô onti*) und der notwendigen Bedingung dafür (*aneu hu to aition uk an pot' eiê aition*). Materielle oder mechanistische Faktoren gelten ihm folglich als bloße conditio sine qua non, während er im (guten) Zweck die einzig echte U. oder Erklärung für das Sein und Werden der Dinge sieht. Wollte man sich an Anaxagoras halten, so würde man für Sokrates' Lage im Gefängnis nur dessen Knochen und Sehnen verantwortlich machen, statt die Tatsache, dass es den Athenern am besten erschienen sei, ihn zu verurteilen, und er selbst sein Verbleiben im Gefängnis als besser und gerechter beurteilt hat, anstatt es seinen Gliedern zu gestatten, ihn nach Megara oder Böotien zu tragen.

III. Die Unterscheidung zwischen notwendigen Bedingungen und Zwecku. findet auch in Platons späterer Philosophie ihre Fortsetzung. So liegt diese Unterscheidung de facto seiner Ideenlehre zugrunde. Denn die Forderung nach einer Rückführung aller Ideen auf die Idee des Guten als oberstes Prinzip (vgl. Resp 508b–509b, 517b–c, 534b–c) setzt voraus, dass damit die Bestheitsannahme erfüllt wird. Die Differenzierung der U. findet aber auch in der Kosmologie ihren Niederschlag. So spiegelt die Gliederung des Ti die Unterscheidung zwischen den Anordnungen einer intelligenten U. (29d–47e: *nus*) und materieller Notwendigkeit (47e–69a: *anankê*) wider, wobei anschließend die Physiologie und Psychologie des Menschen und der übrigen Lebewesen als Resultate des Zusammenwirkens beider erklärt werden (69a–92c). Auch die Einteilung alles Seins in vier Klassen im Phlb (23b–27c: Grenze, Unbegrenztes, Mischung aus beidem und deren U.) ist eine Fortentwicklung von Platons früher U.lehre: Alles Entstandene beruht auf einer Begrenzung von an sich Unbegrenztem; als U. für harmonische Mischungen im Kleinen wie im Großen fungiert wiederum der *nus* (28e–30d).

IV. Da Wirku. bei Platon (wie auch bei Aristoteles) nur eine geringe Rolle spielen, wird seit Jahrzehnten vor allem in der angelsächsischen Literatur die Auffassung vertreten, *aition* und *aitia* seien statt mit ‚U.' mit ‚Erklärung' wiederzugeben (vgl. Rowe [1993b]; Sorabji [1980]). Dies hieße jedoch, das Kind mit dem Bade auszuschütten. Da sich unter den ‚U.' bei Platon auch ‚Täter' und Tätigkeiten finden, ist für die kausale Vielfalt Vlastos' Diagnose (Vlastos [1973]) vorzuziehen, Platons ‚causes' seien eigentlich ‚*be*causes', d. h. Antworten auf „Warum?"-Fragen aller Art (79). Dies gilt für Platon nicht weniger als für Aristoteles, der je nach dem Gebiet, auf dem er sich bewegt, die verschiedenartigen U. unterschiedlich deutet und gewichtet. Wenn es um ein aktives Tun geht, verwendet Aristoteles daher häufig anstelle von ‚U. bzw. Ursprung der Bewegung' die Bezeichnung *poiêtikos* (vgl. den Kontrast zwischen *poiêtikon* und *pathêtikon* in *De generatione et corruptione* 1, 7). Obwohl die Platonische Unterscheidung zwischen U. und Erklärung, zwischen notwendiger Bedingung und Zweck zum festen Bestandteil des philosophischen Vokabulars wurde, hat sich die aristotelische Einteilung in vier ‚U.' durchgesetzt: Materie, Form, Bewegungs- (oder Wirk-) und Zwecku. (vgl. *Physik* 194b; *Metaphysik* 983a, 1013a; *Analytica Posteriora* 94a). Wie die Kommentare der Neuplatoniker (Ammonios, Simplikios, Johannes Philoponos) bezeugen, in denen sich zudem eine terminologische Standardisierung manifestiert (*hylikon, eidikon, poiêtikon* und *telikon*), sah man darin keine Abweichung vom Platonischen Standpunkt. Dass sich gleichwohl neben dem Aristotelischen Vier-U.-Schema eine gewisse Bevorzugung der aktiven Wirku. bemerkbar machte, ist dem Einfluss der Stoiker geschuldet (vgl. Seneca *Epistolae* 65). Zwar nahmen auch die Stoiker eine Differenzierung innerhalb der U. vor, indem sie den inneren Zustand jeder Sache als Hauptu., den auslösenden Faktor dagegen als bloße ‚causa antecedens' bezeichneten. Da die Stoiker die causa antecedens jedoch als wesentlichen Faktor in der Schicksalsordnung bestimmten, wurde sie in der späteren Zeit, in der das Verständnis für die Feinheiten der stoischen Theorie geschwunden war, zu jener *einen* U., der ‚causa efficiens', die mit Notwendigkeit ihren Effekt hervorbringt. Von einer solchen dominierenden Wirku. zeugen bereits Sextus Empiricus (*Pyrrhonische Hypotyposen* 3, 14: *energêtikon aition*) und Clemens von Alexandria (*Stromateis* 1, 17,82). Sie hat anscheinend auch gewisse Neuplatoniker beeinflusst (vgl. Frede [1980]). So berichtet Simplikios (*In Aristotelis Categorias Commentaria* 327, 6–19), Iamblichos habe die Wirku. als U. im eigentlichen Sinn bezeichnet (*to poiun to malista aition*), während Materie und Form eher Hilfsu. seien. Eine Dokumentation, wie sich im Mittelalter neben der aristotelischen Vier-U.lehre das U.-Wirkungsschema erhalten hat, liegt außerhalb dieser Darstellung; es ist jedoch deutlich, dass die Wurzeln zu dieser Zweiteilung bereits in der Antike liegen. Das Schema selbst ist aber weder auf Platon noch auf Aristoteles zurückzuführen.

Literatur: Cornford [1952] – Ebert [2004] – Fine [2004] – Frede [1980] – Frede [1997b] – Frede [1999] – Frede [1980] – Fritz [1971] – Johansen [2004] – Rowe [1993b] – Sorabji [1980] – Vlastos [1973] – Wiggins [1986]

Dorothea Frede

Gute, das (*agathon*)

I. Platon erweitert und vertieft die Sokratische Frage nach dem Wesen einzelner Tugenden nicht nur zur Frage nach dem Wesen des Tugendhaften als solchem, sondern, hiermit die Grenzen der Ethik überschreitend, auch zu der nach dem Wesen des Guten (G.). Die anfängliche Bestimmung dessen, was man gut nennt als dasjenige, was zuträglich ist, bringt zuerst das Problem auf, was es heißt, dass etwas für etwas von Nutzen ist. Beim Menschen ist jedoch die Frage eine andere, da er nicht in festen Funktionszusammenhängen existiert, sondern sein Handeln durch das bestimmt, was er als gut – gut auch für ihn selbst – zu Recht oder zu Unrecht ansieht. Wenn eine Handlungsweise zwar in sich bewundernswert („schön"), aber für den Handelnden selbst nachteilig ist – wie es gerade das Sokratische Handeln durch das Todesurteil zu sein schien –, dann wird die Motivationskraft des Schönen völlig unzulänglich. Handlungen haben aber nicht nur förderliche oder schädliche Folgen nach außen, sondern entfalten auch eine Prägungswirkung nach innen: Die Seele als Prinzip des menschlichen Handelns wird selbst besser oder schlechter. Dieses nicht-funktionale Gutsein, dem die Platonisch interpretierte „Sorge um die Seele" (Ap 29e) gilt, ist eine in sich stehende Vollkommenheit, deren Mangel zumindest dadurch fühlbar wird, dass der Mensch versucht, etwa durch Rhetorik sich diese Wirklichkeit zu verschleiern (Gorg 523b–c). Zugleich enthält das G. als das Um-willen bereits eine Zweiheit, die sich aus der des Willens ergibt: Der Mensch will etwas um etwas willen. Diese Finalitätsstruktur ist aber nicht unendlich iterierbar, da dies zur Folge hätte, dass das Wollen zuletzt keinen Grund hat. Dieser Grund ist aber nicht notwendig dasjenige, was man zuletzt erreicht, sondern vielmehr dasjenige, welches das Wollen selbst initiiert und diesem Orientierung gibt (Lys 219a–220a).

II. Nun hat Platon bereits vor der Resp seine Lehre von den Ideen entwickelt, wonach nicht nur die Bewegungen in der Natur, d. h. die Tätigkeiten einzelner Wesen, so etwas wie ein invariantes Ziel haben, sondern die Fassung dieses Zieles zugleich einen Maßstab enthält für mehr oder weniger angemessene Begriffe von diesen Wesen. Diese inbegrifflichen Instanzen haben zugleich eine naturphilosophische wie eine epistemologische Funktion.

Erst im Zusammenhang der Wächterausbildung wird in der Resp ein Curriculum mit verschiedenen Fähigkeiten und Kenntnissen ausgebreitet, das in einem „höchsten Wissen" gipfelt. Dieses bestehe in der Idee des G. (Resp 505a). Einzig in diesem Textabschnitt der Resp wird diese Lehre von der Idee des G., dem „höchsten Prinzip" der Philosophie Platons (Jaeger) entfaltet. Dieses Wissen bezieht sich auf das G., man muss also bestimmen können, worin es besteht. Es ist umstritten, ob es sich hier um ein vermittelbares Wissen, eine unmittelbare Anschauung oder um eine Art Urteilskraft handelt. Der singuläre Charakter dieses höchsten Wissens liegt aber jedenfalls in seiner Allgemeinheit begründet, denn alles sonstige Wissen, Haben und Verstehen wird erst durch dieses eine Wissen zu einem in Wahrheit förderlichen (Resp 505a–b). Man kann nur den erst langfristig sich einstellenden Nutzen zugunsten des naheliegenden vernachlässigen, man kann sich auch in dem täuschen, was man für nützlich hält, zuletzt auch in dem, was man überhaupt unter „Nutzen" zu verstehen hat. Aussagen über Nutzen sind wahrheitsdifferent.

Da es zwei Alternativen für die inhaltliche Bestimmung des G. gibt – die Lust und das Wissen –, scheint dies in einem Dilemma zweier unzulänglicher Bestimmungen zu enden: Die hedonistische Fassung des G. wird an dieser Stelle (Resp 505c) ausgeschlossen, weil diese, so schon eines der Argumente im Gorg 494c–499b, zuträgliche und schädliche Lustempfindungen per definitionem identifiziert. Die „intellektualistische" Fassung, die das sokratische Tugendwissen (Aristoteles *Nikomachische Ethik* 7, 13: „Alle Tugenden bestehen in der Einsicht") sozusagen verallgemeinert, wird ebenfalls nicht aus inhaltlichen, sondern aus formalen Gründen zurückgewiesen: Wenn das höchste Wissen sich auf das G. bezieht, dieses aber im Wissen besteht, dann handelt es sich um eine inhaltslose, weil zirkuläre Bestimmung des G. Ein grundlegender Unterschied des G. im Verhältnis zu den Tugenden und selbst zur Gerechtigkeit als dem Prinzip staatlicher Gemeinschaft besteht nicht allein in der Allgemeinheit, sondern in einem grundsätzlich anderen Verhältnis zum Sein: Während die Tugend (*aretê*) als Mittel betrachtet werden kann und in der Gemeinschaft unter Umständen schon der Anschein derselben zu einem ähnlichen Ziel führt, ist das Streben zum G., im Verhältnis zu dem also alles ein Mittel sein kann, durch den Anschein nicht erfüllbar: Es wäre gar nicht das, worauf das Streben gegangen ist (Resp 505d).

III. Im Gespräch entzieht sich Sokrates einer strengen begrifflich-dialektischen Thematisierung, um an deren Stelle eine Folge von drei Gleichnissen (Sonnen-, Linien-, Höhlengleichnis) zu entfalten. Das G. wird in bestimmten Relationen gedacht, aber das Bestehen dieser Analogien selbst wird faktisch nicht begründet. Der Gleichnisstatus setzt natürlich voraus, dass Platon ein Wissen von dem G. selbst

– und auch von der Art des ihm entsprechenden Wissens! – hat und haben muss. Auch wenn man die Bedeutungen des Wortes „gut“ in den früheren Dialogen nicht mit dem hier Gemeinten einfach in eins setzen darf, so muss es doch immerhin einen verfolgbaren Zusammenhang geben: Als „gut“ wird bezeichnet, was etwas zu verbinden und zusammenzuhalten imstande ist (Phd 99c), was vollendet und hinreichend ist (Phlb 20c), was erhaltend und förderlich ist (Resp 608e). In den entfalteten Sinnbildern nun manifestieren sich jedoch offenkundig je nach Aspekt unterschiedliche Momente des G., andernfalls bedürfte es nicht mehrerer Gleichnisse. Eine Art Vorbegriff wird allerdings auch hier gegeben, wenn Platon davon spricht, dass mit dem G. etwas gemeint sei, „was jede Seele anstrebt und um dessentwillen alles tut, ahnend, es gäbe so etwas, aber doch nur schwankend und nicht recht treffen könnend“ (Resp 505e). Es scheint also kein Allgemein-, sondern ein Inbegriff zu sein, an dem sich die Angemessenheit der Mittel bemisst, der aber selbst nicht instrumentalisierbar ist. Das G. ist also kein Begriff, der gegenüber den Tugendbegriffen bloß allgemeiner wäre, sondern ist Gegenstand eines eigenen Wissens, welches das G. aller, auch der moralischen Qualitäten sichtbar werden lässt und gegen den mitunter unbestreitbaren Anschein von der Nachteiligkeit des Edlen standzuhalten vermag.

Das für die Bestimmung des G. ertragreichste Gleichnis ist das erste, das Sonnengleichnis. Anders als im Phd, wo Gesicht und Gehör stets auf eine Stufe gestellt werden (Phd 65b, 65e), wird in der Resp das Gesicht dadurch herausgehoben, dass in diesem Wahrnehmungsverhältnis nicht nur der Gesichtssinn und sein Gegenstand die Relata bilden, sondern das Zustandekommen von wirklichem Sehen darüber hinaus noch eines bedingenden Mediums bedarf: Das Licht – „nichts Unedles“ (Resp 508a) – verbindet beides wie ein „Joch“ (*zygon*). Die Möglichkeit dieser Konstellation hat aber einen außer ihr liegenden Grund: Die Sonne (Helios!) vermittelt zum einen die Helligkeit und damit die Sichtbarkeit der Dinge, zum anderen aber lässt sie die lebendigen Wesen, deren Nennung hier wohl für alles steht, was dem Entstehen und Vergehen unterworfen ist, also zuletzt für alles, was überhaupt sichtbar ist, allererst entstehen. Die Sonne ist Grund des Werdens, aber bzw. gerade deshalb als solche nicht auch selbst dem Werden unterworfen.

Es handelt sich in dieser Konstellation aber nicht um bloße Begründungsrelationen. Aus dem Vermittlungscharakter des Lichtes ergibt sich zugleich, dass auch ein Entsprechungsverhältnis vorliegt, so dass auch das Auge, wie Goethe platonisierend sagt, „sonnenhaft“, ja sogar, so Platon, das „sonnenähnlichste“ (Resp 508b) unter allen Sinnen ist, nämlich ebenfalls strahlend (vgl. Ti 45b). Insofern die Dinge sich dem Licht der Sonne verdanken, sind aber auch diese sonnenhaft.

Die im Text vorgestellte Analogie besteht zwischen zwei grundsätzlich unterschiedlichen Bereichen: dem, was durch Wahrnehmung, und dem, was gerade nicht durch Wahrnehmung (sh. Sinneswahrnehmung), sondern bloß im Denken erkannt werden kann. Platon rekapituliert hier die Unterscheidung der vielfältigen und konkreten Dinge und der jeweiligen, das Wesen ausmachenden Idee. Die Brücke zu den Verhältnissen im Denken bildet aber nun wiederum nicht allein eine Analogie zwischen Verhältnissen der Sinnlichkeit und des Denkens, sondern wiederum auch eine „kausale“ Relation: Denn schon zu Anfang wurde die Sonne als der „Sprössling“ (Resp 506e, 508b: *ekgonos*) des G. eingeführt. Diese Doppelfunktion von Entstehens- und Wahrnehmungsgrund wird nun auf den Bereich der geistigen Erkenntnisverhältnisse übertragen: Auch das erkennende Denken bezieht sich nicht unmittelbar auf das zu Denkende, sondern jeweils vermittels einer Idee. Platon folgt diesem Gedanken zunächst aus der Konsequenz der Proportionalität: Also bedarf auch die Idee eines Grundes. Diese Begründungsbedürftigkeit auch der Ideen selbst war in den Texten der Einführung der Ideenlehre nicht sichtbar oder auch nur problematisch geworden; es wird aber auch in der Resp nicht ausdrücklich gesagt, warum es lediglich einen einzigen Grund für alle Ideen geben und warum dies nur die Idee des G. sein kann.

Einerseits hat die Idee des G. eben den Charakter des Ideenhaften und also auch des wahrhaft Seienden (Resp 518c, 526e, 532c), in anderer Hinsicht ist sie jedoch über diese hinausgehoben: „Ebenso nun sage ich auch, dass dem Erkennbaren nicht nur das Erkanntwerden von dem G. komme, sondern auch das Sein und Wesen habe es von ihm, da doch das G. selbst nicht das Sein ist, sondern noch über das Sein an Würde (*presbeia*) und Kraft (*dynamei*) hinausrage“ (509b). Das G. ist Grund des Seins, also des eigentlichen Seins, das Platon den Ideen zuspricht. Als Gegenstände des Wissens umfassen Ideen jeweils das, was den Dingen unserer Wahrnehmung und Erfahrung nicht bloß faktisch, sondern wesentlich zukommt. Die Idee steht aber wiederum „nur“ für das, was unter einem Begriff notwendig gedacht werden muss. Dass solches, was notwendige und faktische Eigenschaften hat, tatsächlich vorkommt, ergibt sich nicht aus diesen Eigenschaften. Daher muss auch die zeitlich begrenzte Beständigkeit, zu der nicht-ideenhafte Dinge fähig sind, einen anderen Grund haben als die Einheit notwendiger Eigenschaften. Hierfür kommt auf, dass diese notwendigen Inbegriffe selbst im G. begründet sind, so dass Dinge ebenso wie ihre Zusammenhänge sinnvoll sind. Als reale Inbegriffe sind Ideen zwar Grund für das Bestimmtsein der Dinge, aber nicht dafür, dass es „Dinge“ gibt, die an Ideen teilhaben. Als dieser Grund fungiert die Idee des G. (Spaemann/Löw [1981]). Das macht verständlich, warum es anderes gibt; es ist nicht ein Grund neben anderen, sondern der Gedanke, welcher der Kausalität, dem Hervorbringen-können und -wollen zugrunde liegt. Die Wesensprädikate sind hingegen „nur“ durch Notwendigkeit verknüpft. Dies macht noch nicht verständlich, warum die Dinge danach streben, sich in diesem Sein zu erhalten, warum die Ideen, wie es im Phd (75a) heißt, Ziel des Strebens sind, so dass erst der Charakter des G. die gerichtete Dynamik der natürlichen Dinge verständlich macht. Unterschiedliche Instanziierungen desselben können zwar qualitative Differenzen ausmachen, aber das jeweils Gelungenste ist am meisten es selbst. „Bestimmung“ durch die Idee bekommt so einen ebenso prädikativen wie teleologischen Sinn.

Es sind im Sonnengleichnis zumindest drei Entsprechungen zu unterscheiden: (i) die Sonne entspricht der Idee des G., da sie deren Sprössling ist; (ii) das Verhältnis des Sichtbaren zum Sehen entspricht dem Verhältnis des Denkbaren zum Denkenden;

(iii) das Sehende entspricht dem Grund der Sichtbarkeit; daher entspricht auch das Denkende dem Grund der Denkbarkeit. Es ist also ein Grund gewonnen, der nicht nur insofern allgemein ist, als er sich auf alles Seiende der Natur bezieht, sondern darüber hinaus auch Grund der Erkennbarkeit dieser Dinge ist. So wird verständlich, dass er seinerseits nicht wieder in derselben Weise zugänglich wird wie das Seiende, das er zugänglich macht. Diese Koinzidenz von *ratio essendi* und *ratio cognoscendi* wird zum Kennzeichen des Platonismus wie deren Gegenläufigkeit zum Signum des Antiplatonismus. Eben dieser Gedanke eines Wirklichkeit und Denken umgreifenden Grundes muss diesen Gedanken in einer Hinsicht relativieren: Es kann nur auf eine indirekte Weise davon die Rede sein. Das Gleichnis ist so wenig eine bloße Einkleidung eines rein begrifflich explizierbaren Gedankens, dass auch die begrifflichen Bestimmungen selbst immer nur in Relationen bestehen.

IV. Naturgemäß ist dieser Gedanke Platons zum Gegenstand vielfältiger Interpretationsvorschläge geworden. In der Tat bleibt eine Reihe von Rätseln. Nicht offenkundig ist der Grund, warum in den späteren Dialogen Platons davon nicht mehr die Rede ist. Der Demiurg im Ti lässt die bestimmten Dinge werden, weil er gut ist (Tim 29e); er „blickt" jedoch auf die Ideen (Ti 29a), ist also nicht ihr Grund. Auch der Aufstieg zum Schönen selbst (Symp 209e–211b) hat damit eine unverkennbare Verwandtschaft wie die Rede vom Ersten Befreundeten im Lys (219). Die nur indirekt und ganz fragmentarisch überlieferte Vorlesung Platons „Über das Gute" scheint der neuplatonischen Tradition entgegenzukommen, wonach im G. zuletzt das Eine zu denken ist. Die diversen Einheitsfunktionen – Konsistenz, Ordnung, Homogenität – des G. sind unverkennbar. Es bleiben aber gleichwohl unüberwindliche Differenzen, da aus der puren Einheit als solcher weder das Hervorgehen als solches verständlich wird, noch der Strebenscharakter des Hervorgegangenen einsichtig zu machen ist. Insofern sich Wesen als solche in einer bestimmten Identität zu erhalten streben, streben sie gewiss auch nach ihrer Einheit. Eine rein formal bleibende Prinzipientheorie ließe sowohl den antisophistischen Begriff der *paideia* (sh. Bildung) wie den politischen Kontext der Passage belanglos werden. Metaphysik und Ethik bilden bei Platon jedoch eine Einheit.

Mit Platons Idee des G. ist ein Gedanke eines ersten Prinzips gewonnen, das nicht durch Bestimmtwerden oder das Unterworfensein unter eine Regel anderes hervorgehen lässt, sondern durch sich selbst den seinsstiftenden Charakter verständlich macht – daher das spätere Adagium: *bonum est diffusivum sui.* Im Neuplatonismus bilden die beiden Erstbegriffe, Einheit und Gutsein, selbst eine Einheit und das Eine wird zum „Begriff" des Höchsten. Es ist aber ebenso kein Zufall, dass auch der christliche Gottesbegriff mit Orientierung an Platons Idee des G. expliziert wurde. Durch Dionysius Pseudo-Areopagita und Boethius werden Grundgedanken des Sonnengleichnisses auch der Philosophie des Mittelalters vermittelt. In sachlich fernen Transformationen begegnet der Gedanke auch in Kants Begriff des Sollens, im Wertbegriff des 19. Jahrhunderts sowie im nicht theoretisierbaren Guten beim frühen Wittgenstein. In der geschichtlichen Wendung bei Heidegger behält Platons Idee des G. seine universale Geltung bei, denn dieser Text wird zur Gründungsurkunde der gesamten abendländischen Metaphysik und der theologischen Deutung des obersten Prinzips. Nur erblickt Heidegger, darin Nietzsche folgend, in dieser Abhebung des G. zwar eine „Ermächtigung" des Seins, aber gerade keine Begründung der Wirklichkeit und ihrer Verständlichkeit, sondern vielmehr, nunmehr endgültig un- und antiplatonisch, deren Entwertung.

Literatur: Baumgartner [1965] – Ferber [1989] – Gadamer [1991] – Heidegger [1997] – Krämer [1997] – Kuhn [1973] – Natorp [1961] – Reiner [1974] – Spaemann/Löw [1981] – Wieland [1982]

Rolf Schönberger

Handlung/Praxis (*praxis*)

I. Platons Philosophie als eine Theorie der Handlung (H.): Der Begriff der H. ist historisch häufig an einer Beschreibung der Praxis als selbstzweckliches Handeln im aristotelischen Sinne orientiert. Demgegenüber nimmt Platons Sokrates nicht Kritias' grundsätzliche Differenzierung des H.begriffs in ein nicht sittlich qualifiziertes Tun (*poiein*) und ein moralisch womöglich gutes Handeln (*prattein*) auf (Charm 163b–d; vgl. Symp 205b–c). Gleichwohl benützt Platon das Wort *prattein*, um das Handeln zu beschreiben, das zum menschlichen Glück (EUDAIMONIE) führt (Charm 172a; Euthyd 279e; Gorg 507b–c; Bien [1989]: 1277). Dieses ist in der Zeichnung der Idealgestalt des Sokrates von vornherein als unbeirrbares Festhalten an dem als gut Erkannten charakterisiert (Ap 28b–d). Die so charakterisierte spezifisch menschliche Aktivität des Handelns stellt einen wichtigen Ausgangspunkt für Platons Philosophieren dar, wie gerade in den frühen Dialogen deutlich wird. In gewisser Hinsicht lässt sich sein gesamter Ansatz als eine Reflexion auf die formalen Bedingungen menschlichen Handelns beschreiben, die erst sekundär nach einzelnen H.feldern und ihren Objekten differenziert wird (Kauffmann [1993]: 21). Zur Theoriebildung trägt die Reflexion auf das Handeln insofern bei, als sie sich nicht damit zufrieden gibt, die an unreflektierten Nützlichkeitserwägungen ausgerichtete sophistische H.theorie mit Argumenten aus der Praxis selbst zu bekämpfen. Vielmehr sucht Platon zu einer begründeten Einschätzung des sittlichen Wertes menschlicher H. zu gelangen, als deren Ausdruck er die philosophische Lebensführung ansieht, die sich gerade nicht an äußerem Erfolg orientiert (Gorg 500c; Phd 69c–d; Euthyd 282c–d; Kauffmann [1993]: 79 f.). Diese sittliche Perspektive sollte es verbieten, Platons PHILOSOPHIE als „poietisch" im aristotelischen Sinne zu charakterisieren (Buchheim [1986]: 131–135), wiewohl sie gegenüber der Sophistik um eine gleichsam objektive Beurteilbarkeit menschlichen Handelns bemüht ist (Krat 386e–387b, in Bezug auf technisches Handeln) und zu diesem Zweck zur Beurteilung des Handelns ontologische Gesichtspunkte einbezieht (Phlb 18e–19a; Kauffmann [1993]: 52–58).

II. Die Theorie des Guten als Bestimmung der objektiven Dimension des Handelns: Die objektive Dimension des Handelns zeigt sich schon an Platons frühen Bestimmungen dessen, was eigentliche Praxis ausmacht. Dabei beginnt er mit einer Unterscheidung verschiedener Formen des Handelns nach ihren Gegenständen, ob sie etwa auf körperliche Gegenstände oder auf Worte ausgerichtet sind (Gorg 449c–454a). Diese Typologie wird aber schnell auf die Frage nach dem sittlichen Handeln zugespitzt. Verdeutlicht wird dessen Bedeutung durch auf die POLIS bezogene Tätigkeiten, an denen klar wird, dass sie nicht nur durch Fertigkeiten, sondern nur mit einer sittlichen Zielsetzung überhaupt sinnvoll getan werden können. Eine rhetorische bzw. politische Lehre muss daher sittlich fundiert sein, wie gegenüber den Sophisten festgehalten wird (Gorg 454b–461b). Die Bedeutung der sittlichen Dimension des Handelns ergibt sich auch aus der Frage, wie das für den Menschen Angenehme (*hêdy*) richtig zu definieren ist: Auf die Dauer und im Ganzen fällt es mit dem sittlich Guten zusammen und ist durch dieses zu definieren (Prot 354a–356c). Allerdings wird an dieser Stelle nicht klar, ob Sittlichkeit auch durch andere Gründe motiviert wird als aus dem Streben nach Glück. Gegen eine solche Interpretation von Platons Gesamtwerk spricht aber das Gewicht, das hier dem Guten als einer objektiven Größe beigemessen wird. Es findet seinen deutlichsten Ausdruck in der herausgehobenen Stellung, die der IDEE des Guten auch innerhalb bzw. jenseits des Seins der Ideenwelt zukommt (*epekeina tês usias*: Resp 509b), wobei allerdings die h.theoretischen Implikationen dieser Annahme undeutlich bleiben (Pfannkuche [1988]: 169–183). Diese ontologische Dignität des Guten geht in die Beschreibung richtigen Handelns ein, da dieses dem Guten entsprechen muss, insofern es Autarkie (*hikanon*) und Vollkommenheit (*teleon*) aufweist (Phlb 20d, 22b; Kauffmann [1993]: 61). Die Objektivierbarkeit der Güte von H. drückt sich auch in der überraschenden These aus, dass gutes Handeln ebenso wie alle anderen Fertigkeiten (*technai*) messbar sei (Plt 283e–284d).

III. Die Rationalität als bestimmender Faktor des Handelns: Als notwendige Bedingung für die Erkenntnis des richtigen Handelns sieht Platon die Bestimmung menschlicher Praxis durch die Vernunft an (sh. KLUGHEIT). Im Phd wird diese Vernunft deutlich von den sekundären Ursachen für das menschliche Handeln abgehoben: Die Ursache, dass Sokrates im Gefängnis sitzt, ist die durch Vernunft (*nôi*) begründete MEINUNG (*doxa*) der Athener, dass er sterben soll, bzw. seine eigene Meinung, dass es besser sei, das Urteil zu akzeptieren, als sich durch Flucht zu retten; die körperlichen Ursachen, welche die Möglichkeit zur Ausführung dieser Ansichten geben, sind demgegenüber sekundär (Phd 98b–99b; Plt 281e). Sowohl im frühen Prot als auch in den späten Lg ist es die Vernunft (*nus* bzw. *epistêmê*), durch die jemand gut handelt, während das Fehlen vernünftiger Einsicht gleich zum schlechten Handeln führt (Prot 355b–357e; Lg 897b). Im Hintergrund steht die Ansicht, dass der ganze Kosmos letztlich durch rationale Ursachen bestimmt wird, denen gegenüber auch die Wirkkraft der Gestirne sekundär ist (Phd 97b–98b; Lg 892b). Freilich führt die Reflexion auf den Glücksbegriff im Phlb zu der – mit dem Prot gut vereinbaren – Einsicht, dass die Rationalität allein für ein Gut, wie es das Handeln darstellen soll, nicht ausreicht, sondern dass auch Freude bzw. LUST (*hêdonê*) in die Bestimmung des für den Menschen Guten eingehen muss (Phlb 20e–22a).

IV. Strukturierung des richtig handelnden Menschen: Aus der Fragestellung heraus entwickelt Platon Unterscheidungen, die für eine angemessene H.theorie wesentlich sind, etwa zwischen innerer und äußerer H. (Resp 443c–d) und zwischen verschiedenen Formen seelischen Seins, die zum Handeln beitragen, etwa die berühmte Dreiheit von Vernunft, Begierde und Mut (Resp 437a–441c), die sich ihrerseits aus der Verbindung der vernünftigen Seele mit ihrem Körper erklärt (Phd 66b–67b). Unter diesen Voraussetzungen wird dann die Disposition des recht Handelnden bzw. seine Gerechtigkeit (*dikaiosynê*) durch die rechte Zuordnung der verschiedenen Elemente bestimmt (Resp 441d–e). Dass diese Zuordnung nicht beliebig ist, wird sowohl durch den Vergleich mit der Ordnung der Polis in der Resp als auch durch den Vergleich mit dem Kosmos im Gorg verdeutlicht (Gorg 506d–507a). In den Lg ist es die rechte Beachtung des Ganzen gegenüber den unwichtigen Details, die das gute Handeln gegenüber dem Schlechten ausmacht (901b–c).

V. Die Entstehung schlechten Handelns in den Lg: Eine ausgearbeitete H.theorie in kosmologischer Perspektive bieten die Lg, wo die geordnete oder ungeordnete Bewegung der Seele, die mit deren Gedanken (*logismoi*) identifiziert wird, als Ursache für das gute oder schlechte Handeln genannt wird (Lg 896e–898d). Hierbei wird vorausgesetzt, dass das Böse nicht notwendig aus der Materie entstehen muss, sondern dass es aus der Seele selbst hervorgehen kann, wenn diese die ihr angemessene Rationalität verfehlt (Steiner [1992a]: 158f.). Das dabei vorausgesetzte Wollen (*bulêsis*) der Seele, das Verantwortung für die moralische Struktur jedes vernunftbegabten Wesens trägt (Lg 904b–c), beruht auf deren Streben nach dem Angenehmen (Lg 734c); zur Bemühung um das Gute wird es, indem erkannt wird, dass dieses Angenehme auch mit seelischer Tugend, also rationalem Verhalten, verbunden ist (Lg 734c–e; vgl. Prot 358c–d). Wenn es sich für das Böse entscheidet, wird das entweder auf die Unwissenheit (*anoia, amathia*) oder auf Unbeherrschtheit (*akrateia*) zurückgeführt (Lg 734b). Im Hinblick auf die letztere Form einer Entscheidung zum Bösen wird im zehnten Buch zwischen einer Niederlage (*hêtta*) gegenüber den eigenen Begierden (vgl. schon Prot 352d–353a) und zwischen Trägheit und Nachlässigkeit unterschieden, die ein Resultat der Feigheit (*deilia*) ist (Lg 901e–902b). Entscheidungen zu bösem Handeln folgen also nicht aus einer positiven Entscheidung: „Zuchtlos ist jeder notwendigerweise unfreiwillig" (Lg 734b). Der Grund dafür ist, dass sittliches Handeln, welches gute und schlechte Entscheidungen beinhaltet, stets die Tat von körperlich verfassten Wesen ist (Lg 904a); der generelle ontologische Vorrang des seelischen vor dem körperlichen Sein (Lg 896b–d) ist hiervon zu unterscheiden. Die im Prot gegebene moralpsychologische Beschreibung der Entstehung bösen Handelns (sh. Klugheit) wird in den Lg also weiterentwickelt, insofern mangelnde Selbstkontrolle als Ursache akratischen Handelns ernst genommen wird. Ein Wille als selbstständiges Seelenvermögen, das sich aus eigener Machtvollkommenheit spontan zum Vernunftwidrigen entscheiden kann, wird aber auch hier nicht angenommen (unrichtig Baumgarten [1998]: 252f.).

VI. Platonische Tradition: Im antiken Platonismus trat die h.theoretische Perspektive der Platonischen Theorie zurück, da Platons Aussagen aus einem primär ontologischen Frageinteresse heraus systematisiert wurden. Im Neuplatonismus tritt seit Plotin eine starke Verinnerlichung der Entwicklung des Menschen ein, welche die Relevanz des H.begriffs soweit zurückdrängt, dass das praktische vom wahrhaft philosophischen, d.h. auf die Theorie ausgerichteten, Leben scharf getrennt wird (Proklos *In Platonis Rem publicam* 1, 100,10–12 Kroll [1899]). Im Neuplatonismus wird die Praxis als Gegenstand der diskursiven Rationalität der im Leib befindlichen Seele angesehen, die sich ganz auf die materielle Welt bezieht und anders als die theoretische Rationalität nicht zum intuitiv-noetischen Erkennen der Wahrheit fähig ist (z.B. Priskian von Lydien [Pseudo-Simplikios, um 530 n.Chr.] *In De anima* 218,20–25). Ansätze zu einer differenzierten Theorie der Praxis wie Priskians Unterscheidung der einzelnen H. und H.felder des Menschen, die durch die Lebensplanung der handelnden Person ihre Einheit erfahren (*In De anima* 296f., 275f.), blieben die Ausnahme.

Literatur: Baumgarten [1998] – Bien [1989] – Buchheim [1986] – Kauffmann [1993] – Pfannkuche [1988] – Steiner [1992a]

Matthias Perkams

Hebammenkunst siehe **Maieutik**

Höhlengleichnis siehe **Abbild I–IV, Analogie I, Bildung I**

Hypothese (*hypothesis*)

I. Hypothese (H.) bedeutet bei Platon eine Voraussetzung oder Annahme, die von den beiden Gesprächspartnern eines Dialogs für ihre Argumentation ungeprüft als gültig akzeptiert wird. Nach Platon hat Sokrates das Beweisen aufgrund von H. aus der Mathematik in die Philosophie übertragen (Men 87a). Hauptsächlich werden H. in indirekten Beweisen benutzt, in denen, anders als in direkten Beweisen, kein Wissen um das Wesen der Sache vorausgesetzt wird und die Plausibilität von Folgerungen aus einer H. untersucht wird. Dabei kann es sich bei der H. 1. um eine anscheinend plausible Annahme, die ausschließlich aus methodischen Gründen angenommen wird, oder 2. um ein für wahr gehaltenes Philosophem oder eine Definition handeln.

Ein Beispiel für den ausschließlich methodischen Gebrauch ist Men 86e–89c: Nach mehreren vergeblichen Versuchen, den Begriff „Tugend“ zu definieren, soll eine H. gesucht werden, aus der die Folgerung „Tugend ist lehrbar“ gezogen werden kann. Diese Folgerung kann dann gezogen werden, wenn die These „Tugend ist Wissen“ begründet werden kann. Die Argumentation richtet sich also auf diese These, und wenn sie bewiesen ist, ist zugleich auch die These „Tugend ist lehrbar“ bewiesen. Die Richtigkeit dieses Schlusses wird auch dann nicht bezweifelt, wenn sich gezeigt hat, dass die These „Tugend ist Wissen“ falsch ist (Men 89d), weil es keine Lehrer der Tugend gibt; bei der Annahme der H. ist von den Gesprächspartnern übersehen worden, dass nicht nur Wissen, sondern auch richtige Meinung (Men 97bf.) zum richtigen Handeln anleiten kann. Das Schließen aufgrund von H. ist eigentlich das stets von Sokrates angewandte Verfahren, weil „ich jedesmal die Rede zugrundelege (*hypothemenos … logon*), die mir am stärksten zu sein scheint, und das, was mir mit dieser übereinzustimmen (*symphônein*) scheint, als wahr ansetze, und zwar über Ursachen genauso wie über alles andere, was aber nicht, als nicht wahr“ (Phd 100a; vgl. Kri 46b). In diesem Sinne werden auch Grundannahmen anderer Philosophen als H. benutzt, sofern sie einer Prüfung unterzogen werden und sich als nicht haltbar erweisen, z.B. die eleatische These von der Einheit alles Seienden (Soph 244c) oder die Flusstheorie des Heraklit (Tht 183b). Im Parm wird zur besseren Einübung der Dialektik schließlich sogar nicht nur die Prüfung dessen verlangt, was aus der Annahme folgt, etwas existiere, sondern auch komplementär dazu die Prüfung für den Fall, was aus der Annahme folgt, etwas existiere nicht (Parm 135e–136a). Damit ergeben sich acht Untersuchungsstrategien, was sich bei der Annahme der Existenz oder Nicht-Existenz einer Idee für die Idee selbst, für ihr Verhältnis zu anderen Ideen, für die anderen Ideen selbst und für die anderen Ideen im Verhältnis zu der zu prüfenden Idee als Folge ergibt (Parm 135e–136c). Durchgeführt wird dieses Verfahren im Parm anhand der These des historischen Parmenides, dass das Eine existiert.

II. Häufiger sind in den Platonischen Dialogen jedoch die wahren H. So werden als H. auch fundamentale Platonische Theorien bezeichnet, etwa die Präexistenz der Seele, die zum Beweis der Lehre von der Wiedererinnerung (*anamnêsis*) als H. zugrundegelegt wird (Phd 92d), die These, dass die Tugend gut ist (Men 87d), oder schließlich die Ideen selbst (Phd 100b ff.; Ti 48e ff.). H. sind im Allgemeinen keine letztbegründeten Annahmen, sondern besitzen eine gewisse Plausibilität, die ihnen eine weitgehende Zustimmung sichert, ohne durch Beweis gesichert zu sein (Phd 92d); denn Voraussetzung einer Argumentation sind die H. erst, wenn der Dialogpartner zugestimmt hat. Eine weitergehende Begründung ist wiederum nur durch andere, grundlegendere H. möglich, die schließlich durch eine letztbegründete Annahme begründet sind (Phd 101d–e; Resp 510b). Im Liniengleichnis in Resp wird anhand des unterschiedlichen Umgangs von Mathematik und Dialektik mit H. der Unterschied von Verstand (*dianoia*) und Vernunft (*nus*) erläutert (Resp 510b–511d). Die Mathematiker nehmen in der Arithmetik gerade und ungerade Zahlen bzw. in der Geometrie die Arten von Figuren und Winkeln „als wissende an, machen sie zu Hypothesen und glauben, weder sich selbst noch anderen über diese Rechenschaft geben zu müssen (*logon … didonai*), als seien sie für jeden evident (*phanerôn*)" (510c). Das Wissen der Mathematiker gleicht Träumen (533c), denn sie gebrauchen sinnlich wahrnehmbare Figuren oder Gegenstände als Bilder, um mit den idealen mathematischen Gegenständen operieren zu können (511a). Der Dialektiker nimmt nun seine H. nicht als unbegründete, evidente Prinzipien, sondern als „wirkliche H.", nämlich „als Zugang und Anlauf" (*hoion epibaseis kai hormas*) zum voraussetzungslosen Anfang von allem (*archê anhypothetos*), der Idee des Guten, von der aus er zu den anderen, von ihr abhängigen Ideen ohne Zuhilfenahme von Wahrnehmungsgegenständen hinabsteigt (511b–c). Umstritten ist bei der Interpretation des Liniengleichnisses u. a., ob die Mathematiker mit spezifisch mathematischen Gegenständen zu tun haben (so z. B. Gaiser [1968 a]: 91–95; Dörrie/Baltes [1996]: 334–337) oder sich nur durch ihre epistemische Einstellung zu den Sinnesgegenständen vom Dialektiker unterscheiden (so z. B. Wieland [1982]: 211–215; auch Ebert [1974]: 183–193). Weiter ist umstritten, worin die Tätigkeit des Dialektikers im Umgang mit H. besteht: Ob es sich um eine Letztbegründung der Ideenh. durch die Idee des Guten handelt (Ferber [1984]: 97–106) oder ob das Ideenwissen ein nicht-propositionales Gebrauchswissen ist, das den Umgang mit den Ideen als H. erst ermöglicht (Wieland [1982]: 216 f.). Weitgehende Einigkeit besteht aber darüber, dass H. als Existenzsätze verstanden werden können (vgl. Ferber [1984]: 85–87; Frede [1999]: 122) und dass im Rahmen einer Argumentation Definitionen als H. zugrunde gelegt werden können, obwohl sie nicht gleichbedeutend mit Definitionen sind (z. B. Charm 160d; Men 87d; Phd 94b).

III. Rezeption: Die H. hat ein Nachleben in der Logik und Erkenntnistheorie wie auch in der Mathematik. Aristoteles übernimmt den Platonischen Ansatz eines letztbegründeten Wissens, wenn er erklärt, dass alles Wissen auf Voraussetzungen beruht (*Analytica Posteriora* 71a f.). Er fixiert Platons Sprachgebrauch terminologisch und subsumiert die H. genauso wie die Definition (*horos*) unter den Begriff der These (*thesis*), wobei jene im Unterschied zur Definition ein Existenzsatz ist (*Analytica Posteriora* 72a, 76b). Die Prämissen eines Beweises werden auch als H. bezeichnet (*Metaphysik* 1013a; auch innerhalb einer dialektischen Argumentation, vgl. *Topik* 158a), wobei die H. im terminologischen Sinne nur als unbewiesene, mit Rücksicht auf einen Gesprächspartner angenommene Voraussetzung verstanden und vom Postulat (*aitêma*) dadurch unterschieden wird, dass dieses der Meinung des Gesprächspartners widerspricht (*Analytica Posteriora* 76b). Daher sind H. zumindest plausibel, können aber falsch sein (vgl. Beispiel in *Analytica Priora* 50a). Axiome wie der Satz vom Widerspruch sind ausdrücklich keine H., sondern voraussetzungslos (*anhypotheton*; *Metaphysik* 1005b). Mit H. operieren bei Aristoteles besonders die Syllogismen „aufgrund einer H." (*ex hypotheseôs*), die ausdrücklich den kategorischen Syllogismen gegenübergestellt werden und zu denen Schlüsse mit einer konditionalen H. sowie der apagogische Beweis (reductio ad impossibile) gehören (*Analytica Priora* 40b f.). Aber erst die Stoiker scheinen diese Schlüsse systematisch als hypothetische Syllogismen entwickelt zu haben. In der Mathematik setzt Euklid in seinen Elementen Definitionen (*horoi*), Postulate (*aitêmata*) sowie Axiome (*koinai ennoiai*) voraus, was sein neuplatonischer Kommentator Proklos unter Zuhilfenahme platonisch-aristotelischer Terminologie so versteht, dass die Geometrie „auf Voraussetzungen" (*ex hypotheseôs*) beruhe, von denen der Geometer keine Rechenschaft abgebe (*mê didonai logon*) und von ihnen deduktiv Folgerungen ziehe (*In primum Euclidis* 75, 5–19 Friedlein [1873]). Als H. im engeren Sinne bezeichnet er aber das, was Euklid Definition genannt hat, und definiert diese im Anschluss an Aristoteles als Satz, der zwar nicht selbstevident (wie ein Axiom) ist, aber mit Rücksicht auf den Gesprächspartner angenommen wird (*In primum Euclidis* 76, 12–17; vgl. auch Szabo [1969]: 293–302).

Literatur: Dörrie/Baltes [1996] – Ebert [1974] – Ferber [1984] – Frede [1999] – Gaiser [1968a] – Kneale/Kneale [1984] – Robinson [1953] – Szabo [1969] – Wieland [1982]

Michael Schramm

Idee/Form/Gestalt/Wesen (*idea, eidos, morphê, paradeigma*)

I. Der Begriff: Was in der Philosophiegeschichtsschreibung als Platonische „Idee“ (I.) bezeichnet wird, nennt Platon der Sache nach betrachtet meist und ohne spürbare Bevorzugung in der Wortwahl (Meinhardt [1968]: 40 und 69) u. a. *idea, morphê, eidos* oder zusammenhangsabhängig auch *genos* und sogar *usia* sowie *physis* (sh. Sein, sh. Natur). Zumindest die ersten drei Ausdrücke teilen die Grundbedeutung von „Gestalt“ oder „Form“, wobei jedoch der Zusammenhang mit *physis* („Wesensbeschaffenheit“) und *genos* (eigentlich „Art“ oder „Gattung(sbestimmung)“) auch im außerphilosophischen Sprachgebrauch bereits mitgegeben ist, insofern hier an eine von allen Elementen einer Gruppe, „Menge“ oder Art geteilte innere Strukturgebung und gemeinsam identifizierende Beschaffenheit zu denken ist, wie sie sich gern in der äußeren Gestalt oder sichtbaren Vollzugsweise niederschlägt, „Form“ und „Art“ also – ähnlich wie im Deutschen – dem Verständnis nach terminologisch zusammenrücken können (so z. B. bei Thukydides 3, 83: „jegliche Art/Form (*idea*) von Boshaftigkeit“). Dieser Sichtbarkeitsaspekt ist dabei ganz positiv besetzt, so dass *eidos* und *idea*, etymologisch beide auf die indogermanische Wurzel *vid-* für „sehen“ zurückweisend, eher das „Ansehnliche“ als das „Anschaubare“ benennen, was für Platons Charakterisierung der I. eine nicht zu vernachlässigende Bewandtnis hat. Platon bedient sich in seinen Dialogen des unterminologischen Gebrauchs von *idea, eidos, morphê* usw. als „äußerer Gestalt“ oder „Umriss“ genauso wie des für seine Philosophie spezifisch gewordenen im Sinne von „Artbestimmung“, „Seinsweise“ oder „Wesen(sbeschaffenheit)“ von etwas sowie der dazwischen liegenden Bedeutungsschattierungen, und das oft sogar unmittelbar nebeneinander sowie in ein und demselben Gedankengang (vgl. Guthrie [1978]: 97: „multivocal key-term“). Ausschlag darüber, welche Bedeutung dann gemeint ist, ergibt erst der jeweilige Gesprächszusammenhang, und oft noch nicht einmal dieser so recht. Versuche, Platons Wortverwendung zu systematisieren und *idea, eidos, morphê, physis* usw. eine jeweilige und kontextunabhängige terminologische Eigenbedeutung über die Schwesterbegriffe hinaus zuzuweisen, hat es von der Antike (sh. unten IV.) bis heute (Dixsaut [2000]: 71–93, 143–148) gegeben, überzeugender Erfolg und terminologisch prägende Durchsetzungskraft war ihnen jedoch nicht beschieden. Wo Platon in Fortführung von Bedeutungsvarianten wie „Art-“ oder „Wesensbestimmung“ eindeutiger von den I. als metaphysischen Instanzen spricht, die urbildhaftes Prinzip für das Sein der Einzeldinge sind (sh. Abbild), gibt er ohnehin oft sperrigeren, wohl gesucht unterminologischen Formulierungen den Vorzug: „das Schöne selbst (*auto*)“ oder „für sich selbst (*kath' auto*)“ (Phd 78d), „jenes Wesen selbst, dem wir das wahre Sein zusprechen“ (Phd 78c), „das reine, immer seiende unsterbliche und in sich stets Gleiche“ (Phd 79d), „das seiner Natur nach Schöne“ (Symp 210e), „das sich ewig gleich Verhaltende“ (Ti 28a), „das wahrhaft seiende Wesen (*usia ontos usa*)“ (Phdr 247c) u. a.; mehr als sonstwo entzweien sich bei der I. also „die Eindeutigkeit des Platonischen Gedankens und die relative Unfixiertheit der ihm zugeordneten Terminologie“ (Wagner [1980]: 169).

II. Die „I.lehre": Für gewöhnlich wird die Lehre von den I. als der Kern und die Eigenart von Platons PHILOSOPHIE angesehen, trotz aller Probleme, die ihr Autor selbst in der Darstellung der I. aufwirft und trotz sichtbarer Entwicklungsumschwünge im Platonischen Werk – die I. sind eben seit jeher „Platons eigener Hausrat" (Seneca *Brief* 58) und der „Grundstein seines Denkens" (Cherniss [1966]: 13). Zudem gibt es bei Platon „keine Hauptstelle über die I." (Perls [1973]: 179), keinerlei systematisch von A bis Z durchgeführte doktrinale Auseinanderlegung der „I.lehre", falls man von einer solchen dann überhaupt noch als „Lehre" reden kann. In den Dialogen werden die I. zumeist „wie alte Bekannte begrüßt" (Frede [1999]: 22) und es wird ein Wissen um sie (woher es auch immer kommen mag) als „leicht verständlich und keiner ausführlichen Begründung bedürftig" (Wieland [1976]: 20) vorausgesetzt, was innerhalb der literarischen Gesprächssituation u.a. eine gewisse (obschon für den Leser ärgerliche) Erleichterung für den Argumentationsgang erbringt, oft genug aber auch eine Falle für die Dialogteilnehmer darstellt: Alte Bekannte muss man nicht mehr lange einführen und man kann sie eigentlich nur schlecht abweisen oder aus dem gemeinsamen Gespräch ausschließen. Die Akzeptanzschwelle sinkt deswegen bei den Mitunterrednern des Sokrates meist entsprechend und oft genug scheint es, dass sie somit auch nicht mehr in der Lage sind, eine rechte Unterscheidung in der Akzeptanz zu treffen, dergestalt, dass die „altbekannten I." in ihrer umstrittenen Richtigkeit zugestanden werden statt als verfügbares Argument nur zugelassen (vgl. Phd 100b–c und die Konsequenzen). Immerhin kann als Signal gebender Auftakt der Dialogpassagen über die I. meist das von Sokrates den anderen abgerungene Einverständnis zu den Grundsätzen der sog. „Zwei-Welten-Lehre" (sh. TRENNUNG, DUALISMUS) gelten: das eingestaltig und FÜR SICH Unveränderliche gegenüber dem vielen und veränderbaren nur Gleichnamigen (Phd 78c–e, 79a), das nur denkbare Unsichtbare gegenüber dem stets Werdenden (so Timaios im gleichnamigen Dialog Ti 27d–28a), endlich geradeheraus die bedingenden I. (*eidê*) als getrennt (*chôris*) von dem, worin sie sich einzeln niederschlagen (Parm 130b), usw. Darauf bauen die I.passagen dann relativ leicht auf. Platons Sokrates weiß übrigens selbst sehr wohl darum, wie „abgedroschen" sein ständiges Zurückgreifen auf die Rede von den I. ist (Phd 78d, 100b) und kennt die befremdliche bis lächerliche Wirkung, die sie bei den Zuhörern wiederholt auslöst (Resp 506d, vgl. Resp 509c das Gelächter des Glaukon), was zur Annahme geneigt macht, dass vielleicht gerade um der I.lehre willen der Platonismus nie für sich in Anspruch genommen hat, „eine Philosophie des gesunden Menschenverstandes" zu bieten (Flasch [1965]: V). Zwar keine aufbauende Darlegung der I.theorie, aber doch eine reich kolorierte biografische Skizze, wie Sokrates auf die Entwicklung der Lehre von den I. gekommen sein soll, bietet Phd 96a–101e, eine Stelle, die durchaus auch systematisch Verständnis fördernd ist. Danach empfand Sokrates als junger Mensch ein Ungenügen an den Welterklärungsansätzen verschiedener „Naturforscher" (*physikoi*) und gewann die Überzeugung, die richtige philosophische Antwort müsse eine Erklärung bilden, die zeige, dass alles ist, wie es ist, weil „es für es besser sei, eben genau so zu sein" (Phd 97e). Die dafür notwendige teleologische Weltbetrachtung, die entschlüsselt, warum die Dinge so sind, wie sie sind, indem sie plausibel macht, wozu sie unter Maßgabe des Besten gut sind (vgl. Ti 29e–30a), sei aber nicht in der direkten Betrachtung der Dinge zu erlangen gewesen, sondern „auf dem zweitbesten Fahrtweg" (Phd 98e–99a) der Sekundärreflexion, über „die Zuflucht zu den Gedanken", um in diesen erst „die Wahrheit der Dinge zu sehen" (Phd 99e; sh. ABSTIEG/AUFSTIEG). Tatsächlich macht dieses „sehen" und „betrachten" – *theasthai, theorein* und *idein* – die I.lehre im ursprünglichen Sinne zur I.-„Theorie": Gedankliches Erfassen wird wie eine unmittelbare Schau im Sinne eines nicht-diskursiven Ergreifens beschrieben, als sähe man die Welt und all ihre komplizierten Eigenschaften, Bedeutungen und Zusammenhänge wie mit den Augen Gottes. Ähnlich wie beim zweideutigen deutschen Ausdruck „Bestimmung" (als „Bestimmung von" und „Bestimmung zu") ist in dieser I.theorie die Wesensdefinition mit der teleologischen Zweckangabe ineins gedacht und aufeinander abgestimmt. Wie diese sekundärreflexive Vorgehensweise zum philosophischen Hauptgedanken der Platonischen Dialoge führt, dass es „ein Schönes an und FÜR SICH (*kalon auto kath' auto*) gebe sowie ein Gutes und Großes" usw., und dass es sicher ist, „dass aufgrund dieses Schönen die schönen Dinge schön" sind sowie „aufgrund des Großseins alles Große groß" ist (Phd 100b–e), lässt sich aus Platons Überzeugung ersehen, die MATHEMATIK sei die rechte philosophische Propädeutik (Resp 510b–511d). Alles quantitativ fassbare Sein lässt sich in Absehung von den konkreten Dingen und in Hinwendung zu den ewigen, objektiven und rein zahlenmäßigen Verhältnissen mathematisch in seinen quantitativen Zuordnungen berechnen. Die Mathematik erlaubt somit, ohne mit den konkreten Dingen zu hantieren (sogar ohne deren Existenz vorauszusetzen), deren quantitative Beziehungen rational, exakt und ökonomisch zu bestimmen. Doch hat, wie Platon wiederholt betont, die Mathematik „nur den Traum vom Sein" (Resp 533c) und vermag über die Zahlen hinaus nichts von der Qualität und Seinsfülle des Wirklichen zu begreifen (vgl. Plt 257a–b die Kritik der Wissenschaft des Theodoros). Gegenüber einer Lehre, die gleichermaßen das Sein der Dinge rational exakt begründend vollkommen zu bestimmen wisse, verhielte sich die Mathematik somit wie das zweidimensionale Spiegelbild (das bloße *phantasma*) zum körperlichen Gegenstand (Resp 510c–e, 511d–e). Im Unterschied zur Mathematik kann die I.lehre als Lehre von den reinen Formen daher keine bloß formale Wissenschaft im Sinne einer „fregisch-platonischen" Mengenlehre der Wirklichkeit sein. Platon lässt Sokrates für die Besterklärung der Wirklichkeit mithin annehmen, es gebe (*hypothemenos einai*, Phd 100b) auch für alle qualitativen Bestimmungen, für das Wie und sogar für das Warum der Dinge, eine vernünftig eindeutig fassbare Maßgabe ihres Seins. An die Stelle der apriorisch begriffenen und den einzelnen quantitativen Bestimmungen der Dinge zuvorliegenden Zahlen rücken in dieser nunmehr vollendeten und das Gesamt der Wirklichkeit umgreifenden Erklärung die „I." als apriorisch erfasste und allen im Einzelnen der Dinge verwirklichten qualitativen Wesensbestimmungen, und an die Stelle der Mathematik als einzig möglicher – da bestmöglicher – Wissenschaft von den zahlenmäßigen Zuordnungen die DIALEKTIK als Wissenschaft von den einzig möglichen – da bestmöglichen – inneren Zuordnungen, Verflechtungen (*symplokai eidôn*, Soph 259e–262d) und gegenseitigen Ergänzungsverhältnissen im I.kosmos, dem vollständigen Gefüge aller I., der *koinônia ideôn* (Phd 100d; Resp 476e). Ein hierarchisches Gefüge wohlgemerkt, in dem einigen „größten I.", den *megista genê* (Soph 241d; Philip [1969]: 89ff.), ausschlaggebende, v.a. grundlegende Bedeutung zukommt (sh. HYPOTHESE). Damit sind die Hauptbestandteile der I.lehre benannt. Im Vergleich mit der propädeutischen Zahlenwissenschaft ist (trotz aller verbleibenden Unterschiede, auf die etwa Resp 510b–d aufmerksam macht) dann auch die in Phd 100b–101c entwickelte Behauptung zu verstehen, mit der I.lehre sei die einfachste, sicherste und gleichzeitig (angesichts der „Weltverdoppelung" überraschend) ökonomischste Erklärung für die Weltwirklichkeit gegeben: Ähnlich wie der mathematisch Versierte die unbestreitbare Richtigkeit von 2 + 3 = 5 auf alle möglichen verschiedenen Einzeldinge und – vorkommnisse anwenden kann, ohne die Rechnung an jedem auf ein Neues erprobend durchführen und empirisch überprüfen zu müssen, so der dialektisch Gebildete die Inhalts- und Zuordnungsbestimmungen der I.lehre (Wieland [1982]: 216). Zur Dialektik in der I.lehre, jener „Überwissenschaft, die sich hinter den mathematischen Disziplinen auftut" (Gadamer [1978]: 25), und der Frage nach der Erklärung der Welt auf das Beste hin gehört dann auch die Konvergenz aller I.zusammenhänge auf das schlechthin Gute hin (sh. I. des GUTEN). Die I.lehre befasst sich also sekundärreflexiv mit einer paradigmatischen Welt, die – ganz im Sinne des grammatikalischen Gebrauchs von „Paradigma" – sozusagen das (wenn auch keineswegs bloß formal-inhaltsleere) „Deklinationsmuster" für die Vielzahl der Einzeldinge und Individualfälle der Werdewelt hergibt, mit dem exakten und intakten, alle inhaltlichen und formalen Bestimmungen umfassenden Weltvorbild der Körperwelt. Tatsächlich ist „Vorbild" oder „Urbild", *paradeigma*, in diesem Sinne von Mal zu Mal ein weiterer Platonischer Ausdruck für die „I." (z.B. Parm 132d; Ti 48e).

III. Die I.: Daraus erschließt sich, was mit den „Platonischen I." im Kern und über die meisten Entwicklungsstadien oder die einzelnen Dialogsituationen hinaus gemeint ist: I. sind keine *noêmata*, „Gedankendinge", aber *noêta*, in Gedanken Erkennbares (Parm 132a–d; Phd 65d–66a; Ti 27d–28a), sie sind da wie das Wild im Wald, man muss sie nur jagen (Euthyd 290b–c). Anders als bloße „Begriffe" (was Schleiermachers bevorzugte, aber ähnlich wie Cassirers „Begriffsgestalten" irreführende Übersetzung für *idea* und *eidos* war) sind I. erkenntnisunabhängig existierende (umgekehrt aber erst wahrer Erkenntnis zugängliche und diese ermöglichende) Urbilder, die normativ sind und – soweit konkret Seiendes erst durch Wesensdefinition ins Sein tritt – somit seinsbegründend der körperlichen, „sichtbaren" Weltwirklichkeit ontologisch vorausliegend. In dieser normativen I.-Ontologie heißt also etwas Bestimmtes sein soviel wie (von Seiten der I.) bestimmt sein (Phlb 16c–d; Krat 439d–440b; Gadamer [1968b]: 104), wobei der ontologische Aspekt die Bestimmung des einzelnen Seienden oder unter Umständen auch des Sachverhalts durch die Maßgabe der I. oder „I.konstellation" abdeckt, während der normative Aspekt sich daraus ergibt, dass alles Seiende sich nur insoweit als etwas so oder so Seiendes fassen lässt, als es sich der I. anzugleichen oder angleichen zu lassen in der Lage ist, folglich seine „I.bestimmung" erfüllt (Phd 75a). Tatsächlich sind die solcherart bestimmenden I. das Sein in Fülle oder ganz und gar (*pantelôs on*, Resp 477a). Folglich klingt es bei Platon auch so durch, als hätten die Dinge die ontologische Aufgabe, der I., welche für deren ontologische Bestimmung verantwortlich ist, möglichst ähnlich zu werden, in möglichst hohem Maße an ihr zu partizipieren (sh. TEILHABE), I. und Ideal nähern sich hier einander an unter der Maßgabe des „idealistischen Grundsatzes", dass das Ideal der Weltwirklichkeit wesensgemäß vorausgehe (Phd 74d). Dagegen schmälert jede Abweichung von der normativ ontologischen Bestmaßgabe durch die I. die ontologische Qualität der Dinge (Phd 74d–e; sh. BÖSES). Entsprechend sind es zunächst und vordringlich I. wie Schönheit, Tapferkeit oder Gerechtigkeit, die Platon geltend macht: Sokrates fragt in den Dialogen anfänglich nach solchen (ethisch) wertigen Bestimmungen von Dingen oder auch Handlungen; Bestimmungen, die ausmachen, dass vieles nicht zufällig, sondern sachgemäß mit ein und demselben Wort belegt werden kann: eine oder mehrere Taten oder Handlungen genauso wie Gesetze, Regierungen oder Personen als „gerecht" etwa. Allgemeiner verweist dann jede Vielfalt von Dingen, die man mit einem Namen belegt, damit auf eine I. (Resp 596a, ähnlich Resp 507b; Symp 210a–b; Phdr 265d) und gibt also, wie Aristoteles in *Metaphysik* 990b meint, das *hen epi pollois* an, das Eine, das sich auf vieles erstreckt wiederfindet. Auf diesem noch vorläufigen Beschreibungsniveau haben I. gewissermaßen die „Bedeutung sprachlicher Universalien, also insbesondere von Adjektiven und Substantiven, die keine Eigennamen sind und nicht einzelne konkrete Dinge bezeichnen", doch ist eigentlich die Frage nach den I. „keine semantische Frage, sondern eine Sachfrage. Wer sie stellt, will wissen, worin das objektive Wesen der Gerechtigkeit", der Zweiheit, des Menschseins, der Größe oder Ähnlichem besteht (Kutschera III [2002]: 178 f.). Klarer wird der Unterschied zwischen Platonischer I. und ihren Missdeutungen als Universalie – im Sinne von Allgemeinbegriff oder „vulgar universal" –, als hypostasierter Eigenschaft usw. bei der Betrachtung der I.beschreibungen in den Platonischen Dialogen und der Frage, wovon es alles I. gibt: So spricht Platon von der „Würde" der I. (Plt 257b: *timê*; Resp 509b: *presbeia*), ihrer Ewigkeit und Geltungsfülle, ihrer unkörperlichen Anschaubarkeit (Phd 65d), ihrer Beheimatung am „überhimmlischen Ort" (Phdr 247b–d) usw. und belegt sie generell mit Beschreibungen, wie sie die Tradition meist dem Göttlichen vorbehalten hatte (freilich aber auch Parmenides seinem „einen Sein" zusprechen wollte: VS 28 B 8, 20–49): Sie sind „rein, immerdar seiend, unsterblich und stets nur vollkommen sie selbst" (Phd 79d; vgl. die hymnischen Epitheta in Symp 210e–211a und 211e–212a). Dergestalt sind die I.-Urbilder als kausal für die Welt der körperlichen Abbilder zu verstehen, ohne dass sie in dieser Kausalität aufgehen würden oder nur in dieser Verursachung von Abbildern ihre Seinsberechtigung hätten: „Wie eine Menge etwas ist, was Elemente enthält bzw. enthalten kann, ist eine I. etwas, das Instanzen hat bzw. haben kann" (Kutschera III [2002]: 179). Somit spielt es für die I. keine Rolle, ob ihr ein ABBILD in einer anderen Welt entspricht oder nicht. Nicht nur, aber vielleicht auch, um die I. von kausalen Berechtigungserwägungen freizuhalten, wird die Umsetzung des Urbilds in die räumliche Welt mit dem Ti (28c–29b) von den I. als selbstumsetzenden, mit Kraft, *dynamei* (Resp 509b), wirkenden causae efficientes an den Demiurgen abgetreten, die I. sind von da an bloß angeschaute, verstärkt „theoretische" Vorbilder ohne über heraustretende Bezugnahme direkt in andere Wirklichkeiten involviert zu sein. Dieses streng asymmetrische Verhältnis vom Urbild und seinen Instanziierungen verbunden mit dem *hen epi pollois* Gedanken lässt Platon auch darauf beharren, dass jede I. als *monas* aufzufassen sei, als Einheit, aber nicht im Sinne einer abgekapselten Unverbundenheit Leibniz'scher „Monaden", sondern so, dass die I. für sich etwas Einziges und Abgeschlossenes ist, ohne in Dasein oder Beschaffenheit von den vielen, stets unabgeschlossenen von ihr Verursachten abhängig zu sein. Die „Perseität" der I. gegenüber der Existenz durch Teilhabe bei den Einzeldingen ist dadurch unterstrichen (vgl. Symp 211c). Jede Annahme, dass die Abbilder oder Instanzen Teile oder Aspekte der I. sein könnten, bzw. diese sogar ein Sammelbegriff für die vollständige Anzahl jener sei, muss also ferngehalten werden. Dass I. keine Teile haben, enthebt sie auch des Wandels und Vergehens, da diese nur den Wechsel und die Zusammenhaltsauflösung von Teilen in einem zusammengesetzten Ganzen bedeuten (Phd 78b–c). Dagegen ist die Ganzheit der I. als Einheit wie eine totale zu betrachten – als *monoeidês*, eingestaltig. Meist wird in diesem Zusammenhang das Problem der (schlecht) sog. „Selbstprädikation" angeführt (sh. Teilhabe), wie und ob es (bestenfalls unproblematisch) sein kann, dass die I. der Frömmigkeit selber fromm ist, die der Gerechtigkeit selber gerecht usw. (vgl. Prot 330c–d). Jedenfalls will „eingestaltig" besagen, dass die I. deckungsgleich mit sich selbst ist (Phd 74b; Parm 129b), dass sie schlicht das ist, was sie ist (nämlich die I. von etwas, ungeachtet der Frage, ob sie dieses etwas selbst ist), und keiner weiteren Aspekte oder Bedeutungen bedarf (Parm 129a–c), um vollständig zu sein – anders als Instanzen, etwa der einzelne Mensch, der in seinem individuellen Sein nicht allein und hinreichend durch das Menschsein bestimmt ist, sondern zudem etwa durch Klugheit, Blondsein, Größe oder Kleinheit, Geschlechts- und Altersbestimmungen.

Zu den Eigenschaften der I. gehört nicht zuletzt ihre Erkenntnis ermöglichende Funktion. Oben wurde die ideale Macht der I. als Fundament der Weltdeutung aus den „echten Gründen" (Phd 99b, 101e) angeführt. Men 97a ff. greift diesen Gedanken ebenfalls auf: Während es zu den Dingen der Körperwelt höchstens „richtige Meinungen" geben könne, diese sich jedoch vom „Wissen" unterschieden, der Mensch sich des Weiteren aber zum Wissen fähig befinde, so müsse die Begründung dieses Wissens eben außerhalb der dinglichen Welt angenommen werden (sh. Meinung, Erkenntnis). Die Anamnesis-Lehre baut dann anschließend sozusagen die seinsbestimmende Kausalbeziehung der I. zu den Instanzen auf erkenntnistheoretischer Ebene nach. Diese Entsprechung der ontologischen und gnoseologischen Abhängigkeitsverhältnisse trägt zum „Zauber Platons" bei und offenbart auch eine weitere Stärke der I.lehre, dass nämlich – anders als bei konkurrierenden philosophischen Modellen – Seins- und Erkenntnisordnung hier nicht gegenläufig, sondern parallel gleichgerichtet verlaufen und verstanden werden können. Die Charakterisierung der I., insbesondere die ihnen zugesprochene „Würde“ und Göttlichkeit, betrifft nun auch unmittelbar die oft erhobene Frage, wovon es I. gibt, und bezeugt deren Unterschiedlichkeit zu den „vulgar universals“. Platons Schriften bieten aber kein einheitliches Bild der Beantwortung: Der „Eleatische Fremde“ in Plt 266d behauptet offenbar (und gegen die Warnung des Sokrates in Plt 257b), es komme gar nicht auf den Wert oder die Wichtigkeit von etwas an, um davon eine I. annehmen zu dürfen; doch steht dem das Zögern des Sokrates in Parm 130c entgegen, ob es eine I. des Wassers und Feuers gebe, und seine Ablehnung in Parm 130d was die Annahme der I. von Schlamm und Unrat betrifft: Das sei *atopon*, was genauso „unpassend“ im Normativen heißen kann wie „fehl am Platz“ für die I.lehre selbst. Diese sollte schließlich zeigen, wie alles so ist und zu begreifen ist, wie es am besten ist, und dazu bedarf es nun wirklich nicht dessen, was schlecht, mangelhaft, absurd oder Ähnliches ist. I. erklären den perfekten Grundstatus der Welt anhand der Vollkommenheit der I.welt, das Zurückbleiben hinter ihrer Normmaßgabe erklärt dagegen das Negative und Unzulängliche (sh. BÖSES). All das unterstreicht den Göttlichkeitsstatus der I. Wie in der traditionellen Gotteslehre wird bei ihnen Schlechtes abgelehnt, als nicht würdig genug Empfundenes als unpassend in Zweifel gezogen und Positives in Überhöhung bejaht. Gleichwohl kommt es hier zu Schwankungen in Platons Darstellung: Von einer I. des Durstes, eines Defekts also, scheint die Rede zu sein (Resp 438e–439e), in Euthyph 5b von einer I. der Unfrömmigkeit und genauso wird in Resp 476a gesagt, auch Gegensätze zu I. könnten doch wohl I. sein. Unmöglich also auch, die Frage zu beantworten (oder nur sinnvoll zu stellen), wie viele I. es denn gebe. – Besondere Schwierigkeiten bieten desweiteren diejenigen Stellen, die I. nicht nur von natürlichen, mit oder von der Konstitution der Welt „gegebenen“ Entitäten, sondern auch von menschlichen Artefakten wie Tischen, Betten oder Werkzeugen nahezulegen scheinen (so Krat 423d–e; Ep 7, 342d und Resp 595c–597e). I. wären demnach doch so etwas wie Gedankendinge und gehorchten menschlicher Findigkeit in dem Sinn wie wir heute von „I.“ als gutem Einfall(sprodukt) oder Ähnlichem sprechen. Zur Lösung der Frage ist wohl einerseits auf den bereits angeführten (oben Abschnitt I.) unterminologischen Gebrauch von *eidos*, *idea* und Ähnlichem bei Platon aufmerksam zu machen und andererseits darauf, dass solche uneigentlichen „I.“ zweiter Rangordnung – sie finden sich im Geist des menschlichen „werkbildenden“ Baumeisters wie ein unterstufiges Vorbildimitat der I. im erkennenden Geiste des „wesensbildenden“ Weltbaumeisters (Resp 597a–e) – mit den eigentlichen ontologisch selbstständigen Urbildern immerhin den „Aspekt der Einheit der Sache im Unterschied zur Vielheit der Instanzen“, die dieser Sacheinheit entsprechen, als wesentliches Kriterium durchaus gemeinsam haben: das *hen epi pollois* (Schmitt [2004]: 69f.; Horn [1997]: 298–306). Solche Stellen scheinen eher eine augenzwinkernde Bereicherung der I.lehre als ein Problem des „Erstreckungsbereichs“ derselben anzudeuten, und zwar erstens im Sinne eines erklärungsförderlichen Zulassens analoger oder dependenter Verständnisweisen von „I.“ in Abhängigkeit von der ausschlaggebenden, zweitens für die intensionale Unterscheidung der I. etwa von den „vulgar universals" am Beispiel der Diskussion von menschlich teilweise verfügbaren geistigen Sacheinheiten wie Artefakt-„I.". Wesentlich intrikater ist das Problem der sog. I.zahlen, das die meisten Interpreten in Platons Spätphilosophie vorfinden, und das sich insbesondere in Verbindung mit Platons „Prinzipientheorie" oder der Diskussion um die UNGESCHRIEBENE LEHRE findet. Ob es nun richtig ist, dass der „späte Platon" versucht hat, den „Ideenhimmel radikal auszudünnen", um nur logische und mathematische I. übrig zu lassen (Kutschera III [2002]: 205), oder dass er über die I.zahltheorie die Trennung zwischen Werdewelt und I. oder zwischen diesen und dem Guten als der „Idee der Ideen" zu überbrücken suchte (Kuhn [1968]: 163f.): Richtig ist, dass die Verbindung von I. zu Zahlen zunehmend in den Dialogen Platz greift und über die Aussagen der Mathematik als Propädeutik stark hinausgeht (Ti 31bff., 53b; Phlb 16d). Unter den gängigen Interpretationen dieses Phänomens finden sich die von der herkömmlichen I.lehre, die zur exakteren Behandlung mathematisiert wird (Natorp [1921]: 437), über die von den Zahlen als Prinzipien der DIHÄRESE-ähnlichen Auffächerung definierter ontologischer Einheiten aus dem Unbestimmten (*ahoriston*) in numerisch-fassbarem Vielfachen von Einem (Krämer [1959]: 251), bis zur Auffassung von den I.zahlen als Berechnungsmaßgaben für das richtige Mischungsverhältnis, nach dem etwas in der Konstitution der Welt soundso viel an der einen I., soundso viel an der anderen I. teilnimmt, um ein individuelles Soundso zu werden (Frede [1997b]: 403ff.). Eine endgültige Lösung steht hier wie für so viele andere Fragen der I.lehre dahin.

IV. I.lehre des Platonismus: Es ist oft gerätselt worden, ob Platon im Alter der I.lehre „abgeschworen" oder sich (teilweise oder gänzlich) von ihr zurückgezogen habe. Die Dialoge lassen das letztlich offen, doch nimmt tatsächlich in der weiteren Entwicklung des Platonismus die I.lehre bei weitem nicht den Rang ein, den man ihr bei Platon zusprechen darf. Aristoteles vermutete den Anfang der I.lehre im ständigen Fragen des Sokrates nach den „Definitionen" der Tugenden: *Metaphysik* 987b. Definitionen gehören auch bei Platon zu den wichtigsten Formen der Erklärung von I. (sh. DEFINITION) Die pseudo-Platonischen Def und die I. lehre des Hipp Ma sind vielleicht tatsächlich frühe Belege eines Weiterdenkens von Platons I.konzeption (Kutschera III [2002]: 192ff., 238ff.). Von größerer Tragweite war aber die „I.geschichte" des Mittel- und Neuplatonismus. In teilweise positiver Aufnahme seines Gegenentwurfs von Analogierelation und Kategorien des Seins, teilweise auch in Reaktion auf die Angriffe des „Anklägers" (*katêgoros*) Aristoteles gegen die I.theorie als leeres „Gewäsch" und bloßer poetischer Metapher wird die Platonische I.lehre weitergeführt und entwickelt. Mit deutlichen Anklängen an aristotelischen Fachwortschatz findet sich bei (Pseudo-)Plutarch (*De placitis philosophorum* 882 DE) eine I.definition, die weite und fast wortwörtliche Verbreitung hatte (nachweisbar bei Stobaios, (Pseudo-)Galen, Alkinoos): „Die Idee ist eine unkörperliche Substanz (*usia*), die selbst an und für sich existiert, aber die formlosen Materien durch Abbilder gestaltet und zur Ursache für deren Ordnung wird. Sokrates und Platon nehmen an, die Ideen [...] existierten in den Gedanken und Vorstellungen Gottes" (Dörrie/Baltes

[1998]: 127.1(1)). Der aus dem Ti weiterentwickelte Aspekt der I. als eines, wenngleich substantiell gefassten, Gedanken Gottes, dass also die I. in Ausführung der Grundlagen des über das Gute in Resp 509a–b Gesagten nicht mehr auf ontologisch höchstem Rang, sondern in Unter- und Einordnung zum wahrhaft göttlichen Einen-Guten (bzw. zum Weltgeist, *nus*, als dessen Vollstrecker: *Enneaden* V.1[10].7) gesehen werden, bereitet die neuplatonische Standardlehre vor: vgl. Plotin *Enneaden* I.2[19].6.12–7.13, V 5[32].20.1 ff., ähnlich zu deuten wohl auch die schwierige Stelle bei Salustios *De dis et mundo* 13, 3. Das Verhältnis vom göttlichen Geist zu den I. als seinen Inhalten spezifiziert Plotin in *Enneaden* V 9[5].7–8, IV 8[6].3.16–22 u.ö. Als Inhalten und/oder Konstitutiva des Geistes kommt daher ebenfalls den I. das höchste Sein (*kyriôs on*) zu, wird in *Enneaden* I 8[51].6, II 4[12].16 u.ö. ausgeführt, während das Eine ja ganz über dem Sein verbleibt. Um weiterhin die I. von jeder Körperanhaftung fernzuhalten, wird bei ihrer Vermittlung an die Körper an „Abbilder" gedacht, manchmal auch in Form von *logoi* oder Ähnlichem (Plotin *Enneaden* V.9[5].3.26, IV.4[28].39 oder II.3[52].18.15) als Überbringer der I.maßgabe an die Einzeldinge. Stoischer Fachwortschatz von den *logoi spermatikoi*, den Geistsamen, mag da hineinspielen. Stoisch angehaucht sind auch die für die lateinische Philosophie bedeutungsvollen I.referate bei Cicero, dessen Übersetzungen der griechischen Ausdrücke gleichzeitig für die terminologische Festlegung auf den Begriff *idea* verantwortlich zeichnen. Im Gefolge solcher Vorstellungen kommt es dann zur terminologischen Ausdifferenzierung von *idea* und *eidos*, die sich bereits in Senecas *Brief* 58, 16–22 so findet und die philosophische Weiterbildung des Weltdemiurgen und der Welt als seines Werks voraussetzt (Dörrie/Baltes [1996]: 105.1): *idea* ist die reine Urbild-Form „außerhalb des Gesichtssinns" (exemplar aeternum), *eidos* die davon ins Körperliche eingebrachte Gestalt (forma ab exemplari sumpta et operi imposita). Jedenfalls aber tritt die I.lehre bei den Platonikern zunehmend in den Schatten der „Emanationslehre" in ihren verschiedenen Spielarten und bereitet ein neues Verständnis von I. vor, indem diese jetzt ganz Gedankeninhalt, *noêta*, sind, und zwar des weltwirkenden göttlichen Denkens genauso wie des menschlichen, das mit jenem eins zu werden der Neuplatonismus lehren will.

Literatur: Cherniss [1966] – Dixsaut [2000] – Dörrie/Baltes [1996] – Dörrie/Baltes [1998] – Flasch [1965] – Frede [1997b] – Frede [1999] – Gadamer [1968b] – Gadamer [1978] – Guthrie [1975] – Guthrie [1978] – Horn [1997] – Krämer [1959] – Kuhn [1968] – Kutschera [2002] – Meinhardt [1968] – Meinhardt [1976] – Natorp [1921] – Perls [1973] – Philip [1969] – Schmitt [2004] – Wagner [1980] – Wieland [1976] – Wieland [1982]

Christian Schäfer

Identität/Verschiedenheit (*tauton/heteron*)

I. Dass Identität (I.), *tauton*, und Verschiedenheit (V.), *heteron*, zu einer besonderen Gruppe von Bestimmungen – zu einem besonderen ‚Begriffstypus' – gehören, wird im Tht in herausgehobener Stelle explizit gemacht: im abschließenden und endgültigen Argument dafür, dass entgegen der ersten Definition des jungen Theaitetos (Erkenntnis = Wahrnehmung) SINNES-WAHRNEHMUNG (*aisthêsis*) keine ERKENNTNIS, kein Wissen (*epistêmê*) ist (Tht 184b–187a).

Wahrnehmung – so heißt es zunächst präzisierend – ist nicht einfach eine Funktion von Augen, Ohren usw., sondern die Leistung einer einheitlichen Instanz, der SEELE, mit der wir durch die Sinnesorgane hindurch Zugang zu den Sinneseindrücken haben, auf diese Weise Sinnesempfindungen bekommen und so z. B. ‚weiß', ‚schwarz', ‚warm', ‚hart', ‚leicht', ‚süß' usw. wahrnehmen. (Man muss kein Neukantianer sein, um wie Natorp [1902]: 109 hier „die Bewußtseinseinheit als Grundfunktion der Erkenntnis ausgesprochen" zu sehen, ähnlich Burnyeat [1990]: 58 und Kutschera II [2002]: 218 f.). Dem spezifischen VERMÖGEN (*dynamis*) jedes Sinnes entspricht dabei genau ein Typ von Sinneseindruck bzw. Sinnesempfindung: Was man (bzw. die Seele) z. B. durch das Gehör wahrnimmt, kann man durch das Sehvermögen nicht wahrnehmen und umgekehrt; was man also über beide Eindrucks- oder Empfindungstypen gemeinsam denkend feststellt (*dianoeisthai*), kann man weder durch das eine noch durch das andere der beiden Sinnesorgane wahrnehmen (*aisthanesthai*). Nun kann man aber über einen Laut (*phônê*) sowie über eine Farbe (*chroa*) denken, dass sie beide sind (*hoti amphoterô eston*, Tht 185a), dass jedes der beiden vom anderen verschieden und mit sich selbst identisch ist (*hekateron hekateru men heteron, heautô de tauton*, Tht 185a), dass beide zusammen zwei (*dyo*) sind und jedes von beiden eins (*hen*); ferner kann man überprüfen ob sie einander ähnlich (*homoion*) sind oder unähnlich (*anhomoion*). Zu konzeptuellen Unebenheiten des Gedankengangs und ihren Hintergründen vgl. Heitsch [1988]: 92 ff. Bestimmungen wie ‚sein' oder ‚nicht-sein', ‚identisch', ‚verschieden', ‚zwei', ‚eins', ‚ähnlich', ‚unähnlich', die sich modalitätsübergreifend gemeinsam auf die Eindrücke verschiedener Sinne anwenden lassen, sind somit keinem der üblichen Sinne und auch keinem eigenen (gleichsam ‚sechsten') Sinn zugänglich, vielmehr verwendet die Seele diese *koina* in ihren Urteilen über alles auf sich selbst gestellt durch sich selbst (*autê di' hautês hê psychê ta koina phainetai peri pantôn episkopein*, Tht 185e). Hierher gehören ferner (Tht 186a) die Bestimmungen schön (*kalon*), hässlich (*aischron*), gut (*agathon*) und schlecht (*kakon*), deren Sein – wie der junge Theaitetos ergänzt – die Seele in ihrem Verhältnis zueinander betrachtet und dabei in sich das Vergangene und das Gegenwärtige im Verhältnis zum Zukünftigen in Rechnung stellt. Und während sie Härte und Weichheit durch das Tastvermögen wahrnimmt, bestimmt sie das Sein dieser Qualitäten und was sie beide sind, ihren Gegensatz zueinander und das Sein des Gegensatzes durch gegenseitigen Vergleich.

Entscheidend ist, dass es über die rein rezipierend verstandene Wahrnehmung keinen Zugriff auf das Sein (*usia*, Tht 186a) gibt (wohl im Sinne des ‚der Fall-Seins' (und seiner Negation, Tht 185c)). Daher ist dieses Wahrnehmen nicht wahrheitsfähig (Tht 186c–d). Eine Sinnesempfindung ist zwar durch ihren Bezug auf den kausal entstandenen Sinneseindruck in dem trivialen Sinn ‚unfehlbar', wie auf eine Ursache unfehlbar die Wirkung folgt. Aber um wahr oder falsch sein zu können, müsste eine Wahrnehmung qua Sinnesempfindung (*pathêma*) etwas über etwas sagen, das kann aber erst ein Urteil über sie. Daher ist in den *pathêmata* kein Wissen, sondern erst im urteilenden Schließen über sie (*en... tois pathêmasi uk eni epistêmê, en de tô peri ekeinôn syllogismô*, Tht 186d). Die Formalbegriffe des *megista genê*-Abschnitts des Soph, SEIN, I. und V., spielen hierbei – freilich nicht explizit – eine zentrale Rolle: insbesondere bei den Operationen des Vergleichens (*symballein*, Tht 186b), des unterscheidenden Bestimmens (*krinein*), der Berechnung von Entsprechungen (*analogismata*, Tht 186c). Aber auch die einfachen Urteilsfunktionen, deren Fehlgehen in den anschließenden Abschnitten über die Möglichkeit falschen Meinens (Tht 187d–200d) untersucht werden, bestehen im Wesentlichen im Überprüfen von Unterschieden und Teilidentitäten. Es ist daher wichtig, dass der epistemologische Status der Formalbegriffe – insbesondere ihr Freisein vom ‚Wahrnehmungsstoff' und ihre kategorienübergreifende Anwendbarkeit geklärt worden ist (zur Frage, ob das *koina*-Argument auf Ideenerkenntnis – „aquaintance with forms" – als Quelle des Wissens verweist, so Cornford [1935]: 105–109, oder allgemein die Urteilsgebundenheit von Wissen freilegt – so z. B. Cooper [1970] – vgl. Burnyeat [1990]: 52–65 und Heitsch [1988]: 87–109).

II. Der zentrale Ort der Verwendung der Formalbegriffe zur Klärung ontologischer Fragen ist der *megista genê*-Abschnitt des Soph (254d–259d). Beim Versuch, den Sophisten als Verfertiger von Schein- und Trugbildern zu definieren, sehen sich der eleatische Fremdling und Theätet mit dem alten Problem der Falschheit konfrontiert (Soph 236e). Falsch – so heißt es später – ist ein *logos*, der von dem, was ist, sagt, dass es nicht ist und von dem, was nicht ist, dass es ist (Soph 240e). Wenn es aber einen falschen *logos* nur gibt, wenn es das gibt, worüber er etwas sagt, müsste es das geben, was nicht ist – das Nichtseiende müsste also im WIDERSPRUCH zum Verdikt des Parmenides sein können (Soph 237a–b). Doch allein schon der Ausdruck ‚das Nichtseinde' (*to mê on*) setzt als referentieller Ausdruck, der einen Bezug erfordert (*poi chrê tunoma epipherein tuto, to mê on*, Soph 237c), voraus, dass es etwas gibt, was seinem Gehalt widerspricht: Bedeutung und Präsupposition von *to mê on* widersprechen sich also. Damit scheint jeder Gebrauch des Ausdrucks – selbst der in Gebrauchsverboten – sinnlos zu sein (Soph 238e–239a). Um den Skandal, dass sich über Falschheit nicht widerspruchfrei reden lässt, zu beseitigen, muss man, trotz der Befürchtung, als Vatermörder (Soph 241d) zu gelten, den ‚väterlichen *logos*' des Parmenides angreifen und ‚erzwingen', dass das, was nicht ist, in einer Hinsicht doch ist und umgekehrt das, was ist, auch wieder in einer Hinsicht nicht ist (Soph 241d) – mit anderen Worten es muss für das in der Definition des falschen *logos* enthaltene ‚Nichtsein' eine Bedeutung freigelegt werden (und das wäre dann die eigentlich adäquate), die keinen Widerspruch zwischen Präsupposition und Bedeutung ergibt. Nachdem eine Durchmusterung der Tradition (Soph 242b–249d) gezeigt hat, dass der Sinn von ‚Sein' genauso der Klärung bedarf wie der von ‚Nichtsein' (Soph 249d–251a) werden die konzeptuellen Voraussetzungen für den Angriff gegen Parmenides geschaffen: Zunächst wird plausibel gemacht, dass die ‚Gattungen' (*genê*) des Seienden selektiv miteinander Gemeinschaften oder Mischungen eingehen (Soph 251a–252e), die zu bestimmen Aufgabe der Dialektik (Soph 253b–e) ist (d.h. es mischt sich nicht alles mit allem oder keines mit keinem, sondern manches mischt sich untereinander, anderes hingegen nicht). Im Rahmen dieser Mischungsstruktur lassen sich nun ‚größte Gattungen' ausmachen (Soph 254c), die durch alles hindurch einerseits Gemeinschaft andererseits Unterscheidung und Trennung ermöglichen (Soph 253c). Unter diesen werden im Hinblick auf das Ziel der Klärung von ‚Sein' und ‚Nichtsein' zunächst die ‚Gattungen' ‚das Seiende' (*to on*), ‚Ruhe' (*stasis*) und ‚Bewegung' (*kinêsis*) ausgewählt. Bewegung und Ruhe gehen als Gegensätze keine Mischung ein (was ruht, bewegt sich nicht und umgekehrt). Das Seiende mischt sich hingegen mit beiden, da beide sind. Jede der drei ist von den anderen zweien verschieden (*heteron*) und mit sich selbst identisch (*auto d' heautô tauton*, Soph 254d). Mit diesen zwei Prädikaten sind zwei weitere *megista genê* gefunden: I. (*to tauton*) und V. (*thateron*). Dass diese zwei nicht mit Ruhe oder Bewegung zusammenfallen, soll sich (indirekt) so ergeben: was auf Ruhe und Bewegung gemeinsam anwendbar ist, kann mit keinem von beiden zusammenfallen, da sonst Bewegung ruhen oder Ruhe sich bewegen würde. Das ist plausibel für jeweils einstellig aufgefasstes *tauton* (d.h. Selbsti. $\lambda x(x=x)$) und *thateron* ($\lambda x \exists y(x \neq y)$). Dass Identischsein (*tauton*) und Sein (*on*) nicht zusammenfallen, wird indirekt so begründet: Würden *to on* und *to tauton* nicht etwas Unterschiedliches bedeuten, würde die Aussage, dass Bewegung und Ruhe beide sind (*einai*), besagen, dass sie beide identisch (*tauton hôs onta*) sind, was unmöglich ist. Letzteres ist aber natürlich nur dann unmöglich, wenn hier ‚identisch' nicht als ‚mit sich selbst identisch', sondern als ‚miteinander identisch' verstanden wird. Das Argument zeigt immerhin, dass ‚identisch' und ‚seiend' nicht überall *salva veritate* austauschbar sind, dass sie folglich bedeutungsverschieden sind. Dass jedoch Selbsti. und Sein dieselbe Extension haben, geht aus Soph 256a hervor: Bewegung ist selbstidentisch, da alles an der Selbsti. teilhat. Das Argument (Soph 255b–e) dafür, dass *to thateron* und *to on* nicht ‚zwei Namen für eine Gattung' sind, ist Gegenstand einer umfangreichen Auseinandersetzung in der Literatur geworden, auf die hier nicht eingegangen werden kann. Nach der vieldiskutierten Ansicht von Frede [1967] (und ähnlich Owen [1971]) wird hier nicht einfach *heteron* als relatives Prädikat dem *on*, das sowohl absolute wie relative prädikative Spezifikationen zulässt, gegenübergestellt. Vielmehr lassen sich dem einen *megiston genos* ‚seiend' (*on*) zwei Verwendungen von ...*ist*... zuordnen: in der ersten Verwendung ‚$x\ ist_1\ y$' steht x für die Form Y-heit, in der zweiten ‚$x\ ist_2\ y$' steht x für ein Einzelding oder eine von Y-heit verschiedene Form, y steht beide Mal für Y-sein (oder eine Gattung von Y-Sein). In ‚$x\ ist_1\ y$' wird also Y-sein von x *qua* Y-heit aufgrund ihrer selbst (*kath' auto*) ausgesagt (eine selbstprädikative Wesensbestimmung, die notwendig wahr ist), in ‚$x\ ist_2\ y$' wird Y-sein von x, das ein Einzelding oder eine Form sein kann, in Bezug auf eine von x verschiedene Form (*pros allo*) ausgesagt. Für das Verschiedensein dagegen gibt es nur die Möglichkeit *pros allo* bzw. *pros heteron* ausgesagt zu werden – daher die Bedeutungsverschiedenheit von *on* und *heteron*. Außerdem ist damit geklärt, warum jedes Ding von jedem anderen nicht aufgrund seiner eigenen Natur (*dia tên hautu physin*, Soph 255e, das entspräche *kath' auto*) verschieden ist, sondern nur aufgrund der ‚Teilhabe an der Idee des Verschiedenen' (*dia to metechein tês ideas tês thateru*).

III. Das *genos* V. (*heteron*) wird nun verwendet um eine paradoxiefreie Form des Nichtseins aufzudecken: für ‚Ruhe', ‚(Selbst)Identisch', ‚Verschieden', ‚Seiend' als Wert von F wird in Soph 255e–256e festgestellt: ‚Bewegung ist verschieden von F' (was ja problemfrei ist), woraus gefolgert wird ‚Bewegung *ist nicht* F'. Für F≠Ruhe gilt ferner aufgrund von Teilhabe an F-heit: ‚Bewegung ist F'. Insbesondere gilt also auch für den Problemfall F=seiend ‚Bewegung ist wirklich nicht seiend' (*ontôs uk on esti*, Soph 255d) sowie ‚Bewegung ist seiend'. Unter Verwendung der ‚Konversen' (Moravcsik [1962], Frede [1967]: 52f. und Frede [1992]: 403) ‚*F ist im Falle von* x' für ‚x *ist F*' wird Soph 255e–256e so zusammengefasst: Im Falle eines jeden Eidos ist also das Seiende vieles, von unbegrenzter Menge aber ist das Nichtseiende (255e). Das kann aber nicht eine Verallgemeinerung von ‚Bewegung ist nicht F' bzw. ‚Bewegung ist F' lediglich für F=seiend sein, da sonst für jedes x (*hekaston*) nur ein und nicht unbegrenzt viele Fälle von ‚x ist nichtseiend' bzw. konvers ‚das Nichtseiende ist im Falle von x' gerechtfertigt wären. Vielmehr wird hier offenbar für alle Werte von F≠x aus ‚x *ist nicht* F' gefolgert ‚x ist *nichtseiend*' bzw. ‚das *Nichtseiende* ist im Falle von x'. Bestätigt wird das durch (Soph 257a): Da für all die unzählig vielen F≠seiend gilt: ‚das Seiende selbst ist verschieden von F', ergibt sich über ‚das Seiende *ist nicht F*': ‚Das Seiende ist in unzählig vielen Hinsichten *nichtseiend*'. Der angestrebte paradoxiefreie Sinn von ‚nichtseiend' scheint demnach als ‚nicht-identisch-sein' bzw. ‚verschiedensein' gefasst zu werden. Nimmt man das Ergebnis der Analyse der syntaktischen und semantischen Grundkonstituenten eines einfachen *logos* aus Soph 261d–262e hinzu, so ergibt sich: Ein *logos* hat (i) einen Teil (*onoma*) der auf das referiert, worüber der *logos* etwas sagt, und (ii) einen anderen Teil (*rhêma*), der das spezifiziert, was ausgesagt wird. Beide Teile nehmen auf Seiendes (*onta*) Bezug, unabhängig davon, ob der *logos* wahr oder falsch ist. ‚Theätet sitzt' z.B. sagt etwas über Theätet und ist wahr, wenn das Seiende, worauf das *rhêma* ‚Sitzen' verweist, im Falle von Theätet (im konversen Sinne) *ist*. ‚Theätet fliegt' (Soph 263a) sagt ebenfalls etwas über Theätet aus und ist falsch, da Fliegen im Falle von Theätet *nicht ist*. Allerdings kann hier ‚Fliegen *ist nicht* im Falle von Theätet' nicht im Sinne einer Gleichsetzung von Nichtsein und Verschiedensein als ‚Fliegen *ist verschieden* von Theätet' verstanden werden, da aus der Verschiedenheit von Fliegen und Theätet ja nicht folgt, dass Theätet nicht fliegt. Was aber bisher (insbesondere in der zentralen Aussage Soph 255e, auf die die Falschheitsanalyse 263b zurückgreift) vorzuliegen scheint, ist lediglich eine Analyse von ‚x ist nicht F' im Sinne von ‚x *ist verschieden von* (der Eigenschaft) F' nicht aber im Sinne von ‚x *hat nicht* die Eigenschaft F'. Dieses Problem verschwindet jedoch, wenn man mit Frede [1992] den Abschnitt Soph 257b ff. nicht wie üblich unter Annahme eines gedanklichen Bruchs einseitig (und ohne Zusammenhang mit der Falschheitproblematik) lediglich auf negative Prädikation bezieht. Dort wird zwar an den Beispielen negierter Prädikate ‚nicht-groß', ‚nicht-schön', ‚nicht-gerecht', und schließlich dem Problemfall ‚nicht-seiend' geklärt, dass mit Nicht-X nicht das konträre Gegenteil von X (klein, hässlich, ungerecht, in keiner Hinsicht seiend (d.h. $(\iota x)[\neg\exists F(F(x))]$ = das unsagbare Nichtseiende), sondern eine Art Komplement: ‚was von X verschieden ist' bezeichnet wird. Das lässt sich jedoch, wie Frede zeigt, unter Verwendung seiner beiden ...*ist*...-Varianten so verstehen, dass damit eigentlich eine einheitliche Analyse jeglicher Art von Nicht-X-sein gegeben wird, unabhängig davon, ob die Negation als Verneinung von I. oder von Prädikation fungiert: ‚a ist nicht-X' bedeutet demnach einheitlich ‚a ist verschieden von dem, was X ist', wobei für ‚was X ist' = ‚das, was X ist_1 (also *kath' auto* X ist)' die Version ‚a ist verschieden von der Idee X-heit' resultiert und für ‚was X ist' = ‚das, was X ist_2' (= ‚was *pros* X-heit ist' = ‚was die Eigenschaft X aufgrund von Teilhabe an X-heit hat') die Version ‚a hat die Eigenschaft X nicht' (sh. FÜR SICH). Damit können nun sowohl falsche I.- wie falsche Prädikationsaussagen in paradoxiefreier Weise als ein Sagen von Nichtseiendem als Seiendes charakterisiert werden: Der Satz ‚Theätet fliegt' ist falsch, da er von etwas Seiendem (Fliegen), das verschieden ist (*hetera*, Soph 263b) von dem (generisch – d.h. allem), was im Falle von Theätet *ist* (*tôn ontôn*, 263b), sagt, daß es im Falle von Theätet ist (*hôs estin peri su*, 263b), also sagt er von etwas (dem Fliegen), das im Falle von Theätet *nicht ist* (*ta mê onta*, 263b), dass es im Falle von Theätet *ist* (*hôs onta legei*, Soph 263b). Das präsupponierte Sein dessen, worüber hier etwas gesagt wird (Theätet, Fliegen) steht hier nicht mehr im Widerspruch zum (konversen) Nichtsein (= ‚Nicht der Fall sein bezüglich etwas' bzw. ‚veritatives Nichtsein', vgl. Szaif [1996]: 503ff.), das ausgesagt wird, da Letzteres ja sowohl mit dem Sein von Theätet wie mit dem des Fliegens kompatibel ist. Damit ist nicht nur der Angriff auf den ‚väterlichen *logos*' des Parmenides erfolgreich durchgeführt, sondern auch die inkriminierte Definition der Falschheit gerettet (freilich nur für einfache Sätze, vgl. Kutschera II [2002]: 16f.).

Versteht man die durch ‚Aufspaltung der Natur der Verschiedenheit unter allem Seienden' (Soph 258d–e) bewirkte Konstituierung des Nichtseienden so, dass der Extension ‚des Seienden' ($=\{x|\exists F(x\ \mathit{ist}\ F)\}$) die Extension ‚des Nichtseienden' ($=\{x|\exists F(\forall z(z\ \mathit{ist}\ F\rightarrow x\ \mathit{ist\ verschieden\ von}\ z))\}$) als Vereinigung der ‚Teile der Verschiedenheit' (qua Komplemente von Bezugs-Seienden, Soph 257d–258b) gegenübersteht, so ergibt sich in einer nicht-monistischen Ontologie (wenn zusätzlich mit jedem Prädikat F auch Nicht-F Prädikat ist, sh. Soph 258b), dass das Seiende mit dem Nichtseienden extensional gleich ist, *to on* und *thateron* durchdringen sich also, wie es in Soph 259a heißt, tatsächlich gegenseitig und gehen durch alles hindurch.

IV. Zur erkenntnistheoretischen Rolle der ‚Formalbegriffe' bleibt wenigstens andeutungsweise nachzutragen, was der ungemein einflussreichen Ti-Passage über die Schaffung der WELTSEELE zu entnehmen ist. Der DEMIURG verwendet (Ti 35a) *usia*, *tauton* und *thateron* jeweils in unteilbarer stets konstant bleibender Form (*ameristu kai aei kata tauta echusês*, Ti 35a) sowie in teilbarer dem Bereich des körperlichen Werdens zugehöriger Form als Ausgangsingredienzien für die Mischung, aus der er die Weltseele erschafft (vgl. dazu Cornford [1937]: 59ff.; Gaiser [1963]: 41ff.; Brisson [1974]: 269ff.; Frede [1996]: 36f.). Die Mischung wird in Abschnitte mit nach bestimmten arithmetischen Verhältnissen unterschiedenen Abständen unterteilt, in zwei Bänder gespalten, die *chi*-förmig verknüpft, zu zwei Ringen gebogen und in gegenläufige Kreisbewegungen gesetzt werden – der des *tauton* und der des *thateron*. Aufgrund ihrer Konstitution hat die Seele somit – im Sinne der Erfüllung einer Art Isomorphiebedingung für Erkennendes und Erkanntes – sowohl Zugang zum Teilbaren im Bereich des Werdens wie zum Unteilbaren im Bereich des identisch Bleibenden. Ihre kognitiven Bewegungen, verstanden als ein lautloser *logos* (Ti 37b; vgl. Soph 263e; Tht 189e), bedienen sich dieser beiden Kreisbewegungen: Ist der Gegenstand wahrnehmbar, so führen die ‚Meldungen' des Kreises des *thateron* bei ‚geradem Gang' zu wahren und sicheren Meinungen und Überzeugungen, geht es um ‚das Rationale' (*logistikon*), so führen die Kundgaben des Kreises des *tauton* bei glattem Lauf zu vernünftiger Einsicht und Wissen. Trotz geringerer Anforderungen an Genauigkeit und Stringenz des *eikôs logos* bzw. *eikôs mythos* (Ti 29c–d) des Ti, kann wohl festgehalten werden, dass es zwischen *tauton* und *thateron* einen bemerkenswerten (im Soph nicht feststellbaren) Rangunterschied gibt. Der Bewegung des *tauton* wird denn auch die Oberherrschaft (*kratos*) über das *thateron* gegeben (Ti 36c). Der übliche analoge Rangunterschied zwischen Einheit und Vielheit dürfte hier eine Rolle spielen, sowie der Umstand, dass zwar dem eleatischen Verdikt gegen die Vielheit, insofern sie Nichtsein impliziere, durch den Nachweis im Soph, dass das inkriminierte Nichtsein als harmloses Verschiedensein rekonstruierbar ist, der Boden entzogen wurde, aber gerade dadurch die konzeptuelle Nähe zwischen Verschiedensein und Vielheit sichtbar geworden ist. Unabhängig davon hat Frede [1996] die besondere Rolle des Konzepts der Verschiedenheit bei der kognitiven Verarbeitung von Wahrnehmung u. a. anhand des instruktiven Beispiels der verschiedenen Ebenen der ‚Buchstabenkunde' (*grammatikê*) überzeugend herausgearbeitet, insbesondere im Zusammenhang mit der *Type-Token*-Spannung auf der Ebene der wahrnehmbaren Realisierung der Buchstaben und Laute.

V. Die *megista genê* bei Plotin: Für Plotins Auffassung der *megista genê* ist charakteristisch, (i) dass er sie in Konkurrenz zu den Kategorien des Aristoteles sieht (zur Kritik dieser Sicht vgl. Cornford [1935]: 277, Oehler [1985]: 39 f.), und (ii) dass Bewegung (*kinêsis*) und Ruhe (*stasis*), obwohl sie im Ti beim Aufbau der Weltseele nicht eigens erwähnt werden, als ebenso grundlegend angesehen werden wie die anderen drei. Der Anspruch der Aristotelischen Kategorien, die irreduziblen Weisen des Seins zu erfassen, wird (jedenfalls für die meisten von ihnen) auf die sinnlich wahrnehmbare Welt beschränkt, dagegen erfassen die fünf *megista genê* höchste Gattungen des intelligiblen Seins (u. a. *Enneaden* VI.2[43], VI.3[44]). Seine Erweiterung des Dreier-Kanons des Ti durch Bewegung und Ruhe (z. B. *Enneaden* VI.2[43].7), die im Soph als inkompatible Gegensätze (Soph 252d, doch vgl. 256b) eigentlich nicht denselben universellen Umfang haben wie *usia, tauton* und *thateron*, konnte Plotin wohl u. a. aufgrund seiner Deutung von Soph 248d–e als genuin Platonisch ansehen, wonach erkannt zu werden gleichzeitig Bewegung (qua *paschein*) sowie Ruhe (qua Objektkonstanz, 249b) erfordert, *kinêsis* und *stasis* im Bereich des Intelligiblen somit umfangsgleich sind (vgl. Szlezák [1979]: 67 f., sowie insgesamt Krämer [1967]: 193 ff.).

Literatur: Brisson [1974] – Burnyeat [1990] – Cooper [1970] – Cornford [1935] – Cornford [1937] – Frede [1996] – Frede [1967] – Frede [1991] – Frede [1992] – Gaiser [1963] – Heitsch [1988] – Krämer [1967] – Kutschera [2002] – Moravcsik [1962] – Natorp [1902] – Oehler [1985] – Owen [1971] – Szaif [1996] – Szlezák [1979]

Peter Staudacher

Intellekt siehe **Geist**

Irrtum/Täuschung

I. Irrtum (I., wofür im Griechischen je nach Aspekt verschiedene Begriffe wie *amathia, anoia, agnoia, planê, pseudos* oder *apatê* stehen können) lässt sich bei Platon allgemein als Verfehlen des Seienden definieren. ‚SEIN' darf hier aber nicht als Kopula oder als Existenzaussage verstanden werden, sondern meint immer: ‚etwas sein', ‚eine bestimmte Sache sein'. Denn Platon geht von dem Grundsatz aus, dass nur das, was als etwas Eines, Identisches, Bestimmtes (*on auto kat' hauto*) geistig festgehalten werden kann, erkennbar ist (Resp 477a). Nur was dieses Kriterium erfüllt, ist ein tatsächlich „Seiendes", ein Eidos (sh. IDEE). Das Erfassen des Seienden in diesem Sinn ist wahre ERKENNTNIS (sh. WAHRHEIT), umgekehrt ist das Verfehlen des Seienden I. bzw. Täuschung.

II. Der Ermöglichungsgrund von I. ist letztlich die Endlichkeit von Mensch und Welt. Dieser wahrnehmbare Kosmos ist nicht reine sachliche Bestimmtheit, sondern die empirisch zugänglichen Gegenstände bieten dem Erkennen nur eine scheinbare Einheit, die dem Grundprinzip des Erkennens, dass etwas nicht zugleich es selbst und nicht es selbst sein kann (Satz vom WIDERSPRUCH), nicht genügt. Denn ein und derselbe empirische Gegenstand ist immer mehr als eine Sache. Der konkrete Kreis ist nicht reine Verkörperung der Identität der Abstände von einem Zentrum, sondern er ist zugleich Kreide oder Sand usw. Nimmt man dieses Ganze als Sacheinheit, ist sie etwas Konfuses (*synkechymenon ti*, Resp 524c), ist vermischt mit „Nichtsein", weil sie immer auch etwas anderes ist (Resp 479). Die erkennbare, weil identische Sache (*ti*) begegnet uns immer nur als Beschaffenheit (*toiuton* bzw. *poion*) an etwas anderem (Ti 49), wie z. B. die Identität der Abstände (‚der Kreis') am Sand. Dadurch scheint auch die Sachbestimmtheit selbst sich ständig zu ändern. Aber sie ändert sich nicht als bestimmte erkennbare Sachmöglichkeit, sondern nur dadurch, dass der Sand sie nicht festzuhalten vermag (Ti 49b; vgl. auch Plotin *Enneaden* I.3[20].8 und 15, I.8[51].3).

Die scheinbare Einheit der empirischen Gegenstände muss darum durch das menschliche Erkennen aufgelöst werden, indem es – ausgehend von der Annahme, dass für jedes Einzelne das Eidos den Erklärungsgrund (*aitia*) darstellt (HYPOTHESE des Eidos: Phd 100 f.) – durch die konsequente Anwendung des Widerspruchsaxioms systematisch ausschließt, was nicht zu einer Sache zusammengehört (Resp 436b–c), d. h. die notwendigen und zureichenden Bedingungen einer Sache expliziert und so zu einem einheitlichen Sachgehalt kommt (vgl. Phdr 249b–c und 265d–266c). Diese eine Sache (Eidos) ist wiederum in sich differenziert; auch sie enthält verschiedene, aber immer konstante Bestimmungsmomente, d. h. sie hat ihrerseits an anderen *eidê* teil (Koinonie der *eidê*). Auf diesem Weg des Findens „in wievielerlei Hinsicht das Eine Vieles ist“ (Phlb 16c–e), kann die Seele fehlgehen, indem sie falsche Einheiten bildet bzw. sachliche Unterschiede übersieht (Plt 285a–b; Soph 252e–253e).

Denn die menschliche Seele verfügt nicht schon über die Wahrheit, sondern hat lediglich die Fähigkeit, zu ihr zu gelangen. Die Entwicklung dieser Potenz zu ihrem Bestzustand (*aretê*) ist ein langwieriger Prozess, der nicht nur eine gute Veranlagung (*physis*) voraussetzt (Resp 485–486), sondern auch eine sorgfältige Erziehung, ein geeignetes soziales und politisches Umfeld (Resp 490e–495c) und schließlich persönliche Tapferkeit (Resp 502–503). Zudem ist die Seele aufgrund ihrer Verschmelzung mit dem Körper geteilt in verschiedene Erkenntnisvermögen wie SINNESWAHRNEHMUNG, Vorstellung, MEINUNG (*doxa*), rationales (*dianoia*) und intellektives DENKEN (*nus*; sh. auch GEIST). Die Wahrnehmung, sofern sie sich nicht auf das Erfassen der Wahrnehmungsqualitäten wie Farben oder Töne beschränkt, sondern bereits in Gegenstandserkenntnis übergeht, unterliegt der Täuschung, z. B. wenn man eine Statue für einen Menschen hält. Aber auch das rationale, d. h. schlussfolgernde Denken, das von Prämissen ausgehend deren Implikate expliziert, ist aufgrund seines synthetischen Charakters nicht immun gegen I.; erst der Intellekt ist unfehlbar (Resp 477e; Gorg 454c; Plotin *Enneaden* I.1[53].9). Der Haupti., der in den Platonischen Dialogen immer wieder zum Gegenstand gemacht wird, liegt allerdings im Bereich der *doxa*. Sie ist das Vermögen, das am Einzelfall unmittelbar die Dinge selbst zu erfassen sucht bzw. auf den Einzelfall unmittelbar einen Begriff anwendet (Resp 475d–480a), ohne dass sie darüber rational Rechenschaft ablegen kann. Das Einzelne ist jedoch im Vergleich zu dem, was die Sache *kat' hauto* ausmacht (sh. FÜR SICH), notwendig defizitär, da es lediglich *eine* mögliche Verwirklichung des Eidos darstellt und vermischt ist mit anderen Bestimmungen, die nicht notwendig zu diesem Eidos gehören. So verführt es die *doxa* dazu, teils der Sache Bestimmungen zuzuschreiben, die ihr nicht von ihr selbst her zukommen, etwa wenn man meint, dass zum Schönsein das Vergoldetsein gehört, teils einen Einzelfall nicht unter die Sache zu subsumieren, etwa einem Topf das Schönsein abzusprechen (Hipp Ma 289e und 288d). Hier hat die Rede, dass Körperlichkeit bzw. Wahrnehmung die Seele an der Erkenntnis des Seienden hindert, ihren Ort (z. B. Phd 65–66).

III. Die Verwechslung von Instanz und Sache, von dem, was am Eidos teilhat, mit dem Eidos selbst, wird in verschiedenen Kontexten verhandelt. Sie ist ursächlich für die Sophismen im Euthyd, wo die Nivellierung von Instanz und Sache, Teilhabendem und Idee zu der Auffassung führt, das im Prädikat Genannte erschöpfe das Sein dessen, wovon es ausgesagt wird (Fehler des secundum quid). Sie liegt dem I. der Naturphilosophen im Phd zugrunde, welche die Genese oder die materiellen Bestandteile einer Sache für deren *aitia* halten, also notwendige mit zureichenden Bedingungen verwechseln (sh. BEGRÜNDUNG). Sie führt schließlich zu all den verfehlten Antworten der Gesprächspartner auf die von Sokrates gestellte *ti*-Frage (was-Frage), so z. B. im La, wo die Bemühungen von Nikias und Laches um eine Definition der Tapferkeit zu einem zu weiten bzw. zu engen Begriffsumfang führen. Auch der Vorbehalt gegen

Medien der Erkenntnis, seien es Bilder oder Worte (Phdr 275a–b; Ep 7), gehört in diesen Problemkontext: Das Medium stellt sich vor die Sache selbst, seine Ähnlichkeit mit dem, worauf es verweist, ist nicht nur unvollkommen, sondern verdeckt auch leicht den kategorialen Unterschied, der zwischen einzelnen Repräsentanten und dem Eidos selbst besteht. Die Fehler, welche die Seele beim Erkennen macht, indem sie konfuse Einheiten bildet (diese *agnoia* in der Seele ist das eigentliche *pseudos*), schlagen sich sprachlich nieder in falschen Sätzen (das *pseudos* in der Rede ist ein Abbild – *mimêma* bzw. *eidôlon* – des Zustands in der Seele, Resp 382b). Ein Satz sagt die Teilhabe des Subjekts am Eidos, an genau dieser Sachbestimmtheit, aus (Phd 102a–c) – er ist falsch, wenn er „das Verschiedene als Identisches und das Nichtseiende als Seiendes" aussagt (Soph 263d).

Der I., den man bei sich selbst bemerkt (einfache *agnoia*), ist dabei durchaus produktiv. Denn er wird sichtbar durch den Widerspruch, dieser führt zur Aporie, und die Aporie motiviert zum Weitersuchen, da jede Seele nach der Wahrheit strebt (Soph 228c–d). Äußerst problematisch ist jedoch die sog. „doppelte" *agnoia* (Lg 863c; vgl. Proklos *In Alcibiadem* 189; diese allein darf *amathia* genannt werden: Soph 229c): der Zustand der Scheinweisheit, in dem sich der Irrende im Besitz der Wahrheit glaubt und deshalb keinen Anlass zum Weiterdenken sieht (Alk 1 118a; Ap 29b; Symp 204a; Lys 218a–b; Resp 535d–e; Lg 732a–b). Dem Aufbrechen der so gearteten Scheinweisheit dient die Elenktik (sh. Elenchos): Sie deckt durch gezieltes Fragen Widersprüche auf und reinigt damit die Seele von falschen Meinungen (Soph 230a–e; Men 84a–c; Proklos *In Alcibiadem* 8). Dabei geht sie nicht rein destruktiv vor; denn genau dort, wo sich der Widerspruch auftut, ist der Ansatzpunkt für die weitere Differenzierung.

IV. Die von Platon entwickelten Grundgedanken zum Entstehen von I. und Verfehlung werden von der späteren platonischen Tradition übernommen und systematisiert. Der Fokus ist dabei auf zwei Aspekte gerichtet, die komplementär zu verstehen sind: einerseits auf die Materiehaftigkeit der Welt als Voraussetzung jeder Art von Verfehlung – so bezeichnet Plotin die Materie als das „erste Schlechte" (*Enneaden* I.8[51].3, vgl. auch II.9[33].9, III.2[47].4; Proklos *In Alcibiadem* 108 und 225), andererseits auf die schuldhafte Abwendung der Seele von ihrem göttlichen Ursprung und den in ihr liegenden Kriterien richtigen Handelns hin zur Vereinzelung und perspektivischen Verengung, die Ursache von konkreten Verfehlungen ist (Plotin *Enneaden* IV.8[6].4, V.1[10].1; Proklos *In Platonis Rem publicam* 2, 277 f.).

Literatur: Bremer [1969] – Detel [1972] – Hager [1987] – Irwin [1995] – Oehler [1962] – Schäfer [2002b] – Schmitt [2003] – Szaif [1998] – Wieland [1982]

Brigitte Kappl

Jenseits/Jenseits-Gericht

I. Als Jenseits (J.) wird ein Bereich außerhalb der Erfahrungswelt der Lebenden bezeichnet. Er wird in Relation zur bekannten Welt vorgestellt und ursprünglich an deren Rändern und unterhalb von ihr angenommen. Bei Homer ist der Hades die Unterwelt, in welche die schattenhaften Seelen der Toten gelangen. Später wird bei den Griechen neben der Vorstellung eines alle Seelen aufnehmenden Hades die eines J.-Gerichts bedeutsam, welches die Seelen gemäß ihrem Verhalten im Leben beurteilt und in extreme Regionen der Freuden oder der Strafen verweist. Diese Anschauung, verbunden mit jener der Reinkarnation, ist zuerst bezeugt bei Pindar, bei dem für vollkommene Seelen nach je drei Perioden im Leben und im J. ein endgültiger Aufenthalt auf den Inseln der Seligen möglich erscheint (*Olympische Oden* 2,58 ff.; Fragment 133).

II. Bei Platon, der an verschiedene tradierte J.-Vorstellungen anknüpft und sie umgestaltet, dominiert der Gedanke der GERECHTIGKEIT als Konsequenz des hiesigen Lebens. Diese realisiert sich in seinen Mythen überwiegend vermittels des J.-Gerichts, doch kann sie sich auch unmittelbar in der neuen Inkarnation auswirken (sh. UNSTERBLICHKEIT). Platons J.-Bilder bleiben zunächst im Rahmen des Mythischen, folgen später aber intellektuellen Konzeptionen hinsichtlich der Erde und des Kosmos. Den frühesten Ausblick auf das J. enthält die letzte Rede des Sokrates in Ap 40c–41c: Der Tod sei entweder wie ein traumloser tiefer Schlaf (diese „Befreiung“ von allem wird in Phd 107c abgelehnt, da die Bösen davon Gewinn hätten) oder aber „gemäß der Überlieferung“ (*kata ta legomena*) gleichsam eine Reise von hier zu einem anderen Ort, wo alle Toten versammelt sind und es, anders als hier, gerechte Richter gebe (worin deren Funktion bestünde, wird nicht klar). Sokrates hofft, er werde dort seine Tätigkeit des Prüfens weiterführen, um zu klären, wer weise ist und wer dies nur glaubt zu sein; darin erwartet er ein Übermaß an Glück (*amêchanon eudaimonias*). Unter seinen gedachten Gesprächspartnern wird neben Palamedes und Odysseus auch Sisyphos genannt, einer der exemplarisch bestraften Frevler der Nekyia.

Wird die Gerechtigkeit in Ap nur am Rande erwähnt, ist sie im MYTHOS Gorg 523a–527a ein zentrales Thema. Um ihre Bedeutung hervorzuheben, erfindet Platon eine notwendige Korrektur des Gerichtsvorgangs: Früher seien die Menschen als Lebende gerichtet worden, was zu vielen falschen Urteilen geführt habe, daher werde nach Anordnung des Zeus über „nackte Seelen“ nach dem Tod gerichtet von den ebenfalls verstorbenen Richtern Minos, Rhadamanthys, Aiakos. Diese erkennen an „Narben“ und „Schwielen“ der Seelen deren Ungerechtigkeit. Die Zielorte für die Seelen sind die der mythischen Tradition, der Tartaros oder die Inseln der Seligen. Dieser Mythos wird LOGOS genannt (Gorg 523a, vgl. 527a), soll also in seiner Kernaussage eine Wahrheit vermitteln.

Auf ein J.-Dasein der Seelen im Hades wird in Men 81b–c hingewiesen, ohne nähere Erklärung, was diese Region bedeute.

Das Motiv des gerechten Gerichts wird in den Mythen Phd 107d, Resp 614c und Phdr 249a übernommen, deren J.-Bilder dabei geographische oder kosmologische

Entwürfe implizieren. In Phd 108e–113c bietet Platon eine Darstellung unserer Erde sowie des J., welches in einen oberen und unteren Bereich gespalten ist. Oberhalb befindet sich die „wahre" Erde, die wunderbarer und reiner ist als die hiesige Erde, aber in einer klaren Proportion zu ihr steht: Unserem Wasser entspricht dort die Luft, unserer Luft der Äther (*aithêr*), der viel feiner und durchscheinender ist als die Luft. Alles, was wir hier erblicken, ist nicht rein und klar, anders als die Schau der „glückselig Schauenden" auf der „wahren Erde". Dort gibt es Pflanzen, Tiere, Menschen und auch Steine, die unseren Edelsteinen gleichen. Jene Menschen (d.h. vom Körper befreite Seelen) haben ein glückliches Leben in der Gegenwart von Göttern, sie leben lange und ohne Krankheiten (aber nicht ewig, sie werden sich wieder inkarnieren). Die finstere Unterwelt unterhalb der bewohnten Erde ist geprägt durch ein kompliziertes Strömungssystem von Flüssen, die homerische Namen tragen (vgl. *Odyssee* 10,513ff.; Aristoteles *Meteorologie* 355b kritisiert Platons Konzeption des Strömens). In diesem differenzierten J. werden die Bereiche für fünf Gruppen von Seelen unterschieden (vgl. Phd 113d–114c): Die „Mittleren" verweilen am Acheronsee, wo sie Lohn oder Strafen erfahren; die „Unheilbaren" versinken ewig im Tartaros; jene, die „heilbare" Verfehlungen begingen und schon im Leben Reue empfanden, werden aus dem Tartaros in die Nähe des Acheronsees gespült, wo sie ihre einstigen Opfer um Vergebung anflehen – wenn sie diese erlangen, sind sie von den Qualen befreit und dürfen am Gestade verbleiben, andernfalls müssen sie weiter im Tartaros leiden und nach einem Jahr auf eine neue Chance hoffen (es ist die einzige Aussage in Platons J.-Mythen, die zwischenmenschliche Reaktionen einbezieht). Auf die „wahre Erde" in ein glückseliges Dasein gelangen die gottgefälligen Seelen; unter diesen werden jene herausgehoben, die gänzlich gereinigt durch die PHILOSOPHIE nun völlig körperlos in ein noch wunderbareres, nicht beschreibbares J. eingehen. So wird außerhalb der „wahren Erde" ein geistiges Seelen-J. angenommen, wie auch in Phd 80d–e der als das Unsichtbare, *aides*, definierte Hades. In Phd 114d sagt Sokrates, kein verständiger Mensch werde behaupten, dass es sich mit dem J. genauso verhielte wie beschrieben, dass es aber etwas von solcher Art sei, darauf könne man wohl vertrauen.

III. Später entwirft Platon andere J.-Bilder. In Resp 614b–621b wird als Erfahrungsbericht des Pamphyliers Er wiedergegeben, was dieser während einer Scheintodphase bei einer Seelenreise sah und erfuhr. Demnach existieren am Ort des J.-Gerichts vier Schlünde, zwei führen nach oben und zwei nach unten, jeweils für den Hin- und Rückweg der Seelen. Eine Region für die „Mittleren" wie in Phd fehlt hier; die Seelen werden von den Richtern zum Himmel oder nach unten gewiesen, wo sie für tausend Jahre verbleiben. Danach treffen sie wieder zusammen und berichten einander von ihren erfreulichen oder qualvollen Erfahrungen. Besonders furchterregend ist ein „brüllender Mund" (Resp 615d–e), der jene Seelen beim Emportauchen in die Tartarosqualen zurückwirft, die ungenügend gereinigt oder unheilbar böse sind. Die vereinigten Seelen werden über einen langen Weg zu einem wundersamen Ort geführt (vgl. Resp 616b–617c), an dem sich die Spindel der Ananke befindet und die Gestirnsphären ihre Kreisbewegung erhalten. Hier walten die Moiren; die Seelen werden von einem Sprecher der Lachesis unterwiesen, dass sie sich (in durch Los bestimmter Reihenfolge) aus einer Fülle vorliegender Lebensmodelle ihr künftiges Leben wählen sollen zugleich mit dem DÄMON, der dieses Leben überwachen werde (Resp 617d–e, 620d–e). Nach erfolgter Wahl durchqueren die Seelen das ausgedörrte Gefilde der Lethe, dürfen vom Fluss Ameles nur maßvoll trinken; im Schlaf werden sie, hinstürzend wie Sternschnuppen, in die neue Inkarnation geführt (Resp 621a–b). Ein ewiges J.-Dasein gibt es hier nur im Tartaros für die „Unheilbaren", nicht aber für die edlen Seelen in lichten Höhen.

Im Phdr werden verschiedene Motive, so die Lebenswahl, aus der Resp übernommen, jedoch wird in Phdr 246a–248c ein anderes J.-Bild gezeichnet: Innerhalb des Himmels befinden sich die Seelen der Götter und in deren Gefolge die der Menschen. Sokrates betont, man könne nicht leicht aussagen, was die SEELE sei, wohl aber ein Bild gebrauchen: Die Seele sei vergleichbar einem geflügelten Gespann mit einem Lenker (dem Geist, *nus*, Phdr 247c) und zwei Pferden; zu den Götterseelen gehören zwei gute, folgsame Pferde, zu den Menschenseelen aber ein gut lenkbares sowie ein widerspenstiges Pferd (gemeint ist der Mut, *thymos*, und die Begierde, *epithymia*). Wenn von Zeit zu Zeit die Götter innerhalb der Himmelskugel hinaufziehen, um sich außen auf den „Rücken" des Himmels zu stellen und am „überhimmlischen Ort" die Ideen zu schauen, versuchen die Menschenseelen ihnen zu folgen. Aber wegen des schwierigen Pferdes gelingt es nur einigen, kurz einen Blick auf die Ideen zu erlangen; viele verfehlen die Chance und verlieren ihr Gefieder, so dass sie hinabstürzen in eine neue Inkarnation.

Während im Phdr der Ideenbereich als „überhimmlischer Ort" benannt wird und im Phd der unsichtbar-geistige Hades als J.-Region für die reinsten Seelen gilt, gibt es im Ti keinen Raum außerhalb des Kosmos; das Geistige ist raumlos. Obwohl hier nur die Geistseelen unsterblich sind, können diese den Kosmos nicht transzendieren; das ihnen in Ti 42b erreichbare J. ist die Fixsternsphäre (jede Seele ist einem Fixstern zugehörig, auf dem sie auf Zeit glückselig leben kann). Ein J.-Gericht existiert so wenig wie eine Unterwelt und dortige Bestrafung; die gerechten Folgen des Lebens erweisen sich im Modus der folgenden Inkarnation.

IV. Nachwirkung: Griechische Autoren nach Platon nehmen keine unterweltlichen Regionen für die Seelen an. Notwendige Reinigungen und Strafen werden in den Raum bis zum Mond oder höhere Bereiche verlegt. Herakleides Pontikos Fragment 96, 97 Wehrli [1969] betrachtet die Galaxie als den Weg der Seelen (dies sei real gemeint, nicht mythisch). Plutarch bietet in seinen Mythen verschiedene Versionen des J.: In *De sera numinis vindicta* c.26, c.30–31 werden harte J.-Strafen beschrieben. In *De genio Socratis* c.16 erfolgen bald nach dem Tod Gericht und Reinkarnation; in c.24 heißt es, dass manche Seelen nach zahllosen Erdenleben für immer auf dem Mond verweilen können. In *De facie in orbe lunae* c.28–30 ist dagegen der Mond nur eine Zwischenstation für die gereinigte Seele, bis dass der Geist sich von ihr (die dann vergeht) absondert und in ein höheres J., eine geistige Sonnenregion, aufsteigt. Bei

Numenios Fragment 35, 19ff. Des Places [1973] gelangen die reinen Seelen in die Galaxie, wobei das zum Menschsein Gehörige sich ablöst und nur das Unsterbliche, Göttliche hinaufsteigt (wie im Ti erreicht die Geistseele die Fixsternsphäre).

Plotin *Enneaden* III.4[15].6, IV.3[27].24 unterscheidet den Aufstieg in den Himmel (die Gestirnsphären) und den möglichen Übergang in ein geistiges J., den aber nicht alle Seelen vollziehen (und den es bei Platon im Ti nicht gibt).

Literatur: Alt [1982] – Alt [1983] – Annas [1982a] – Habermehl [1996]

Karin Alt

Klugheit (*phronêsis*)

I. Begriffliche Klärungen: Das Wort Klugheit (K.) hat sich eingebürgert als Bezeichnung für das praktische Wissen, das eine der jeweiligen Situation angemessene Handlungskompetenz verleiht. Geprägt ist der Begriff besonders von Aristoteles' Behandlung im sechsten Buch der *Nikomachischen Ethik*. Bei Platon ist der Gebrauch von *phronêsis* nicht in dieser Weise festgelegt: Obwohl Platon *phronêsis* als Bezeichnung für eine bestimmte Tugend kennt (Soph 247a–b; Phd 69a–b), wird das Wort bei ihm häufig synonym mit anderen Begriffen (*nus*, *epistêmê*, *sophia*) ganz allgemein für das geistige Erkennen gebraucht (Phlb 13e f.; Euthyd 281b–c; Resp 443e f.). Aus diesem Grund ist an vielen Stellen keine klare Unterscheidung möglich zwischen theoretischer und praktischer Erkenntnis sowie zwischen der K. als der Kompetenz im konkreten Handeln, der Vernunft als definierendem Prinzip für die Sittlichkeit des Handelns allgemein (sh. Handlung) und einem praktischen Wissen, das in theoretischer Weise über die Art des richtigen Handelns reflektiert; welcher dieser Aspekte gemeint ist, ergibt unter Umständen eher die philosophische Interpretation als die verwendete Terminologie. Ferner wird von Platon auch die Besonnenheit (*sôphrosynê*) häufig als die Zentraltugend des auf richtigem Wissen beruhenden Verhaltens definiert und kann eine ähnliche Stellung einnehmen, wie sie sonst der K. zugeschrieben wird (Charm; wohl in sokratischer Tradition: Xenophon *Memorabilia* 3, 9,4). Die folgenden Ausführungen beschränken sich, unabhängig von der griechischen Terminologie, auf das Phänomen des handlungsleitenden Wissens.

II. K. bei Platon: Eine der Aristotelischen Theorie vergleichbare Stellung erhält die K. im Phd, wo die anderen Tugenden so definiert werden, dass sie ohne die K. keinen sittlichen Wert haben, sondern dass in diesem Fall eher eine Begierde die andere überwältige (Phd 68e–69e). Im Men und Euthyd wird hinzugefügt, dass die K. nicht nur für den Nutzen der Tugenden, sondern überhaupt für das Gut-Sein aller Gegenstände des Lebens entscheidend ist (Men 87e–89a; Euthyd 280d–281c). Eine besonders herausragende Stellung erhält die K. im Prot, dem zufolge allein das Vorhandensein einer richtigen Einsicht in das Gute und Schlechte ausreicht, um ein abweichendes Handeln und damit jede Form der Willensschwäche im Aristotelischen Sinn (vgl. *Nikomachische Ethik* Buch 7) auszuschließen (Prot 352a–357e). In den Lg wird diese Aussage, die wahrscheinlich die Meinung des historischen Sokrates wiedergibt (Xenophon *Memorabilia* 3, 9,4–7), allerdings eingeschränkt (sh. Handlung). Im Euthyd wird die Erwerbung praktischer Einsicht (*sophia*) zum Ziel des menschlichen Lebens schlechthin (Euthyd 282a–d). Im Prot, Men und Euthyd wird das Argument für die K. allerdings aus einer Reflexion auf die allgemeine Bedeutung des Wissens (*epistêmê*) gewonnen, ein besonderer Charakter praktischer Erkenntnis also gerade nicht angenommen. Im Phd wird die K. (*phronêsis*) sogar als die Kenntnis der Wahrheit bzw. der Ideen überhaupt beschrieben (z.B. Phd 66e). Ein besonderer Charakter praktischer Erkenntnis wird allerdings im Men deutlich, wenn der richtigen Meinung (*orthê doxa*) derselbe praktische Nutzen zugeschrieben wird wie der K. (Men 97a–c); das Problem an dieser Lehre ist allerdings, dass eine richtige Meinung offenbar nicht vollständig argumentativ begründet werden kann, so dass sie nicht im eigentlichen Sinn ein praktisches Wissen darstellt. Reflektiert wird diese Tatsache im Men in der negativen Antwort auf die Frage, ob Tugend lernbar ist. Das Problem der Lernbarkeit, das offenbar aus Sokrates' Auseinandersetzung mit den Sophisten erwächst, betrifft die K. insofern, als diese für den Besitz wahrer Tugend eine zumindest notwendige Bedingung darstellt (z. B. Men vor allem 98d–e). Während die Lernbarkeit der Tugend im Men letzten Endes verneint wird, kann die Frage nach der Lernbarkeit dort positiv beantwortet werden, wo allein das Wissen als Grundlage richtigen Handelns ausreicht (Euthyd 282c–d; Prot 357e).

III. Platonische Tradition: Nach Platon war es Aristoteles, der die Lehre von der K. als einer rationalen geistigen Handlungskompetenz im Unterschied zum theoretischen Wissen entwickelte. In der platonischen Tradition war die Frage nach der K. aber nicht von großer Bedeutung. Die praktische Vernunft wurde als diskursives Vermögen der Vernunft als sekundär gegenüber dem theoretischen Denken angesehen, das es im Prinzip auch zur noetischen Erkenntnis war. Weitergehende Ausführungen sind selten. Priskian von Lydien (Pseudo-Simplikios, sh. HANDLUNG VI) unterscheidet das zu Einzelhandlungen anleitende praktische Wissen, also die K., von einer ethischen Reflexion, die allgemeine Aussagen über die Objekte des Handelns trifft, die wegen ihrer Wandelbarkeit eigentlich kein Gegenstand echten Wissens sein können (*Commentaria in Aristotelem Graeca* 11, 275, 9–21).

Literatur: Elm [2002]

Matthias Perkams

Kosmos siehe **Ordnung**

Kunst siehe **Abbild, Dichtung, Nachahmung**

Liebe (*eros, philia*)

Platons Untersuchung des Liebesbegriffs ist eine sachorientierte Auseinandersetzung mit verschiedenen Deutungen dieses Konzepts. Die dadurch erreichte Weite der behandelten Liebesvorstellungen verleiht Platons Texten eine zeitlose Aktualität, auch wenn sein Ausgang von der in Athen üblichen Knabenliebe – die im Folgenden nicht eigens thematisiert wird (vgl. im Übrigen Platons Darstellung Symp 182a–185c) – und die Zentrierung der Liebe (L.) auf die Idee des Schönen bzw. Guten zunächst fremd scheinen.

I. Platons erste ausführliche Behandlung der L. erfolgt im relativ frühen Lys (zur Datierung: Guthrie [1975]: 134f.). Dessen Diskussion der Begriffe *philia* und *philon* gelangt freilich nicht zu einer abschließenden Klärung, wie Platon selbst einräumt (Lys 222e–223a). Deutlich werden aber bereits die im Symp betonten Tendenzen, L. nicht als ausgeglichene beidseitige Beziehung (Lys 212a–213d), sondern als Streben nach einer noch nicht erreichten Vollkommenheit zu deuten, wie es in besonderer Weise die Philosophen tun (Lys 217a–218c). Alles derartige Streben lässt sich letztlich auf ein Ziel – das „wirklich Geliebte" (*philon tô onti*) zurückführen (Lys 219d–220b; Kuhn [1975]: 44f.). Dass der Dialog letztlich in einer Aporie endet, sollte nicht über diese auffälligen Parallelen hinwegtäuschen. Vielmehr wird man die letzte Aporie des Lys, die im Symp keine Schwierigkeiten bereitet (Symp 205e), als literarisch intendiert ansehen müssen (anders z.B. Guthrie [1975]: 143f.): Der Dialog weist auf Schwierigkeiten volkstümlicher Vorstellungen und einen möglichen Lösungsansatz hin, bleibt aber formal offen (Price [1989]: 12–14).

II. L.konzeptionen im Symp: Im Symp selbst wird eine Reihe unterschiedlicher Deutungen des Konzepts ‚L.' geboten, die berechtigte Anliegen der Auseinandersetzung mit diesem Begriff darstellen. Wenn Platon L. hier nicht mehr, wie im Lys, unter dem Begriff *philia*, sondern unter dem des *eros* thematisiert, behandelt er die L. noch klarer als ein begehrendes Streben (vgl. Phdr 237d f.) anstatt als eine Freundschaft unter Gleichen. Neu ist auch, dass die L. nicht nur anhand ihrer Wirkungen unter den Menschen, sondern als Gottheit behandelt wird, deren Charakter das Wesen der menschlichen L. erklärt. So begründet der erste Redner, Phaidros, mit dem Alter und dem hohen Rang des Gottes Eros, dass dieser das menschliche Leben zu seiner tugendhaften Vollendung führt, bei der die Liebenden füreinander zu sterben bereit sind (Symp 178a–180b). Sein Nachredner Pausanias, als Liebhaber des Agathon ein Vertreter der in Athen verbreiteten Homoerotik, differenziert diese Aussage und erklärt, dass es unter den Menschen einen löblichen und einen moralisch schlechten Eros gebe, die sich auf die tugendhafte Seele oder auf den Körper richteten (Symp 183d–e). Eryximachos betont die Wirksamkeit dieser beiden *Erotes* als Grundprinzipien der Kosmologie und der gesamten Lebensführung (Symp 188d). – Dagegen führt der Komödiendichter Aristophanes die zwischenmenschliche Liebe nicht auf die Gottheit, sondern auf die Teilung der Menschen zurück. Diese hätten ursprünglich zu jeweils zweien eine Einheit gebildet, wobei jeweils die Vor- und die Rückseite eine eigene Person mit eigenem Gesicht und Geschlechtsorganen gewesen sei. Nachdem Zeus diese

Verbindung wegen des Hochmuts der Menschen geteilt habe, suche jeder so auseinandergerissene Teil nach seinem abgetrennten Gegenstück (Symp 189d–193c). – Nach diesem amüsanten Zwischenspiel führt der Tragiker Agathon wieder zum Thema des Eros als Gottheit zurück, indem er die L. als den jüngsten, aber schönsten und besten Gott schildert, dem die Tugenden der Gerechtigkeit, Maßhaltung (*sôphrosynê*), Tapferkeit und Weisheit in höchstem Maße zukommen (Symp 194e–197e).

III. Die Rede des Sokrates bzw. der Diotima: Dieses Lob des Eros wird zum Aufhänger für Sokrates' eigene Rede über die L., die mit einer kritischen Auseinandersetzung mit Agathon beginnt und mit einer Wiedergabe der Aussagen der Seherin Diotima über die L. endet. Hierbei kommen wesentliche Aussagen der Vorredner zur Sprache und werden relativiert oder aus der neuen Theorie heraus erklärt. – Sokrates betont, keine Lobrede auf die L., sondern die Wahrheit über sie sagen zu wollen (Symp 198c–199b; vgl. Phdr 247c); seine Gesprächspartner, besonders Agathon, werden in eine ähnliche Rolle gebracht wie die Sophisten in den Frühdialogen, deren selbstsichere Darlegungen von Sokrates widerlegt werden. Im Falle Agathons zeigt Sokrates durch die einleitende Befragung, dass L. sich immer auf etwas richtet, was sie noch nicht hat, so dass die Ansicht nicht richtig sein kann, die L. selbst sei bereits vollkommen; vielmehr ist sie ein Streben zum Schönen, da sie selbst eben noch nicht schön ist (Symp 199b–201c). – An den Lys erinnern auch die weiteren Aussagen der Diotima: Der Eros ist genausowenig schön wie hässlich. Da er nicht schön ist, kann er aber kein Gott sein, sondern er ist ein *daimon*, der die Güter der Götter den Menschen nahebringt. Erläutert wird das durch die berühmte Genealogie, der zufolge Eros ein Sohn der Armut (*penia*) und des Poros, der Personifikation des Weges bzw. des Mittels, etwas zu erreichen, ist. Da er bei der Geburt der Aphrodite gezeugt wurde, ist Eros immer auf der Suche nach dem Schönen, doch er selbst bleibt zwar zart, aber auch hässlich und unvollkommen (Symp 203a–e). Auf diese Weise wird er zum Urbild des Philosophen, der sich stets auf dem Weg zur Weisheit befindet, da er sie nicht bereits besitzt – wie die Götter –, aber bereits ihren Wert erkannt hat (sh. PHILOSOPHIE), was den Unwissenden (*amatheis*) nie gelingt (Symp 204a–b; vgl. Phdr 248d). – Generell ist L. das Streben jedes Menschen zu seinem Glück (*eudaimonia*) bzw. zum Guten (*agathon*, Symp 204e–205a), doch wird im strengen Sinne nur das auf ein unvergängliches Endziel, nicht nur auf Einzelgüter wie Reichtum oder körperliche Gesundheit und Kraft hingeordnete Leben L. genannt (Symp 205d–206b). Formal ist dabei die SCHÖNHEIT (*kallos*) das Objekt der L., da nur etwas Schönes zum Hervorbringen guter Dinge anregt. Darunter fällt sowohl das Zeugen (*tokos*), das von körperlicher Schönheit angeregt wird und die Ewigkeit der Art Mensch sichert, als auch das Erwerben moralischer und politischer Tugenden, das zur dauernden Schönheit der eigenen Seele beiträgt (Symp 206c–209e). Zur Erfüllung gelangt die L. freilich nur in der noetischen Schau des vollkommenen Schönen, die „ein ganz bestimmtes Wissen" (*mia tis epistêmê*, Symp 210d) der vollkommenen, unwandelbaren und unverlierbaren Idee des Schönen darstellt (Symp 210c–211b). Zu erreichen ist diese gleichsam mystische Schau nur durch ein stufenweises Aufsteigen über die verschiedenen Stufen unvollkommener Schönheit (Symp 210a–c). – Aus dieser stufenweisen Entwicklung wird auch deutlich, wie sich die von Sokrates' Vorrednern gepriesenen Vorzüge der L. systematisch bewerten lassen: L. ist nicht, wie Aristophanes meinte, auf eine Hälfte des eigenen Selbst gerichtet (Symp 205d–e), sondern auf die Schönheit als ganze, während die von Phaidros und anderen geschilderten Heldentaten eine Folge der L. zum Schönen der eigenen Vervollkommnung sind (Symp 208d). Wie fremd derjenige, der Zugang zu dieser Schönheit hat, seiner Umwelt ist, zeigt im Symp exemplarisch Alkibiades' von Unverständnis geprägte Lobrede auf Sokrates (Symp 215a–222b).

IV. Phdr und Lg: Die Konzeption des Symp war freilich nicht Platons letztes Wort zur L.thematik, sondern sie wird insbesondere im Phdr und den Lg um weitere Aspekte ergänzt. Den Höhepunkt der Darstellung im Phdr, dem zufolge viele Formen von L. eher Arten der Verrücktheit (*mania*) sind, bildet die Schilderung zweier Liebender, die sich gemeinsam auf dem Weg zum Guten unterstützen, nachdem der irrationale, überschäumende Drang zum Geliebten – symbolisiert durch eines der beiden Seelenpferde – durch Konzentration der Seele auf die wahre Schönheit gemäßigt worden ist (Phdr 253c–256e; ausführlich zur L. im Phdr: Price [1989]: 55–102). – Eine weitere Klärung erfährt das Konzept der L. in den Lg. Hier unterscheidet Platon drei Arten von L., eine auf Ähnliches und eine auf etwas Entgegengesetztes, dem Liebenden (noch) Fehlendes bezogene, und eine Art, die beide verbindet. Diese L. kann sich sowohl einem körperlichen, momentan präsenten Gut als auch der seelischen Tugend zuwenden. Nur die tugendhafte L. sollte, wenn überhaupt, vom Gesetz erlaubt werden (Lg 837a–c). Dass eine derartige L. gottgewollt ist, ergibt sich daraus, dass die Dämonen, zu denen sicher auch der Eros des Symp zu rechnen ist, vom menschenfreundlichen (*philanthropos*) Schöpfergott zur Anleitung und Besserung der Menschen eingesetzt wurden (Lg 713c–d). Daher bildet die göttliche Fürsorge als absteigende L. ein Gegenstück zum aufsteigenden menschlichen Eros (Kuhn [1975]: 51–55).

V. Plotin und Proklos (Tornau [2005]; Tornau [2006]): In der platonischen Tradition wies besonders Plotin dem Konzept der L. eine zentrale Stellung zu, indem er die Rückwendung des Menschen zum Einen bzw. Guten als L. beschreibt (vgl. *Enneaden* III.5[50]): Alles Seiende wird insofern zum Gegenstand des erotischen Strebens, als ihm durch Teilhabe am Einen bzw. Guten Schönheit zukommt (*Enneaden* VI.7[38].31–33). So wird – wohl durchaus in Platons Sinn – die Idee des GUTEN aus dem Sonnengleichnis mit dem vollkommenen L.objekt aus dem Symp identifiziert (*Enneaden* VI.7[38].21.11–17). Allerdings scheint die Annahme paradox, dieses Streben könne eine Erfüllung finden. Das Vorhandensein eines Strebens setzt voraus, dass das Erstrebte noch nicht besessen wird. Plotins Antwort ist, dass er den vollendeten L.akt als unanalysierbare Vereinigung des Liebenden mit dem Einen bzw. Guten versteht, wobei jede Gegenständlichkeit des L.objekts aufgehoben und die L. ihr eigenes Objekt wird (*Enneaden* VI.8[39]15.1–8). Letztlich zeugt dieser Eros vom Streben des Menschen zum Einen bzw. Guten, und erst auf dessen Stufe, nicht schon auf der des

Geistes, findet die menschliche L. ihre Vollendung (*Enneaden* VI.7[38].34f.). – Im späteren Neuplatonismus tritt diese Sonderstellung der L. zurück, wie sich exemplarisch bei Proklos zeigt: Hier ist der liebende Bezug des Seienden zum Schönen der Gottheit sekundär gegenüber dem glaubenden Vertrauen (*pistis*) in dessen Güte, die den dauerhaften Aspekt (*monê*) des triadisch verstandenen Göttlichen ausmacht und zugleich der axiomatische Ursprung jeglicher menschlicher Werturteile ist. Da dieses Gute aber in sich unerreichbar ist, führt anstatt der L. letztlich nur die Theurgie zur Vollendung des Menschen (*Theologia Platonica* 1, 22–25).

VI. Augustinus und der christliche L.begriff (Tornau [2005]): Ihre bedeutendste Wirkung hat Platons L.theorie vermittelt durch ihre christliche Rezeption ausgeübt, in der Augustinus die einflussreichste und durchdachteste Konzeption vorgelegt hat. Platonische Elemente waren hierbei besonders die These, dass alle L. letztlich auf ein vollkommenes Ziel gerichtet ist – wobei Gott an die Stelle des Platonischen Guten bzw. des Plotinischen Einen trat – sowie die Annahme, dass der Mensch dieses Ziel in seinem eigenen Geist findet, wenn er diesen nur richtig versteht (*De trinitate* 8, 9–11). Der Unterschied zwischen biblischer L. (*agapê*) und Platonischem *eros* wird aber ebenfalls betont: 1. Augustinus unterscheidet, im Gegensatz zu Plotin, deutlich zwischen dem Liebenden und Gott, seinem letzten Objekt (*In I Ioannis* 9, 9). 2. Wahre L. ist immer auch Nächstenl., da nur derjenige Gott lieben kann, dessen L. einen Menschen als konkretes Objekt hat (*De trinitate* 8, 12; *In I Ioannis* 9, 10f.). Mit diesen Anpassungen inspirierte Augustinus' platonisch geprägte L.theorie die reiche Auseinandersetzung um die L. im Mittelalter (Abaelard, Bernhard von Clairvaux, Richard von Sankt Viktor, Bonaventura, Thomas von Aquin, Meister Eckhart u.a.).

Literatur: Guthrie [1975] – Kuhn [1975] – Price [1989] – Tornau [2005] – Tornau [2006]

Matthias Perkams

Liniengleichnis siehe **Abbild I–IV, Analogie I, Denken I, Erkenntnis III, Trennung III**

Logos (*logos*)

Logos (L.; Plural: *logoi*) stammt vom Verb *legein*, das homerisch „lesen, auflesen, sammeln", dann auch „zählen, aufzählen" sowie „erzählen, sprechen" heißt. Daher reicht der Bedeutungsumfang von *logos* in klassischer Zeit von „Rede, Unterredung" über „Rechnung, Rechenschaft" bis zu „Grund, Vernunft". Auch wird *logos* zum Ausdruck des mathematischen Verhältnisses (*ana logon*) gebraucht. Bei Platon kommt der L. in der gesamten Breite des Begriffs vor. Im Folgenden soll jedoch nur die logische bzw. grammatikalische Bedeutung von L. dargestellt werden (zur Analogie sh. ANALOGIE).

I. Definition des L.: Obwohl Platon keinen eigenen Begriff für „Sprache" hat, bedeutet L. die sprachliche Äußerung des Menschen, der ein Vorgang des Denkens entspricht, welcher wahrheitsdifferent ist, d.h. einen wahren oder falschen Bezug zur Wirklichkeit herstellt. Die Definition des L. ist eng an das Denken gekoppelt: „Denken (*dianoia*) und Rede (*logos*) sind dasselbe, nur dass das innere Gespräch der Seele mit sich selbst ohne lautliche Äußerung (*ho men entos tês psychês pros hautên dialogos aneu phônês gignomenos*) von uns ‚Denken' genannt worden ist. … Das Fließen von jenem Denken durch den Mund mittels des Lauts wird Rede (*logos*) genannt" (Soph 263e; vgl. Tht 189e f. und 206c–d). Eigenschaften des L. sind, dass er einen Referenzgegenstand besitzt und als Bejahung (*phasis*) und Verneinung (*apophasis*) vorkommt (Soph 262e). Zwar wird in dieser Definition L. auf das lautlich geäußerte Denken reduziert. Der Gattungsbegriff in der Definition der *Dianoia* ist jedoch das Gespräch oder der Dia-Logos, so dass Sprechen und Denken ein komplementäres Phänomen sind, nämlich äußeres und inneres Sprechen. Dia-Noia, d.h. rationales, diskursives Denken ist an Sprachlichkeit gebunden und zwar an eine bestimmte, von Sokrates praktizierte Form des begründenden Sprechens, des *logon didonai.*

II. *Logon didonai* bedeutet, eine Begründung für eine Ansicht oder eine Aussage zu geben. Es handelt sich um eine Formel der zeitgenössischen Rechtspraxis, mit der die Rechenschaftslegung eines Amtsträgers am Ende seiner Amtszeit, insbesondere über die Verwaltung von Staatsgeldern, gemeint ist (vgl. Lg 774b, 946c–e). In Analogie zu dieser Praxis ist im dialektischen Gespräch der Fragende derjenige, der Rechenschaft verlangt, zumeist Sokrates, und der Antwortende derjenige, der Rechenschaft gibt. Charakteristisch für das sokratische Gespräch ist, nicht nur den Inhalt einer Aussage zu überprüfen, sondern auch die Person, die jene Aussage macht, ihr gegenwärtiges und vergangenes Leben und ihre Handlungen (La 187e ff.). Ziel dieser Prüfung ist es, den Befragten zur Tugend (*aretê*) zu mahnen und für den Fall, dass er glaubt, bereits tugendhaft zu handeln und zu wissen, was Tugend sei, zu überprüfen und gegebenenfalls zu widerlegen (Ap 29d f.). Das *logon didonai* ist damit die notwendige Voraussetzung zur Rechtfertigung aller, nicht nur ethischer oder lebenspraktischer Wissensansprüche. Die Einzelwissenschaften, deren Grundsätze und -gegenstände nur den epistemologischen Status von Hypothesen haben, bieten für diese Hypothesen gewöhnlich aus methodischen Gründen kein *logon didonai* auf (Resp 510c). Jedoch ist es Aufgabe der eigentlichen Form des Wissens, des apriorischen Wissens der Dialektik, Rechenschaft über ihre Voraussetzungen bzw. eine Begründung abgeben zu können (Resp 531e f.). Denn da deren Objekte unkörperlich und nicht sinnlich wahrnehmbar sind, ist das *logon didonai* die geeignete Methode, das Wesen der Dinge bzw. deren L. zu erkennen (Resp 534b; Plt 286a). Im Phd (99d ff.) tritt Sokrates daher in der Prinzipienforschung auch die „zweite Fahrt" (*deuteros plus*) an und nimmt, statt unmittelbar durch sinnliche Wahrnehmung die Prinzipien erkennen zu wollen, Zuflucht zu den Logoi. Das sind in letzter Konsequenz die Ideen, die hypothetisch angenommen werden, um daraus Folgerungen ziehen zu können.

III. Antilogik: Die dem Philosophen entgegengesetzte Haltung nimmt der Sophist ein, den Platon auch als Widerspruchsredner (*antilogikos*) oder Streitredner (*eristikos*) bezeichnet (Soph 226a, 232b). Der Eristiker oder Antilogiker ist dem Dialektiker ähnlich, insofern als auch er über alles seine Reden führt und mit dem Widerspruch (*antilogia*) zu tun hat. Sein Ziel ist es, ähnlich wie bei der elenktischen (sh.

Elenchos) Gesprächsführung des Sokrates, zwischen der Voraussetzung eines Schlusses und seiner Folgerung einen Widerspruch festzustellen und damit seinen Mitunterredner zu widerlegen. Jedoch ist seine Haltung und die Grundlage des Widerspruchs eine andere: Die Antilogik ist eine Technik, über alles in Wortstreit zu kommen (Soph 232e; Phdr 261e). Der Sophist verfolgt sie zum Gelderwerb (Soph 226a), aber auch zur Philosophie begabte, junge Menschen können ihr unwissentlich aus jugendlicher Freude am Widerspruch anheimfallen, was eine allgemeine Skepsis gegenüber apriorischer Erkenntnis und gegenüber den Gesetzen auslösen kann (Resp 538d–539d; Phd 90b f.). Der Fehler liegt darin, dass der Antilogiker sich nur an den vermeintlichen Widerspruch zweier Wortbedeutungen hält, ohne wie der Dialektiker auf die begrifflichen Verhältnisse zu sehen (Resp 454a). Ein Beispiel für einen antilogischen Schluss wäre: Wenn Kahlköpfigkeit und Kopfbehaarung ein Gegensatz sind und die Behaarten die Schuhmacherei betreiben, darf den Kahlköpfigen die Schuhmacherei nicht gestattet werden (Resp 454c). Der angenommene Grundsatz, dass entgegengesetzte Naturen nicht dieselben Handlungen ausführen können bzw. sollen, wird hier eristisch angewandt, indem nicht die für die Handlung relevante Natur, sondern eine akzidentelle Eigenschaft angeführt wird. Aristoteles klassifiziert die verschiedenen Fehler antilogischer Schlüsse in den *Sophistici Elenchi.*

IV. L. und Wissen: Die Bedeutung von L. als Grund oder Begründung benutzt Platon zu einer Unterscheidung verschiedener Wissensformen. Ein bloßes Erfahrungswissen (*empeiria*), z.B. das Kochenkönnen, ist von einer Kunst (*technê*), z.B. Medizin, dadurch unterschieden, dass sie keinen L. hat und damit ohne Begründung ihrer Tätigkeit auskommt, *a-logon* ist (Gorg 465a; vgl. Aristoteles *Metaphysik* 981a). Die wahre Meinung (*orthê doxa*) unterscheidet sich vom Wissen (*epistêmê*) durch den Aufweis ihrer Ursache (*aitia*, Men 98a). Das bedeutet jedoch nicht, dass das Wissen die „mit L. verbundene, wahre Meinung" (*meta logu alêthê doxa*, Tht 201c) ist. Im Tht werden die Aporien dieser These aufgewiesen: Der L. wird allgemein, ähnlich wie im Soph, bestimmt als „Verdeutlichen des diskursiven Denkens mit Hilfe von Haupt- und Zeitwörtern" (Tht 206d), wobei das diskursive Denken der L. der Seele ist, in dem diese in Fragen und Antworten die Sache, worüber der L. handelt, mit sich selbst still durchgeht; die Meinung ist das, was die Seele in einem solchen Dialog behauptet und nicht bezweifelt (Tht 189e–190a). Die Definition des Wissens als mit L. verbundene, wahre Meinung wird dann schwierig, weil sich keine Differenz zwischen L. und wahrer Meinung angeben lässt (Tht 206c–210c). Das wird für die folgenden drei Definitionsversuche des L. vorgeführt: 1. der L. als lautliches Bild (*eidôlon*) des Denkens (Tht 206d, 208c), 2. als Aufzählung seiner Bestandteile (*stoicheia*; Tht 206e, 208c) und 3. als Angabe der spezifischen Differenz (*diaphora*) eines Gegenstands gegenüber allen anderen (Tht 208c, 209a). Ausgehend vom Gebrauch als Grund bzw. als begründende Rede, durch die Wissensansprüche gerechtfertigt werden, steht *logos* im übertragenen Sinne gelegentlich auch für die Vernunft als psychisches Vermögen (z.B. Ti 70a; Lg 653b), das gewöhnlich mit dem Ausdruck *logistikon* bezeichnet wird (Resp 439d).

V. L. als Satz: Im engeren logisch-grammatikalischen Sinne gebraucht Platon L. als „Satz". Im Krat etwa unterscheidet er noch nicht trennscharf zwischen Nennen (*onomazein*) und Sagen (*legein*; z.B. Krat 385c). Zwar besteht schon hier der L. aus Hauptwort (*onoma*) und Zeitwort (*rhêma*; Krat 425a, 431b–c; vgl. Tht 206d), doch sind diese beiden Wortgruppen noch nicht funktional unterschieden. Platon vertritt noch ein „akkumulatives Satzmodell", in dem die Bestandteile des Satzes nur aneinandergereiht werden und die Wahrheit des ganzen Satzes sich aus der Wahrheit aller seiner Teile ergibt; ein falsches Prädikat würde genügen, um einen ganzen Satz falsch werden zu lassen (Derbolav [1972]: 111–114; Prauss [1966]: 123f. interpretiert den L. in der Phase vor dem Soph als Nennen bzw. als identifizierende Bezugnahme von Wort und Dingeigenschaft). Dieses Modell wird auch noch im Tht benutzt (Tht 206e). Erst im Soph wird ein strikter Unterschied gemacht zwischen dem bloßen Nennen und dem Sagen im Sinne des Verflechtens (*perainein*, *symplekein*, Soph 262d): Der kürzeste, einfachste Satz wäre eine Zusammensetzung aus Haupt- und Zeitwort, etwa „Der Mensch lernt" (Soph 262c). Beide Wörter sind nicht mehr nur einfach „Mittel, etwas bekannt zu machen" (*dêlôma*, Krat 399b), sondern das *onoma* ist bezogen auf den Handelnden (*prattôn*) und das *rhêma* auf die Handlung (*praxis*, Soph 262a). Eine bloße Aneinanderreihung von Wörtern ergibt keinen sinnvollen Satz (Soph 262a–b). Voraussetzung für die „Verflechtung" der Worte im Satz ist die „Verflechtung der Ideen" (*symplokê tôn eidôn*), die erst im Soph entwickelt worden ist (Soph 259e f.): Wie sich die Dinge (*pragmata*) teils zueinander fügen (*harmottei*), teils nicht, so verhält es sich auch mit den Worten im Satz (Soph 262d–e) – die Dinge sind aber ontologisch und logisch bedingt durch die Ideen und ihre jeweiligen Verknüpfungsmöglichkeiten. Die strukturelle Entsprechung zwischen Satz und Ideen ist wiederum die Voraussetzung für die Wahrheitsdifferenz des Satzes: Die Wahrheit des Satzes wird bestimmt als Aussage des Seienden, dass bzw. wie (*hôs*) es ist, die Falschheit als Aussage des Nichtseienden als Seiendes (Soph 263b; eine umfassende Darstellung der Kontroverse über den Zusammenhang zwischen der Ideenverflechtung und der Konstitution bzw. Wahrheit des L. finden sich bei Lorenz/Mittelstraß [1966] und Derbolav [1972]: 177–184, besonders Anmerkung 17 mit der Übersicht über die dazugehörige Literatur und Positionen). Wenn es keine Ideenverflechtung gäbe, gäbe es keinen L.; damit ist der L. selbst eine der höchsten Ideen und eine eigene „Gattung des Seienden", die sich mit den anderen Ideen und Gattungen verbindet und ohne die keine Philosophie möglich wäre (Soph 260a–b).

Ein Spezialfall des L. als Satz ist die Definition (z.B. Resp 343a; Phdr 245e – hier steht *logos* sogar neben *usia*, dem Wesen). Sie ist das Ziel der Sokratischen Bemühung um das *logon didonai* und seiner Frage „Was ist X?" (*ti estin*). Beispiele als Antwort auf diese Frage werden zurückgewiesen und so der Unterschied zur Definition markiert (Men 72a–b; Tht 147d). So gilt Sokrates als der erste, der das allgemeine Definieren praktiziert hat (Aristoteles *Metaphysik* 1078b). Logisch ist die Definition keine Existenzaussage, sondern die Bestimmung eines Gegenstands aus seinen Bestimmungsgründen. Die Definition ist ein L., nicht weil er eine Zusammensetzung aus

Haupt- und Zeitwörtern wäre, sondern weil es zur Bestimmung einer Sache mehrerer Elemente bedarf, nämlich einer Gattung und einer oder mehrerer Differenzen. Das ist die Grundlage der Aristotelischen Definitionslehre (z.B. Aristoteles *Topik* 103b).

VI. L. als Rede: Der umfangreichste L. ist die Rede als eine verbundene Reihe von Sätzen, die Kunst (*technê*) der L. die Rhetorik (Phdr 260d). Die Platonische Reform der bisherigen Rhetorik, die ihren Gegenstand im Wahrscheinlichen (*eikos*) sieht, macht die Wahrheit zum Ziel des Redners und die Kenntnis der wahren begrifflichen Verhältnisse zur Voraussetzung einer Rhetorik, die sich eine Kunst nennen kann (Phdr 272d–274a). Formal wird von einer kunstmäßigen Rede ein geschlossener Aufbau verlangt: Sie soll wie ein lebendiger Organismus Anfang und Ende und eine angemessene Gliederung haben (Phdr 264c). Trotz der „Rationalisierung" der Rhetorik entfaltet Platon selbst im Ti eine auf Wahrscheinlichkeit beruhende Darstellung (*eikos mythos*, Ti 29d, bzw. *eikos logos*, Ti 30b) des Kosmos und seiner Teile. Platon begründet das so, dass aufgrund der allgemeinen Verwandtschaft von Sache und L. diejenigen L., die auf unveränderliche Sachverhalte bezogen sind, unwiderlegbar sind, während die L., die sich mit dem Abbild des Ewigen beschäftigen, nur wahrscheinlich und analog zu den wahren Verhältnissen sind (Ti 29b–c). Analogien sind auch ein charakteristisches Merkmal innerhalb des Kosmos, seines Körpers und der Seele (z.B. 32b, 37a).

Bei der Interpretation des facettenreichen Begriffs „L." steht die Frage nach dem Verhältnis von Dialog und Dialektik im Vordergrund des Interesses. Phänomenologische bzw. hermeneutische Interpreten betonen die Herkunft des wissenschaftlich-dialektischen L. aus der Sokratischen Rechenschaftsgabe als Angabe des Grundes (*logon didonai*) (klassisch hierzu Gadamer [1968b], auch Marten [1965]) oder interessieren sich mehr für die dispositionelle Fähigkeit zur Rechenschaftsgabe als Inbegriff des dialektischen Wissens (Wieland [1982]). In der Interpretation der Spätphilosophie, die mit Parm, Tht und Soph den L. primär unter logisch-analytischem Blickwinkel seiner Konstitution durch die Ideen betrachtet, konkurrieren ontologische (Düsing [1980]), metaphysische (Reale [1993a]) und sprachanalytische (z.B. Allen [1965a]; Vlastos [1971]) Interpretationen miteinander.

VII. Rezeption: Im Mittel- und Neuplatonismus tritt im Anschluss an den Ti und der dort in Analogien ausgedrückten Entsprechung von Sache und L. (Dörrie/Baltes [1996]: 356–359) die Bedeutung von L. als das Angeben von Gründen im Dialog und die logische Satzanalyse zurück zugunsten der Bedeutung von Vernunft bzw. Wesen der Sache. Nach dem jüdischen Theologen und Mittelplatoniker Philon von Alexandria, der den L. als Wort Gottes zum Instrument macht, mit dem Gott den Kosmos erschafft (*De Cherubim* 127), nennt auch Plutarch den sichtbaren Kosmos eine Verflechtung von L. und Materie (*De defectu oraculorum* 47, 436a; vgl. dazu Dörrie/Baltes [1996]: 384f.). Bei Plutarch findet sich auch eine Rekonstruktion des L. aus den beiden psychischen Vermögen der Vernunft (*nus*) und der Wahrnehmung (*aisthêsis, De aimalium procreatione* 24, 1024f.). Bei Plotin ist der stoische L.-Begriff als das den Kosmos durchwaltende Vernunftprinzip eingebettet in ein neuplatonisches Hypostasensystem. Der L. übernimmt die Mittlerrolle zwischen den Hypostasen, wobei dem überseienden Einen kein L. zukommt. Der L. ist primär gedacht als rational-diskursive Struktur und als seelisches Abbild der intuitiv erkennbaren Ideen im Geist (*Enneaden* I.2[19].3.27–31). Somit ist er der Ausfluss (*aporroia*) des Geistes in die Seele (*Enneaden* III.2[47].2.15–18). Die Seele – die Weltseele ebenso wie die individuelle Seele – ist daher auch der L. des Geistes (*Enneaden* V.1[10].3.6–11), der die unbegrenzt vielen einzelnen L., d.h. die idealen, rationalen Formen (*Enneaden* IV.4[28].360.1f.), enthält. Diese können zusammen mit der Materie die sinnlich wahrnehmbaren Einzeldinge bilden (*Enneaden* II.3[52].17, VI.7[38].4).

Literatur: Allen [1965a] – Brisson [1999a] – Cornford [1957] – Derbolav [1972] – Dörrie/Baltes [1996] – Düsing [1980] – Fattal [2003] – Gadamer [1968b] – Leisegang [1926] – Lorenz/Mittelstraß [1966] – Marten [1965] – Opsomer [2002] – Prauss [1966] – Reale [1993a] – Stenzel [1961] – Vlastos [1971] – Wieland [1982]

Michael Schramm

Lust (Vergnügen, Freude, angenehme Empfindung, *hêdonê*)

I. Definition von Hedone (H.): Grundsätzlich bezieht sich H. auf den Geschmacks- bzw. den Geruchssinn. Zur generellen Mäßigung in Fragen der H. raten schon Demokrit (*metriotês terpsios*, VS 68 B 191) und Antisthenes (Diogenes Laertios 6, 1,3; vgl. auch Phlb 26b, 45d–e).

II. H. bei Platon im Phlb: Entscheidend für die verständlicherweise vielfältige (Phlb 12c–13a, 14a) Position ist die Diskussion in Phlb: In einem ersten Zugriff ist die H. an die Sinne und den Körper gebunden (insgesamt dann auch an das Leben; Phlb 32e–33b, vgl. auch 45a). Auf der untersten Ebene (derjenigen Aphrodites) finden sich hierzu der Durst und der Hunger. Beides ist ein Mangel; die H. stellt sich bei der Stillung dieser Bedürfnisse ein. H. und Unlust treten dabei gleichzeitig auf (Phlb 31c–32b, 35a; Phdr 258e; Gorg 495e–499b). Besondere Schwierigkeiten bereiten dann auch diese Misch- und Übergangsverhältnisse (Phlb 31b; Resp 583c–588a). Um die Glückseligkeit (sh. Eudaimonie) vom Guten differenzieren zu können, fordert Sokrates von Anfang an ein Drittes, nämlich Vernünftigkeit, Erkenntnis, Verstand bzw. Kunst (es reicht also nicht das bloße Wohlbefinden – *chairein*; Phlb 11d; vgl. auch 28a), weil das Angenehme und das Gute nicht identisch sein können (Phlb 20b–21c, 54d, 55a, 60a–c; Gorg 494c–495b, 497a–d, 499b, 500d, 506c). Die beste Lebensweise (hin auf das Gute) scheint somit diejenige zu sein, welche Vernunft und H. mischt (Phlb 22a, 27d, 61a–b, 64c, 65a–66d; Lg 636d–e, 792d, 875b–c), weil derjenige, der sich nur an der H. orientiert, nicht weiß, worüber er sich freut, und sich derjenige, der sich nur an der Vernunft orientiert, offenbar nicht freuen kann (Phlb 60d–e). Für die Götter gilt dagegen generell, dass sie weder H. noch Unlust fühlen (Phlb 33b; Lg 732e). Neben der körperlichen H. gibt es auch die seelische – zunächst in der Form der Erwartung aus der Erinnerung (Phlb 32c). Die seelische Instanz hierzu ist die Begierde (*epithymia*), welche die Überwindung des Mangelzustandes erstrebt (Phlb 34d ff.). Wenn aber die H. nicht nur auf körperliche, sondern maßgeblich auch auf seelische Zustände verweist, ist sie auch abhängig von der Vorstellung bzw. der Mei-

NUNG (*doxa*) über die Dinge, von welchen wir uns H. versprechen. Dadurch aber entsteht das Problem von „richtiger" und „falscher" H. (Phlb 36c–38b). Die „Falsch- bzw. Richtigkeit" einer H. liegt also in bestimmten Urteilen, nicht aber in der untrennbaren Verbindung mit dem Leid, der Verwechslung mit der Befreiung von Schmerz (Phlb 44bc) oder der Über- bzw. Unterschätzung der H. (vgl. Frede [1997b]: 242). Die „Guten" scheinen die richtige H. zu haben und die Schlechten die falsche (Phlb 40b–c, 61d–e, 62e). Da es dann aber auch eine „richtige" und eine „falsche" Unlust gibt, liegen H. und Unlust „in uns nebeneinander" (Phlb 41d; Gorg 499b). Die H. unterliegt also nicht nur der Meinung, sondern auch der neben ihr stehenden Unlust (Phlb 42b). Die H. und ihr Gegenteil mischen sich innerhalb des Leibes und innerhalb der SEELE und zwischen Leib und Seele (Phlb 46c ff.). Die ungemischte H. innerhalb der Seele erfreut sich an schönen Farben, an (vor allem mathematischen) Gestalten, Gerüchen, Tönen und Kenntnissen (Phlb 51a–52d). Eine Analyse der verschiedenen Kenntnisarten (Phlb 55c–59b) führt dann auf die Reihung der wichtigsten Vermögen (Phlb 65a–66d): Zuerst steht das Maß, mit dem man alles beurteilen kann (vgl. auch Phlb 64d–e; Plt 284e ff.; Lg 732e–734e), dann das Ausgewogene, das Schöne, das Vollendete, das Vollkommene und das Treffende (die Gegenstände also, welche am höchsten eingeschätzt werden); dann erst Vernunft und Einsicht und schließlich die Gegenstandsbereiche der Wissenschaft, der Künste und der richtigen Vorstellung; und erst hierauf folgen die H. und die Schmerzlosigkeit. Diese Einteilung wird im Phlb nicht zuletzt dadurch vorbereitet, dass der H. ein Seinsstatus abgesprochen wird. Die H. sei vielmehr ein WERDEN, da sie selbst in eine andere Ordnung gehört als das, was sie erstrebt (Phlb 26e–27d, 31b–32b). Allein dieses ist Teil der Ordnung des GUTEN (*moira agathôn*) (Phlb 53d–55c; Gorg 504c–e, 506d–e). Wer sich nur am Werden und Vergehen orientiert, wählt nicht das Leben der Vernunft (Phlb 55a). Wer dagegen ein besonnenes und gerechtes Leben führt, ist darüber auch glücklich (Gorg 506c–508b). Man hat Platon vorgeworfen, er verwirre bei seiner Konzeption der H. den Prozess des Erlangens von H. und den Inhalt der H. Richtig ist wohl eher, dass Platon die beiden Momente konsequent aufeinander bezieht (Frede [1997b]: 316–318). Zu erwähnen ist auch die Einteilung in die drei Lebensweisen des Angenehmen, des Unangenehmen und des Indifferenten (Phlb 43c, 55a; Resp 583c; andere Einteilung in Lg 733d–734e).

III. H. bei Platon in den anderen Dialogen: Die H. in Relation zum WISSEN wird im Prot diskutiert (Prot 351b–359a). Zunächst scheint Sokrates die These zu vertreten, das Gute sei mit der H. identisch (Prot 351b–e). Dem widerspricht Protagoras, indem er annimmt, mit Hilfe von Wissen (*epistêmê*) könne man eine Optimierung der H. insgesamt erreichen, die einen momentan als schlecht empfundenen Zustand zu Gunsten eines erwarteten zukünftigen Guten in Kauf nehme. Das behaupte auch die Menge (*hoi polloi*; Prot 352d–354e; Phd 68e f.). Allerdings hält sie das Wissen im Verhältnis zu den Begierden für machtlos. Das Maß für eine HANDLUNG liegt danach in der größeren Begierde schlechthin, nach Protagoras in der kalkulierten Begierde, nach Sokrates aber im Wissen um das Gute und das rechte Maß (Prot 352b–c, 356d;

Gorg 500a; Phd 68e–69d). Sokrates erscheint so als Hedonist (Hermann [1972]: 10, Fußnote 4 und 59ff., 78; dagegen Manuwald [1999]: 379), weil er die wissentliche Handlung sowohl für die gute als auch für die angenehme hält (Prot 357b–358d; Lg 663a, 734d). Im Gorg stehen eine Reihe von „Erfahrungen" (*empeiria*), wie die RHETORIK, in der Kritik, die ohne Rücksicht auf das Beste bei den Adressaten Begierden hervorrufen (Gorg 462c, 503a u.ö.).

IV. Stufung der H.: Offenbar nimmt Platon eine „Wertverschiedenheit" (Hermann [1972]: 38ff.) im Sinne „besserer" und „schlechterer" H. an. Legen die Unterscheidungen im Gorg eine Stufung der H. nahe, so findet sich im Prot der Hinweis auf eine Messkunst (*metrêtikê technê*). Diese wird im Phd zu Ungunsten der leiblichen H. ausdifferenziert (Phd 66b–67a, 68c–d, 83c–d; Phdr 250c) und in der Resp auf das *agathon* hin orientiert (Resp 508e, 430e). Die Leitung innerhalb der SEELE übernimmt gegenüber dem Begehrenden (*epithymêtikon*) und dem Strebenden (*thymoeides*) dann besser auch das Vernünftige (*logistikon*; Resp 439d, 440e f.). Jeder dieser Seelenteile hat seine eigene H. (Resp 580c ff.). Nur durch die Herrschaft des Vernünftigen kann der Gerechte glücklich werden, da die H. des Vernünftigen den meisten Anteil am Sein hat und damit auch die größte H. bewirkt (Resp 576c–588a). Außerdem weiß er, welches die dem Menschen notwendigen Hedonai sind (Resp 558d). Als weiterer Maßstab für die höchste Form der H. fungiert im Phdr das Schöne (*to kallos*; Phdr 249d–252b). Von diesen Einteilungen aus ist es nur ein kleiner Schritt zu den Differenzierungen im Phlb. Die Lg gehen am weitesten in der Identifizierung des Gerechten (Besonnenen, Gesunden, Vernünftigen, Tapferen usw.) mit der „wahren" H. (Lg 660e–663d, 733a–734e), vor allem angesichts der menschlichen Bedürfnisse (Lg 732e) und Bedürftigkeiten (Lg 644d–645c) und unter ausdrücklicher Berücksichtigung der damit verbundenen Anstrengungen (Lg 646c–d).

V. Weitere Tradition: Der Traktat über die H. im Phlb hat maßgeblichen Einfluss auf die Erörterungen bei Aristoteles (*Nikomachische Ethik* 3,13; 7,11–15; 10,1–5), wenn diese auch nicht unmittelbar auf den Dialog rekurrieren. Für Aristoteles ist die H. „integraler Bestandteil und zugleich ein Kennzeichen vollkommener Aktivität von Lebewesen", während Platon vor allem den „Prozeß der Wiederherstellung eines natürlichen Gleichgewichts" zum Ausdruck bringt (Frede [1997b]: 418). Hervorzuheben ist wohl, dass offenbar eine Debatte über die H. innerhalb der Akademie stattgefunden haben muss (zwischen Eudoxos, Speusipp, Platon, Aristoteles u.a.). Die Stoa (Zenon) betont den Vorzug der Tugend gegenüber der H. (Lieberg [1980]: 553f.). Allgemein (Cicero *De finibus bonorum et malorum* 1, 32f.) nimmt man eine eigene ältere Quelle an, welche neben Platon auch Epikur angeregt haben könnte (vgl. Gigon/Zimmermann [1975]: 192; vgl. auch Cicero *De finibus bonorum et malorum* 2, 49). Nach Epikur ist die H. Ursprung und Ziel des Lebens (*Brief an Menoikeus* bei Diogenes Laertios 10, 128). Dennoch nimmt er Leid an, das man ertragen müsse, und H., auf die man verzichten sollte (*Brief an Menoikeus* 10, 129). Die H. besteht in erster Linie in einem nüchternen Verstand (*nêphôn logismos, Brief an Menoikeus* 10, 132). In gewisser Weise findet man einen Ausgleich der verschiedenen Arten der H. bei Epikur mit seiner Einteilung von kinematischen (Bewegungslüste) und katastematischen Hedonai (Zustandslüste; Diogenes Laertios 10, 136; vgl. Frede [1997b]: 427, Anmerkung 23). Gern angeführt wird die bei Plutarch überlieferte Sentenz Epikurs, nach der es lustvoller sei, Wohltaten zu geben, als sie zu empfangen (Fragment 544, Plutarch *Maxime cum principibus philosopho esse disserendum* 778c). Die weitere Diskussion bewegt sich (bis heute) im geschilderten tradierten Rahmen: H. umfasst sowohl das seelische wie das körperliche Empfinden und wird unterschiedlich auf „Gut" und „Böse" bezogen. Alexander von Aphrodisias hält alle dies Einteilungen für willkürlich (bei Diogenes Laertios 7, 116). Zahlreiche Diskussionen über die H. im Anschluss an heute verlorene, ehemals griechisch pagane Überlieferungen finden sich bei Cicero, vor allem in *De finibus bonorum et malorum* (2. Buch) sowie in den *Tusculanen* (4. und 5. Buch), außerdem bei Seneca (vgl. Lieberg [1980]: 554f.).

Literatur: Frede [1997b] – Gigon/Zimmermann [1975] – Hermann [1972] – Lieberg [1980] – Manuwald [1999]

Günter Fröhlich

Maieutik (*maieutikê technê*, „Hebammenkunst")

I. Als Maieutik (M.) wird die Kunstfertigkeit bezeichnet, aus einem Gesprächspartner mit Hilfe von Frage und Antwort Wissen herauszuholen, das in ihm bis dahin nur verborgen und unbewusst vorhanden war. Diese Methode steht in engem Zusammenhang mit Platons Auffassung von Wissensvermittlung, die sich nicht durch bloßes Einüben und Weiterreichen von Wissen, sondern durch ein Suchen und (selbst) Finden auszeichnet (Erler [1987a]: 60ff.). Auf der Suche nach dem, was Wissen ist, beschreibt Sokrates im Tht (148e–151d) seine pädagogische Methode, den Partner die gesuchte Erkenntnis in sich selbst finden zu lassen, als Hebammenkunst (*maieutikê technê*). Wie Hebammen selbst nicht schwanger werden und gebären (Tht 149b) bringt auch Sokrates demnach nicht selbst Wissen hervor (Tht 150c), sondern hilft anderen beim Hervorbringen von Erkenntnis. Infolge seiner Unfruchtbarkeit stellt Sokrates nur Fragen und gibt keine Antworten (vgl. Tht 157c–d, 160d–e). Mit Hilfe von Frage, Antwort und Ratlosigkeit (sh. Aporie), in die er seine Partner zumeist führt, verhilft Sokrates dazu, unbewusstes Wissen zu Tage zu fördern. Voraussetzung ist, unterscheiden zu können, wer geistig fruchtbar ist und wer nicht. Deshalb prüft Sokrates in den Dialogen, ob die Seele des Partners Trugbilder oder Echtes und Wahres zu gebären imstande ist (Tht 149d–e); ebenso ist die Auswahl des richtigen Partners (Tht 149d–e) ein wichtiges Thema der Dialoge (Erler [1992]: 147–170). Als Geburtshelfer wirkt Sokrates nur bei denjenigen, die mit Wissen schwanger gehen, Wehen bekommen und aus sich viel Schönes entdecken, ohne jemals etwas von Sokrates gelernt zu haben – wer unfruchtbar ist, wird zu den Sophisten geschickt. Seine Methode wird deshalb in der Tradition (vgl. Anonymus *Commentarium in Theaetetum* 47, 31–34 Bastianini/Sedley [1995]) maieutisch genannt. Die M. wird zudem als ein ihm verliehenes Gottesgeschenk bezeichnet und das Verfahren von einem Gott gelenkt (Tht 150c, 210c; Erler [2002]: 387–414), bei dem Sokrates nach eigenen Worten nicht belehrt, sondern nur fragt (Men 82d, 85b–d).

II. Die praktische Anwendung der M. wird im Men mit Hilfe eines Sklaven vorgeführt (80d–86c). Bei dieser Geburtshilfe scheint die Fähigkeit zur Wiedererinnerung Voraussetzung zu sein. Freilich ist die Verbindung von M. und Anamnesis (Men 81e; Phdr 72e–77; Cornford [1979]: 27f.; Burnyeat [1977]: 9–13) bezweifelt worden. Unklar ist auch, ob man M. wirklich dem historischen Sokrates zusprechen kann, wie ein Hinweis in Aristophanes *Wolken* 813f. nahe zu legen scheint (Vancamp [1992]). In der Tat ist merkwürdig, dass die Hebammenkunst des Sokrates im Tht als bisher (dramatisches Datum des Tht ist 399 v.Chr.) unbekannt bezeichnet wird (Tht 149a). Der Vergleich der Sokratischen Methode mit der M. ist zudem nicht frei von Widersprüchen. Unfruchtbarkeit wie sie Sokrates für sich reklamiert (Tht 150c) ist keine Grundeigenschaft von Hebammen; wenn Sokrates zudem zu wissen glaubt, welchen Samen er in welchen Boden, d.h. in welche Seele zu pflanzen hat (Phdr 276e), ist zu fragen, wie es um seine Unfruchtbarkeit wirklich steht (Szlezák [2004]: 84, 93); wenn Hebammen zeugungsfähige Menschen zusammenführen, so schickt Sokrates diejenigen, bei denen er keine Fruchtbarkeit erkennt, z.B. zu Prodikos (Tht 151b).

III. Diskutiert wird, inwieweit die M. den Methoden der Frühdialoge angemessen oder als eine Interpretation Platons im Nachhinein anzusehen ist (Tomin [1987]; Tarrant [1988]: 116–123; Sider [1991]). Andererseits gibt es in den frühen Dialogen Parallelen (vgl. Teloh [1986]) und spielen Aspekte der M. beim erotischen AUFSTIEG der Seele im Symp eine Rolle (z. B. ‚Zeugen im Schönen', Symp 206c–212a). Freilich wird darauf hingewiesen, dass das Bild des selbstbewussten Dialektikers Sokrates in den späteren Dialogen wie der Resp oder dem Soph nicht passen will. Man hat deshalb vermutet, dass Platon den Vergleich als Interpretationshilfe für das Sokratische *pragma* eingeführt habe. Das Bild von Sokrates als Geburtshelfer und der maieutischen Funktion der PHILOSOPHIE hat eine breite Wirkung ausgeübt. Die Partie über M. im Tht spielt eine Rolle in der skeptischen Lesart Platons (Annas [1994]: 324, 337) und hat weit in die Neuzeit nachgewirkt; sie spielt bei Montaigne ebenso eine Rolle wie bei Nietzsche oder Freud und wird auch in der heutigen Didaktik diskutiert (Warnholz [1995]).

Literatur: Annas [1994] – Benson [1992] – Burnyeat [1977] – Cornford [1979] – Erler [1987a] – Erler [1992] – Erler [2002] – Landmann [1950] – Renaud [2001] – Sider [1991] – Szlezák [2004] – Tarrant [1988] – Teloh [1986] – Tomin [1987] – Vancamp [1992] – Warnholz [1995] – Wengert [1988]

Michael Erler

Materie/Material (*hylê*)

I. Platon hat keinen einheitlichen Begriff der Materie (M.), der diese vom RAUM (*chôra*) und vom Körper (*sôma*) eindeutig unterscheiden würde. Je nach Kontext ergeben sich vielmehr andere Zuordnungen, bei denen verschiedene Ebenen von Unbegrenztheit und Vielheit eine Rolle spielen. Auch das Wort *hylê*, mit dem Aristoteles die Stoffursache bezeichnet und das Woraus vom Was, Woher und Worumwillen abhebt (*Physik* 2, 3), besitzt in den Platonischen Dialogen fast immer die vorphilosophische Bedeutung Wald oder Holz (Lg 843e; Krit 118e). Wo „Holz" nicht einfach Brennholz bedeutet (Lg 761c, 849d), liegt natürlich eine technische Verarbeitung nahe (Lg 705c; Krit 114e). Ein terminologischer Gebrauch, der die vorphilosophische Bedeutung Rohmaterial aufgreift, zeichnet sich aber nur an einer einzigen Stelle ab. So behauptet Sokrates im Phlb, dass alle Werkzeuge und alles Material (*pasa hylê*) überall um des Werdens willen (*geneseôs heneka*) angewandt würden, wobei das Werden um des Seins willen (*usias heneka*) geschehe (Phlb 54c). Im Hintergrund steht das Werden zum Sein (*genesis eis usian*), das als Verbindung von Unbegrenztem (*apeiron*) und Begrenztem (*peras*) gedacht ist (Phlb 26d). Allerdings wird das unbegrenzte Mehr und Weniger bzw. Größer und Kleiner (Ti 25c), anders als Aristoteles suggeriert (*Physik* 187a; *Metaphysik* 987b), von Platon nicht als *hylê* bezeichnet. Auch in der mündlichen Prinzipienlehre, die das Eine durch die unbestimmte Zweiheit bzw. das Große und Kleine ergänzt, hat er diese Bezeichnung für das Materialprinzip von idealen Zahlen und Ideen, anders als der Aristotelische Bericht nahelegt, wohl nicht verwendet. Dasselbe gilt für den wahrnehmbaren Stoff von Körpern, der sich als konkretes Materialprinzip bei der handwerklichen Herstellung von Produkten zeigt. Selbst im Ti, dessen Kosmologie die M. ausführlich untersucht, indem er den Kosmos als Produkt eines göttlichen DEMIURGEN erläutert, findet sich kein terminologischer Gebrauch des Wortes. Nachdem verschiedene Gattungen von Ursachen unterschieden wurden, ist nur davon die Rede, dass diese uns nun vorliegen wie M. den Handwerkern (*hoia tektosin hêmin hylê parakeitai*, Ti 69a).

II. Der Ti stellt dar, wie der Demiurg Ordnung aus Unordnung hervorbringt (*eis taxin auto êgagen ek tês ataxias*, Ti 30a). Als M. dient die ungeordnete Bewegung des Sichtbaren (Ti 30a), die anhand der vorbildlichen Ordnung unsichtbarer Ideen geordnet wird, um den Kosmos als deren Abbild möglichst gut gestalten zu können (Ti 27d ff.). Dabei muss beachtet werden, dass der Kosmos sichtbar (*horatos*) und berührbar (*haptos*) ist. Er besitzt deshalb einen wahrnehmbaren Körper (*sôma echôn*, Ti 28b), der aus sichtbarem Feuer und berührbarer Erde besteht (Ti 30b). Um diese zu einer unauflöslichen Einheit verbinden zu können, erweisen sich Luft und Wasser als unabdingbar. Wie betont wird, ist nämlich keine Zweiheit ohne ein Drittes gelungen zu verbinden, wobei die arithmetische Proportion (*analogia*) die schönste Verbindung liefert (Ti 31c; sh. ANALOGIE). Da ein Körper nicht nur Fläche (*epipedon*) besitzt, sondern auch eine Tiefe (*bathos*), die ihn dreidimensional (*stereoeides*) macht, sind für Feuer und Erde zwei Mittelglieder zu finden (Ti 32a). Der Kosmos besteht deshalb auch aus Luft und Wasser, die nach einer geometrischen Proportion eingefügt werden: „Wie Feuer zu Luft, so Luft zu Wasser, und wie Luft zu Wasser, so Wasser zu Erde" (Ti 32b). Kein Teil (*meros*) und kein Vermögen (*dynamis*) darf dabei außerhalb des Weltkörpers liegen bleiben, wenn dieser in seiner Einzigkeit, Unauflöslichkeit und Vollkommenheit nicht gefährdet werden soll (Ti 32c–33a). Außerdem muss der Weltkörper kugelförmig sein (Ti 33b) und sich im Kreise bewegen (Ti 34a). Bereits diese erste Thematisierung der M. zeigt, dass Platon die vorsokratische Annahme von Elementen (*stoicheia*) nicht einfach übernimmt. Denn nur Feuer und Erde erscheinen als unabdingbar, um den Kosmos wahrnehmen zu können, während Luft und Wasser durch seine Einheit begründet werden. Allerdings sollen alle Teile, aus denen der Kosmos entsteht, vollkommen sein (*ek teleôn tôn merôn*, Ti 32d). Und dabei sieht es so aus, als müssten sie insofern als Elemente gelten, als sie nicht auseinander entstehen können. Erst nach der Erschaffung von Weltseele, Zeit und Himmel wird deutlich, dass die Annahme von Elementen zurückzuweisen ist, weil sie offen lässt, was diese sind (Ti 48b).

Die zweite Thematisierung der M. zielt darauf, stoffliche Mitursachen (*synaitia*, Ti 46c) zu verstehen, die der DEMIURG als Helfer benötigt. Dabei wird betont, dass die kosmologische Abbildung nicht nur seiende Vorbilder und werdende ABBILDER voraussetzt, sondern auch eine schwer zu fassende dritte Gattung, von der Abbilder aufgenommen werden (Ti 48e ff.). Wie sich zeigt, ist sie ein RAUM (*chôra*), der allem Werdenden einen Ort gewährt (Ti 52a–b). Es gilt zwar, diesen Raum von Erde, Luft,

Feuer und Wasser zu unterscheiden (Ti 51a). Er ist aber eine Prägemasse, die vollkommen gestaltlos sein muss, um eingeprägte Gestalten gut aufnehmen zu können (Ti 50c ff.). Und deshalb kann man in Platons *chôra* durchaus eine M. sehen, die ebenso bestimmungslos ist wie die prima materia des Aristoteles (*De generatione et corruptione* 329a; *Physik* 192a; *Metaphysik* 1029 a). Die lateinische Übersetzung „materia" dürfte darauf zurückgehen, dass sie im Ti auch Mutter (*mêtêr*, Ti 50d, 51a) genannt wird. Dabei liegt sie der qualitativ bestimmten M. zugrunde, die sich in einem permanenten Kreislauf des Werdens befindet, weil wahrnehmbare Qualitäten ineinander übergehen (Ti 49c). Anders als das qualitätslose Worin darf diese qualitative M. darum nicht als „Dieses" bezeichnet werden, sondern nur als „Derartiges" (Ti 49e). Zunächst sieht es so aus, als könnten alle stofflichen Qualitäten ineinander übergehen. Später wird dies eingeschränkt, indem die Erde aus dem Stoffkreislauf herausgenommen wird (Ti 54c). Als Grundlage dienen Elementardreiecke, die verständlich machen sollen, wie der Demiurg Körper der Grundstoffe geschaffen hat, indem er ihre Spuren (*ichnê*) durch Formen und Zahlen ordnet (Ti 53b). Denn darin wird die Erde als Hexaeder (Würfel) aus gleichschenklig rechtwinkligen Dreiecken bzw. halben Quadraten konstruiert, während Feuer, Luft und Wasser als Tetraeder, Oktaeder und Ikosaeder aus ungleichschenklig rechtwinkligen Dreiecken, und zwar aus halben gleichseitigen Dreiecken, konstruiert werden (Ti 53c ff.). Nur bei den drei Stoffen, deren Körper aus denselben Elementardreiecken bestehen, ist eine Umwandlung möglich. Allerdings wird auch sie erst wahrnehmbar, wenn sich Massen (*onkoi*) der kleinen Körper ansammeln (Ti 56c).

III. Das Verhältnis dieser quantifizierten M. zu ihrer qualitativen Erläuterung ist in der modernen Forschung ebenso kontrovers wie das Verhältnis der M. zum Raum und zu wahrnehmbaren Körpern. Doch schon im antiken Platonismus sind solche Fragen ausführlich diskutiert worden. Dabei geht es vor allem darum, wie die verschiedenen Ebenen der M. zusammenhängen. So folgt etwa Plotin der aristotelischen Unterscheidung einer intelligiblen und einer sensiblen M. (*hylê noêtê*/*aisthêtê*, vgl. *Metaphysik* 1037 a). Allerdings deutet er die intelligible M. platonisch, indem er sie als ein Zugrundeliegendes betrachtet, das differierende Ideen in einen identischen Kosmos der Vernunft aufzunehmen vermag (*Enneaden* II.4[12].4). Außerdem interessiert er sich weniger für die wahrnehmbare M. einzelner Körper als für die erste M., die alle Körper aufnimmt. Und diese deutet er ebenfalls platonisch, indem er sie nicht nur als qualitätslos, sondern auch als räumlich auffasst. Er sagt ausdrücklich, die Tiefe (*bathos*) jedes Körpers sei seine M. (*Enneaden* II.4[12].5). Dabei darf sie freilich keine Quantität besitzen, weil sie sonst selbst ein Körper sein müsste und durch Qualitäten bestimmt wäre (*Enneaden* II.4[12].8). Plotin betont stärker als Platon, dass die M. ein Sein des Nichtseienden bzw. ein bloßer Seinsmangel ist, der sich jedem vernünftigen Denken entzieht (*Enneaden* II.4[12].14–16). Da ihr nichtiges Wesen gegen das wahre Sein wirkt, gilt es ihm sogar als an sich Böses (*kath' auto kakon*, *Enneaden* I.8[51].3), das die Seele dazu verleitet, sich im Unbestimmten zu verlieren. Gleichwohl begreift er die M. als ein Produkt der Seele, weil diese ihre Unbestimmtheit selbst hervorbringt, indem sie aus dem Geist heraustritt. Plotin versucht darin, den Ursprung der M. verständlich zu machen, ohne ihre Defizite dem Geist anlasten zu müssen.

Literatur: Cornford [1937] – Happ [1971] – O'Brien [1993] – Schulz [1966]

Walter Mesch

Mathematik (*mathêmata*)

I. Die Disziplinbezeichnung der Mathematik (M.; *mathêmata*) leitet sich von dem Verbalsubstantiv *mathêma* (Erkenntnis, Erlerntes, Lerngegenstand, Studium, Fachgebiet) her, das auf das Verb *manthanein* (lernen, einsehen) zurückgeht. *Mathêma* kann bei Platon sowohl die in der Seele vorhandenen Kenntnisse (Resp 505a, 560b) als auch ein bestimmtes einzelnes Fachgebiet bedeuten, besonders die mathematischen Teilgebiete Arithmetik, Geometrie, Astronomie und Harmonielehre (Resp 525b–531c). In Plutarchs *Moralia*, 718bff., wird eine Überlieferung erwähnt, nach der Platon gelehrt haben soll, dass „Gott stets Geometrie treibt". Der Satz findet sich im überlieferten Werk Platons nicht, deckt sich aber mit der dort hervorgehobenen Stellung der Geometrie im Sinn einer als axiomatisch zu bezeichnenden mathematischen Grundlagendisziplin. Die Sonderrolle der Geometrie beruht auf ihrer Zwischenstellung zwischen den mit sinnlich erfahrbaren Phänomenen befassten Disziplinen Astronomie und Harmonielehre sowie der Arithmetik als reiner Zahlenwissenschaft. Den vier mathematischen Wissenschaften noch übergeordnet ist allein die Dialektik.

II. Mit Rückgriffen auf mathematische Beispiele, Analogien und Exkurse intendiert Platon in den mittleren und späten Dialogen einen über mathematisches Fachwissen im eigentlichen Sinn hinausweisenden konstruktiven Beitrag zur argumentativen Gesprächsführung. Im Men macht Platon genuin mathematische Methoden – insbesondere die der *hypothesis* (sh. Hypothese) – für die philosophische Argumentation nutzbar. Hypothesen in dem für Platon relevanten logisch-methodologischen Sinn sind – neben fachlich-gegenständlichen Voraussetzungen besonders in M. und Geometrie (Resp 510c–d) – generell die im argumentativen Gespräch gemeinsam zugestandenen Annahmen. Der Umgang mit solchen Hypothesen wird bei der Erörterung der Lehr- und Lernbarkeit der Tugend im Men nicht nur praktiziert, sondern auch thematisiert. Im Kontext der Erörterung, was unter Lernen genau zu verstehen sei, legt Sokrates einem ungeschulten jungen Sklaven ein geometrisches Problem vor – zu bestimmen ist die Länge der Seite eines Quadrats von doppelter Größe wie ein gegebenes Quadrat –, um die Anamnesislehre (sh. Wiedererinnerung) zu veranschaulichen (Men 82b ff.). In Gorg 450d–e werden Arithmetik und Geometrie von der Rhetorik abgegrenzt. In Euthyd 290b–c wird gefordert, dass auch das Wissen des Mathematikers und des Astronomen (gleichsam als ‚Jagdbeute') dem Dialektiker zum Gebrauch übergeben werden muss, da aus Platonischer Sicht alles Wissen auf Nützlichkeit bzw. Gebrauch hin zu beurteilen, d.h. auf seine Eignung als Gebrauchswissen hin zu befragen ist. Von zentraler Bedeutung ist die M. für Platons Differenzierung von Bildungs- und Wissensstufen in der Resp. Voraussetzungen und

Verfahren der mathematischen Wissenschaften, insbesondere der Geometrie (*geômetria*), beschreibt Platon in Resp 510cff., um ihren Erkenntnis- und Bildungswert geht es in 525dff., um ihren praktischen Wert (für militärische Zwecke) in 522c ff. Das für die Differenzierung von Erkenntnis- und Bildungsstufen (sh. auch SEINSSTUFEN) grundlegende Liniengleichnis (Resp 509d ff.) rekurriert auf ein im Vergleich mit dem Höhlen- und dem Sonnengleichnis reduziertes Anschauungsmaterial, nämlich die mathematisch-geometrische Konstruktion. Indem den Bereichen des Sensiblen und des Intelligiblen verschieden lange Abschnitte einer Linie zugeordnet werden, die ihrerseits in demselben Verhältnis weiter unterteilt werden, gelangt Platon zu einem Schema geometrischer Differenzierung sowohl von Gegenstandsbereichen als auch von Formen des Wissens und Erkennens, die bestimmten Linienabschnitten zugeordnet werden. Eine eigene, zwischen Wissen und Meinung verortete Wissensstufe des DENKENS bzw. ERKENNENS (*dianoia*) wird mit der M. identifiziert. Nach dem Theuthmythos in Phdr 274c ff. sind die mathematischen Disziplinen gleichzeitig mit den Schriftzeichen sowie dem Brett- und dem Würfelspiel erfunden worden. Die zentrale Platonische Diskussion über das Wesen wissenschaftlicher Erkenntnis im Tht findet zwischen Sokrates und der Titelfigur, einem Mathematiker, sowie dessen Lehrer Theodoros von Kyrene statt. In Phlb 56d werden eine Arithmetik der Wissenschaftler und der Vielen unterschieden. In der Kosmologie des Ti zeigt sich Platon beeindruckt und beeinflusst von dem pythagoreischen Leitgedanken einer mathematischen Erklärung der Welt. Der DEMIURG greift auf Zahlenproportionen zurück, um den Körpern einen Zusammenhang der vier Elemente Feuer, Wasser, Erde und Luft und damit ihr Sein zu geben (Ti 31a ff.). Die vier Elemente selbst entsprechen den sog. Platonischen Körpern, fünf auf zwei Urdreiecke zurückführbaren regelmäßigen Polyedern, die der Demiurg durch Form und Zahl schuf (Ti 53a ff.). Abstände der Planetenbahnen gehorchen Verhältnissen von Kubikzahlen, welche die ausgedehnten Körper repräsentieren (Ti 35a ff.). Die umfassende zahlenmäßige Harmonie dient dem moralischen Zweck, eine entsprechende Harmonie auch im Menschen zu stiften (Ti 47a ff.).

III. Gegenstand der M. sind die mathematischen Objekte (*mathêmatika*; Neutrum Plural des von *mathêma* abgeleiteten Adjektivs *mathêmatikos*), d.h. die ZAHLEN und die geometrischen Formen. Im Altertum galten als Zahlen nur die natürlichen Zahlen – außer der Null und der Eins, da diese keine Mengen darstellen. Bruchzahlen oder rationale Zahlen wurden lediglich als Zahlenverhältnisse betrachtet. Die Irrationalität wurde wahrscheinlich von Hippasos von Metapont entdeckt, als man feststellte, dass die Diagonale des Quadrats mit seiner Seite inkommensurabel, d.h. weder durch Zahlen noch durch Zahlenverhältnisse auszudrücken ist.

Für das Platonische M.- und Zahlenverständnis sind die zahlentheoretischen Untersuchungen der Pythagoreer grundlegend. Nach ihrer Auffassung ist nicht nur die Musik durch Zahlenverhältnisse bestimmt, sondern auch die gesamte Wirklichkeit mathematisch strukturiert, d.h. nach Zahlen und ihren Eigenschaften eingerichtet.

Wesentliche Informationen zur pythagoreisch-platonischen M.tradition finden sich bei Aristoteles, dessen oft kritische, teils selbst umstrittene Interpretation dazu tendiert, Platons Philosophie vor dem Hintergrund des Pythagoreismus wesentlich als eine mathematisch orientierte Prinzipienlehre aufzufassen. Die Position der Pythagoreer beschreibt Aristoteles uneinheitlich in der Weise, dass Zahlen die ursprünglichen Bausteine des Seienden sind und alles in der Welt als Zahl oder nach Zahl, ihren Elementen (Gerades und Ungerades) bzw. zahlenmäßiger Proportion eingerichtet oder doch in diesem Sinn zu begreifen ist (*Metaphysik* 985b, 1080b, 1083b). Die formelhaft tradierte Auffassung, alles sei Zahl, dürfte allerdings eher späteren Interpretationen als frühpythagoreischen Auffassungen selbst entspringen. Nach Aristoteles weist Platon den mathematischen Gegenständen eine Zwischenstellung zwischen den Ideen und dem sinnlich Gegebenen zu, da sie mit den Ideen die Unbeweglichkeit und Ewigkeit, mit dem sinnlich Gegebenen aber die Vervielfältigung gemeinsam hätten (*Metaphysik* 987b). Ob Platon den mathematischen Gegenständen tatsächlich eine entsprechende Zwischenstellung zugeschrieben hat, ist umstritten. Das Liniengleichnis (Resp 509d–511e) wird gelegentlich so interpretiert, dass die *mathêmata* Objekte der *dianoia* seien, was die Annahme der genannten Zwischenstellung zwischen Ideen und Sinnenwelt nahelegt. Aristoteles selbst spricht den mathematischen Gegenständen eine separate Existenz im Platonischen Sinn ab. Sie sollen lediglich so betrachtet werden, als ob sie separate Gegenstände wären, während sie tatsächlich Abstraktionsergebnisse seien (*Metaphysik* 1077a–1078b).

Das eigentliche Objekt der M. als Arithmetik ist die seit Aristoteles als *arithmos mathêmatikos* bezeichnete abstrakte mathematische Zahl. Mathematische Zahlen können durch die mathematischen Operationen wie Addition, Subtraktion, Multiplikation und Division zu neuen Einheiten verbunden oder voneinander getrennt werden. Ohne die beliebig vielen Exemplare jedes *arithmos mathêmatikos* wäre eine Operation, in der eine Zahl mehrmals vorkommt (z. B. 3 + 3), nicht möglich. Von der Lehre der mathematischen Zahl ist die in der frühen Akademie entwickelte Lehre der nichtkombinierbaren, d. h. inoperablen idealen oder eidetischen Zahl zu unterscheiden, die Aristoteles als *arithmos eidêtikos* bezeichnet (*Metaphysik* 1090b). Einige Akademiker (wohl Speusipp) hätten nur die mathematischen und nicht die eidetischen Zahlen anerkannt, während andere (wohl Xenokrates) die eidetischen und die mathematischen Zahlen gleichgesetzt und dabei die mathematischen Zahlen faktisch aufgehoben hätten (*Metaphysik* 1086a). Nach Platon gibt es Ideen von Zahlen ebenso wie von den übrigen Dingen. Diese Ideen der einzelnen Zahlen, z. B. die Zweiheit, die Dreiheit usw., sind singulär, d. h. es gibt sie (wie die Ideen bzw. Universalien im Allgemeinen) jeweils nur einmal, während viele Einzeldinge an ihnen teilhaben. Die Ideen der Zahlen sind wiederum von den sog. Ideen-Zahlen zu unterscheiden, worunter man in der modernen Forschung diejenigen eidetischen Zahlen versteht, die, wie Aristoteles kritisch erörtert (*Metaphysik* 1081a), den einzelnen Ideen entsprechen könnten, so dass alle Ideen – also nicht nur die Ideen der Zahlen – als zahlartig anzusehen wären. Obwohl Aristoteles die Annahme der Ideen-Zahlen mit Platon verbindet (*Metaphysik* 992b; vgl. Theophrast *Metaphysik* I 6b 11–15), ist umstritten, ob es eine solche durchgängige Mathematisierung der Ideen bei Platon selbst gab – etwa in einer Ideenzahlenlehre im Rahmen der sog. UNGESCHRIEBENEN LEHRE – und ob bzw. in welcher Weise sie seinen eigenen Intentionen entspricht.

IV. Die ausgeprägte M.orientierung der theoretischen Philosophie setzt sich bei Platons Nachfolgern in der Alten Akademie sowie in der neuplatonischen Tradition fort. Bei Speusipp, Platons Nachfolger als Leiter der Akademie, verstärkt sich die Tendenz zur Mathematisierung, die *mathêmatika* gelangen zu höchster ontologischer Priorität. Speusipps Nachfolger Xenokrates von Chalcedon verbindet die Ideenlehre mit pythagoreischen Elementen und interpretiert die Ideen als Zahlen. Die Akademiker Philippos von Opus, Eudoxos von Knidos und Herakleides Pontikos pflegen M. und Astronomie, wobei Eudoxos mit seinen Beiträgen zur Proportionenlehre und dem System der homozentrischen Sphären herausragt. Mathematische Untersuchungen des Eudoxos und des Theaitetos gehen in die pythagoreisch geprägten Elemente des Euklid von Alexandria ein. Der erste Hauptvertreter des Neuplatonismus, Plotin, weist der Zahl eine zentrale Rolle für die intelligible wie auch für die sensible Dingkonstitution zu (*Enneaden* VI.6[34]). Er unterscheidet nicht nur sinnliche (d.h. in den sinnlich erfahrbaren Dingen enthaltene und für sie konstitutive), mathematische (d.h. unabhängig von ihrer Anwendung auf zählbare Gegenstände existierende) und intelligible Zahlen, sondern entwirft auch ein komplexes Gliederungssystem der Zahl im intelligiblen Bereich (ebenso Proklos in seinem Timaios-Kommentar, V 3 85, 22–31). Von Iamblichos sind Abhandlungen über den Pythagoreismus mit zahlenmystischem Einschlag erhalten. Proklos' Kommentar zum ersten Buch der Elemente Euklids gilt als früheste Version einer eigentlichen Philosophie der M., die u.a. eine Ontologie mathematischer Gegenstände sowie eine Analyse des euklidischen axiomatischen Verfahrens umfasst. Noch der spätantike Neuplatoniker Simplikios hat wie die meisten seiner Vorgänger ein deutliches Interesse an der M. Sein Kommentar zur aristotelischen *Physik* enthält eine ausgiebige Diskussion der Geometrie.

Literatur: Becker [1964] – Cherniss [1962] – Horn [1995a] – O'Meara [1989] – Pritchard [1995] – Szabó [1994] – Wedberg [1955] – Wieland [1982]

Christoph Kann

megista genê siehe **Bewegung IV, Definition II, Für sich IV, Idee II, Identität, Sein IV**

Meinung/Anschein (*doxa*)

I. Der Begriff der Meinung (M.) bei Platon lässt sich durch den modernen Begriff der subjektiven (oder *doxastischen*) Wahrscheinlichkeit wie folgt umschreiben: Die Person P hat zum Zeitpunkt t eine *doxa* „dass B" genau dann, wenn die subjektive Wahrscheinlichkeit von P zu t dafür „dass B" größer als 0,5 ist (oder anders gesagt: wenn der Sachverhalt „dass B" zu t für P subjektiv wahrscheinlicher ist als der Sachverhalt „dass nicht-B"). Subjektive Wahrscheinlichkeit ist hierbei eine Graduierung der

Glaubenssicherheit, die von 0 (wenn man einen Sachverhalt ausschließt, also sich dessen Gegenteils gewiss ist) über 0,5 (wenn man einen Sachverhalt für ebenso sicher und unsicher erachtet wie sein Gegenteil) bis zu 1 reicht (wenn man sich eines Sachverhalts gewiss ist, also sein Gegenteil ausschließt).

Für eine sichere oder relativ sichere *doxa* – also eine *doxa* mit der Glaubenssicherheit 1 bzw. einer Glaubenssicherheit nahe bei 1 – verwendet Platon auch das Wort „*pistis*" („Glaube", „Überzeugung"). Diese Art von *doxa* – *pistis* – ist im Wissen (*epistêmê*) impliziert, wenn auch vom Wissen verschieden (sh. dazu Gorg 454d–e). An den Stellen Resp 509d–510a, 511e (vgl. Resp 534a) wiederum unterscheidet Platon im Bereich der *bloßen doxa* (M., die nicht zu einem Wissen gehört) *bloße pistis* (Überzeugung, die nicht zu einem Wissen gehört, aber hinreichenden Wahrheitsgehalt haben mag) von *bloßer eikasia* (Vermutung, die nur geringfügigen Wahrheitsgehalt hat) und ordnet ihnen getrennte Gegenstandsbereiche zu: die Körper bzw. die natürlichen Bilder von Körpern (vgl. hierzu ERKENNTNIS). Mit der Unterscheidung der (für Platon einzigen) beiden Formen der bloßen *doxa* ist ein Werturteil verbunden: Bloße *pistis* ist mehr wert als bloße *eikasia*. Aber bloße *doxa* insgesamt, sei sie nun *pistis* oder *eikasia*, steht wertmäßig hinter *epistêmê* zurück – auch in den Fällen, wo eine bloße *doxa* wahr ist (vgl. zu den letzten beiden Aussagen wiederum ERKENNTNIS).

II. Platon hat an mehreren Stellen in seinem Werk Wissen und (bloße) wahre M. voneinander abgesetzt. Die Unterscheidung war für ihn offenbar sehr wichtig. Ti 51d erscheint gar die Existenz der intelligiblen Formen (*eidê*, der Platonischen „Ideen"), deren Annahme für Platons Philosophie zentral ist, als Konsequenz der Unterscheidung von Wissen (*nus*) und wahrer M. (*doxa alêthês*). Und Men 98b sagt Sokrates von sich, dass er unter das Wenige, was er weiß, dies setzen würde: dass richtige M. (*orthê doxa*) und Wissen nicht dasselbe sind. Im Tht wird die Definitionshypothese, dass Wissen wahre M. sei (Tht 187b, 200e), erwogen und schließlich durch ein Gegenbeispiel widerlegt: durch einen Fall von wahrer M. ohne Wissen, Tht 201b–c. Dort besteht das Defizitäre der bloßen wahren M. gegenüber dem Wissen im Fehlen wissenstiftender Evidenz aus eigener Anschauung. Genauso, aber anhand eines anderen Beispiels, wird das Defizit der bloßen wahren M. gegenüber dem Wissen an der Stelle Men 97a–b gesehen. Ein anderer Gedanke hingegen findet sich Men 98a: Dort besteht das Defizit der bloßen wahren M. gegenüber dem Wissen in ihrer Flüchtigkeit aus Mangel an Begründung. Ein ganzer Katalog von Unterscheidungsmerkmalen, die (bloße) wahre M. gegenüber Wissen abwerten, findet sich Ti 51e–52a.

Gegenüber diesen Platonischen Abwertungen ist aber erstens zu betonen, dass es nach Platon bloße Meinungen, die objektiv wahr sind, immerhin gibt (die Stelle Ti 29c steht nicht entgegen, da *alêtheia* dort sinngemäß durch *epistêmê* zu ersetzen ist) – etwas, das für Parmenides, in dessen Tradition Platons *doxa*-Auffassung steht (etwa auch, was die Assoziation der bloßen *doxa* mit der sinnlichen Wahrnehmung angeht; vgl. ERKENNTNIS), nicht gegolten haben dürfte (vgl. VS 28 B 8, 50–53; zu beachten ist aber, dass für Parmenides im Gegensatz zu Platon die *pistis alêthês* keine Form von *doxa* ist, wie VS 28 B 1, 30, und VS 28 B 8, 28, deutlich wird), aber übrigens auch nicht für den Sophisten Protagoras: Da gemäß Tht 151e–152b (vgl. Euthyd 286c–286d) für Protagoras keine (menschliche) M. objektiv falsch ist (entgegen dem Standpunkt des Theaitetos, Tht 187b), ist auch keine objektiv wahr. Und zweitens ist zu betonen, dass wahre M. stets ein integraler und zentraler Bestandteil auch der Platonischen Wissenskonzeption bleibt (sh. Erkenntnis): Wissen, das nicht auch wahre M. ist, gibt es nicht (vgl. Tht 202d). Zudem ist sich Platon klar darüber, dass für die Leitung des Handelns (bloße) richtige M. vollkommen hinreichend ist (und nicht erst Wissen): Men 97b–d. (Bloße) richtige M. ist nichts weniger Nützliches (für das Handeln) – *uden hêtton ôphelimon* – als Wissen, sagt Sokrates (Men 97c; vgl. Men 98c), und wahre M. sind eine schöne Sache und wirken alles Gute, solange sie (in der Seele) bleiben (Men 97e–98a).

An der Stelle Symp 202a erscheint (bloße) richtige M. als etwas zwischen Wissen und Unwissenheit (*amathia*) Angesiedeltes, wobei es eben ihre Wahrheit ist, die sie über die Stufe der Unwissenheit hebt (Symp 202a), und ihr Unbegründetsein, das sie unter die Stufe des Wissens stellt (Symp 202a). Und Resp 477a–b wird ein Vermögen gesucht, das, zwischen *epistêmê* (oder *gnôsis*) und *agnôsia* (Unwissenheit) liegend, sich auf das bezieht, was zwischen Sein und Nichtsein liegt. Gefunden wird bei dieser Suche die (bloße) *doxa* (Resp 478c–478d) – zwischen Wissen und Unwissenheit –, sich beziehend auf die empirische Welt der Vervielfältigung und Veränderung (Resp 479d) – zwischen Sein und Nichtsein. Wenn Platon auch im Anschluss hieran (Resp 479e–480a) keinen Zweifel daran lässt, dass der *philosophos* – der als solcher auch ein Liebhaber des Seins ist – kein *philodoxos* ist – der als solcher auch ein Liebhaber des zwischen Sein und Nichtsein Liegenden ist, also der empirischen Welt –, so weist doch ein Dialog wie der Ti maßgeblich über diese Position hinaus (sh. Ti 27d–28c, 29c–d, 37b–c; und vgl. Erkenntnis).

III. Nachgewirkt hat jedoch im antiken Platonismus vor allem Platons Abwertung der *bloßen doxa* (meist einfach als „*doxa*" bezeichnet, aber zu unterscheiden von der *doxa*, die Teil eines Wissens ist; nur auf erstere *doxa* bezieht sich die Abwertung; deshalb bei dieser der Zusatz „bloße"), sowie deren Platonische Verknüpfung mit einem bestimmten Gegenstandsbereich: der empirischen Welt – ein Gegenstandsbereich, der, analog zur epistemologischen Abwertung der bloßen *doxa*, im antiken Platonismus ontologischer Abwertung unterliegt (im Sinne der Generallinie Platons, aber wie bei Platon nicht ohne Ambivalenz). Die positivste Aussage zur bloßen wahren M. bei Platon – nämlich das Zugeständnis, dass sie für die Praxis um nichts schlechter oder weniger nützlich als das Wissen sei (Men 98c) – hat offenbar Eingang gefunden in die Skepsis der sog. Neuen Akademie.

Literatur: Horn [1997] – Kutschera [2002] – Zeller [1963a] – Zeller [1963b]

Uwe Meixner

Mensch siehe **Physis II, Seele**

Mimesis siehe **Nachahmung**

Möglichkeit siehe **Vermögen**

Mythos (*mythos*)

I. Denotation und Konnotation von Platons *mythos*-Vokabular sind kühnen Schwankungen unterworfen. Einerseits wird *mythos* (m., bzw. deutsch Mythos, M.) häufig als Ausdruck für diejenigen erzählenden Partien in den Dialogen verwendet, die man bis heute als „Platons Mythen" etikettiert. Im Prot bezeichnet etwa der Titelsophist seine Geschichte vom Ursprung der Menschen und ihrer Zivilisation viermal als m. (Prot 320c (zweimal), 324d und 328c); dieser sei reizvoller als eine rein sachliche Argumentation und überdies der Redesituation angemessen; im Phd schlägt Sokrates die Schilderung der „wahren Erde" als „schöne" und „hörenswerte" Gesprächsvariante in mythischer Form vor (Phd 110a–b; vgl. auch Phd 114d). Anderenorts werden aber auch die für den Platonisch-Sokratischen ELENCHOS typischen Gesprächselemente, -techniken und -verfahren als m. qualifiziert. So vergleicht im Gorg Sokrates seinen eigenen Wortwechsel (*logos*) mit Kallikles mit einem m., der nicht „kopflos", also unvollendet, in der Gegend herumschwirren dürfe (Gorg 505c–d). Der Staatsentwurf der Resp wird zweimal ausdrücklich in die Nähe des *mythologein* (des Geschichtenerzählens) gerückt (Resp 376d und 501e). Bald grenzen Platons Figuren den m. streng vom *logos* (sh. LOGOS) ab und begründen damit eine langlebige, erst in letzter Zeit unter massiven Beschuss geratene Deutungsstrategie (vgl. zuletzt besonders Elias [1984]: 208–238; Mattéi [1988]; Cerri [1996]: 53–74; Droz [1992]; Gill [1993] besonders 51–69; Rowe [1999b]; Morgan [2000]: 30–37; Janka/Schäfer [2002]). An einer berühmten Stelle im Gorg macht Sokrates die Bestimmung seiner Erzählung von Totengericht und JENSEITS als m. oder *logos* von der subjektiven Überzeugung des Rezipienten abhängig: Was Kallikles als „Märchen" (m.) oder „Altweibergeschwätz" (zur Tradition dieses Topos vgl. Renger [2005]) verachte (Gorg 527a), sei für Sokrates ein „sehr schöner" *logos* (Gorg 523a; wieder 527c), nach dessen Wahrheit er faute de mieux (527a–b) voller Vertrauen sein Leben ausrichte (526d–e). Bald werden m. und *logos* als (scheinbar nach Gutdünken) austauschbar vorgeführt (Prot 320c; vgl. oben zu Gorg 505c–d und Resp 501e).

II. Dieser in Platons Texten reflektierte, schwankende Sprachgebrauch steht in der Tradition einer schleichenden, nach Prosa und Poesie zeitversetzten Differenzierung: Die anfänglich synonyme Verwendung des im homerischen Griechisch vorherrschenden m. (ursprünglich wohl „Ver-laut-barung"; vgl. Neschke [1983]: 120) und des erst bei den Lyrikern, Vorsokratikern und frühen Historikern als statistisch gleichwertig etablierten *logos* wirkt lange nach: Noch in Platons Zeiten bleiben beide Begriffe – zumindest in dichterischem Sprachgebrauch – austauschbar. Doch hatten etwa der Lyriker Pindar und der Historiker Herodot bereits im 5. Jahrhundert v. Chr. den Weg zu dem spätestens bei Platon stellenweise explizit greifbaren Antagonismus beider Darstellungsweisen gebahnt (vgl. Burkert [1984]; Pindar *Olympische Oden* 1,44–47; *Nemeische Oden* 7,32–34; Herodot *Historien* 2,45/47). Dieser hier nur knapp skizzierte Befund (Janka [2002b] bietet eine umfassende Sichtung und Klassifizierung des

Wortmaterials im Corpus Platonicum) belegt, dass die bis in die jüngste Zeit immer wieder vexierte Frage nach einer Rangordnung von m. und *logos* in Platons Denken (vgl. zuletzt die Doxographien bei Cürsgen [2002]: 25–32 und Colloud-Streit [2005]: 21–36) einen in seiner generalisierenden Tendenz anachronistischen, jedenfalls aber unplatonischen Ansatz verfolgt. Denn m. und *logos* sind integrale Bestandteile der Platonischen Dialog*fiktion*. Beide hat der Autor als sophistische Formen der Epideixis ererbt (zur sophistischen Tradition der mythischen „Unterrichtsformen" vgl. Morgan [2000]: 132–134) und für die philosophische Ethopoiie seines Dialogpersonals (dieses wichtige Thema behandelt monographisch Blondell [2002]) fruchtbar gemacht, indem er sie in die Fänge der sokratischen Elenktik geraten lässt (sh. Elenchos). Ob Platon bei seiner Fingierung von Tradition unter Umständen auch auf „echte" Quellen zurückgreift, wie man das im Falle von Protagoras' m. mit plausiblen Argumenten vermutet (vgl. dazu Manuwald [1999]: 171, 173–180), wird angesichts des Primates der dialoginternen Wirksamkeit nachrangig. Die hermeneutische Valenz des Miteinanders, Ineinanders oder auch Gegeneinanders beider Darbietungsweisen kann man mithin nur innerhalb des jeweiligen Dialogkontextes situieren und studieren. Trotz ihres – im Fall des Plt sogar ausdrücklich betonten – narrativen Überschusses sind die M. als unverzichtbarer Teil jenes intellektuellen Spiels, als das Platon seine Gespräche gelegentlich erscheinen lässt (Platon-Stellen zur fruchtbaren Spannung zwischen sophistischer und Sokratisch-Platonischer Vorstellung von „intellektuellem Spiel" bei Morgan [2000]: 168–175), durchaus ernst zu nehmen.

III. Mit diesem Vorbedacht sollen nun die bedeutenderen M., die Platons Figuren erzählen und behandeln, mit einer Art „Steckbrief" erfasst und gruppiert versucht werden: Die Platonischen M. sind erzählerisch (synchron oder diachron) strukturierte Monologe, die von einem älteren Redner vor jüngerem Publikum vorgetragen werden, sich zumeist auf wirkliche oder fingierte mündliche Quellen berufen, von nicht nachprüfbaren Gegenständen („Dinge[n] jenseits von Wort und Beweis"; Reinhardt [1960]: 233) wie göttlichen Akteuren handeln und eine psychagogische Wirkung (etwa als protreptische Appelle) beabsichtigen. Sie sind stets mit einer dialektischen Erörterung verknüpft, indem Platon sie entweder an deren Anfang oder Ende placiert (diesen „sokratisch flexibel" anzuwendenden Kriterienkatalog hat Most [2002]: 11–13 überzeugend entwickelt und begründet).

Als Klassifizierungsmerkmal bietet sich die Unterscheidung nach den Mythenerzählern, also in „nicht-Sokratische" (1.) und „Sokratische" M. (2.) an (vgl. dazu umfassend Manuwald [2002], dem die hier gebotene Einteilung im Wesentlichen verpflichtet ist).

1. Bei den nicht von Sokrates vorgetragenen M. lassen sich (i.) autoritativ (d.h. ohne ausdrückliche Berufung auf Quellen) dargebotene Aitiologien von (ii.) mit (fiktivem) Beglaubigungsapparat versehener „Quasi-Historie" unterscheiden. Zu (i.) gehört die von Protagoras im gleichnamigen Dialog zum „Beweis" der Lehrbarkeit des „Gut-Seins" (*aretê*) erzählte Geschichte von der den unterschiedlichen Brüdern Prometheus („Vordenker") und Epimetheus („Nachherdenker") anvertrauten Anthropo-

gonie und von der Entstehung einer Kultur des mitmenschlichen Zusammenlebens in Gemeinwesen (Prot 320c–323a). In den M. kleidet der Narrator eine „Anthropologie der Politik" (Most [2002]: 10), die Wesen und Geltungsbereich der *aretê politikê* (Sozialkompetenz) erklären soll: *aidôs* (Achtung von anderen; sh. SCHAM) und *dikê* (Rechtsempfinden) werden als Kennzeichen des Menschseins entwicklungsgeschichtlich verankert. Anhand dieser Passage scheint Platon mustergültig vorzuführen, wie der sophistische M. als Illustration eines gesellschaftlichen (näherhin: athenischen) Konsenses eingesetzt wird, seinen argumentativen Anspruch im Fortlauf des sokratischen Gespräches aber nicht einzulösen vermag (Morgan [2000]: 154). Eine ähnliche dialoginterne Konfrontation zwischen phylogenetisch-kulturwissenschaftlichem M. und sokratischer Argumentation inszeniert Platon auch im Symp. Der Komödiendichter Aristophanes gibt als Lobrede auf Eros die Geschichte von den Kugelmenschen zum Besten, die sich uns als mythische Parodie einer naturphilosophischen Zoogonie erschließt (Symp 189c–193e; vgl. O'Brien [2002] mit Literatur). Die inhärente These von der Entstehung der Sexualität als Streben nach der verlorenen Einheit des Entzweigeteilten und nach Heilung der Trennungswunde wird von Sokrates angefochten. Im Referat seines Dialoges mit Diotima legt er den dauerhaften Besitz des GUTEN als Ziel allen erotischen Begehrens fest (besonders Symp 206a). Um das Wesen des Eros zu erfassen, zitiert Sokrates seinerseits Diotimas „längere (Götter)erzählung" (Symp 203b: *makroteron dihêgêsasthai*) von der Zeugung und Geburt des Eros (Symp 203b–e). Von dieser Erotogonie, in der die Stellung des (philo-sophischen) Eros als „Mittelding" (*metaxy*) durch allegorische Personifikationen aus der Elternschaft von Poros (Fülle/Befriedigung) und Penia (Mangel) erhellt wird, und ihrer Auslegung durch Diotima gibt sich Sokrates felsenfest überzeugt (212b–c). Das Sagen-Konglomerat um die Richtungswechsel in den Entwicklungsphasen des Kosmos und der vom jeweiligen Weltenlauf abhängigen Menschheit, das der Gast aus Elea im Plt entfaltet, um „mit einem Schuss Kinderei gewürzt" (Plt 268d) Argumentationsfehlern in der DIHÄRESEübung zur Definition der politischen Kompetenz und ihres Subjektes (des Königs oder Staatsmannes) auf die Spur zu kommen (Plt 268d–277a), wird vom Erzähler ambivalent eingestuft: anfänglich pleonastisch als „gewaltiger Brocken von Riesen-m." (Plt 268d; zu dieser Lesart vgl. Janka [2002a]) und neue, d.h. wohl eigenständige Erklärung für unzählige „alte Geschichten", am Ende jedoch als „staunenswerte Masse von m." und unangemessen großer Erzählaufwand ohne richtigen Schluss" (Plt 277b; zum argumentativen Mehrwert der Erzählmasse über die explizit genannten Correctiva (Plt 274e–275e) hinaus vgl. Schäfer [2002b]; zur Anzahl der Phasen der Menschheitsentwicklung Rowe [2002] und Horn [2002b]; allgemeiner Morgan [2000]: 253–261; Colloud-Streit [2005]: 184–223).

(ii.) Als „Quasi-Historie" könnte man die folgenden nicht-sokratischen M. klassifizieren: die von der Titelfigur im Timaios vorgestellte Kosmogonie (Ti 29d–92c), die – bald als *eikôs mythos*, bald als *eikôs logos* bezeichnet – menschenmögliche Plausibilität mit traditionell-mythischen Ingredienzien zu verbinden trachtet (vgl. Morgan [2000]: 271–278); die mit einer Ahnenreihe von Zeugen beglaubigten und letztlich sogar auf schriftliche Quellen zurückgeführten Berichte von der Auseinandersetzung zwischen Ur-Athen und Atlantis (dazu Morgan [2000]: 261–271; Görgemanns [2000] mit weiterer Literatur), die Platon den Kritias sowohl im Ti (20d–26e; dort als „seltsamen, aber wahren *logos*") als auch in dem nach ihm benannten Dialogfragment ausführen lässt (Krit 108c–121c), um die Präexistenz des Platonischen Idealstaates in grauer Vorzeit zu „erweisen"; die als Argumentationshilfe vom Gast aus Athen im vierten Buch der Lg erzählte und auf ihren „wahren Gehalt" befragte „Sage" (im griechischen Text erscheinen hierfür *phêmê* [713c], m. [713a und c] und *logos* [713e] nebeneinander) von der Herrschaft des Kronos, dessen ‚Menschenherden' unter der Regentschaft übermenschlicher Daimones in paradiesischem Frieden und Wohlstand lebten (ähnlich Plt 271c–272d) – nach Ansicht des Sprechers ein göttliches Vorbild für das bestmögliche menschliche Gemeinwesen, das als Modell für die Errichtung einer gerechten Herrschaftsordnung dienen sollte (Lg 713a–714b, besonders 713b); die von Glaukon als *advocatus diaboli* im zweiten Buch der Resp eingesetzte „mythische" Überlieferung (Resp 359d: *phasin, ha mythologusin*) vom wundersamen Ring, den der Lyder Gyges fand und der seinen Träger nach Belieben unsichtbar und wieder sichtbar machen konnte – eine Zauberkraft, die der Hirte Gyges gleich zu unmoralischen Handlungen wie der Verführung der Königin, Tötung des Königs und Usurpation der Macht ausgenutzt habe (Resp 359c–360b).

2. Die bedeutendsten M. aus dem Mund von (Platons Sprachrohr?) Sokrates sind die Seelenmythen, von denen wiederum den eschatologischen Schlussmythen das eindrucksvollste Nachleben beschieden war: Ihre Funktion beschränkt sich nicht auf die phantasievolle Auffüllung von argumentativen Leerstellen der großen Dialoge, die sie beschließen. Vielmehr bedient sich Sokrates hier einer erzählerischen Argumentation eigener Art, die thematisch aus dem Dialog herauswächst (so die Formulierung von Dalfen [2002]: 225) und diesen in eine subjektiv gebundene Form von Wahrscheinlichkeit jenseits des epistemologisch Zugänglichen transzendiert. So formt er im Seelengerichtsmythos des Gorg aus dem Rohmaterial herkömmlicher Jenseitsmotive (Totengericht, Unterweltsbüßer im Tartaros, Inseln der Seligen/Elysium als „Paradies") eine nicht-sophistische, d.h. ethisch wertgebundene, Mythologie im Gewand einer „neuen" Rhetorik (Gorg 523a–527a; vgl. dazu Morgan [2000]: 187–191; Dalfen [2002]: 222–226; Colloud-Streit [2005]: 71–92). Die durch Zeus' Gerichtsreform erreichte absolute Urteilsgerechtigkeit im Jenseits wird zur „menschenmöglichen" Bekräftigung für Sokrates' – auch im Dialog mit Kallikles unwiderlegte, aber dennoch vom Gesprächspartner nicht akzeptierte – Überzeugung, dass nur ein gerechtes Leben ein gutes Leben sein kann. Nachdem im Phd alle Versuche der in Sokrates' Todeszelle philosophierenden „Jünger" gescheitert sind, mit ihrem Meister die Unsterblichkeit der Seele zu beweisen (vgl. dazu Ebert [2004]: 412–420), lässt Platon Sokrates Trost und Hoffnung, ja Betörung und Bezauberung (Phd 114d) in einem „schönen m." suchen. Dieser spinnt den Schluss des Gorg weiter: Auch im Phd bleibt für Sokrates das – dort ringkompositorisch eingesetzte (Phd 107c und 113d) – Motiv des Totengerichts und der untrüglichen Beurteilung der Seelen nach ihren ir-

dischen Taten leitend. Doch das Seelengerichtswesen des Gorg wird hier nach feingliedrigeren „Fallgruppen“ aufgefächert. Neben dem ewigen Tartaros als Strafe für die Unheilbaren gibt es zeitlich befristete Tartaros-Strafen sowie eine Art Purgatorium am Acheron (Phd 113b–114b). Nur wer sich (etwa als Philosoph) durch ein ausnahmslos lauteres Leben auszeichnet, dem bleibt das „irdische“ Nachleben erspart, er darf in unendlicher Körperlosigkeit eine Heimstatt in der „wahren“, d. h. rein geistigen Welt finden. Diese „letzte“ Rechtfertigung des philosophischen Bios durch Sokrates wird im Phd kosmologisch überwölbt. Denn der Erzähler nimmt sein Leitthema der „Behausung“ unsterblicher Seelen zum Anlass, eine pseudonaturwissenschaftliche und pythagoreisch angehauchte (zur pythagoreischen Färbung dieses M. vgl. Ebert [2002]) Topographie des Tartaros (als des Topos des Ewig-Körperlichen) in Opposition zur wahren Erde (als des Topos des Ewig-Geistigen) zu entfalten. Im Schlussmythos der Resp erweitert Platon dieses Szenario abermals, um es Sokrates’ groß angelegtem Glücksentwurf für Einzelseelen und Staatswesen anzupassen. Die Transzendierung der Thematik (Resp 613e–614b) erhält ihre Autorisierung in Form eines quasi-historischen Berichtes: Die Erlebnisse des von den Göttern auf eine Jenseitswanderung geschickten, als „Boten“ (*angelos*) ausersehenen und daher aus dem Scheintod wieder erwachten Pamphyliers Er, in Resp 614b als wahrhaftiger *apologos* (Bericht) bezeichnet, den man „sehr gerne hört“ (614b), sind für Sokrates ein m., der durch Ers Rückkehr ins Leben „gerettet“, d. h. der Tradition einverleibt und vollständig erhalten wurde (Resp 621b) und auch „uns (Zuhörer) retten könnte, wenn wir denn daran glauben“ (Resp 621b–c). Dieser von der als lügnerisch und „amoralisch“ gebrandmarkten Dichtung (besonders Homers und Hesiods, vgl. etwa Resp 377d) scharf abgegrenzte „neue M.“ fügt zu den auch hier wiederholten Momenten der absolut gerechten Belohnung oder Bestrafung der Seelen nach dem Totengericht eine wesentliche Facette hinzu: Der bildhaft beschriebene Jenseits-Kosmos (mit seinen „zwei Welten“ Erde/Unterwelt und Himmel, der beides umspannenden Lichtsäule, der Spindel der Notwendigkeit als „Rotationsmotor“ der Sphären und der Asphodeloswiese als Region des Übergangs) beheimatet hier nicht nur auf ewig gerichtete Seelen. Es ist auch der Ort, an dem die Seelen aus einer Fülle von „Beispielen“ (*paradeigmata*) eine „Lebensform“ (*bios*) für eine neue Inkarnation im Umlauf „der sterblichen und todgeweihten Wesen“ (Resp 617d) in einer durch Los ermittelten Reihenfolge selbstverantwortlich wählen dürfen. Da für Sokrates, der diesen M. eingehend kommentiert, alles Glück des Menschen von dieser Wahl abhängt, muss ihm zufolge alles Erkenntnisstreben, wie er es im vorgängigen Bildungsentwurf der Wächter festgeschrieben hat, darauf ausgerichtet sein, die Seele zur wohl erwogenen Wahl zu befähigen (Resp 618b–619b). Der Dialog Phdr zeichnet sich durch eine Mehrzahl mythischer Partien aus (dazu jetzt Colloud-Streit [2005]: 133–183). Am wichtigsten im Zusammenspiel mit den Argumenten für die Unsterblichkeit der Seele und die Adressatenangemessenheit des richtigen Redens ist der M. vom Seelenwagen (Phdr 246a–256e), der wegen seiner deutlich allegorischen Züge nicht selten unter die Gleichnisse gerechnet wird. Dazu kommt die – von Sokrates gewissermaßen in praeteritio gestreifte und als unwesentlich verworfene – „Mythenkritik“ anhand der Lokalsage von Boreas und Oreithyia (Phdr 229–230a), die Erzählung von der Entstehung der Zikaden, ihrer Aufgabe als Musenboten und von der Rangordnung der Musen (Phdr 258e–259d) sowie die ägyptische „Überlieferung“ von Theuth und Thamus (Phdr 274c–275b) – ein pseudohistorischer Bericht, der Platons/Sokrates' eigene Auffassung zur Anfechtbarkeit alles schriftlich Fixierten einkleidet (vgl. Phaidros' Reaktion 275b; sh. SCHRIFTKRITIK).

IV. Die Platonischen M. haben eine ebenso reichhaltige wie zwiespältige Nachwirkung ausgelöst, die hier nur umrisshaft angedeutet werden kann: Bereits bei Aristoteles (*Metaphysik* 1074b; 982b zur Freude am M.) und im sonstigen frühen Platonismus (Xenokrates Fragment 54 Heinze [1892]; Speusippos Fragment 54 Lang [1911]) finden sich Ansätze zu einer didaktischen Aneignung von (Platons) „Fabelwelten“. Insbesondere die Deutungsgeschichte der im Ti entwickelten Weltschöpfung steuert wichtige Interpretamente zu einer Theorie des Platonischen M. bei. Zwar verwirft der Epikureer Colotes den „lügnerischen“ M. als der philosophischen Seriosität unwürdig (Macrobius *In somnium Scipionis* 2,3; Plutarch polemisiert gegen Colotes' Position in seiner Schrift *Adversus Colotem* (Plutarch *Moralia* 1107d–1127e)). Doch Poseidonios gewinnt Platons Philosophie und auch deren M. für die Stoa. Auf Poseidonios' Spuren folgt etwa Cicero, der mit dem *somnium Scipionis* einen mythischen Traum als eschatologischen Ausklang seiner Staatsschrift *De re publica* (54–51 v. Chr.) komponiert (Cicero *De re publica* 6,9–26). Hiermit greift er bewusst auf Platons Er-M. zurück und kreuzt ihn mit einem Beweis für die Unsterblichkeit der Seele als sich selbst bewegende Kraft, den er aus dem argumentativen Vorspann zum Seelenmythos des Phdr gewinnt (Phdr 245c–246a). Mit diesem kontaminierenden Rekurs auf Platons M. begründet Cicero einen eigenen Traditionsstrang, der über Vergil, Petrarca und Chaucer bis hin zu Pietro Metastasios Libretto *Il sogno di Scipione (Der Traum des Scipio)* reicht, das der 15-jährige Mozart 1772 vertont hat (vgl. Cürsgen [2002]: 123 f. mit weiterer Literatur). Macrobius rehabilitiert in der Einleitung seines Kommentars zu Ciceros *somnium* den philosophischen M. als „Vermittlung heiliger Gegenstände unter dem frommen Schleier der Fiktion“ (*sacrarum rerum notio sub pio figmentorum velamine*; Macrobius *In somnium Scipionis* 2,11).

Im Mittelplatonismus ist bei Plutarch eine Art „Theologisierung“ des Platonischen M. zu beobachten. Plutarch variiert mit eigenen, undogmatischen Variationen der großen Vorbilder Platons mythische Jenseitsvorstellungen (vgl. Alt [2002]: besonders 225): In seine Schriften *Die späte Vergeltung der Götter (De sera numinis vindicta), Das Daimonion des Sokrates (De genio Socratis)* und *Das Gesicht im Mond (De facie in orbe lunae)* hat er Seelen- respektive Jenseitsmythen eingelegt (Plutarch *Moralia* 563b–568, 568f-592f, 940f-945d). Anders als Plutarch, schaffen die Neuplatoniker – mit der Ausnahme Kaiser Julians – keine eigenen M. mehr. Für Plotin, der sich in seiner philosophischen Allegorese neben dem Ti vor allem mit den M. des Phdr und des Symp befasst, rückt der M. als Abbild einer höheren, unbildlichen Erkenntnis auf eine niedrigere Stufe mit allenfalls exoterisch-didaktischer Funktion (vgl. Cürsgen

[2002]: 131–137). Diese Tendenz wird in den Mythenexegesen des Porphyrios verfestigt, um bei Proklos in eine Systematik des in seiner auf Höchstes verweisenden Anschaulichkeit der untersten Seinsstufe angepassten Götterm. einzumünden. Der von Plotin und Proklos vielfach anhand von Platons M. entwickelte Begriff des M. findet einen neuzeitlichen Widerhall noch bei Friedrich Creuzer (1771–1858; Fornaro [2001]: besonders 34f.). Für ihn ist der M. die Einkleidung, die in frühen Kulturen „symbolische" Wahrheiten religiöser oder philosophischer Provenienz verschleiert.

Literatur: Alt [2002] – Blondell [2002] – Burkert [1984] – Cerri [1996] – Colloud-Streit [2005] – Cürsgen [2002] – Dalfen [2002] – Droz [1992] – Ebert [2002] – Ebert [2004] – Elias [1984] – Fornaro [2001] – Gill [1993] – Görgemanns [2000] – Horn [2002b] – Janka/Schäfer [2002] – Janka [2002a] – Janka [2002b] – Manuwald [1999] – Manuwald [2002] – Mattéi [1988] – Morgan [2000] – Most [2002] – Neschke [1983] – O'Brien [2002] – Reinhardt [1960] – Renger [2005] – Rowe [1999b] – Rowe [2002] – Schäfer [2002b]

Markus Janka

Nachahmung/Darstellung/Mimesis (*mimêsis*)

I. Die ursprüngliche und in den vorplatonischen Texten vorherrschende Bedeutung des Verbs *mimeisthai* ist „eine Person darstellen", „eine Rolle verkörpern", besonders in Tanz oder Drama. Hiervon abgeleitet ist die Bedeutung „ein Vorbild möglichst getreu nachahmen, imitieren, kopieren", die sich speziell auf Malerei oder allgemeiner auf jedes nachahmende Tun oder Verhalten beziehen kann. Die Substantive *mimêsis* und *mimêma* bezeichnen den Prozess bzw. das Ergebnis der Darstellung/Nachahmung (D./N.). Platon betrachtet und bewertet Mimesis (M.) insgesamt unter dem Aspekt der größeren oder geringeren Ähnlichkeit mit dem Dargestellten/Nachgeahmten. Durch die Betonung des Vorbildbezugs verschiebt sich die Wortbedeutung bei Platon in Richtung „N., Imitation" (Koller [1954]; Keuls [1978]: 1–32; Kardaun [1993]; Halliwell [2002]: 15–22). Die Auffassung von Dichtung als mimetischer Kunst, die der Angelpunkt der Dichtungskritik in der Resp (Bücher 2–3 und 10) ist, geht offenbar auf eine allgemein anerkannte Ansicht zurück (Lg 668b–c; vgl. Halliwell [2002]: 7; Leszl [2004]: 141–149). Es kommt Platon jedoch nicht darauf an, Kunstphilosophie zu betreiben und eine M.-Ästhetik zu entwerfen. Kunst und Poesie werden von nichtdichterischen mimetischen Künsten wie der Sophistik und Rhetorik nicht abgegrenzt (vgl. Soph 235b–d, 265b–268c), sondern zusammen mit ihnen als Exponenten einer Welt des Scheins behandelt, den der Philosoph als Schein durchschauen muss, um zur Erkenntnis der Wahrheit und zu einer angemessenen Lebensführung zu gelangen. Im Hintergrund steht die Vorbild-Abbild-Ontologie und -Gnoseologie der Ideenlehre (sh. (Ab)Bild), nach der das in der Erfahrungswelt begegnende Imitat (*mimêma*, nach Soph 241e synonym mit *eikôn* „Bild", *eidôlon* „Bild, Scheinbild" und *phantasma* „Scheinbild") den Seins- und Wahrheitsgehalt des nur geistig erkennbaren, „wahrhaft seienden" Originals nur erstrebt, aber niemals erreicht (Phd 74b–75d; der Körperkosmos als ganzer ist *mimêma* eines geistigen Vorbildes, Ti 48e; und vgl. Aristoteles' Nachricht, Platon habe den Begriff der Teilhabe, *methexis*, an die Stelle eines älteren pythagoreischen M.-Begriffs gesetzt, *Metaphysik* 987b). M. konnotiert bei Platon Wahrheitsdifferenz, Falschheit, Täuschung, Schein und Unernst (*paidia*, Resp 602b u. ö.) und ist somit von vornherein ein tendenziell negativ wertender Begriff.

II. Die Dichterkritik im 2. und 3. Buch der Resp (Guthrie IV [1975]: 452f.; Annas [1981]: 94–101; Halliwell [1997]: 321–324; Halliwell [2002]: 37–147; sh. Dichtung): Die erste Erwähnung der M. in der Resp nennt als deren berufsmäßige Vertreter Dichter und Maler/Bildhauer, womit dramatische D. und bildliche N. von Anfang an gleichermaßen im Blick sind (Resp 373b; vgl. Lg 889c–d). Eine ausführliche Diskussion mimetischer Dichtung erfolgt im Zusammenhang mit der Erziehung der Angehörigen des Wächterstandes (Resp 377d–398b). Sokrates' Vorschriften erfolgen im Wesentlichen negativ als inhaltliche und formale Kritik der bestehenden epischen und dramatischen Tradition. Die inhaltliche Kritik (Resp 377d–392c) richtet sich vor allem gegen die anthropomorphe D. der Götter und die D. ungehemmter Leidenschaft in Epos und Tragödie. Eine solche D. ist schlechte M., weil sie das Wesen von

Göttern, Heroen und vorbildlichen Menschen nicht wahrheitsgemäß, sondern „in unähnlicher Weise darstellt" (Resp 377e, 388c). Im Kontext der Erziehungsdiskussion werden derartige D. jedoch auch unabhängig von ihrem Wahrheitsgehalt aufgrund ihrer negativen Vorbildwirkung aus dem Staat ausgeschlossen (Resp 377e–378a). Die formale Kritik (Resp 392c–398b) führt einen spezielleren M.-Begriff ein, der anscheinend eine Neuerung Platons ist. Sokrates bezeichnet die poetische D. jetzt insgesamt als „Erzählung" (*dihêgêsis*), die wieder in die Formen „einfache Erzählung" (Bericht ohne wörtliche Rede) und „Erzählung durch M." (Bericht mit Rollentexten in wörtlicher Rede) unterteilt wird (Resp 392d). Als dichterische Grundformen ergeben sich daraus die rein dihegetische (in der zeitgenössischen Literatur vertreten durch den balladenhaften Dithyrambos), die rein mimetische (vertreten durch das Drama) und die gemischte Form (Epos). Die Frage der Zulässigkeit dieser Formen in der gerechten Polis wird nach dem Erziehungsgedanken entschieden: Die Wächter sollen ihrer charakterlichen Haltung nach nicht fähig oder geneigt sein, andere Personen darzustellen (*mimêtikoi*, Resp 394e), weil M. als D. von vielerlei Verschiedenem dem Prinzip der Arbeitsteilung widerspricht und weil das Darstellen von moralisch nicht einwandfreien Personen Auswirkungen auf den Charakter der Wächter selbst haben könnte (Resp 394e–395b). M. führt offenbar per se zu einer Zersplitterung der Persönlichkeit, die im Gegensatz zu der als hierarchisch geordneter Einheit begriffenen Gerechtigkeit der Seele steht (vgl. Resp 443e). Für die gerechte Polis sind also nur die rein dihegetische und die gemischte D.form zulässig, sofern der mimetische Anteil der letzteren gering und auf moralisch vorbildliche Rollen beschränkt ist (Resp 397d–e). Platons schon für antike Leser befremdliches Zensurprogramm ist an der autoritativen Rolle Homers in der zeitgenössischen Unterrichtspraxis (vgl. Resp 606e: Homer als „Erzieher Griechenlands") sowie an der üblichen Rezeptionsform von Poesie durch rhapsodische und dramatische – also im eigentlichen Sinne mimetische – Aufführungen orientiert, die stark psychagogisch wirken konnten (vgl. Resp 605d; Ion 535c). Bedeutsam ist, dass in Resp Buch 2–3 zwar eine Reinigung, aber keine völlige Verwerfung der mimetischen Dichtung ins Auge gefasst ist und dass eine „gute", wahrheitsgemäße M. vorstellbar bleibt (sh. Dichtung III).

III. Die Totalverwerfung der mimetischen Dichtung in Resp Buch 10 (Gadamer [1985b]: 202–207; Annas [1981]: 336–344; Halliwell [1997]: 324–330; Halliwell [2002]: 37–147; Leszl [2004]: 174–181, 192–197): Die zweite Diskussion der mimetischen Dichtung in der Resp erfolgt auf der Basis der Ontologie und Seelenlehre der Bücher 4–9 und hebt den großen Abstand des künstlerisch hergestellten Imitats (*mimêma*) von der Wahrheit und die Affinität der Poesie zum triebhaft-irrationalen Seelenteil hervor. Gegenüber dem in Resp Buch 2–3 vorherrschenden Darstellungsgedanken rückt der Aspekt der N. in den Vordergrund, weil jetzt die Malerei durchweg als Paradigma poetischer M. gewählt wird (vgl. Keuls [1978]: 23–28; Wiesing [2001] zum Problem der „Kunstphilosophie" von Resp Buch 10). Der speziellere Begriff von M. als Erzählform (sh. oben I.) kommt nicht mehr vor. Künstlerische M. nimmt „den dritten Rang nach der Wahrheit" ein (Resp 597e, 602c), weil sie nicht die wahrhaft seiende Idee, sondern nur deren Erscheinung in der Erfahrungswelt imitiert (etwa das vom Handwerker gefertigte Bett, nicht die Idee des Bettes; es ist auffällig, dass an anderer Stelle der Malerei – nicht aber der Poesie – zumindest metaphorisch ein unmittelbares Schaffen nach der Idee zugestanden wird, Resp 472d, 500e). Sie stellt das Nachgeahmte nicht so dar, wie es ist, sondern so, wie es scheint, ist also eine Täuschungskunst, deren Produkte man nicht mit der Wahrheit verwechseln darf (Resp 597e–598d, vgl. Resp 476c–d; sh. Dichtung IV). Ein mimetischer Dichter hat von seinem Gegenstand weder ein Wissen (wie jemand, der ein Werkzeug richtig zu gebrauchen versteht; vgl. dazu Wieland [1982]: 292–297) noch eine richtige Meinung (wie der vom Inhaber des Gebrauchswissens instruierte Hersteller des Werkzeugs), sondern nur ein Scheinwissen; M. und Wissen sind Gegensätze (Resp 598d, 600c). Ein Dichter wie Homer stellt daher Tugend und Schlechtigkeit nicht aufgrund von Wissen dar; die Tradition, die ihm universales Wissen zuschreibt, verwechselt mimetische Kunstfertigkeit mit echtem Wissen (Resp 598e–602b). Die im Theater beim Anblick dichterisch nachgeahmter Leidenschaften empfundene Lust, die im Gegensatz zu der im richtigen Leben gültigen Maxime der Unterdrückung solcher Leidenschaften steht, entspringt der angesichts der scheinbaren Harmlosigkeit der M. gelockerten Kontrolle des rationalen Seelenteils über den irrational-begehrenden (*epithymêtikon*; vgl. 606a; sh. Seele). Die hieraus erwachsende Gefahr für die Harmonie der Seelenverfassung ist umso größer, je gelungener die M. ist (Resp 602c–606c, vgl. schon 387b, 395c–d). Sokrates' Attacke erfolgt unter ausdrücklicher Missachtung der Eigengesetzlichkeit der Dichtung (Resp 607a); sie hat, wie abschließend bemerkt wird, die Funktion eines Gegenmittels gegen allzu große, der philosophischen Wahrheitssuche hinderliche Liebe zur Poesie (Resp 607e–608b). Nicht ausreichend geklärt ist das Verhältnis von Platons eigenen Dialogen zu der M.-Kritik, insbesondere der Resp selbst, die ja nach den Kriterien von Resp Buch 3 „dihegetisch-mimetisch" ist (Ansätze bei Gadamer [1985b]: 209–211; Wieland [1982]: 53f.; Zimbrich [1984]: 301–318).

IV. Differenzierungen in Soph und Lg. Die in der Resp rasch übergangene Möglichkeit, dass M. etwas so darstellt, wie es ist (Resp 598a–b), wird im Soph aufgegriffen, wo die mimetische Kunst als ganze in die Kunst des Abbildes (*eikastikê*) und des Scheinbildes (*phantastikê*) unterteilt wird und als Kriterium des Abbildes in Malerei und Skulptur die proportionsgerechte Abbildung angegeben wird (Soph 235d–236c). Dies wird aber nicht weiter verfolgt, weil das Problem von Sein und Schein bzw. Sein und Nichtsein ausdrücklich jede Art von Bild betrifft (Soph 241e, vgl. 264c–d). In Soph 267b–e erscheint als Gegenbegriff zu der M. aus Nichtwissen (Resp) eine M. aus Wissen, worunter zweifellos das Ideenwissen des Philosophen und die Ausrichtung der eigenen Lebensführung an der Idee zu verstehen ist (vgl. Euthyph 6e; Resp 540a–b). In den Lg (Schöpsdau [1994]: 318–335) haben die Mitglieder des Dionysoschors die kunstrichterliche Aufgabe, die schönsten Lieder auszuwählen; zur Beurteilung künstlerischer M. haben sie dabei drei aufeinander aufbauende Kriterien anzulegen: das Wesen des Dargestellten, die Korrektheit der D. (*orthôs*; gemeint ist wieder Proportionsgerechtigkeit, vgl. Lg 668b) und die „Schönheit", d.h. Nützlichkeit der Darstellung (Lg 667b, 669b, 670e). Das letzte Kriterium liegt ausdrücklich außerhalb des Horizonts der Dichter (Lg 670e), ist also nicht ästhetischer, sondern ethischer Natur.

V. Fortwirken. Aristoteles greift wie Platon auf die Auffassung von M. als D. handelnder Personen zurück (vgl. *Poetik* 1448a mit Resp 603c), erhebt nun aber M. zum Kriterium von Dichtung überhaupt (*Poetik* 1447a–b). Gegen Resp Buch 10 stellt Aristoteles fest, dass der Gegenstand dichterischer M. nicht das Besondere, sondern das Allgemeine ist und dass diese daher einen quasi philosophischen Rang hat. Kriterium gelungener M. ist nicht mehr Ähnlichkeit, sondern Wahrscheinlichkeit (*Poetik* 1450b–1451a). Das Ideal der N. der Natur und die Analogie von Malerei und Dichtung wurden nach Platon zu zentralen Kategorien der antiken Kunsttheorie (Halliwell [2002]: 263–312). In der Tradition des Platonismus sorgte Platons Kritik der Kunst und Poesie früh für Verlegenheit. Cicero entnimmt das Argument, dass der Künstler nicht das Einzelding, sondern die Idee nachahme, anscheinend der akademischen Tradition (*Orator* 8f.). Plotin folgt dieser Linie (*Enneaden* V.8[31].1.32–40), betont aber, dass die reine Schau des Intelligiblen der auf Umsetzung des Geschauten in ein sinnlich wahrnehmbares Produkt angewiesenen Kunst überlegen ist (*Enneaden* III.8[30].4.15–47, vgl. Szlezák [1979]: 22–24; Kuisma [2003]: 83–147; Halliwell [2002]: 316–322). Im Mittel- und Neuplatonismus erfolgte die Verteidigung Homers mit den Mitteln der Allegorese: Platons Kritik bezog sich damit nur noch auf eine falsche, „mimetische" Homer-Interpretation und verfolgte das Ziel, auf den wahren, philosophischen Sinn der Dichtung aufmerksam zu machen (Lamberton [1986]). Proklos macht bei seinem Versuch, alle griechischen philosophischen, religiösen und literarischen Überlieferungen unter Platonischem Vorzeichen zu einer einheitlichen Tradition zu vereinigen, reichlichen Gebrauch von der Allegorese und unterscheidet dichtungstheoretisch mimetische, didaktische und inspirierte Poesie (*In Rem Publicam*, 6; vgl. Sheppard [1980]; Halliwell [2002]: 323–334).

Literatur: Annas [1981] – Gadamer [1985b] – Guthrie [1975] – Halliwell [1997] – Halliwell [2002] – Kardaun [1993] – Keuls [1978] – Koller [1954] – Kuisma [2003] – Lamberton [1986] – Leszl [2004] – Leszl [2005] – Schöpsdau [1994] – Sheppard [1980] – Szlezák [1979] – Wieland [1982] – Wiesing [2001] – Zimbrich [1984]

Christian Tornau

Natur siehe **Physis**

Nomos siehe **Gesetz**

Notwendigkeit siehe **Freiheit**

Nus siehe **Geist**

Ordnung/Kosmos (*taxis/kosmos*)

I. Der Begriff der Ordnung (O.; *kosmos, taxis*) spielt in Platons Denken in drei thematischen Kontexten eine herausragende Rolle: erstens in der Kosmologie, zweitens in der Psychologie und drittens in der Politischen Philosophie. Alle drei Bereiche werden eng miteinander verbunden; für Platon existieren umfassende O.prinzipien, die zur gleichen Zeit für das Universum, die menschliche Seele sowie für die Rechts- und Staatso. gültig sind. Auf der Ebene des Kosmos (K.) sind diese Prinzipien allerdings *faktisch* in Geltung, während sie für die Seele und den Staat im *normativen* Sinn verbindlich sein sollen. Kennzeichen von O. sind für Platon Einheit, Einfachheit, Ganzheit, Unveränderlichkeit, Regularität, Harmonie, Symmetrie oder mathematische Proportion. O. wird mithin als zeitliche Stabilität, als strukturelle Invarianz und als ein Zusammenstimmen unterschiedlicher Teile verstanden; für den letztgenannten Aspekt spielt besonders der *harmonia*-Begriff eine wichtige Rolle. Da es sich bei den aufgezählten Merkmalen um wesentliche Eigenschaften Platonischer Ideen handelt, kann man annehmen, dass eine der zentralen Funktionen, für die Platon seine Ideenkonzeption entwickelt, die der Konstitution von O. in der sinnlich wahrnehmbaren Welt ist.

Im gewöhnlichen frühen Griechisch steht der Ausdruck *kosmos* für eine gut gelungene Aufstellung oder Ano. von Teilen zu einem Ganzen, z. B. für ein gut strukturiertes Gebäude oder für einen wohlgeordneten Truppenverband; später bezeichnet *kosmos* einfachhin die O. Seine philosophische Bedeutung (im Sinn von ‚Welto.' oder ‚Welt' – für letztere sind zunächst Begriffe wie *ta onta* oder *ta panta* üblich) reicht möglicherweise bis zu Anaximenes zurück (VS 13 B 2). Auch der Ausdruck *taxis*, der ursprünglich einen Urteilsspruch oder eine Ano. bezeichnet, kann in einem philosophischen Sinn, nämlich als die ‚kosmische O. der Zeit' *(kata tên tu chronu taxin)* vielleicht bis auf Anaximander (VS 12 B 1) zurückgeführt werden. Pythagoras soll das Universum aufgrund seiner O. als *kosmos* bezeichnet haben (VS 14, 21). Weniger umstritten als diese frühen Belege ist die Verwendung von *kosmos* bei Heraklit (vgl. VS 22 B 124), wobei aber unklar ist, ob speziell die Welto. oder allgemein die ‚schönste O.' gemeint ist.

Platon verwendet *kosmos* gelegentlich im Sinn von ‚staatliche (oder rechtliche) O.' (Lg 758d–759a, 764b–d), manchmal in der Bedeutung ‚Himmel' (Phd 108e; Resp 509d; Ti 92c), häufiger aber im Sinn von ‚Universum' (Lys 214b; Gorg 508a; Krat 412d; Plt 270b und 272e; Phlb 28d; Ti 28c und 69c). Die philosophisch interessanteste Verwendungsweise ist die in der Bedeutung ‚Welto.' (Plt 269d, 273a; Ti 27a, 28b; Lg 821a, 897c, 898a). Der Begriff der *taxis* wird von Platon im Sinn von ‚gesetzlicher O.' gebraucht (z. B. Plt 294e), im Sinn einer Anweisung oder Ano. (Ti 42e) oder im Sinn jener O., die sich in der Seele des Menschen ebenso wie im Staat finden soll (Resp 577d).

II. Der O.gedanke wird bei Platon grundlegend im Gorg entwickelt (503e–508a). Der fähige Experte oder der Besitzer einer *technê* (darunter Maler, Architekten oder Schiffsbauingenieure) ist nach Platon durch die Kompetenz ausgezeichnet, das Produkt seiner Tätigkeit „in eine gewisse O. zu bringen und jedes Einzelne zu zwingen, dem anderen zu entsprechen und zu ihm zu passen, bis er das Ganze zu einer geordneten und wohlstrukturierten Sache komponiert hat" (... *hôs eis taxin tina hekastos hekaston tithêsin ho an tithê, kai prosanankazei to heteron tô heterô prepon te einai kai harmottein, heôs an to hapan systêsêtai tetagmenon te kai kekosmêmenon pragma*: Gorg 503e–504a). Auf diese Weise erzeugt der Experte O. (*taxis, kosmos*). Dasselbe Prinzip soll nun gleichzeitig für verschiedene Seinsbereiche außerhalb der handwerklichen Produktion Gültigkeit besitzen. Dabei interessiert sich Platon besonders für die Kennzeichnung des jeweiligen O.zustands. Im Fall des Körpers ist etwa das, was aus *taxis* und *kosmos* entsteht, Gesundheit und Kraft; im Fall der menschlichen Seele ist es GERECHTIGKEIT und Besonnenheit (Gorg 504a–d). Sokrates resümiert diesen Gedanken so, dass *taxis* und *kosmos* jede Entität in ihren bestmöglichen Zustand, ihre TUGEND, überführen oder, wie er auch sagt, ‚gut machen' (Gorg 506e). Platon überträgt diese Vorstellung anschließend auf das Universum, indem er Sokrates sagen lässt, die Weisen behaupteten, dass die „Gemeinschaft und Freundschaft den Himmel und die Erde, die Götter und die Menschen" zusammenhielten sowie auch „der Sinn für O. (*kosmiotêta*) und die Besonnenheit und die Gerechtigkeit"; dieses Universum „bezeichnen sie [nämlich: die Weisen] deswegen als *kosmos*, ... nicht als Ungeordnetheit oder Zügellosigkeit" (Gorg 507e–508a).

Eine wichtige Voraussetzung für Platons O.konzeption scheint in der Kosmologie und besonders in der Astronomie zu bestehen. Der entscheidende Punkt dabei ist, dass die Bewegungen der Himmelskörper regulär, gleichförmig und – zumindest im Fall der Fixsterne – ideal zirkulär verlaufen. In den Lg weist Platon explizit auf die Mathematizität der Himmelsbewegungen als eine wichtige Inspirationsquelle für eine religiöse und teleologische Naturbetrachtung hin: Während die breite Menge glaube, dass Experten der Astronomie die Himmelsphänomene auf der Basis bloßer kausaler Notwendigkeit erklärten, betrachteten diese die Welt in Wahrheit als Ergebnis eines planenden Willens oder einer göttlichen Vernunft, die darauf aus sei, das Gute zu verwirklichen. Die hochgradige Regularität der Himmelsbewegungen und ihre exakte Beschreibbarkeit mit den Mitteln subtiler Formen von MATHEMATIK rufe bei Experten der Astronomie, so Platon, eine wissenschaftlich reflektierte Form von Religiosität hervor (Lg 966e–967b). Bereits im Ti wird aus analogen Überlegungen eine ethische Forderung abgeleitet; dort heißt es, man müsse sich als Individuum soweit wie möglich an die Regularität der kosmischen Umläufe angleichen (Ti 90d). Entsprechend wird auch in Resp Buch 7 das Bild vom Himmel und seinen Bewegungen ins Spiel gebracht, um von einer stabilen und regulären O. der Welt auf die Forderung nach einer möglichst ähnlichen O. der menschlichen Seele überzugehen; was geordnet sei und sich stets gleich verhalte, also das, bei dem es kein Unrechttun und kein Unrechtleiden gibt, wird der menschlichen Seele zur Nachahmung empfohlen (Resp 500b–c). Ein Individuum, das sich in vollem Umfang der O. des K. und der dahinter stehenden Ideeno. angleichen würde, wäre nach Resp Buch 6 und 7 der perfekte Regent eines idealen Staates. Auch nach Lg Buch 9 wäre ein umfassend einsichtsgeleiteter Herrscher das Beste für einen Staat; denn das individuelle Wissen ist, wie Platon sagt, gegenüber *nomos* und *taxis* überlegen. Hierbei werden die Ausdrücke *nomos* und *taxis* offenbar legalistisch verstanden. Da die beste Option realistischerweise nicht zu haben sei, müsse man *nomos* und *taxis* als die zweitbeste Option wählen (Lg 875c–d). Der Gesetzesstaat ist zwar nur die zweitbeste Option (*deuteros plus*: Plt 300c; vgl. Lg 875d), aber zugleich die weitaus praktikablere Variante.

Die Möglichkeit einer Naturphilosophie, die die Welt als ein teleologisch geordnetes Ganzes begreift, wird bereits im Phd erörtert. In einer fiktionalen intellektuellen Autobiographie lässt Platon seinen Sokrates dort berichten, er habe sich als junger Mann mit Naturphilosophie befasst und habe von der Schrift des Anaxagoras erwartet, diese würde erklären, „wie die ordnende Vernunft alles ordnet und ein jedes so ausstattet, wie es sich am besten verhält (*ton ge nun kosmunta panta kosmein kai hekaston tithenai tautê hopê an beltista echê*: Phd 97c; vgl. Krat 400a). Sokrates zeigt sich jedoch davon enttäuscht, dass Anaxagoras entgegen seiner Ankündigung nicht daran festhält, die Natur als vernünftig (und d. h. bestmöglich zugunsten bestimmter Zwecke) organisiertes Ganzes zu erklären. Das geforderte Erklärungsprinzip kann man als ‚Prinzip der bestmöglichen O. des Universums' bezeichnen. Platon lässt seinen Sokrates ergänzen, dass man das Handeln einer Person (hier Sokrates' Verbleiben im Gefängnis trotz der drohenden Hinrichtung) nur mit Blick auf deren GEIST (*nus*) verstehen könne, nämlich bezogen auf die Gründe, die eine Handlungsoption für jemanden attraktiv machen, nicht jedoch im Rahmen einer naturalen Erklärung, etwa als Wirkung der Sehnen, Knochen oder Gelenke des betreffenden Akteurs (Phd 98c–99a).

Es gibt in Platons Werk eine Fülle von Beispielen für teleologische Naturerklärungen nach dem Prinzip der bestmöglichen O. des Universums. Ein gutes Beispiel liefert die Herleitung der Himmelsbewegung im Mythos des Plt; dort wird die Behauptung, es gebe einen periodisch alternierenden Gestirnsverlauf, mittels folgender Überlegungen gerechtfertigt (Plt 269d–e): Etwas, das nicht göttlich, sondern körperlich sei (nämlich der wahrnehmbare K.), könne keine vollkommene Unveränderlichkeit oder Gleichförmigkeit aufweisen. Nun sei zwar das wahrnehmbare Universum von seinem Erzeuger hervorragend ausgestattet, es könne jedoch aufgrund seiner Körperlichkeit nicht völlig veränderungsfrei sein. Immerhin versuche der K. soweit wie möglich eine gleichförmige Kreisbewegung in eine einzige Richtung beizubehalten; denn dabei (nämlich: bei der gleichförmigen Kreisbewegung, die abwechselnd in zwei Richtungen verläuft) handle es sich um die kleinstmögliche Abweichung von der (idealen) Selbstbewegung. Etwas, das sich selbst bewegt, darf sich, so Platon, nicht in entgegengesetzte Richtungen bewegen. Doch da eine reine Selbstbewegung ausschließlich dem GOTT zukomme, der alles Bewegte dirigiert, stehe nur die Möglichkeit, sich alternierend in die entgegengesetzte Richtung zu bewegen, den Himmelskörpern offen.

Aus dem Ti seien einige weitere Beispiele für das Prinzip der bestmöglichen O. des Universums angeführt. Platon stimmt dort etwa der These zu, das Gehirn besitze für den Menschen eine zentrale Funktion, indem er auf den Umstand verweist, dass der menschliche Kopf aufgrund seiner runden Form als Abbild des kugelförmigen Universums gelten müsse. Der Kopf bilde das Göttlichste am Körper und stelle daher eine beherrschende Größe dar (Ti 44d). Auch bietet Platon in Ti 47 eine teleologische Erklärung für den menschlichen Gesichtssinn. Dieser sei dazu bestimmt, dass wir den Wechsel von Tag und Nacht, die Folge von Monaten und Jahren registrierten, damit wir auf diese Weise die Existenz von Zahl und Zeit zur Kenntnis nähmen. Indem wir nämlich die geordneten Umläufe von Himmelskörpern beobachteten, gelangten auch unsere seelischen Bewegungen in eine vergleichbar wohlgeordnete Verfassung. Ohne diesen korrigierenden Einfluss wäre die menschliche Seele den irregulären und eigenwilligen Bewegungen des Körpers unterworfen. Die Entstehung der materiellen Welt durch die Einwirkung des göttlichen DEMIURGEN wird bereits zuvor mit der Überlegung eingeführt, die Elemente Feuer und Erde seien zu diesem Zweck nach mathematischen Proportionen komponiert worden: „Daher schuf der Gott den Körper des Alls, indem er damit begann, ihn aus Feuer und Erde zusammenzusetzen. Ohne ein drittes Element ist es aber nicht möglich, nur zwei passend zusammenzufügen. Es muss nämlich in der Mitte irgendein Band bestehen, das die beiden zusammenführt. Das schönste Band aber ist das, welches sich selbst und das Verbundene soweit wie möglich zu einem Einzigen macht; dies aber leistet natürlicherweise am besten eine Proportion" (Ti 31b–c).

Generell fasst Platon im Ti die sichtbare Welt als ein optimal vom göttlichen Demiurgen geordnetes Ganzes auf (Ti 29e ff.). GOTT ist gut und daher ohne Missgunst; er will, so Platon, dass ihm alles möglichst ähnlich sei. Da der sichtbare und in ungeordneter Bewegung befindliche K. so gut wie möglich verfasst sein soll, „führte er ihn aus der Uno. in die O." (*eis taxin auto êgagen ek tês ataxias*: Ti 30a). Die O. nach Grundsätzen der Vernunft setzt aber voraus, dass der K. beseelt ist, weswegen ihn der Demiurg zu einem Lebewesen macht. Platon resümiert den Gedanken mit den Worten, man müsse konstatieren, dass dieser K. in Wahrheit aufgrund der Vorsehung des Gottes ein beseeltes denkendes Lebewesen geworden sei (... *dei legein tonde ton kosmon zôon empsychon ennun te tê alêtheia dia tên tu theu genesthai pronoian*: Ti 30b–c). Die sinnlich wahrnehmbare Welt gilt Platon als ein vollkommenes Lebewesen, das alle anderen umfasst, das singulär ist, vernünftig, göttlich und unvergänglich, aber zugleich geworden ist. Er ist aus den Elementen nach den Prinzipien arithmetischer Proportionalität gestaltet (Ti 32c).

III. In diesem Zusammenhang (besonders Ti 30c–d) sowie an einer Reihe weiterer Stellen wird deutlich, dass Platon die Wirklichkeit in zwei ontologisch distinkte Bereiche aufteilt (sh. TRENNUNG): in einen intelligiblen Bereich (*noêtos topos* oder *kosmos*) und in einen sinnlich wahrnehmbaren (*aisthêtos*). Dabei gilt ihm der wahrnehmbare Bereich als ein ABBILD des intelligiblen (Ti 27dff., 29b–c). Die WELTSEELE stellt für Platon die unsichtbare Gelenkstelle zum sichtbaren Universum dar; sie hat Anteil am Denken und an der Harmonie des Intelligiblen (Ti 36e f.). Am Ende des Ti wird der K. als „sichtbares Lebewesen" bezeichnet, das „das Sichtbare umfasst", „als ein Abbild des Intelligiblen einen sichtbaren Gott" darstellt und das den „größten, besten, schönsten und perfektesten einzigen und alleinigen Himmel" bildet (Ti 92c). Es scheint plausibel anzunehmen, dass bereits seine Rede von den ‚zwei Arten des Seienden' im Phd (*dyo eidê tôn ontôn*) diese Distinktion meint (Phd 79a f.). Noch in den Lg spricht Platon von einem nur durch Vernunft erkennbaren Bereich (Lg 898e). In der Resp sind es besonders die Ausführungen des Liniengleichnisses (Resp 509d–511e), die die Ansicht nahelegen, Platon habe eine Zwei-Welten-Ontologie vertreten. Er bezeichnet dort etwa die Sonne als einen ‚Spross' (*ekgonos*) der Idee des Guten (*idea tu agathu*); generell erscheinen die Objekte des unteren Seinsbereichs als ‚Abbilder' des höheren (509e, 510b, 510e3, 511a). Das Liniengleichnis bietet eine zugleich ontologische wie epistemologische Zwei-Welten-Konzeption, wobei der ontologische Rang eines Objekts strikt mit dem Grad seiner Erkennbarkeit korreliert sein soll (Resp 509d). Zumindest der mittlere und spätere Platon, also der Autor von Phd, Resp, Plt und Ti, denkt sich die O. der Welt als ein Phänomen, das durch ‚vertikale Kausalität' zustande kommt: Gemäß seinem ontologischen Komparativ konzipiert er das Universum als ein gestuftes Ganzes, in dem perfekte O. der oberen Welt eine asymmetrische Einwirkung auf die untere Welt ausübt; von oben nach unten kommt es zu einem Transfer von O., wenn auch mit abnehmender Intensität. Die Abnahme von O. in der sinnlich erfassbaren Welt bedeutet gleichwohl nicht, dass man sie als unstrukturiert betrachten dürfte. Vielmehr ist auch der untere K. für Platon so gut geordnet, wie dies angesichts seiner Körperlichkeit gerade noch möglich ist.

IV. Wohl von Alkmaion von Kroton stammt die physiologische Theorie, derzufolge Gesundheit bewahrt werde durch ein geordnetes Gleichgewicht der Kräfte (*isonomia*), nämlich durch eine Balance zwischen dem Feuchten, Trockenen, Warmen, Kalten, Bitteren und Süßen usw., während eine einseitige Herrschaft (*monarchia*) Krankheiten auslöse. Krankheiten seien stets auf ein Übermaß oder einen Mangel zurückzuführen, Gesundheit hingegen auf eine „gleichmäßige Mischung der Qualitäten" (*tên symmetôn poiôn krasin*: VS 24 B 4). Ganz ähnlich lässt Platon den Dialogteilnehmer Simmias in Phd 86b–c sagen, unser Körper werde „gewissermaßen in Spannung gehalten und von Warm und Kalt, Trocken und Feucht und Derartigem zusammengeführt"; daher sei auch „unsere Seele die Mischung (*krasin*) von all dem und die Stimmung (*harmonian*) davon, sofern all das in einem schönen und richtigen Verhältnis der Mischung zueinander" stehe (*kalôs kai metriôs krathê pros allêla*). Zwar lehnt Platon offenkundig die mögliche Konsequenz aus diesem Gedanken ab, dass die Seele qua Stimmung (wie die Harmonie einer Leier) vergänglich sein müsse. Er selbst verwendet den *harmonia*-Begriff jedoch durchaus affirmativ, indem er in Resp Buch 3 die pädagogische Wirkungsweise geeigneter Formen von Musik so beschreibt, dass Harmonie und Wohlklang eine harmonische O. der Seele zur Folge hätten und sich daraus wiederum eine moralisch vorzügliche Haltung der Seele ergeben soll (Resp 398c ff., 400d–e). In Resp Buch 4 wird die Besonnenheit (*sôphrosynê*) vor diesem Hintergrund als *harmonia* bezeichnet (431e), weil sie nämlich für eine geordnete Verbindung der Teile der Seele wie des Staates sorge; in 443d–e ist es die Gerechtigkeit (*dikaiosynê*), der die Rolle einer Stiftung einer harmonischen O. in der Seele des Individuums (wie auch der Polis) zugewiesen wird. Es ist daher nicht überraschend, dass wir in den aus Platons Umkreis stammenden Def die Formel finden, Gerechtigkeit sei eine ‚Wohlgeordnetheit der Teile der Seele' (*eutaxia tôn tês psychês merôn*: 411d f.).

Der *harmonia*-Begriff findet sich erneut im pädagogischen Curriculum von Resp 6 zur Bezeichnung der mathematisch-musikalischen Zahlenharmonie, die nur im Denken zu erfassen sein soll (Resp 525c, 531a ff.). Seine Theorie einer ordnenden Weltseele entwickelt Platon im Ti auf der Basis der Vorstellung, die Seele habe Anteil an der Überlegung (*logismos*) und der *harmonia* (36e f.).

Literatur: Dalfen [1979] – Karfik [2004]

Christoph Horn

Partizipation siehe **Teilhabe**

Philosophie (*philosophia*)

I. Die vorplatonische Verwendung des Begriffs: Um die Verwendung und Bedeutung von „Philosophie“ (Ph.) und „Philosophieren“ bei Platon richtig zu verstehen, ist es lohnenswert, zunächst einen Blick auf die vorplatonische Bedeutung des Begriffs zu werfen. Nach einem bei Diogenes Laertios überlieferten Testimonium soll Pythagoras der Erste gewesen sein, der sich einen „Philosophen“ genannt hat. Der erste direkte Text, in dem das Wort *philosophos* vorkommt, ist wohl das Fragment VS 22 B 35 des Heraklit (zur Kontroverse darum Burkert [1960]: 173 ff.; Pòrtulas [1993]: 167 ff.). *Sophia* heißt WEISHEIT, *philos-* wird normalerweise klassisch mit „-liebend“ oder „Freund (von)“ übersetzt. In der älteren griechischen Literatur allerdings ist *philos-* gerne wie ein Possessivpronomen gebraucht, und zeigt den Besitz in besonderem Maße an, dann auch die verwandtschaftliche oder anderweitig, etwa durch Ehe, als besonders eng belegte Verbindung zu etwas oder jemandem. Der Philosoph war also zur Anfangszeit einer, der die Weisheit faktisch hatte oder jedenfalls den Anspruch darauf erhob, sie zu besitzen, einer, dem die Weisheit gehört oder angehört und dessen Denken ein intimes Weisheitsverhältnis eignet (Schäfer [1996]: 26 ff.). Auch Herodot (1, 30) bescheinigt in einem weiteren frühen Beleg des Begriffs das *philosophein* dem Solon, also einem Prototyp des Weisen und Wissenden. Und Cicero belegt im Blick auf die Geschichte der Ph., vor Sokrates habe „jegliches Wissen der höchsten Gegenstände und die Beschäftigung mit ihnen Ph. geheißen“ (*De oratore* 3, 16). Das zeigt zum einen, dass der Ph.begriff ursprünglich weit gefasst war, wohl auf nahezu jede Art von geistiger Betätigung zutreffen mochte, die man heute als „Wissenschaft“ bezeichnen würde, und tatsächlich jede Art von Wissensgebiet mit einschloss. Andererseits zeigt die bei Cicero erhaltene Auffassung auch, dass „Ph.“ das effektive Haben von Weisheit und das exklusive Bewandertsein darin bezeichnete, was plausibel machen könnte, warum es gerade Pythagoras war, der das Wort zuerst gebraucht hatte: Offenbar waren die damit intuitiv geweckten Verbindungen zu Vorstellungen von den alten Weisheitslehrern wie inspirierten Dichtern oder Propheten durchaus gesucht. Mag sein, dass bis in Platons Zeiten hinein das Wort *philosophos* im engeren Sinne den Pythagoreer bezeichnen konnte und Platon darauf in Phd 61c auch durchaus anspielt (Ebert [2001]).

II. Platons programmatische Neufassung des Begriffs: Platon geriet auf seinen programmatischen Neuentwurf einer normativen Auffassung von Ph. wahrscheinlich durch die von Sokrates ererbte Feindseligkeit zu den Sophisten und deren Ph.verständnis. Diese sahen sich (so zumindest in der Darstellung der Platonischen Dialoge) im Anschluss an die genannte vorplatonische Wortverwendung als Weisheitslehrer im Besitz und in einem verwaltenden Naheverhältnis zur Weisheit, die sie dementsprechend auch gegen Bezahlung zu lehren versprachen. Nach Platons Ansicht verkauften sie also die Weisheit, in deren mehr oder minder exklusiven Besitz sie sich als „Philo-“sophen wähnten, wie ein Händler seiner Ware. Platons Entgegnungen auf diesen Ph.begriff und sein Gegenentwurf dazu werden in mehreren Dialogen aus verschiedenen Blickwinkeln angegangen. Einige der sog. „Hauptstellen" aus den Dialogen sind Gorg 484c–486d und 526c; das lange Stück über die Philosophenausbildung in Resp 471c–541b; Tht 155d und 172b–177b; Phd 64b u.a. Keine Stelle jedoch bringt Platons Ph.verständnis so eindringlich und traditionsentschlüsselnd auf den Punkt wie Symp 203d–204b der Vergleich mit dem daimonischen Eros als dem Erzphilosophen. Die Stelle beschreibt anhand des Beispiels der SCHÖNHEIT den Aufstieg zu den wahren Gegenständen des Wissens über die schrittweise Abstraktion von den sinnlich fassbaren Dingen. Der Philosoph wird als Hybridwesen gezeichnet, der den körperlichen Dingen entsagt und nach den rein geistigen strebt, die er liebt. Dabei ist das *Streben* nach Weisheit das Entscheidende. Sie zu besitzen sei dagegen den Göttern vorbehalten, die in ständiger unmittelbarer Anschauung der IDEEN leben. Was den Philosophen in seinem Bemühen das nachzuahmen unterstützt, ist der pädagogische Aufstieg (sh. ABSTIEG/AUFSTIEG) über die MATHEMATIK, die – freilich nur als Durchgangsstadium – hilft, die reinen Sinnverhältnisse der Ideenwelt als Dialektik nachzubilden (Resp 527b). Die DIALEKTIK ist die Aufgabe des Philosophen (Soph 253e; Resp 484b), er versteht die Ideenwelt im Lichte der einheitstiftenden Idee des GUTEN zu interpretieren. Das begründet die Kompetenz und den Leitungsanspruch des Philosophen auch in den Zuordnungsverhältnissen des menschlichen Gemeinwesens (sh. POLIS). Die lange Heranbildungslehre für die Philosophen in der Resp zeigt auch die Unterschiede zum bloßen *philomathes*, zum Lernbegierigen oder Lernfreudigen, auf: Das Wissen des Philosophen aus der Ideenschau ist nicht äußerliche Aneignung von Wissen, sondern mehr (vgl. Heraklit VS 22 B 40 in Verbindung mit B 41). Die Philomathie ist gleichwohl eine Hinführungsstufe zur Ph. Die Verständnisvariante des Weisheitsliebenden, der die Weisheit aber eben gerade darum nicht besitzt, weil man das, was man liebend erstrebt oder dessen Freundschaft man sucht, ja nicht schon zu eigen hat, sondern eben nah bei sich haben *möchte* und noch nicht hat, macht sich die (jüngere) Bedeutung „-liebend" oder „befreundet" von *philos-* zu eigen. Genau dieselbe Ansicht wird in Zuspitzung auch im Lys (218a) geäußert: Wer weise ist, hat die Weisheit ja schon und „philo-sophiert" daher gar nicht mehr (dazu Burkert [1960]: 172 ff.). Platon fing mit seiner Sicht der Dinge einige für seine eigene Ph. bedeutsame Anliegen auf, aber auch solche, die für den Fortgang der Auffassungsgeschichte von Ph. als Wissenschaft starke Nachwirkung hatten. Zu den erstgenannten gehört, dass der neue Ph.begriff der Platonischen Ansicht nahe kam, dass in der intensivsten Form von Erkenntnis und Verstehen nicht der Denker den Gedanken hat, sondern vielmehr der Gedanke den Denker in Beschlag nimmt. Dass also der „Besitz der Weisheit" nicht im Sinne eines Subjektgenitivs zu verstehen sei, sondern im Sinne eines Objektgenitivs: Nicht die Weisheit ist Besitz des Menschen und kann von ihm veräußert werden; vielmehr ist der erkennende Mensch Besitz der Weisheit, die ihn ganz für sich in Beschlag nimmt, ihn zu sich zieht und innerlich durchdringt – eine Erfahrung, die Platon im Bild der erotisch-ekstatischen Schau (sh. LIEBE) darstellt und die gleichzeitig die Differenz zwischen der Weisheit und dem Philosophen markiert, indem hier ganz deutlich das Erfasstsein durch etwas anderes ausgedrückt wird. Diese Differenz entspricht offenbar der sog. „Zwei-Welten-Lehre" Platons (vgl. Dualismus, Trennung), da die wahren Gegenstände des Wissens dem irdischen Denker letztlich verhüllt bleiben und er, um vom Philosophen zum wahrhaft Weisen zu werden, das Irdische ganz von sich abstreifen muss (Phd 67d–e). So wird im Höhlengleichnis von Resp 521c der Aufstieg aus der Höhle ans Licht des wahrhaft Seienden als die „wahre Philosophie" bezeichnet, in Symp 218b wird die *mania* des Philosophen von Alkibiades mit der bacchantischen Raserei verglichen. Die Erfüllung des Erstrebten liegt also im Jenseits. Mit der Ph. wird man daher in diesem Leben nie fertig: Symp 203d; Gorg 482a–485e. Zu den Anliegen, die auf den Ph.begriff insgesamt und auch losgelöst von der platonischen Tradition in der Geschichte fortgewirkt haben, gehört, dass diese genannte Differenz dem Selbstverständnis von Ph. entspricht, eine Sekundärreflexion auf den unmittelbaren Lebensvollzug und Weltbezug anzubieten. Die Ph. bricht dadurch mit ihren Gegenständen, indem sie sozusagen im Rückschritt auf die abstrakte Ebene einen nur mittelbaren Standpunkt einnimmt gegenüber dem, womit man auch unmittelbar umgehen kann. Die aus dem Primärvollzug des Lebens herausgenommene Sekundärreflexion erlaubt in ihrer Weise ein klareres Verständnis der Dinge. Genau diese philosophische Haltung nimmt Platons Sokrates anscheinend für sich in Anspruch, wenn er sagt, er habe sich zur Erklärung der Wirklichkeit vom unmittelbaren Umgang mit den Dingen abgewendet, den die vorsokratischen Philosophen, die *physikoi*, suchten, und seine Zuflucht zu den *logoi* gesucht, in deren Spiegel er dann die Wirklichkeit betrachtete. Erst damit sei ein philosophisch zufriedenstellendes Verständnis gelungen (Phd 99d–100a). Diese Entfremdung des Philosophen von der Welt wird auch durch die Thales-Anekdote in Tht 174a deutlich. Diese Anekdote vom Philosophen, der die Dinge in der Höhe betrachtet (Ap 18b; Resp 489c) und sich damit lächerlich stolpernd (und scheiternd?) von der Auffassung der Leute entfernt, definiert ein Proprium des Treibens von Ph. bei Platon (vgl. Phd 64b; Resp 489b–c; Phlb 67b). Das Vorgehen der *physikoi* und der Sophisten hingegen scheitert in Platons Darstellung der Dinge offenbar vor allem an der missbräuchlichen Interpretation von Ph., wobei in auffallender Weise ausgerechnet die Bedeutung von *philos*- die epistemische Entscheidung fällt. Das Ringen um den Begriff der *philia* etwa im Lys ist daher auch unter diesem Vorzeichen zu sehen. Das gilt genauso für die Abgrenzung des Philosophen von dessen neben dem Sophisten zweiten Zerrbild, dem Rhetor, der das Haben des Wissens nur vorgaukelt (sh. Rhetorik). Durch seine Neufassung des Ph.begriffs will Platon die Ph. daher von den Missverständnissen und den Missbräuchen, unter denen sie leidet, reinigen, befreien und in ihrer eigentlichen Aufgabe restituieren: Resp 611c–e; Soph 242c–e. Über die methodisch gebrochene Perspektive auf die Welt gewinnt durch Platons Neufassung des Ph.begriffs die Ph. als Disziplin nach Platon auch langsam ihr eigenes Profil gegenüber den anderen Wissenschaften. Die Ph. verliert dadurch im weiteren Verlauf ihrer Geschichte den oben unter den vorsokratischen Verständnisweisen festgestellten ursprünglich unspezifischen Gebrauch jeglicher Form von Wissen und Wissensbetätigung (der bei Platon selbst durchaus noch ab und zu auftauchen kann: Lys 213d; Charm 153d). Dabei unterscheidet sich die Ph. von den anderen Wissenschaften eher durch ihre radikal gebrochene Haltung zur Wirklichkeit denn durch einen eigenen, sektoriell eingeschränkten und abgrenzenden Gegenstandsbereich. So befremdlich Platons Ph.begriff damit auf seine Zeitgenossen wohl auch gewirkt haben mochte, der locus classicus des Symp setzte sich durch. Als Kontrast zu seiner Erklärung des vorsokratischen Gebrauchs von „Ph.“ in *De oratore*, erläutert Cicero daher also in *De officiis* 2, 2 ganz Platonisch: „Somit werden diejenigen, die nach der Weisheit *streben*, als Philosophen bezeichnet“.

III. Nach- und neuplatonische Auffassungen: Die Spannung, in der sich Platons Auffassung von Ph. zwischen sekundärreflexiver Distanziertheit und distanzaufhebendem ekstatischem Besessensein des wahren Philosophen bewegt, kennzeichnet auch die platonische Tradition, doch verschiebt sich das Verständnis teilweise scheinbar stärker hin zum letztgenannten Spannungspol. Das Genre des philosophischen Hymnus etwa, wie man es bei Kaiser Julian oder Proklos ausgeprägt findet, ist ein äußerer Beleg für die Ergriffenheitsvariante des erotisch von der Wesensschau durchdrungenen Weisheitsliebenden (Van den Berg [2002]: 13–34). Doch auch das Sekundärreflexive der Ph. wird in diesem Zusammenhang der mystischen Ekstase (und diesem teilweise kategorisch untergeordnet) in der Nachfolge der Abwendung und der (etymologisch verstandenen) Abstraktion von den Weltdingen hin zu den Gedanken beibehalten und als konstitutives Element des Philosophierens weitergegeben. Wie beides, nur „sekundäres“ Verhältnis zur Welt der Werdedinge und mystische Ergriffenheit, ineins geht und sich initiativ gegenseitig bedingt, zeigen zahlreiche Passagen bei Plotin (so z. B. *Enneaden* IV.8[6].1.1). Im Anschluss an eine Stelle im Tht (176b), wo nahegelegt wird, der Philosoph müsse durch eingeübtes Abstreifen der materiellen Welt versuchen, den Göttern gleich einen rein geistigen Erklärstandpunkt auf die Welt einzunehmen, etabliert sich im späteren Platonismus immer mehr der Gedanke der Gottangleichung durch die Ph. (*theôsis*). Hier insbesondere wird die sekundäre Brechung der Ph. gegenüber den Weltdingen in der unio mystica mit dem Göttlichen zu einer Verbindung gebracht. Dass beides im Neuplatonismus ineins geht und also das sekundäre Verhältnis zum eigenen Verständnisakt in den Mittelpunkt des philosophischen Erfassens rückt; dass weiterhin diese Verhältnisbestimmung die metaphysische Grundkonstitution allen Seins im ersten Einen und seiner Selbsterfassung im ihm gegenüber sekundären Geist abbildet; und dass schließlich der transzendente Gedanke erst in der Reflexivität erkannt wird, hat moderne Interpreten immer wieder dazu verführt, in der Ph. des Neuplatonismus wenn schon nicht in den geschichtlichen Bezügen, so doch der Sache nach das Grundanliegen der Transzendentalphilosophie zu erkennen.

Literatur: Burkert [1960] – Ebert [2001] – Pòrtulas [1993] – Schäfer [1996] – Van den Berg [2002]

Christian Schäfer

Physis/Natur/Wesen (*physis*)

I. *Physis* (ph.) vor Platon: Der Begriff ph. (‚Natur') fand sich bereits im vorsokratisch-sophistischen, aber auch im medizinischen Kontext als fester Terminus. Ausgehend von der Grundbedeutung „das, was wachsen lässt" bzw. „was so ist, wie es gewachsen ist" (griechisch *phyein*/*phyesthai* – ‚wachsen lassen'/‚wachsen'; vgl. Aristoteles *Metaphysik* 1014b) bezeichnet ph. im Bereich der naturgegebenen körperlichen Dinge die Beschaffenheit bzw. das Wesen von etwas (z.B. Heraklit VS 22 B 1), eine schöpferische, göttliche Kraft (Empedokles VS 31 B 126), einen normativen, gesunden Zustand (Corpus Hippocraticum *De fracturis* 1 [II 46,8 K.]) oder die persönliche Veranlagung oder Charakteristik eines Menschen (Aischylos *Prometheus desmôtês* 489). Aus der Ansicht, dass das Naturgeschehen von ph. bestimmt ist, sich naturgemäß (*kata physin*) vollzieht und vollziehen soll, entwickelten die Sophisten im 5. Jahrhundert v.Chr. die Antithesen ph. – *nomos* (Gesetz, Brauch)/*technê* (technischer Sachverstand)/*thesis* (Setzung, Konvention). Dabei wurden die Gegensätze meist als hinderliche Einschränkungen der an sich normativen ph. empfunden.

II. Ph. bei Platon: Platon führte diese Bedeutungen fort und differenzierte sie im Rahmen seiner eigenen Lehre. Nie verstand er unter ‚Natur' eine abstrakte Naturgesetzlichkeit im neuzeitlichen Sinne. Es sind immer konkrete, substantielle Sachverhalte gemeint, also das, was ohne Zutun des Menschen entstanden oder vorhanden ist und ihm ontologisch selbständig und von menschlicher Meinung unabhängig gegenübertritt. So postulierte es Platon etwa im Falle der Götter (Lg 890d) gegen die Gottesleugner, im Falle moralischer Werte wie Gerechtigkeit gegen die sophistische Auffassung von Gesetz und Moral als bloßer Konvention der Schwachen (Gorg 483b; Resp 367c–d; Tht 172b; Lg 890d) oder im Falle der Sprachbildung gegen eine rein konventionalistische Sicht (Krat 383a, 384d, 389b–d). Eine solche ph. besitzt je bestimmte, charakteristische Merkmale (*idia* oder *oikeia ph.*), durch die sie sich spezifisch von anderen abgrenzt (Soph 245c, 265a). So gehört zur Natur belebter Wesen wie des Menschen z.B. die Wahrnehmung (Tht 186b–c). Der zukünftige Philosophenkönig muss die notwendigen Qualitäten von Natur aus besitzen (Resp 485a). Auf diese vorgängige Konstitution kann jedoch individuell gezielt Einfluss genommen werden. So kann in den unterschiedlichsten Bereichen die ph. als der jeweils vorgegebene Zustand in Gegensatz treten zu dem, was daran verändert werden kann, etwa durch Erziehung (*diaita*, Resp 407c; *trophê*, Ti 20a; *paideia*, Lg 766a), Übung (*meletê*, Lg 648d), praktischen Sachverstand (*technê*, Ep 6, 322e), methodische Planung (*logos*, Lg 963e) oder Gewöhnung (*ethos*/*synêtheia*, Lg 655e–656a). Dabei können ph. und gezielte Einwirkung mit-, aber auch gegeneinander wirken (Lg 655e–656a).

Die Aussagen über die ph. von etwas können auf Individuelles bezogen sein, etwa auf die ph. eines Menschen wie Sokrates (Symp 219d) oder eines Gottes wie Zeus (Phlb 30d). Ph. kann jedoch auch die spezifische Charakteristik einer Art, Gattung oder eines Seinsbereichs bezeichnen, z.B. die ph. alles Sterblichen (Symp 207d), des Menschen (Ti 27a), der Seele (Phd 88a) oder der vier Elemente (Ti 48b). Schließlich bezeichnet ph. auch übergreifende Ordnungszusammenhänge, etwa wenn um der Ausgewogenheit der ph. willen dem Übergang vom Leben zum Tod ein Übergang vom Tod zum Leben entsprechen muss (Phd 71e) oder wenn der ph. die Anordnung (*prostattei*) zugeschrieben wird, die Seele solle herrschen und der Körper beherrscht werden (Phd 80a). Der Umfang des Zusammenhangs kann sich in teilweise direkter Anknüpfung an den vorsokratischen Sprachgebrauch sogar auf den Kosmos insgesamt erstrecken (Phd 96a; Ti 27a). Eine deutliche Weiterentwicklung ergibt sich insofern, als Platon ph. nicht nur auf den Bereich körperlichen Seins anwandte, sondern auch auf die von ihm angenommenen intelligiblen Entitäten. Nach diesem Verständnis bildet die ph. ein Ganzes, dessen Teile sowohl die IDEEN (*eidê*) als Vorbilder (*paradeigmata*) als auch die nach diesen Vorbildern gebildeten ABBILDER (*homoiômata*) sind (Parm 132d). Dabei sind die ersten, absoluten Seinsprinzipien als oberster Teil der ph. gedacht (Ep 7, 344d). Die wichtigsten, nach Sachbereichen differenzierten Bedeutungen von ph. sind im Einzelnen folgende:

1. körperliche Natur (ohne den Menschen): Zeitgenössischen Positionen zufolge beruht das komplexe Ordnungsgefüge der Körperwelt vor allem auf dem Zusammenwirken von selbstursächlicher ph. und Zufall (Lg 888e–889d), sind die materiellen Elemente primär und im eigentlichen Sinne ph. und ist die Beseelung aus ihnen entstanden, ihnen also zeitlich und kausal nachgeordnet (Lg 891c). Dagegen insistierte Platon darauf, die körperliche ph. setze transzendente Ursachen voraus, d.h. eine WELTSEELE und letztlich einen göttlichen INTELLEKT (Ti 46d–e) bzw. GOTT (Soph 265c–d; Phlb 28d ff.; Ti 28a ff.), der in und an der Materie als einer alles Werden in sich aufnehmenden (*pasês geneseôs hypodochê*) Natur zum Schöpfer der sichtbaren Welt werde (Ti 49a, 50b, 56c). Wie ph. die Merkmale alles Körperlichen insgesamt bezeichnen kann, so kann sie auch mehr oder weniger umfangreiche Teile benennen. Neben dem Kosmos insgesamt (Phd 96a; Ti 27a) haben auch Ausschnitte daraus ihre je spezifische ph. So ist von der Natur des Meeres (Krat 402e), einer Landschaft (Lg 705c) oder auch einzelner Lebewesen oder Pflanzen wie etwa des Menschen (Ti 27a), des Pferdes und des Baumes (Krat 393b–c) die Rede. Noch unterhalb dieser Ebene haben auch einzelne Körperteile ihre ph., etwa Hände und Füße (Lg 794d–e), Gesicht (Ti 75d), Knochen und Fleisch (Ti 73b). Die Unterscheidung je spezifischer Körpernaturen geht bis hinunter zu den Elementen (Ti 48b). Innerhalb der Vielzahl körperlicher Naturen steht freilich im Zentrum von Platons Interesse.

2. der Mensch: Seine ph. besteht darin, nicht auf den Körper beschränkt zu sein, sondern auch an der Natur der SEELE teilzuhaben (Lg 902b). Seine Seele ist, anders als die anderer körperlicher Lebewesen, zu vernünftiger Einsicht in der Lage. Im Spannungsfeld dieser Doppelnatur (sh. DUALISMUS) vollzieht sich seine irdische Existenz. Er möchte die Bedürfnisse (*epithymiai*) beider Seiten, der körperlichen nach Ernährung, der geistigen nach Einsicht (*phronêsis*), befriedigen (Ti 88a). Sein der Veränderung unterworfener Körper schwankt zwischen dem naturgemäßen (*kata physin*) und dem naturwidrigen (*para physin*) Zustand, zwischen Gesundheit und Krankheit – Übergänge, die von Schmerz und LUST begleitet sind (Ti 64c–e). Im

höchsten Maße menschlich sind daher Lüste, Schmerzen und Begierden (Lg 732e), und nur wenige Menschen sind dank ihrer guten ph. und ausgezeichneten Erziehung (*akra trophê*) in der Lage, ihren Bedürfnissen und Begierden gegenüber Maß zu halten (Lg 918c–d). Auf der anderen Seite möchte die menschliche ph. leiblich und seelisch im Schönen zeugen (Symp 206c). Sie möchte über das Körperliche hinaus, denn jede Menschenseele hatte aufgrund ihrer ph. eine vorgeburtliche Ideenschau (Phdr 249e), an die sie sich erinnert (sh. WIEDERERINNERUNG).

Innerhalb des für die menschliche ph. insgesamt Gültigen gibt es unterschiedliche Grade von dessen Realisierung. Die gröbste Differenzierung ist die zwischen Männern und Frauen, denn die ph. des Menschen ist doppelt (Ti 42a). Zwar haben beide Geschlechter dieselbe Natur, so dass sich im Hinblick auf ihre Funktion in der Gesellschaft kein grundsätzlicher Unterschied ergibt (Resp 455d–e). Dennoch ist die weibliche ph. nicht nur in ihrer körperlichen und moralischen Leistungsfähigkeit (*aretê*) schwächer als die männliche (Resp 451e, 456a; Lg 781b). Es gibt auch spezifische Eigenschaften der männlichen und weiblichen ph. (Lg 802e). Doch auch jedem individuellen Menschen, etwa dem Muttermörder Orestes (Krat 394e), dem auf eine politische Karriere hoffenden jungen Alkibiades (Alk 1 119c), dem Redner Isokrates (Phdr 279af.) oder den Dichtern (Ap 22a–c), kommt innerhalb des generischen Rahmens eine eigene ph. im Sinne der persönlichen Veranlagung, der Begabung oder des Charakters zu. Nur der kann etwa im Staat die Funktion des Wächters (Resp 374e, 526c) oder des Philosophenkönigs (Resp 485a) erfüllen, der eine geeignete ph. besitzt. Auch die Schau des wahren Himmels, d.h. die Erkenntnis der Ideen, ist nur bei entsprechend guter ph. möglich (Phd 109e). Eine solche kann Ergebnis einer guten Erziehung sein, und eine ohnehin bereits gute ph. kann durch gute Erziehung sogar noch besser werden. Eine gute ph. kann aber auch durch schlechte Einflüsse verdorben werden (Resp 424a; Lg 766a). Eine schlechte ph. schließlich kann durch schlechte Einwirkung noch zusätzlich negativ beeinflusst werden (Lg 734b–c, 934d). In jedem Falle lässt die ph. sich durch entsprechende Lenkung fördern oder schädigen (Resp 518d, vor allem 519a). Sie ist eine innere Verfassung, zu der die äußere Gestalt bzw. das Aussehen einen Gegensatz bilden kann (Prot 315e).

Die ph. des Menschen als Gattung und Individuum hat schließlich auch politische Folgen. Denn die unterschiedlichen menschlichen Naturen lassen sich zu drei Arten (*genê physeôn, eidê*), d.h. Ständen (Gewerbetreibenden, Wächtern, Philosophen), zusammenfassen, die das Ganze der Gesellschaft bilden. Zwischen ihnen kann nur dann GERECHTIGKEIT bestehen, wenn jeder das Seinige tut (Resp 435b). Niemand kann den Stand, dem er von Natur aus angehört, ohne Schaden für die ganze Stadt verlassen (Resp 434a–c). Das Gefüge der Gesetze (*diakosmêsis tôn nomôn*) beruht nicht auf bloßer Konvention, sondern sie bilden das von Natur aus Gerechte (*to physei dikaion*) ab. Aus dessen ph. heraus ergeben sich auch die Strafen, die bei Gesetzesübertretungen zu verhängen sind (Lg 853a; Resp 501b). Diese Stellen zeigen, dass mit ph. meist eine innere Qualität gemeint ist. Sie kann ihren Sitz nur in der Seele haben, die daher oft als eigentliche ph. des Menschen hervorgehoben wird.

3. SEELE: Von der ph. der Seele spricht Platon vor allem dann, wenn es um ihren ontologischen Rang geht und die verbreitete Ansicht von der Erzeugung der Seele aus der Materie, von ihrer ontologischen und kausalen Nachordnung (Lg 891c) abgewehrt werden soll. Damit sie fähig ist, die Funktion des Mittlers zwischen intelligibler und körperlicher Welt auszuüben, d.h. vom Bereich der Ideen her zur Gestalterin von Körperlichkeit zu werden, wird sie bei ihrer Erschaffung durch den DEMIURGEN aus einer Reihe von Seinselementen zusammengesetzt, deren spezifische Mischung Merkmale beider Bereiche in der Seele zusammenschließt: aus dem unteilbar identischen und dem körperlichen, dem Werden unterworfenen, teilbaren Sein (*usia* = ph.) einerseits und der ph. des Identischen und Verschiedenen (Ti 35a–b) andererseits. So wird die Seele auf kosmischer Ebene zur Ursache der vernunfthaften ph. der Welt im ganzen (Ti 46d). Auf individueller Ebene, wo jede Seele innerhalb des vorgegebenen Rahmens ihre eigene ph. besitzt (Lg 650b), ist ihre ph. Ursache aller individuellen Lebensäußerungen (Phdr 245e). Die ph. der Seele als selbstbewegtes Prinzip aller geordneten Naturvorgänge (Phdr 245c) ist daher ehrwürdiger als die ph. der Körper (Lg 967b). Sie ist daher die eigentliche, primäre ph. (Lg 892c, 896b–c; Krat 400a). Daher muss die Seele nicht nur klar von der körperlichen ph. unterschieden werden (Phdr 270b), die Seele muss sich von ihr auch möglichst schnell befreien, da der mindere Wirklichkeitsgrad der körperlichen ph. sie am Erwerb wahren WISSENS hindert (Phd 67a). Doch trotz dieser werthaften Vorrangstellung der Seele gegenüber dem Körper bildet sie noch nicht den oberen Abschluss der Wirklichkeit. Besitzt sie, wie die Welt- und die Menschenseele, Rationalität (*logos*), kann sie zu Einsicht in die Handlungs- und Seinsprinzipien (*phronimos kai nun echusa*) gelangen (Lg 963e). Mit dem Anteil am INTELLEKT (*nus*) greift sie aus in den Bereich der

4. intelligiblen IDEEN: diesem Bereich gehören die Sachverhalte an, die als Ursachen und Voraussetzungen für alle empirischen Bestimmungen bis hin zur moralischen Norm angenommen werden müssen. So gibt es eine umfassende ph. des Seienden insgesamt (Resp 537c), die intern wiederum eine Unterscheidung in vier Seinsarten zulässt: in die ph. des Begrenzten, des Unbegrenzten (Phlb 24e, 28a), der beides zusammenfügenden Wirkursache (Phlb 26e) und des aus beidem Gemischten, Gemeinsamen (Phlb 31c). In immer weiterer Spezifizierung gibt es eine ph. des Kreises (Ep 7, 342c) und der Zahlen (Resp 525c), eine ph. des Einen und des Identischen (Parm 139d) ebenso wie eine ph. des Verschiedenen (Ti 35a, 36c, 37a; Soph 255e), eine ph. des Schönen (Resp 476b; Phdr 254b; Phlb 64e; Soph 257d) und des Gerechten (Lg 862d). Überhaupt hat jede einzelne Idee ihre eigene ph. (Phlb 66a). Noch mehr als für die Seele, die die Ideen nur in die Körperwelt hinein vermittelt, ohne mit ihnen identisch zu sein, gilt für den Ideenbereich, dass er die wahre ph. ist (Parm 132d). Denn die ph. der Ideen bildet Wesen und Grund der (sichtbaren) Dinge, sie ist der unveränderlich ewige Sachverhalt (*diaiônia ph.*) selbst und fungiert als Vorbild (*paradeigma*) für die Gestalt der sichtbaren Welt (Ti 38b und e; Resp 597b, e und 598a).

5. ERKENNTNIS/Erkennbarkeit: Erkannt ist für Platon immer und nur dann, wenn etwas mit Hilfe des WIDERSPRUCHSaxioms in seiner spezifischen, distinkten Einheit

erfasst ist (Resp 436b–c). In diesem Sinne muss die ph. einer Sache methodisch erschlossen werden, ist das jeweils anfänglich Erkannte bis zu einem nicht mehr differenzierbaren, einfachen Sachverhalt (*haplun*) zu analysieren. Ist dies erreicht, lassen sich spezifische Funktion (*dynamis*, Phdr 270c–d, 271a) und Wesen (*usia*) der jeweiligen ph. definieren und das Verhältnis der empirischen Instanzen dazu exakt bestimmen (Phdr 270e, 277b–c).

III. Ph. nach Platon: Die Verwendung von ph. in der Zeit nach Platon ist vornehmlich von zwei Tendenzen gekennzeichnet: 1. wird der Gebrauch von ph. eingeschränkt auf den Bereich der belebten, körperlichen Natur: bei Aristoteles als das jeweilige innere Lebens- und Bewegungsprinzip der einzelnen natürlichen Gegenstände, d.h. als ihre Seele (*Physik* 192b), bei den Stoikern als eine schöpferische, *logos*-begabte, den Kosmos gestaltende und zusammenhaltende Kraft (*Stoicorum Veterum Fragmenta* I 171, II 1132), später bei den Neuplatonikern als der untere, weltgestaltende Teil der WELTSEELE (Plotin *Enneaden* III.8[30].2); 2. tritt, vor allem bei den Stoikern, eine ethische Bedeutung hinzu: liegt die Natur des Menschen in der Vernunft, muss ein ihr gemäßes Leben das höchste Gut sein (*kata physin zên, Stoicorum Veterum Fragmenta* I 179. 552, III 200a).

Literatur: Beeretz [1963] – Bremer [1989] – Catan [1969] – Deitz [1989] – Furley [1965] – Hager [1984] – Heinimann [1945] – Leisegang [1941] – Mannsperger [1969] – Østergaard [1999] – Ostwald [1977] – Patzer [1993] – Pohlenz [1953] – Schmitz [1988] – Thimme [1935]

Christian Pietsch

Plötzlich(keit) siehe **Augenblicklich(keit)**

Polis, Politeia (*polis, politeia*)

I. Der Begriff: ‚Polis' (P.) wird traditionell meist mit „Stadtstaat" wiedergegeben und diese Übersetzung nimmt bei aller Unzulänglichkeit im Einzelnen tatsächlich immerhin zwei definitorische Elemente der historischen P.form in sich auf: Erstens – das Stadtelement – die eng gehaltene Größe der damit gemeinten politischen Struktur, die im anfassbaren Sinn ein Stadtgebiet und seine bewohnte Organisation unterhalb einer Burg (Akropolis) bezeichnet und in einem weiteren Sinne auch das von dieser Struktur abhängige Umland der eigentlichen P.-Ansiedlung mitrechnet. Primär bezieht sich die Bezeichnung P. aber nicht auf eine geographische Gebietsumschreibung oder eine Gebäudeansammlung, sondern auf deren konstitutive Bürgerschaft, d.h. auf die auf gegenseitigem Wohlwollen gegründete Gemeinschaft von Menschen und deren öffentlich greifbare „gemeinsame Sache", die res publica. Zweitens – als Staatselement – das Moment der AUTARKIE dieser Bürgerschaft, die sich selbst eine Struktur und Bestimmung über GESETZE und eine unverwechselbare Grundordnung zu geben imstande ist, sowie meist auch über eine öffentliche Kultgemeinschaft. Letzteres gibt einen Erkläransatz für die politische Brisanz von sog. „Asebieprozessen", wie sie gegen Sokrates geführt wurden, aber auch für die politischen Maßgabevorschriften für die Götterlehre (Resp 379a) in Platons Resp und die Asebie- und Atheismusgesetze der Lg (966c–968b). Die konsensuale Grundordnung, die dieser Gemeinschaft von eher freundschaftlich denn durch „aufgeklärtes Interesse" verbundenen freien Bürgern über eine Bestimmung auch ihre Definition gibt, wird als *politeia* (p.) bezeichnet. Gerne wird das modern mit „Verfassung" übersetzt, wobei aber auch hier gilt: Nicht das rechtlich Fixierte, etwa im Sinne eines „Grundgesetzes", macht hier die Verfassung des Staates aus, sondern die Lebensweise, welche die umfassende Zielbestimmung der Gemeinschaft als definitorische Bestimmung der gemeinschaftlichen Selbstorganisation in Regierungsform, hierarchischen Gliederungen, Bildungswesen oder auch ökonomischer und militärischer Selbstsicherung sichtbar macht. Bei Platon (wie noch später bei Aristoteles) ist die so verstandene p. der Zentralbegriff des politischen Denkens. Sie steht als gut brauchbares Paradigma für dieses auch ungeachtet der oft von geschichtswissenschaftlicher Seite angeführten Tatsache, dass die P. selbst im vierten Jahrhundert v. Chr. schon spürbar anderen Formen politischer Zusammenschlüsse zu weichen begann, Symmachien etwa, Ethnien und flächenstaatlichen Königreichen was aber so auch nicht ganz richtig ist (Lane Fox [2005]: 172 u. ö.).

II. Platons P.theorie in der Resp: Platons in diesem Sinne „politische" Lehre kreist daher um die zentralen Gedanken der inneren und äußeren Strukturgebung der gemeinschaftlichen Lebensform, ihrer Selbsterhaltung, der Erziehung und BILDUNG der Bürger sowie der dafür angemessenen Herrschaftsformen, insbesondere aber über die Frage der P. als Raum, in dem ethisches Leben möglich ist, ja der dieses geradezu befähigen soll. Entsprechende Passagen aus dem Prot (319d–328d zur Frage der Herrschaftsformen) und dem Gorg (503d–506b zum Problem der inneren Ordnung in Staat und Einzelmensch sowie 512b–513c über bloßes – ökonomisches – Überleben und gutes – ethisch einwandfreies und als gelingend zustimmungsfähiges – Leben) bereiten die Hauptthemen der Großwerke Resp und Lg vor (Adkins [1973]: 3–12; Ottmann [2001]: 12–22). Die Resp breitet Platons politisches Denken anhand der Frage nach der GERECHTIGKEIT aus, die das Strukturprinzip des Gemeinwesens sein soll, d. h. wiederum (wie oben gesehen) dessen Zielbestimmung, die gleichzeitig die Definitionsbestimmung hergibt und somit eine ideale p. entschlüsselt. Das sei die TUGEND, d. h. die „Bestform", der P. (Resp 432b). Die Struktur der P. wird dazu in einem bildhaft diachronen – wenn auch wohl kaum historisch genetisierend aufzufassenden – Entwicklungsschema vorgestellt (Resp 368b–372c), das anhand von drei Aufbauphasen zeigt, dass die geordnete Menschengemeinschaft erstens zwar um des Überlebens willen *ent*steht, doch um des guten Lebens willen *be*steht. Auswüchse an Opulenz, die zweitens aus einem Missverständnis des guten Lebens als bloßen Wohlbefindens und aus dem unstillbaren Drang nach dessen Maximierung (*pleonexia*) hervorgehen (372c–374d), werden durch eine ethische Reinigung der drittens als bestmöglich konzipierten P. anhand bestimmter idealer Maßgaben eingedämmt und dem somit bestmöglichen Ziel zugeführt (434c–445d; Höffe [1987]: 222–260): Einer menschlichen Gemeinschaft, in der die bestimmten Bestformen des Verhaltens eines jeden klar definiert und durch entsprechende Erziehung zur zweiten Natur geworden zum Nutzen der anderen und seiner selbst gemäß der Maßgabe der Gerechtigkeit optimal aufeinander abgestimmt sind (sh. GERECHTIGKEIT). Besonderes Interesse gilt dabei der Definition und Heranbildung einer regierenden Philosophenaristokratie, die Platon als führendes Integrationsideal vorschwebt (Spaemann [1997]). Im Zusammenhang der Erklärung, was ein Philosophenkönig an Voraussetzungen aufweisen soll, an Fähigkeiten heranbilden muss und dann zu leisten vermag, kommt es auch zu der großartigen Folge von Sonnengleichnis (Resp 506b–509b), Liniengleichnis (509c–511c) und Höhlengleichnis (514a–519b). Platon scheint in der Resp ein paar Gedankenexperimente, Vorschläge und implikationsreiche Folgerungen zu machen, die seinen Entwurf schon früh und seither immer wieder in arge Kritik geraten ließen und die auch im Dialog als in ihrer Eigentümlichkeit der landläufigen Meinung entgegenlaufend (*para doxan*) zugestanden werden. Drei möglichen Kritikansätzen stellt sich die Sokratesfigur der Resp selbst im Dialogverlauf. Er nennt sie die drei „Wogen", die das ideale P.gebäude wegzuschwemmen drohen könnten (Resp 472a). Dazu gehört die relative Gleichstellung von Mann und Frau, die auch etwa den allgemeinen Militärdienst von Frauen vorsieht und generell mehr an eine Austauschbarkeit der funktionalen Rollenverteilung von Mann und Frau in der P.gemeinschaft zu grenzen scheint (Resp 451c–457e). Daraus lässt sich auch die Gefährdungsgrundlage dieser „ersten Woge" erkennen: Sie liegt in der Platonischen Anthropologie, die als das Eigentliche und die Identitätskonstante des Menschen allein die geschlechtslose SEELE sieht, deren Inkarnation – als Mann oder Frau, als Tier oder Mensch – also offenbar wenig zu ihrer Identität beiträgt und dieselben Bestformen hervorbringt; die Tapferkeit etwa, die zum Militärdienst allein tauglich macht, ist immer dieselbe und allein Sache der Seele, nicht die eines bestimmten Geschlechts oder einer Artzuweisung. Als „zweite Woge" wird die Frauen-, Kinder- und Besitzgemeinschaft diskutiert, wie sie modernisierend und unsachgemäß verkürzt auch als „Platonischer Kommunismus" verzeichnet wurde, sowie die nach eugenischen Gesichtspunkten arrangierte Zucht der Nachkommen (Resp 459c–460a) u. a., was offenbar im Sinne des Gedankens, das Private öffentlich oder öffentlichkeitsdienlich zu machen, den Stellenwert des Eigenen zu vernichten antritt. Ob überhaupt und wenn in welchem Maße Platons Sokrates hier ernsthafte Thesen vertritt oder mit ironischer Maske spricht, ist stark umstritten und nicht mehr bis ins Letzte auszumachen (Ottmann [2001]: 46–48); Vorsicht bei der Interpretation scheint jedenfalls geboten und die Zurückhaltung gegenüber einer eindeutigen Beurteilung ist der exotischen Faszination an den „paradoxen" Thesen vorzuziehen. Die dritte „Woge" betrifft die Philosophenherrschaft selbst, das Herz der Platonischen P.theorie (Resp 487e, 499b, 501e, 540d; vgl. Plt 293c; Lg 712a; Ep 7, 326b, 328a, 336d u. a.). Um hier Missverständnissen vorzubeugen, wird sehr großer Wert auf Auswahl und BILDUNG der Philosophen gelegt. Ein tragender Gedanke etwa auch des Plt tut sich dabei auf: Die Philosophen gleichen in der letztlich erreichten Erkenntnis des wahren GUTEN (was ihrem höchsten und angestrebten Geistesvollzug entspricht) dem, was Götter tun (Resp 500c), und Göttern gleichen sollten sie daher auch in dem, was Götter an der Menschengemeinschaft tun, nämlich sie unter ihre im Angesicht der IDEENerkenntnis unfehlbar sorgende Obhut (*epimeleia*) nehmen (Plt 275e; Schenke [1997]: 329–335).

Nicht weniger missverständlich als die Thesen der drei „Wogen" ist die Staatsformen- und Verfassungsverfallslehre, die Platons Resp in ihren Büchern sieben bis neun schildert (Frede [1997a]: 251–265; Hellwig [1980]), und die auch andernorts in seinen Schriften immer wieder angesprochen wird (so Lg 693d–701e; Ti 21e–25d; Krit 108e; Ep 8, 354c–355a). Gegenüber der Gerechtigkeit des besten P.wesens unter dem Aristokratenregime der Philosophen und ihrer weisen Vernunft werden hier, zumindest prima facie, Zerfalls- und Missbildungserscheinungen des Staatswesens diskutiert: Die Timokratie als Herrschaft einer miltärischen „Klasse", die Mut und Kampffähigkeit als Auszeichnung der Herrschaft anführt; die Oligarchie als das Regiment der Reichen, die ihre Exzellenz aus dem Besitz ableiten zu können vermeinen; die Demokratie als Herrschaft aller oder, gleichbedeutend damit, als regelrechte Niemandsherrschaft, und daher ohne seelische Vermögensentsprechung; und letztlich die Tyrannis als Herrschaft eines einzigen unter der Maßgabe eines begehrlichen Wahnsinns an Leitungsgewalt. Welchen Wert man diesen Ausführungen der Resp beilegen darf, bleibt hart umstritten. Gleichfalls umstritten bleibt, ob die in der Antike verbreitete These des historischen Kreislaufs der Staatsformen durch diese Ausführungen zu weiterer Verbreitung gefunden haben könnten. Jedenfalls sind die fraglichen Passagen über die Staatsformen aber implikationsreicher als deren bloße schematische Anführung zeigen kann, und auf tiefgründigere ethische Wahrheiten, die in der Staatsformenlehre durchscheinen oder vielleicht gerade ihren eigentlichen Sinn darstellen, ist wiederholt das Augenmerk gefallen (Ottmann [2001]: 57–63; Frede [1997a]: 265–270).

III. Platons P.theorie nach der Resp: Platons Dialoge kommen immer wieder auf „politische" Themen zurück und zeichnen anhand des politischen Menschen die ethische Dimension von Menschsein überhaupt nach. So tut das der Eleatische Fremde im Plt, wenn er die grundmenschliche Fähigkeit zur Selbstbeherrschung und Eigenausrichtung des Lebens mit der staatslenkenden Fähigkeit des „Staatsmanns", *politikos*, in Analogie setzt und diese politische Fähigkeit wiederum mit der weltlenkenden der Gottheit (Schäfer [2002b]: 124–136). Wie in der Resp taucht auch hier die Frage nach der im wahrsten Wortsinn „musterhaften" Verbindung der menschlichen Vermögen (die sich darin u.a. als quasi-göttlich offenbaren) in der Metapher vom Weber auf (Plt 287b–291c, 306a–311c). Doch im Plt verschiebt sich gegenüber der Idiopragie-Formel der Resp (sh. GERECHTIGKEIT) die „Gewichtung zugunsten der Mischung, Verbindung und Gemeinsamkeit" der Charismen. „Das alles Bestimmende wird das rechte Maß, das der Staatsmann zu treffen hat. Platons Politik findet zur Mitte zwischen den Extremen, ein Gedanke, der für Aristoteles' Ethik und Politik … bestimmend werden wird" (Ottmann [2001]: 79). Eine der Staatsformenlehre der Resp entsprechende Kritik verschiedener Herrschaftsformen und ihrer Degenerationsarten rundet diese Tendenz ab (Plt 291c–303d). Staatsformenlehre und Kritik der in ihr jeweils angelegten Gefahren der Degeneration bilden auch zwei der

Hauptverhandlungsthemen in den Lg. Hier wird eine (diesmal deutlicher „historische") Entwicklung der P. in vier Stadien vorgestellt, von der patriarchalen zur monarchischen und aristokratischen, bis die Verfassungsvielheit der P. um sich griff, die Elemente aller bisherigen Stadien integriert und durch weitere anreichert. Die so entstandenen Mischverfassungen bedürfen, auch das ein aus Resp und Plt bekanntes Prinzip, solcher Regenten, deren Weisheit die Mischungen zu einem bestmöglichen Ausgleich der Elemente zum Vorteil aller bringt. Ein Gesetzeskorpus und die Einrichtung von maßgeschneiderten Institutionen sollen das Ganze widerspiegeln und sichern (Ottmann [2001]: 86–98). Der Dialogname *Nomoi*, also „Gesetze" (sh. Gesetz), kennzeichnet eine im Vergleich zu Resp und Plt deutlichere Bezugnahme auf die juristisch gefasste Form der Gemeinschaftsverfassung, wobei ein Ausgleich zwischen kodifizierter Verordnung von Verhalten und freier Annahme desselben durch innere Überzeugung des Einzelnen angestrebt wird – ähnlich wie ein Arzt etwas verordnet, das man zum eigenen Besten auch aus Selbstantrieb vollkommen annimmt und umsetzt (Lg 720a). Die auch aus anderen Dialogen (etwa Gorg 507d–508e) bekannte Platonische „Skandalbehauptung", der Gerechte lebe glücklicher als der Ungerechte und Unrecht leiden sei besser als Unrecht tun, ist hier in die anhand der idealen Gesetzgebung formulierte Lehre des glückenden Lebens durch freiwillige Zustimmung zum promulgierten Recht um der Gerechtigkeit willen umgemünzt. Ziel ist die Bestform der gemeinschaftlichen Verfassung, die dem Grundsatz entspricht, dass nicht der Mensch das Maß aller Dinge ist, sondern die Gottheit (Lg 716c). Gott ist es auch, der den Menschen zu diesem Ziel führt, wie es ganz am Ende des Dialogs (Lg 968b–c) heißt, doch ist im Verlauf des Dialogs das alte aus anderen Dialogen bekannte *epimeleia*-Prinzip weiter entwickelt und darauf ausgelegt, dass der Mensch freiwillig auf den vernünftigen Weg einschwenkt, den auch die göttliche Führung zur Bestform darstellt.

IV. Die Frage des unpolitischen Platonismus: Gegenüber der Platonischen Auffassung, moralisches Leben gemäß Bestformen menschlichen Verhaltens integriere sich in die Frage nach der P.gemeinschaft dergestalt, dass die Tugend des Menschen die Tugend des Staates abbilde, und dass es möglich sei, beide Bestformen einander entschlüsseln zu lassen (Resp 368d), verliert sich im Platonismus das Interesse an den Belangen der P. Immerhin hält sich bisweilen der Gedanke, der menschliche Regent müsse in seiner Tätigkeit ein Abbild des weltlenkenden Gottes sein (so Plutarch *De tribus rei publicae generibus* 827a–c) und auch verfassungszyklische Erwägungen tauchen an verschiedenen versprengten Stellen immer wieder auf, doch sind diese im späteren Platonismus eher als Symbola für Ewiges zur Veranschaulichung herangezogen. Die relative Nähe und die Sympathien, die etwa Iamblichos und Proklos zu neupythagoreischen Gruppierungen hegen, bringt ebenfalls ein sporadisches Interesse an den philosophisch brauchbarsten Formen gemeinschaftlichen Lebens mit sich. Plotin soll das Projekt einer Modellstadt nach dem Vorbild von Platons Schriften („Platonopolis") vorgeschwebt haben, das sogar mit der Unterstützung von Kaiser Gallienus gerechnet haben könnte (Porphyrios *Vita Plotini* 12). Nicht zuletzt wird der Platonismus mit Kaiser Julian II. in den 360er Jahren zur „politischen Weltanschauung", die als Gegenprogramm zum Christentum von Seiten des Kaiserhofes offensiv lanciert und gefördert wird. Ins Umfeld dieser offiziellen politischen Protektion gehört auch die wohl als „programmatischer Katechismus" der platonisierenden Restauration zu wertende Schrift *De dis et mundo* des Salustios. Doch gerät im Neuplatonismus das Politische, so lässt sich insgesamt sagen, stark ins Hintertreffen gegenüber der Konzentration auf das Selbst, auf eine Ethik des Königswegs nach Innen, in welcher der Geist ganz mit seinem Ursprung allein und eins ist, und auf die ahistorische Wahrheit der Ideen – wenn auch gegen Pauschalisierungen dieser Ansicht mit gutem Grund immer wieder Einspruch erhoben wird (O'Meara [2003]).

Literatur: Adkins [1973] – Frede [1997a] – Hellwig [1980] – Höffe [1987] – Lane Fox [2005] – O'Meara [2003] – Ottmann [2001] – Schäfer [2002b] – Schenke [1997] – Spaemann [1997]

Christian Schäfer

Praxis siehe **Handlung**

Prinzip siehe **Anfang**

R

Raum (*chôra*)

I. Der Raum (R.; *chôra*) wird in verschiedenen Dialogen als Voraussetzung der Bewegung erläutert. Dabei geht es zunächst nicht um die Ausdehnung, sondern um den Ort eines Körpers. Zwar tauscht er nur in der Ortsbewegung (*phora*) einen Ort mit einem anderen oder geht am selben Ort im Kreise, während er in der Veränderung (*alloiôsis*) seine Eigenschaften wechselt (Parm 138b–c; Tht 181c–d). Aber auch ein Körper, der stillsteht und sich verändert, muss sich an einem Ort befinden (Tht 181c; Lg 893c). Vor dem Hintergrund dieser konkreten Lokalisierung wird der R. auch als abstraktes Worin aller Bewegung erläutert. Die Grundvorstellung ist dabei, dass Bewegtes nur bestimmt sein kann, wenn es Bestimmungen aufzunehmen vermag. Unabhängig davon lässt sich weder von der Bewegung eines Körpers noch von seiner Existenz reden. Am ausführlichsten erläutert wird diese radikalere R.vorstellung in der Kosmologie des Ti (Ti 48eff.). Auch in anderen Dialogen finden sich jedoch wichtige Hinweise. Bedeutsam ist vor allem der Phlb, der Unbegrenztes, Begrenztes, Gemischtes und Ursache der Mischung unterscheidet (Phlb 23cff.). Das Unbegrenzte (*apeiron*) darf nicht einfach mit dem R. identifiziert werden. Denn es ist ein Seiendes, das durch die Unbestimmtheit des Mehr und Weniger gekennzeichnet ist und nicht etwa diese Unbestimmtheit selbst. Bei der Erläuterung des Unbegrenzten wird freilich angedeutet, dass das Worin von Mehr oder Weniger (*hopu … enêton*, Phlb 24c), aus dem dieses alle maßvolle Bestimmtheit verdrängt, letztlich nicht als Seiendes, sondern als R. aufzufassen ist (*auta errei tauta ek tês hautôn chôras en hê enên*, Phlb 24d).

II. Der Ti erklärt kosmische Strukturen, indem er erzählt, wie ein göttlicher Demiurg ungeordnete Bewegung ordnet (Ti 30a). Dabei gilt der Kosmos als werdendes (Ab-)Bild des immer Seienden, das seinem Vorbild ähnlich gemacht wird, ohne es ganz erreichen zu können. Vorausgesetzt ist nicht nur die Differenz von Seiendem (*on*) und Werdendem (*gignomenon*), die der Ideenlehre der mittleren Dialoge entspricht, sondern auch der R. als das Worin der ungeordneten Bewegung, in dem die gestaltende Ursache wirkt. Während die ontologische Differenz schon im Proömium thematisiert wird (Ti 27d–28a), gerät der R. erst später in den Blick, nachdem sich materielle Mitursachen (*synaitia*) als erforderlich erweisen (Ti 46c ff.). Der neue Anfang setzt neben das seiende Vorbild und das werdende Abbild eine dritte Gattung (*triton genos*, Ti 48e), die sich als schwierig und dunkel (*chalepon kai amydron*, Ti 49a) erweist. Worin die Schwierigkeit besteht, zeigt der Kreislauf des Werdens (Ti 49c). Das Feuer und die anderen sog. Elemente (*stoicheia*, Ti 48b), Luft, Wasser und Erde, wandeln sich nämlich ineinander um, und sind deshalb nicht ein „Dies da" (*tode*) oder „Dieses" (*tuto*), sondern nur ein „Derartiges" (*toiuton*). Sie sind kein Seiendes, das eindeutig identifizierbar wäre, sondern nur Eigenschaften von etwas anderem, die eine gewisse Ähnlichkeit aufweisen (Ti 49e). Es wird sogar behauptet, alles Werdende sei nur ein „durchgängig Derartiges" (*to dia pantos toiuton*), was insofern nicht überrascht, als es durch seinen Körper in den Stoffkreislauf gehört. Später wird dessen Reichweite zwar eingeschränkt, weil die Annahme von Elementardreiecken dazu führt, die Erde aus der stofflichen Umwandlung herauszunehmen (Ti 54c). Dies ändert aber nichts daran, dass es im Werden keine bleibende Identität gibt, die sich der Vernunft als Seinsbestimmtheit erschließen würde. Und daraus ergeben sich Konsequenzen für die dritte Gattung, die alle Körper aufnimmt. Denn anders als das Werdende ist sie zwar immer dasselbe (*tauton aei*), weil sie aus ihrem eigenen Vermögen (*ek tês heautês dynameôs*) niemals heraustritt. Ihre Identität besitzt sie aber nur insofern, als sie niemals, nirgendwo und auf keine Weise eine Gestalt (*morphê*) annimmt, die dem Aufgenommenen ähnlich wäre (Ti 50b–c). Was die dritte Gattung ist, lässt sich nur auf Umwegen bestimmen, ohne ganz verständlich zu werden.

Als Grundlage dient weiterhin der Abbildungsgedanke. Die dritte Gattung nimmt alles Werden bzw. alle Körper auf, sofern Nachahmungen (*mimêmata*, Ti 50c, 51b) bzw. Abbilder (*aphomoiômata*, Ti 51a) immer seiender Ideen in sie eintreten. Diese sind ein bloßer Abdruck (*ektypumenon*, Ti 50d), der zwar als Erscheinung (*phantasma*, Ti 52c) der Idee betrachtet werden kann, aber niemals mit ihr identisch wird, weil in jedem Bild (*eikôn*) etwas von ihm Verschiedenes erscheint. Je nachdem, was die dritte Gattung als Prägemasse (*ekmageion*) aufnimmt, erscheint sie selbst anders (Ti 50c, 52e), obwohl es zwischen Aufnehmendem und Aufgenommenem zu keiner Identität kommt. Auf welche Weise die Abbildung von Ideen erfolgt, ist schwer zu sagen und staunenerregend (*dysphraston kai thaumaston*, Ti 50c). Warum aufnehmendes Worin und aufgenommener Abdruck ebenso verschieden sein müssen wie Abdruck und Idee, lässt sich aber feststellen. Um alle Abdrücke aufnehmen zu können, die den nicht aufgenommenen Ideen ähnlich sind, muss das Worin vollkommen gestaltlos (*amorphon*, 50d) sein. Besäße es selbst Gestalten, die irgendwelchen Ideen ähneln, könnte es nämlich andere Ideen nur schlecht abbilden. Es wäre einer Masse vergleichbar, die für die Herstellung wohlriechender Salben ungeeignet ist, weil sie schon einen Geruch besitzt (Ti 50e). Das Worin des Werdens darf deshalb weder mit den sog. Elementen noch mit irgendeiner anderen Gestalt identifiziert werden. Es ist „eine Art unsichtbarer Form, ungestaltet, alleserfassend, auf seltsamste Weise am Vernünftigen teilhabend und äußerst schwer greifbar" (*anhoraton eidos ti kai amorphon, pandeches, metalambanon de aporôtata pê tu noêtu kai dysalôtotaton*, Ti 51a). Wie diese negativen Formulierungen zeigen, lässt sich das Worin nur durch Negation der aufgenommenen Bestimmungen fassen. In dieselbe Richtung deuten metaphorische Formulierungen, die es als Amme (Ti 49a, 52d) und Mutter (Ti 50d, 51a) bezeichnen. Es handelt sich zwar um eine Gattung, die anders als das Werdende ebenso unvergänglich, ungeworden und unsichtbar ist wie die Ideen. Wegen ihrer Unbestimmtheit erschließt sie sich aber nur durch einen „unebenbürtigen Schluss" (*logismô tini nothô*, Ti 52b), der an die Ideenerkenntnis bei weitem nicht heranreicht.

III. Es liegt nahe, in der dritten Gattung eine Materie zu sehen, die ähnlich wie die prima materia des Aristoteles als bestimmungslose Bestimmbarkeit zu betrachten ist. Dafür spricht bereits das erläuterte Aufnehmen von Abdrücken. Außerdem wird das Aufnehmende zusammen mit stofflichen Ursachen diskutiert, und dabei taucht der Begriff der *chôra* erst spät auf (Ti 52a). Gleichwohl lässt sich kaum bestreiten, dass Platons bestimmungslose Materie als R. gedacht ist, was sie von der Aristotelischen Konzeption unterscheidet. Denn nur, indem es durch die *chôra* einen Wohnsitz (*hedra*) angewiesen bekommt (Ti 52b), vermag das Werdende an einem bestimmten Ort (*en tini topô*) zu entstehen, aus dem es wieder verschwindet (Ti 52a). Und dabei nimmt es auch einen bestimmten R. ein (*en tini topô kai katechon chôran tina*), was freilich für das wahrhaft Seiende nicht gilt (Ti 52b). Die *chôra* bezeichnet demnach die Gesamtfunktion des aufnehmenden Worin, indem sie es räumlich deutet (Ti 52d). Dies zeigt auch die abschließende Erklärung, die den R. mit einem Werkzeug vergleicht, das schwere und leichte Getreidekörner an eine andere Stelle (*hedra*) trägt. Daraus wird nämlich abgeleitet, dass die Grundstoffe vor der demiurgischen Gestaltung an einen anderen Ort gehen (*chôran allên ischein*, Ti 53a). Und dies setzt eine räumliche Ausdehnung voraus, die das Aufnehmende schon besitzt. Wenn es als Ganzes (*kata to pan*, Ti 51a) Abdrücke von Ideen aufnimmt, indem es ihnen einen Teil (*meros*, Ti 51b) zuweist, bedeutet dies also auch eine Anweisung nebeneinander liegender Orte. Allerdings wird der R. nicht von der bestimmungslosen Materie abstrahiert. Platons R. ist keine mathematische Ordnung, die mit der Zeit verglichen werden könnte, sondern nur das absolute und amorphe Worin, das die demiurgische Ordnung aufnimmt. Diese Ungleichbehandlung von R. und Zeit bleibt für den antiken Platonismus auch dort maßgeblich, wo die Absolutheit des Worin bezweifelt und seine Ableitung aus der Seele erwogen wird. Schon Aristoteles ist andere Wege gegangen, indem er Platons R. durch einen Ort (*topos*) ersetzt, den er als erste und unbewegliche Grenze des umfassenden Körpers bestimmt (*Physik* 4, 4). Kleinere Körper sind demzufolge an einem Ort, weil sie in größeren Körpern enthalten sind, ohne in ihren Stoff einzugehen. Einen abstrakten R. mit mathematischer Struktur liefert auch diese relationale Konzeption nicht.

Literatur: Algra [1995] – Brisson [1994 a] – Cornford [1937] – Gloy [1986] – Lee, K. J. [2001]

Walter Mesch

Reinkarnation siehe **Unsterblichkeit, Wiedererinnerung**

Religion

I. Die Grundlagen bei Platon: Obwohl es für das etymologisch auf das lateinische *relegere* zurückgehende Wort Religion (R.) keine direkte griechische Entsprechung gibt (vgl. Feil [1986]: 32–49), spielt doch die R. und deren Wirkung in den Dialogen Platons eine große Rolle. Die antike Polis, wie sie Platon gekannt hat, war keineswegs eine allein politische Größe, sondern auch eine religiöse Schicksalsgemeinschaft, wie insbesondere die politisch-philosophischen Hauptwerke Platons, Resp (377c–380c) und Lg (884a–886a und 909d–910d), zeigen (vgl. Voegelin [1957/2000]: 271 („… a theocratic state") und 277–282 sowie Guthrie V [1978]: 357 f.). Dies wird aus der Begegnung des Platonischen Sokrates mit dem jungen athenischen Priester (eigentlich Seher) Euthyphron klar ersichtlich: Frömmigkeit führt zu Gerechtigkeit (Euthyph 12d–13a). Die Gerechtigkeit ruht auf der R. als prägender Grund- und Gestaltungskraft der politischen und sozialen Gemeinschaft und deren Schicksal (vgl. Otto [1934]: 257–281 und Guthrie IV [1975]: 109–111). Ein atheistischer oder religionsloser Mensch – wenn es einen solchen überhaupt geben kann – wäre aus der Polis auszuschließen. Er ist der dortigen Gemeinschaft nicht fähig. Die R., die die Polis stützt, die politische R. der Antike also, lehrt einen polytheistischen Götterhimmel (vgl. Goldschmidt [1949]: 120–138; sh. Gott). Auf vielfältige Art und Weise wird das Wirken des allgegenwärtig Göttlichen (*to theion*) vermittelt (vgl. Otto [1956]: 41–44), es gibt je nach Gottheit verschiedene Aufgaben und Zuständigkeiten, beginnend mit dem Schöpfergott (Ti 27d–29e; vgl. Goldschmidt [1949]: 49–54). Diese komplizierte Verflechtung des schicksalhaften Wirkens darf nicht vereinfacht oder gar aufgehoben werden. Ein solcher Vorgang, dessen gerade Philosophen verdächtigt werden, ist von der Polis strafbewehrt verboten, wie paradigmatisch die Verbannung des Anaxagoras (Ap 26d) und der Prozess gegen Sokrates (Ap 19c und 23d–e) zeigen. Beide, Anaxagoras wie Sokrates, wurden im Prinzip der „Religionslosigkeit" (*asebeia*) bezichtigt (*ude theus nomizein*, „[…, der] glaube auch nicht einmal an Götter", Ap 18c). Damit haben sie sich nach dem Urteil der Mehrheit der Athener gegen die Tradition der Polis gestellt. Die philosophisch-theologische Grundlage der politischen R. stellt die polytheistische Mythologie dar (sh. Mythos; sh. Dichtung): Homer und mehr noch Hesiod zeigen in ihren epischen Werken (*Ilias* und *Odyssee* sowie *Theogonie*), dass die mythische Reflexion über die Götter am Beginn von Sein und Denken steht. In geschickter Weise richtet Platon – ohne den Polytheismus ausdrücklich zu leugnen – seine Philosophie jedoch nicht an der Beliebigkeit und Vielheit aus, sondern an der Einheit des Guten, Wahren und Schönen in der Idee des Guten (sh. das Gute), die mit ihren Eigenschaften ewig, unveränderlich und ungeschaffen nicht nur an den parmenideischen Seinsbegriff erinnert, sondern auch klassischen Positionen der christlichen Theologie den Weg bahnt. Platon verweist mit seiner Idee des Guten also auf die eine Quelle des Seins (Resp 517b–c). Die Idee des Guten hat damit unverwechselbar göttliche Qualität. Platon, der im Denken des Augustinus als ein Wegweiser zu Christus hin erscheint, richtet sich zwar nicht direkt gegen die polytheistische politische R. seiner Zeit, jedoch warnt er eindringlich davor, sich in der Vielheit des Seins zu verlieren, das, wie es später Aristoteles ausdrückt, auf vielfältige Art und Weise auszusprechen ist (*to de on legetai men pollachôs*, „Das Sein wird freilich auf vielfältige Art und Weise ausgedrückt", Aristoteles *Metaphysik* 1003a u.ö.). Auch die quasi-Göttlichkeit der Seele, die nicht zuletzt auf ihrer Unsterblichkeit beruht, weist auf den monotheistischen Grundton in Platons Denken hin. So hat die Platonische Theologie (Resp 379a–b) nicht allein mit dem Sprechen über Gott, das Göttliche und die Götter zu tun, sondern auch mit der Suche nach der Wahrheit, die im Grund des Seins, dem höchsten Guten, zu finden ist.

II. Die R. im Platonismus: In der Folge von Platons Denken schälen sich Theorieelemente heraus, die die neuzeitliche Begriffsprägung von R. als menschliche Antwort auf den transzendenten Anruf vorwegnehmen. Z.B. verbindet der hellenisierte Jude Philon von Alexandrien (ca. 25 v.Chr. bis ca. 50 n.Chr.) den Monotheismus des Judentums mit der platonischen Theologie. Auch andere Vertreter des Mittelplatonismus, wie Apuleius von Madaura (geboren 123–125 n. Chr.; vgl. Mortley [1972]: 584–590), heben theologische bzw. religionsphilosophische und theistische Elemente in der Philosophie Platons hervor. Diese Interpretationsrichtung setzt sich im Neuplatonismus und später im christlichen Platonismus fort (vgl. Kafka/Eibl [1928]: 171–201, 248–253 und 284–299 und von Ivánka [1964]: 19–23, 70–92 und 373–385). Die politische Bedeutung, die die R. in der Antike besitzt, wird bei und stärker noch nach Platon mehr und mehr relativiert. Im Ausgang der Antike werden die Bereiche des Religiösen, Politischen und Sozialen entflochten, sind doch Religiöses und Säkulares im christlichen Denken zu unterscheiden (Augustinus *De civitate Dei* 6, 5–12; vgl. Maier [2003]: 364–368).

Literatur: Feil [1986] – Goldschmidt [1949] – Guthrie [1975] – Guthrie [1978] – Ivánka [1964] – Kafka/Eibl [1928] – Maier [2003] – Mortley [1972] – Otto [1934] – Otto [1956] – Voegelin [1957/2000]

Hans Otto Seitschek

Rhetorik (*rhêtorikê [technê]*)

I. Platon wuchs in Athen zu einer Zeit heran, in der die Beredsamkeit dort als praktische Fertigkeit und als Gegenstand der Elitenbildung im öffentlichen Bewusstsein gerade eine beherrschende Stellung errungen hatte. Zwar bezeugen die in die Homerischen Epen eingeflochtenen Figurenreden bereits für die Anfänge der griechischen Literatur eine hellwache Aufmerksamkeit von Dichtern und Publikum für die kunstgerechte Entfaltung rednerischer Wirkungskraft (vgl. dazu etwa Heitsch [1992]: 107). Mithin scheint es also schon damals eine Art impliziter „Redetheorie im Gewand der Redepraxis" gegeben zu haben (dazu Janka [2001]). Auch Quintilian preist Homer als „Urbild und Ursprung" der Redekunst (vgl. *Institutio oratoria* 10, 1,46). Bis sich die Rhetorik (R.) freilich seit 467 v. Chr. in Sizilien und – mit einer Verzögerung von wenigen Jahrzehnten – in Athen als Disziplin im strikten Sinn etablieren konnte, ging eine „Inkubationszeit" von mehreren Jahrhunderten ins Land. Am Anfang der Fachgeschichte der R. steht die Diadoché der drei Sizilier Korax, Teisias und Gorgias (dazu Schindel [1992]: 12). Letzterer wurde schlechthin zum Symbol für die Einbürgerung des sophistischen Bildungsprogramms in Athen; mit dessen Anspruch, umfassende Kompetenzen für eine erfolgreiche politische Tätigkeit (*aretê politikê*) zu vermitteln, setzt sich Platon paradigmatisch im Dialog Prot auseinander; über seinen Hörer Isokrates, Platons zeitgenössischen Gegenspieler als Schulgründer und Präzeptor der intellektuellen athenischen Jugend, hat Gorgias aber auch den nicht-sophistischen Strang rhetorisch geprägter Curricula beflügelt.

Einer reizvollen, letztlich aber unhaltbaren These zufolge soll es ausgerechnet Platon gewesen sein, der den Begriff *rhêtorikê* (scil. *technê*) geprägt habe und damit pointiert als „Erfinder" der R. betitelt werden könnte (so Meyer [2004]: 210 unter Berufung auf Schiappa [1990]). In der Tat ist die Bezeichnung *rhêtorikê* (nämlich *technê*) im Corpus der erhaltenen Texte erst relativ spät erstmals bezeugt, nämlich in

Platons Gorg (448d; nicht berücksichtigt bei Schindel [1992]: 13). Gleichwohl spricht alles dafür, dass die ältesten Rhetorikhandbücher (*technologiai*) aus dem 5. Jahrhundert, auf die der Phdr ja ausdrücklich Bezug nimmt, die aber sämtlich durch Aristoteles' *Technôn Synagogê* aus dem Überlieferungsprozess verdrängt wurden, diese Spezifizierung der *technê* enthalten haben (dazu plausibel Schindel [1992]: 13). Auch wenn der Terminus demnach keine Schöpfung Platons darstellt, so steuern sowohl die Ap als auch die Dialoge Wesentliches zu einer Profilierung des Begriffs R. sowie zu einer Sensibilisierung für die mit einer solchen Bildungskonzeption verbundenen Gefahren bei.

II. In der ‚Verteidigungsrede des Sokrates' (Ap) setzt Platon die Figur seines Lehrers ausdrücklich und programmatisch in Opposition zur gängigen juridischen R., die mit allen möglichen Kunstgriffen und um jeden Preis den Erfolg (bei der Anklage also: die Verurteilung des Beschuldigten, bei einer Verteidigungsrede also: dessen Freispruch) betreibt. Gleich zu Beginn seiner Einlassungen beklagt Sokrates den Widerspruch zwischen der – mit merklicher Ironie geschilderten – betörenden Überzeugungskraft (*pithanôs*) seiner in Gerichtsplädoyers erfahrenen Ankläger und der sachlichen Unwahrheit ihrer Ausführungen (Ap 17a). Sie fallen damit eben dem Verdikt anheim, mit dem sie selbst den Sokrates belegt haben, indem sie – in der Tradition des Protagoras – „das unterlegene Argument zum überlegenen machen" wollen (Ap 19b). Dem setzt der Gerichtsneuling Sokrates seine eigene Definition des Redners (*rhêtôr*) (und damit auch der R.) entgegen, dessen Hauptaufgabe es sei, die Wahrheit zu sagen (Ap 18a). Die sokratische Wahrheitsr., für die er als Redner mit seinem Leben einsteht, wird deutlich von der skrupellosen Erfolgsr. der Gegenseite abgegrenzt.

Ein dialogisches Fundament für diese Antinomie hat Platon im Gorg errichtet: Das Ringen der Gesprächspartner Sokrates und Gorgias bzw. Polos um den epistemologischen Stellenwert der R. lässt Platon nicht von ungefähr als eine Art Ouvertüre dem Hauptthema des Dialoges („Wie soll man leben?") präludieren. Auf der Suche nach dem spezifischen Gegenstand von Gorgias' (behauptetem) Wissen und seiner (vermeintlichen) Kunstfertigkeit bekennt sich die Titelfigur des Dialogs nachdrücklich zu der bereits aus der Ap geläufigen Erfolgsr. Die Fähigkeit zur Überredung (*peithein … tois logois*) wird zum Herrschaftsinstrument – hier spielt Platon auf ein Wort des historischen Gorgias an, der den *logos* als „gewaltigen Machthaber" rühmt (Gorgias *Helena* 8–10, hier 8 = VS 82 B 11(8)) –, mittels dessen der rhetorische Generalist vor Gericht und in jeder (politischen) Versammlung selbst die fachkundigen Experten zu seinen „Sklaven" degradiere (Gorg 452b). Die von Sokrates formulierte Bestimmung der R. als „Überredungserzeugerin" (*peithus dêmiurgos*, Gorg 453a), die sich sein Gegenüber zueigen macht, vermag der Kritik des Sokrates allerdings nicht standzuhalten. Das – von Gorgias als Vorzug verbuchte – fehlende Erfordernis der Sachkompetenz in den Redegegenständen (Gorg 459b–c) spreche laut Sokrates gegen Status und Wert der R. als *technê*. Diese zudem moralisch indifferente Erfolgs- und Machtr. sei lediglich verbale Kosmetik im Reich des wirkungsvollen Scheins. Sie bleibe als Routine ohne Methodenbewusstsein „Surrogat und Schattenbild einer genuinen Kunst“ (Sprute [1992]: 35 mit Hinweis auf Gorg 463d). Als Pseudokunst der Einschmeichelei bewirke sie bei den Seelen lediglich scheinbares Wohlbefinden, ähnlich wie Koch- und Putzkunst beim Körper (Gorg 464e–466a). Diese herkömmliche R. diskreditiert Sokrates als „so genannte“ (*kalumenên*, Gorg 448d) und hebt sie so von einer hypothetischen „wahren“, d.h. philosophischen, um die echte Besserung der Seele besorgten Redekunst ab (Gorg 517a). Die Destruktion der R. als Scheinkunst setzt Platon aus anderem Blickwinkel und in eher spielerischer Form am Beispiel des epideiktischen Genos, der Prunk- oder Schaurede, fort. Im Mx trägt Sokrates eine athenpatriotische Grabrede seiner „R.lehrerin“ Aspasia vor, die sich als Cento von Versatzstücken und Gemeinplätzen erweist und mit der Platon sichtlich nicht nur den *Panegyrikos* des Isokrates, sondern das Genre des *epitaphios logos* insgesamt parodiert (vgl. Meyer [2004]: 221–225 mit weiterer Literatur). Im Symp werden bei einer Siegesfeier im Haus des Tragikers Agathon reihum Lobreden (*enkômia*) auf Eros gehalten. Als er an der Reihe ist, rezensiert Sokrates die Beiträge seiner fünf Vorredner Phaidros, Pausanias, Eryximachos, Aristophanes und Agathon mit der ihm eigenen Ironie: Er habe fälschlicherweise angenommen, es komme bei der Lobrede auf Wahrheit und sachliche Richtigkeit an, doch die bisherigen Einlassungen hätten ihm gezeigt, dass allein Großsprecherei, Schönrednerei und pompöses Wortgedrechsel gefragt seien (Symp 198a–199b). Wenn er sich hierzu außerstande erklärt und mit der Elenxis des Agathon bzw. dem Referat seiner eigenen Elenxis durch Diotima fortfährt, so wird die Dichotomie zwischen (prunkvoller) Erfolgsr. und (Sokratischer) Wahrheitsr. aus formaler wie materialer Sicht pointiert. Die Themen R., Redenreigen und Erotik variiert Platon auch im Phdr, wo die Antithese von Mündlichkeit und Schriftlichkeit (sh. Schriftkritik) hinzutritt (zur konzeptionellen Einheit des Dialogs: Niehues-Pröbsting [1987]: 152–164). Strukturell ähnlich wie im Symp, folgt auf eine Mehrzahl von „Musterreden“ (hier Lysias’ verschriftlichte Rede, die Phaidros verliest – Sokrates’ Konkurrenzrede – Sokrates’ Palinodie) die r.kritische Reflexion. Sie ist weit ausführlicher als im Symp und moderater als im Gorg gehalten. Sokrates’ Wahrheitsr. bleibt nicht mehr als vollkommen unvereinbar aus dem rhetorischen System ausgeschlossen. Vielmehr gewinnt eine „neue“ oder „wahre“ R. Kontur, indem sie mit den notwendigen Modifikationen in das terminologische Gefüge der vorhandenen Disziplin integriert wird. Sokrates’ Definition der R. als umfassende „Kunst der rednerischen Seelenlenkung“ (*psychagôgia*, Phdr 261a, 271c) in öffentlichen wie privaten Kommunikationssituationen nähert sich an Gorgias’ und Isokrates’ Konzept der Persuasion an. Kompromisslos beharrt Sokrates gleichwohl auf dem Wahrheitspostulat, d.h. auf der Forderung nach Sachkompetenz des Redners (Phdr 259e–262c). Auch bleibe die herkömmliche *technê* hinter der „wahren“ R. zurück, wenn sie die Gesichtspunkte des situations- und adressatenspezifischen Sprechens vernachlässige (Phdr 271c–272b). Beides lerne man ausschließlich durch mühsame Schulung in philosophischer Dialektik, deren dihairetische Methode etwa die gemäß der Hörerpsychologie entscheidende Anpassung der Rede an die jeweiligen Seelentypen ermögliche (Phdr 273d–e). Da diese R. auch gottgefällig sein soll und durch die Sokratische Ethik der echten Besserung des Adressaten determiniert wird (Phdr 273e–274a), hat die Forschung ihren Anwendungsbereich bisweilen – wohl zu engherzig – auf das Sokratische Gespräch beschränken wollen (Sprute [1992]: 37f. mit Literatur). Vielmehr scheint Platon ein vermittelnder Ansatz vorzuschweben, bei dem DIALEKTIK zum Bestandteil des rhetorischen Lehrgebäudes und die R. wiederum zur Propädeutik der wahren *philosophia* werden sollte (sh. PHILOSOPHIE).

III. In Platons Spätwerk flaut das Interesse an R. merklich ab: In der „Episode" des Tht (172c–177c) wird die philosophische Lebensform vor dem Hintergrund des Prozesses gegen Sokrates – und das bedeutet: ganz im Geist der Ap – mit der verwerflichen Gerichtsr. kontrastiert. Im Soph findet sich eine nüchterne klassifikatorische Unterteilung der „Kunst des Überredens" (*technê pithanurgikê*, Soph 222c–e).

Für die Wirkungsgeschichte der in Platons Dialogen vorwaltenden Konzeptionen von R. ist vielfach der Filter der aristotelischen Tradition entscheidend: In der Pragmatie seiner *Rhetorik* hat Aristoteles die im Phdr angemahnte Integration von R. und Dialektik in ein philosophisches System vollzogen (vgl. Hellwig [1973]; Sprute [1992]; Krapinger [2005]). Seine Definition der R. als „die Fähigkeit, bei all und jedem das in ihm ruhende Überzeugende ins Auge zu fassen" (*Rhetorik* I,2), kombiniert das Telos der Erfolgsr. (*pithanon* als Mittel des *peithein*) mit der im Phdr entwickelten dialektischen Psychologie, deren Erkenntnisvorgang er mit *theôrêsai* umschreibt. Unmittelbarer auf das von Platon so dramatisch angelegte Spannungsfeld zwischen Philosophie und R. greifen insbesondere Ciceros Entwürfe des *orator perfectus* in *De oratore* und im *Orator* zurück, wo der ideale Redner *sapientia* und *eloquentia*, also Wahrheits- und Wirkungsr. in seiner Person vereinen soll.

Literatur: Heitsch [1992] – Hellwig [1973] – Janka [2001] – Krapinger [2005] – Meyer [2004] – Niehues-Pröbsting [1987] – Schiappa [1990] – Schindel [1992] – Sprute [1992]

Markus Janka

Scham(gefühl) (*aidôs*)

I. Im frühen Dialog Euthyph ahnt der Leser kaum etwas von der weittragenden Bedeutung von *aidôs* (a.), welche diese Idee sowohl in der griechischen Ethik allgemein wie auch bei Platon hatte. Als im Dialog die Frage auftaucht, ob denn alles Fromme gerecht ist, oder alles Gerechte fromm, oder ob alles Fromme zwar gerecht, aber nicht alles Gerechte fromm ist, geht es zunächst nur darum, dem unbedarften Euthyphron das Problem unterschiedlicher Begriffsextensionen verständlich zu machen. In dem in diesem Zusammenhang zitierten Vers von Stasinos scheint Furcht und Scham (S.) gleichbedeutend zu sein. Dem widerspricht Sokrates, da etwa Krankheit und Armut zwar etwas seien, was viele fürchten, dessen sie sich aber nicht schämen (Euthyph 12b). S. jedoch schließe immer Furcht (*deos*) ein – nämlich die Furcht vor dem „Ruf der Schlechtigkeit". S. scheint also ebenso ein Teil des Begriffes Furcht zu sein wie das Ungerade ein Teil der Zahlen. Platon bestimmt den Begriff a. stets in der Zuordnung zum Begriff der Furcht, nur nicht im Sinne einer bloßen Unterart. Platon bewegen die Fragen, worin a. besteht und woher sie kommt.

Hinsichtlich der allgemeinen Bewandtnis ist sich Platon sogar mit der Sophistik einig: In Protagoras' MYTHOS über die Kulturentstehung ist die bloße Ansammlung von Menschen in den gegründeten Städten nicht hinreichend; es bedarf für die Ordnung, Zusammengehörigkeit und Zuneigung „Sittlichkeit und Rechtsgefühl" (übersetzt Eigler das: *aidô te kai dikên*, Prot 322c). Diese sind nicht wie andere „Künste" individuell verteilt, sondern allen gemeinsam. Es könnten die Städte (sh. POLIS), so lässt Protagoras Zeus urteilen, ohne den generellen Anteil der Bürger an beidem gar nicht bestehen. Noch in den Lg bringt der Athener einen Mythos vor, wonach Kronos als Herrscher über die Städte das Geschlecht der Dämonen eingesetzt habe; diese hätten „Frieden und Ehrfurcht und gute GESETZE und des Rechtes Fülle" (Lg 713e) den Menschen verliehen. Aus der allgemeinen Bedeutung allerdings nicht allein auf die Unnötigkeit sittlicher Belehrung, sondern auch auf die allgemeine Verbreitung zu schließen, hält Platon für einen fatalen Fehlschluss. Auch wenn die Gemeinschaft ohne a. nicht Bestand haben kann, so geht diese doch nur aus der ERZIEHUNG hervor.

II. Das Bedeutungsfeld von a. ist sicherlich weiter als das deutsche Wort „S.", aber ähnlich weit wie dessen Negationen. Es geht gar nicht primär um den Umgang mit Sexualität und Intimität, sondern vielmehr um eine elementare Form von Scheu, Ehrfurcht, Respekt und Achtung. Es meint auch nicht eine psychische Reaktion auf das eigene, ruchbar gewordene Fehlverhalten. Wo nicht der Vermeidung angedrohter Sanktionen wegen Gesetze befolgt und unsittliche Handlungen unterlassen werden, geschieht dies – aus a. Natürlich ist dort auch die Furcht vor Schande, vor dem üblen Ruf, den eine schlechte Handlung in einer nicht-anonymen Gesellschaft nach sich zieht, aber jetzt eingeschränkt und zugespitzt auf das Urteil „der Besseren" (Lg 701a–b; vgl. 886a–b). Terminologisch unterscheidet der späte Platon die Achtung vor den Menschen (*anthrôpus aidumenos*) und die Ehrfurcht vor den Göttern (*theus sebomenos*, Lg 917b); Übeltäter vergehen sich gegen beides (sh. RELIGION). Es ist also nicht die Einsicht in die innere Richtigkeit einer Regel, sondern die elementare, weil affektive Anerkennung der Ansprüche, wie sie mit dem je höheren Rang verbunden sind; diese erblickt Platon im Verhältnis von Schlechteren und Bessern, Jungen und Alten, Kindern und Eltern, Frauen bzw. Kindern und Männern, Beherrschten und Herrschern; auch bei der Haltung gegenüber einem wichtigen staatlichen Amt kann man davon sprechen. A. ist die konkret vollzogene Anerkennung dessen, was sich gehört, fällt also mit dem sittlichen Bewusstsein nahezu zusammen; trotz ihrer Nähe zur Sophrosyne ist sie nicht selbst eine der TUGENDEN, sondern vielmehr deren Basis. A. ist also nicht angeboren, sondern wird in der Erziehung vermittelt – sie ist wichtiger als Gold; diese Erziehung aber geschieht, wie Platon eigens hervorhebt, nicht durch entsprechendes Mahnen und Schelten, sondern durch die praktizierte Achtung gegenüber den Jungen (Lg 729c); Platon kann und muss auf die prägende Kraft des Umgangs setzen, da die Wirksamkeit bloßer Mahnung ja bereits die Anerkennung des Mahnenden voraussetzen würde.

III. Es handelt sich also um eine Haltung, die sich durch zwei Momente auszeichnet: zum einen um die Anerkennung von Instanzen, die auf eine unmittelbare Weise Achtung – um gerade *nicht* mit Kant zu sagen – „gebieten", sondern eher wachrufen und wie von selbst aufkommen lassen; zum anderen um diejenige Distanz, die man gegenüber denjenigen Handlungen aufrecht erhält, in denen eine Missachtung jener Ansprüche läge. Diese Grenzüberschreitungen sind Manifestationen der Ungeniertheit, der S.losigkeit, der Unverschämtheit und des Draufgängertums. Es ist also der spezifische Gegenbegriff zu Hybris. Die reale Anerkennung der Gesetze beruht auf zwei Motiven: zum einen der Furcht, denn der Gesetzgeber ist dem einzelnen Bürger überlegen und vermag die Gesetze zu bewehren; zum anderen der Scheu (a.), kraft deren man den eigenen Leidenschaften überlegen und dem Gesetz untertan ist (Ep 7, 337a). Auch den erfolgreichen Kampf gegen die Perser führt Platon darauf zurück, dass neben der Geltung der alten Verfassung die Scheu als „Gebieterin (*despotis*) in uns" (Lg 698b) gewohnt hat, denn daraus – und aus der dramatischen Überlegenheit – sei ein unbedingter Gehorsam den Gesetzen gegenüber und die wechselseitige Zugetanheit der Bürger entsprungen. S. ist also eine "göttliche Furcht" (Lg 671d). Platon kann aber neben der Verwendung als Gegenbegriff (Resp 465a–b) auch die a. als eine bestimmte Art der Furcht gegen eine andere Art absetzen und diese ihr entgegenstellen: Furcht bezieht sich auf Übel, deren Eintreten erwartet wird; es gibt aber auch eine andere Art der Furcht, wenn nämlich das Übel nicht in physischen Schmerzen, sondern in einem moralischen, aber bezeichnender Weise ebenfalls antizipierten Übel besteht, etwa dem schlechten Ruf; dieser stellt sich ein, wenn man Unschönes tut oder sagt. Diese „Furcht" ist a. und Platon sieht sich in diesem Verständnis in Übereinstimmung mit dem allgemeinen Sprachgebrauch, der auch in der griechischen Tragödie vielfach belegbar ist. Sie widerstreitet, wie er sagt, „den Schmerzen und den anderen Arten der Furcht, aber auch den meisten und größten LUSTempfindungen" (Lg 647a); diese zweite Art der Furcht steht also nicht nur im logischen Gegensatz zur ersten Art, sondern strebt auch danach, diese zu mindern. Dieser elementare Antrieb ist deshalb für die Handlungsweise und -steuerung von größter Bedeutung. Der a. müssen deshalb die Gesetzgeber größte Aufmerksamkeit schenken und sie „in höchsten Ehren" halten. Umgekehrt ist die Schamlosigkeit (*anaideia*) „für den einzelnen wie für die Gemeinschaft das größte Übel". Furcht ist also nicht an sich ein Übel, sondern nur die vor dem Falschen. Die Menschen müssen in einer Hinsicht furchtlos, also tapfer, in anderer Hinsicht aber sehr wohl „furchtsam" sein, d.h. nicht Macht-, sondern Geltungsansprüche anerkennen. Diese Übereinstimmung mit dem Sprachgebrauch, bei dem Platon nur den dringlichsten Anlass sieht, die immense Bedeutung von a. für die individuelle Praxis und das Schicksal der Staaten hervorzuheben, war schon in der Resp durch die Beobachtung ergänzt worden, dass in dem halb demagogischen, halb dekadenten Sprachgebrauch der puren Volksherrschaft die a. nur Dummheit genannt wird und gleichermaßen wie die Besonnenheit auch ausgemerzt wird (Resp 560d).

Auch in dem berühmten Phdr-Bild vom Gespann des Seelenwagens sind die beiden Pferde, welche die Bewegung der SEELE bestimmen, u.a. durch a. und ihr Gegenteil gekennzeichnet (Phdr 254c). Platon will mit der Hervorhebung von a. keineswegs die Bedeutung des Handelns aus eigener, aber eben wirklicher Einsicht schmälern. Das Problem der moralischen Antriebe hat daher vor allem dann eine besondere Bedeutung, wenn Platon im Blick hat, wie Menschen im Allgemeinen tatsächlich handeln. Angesichts des elementaren Charakters, welcher der Achtung vor dem Recht, für das Verhältnis zu sich selbst und zur Gemeinschaft zukommt, sagt Platon unter Anspielung auf Hesiod, die jungfräuliche Tochter der a. sei die GERECHTIGKEIT (Lg 943e).

Literatur: Cairns [1993] – Erffa [1937] – Pohlenz [1947] – Ruhnau [1992] – Schöpsdau [1994] – Schöpsdau [2003] – Wilamowitz-Moellendorff [1955] – Williams [2000]

Rolf Schönberger

Schlechte, das siehe Böse, das

Schönheit (*kallos*)

I. Der Begriff der Schönheit (S.) ist in Platons Dialogen sowohl für das Erkennen des Menschen, die Gegenstände seiner Erkenntnis als auch für das Handeln und die Lebensführung von Bedeutung. Hinsichtlich der Gegenstände der Erkenntnis begegnet S. auf mehreren Ebenen: der der sinnlich wahrnehmbaren Welt (SINNESWAHRNEHMUNG), der der geistigen Welt, d.h., der guten Handlungen und einer guten ORDNUNG des politischen Lebens (GERECHTIGKEIT), und schließlich der der SEELE. Für Plotin gibt es darüber hinaus, jenseits der S. der geistigen Welt und der S. der Seele, eine erste S., die in GOTT verortet sowie aufgrund ihrer Immaterialität mit einem Licht verglichen wird, das in geringerer Intensität auch in den materiellen Dingen vorhanden ist, der Betrachtung am reinsten jedoch in der Schau der sich selbst als Vernunft (*nus*) begreifenden Seele zugänglich ist. Für Proklos ist die in der hiesigen Welt begegnende S. ebenfalls auf eine erste, göttliche S. bezogen.

II. Platons Symp enthält Reden auf den Eros, in denen das Verhältnis von S. und Eros auf verschiedene Weise gedeutet wird (sh. LIEBE). Als erster Redner thematisiert

Phaidros die ethische Dimension des Schönen. Der Eros sei Urheber „größter Güter" (Symp 178c). Denn die Liebe könne bewirken, dass der Geliebte in den Augen des Liebhabers nicht hässlich erscheinen möchte und deshalb auf ein gutes Handeln und eine gute Lebensführung achten wird. Auf diese Weise kann der Eros im Handeln das Streben nach dem Schönen und damit TUGEND (*aretê*) und GLÜCKseligkeit (*eudaimonia*) befördern (vgl. Symp 180b). In Agathons Rede wird der Eros als der „schönste und beste" (Symp 195a) unter den Göttern portraitiert. Diese Auffassung wird jedoch durch Sokrates' Referat der Rede Diotimas widerlegt. Denn Diotima zufolge kann der Eros selbst weder hässlich noch schön sein, sondern muss „zwischen" (*metaxy*, Symp 202b) beidem angesiedelt sein. Nur so könne er zwischen Menschen und Göttern (vgl. Symp 202d–e), zwischen Unwissen und WEISHEIT vermitteln (vgl. Symp 203e–204b). Weisheit aber sei das Schönste und als solche Gegenstand eines Strebens, das als Eros bezeichnet wird (vgl. Symp 204b). Eros meint also die Kraft, die zum Streben nach dem Schönen bewegt, das Schöne hingegen das Ziel des Strebens.

Dass das Streben nach dem Schönen unendlich sein kann, geht aus Diotimas Charakterisierung des Wesens des Eros hervor (vgl. Symp 203a–e): Als Kind von *Poros* (Weg) und *Penia* (Armut) ist der Eros durch einen wesentlichen Mangel geprägt: Nur als ein Abwesendes ist das Schöne erstrebenswert. Andererseits bildet der Eros die Antriebskraft des Strebens nach dem Schönen und bereitet so den Weg zum Schönen.

Dieser Weg ist der berühmte ‚Stufenweg' des Schönen (vgl. Symp 210a–211c). Auf ihm erkennt die Seele zunächst die S. der äußeren, sinnlich wahrnehmbaren Körper, dann die der Seelen, der Sitten und der Erkenntnisse, schließlich das Schöne selbst. Das Schöne selbst ist identisch mit der IDEE des Schönen. Von ihr bilden die zunächst wahrgenommenen Erscheinungen nur einen Abglanz. Der Eros befördert jedoch nicht nur den Aufstieg zur Erkenntnis des Schönen selbst, sondern auch das Verlangen der „Zeugung und Geburt im Schönen" (Symp 206e). Hiermit ist die Vermittlung von Einsicht und Erkenntnis an andere gemeint, deren Seele für die verschiedenen Arten des Schönen empfänglich ist und ihrerseits den beschriebenen Weg durchläuft.

III. In Platons Phdr werden die seelischen Voraussetzungen der Erkenntnis des Schönen und die Wirkung des Schönen auf die Seele des Betrachters thematisiert. Als Voraussetzung wird auch hier eine bestimmte Beschaffenheit der Seele genannt, die den Erkennenden für die wahre S. empfänglich macht. Ist diese seelische Verfassung allerdings nicht mehr vorhanden, so kann sie durch die Begegnung mit dem Schönen wieder hervorgerufen werden. Denn selbst in der Begegnung mit dem sinnlich wahrnehmbaren Schönen kann sich der Erkennende, Sokrates zufolge, an die wahre S. erinnern (vgl. Phdr 249d), die seine Seele zuvor an einem überhimmlischen Ort geschaut hat (vgl. Phdr 247c–247e). Die Erkenntnis des Schönen wird im Phdr also als Erinnerung gedeutet. Diese Deutung impliziert einen triadischen Weg der Erkenntnis der Seele. Der ursprünglichen Schau des Schönen durch die Seele folgt die Entzweiung von wahrem Schönen und Seele in der irdischen Existenz sowie schließlich die Rückkehr zur Einheit von Seele und wahrem Schönen.

Die Wirkung des Schönen auf den Betrachter beschreibt Sokrates mit Hilfe des Bildes vom „Gefieder" der Seele. Hat die Seele durch vorangegangenes Unglück ihr „Gefieder" verloren, so kann die Betrachtung des hiesigen Schönen der Seele wieder Flügel verleihen und es ihr erlauben, sich wieder zur Erkenntnis der übersinnlichen S. zu erheben (vgl. Phdr 249d–e, 251b–c). Dass im Phdr die Wirkung des Schönen auf die Seele des Betrachters im Vordergrund steht, zeigt auch die Lichtmetaphorik, mit deren Hilfe der Begriff der S. erläutert wird: Das Schöne sei „glänzend" (*lampron*, Phdr 250b) bzw. „das Hervorleuchtendste" (*to ekphanestaton*, Phdr 250d). Das, was glänzt bzw. hervorleuchtet, erscheint aber immer für jemanden; diese Eigenschaft kann ihm nicht unabhängig vom Betrachter zukommen. So weist bereits die Lichtmetaphorik darauf hin, dass die Erkenntnis des Schönen von der Verfassung der Seele des Betrachters abhängig ist.

Die Erkenntnis des Schönen ist jedoch nicht nur durch die Seele bedingt, sondern sie kann sich auch auf deren Beschaffenheit auswirken. Denn der Begegnung mit dem Schönen wohnt eine Dynamik inne, die den Betrachter über die hiesige S. hinaus zur Erkenntnis der wahren S. führen kann. Da sich die Erkenntnis des Schönen in der Seele des Betrachters vollzieht, beschreibt Sokrates sie im Phdr als eine Erschütterung der Seele (vgl. Phdr 251a) bzw. als ein Überfließen des Schönen in die Seele des Betrachters (vgl. Phdr 251b). Die Aufnahme des Schönen in die Seele erfolgt über den Gesichtssinn (vgl. Phdr 251b). So sehr dem sinnlich wahrnehmbaren Schönen die Sichtbarkeit zueigen ist, so sehr wird aber bereits im Phdr auch die Unsichtbarkeit der wahren S. betont (vgl. die Kennzeichnung des wahrhaft Seienden als „farblos, gestaltlos, stofflos", Phdr 247c). Dieser Aspekt ist dann für Plotin wesentlich geworden.

IV. In Platons Phlb ist der Begriff der S. Teil einer Bestimmung der Idee des Guten. Neben zwei weiteren Begriffen, dem der Verhältnismäßigkeit (*symmetria*) und dem der Wahrheit (*alêtheia*), dient er der Umschreibung der Idee des Guten (vgl. Phlb 65a). Fragt man nach dem Verhältnis der drei Begriffe zueinander, so erhält man nicht nur genaueren Aufschluss über die Idee des Guten, sondern auch über die Idee des Schönen.

Das Schöne wird im Phlb als ein Verhältnismäßiges (*to symmetron*) bestimmt. „Alles, was es Schönes für uns gibt, [entsteht], wenn das Unbegrenzte und das Grenze Habende vermischt werden" (Phlb 26b); das Resultat dieser Mischung aus Grenze und Unbegrenztheit ist „das Verhältnismäßige (*symmetron*)" (vgl. Phlb 26a). Mit dem Begriff des Verhältnismäßigen ist also die ontologische Beschaffenheit des Schönen als eines aus Grenze und Unbegrenztheit Gemischten gemeint. In der bereits erwähnten Passage des Dialogs am Ende des Phlb wird der Begriff der Verhältnismäßigkeit jedoch auf das Gute bezogen. Denn hier heißt es: „Das Wesen des Guten ist uns nun wieder in die Natur des Schönen entflohen. Denn Maßhaftigkeit (*metriotês*) und Verhältnismäßigkeit (*symmetria*) werden uns doch wohl überall offenbar zu S. (*kallos*) und Tugend (*aretê*)" (Phlb 64e). Der Begriff der Verhältnismäßigkeit charakterisiert hier also die ontologische Beschaffenheit des Guten.

 Um die beiden Textstellen miteinander zu vereinbaren und damit auch das Verhältnis des Schönen zum Guten zu begreifen, ist es erforderlich, Sokrates' Bestimmung des Schönen als „Wohnung" des Guten zu berücksichtigen (vgl. Phlb 61a). Im Schönen kommt das Gute zur Erscheinung; in ihm wird es offenbar. Um diesen Unterschied zwischen dem Schönen und dem Guten zu betonen, bezeichnet Sokrates die ontologische Beschaffenheit des Guten mit dem Begriff der ‚Verhältnismäßigkeit' (*symmetria*), wohingegen er die Erscheinung der Verhältnismäßigkeit in der je konkreten Mischung, die zugleich schön ist, mit dem Begriff des ‚Verhältnismäßigen' (*symmetron*) bezeichnet.

Wenn der Begriff des Verhältnismäßigen aber sowohl der ontologischen Charakterisierung des Guten als auch der des Schönen dient, dann bildet er den Schlüssel zum rechten Verständnis der Natur des Schönen. Die Natur des Schönen ist dadurch gekennzeichnet, daß in ihr das Unbegrenzte unter die Herrschaft der Grenze gebracht ist und derart eine Ordnung aufweist, die die Bewegung nicht ausschließt, aber in der die Bewegung in eine Form gebracht ist. Als eine solche Ordnung des Bewegten ist das Schöne Erscheinung des Guten und kann es die Strukturen des Guten in der sinnlich wahrnehmbaren Wirklichkeit sichtbar machen. Eben diese Übertragung der ontologischen Beschaffenheit des Guten in die ontische Erscheinung des Schönen bezeichnet Platon aber mit dem Begriff der Wahrheit (*alêtheia*). Denn von der Wahrheit heißt es zuvor: „Wem wir nicht Wahrheit beimischen, das kann doch auch nicht wahrhaft werden, noch auch, wenn es geworden wäre, sein" (Phlb 64b).

V. Plotin hat den Begriff der S. vor allem in den *Enneaden* I.6[1] und V.8[31] betrachtet. Ähnlich wie in Platons Symp kennt Plotin einen Aufstieg von der Betrachtung der S. der körperlichen Dinge, über die S. guter Handlungen und Haltungen der Seele bis hin zu einer körperlosen S. (vgl. *Enneaden* I.6[1].1–6), die gestaltlos, farblos und ohne Größe ist (vgl. *Enneaden* I.6[1].5.9–10), und als Licht einer gottähnlichen Vernunft charakterisiert wird (vgl. *Enneaden* I.6[1].5.11–17). Um zur Schau dieser ersten S. zu gelangen, muss die Seele einen Prozess der Reinigung durchlaufen (vgl. *Enneaden* I.6[1].5.54–58, I.6[1].6.59–61), der sie von der Gebundenheit an die körperliche S. befreit und ihr die Möglichkeit gibt, die anderen, nicht sinnlich-wahrnehmbaren Arten der S. zu erfassen. In der Schau der ersten S. – als gottähnliche Vernunft (*nus*) – gelangt sie zu einer vollkommenen Identität mit sich selbst (vgl. *Enneaden* I.6[1].9.7–22). Plotin problematisiert die Platonische Charakterisierung von S. mit Hilfe des Begriffes der Verhältnismäßigkeit (*symmetria*), da die Deutung des Schönen als eines Symmetrischen bereits die Zusammengesetztheit eines aus Teilen bestehenden Ganzen voraussetzt (vgl. *Enneaden* I.6[1].1.20–40; vgl. hierzu Beierwaltes [1980b]: 19f.). Als ein zusammengesetztes Ganzes kann S. aber nicht mehr als ein erstes, gestaltloses und noch ungeteiltes Prinzip fungieren, aus dem die S. der zusammengesetzten Dinge allererst hervorgeht. In einem solchen an sich selbst gestaltlosen Prinzip sieht Plotin jedoch die erste S. gegeben, die er schließlich mit der schaffenden Vernunft (*nus*) identifiziert, welche den materiellen Dingen Form verleiht und ihnen so zu einer bestimmten, und d.h.: schönen, Ordnung verhilft (vgl. *Enneaden* V.8[31].3.1–10). Um die Gestaltlosigkeit dieser ursprünglichen S. zu verdeutlichen, vergleicht er sie mit einem Licht (vgl. *Enneaden* V.8[31].3.4–6, I.6[1].5.9–17).

Der Gedanke, der Plotin von der Platonischen Bestimmung des Schönen als eines Verhältnismäßigen zur S. des Urhebers dieser Verhältnismäßigkeit geführt hat, ist der folgende: Wenn das, was ein Hervorgebrachtes schön macht, seine Form ist, die Form des Hervorgebrachten ihm aber von seinem Urheber verliehen ist, so muß die S., die der Urheber in der Herstellung vor Augen hatte, die in die Materie abgebildete S. übertreffen (vgl. *Enneaden* V.8[31].1.6–22). Doch selbst diese immaterielle S. der imaginierten Form ist nicht die höchste, sondern ihr ist die S. der Kunst, über die der Herstellende verfügt, noch überlegen (vgl. *Enneaden* V.8[31].1.23–32). Die S. der Kunst liegt aber in der Natur des Menschen begründet, welcher aufgrund von seiner schaffenden Vernunft an der göttlichen Vernunft und damit an der ersten S. teilhat (vgl. *Enneaden* V.8[31].1.32–38).

Proklos unterscheidet ebenfalls zwischen verschiedenen Gegenständen, die schön sein können. Die hiesigen Arten des Schönen sind auf die göttliche S. bezogen, als deren „Ausfluss" (*aporroê*, *Theologia Platonica* 1, 24, 59,27) sie bestimmt werden. Das bewegende Moment des Aufstiegs der Seele zur Erkenntnis des wahrhaft Schönen ist für Proklos wie bereits für Plotin der Eros (vgl. Beierwaltes [1979]: 306–312). In seinem Alk-Kommentar verdeutlicht Proklos, dass der Eros, d.h.: die Liebe, vom Schönen hervorgerufen ist (vgl. Proklos *In Alcibiadem* 328, 12ff.; *Theologia Platonica* 1, 24, 60,33ff.). Als Liebe zum Schönen führt der Eros über das sinnlich und geistig wahrnehmbare Schöne hinaus zu dem wahrhaft Schönen, das jenseits des Seins angesiedelt ist und eine göttliche S. meint. Für Plotin kehrt die Seele in dieser Begegnung mit der göttlichen S. in sich selbst zurück, da die Teilhabe an der göttlichen Vernunft die Seele auf ihr Eigenstes, die Vernunft, konzentriert (vgl. *Enneaden* V.8[31].1.32–38).

Literatur: Beierwaltes [1979] – Beierwaltes [1980b]

Friederike Rese

„Schrift(kritik)"

I. Platons Verhältnis zur Schriftlichkeit wirkt ambivalent. Einerseits scheint er wie sein Lehrer Sokrates der Abfassung schriftlicher Texte distanziert gegenüberzustehen; andererseits hat er im Gegensatz zu diesem selbst zahlreiche (und bedeutende) Schriftwerke verfasst. Wie ist dieser Befund zu beurteilen?

Als Hauptquellen für Platons ‚Schriftkritik' gelten eine Partie in Ep 7 (340b–345c) und eine Passage im Dialog Phdr (274b–278b). Die Authentizität von Ep 7 ist umstritten (und wird es bleiben); Einigkeit herrscht darüber, dass er jedenfalls aus einer gut informierten zeitgenössischen Quelle stammt. Den Phdr hat man früher (schon Diogenes Laertios 3, 38; anders Cicero *Orator* 42) als Jugendwerk eingestuft, was die Denkoption bot, Platon habe seine Auffassung später revidiert; heute weitestgehend anerkannte sprachliche Kriterien (sh. Heitsch [1997]: 231–233) rücken die Schrift jedoch in eine Gruppe mittlerer Dialoge, denen etwa auch Resp zugehört (die Frühdatierung vertritt weiterhin Tomin [1997]).

In einer bis heute scharf geführten Auseinandersetzung zwischen esoterischer und nichtesoterischer Platondeutung bildet die Auslegung dieser beiden Texte einen Hauptpunkt. Im Kern geht es darum, ob und mit welcher Sicherheit sich aus ihnen die Existenz einer UNGESCHRIEBENEN LEHRE Platons im Sinne der Esoteristen (vor allem Krämer, Gaiser, Reale, Szlezák) erschließen lässt; dass Platon (wie jeder andere Autor) mehr wusste, als er niedergeschrieben hat, ist seit jeher unstrittig und wäre trivial. Der Streit geht also nicht um *agrapha dogmata* schlechthin, sondern um das Postulat einer speziellen Platonischen Doktrin, die man als Prinzipientheorie beschrieben hat (z. B. Gaiser [2004]: 295–315): Diese Lehre soll Platon, um Missverständnisse zu vermeiden (Szlezák [1993 a]: 152–155), der mündlichen Unterweisung vorbehalten haben. Mit der Frage nach der *Existenz* einer solchen Doktrin verbinden sich Fragen nach ihrem sachlichen Gehalt und nach ihrer Relevanz für die Deutung Platonischer Texte – die methodische Problematik des Verfahrens, erhaltene Texte im Lichte einer nicht erhaltenen Theorie zu lesen, deren Gestalt man aus den Texten passend imaginiert, liegt auf der Hand (vgl. Tarrant [2000]: 19–25). Auf solche und viele andere Fragen kann ein Lexikonartikel nicht eingehen. Ziel des Folgenden ist daher nicht mehr als eine erste Information über den Textbefund.

II. Der Verfasser von Ep 7 erwähnt einen Eignungstest für Philosophen, dem auch der Tyrann Dionysios II. von Syrakus unterzogen worden sei. In diesem Test werde die Mühsal und Langwierigkeit echten Erkenntnisstrebens so drastisch demonstriert, dass sich Ungeeignete abschrecken ließen – zuweilen mit der Selbsttäuschung, sie seien bereits hinreichend informiert. So habe sich auch der Tyrann schon nach ersten, absichtlich lückenhaften (Ep 7, 341a) mündlichen Unterweisungen für wohl informiert über die Hauptpunkte (*ta megista*) gehalten und sich später gar erdreistet, im eigenen Namen eine Schrift über das Gehörte abzufassen. Schriften über diese Themen gebe es auch sonst, jedoch nicht von Platon, der über diese Dinge (Plural) weder geschrieben habe noch schreiben werde. Denn ‚es' (Subjekt im Singular) sei keineswegs sprachlich mitteilbar (*rhêton*) wie andere Lerngegenstände, sondern aus langem Beisammensein und Austausch über die Sache selbst entstehe es (?) plötzlich in der Seele wie ein Licht, das ein abspringender Funke entzündet habe, und nähre sich sodann aus sich selbst. Am kompetentesten für schriftliche oder mündliche Darstellung (*graphenta ê lechthenta*) dieser Dinge (Plural) wäre zweifellos Platon, aber bloße Darstellung nütze bestenfalls einigen Wenigen, die diese Dinge anhand kleiner Hinweise selbst auffinden könnten. Bei allen übrigen würde sie nur zur Geringschätzung der Sache führen oder zur Einbildung, man habe etwas Bedeutendes gelernt.

Im Mittelpunkt dieser Partie steht nicht die Differenz zwischen mündlicher und schriftlicher Mitteilung, sondern der Unterschied zwischen Mitteilen und Verstehen. Deutlich wird die Aussage, dass echtes Verständnis, da gebunden an Begabung und Bemühung, jedermanns Sache nun einmal nicht sei; und deutlich wird auch, dass der Philosoph jene Sachverhalte, mit denen es ihm Ernst ist, daher nicht vor jedermann ausbreitet (auch nicht mündlich). Die esoterische Platondeutung bezieht diesen (allgemein formulierten) Vorbehalt exklusiv auf die von ihr postulierte ‚Prinzipientheorie' (z.B. Szlezák [1985]: 386–405); der Text bietet für eine solche Beschränkung keinen Grund.

Von sprachlicher (nicht von schriftlicher) Darstellung spricht der berühmte Funkensatz, in dem es (trotz unklaren Subjekts) um den Akt des Verstehens gehen muss (keine Theorie entzündet sich spontan in der Seele: so auch Szlezák [2004]: 56f.). Der folgende, ausdrücklich als Erläuterung eingeführte (Ep 7, 342a) Abschnitt differenziert zwischen (1) Bezeichnung (*onoma*), (2) Bedeutung (*logos*), (3) Abbild (*eidôlon*), (4) Verständnis (*epistêmê*) und der betreffenden Sache selbst (5). Eine Unterscheidung zwischen geschriebenen und ungeschriebenen Lehren ergibt sich aus dieser Einteilung nicht; hingegen zeigt sie klar, dass sprachliche Darstellung einer Sache (Punkte 1–3) etwas prinzipiell anderes ist als ihr Verständnis (= Punkt 4) und als die Sache selbst (= Punkt 5). Der Philosoph intendiert also beim Adressaten Verständnis und lehnt potentiell missverständliche Mitteilungen an Ungeeignete ab. Eine Einschränkung dieser Aussage auf eine bestimmte Lehre erfolgt nicht.

III. Der Phdr kreist um die Frage, wie man sprechen und schreiben soll. Im ersten (praktischen) Teil (227a–257b) werden drei Reden zum selben Thema (laut Gesprächsfiktion eine schriftlich fixierte und zwei mündlich improvisierte) einander gegenübergestellt. Im zweiten (theoretischen) Teil (257b–279c) geht Sokrates generell auf Voraussetzungen und Eigenart optimaler sprachlicher Vermittlung von Sachverhalten und Überzeugungen ein; dabei sind seine Erörterungen weder auf schriftliche Vermittlung noch auf ‚Rhetorik' im üblichen Wortsinn beschränkt (vgl. Phdr 261a–e). Optimale Sprachverwendung erfordert, wie Sokrates erläutert (Phdr 271a–272b), erstens (und vor allem) Sachkompetenz, zu der aber noch fünf weitere Kompetenzen treten müssen: Der Sprechende kennt a) unterschiedliche Adressatentypen und b) unterschiedliche Sprechmodi; er kann c) begründet angeben, wie bestimmte Sprechmodi auf bestimmte Adressaten wirken; er ist d) in der Lage, diese theoretischen Kenntnisse auch praktisch anzuwenden, d.h. befähigt, konkrete Personen als bestimmte Typen zu identifizieren und ihnen gegenüber die jeweils richtige Sprechweise zu wählen; und e) er versteht sich darauf, die zur jeweiligen Situation passende Sprechweise zu wählen – wozu auch das Schweigen gehört. Nur wenn diese Kompetenzen mit der Sachkompetenz kombiniert seien, gelinge sprachliche Vermittlung von Sachverhalten und Überzeugungen perfekt.

Perfektes Sprechen ist also situations- und adressatengerechtes Sprechen. Optimal verwirklichen lässt sich dieses Programm nur im Gespräch mit einem einzelnen Partner, auf dessen individuelle Voraussetzungen und Reaktionen das Gesagte exakt abgestimmt sein kann; es ist dieses individuelle Gespräch (und nicht etwa Mündlichkeit schlechthin), das wiederholt als Ideal sprachlicher Kommunikation herausgestellt wird (Phdr 276a, 276e–277a). Abstriche vom Ideal erfordert schon das Gespräch mit mehreren Personen, größere Abstriche der monologische Vortrag (zumal vor gemischtem oder unbekanntem Auditorium). Die geringste Chance auf adressaten- und situationsgerechte Vermittlung hat naturgemäß der schriftlich fixierte Text.

Schriftliche Texte bieten jedem Leser denselben Wortlaut, können ihren Sinn nicht selbst erläutern und sind gegen Missverstehen wehrlos. Sie können sich ihre Leser nicht aussuchen und gelangen daher zu geeigneten (sic!) wie zu ungeeigneten Adressaten (Phdr 275d–e). Beschrieben sind damit konstitutive Schwächen jedes fixierten Texts, nicht nur eines schriftlich fixierten – auch eine von Phaidros auswendig vorgetragene Lysiasrede (vgl. Phdr 227a–228e) könnte sich nicht selbst verteidigen, auch ein im Gedächtnis bewahrter Homertext sich nicht selber auslegen (vgl. Ion 530b–c) –, die am Beispiel der Schrift jedoch besonders deutlich werden. (Die Rede von einer ‚Medienkritik' ist daher missverständlich.) Unüberwindlich ist diese Schwäche nicht: Auch ein (schriftlich) fixierter Text kann geeignete Adressaten finden und korrekt verstanden werden (Belege wie Phdr 275b, 275e werden von der esoterischen Platonforschung nicht herangezogen: z.B. Szlezák [1985]: 11), aber eine Gewähr dafür gibt es nicht: Bloße Information garantiert keineswegs auch schon korrektes Verständnis (so bereits Heraklit VS 22 B 40).

‚Helfen' kann seiner missdeuteten Schrift nur ein Autor, der Wertvolleres (*timiôtera*) besitzt als jene bloßen Formulierungen, die sein Text immer nur stereotyp wiederholt: das Verständnis der Sache nämlich und die Fähigkeit, das Gemeinte je nach Adressat und Situation in unterschiedlicher Weise vermitteln zu können (Phdr 278b–e) – ganz so wie Platons Sokrates die Kernthese der Resp gegenüber Glaukon und Adeimantos in ganz anderer Weise vertreten kann als gegenüber dem Rhetor Thrasymachos. – Entgegen dieser vom Kontext nahegelegten Deutung der *timiôtera* als Sachkompetenz plus Befähigung zur adressatengerechten Vermittlung hat die esoterische Platonforschung nachzuweisen versucht, unter dem ‚Wertvolleren' sei die Kenntnis von Platons ungeschriebenen Lehren zu verstehen (z.B. Szlezák [1993a]: 71–76). Der Text liefert jedoch für diese Deutung keinen Beleg und ist mit ihr auch nicht leicht zu vereinbaren (z.B. Phdr 278b–c; Weiteres bei Heitsch [1991]).

Die Konsequenz ist, so Sokrates ausdrücklich, nicht der Verzicht auf das Medium Schrift, wohl aber der Verzicht auf seine (naive) Verwendung als vermeintlich verlässliches Mittel, eigene Einsichten zu vermitteln. Schreiben wird vielmehr zum (erfreulichen) ‚Spiel'; der Autor hält – im vollen Bewusstsein um dessen Defizienz – Distanz auch gegenüber dem eigenen Text (Phdr 276b–e). Ein solches Sprachspiel wäre dann auch der Phdr selbst – wie der Autor in 278b (*pepaisthô*) explizit andeutet: Platon durchbricht hier, wie Autoren der attischen Komödie (vgl. Heitsch [1997]: 213), die dramatische Illusion und lässt seinen Sokrates einen Moment lang ‚wissen', dass er selber nichts anderes ist als eine Figur in einem schriftlichen Text.

Die Aussagen und Begründungen im Phdr sind generell gemeint: Weder beziehen sie sich lediglich auf eine spezielle Doktrin (die daher der Mündlichkeit vorbehalten bleiben müsse) noch sparen sie Platons eigene Texte aus. Damit stellt sich die Frage nach dem Status Platonischer Dialoge.

IV. Neben der (von der esoterischen Schule bekämpften) Dialogtheorie Schleiermachers (der Dialog sei eine Lehrschrift spezieller Prägung, welche die Schwäche der

Schrift vermeide) und der esoterischen Alternative (angesichts der unaufhebbaren Schwäche der Schrift lehre Platon im Dialog nur Zweitrangiges, ergänzt durch Verweise auf eine mündliche Lehre) gibt es, wie neuere Platonforschung (Press [2000]) und literaturwissenschaftliche Dialogforschung (Hempfer [2002], Kleihues [2002], Häsner [2004a und b]) einmütig feststellen, eine dritte Möglichkeit: dass die Intention Platonischer Dialoge gar nicht in der öffentlichen Kommunizierung der Einsichten des Autors liegt. Dazu passt folgender Befund:

1. Platon tritt in seinen Dialogen – anders als Aristoteles, Cicero u.a. – selbst gar nicht in Erscheinung (auch nicht in Proömien oder als Dialogfigur).

2. Auch die Hauptfiguren Platonischer Dialoge sind nicht als ‚Autoritäten' gezeichnet, denen man unkritisch folgen kann: Faktoren wie das sokratische Nichtwissen, die sokratische Ironie oder (plakative) sokratische Fehler schaffen auch gegenüber einem Sokrates kritische Distanz (zu falschen Grundannahmen der Stellvertreterthese sh. Blößner [2001]).

3. Viele sokratische Gespräche fingieren den im Phdr skizzierten Idealtypus einer situations- und adressatengerechten Kommunikation, aber der Leser ist nicht Adressat, sondern Zeuge dieses Gesprächs. Was Sokrates dem Partner sagt, muss nicht identisch sein mit dem, was Platon seinem Leser zu zeigen wünscht.

4. Vielmehr überführt der Dialog philosophische Argumentationen in ‚Argumentationsspiele', deren Gesamtsinn sich nicht allein aus dem propositionalen Gehalt der Aussagen, sondern ebenso aus der Inszenierung der Proponenten ergibt (Hempfer [2002]).

Platons Dialoge weisen somit weder dem Autor die Rolle eines bloßen ‚Informanten' noch dem Leser die eines bloßen ‚Rezipienten' zu (vgl. Heitsch [1988]). Platons Überlegungen stehen nicht im, sondern hinter dem Text und müssen aus ihm erst rekonstruiert werden. Ohne eine solche Eigeninitiative des Lesers bleibt der Text, befragt über die Auffassungen des Autors, einfach stumm.

Platons Dialoge sind geschrieben im Wissen um die Schwäche der Schrift. Sie überwinden diese Schwäche nicht, sondern ziehen Konsequenzen aus ihr. Obgleich sie Fragen erörtern, mit denen es dem Autor ernst ist, breiten sie nicht auch dessen persönliche Antworten und Einsichten vor dem Leser aus, weil sich Einsichten durch bloße Formulierungen nicht vermitteln lassen. Dies gilt auch für die angeblich ‚lehrhaften' Dialoge der mittleren und späteren Phase, etwa die Resp: Auch hier verkündet nicht Platon seine Doktrinen, sondern hat ein vielschichtiges Argumentationsspiel inszeniert (vgl. Blößner [1997]: 17–45 und 242–288).

Platons Texte überschätzen sich nicht, sondern bleiben sich ihrer unaufhebbaren Schwäche bewusst. Sie gerieren sich nicht als Autoritäten, die Unkundige ‚belehren' könnten – ebenso wenig wie es Sokrates tat. Wie dieser schaffen sie stattdessen ein Problem- und Methodenbewusstsein, das Wissen-Wollen (‚Philo-sophie') und produktive Reaktionen ermöglicht und provoziert. Platon hat mit seinen Dialogen eine Textgattung geschaffen, die sokratische Hebammenkunst (sh. Maieutik) in Literaturform gießt.

Literatur: Blößner [1997] – Blößner [2001] – Gaiser [2004] – Häsner [2004a] – Häsner [2004b] – Heitsch [1988] – Heitsch [1991] – Heitsch [1992] – Heitsch [1997] – Hempfer [2002] – Kleihues [2002] – Press [2000] – Szlezák [1985] – Szlezák [1993a] – Szlezák [2004] – Tarrant [2000] – Tomin [1997]

Norbert Blößner

(Schutz)geist siehe Dämon

Seele (*psychê*)

I. Die „Seele" (S.; *psychê*) wird im Corpus Platonicum thematisiert als („gute"/„geordnet-ordnende" bzw. „schlechte"/„ungeordnete") Weltseele (Ti 34b; Phlb 30a; Lg 896d–898c), Götters. (Euthyd 302d–e; Phdr 246a; Phlb 30d; Ti 34a–b, 39e; sh. Gott/Götter), Gestirns. (Ti 38e f., 40b, 41d; Lg 898c ff.), Dämonens. (Phdr 246e; Symp 202d; Epin 984d; sh. Dämon) und S. der Erde (Phdr 247a; Ti 40b–c), schließlich als Menschens., Tiers. (Ti 90e u.a.) und Pflanzens. (Ti 77a–c).

II. Platons Begriff der S. enthält mehrere Aspekte, die in ihm zu einer Einheit (*mia idea*, sh. Idee) verbunden sind: ‚unteilbares' bzw. ‚teilbares' Sein (sh. Sein und Teilhabe), ‚unteilbares' bzw. ‚teilbares' ‚Selbiges' (*tauton*, sh. Identität), ‚unteilbares' bzw. ‚teilbares' ‚Verschiedenes' (*heteron*, sh. Verschiedenheit) und kreisförmige zahlhaft bestimmte Selbstbewegung (sh. Denken und Bewegung. Ti 34bff.; vgl. Cornford [1952]: 59ff.; Karfik [2004]: 204–206; Perger [1997]: 86ff., 123f.; Radke [2003]: 488–496). Sie wird ‚das Sich-selbst-Bewegende' (*to auto hauto kinun*), ‚das Immer-Bewegte' (*to aeikinêton*), ‚Quelle und Anfang der Bewegung' (*pêgê kai archê kinêseôs*) ‚für alles, was bewegt wird', ‚erste Ursache des Werdens und Vergehens' und der ‚Veränderung' (*prôton geneseôs kai phthoras aition*; *alloiôsis*), Prinzip ‚unaufhörlichen intelligenten Lebens' (*zôê, to zên, apaustos kai emphrôn bios*) genannt (Phd 71c, 105c–d; Phdr 245c; Krat 399d–400b; Tht 181b–d; Parm 138b–c; Ti 36e, 37a–bff., 77b; Lg 891e, 893b–896b. Vgl. Brisson [1998c]; Karfik [2004]: 149ff., 214–216, 221–241; Perger [1997]: 123f., 149ff.; Pietsch [2003]). Als Bindeglied von ‚immer Seiendem' (Intelligiblem, *nus*) und ‚Werdendem' und ‚Vergehendem' (‚Mein'- bzw. ‚Wahrnehmbarem', sh. Werden/Entstehen und Materie) hat sie daher in der Darstellung des Ti vom Schöpfer des Kosmos her (sh. Demiurg) an beidem Anteil, beides ist vermittels der S. zu der intelligiblen Ordnung des wahrnehmbaren Kosmos gestaltet (Ti 30a–c, 69aff.; Lg 899b), der als ein Lebewesen (*zôon*) alles Lebendige wie ein Ganzes seine Teile in sich umfasst und in unaufhörlicher Rotation begriffen ist. Mit ihr entsteht zugleich die Zeit, das ‚zahlenmäßig fortschreitende ewige Abbild der in der Einheit bleibenden Ewigkeit' (sh. Zeit; Ti 27d–39e. Vgl. Perger [1997]: 82ff.; Karfik [2004]: 174ff.). Insofern die S. in der Hierarchie der Ordnung des Seins (sh. Seinsstufen) also nicht die primäre, im Hinblick auf Werdendes und Vergehendes, deren Ursache sie ist, aber auch nicht die letzte Stufe einnimmt, ist sie als vom ‚Besten des Denkbaren und Immer-Seienden' Bewirktes einerseits das ‚Vorzüglichste des Gewordenen' (Ti 36e–37a. Vgl. Cornford [1952]: 94; Karfik [2004]: 130ff.; 185–201), andererseits wiederum als etwas nicht Wahrnehmbares (Phd 79a–c; Ti 36e, 46d; Lg 898d–e) und gegenüber dem Körperlichen ‚primär', d.h. ‚vor' dem oder ‚früher' als der Körper Seiendes (*proteron, emprosthen*; Phd 72e–77b; Ti 34b–35a, 46d–e; Lg 891e–892c, 896b–d, 899b) dem ‚Göttlichen, Unsterblichen, Intelligiblen, Eingestaltigen, Unauflöslichen und Selbigen, immer mit sich Identischen' (*theion, athanaton, noêton, monoeides, adialyton, aei hôsautôs kata tauta echon heautô*) ‚verwandt' (*syngenês*), etwas diesem ‚Ähnliches, Gleiches' (*homoion*; Phd 78b–80b; Ti 47b–c; sh. Ähnlichkeit), und wird daher als ‚ungeworden' (*agenêtos*), ‚unvergänglich' (*adiaphthoros, anôlethros*) und ‚unsterblich' (*athanatos*; sh. Unsterblichkeit) beschrieben (Phd 69eff., besonders 105b–107a; Phdr 245c–246a; Resp 608c–611a; Ti 36e; Lg 894b–898c).

III. Das sterbliche Leben, d.h. der ewige Kreislauf des zeitlich geordneten Werdens, Vergehens und der Veränderung innerhalb des Kosmos, wird im Ti nicht durch einen unmittelbaren Akt der demiurgischen Intelligenz, sondern durch einen Akt der Nachahmung (in einem Abbild) dieser Intelligenz und des durch sie Entstandenen von den von jener selbst geschaffenen Göttern verursacht (Ti 39e–42e, 69a–cff. Vgl. Karfík [2004]: 127ff., 207f.). Auch das einzelne sterbliche Leben hat also, wenn auch graduell verschieden untergeordnet, sowohl Anteil an der wesensgemäßen immerwährenden, durch Sein, Selbiges und Verschiedenheit bestimmten kreisförmigen Denkbewegung der S. als auch an der der Veränderung unterworfenen, körperlichen Ausdehnung (sh. Materie, Raum und Natur). Die S. erzeugt durch sich selbst und zusammen mit dem Körperlichen intelligible Bewegungen wie Wahrnehmungen, Erkenntnisse, Wissen, Meinungen oder Glauben, Willen, Unlust und Lust, Kühnheit und Furcht, Hass und Zuneigung usw. und sie bewirkt wahrnehmbare Bewegungen wie physisches Wachstum und Auflösung, Trennung und Mischung, Wärme, Kälte, Gewicht, Härte, Farbe, Geschmack usw. des Körperlichen (Ti 37a–c, 42e–69a ff.; Soph 246eff.; Phlb 28d–31b; Lg 896e–897b; sh. Denken, Erkenntnis, Wissen, Meinung, Sinneswahrnehmung, Wille/Wollen). In diesem Sinn ‚regiert' bzw. ‚benutzt' sie die von ihr belebten Körper (und deren Teile), die ihr ‚Wagen' (*ochêma, synôris*), ‚Organe' (*organa*), ‚Gefäß' (*kytos*), ‚Wohnstatt' (*oikêsis*), ‚Grab' (*sêma*), ‚Gefängnis' (*phrura*) genannt werden, wobei die Einheit und Harmonie dieser lebendigen Ordnung in der Zeit durch eine am Intelligiblen orientierte Aktivität der seelischen Vermögen gelenkt und gefestigt werden muss (Alk 1 129e–130c; Phd 62b, 79e–80a, 94b–e; Gorg 493a; Phdr 246a–c; Krat 400c; Ti 41d–e, 44a, 44dff., 46eff., 69cff., 86bff.; Lg 896b–c, 959aff., 961d). Der Tod ist die ‚Loslösung der S. vom Körper', d.h. der Tod bezeichnet die Trennung des immer Lebendigen von dem nicht von sich selbst her Belebten, indem dieses aus seiner jeweils bestimmten organischen Ordnung heraus zerfällt (Gorg 524a–b; Phd 64c und ff.; Ti 81c–e, 73b. Vgl. Karfík [2004]: 79–84).

IV. Die Einzels. eines Lebewesens hat durch ihre Verbindung mit Körperlichem unterschiedliche ‚Teile' (*merê, moirai*), ‚Formen' oder ‚Arten' (*eidê, ideai, genê*), ‚Charakteristika' (*êthê*), ‚Dispositionen' (*pathê, tropoi, hexeis, physeis*), ‚Werkzeuge' (*orga-*

na) oder ‚Vermögen' (*dynameis, erga*): Erkenntnis- oder Denkvermögen (*nus, gnôsis, epistêmê, dianoia, doxa, pistis, phantasia, eikasia, mnêmê, anamnêsis, aisthêsis*) (Phd 72eff.; Phdr 248aff.; Resp 475bff., 509dff.; Tht 151dff.; Men 81aff., 97aff.; Phlb 31bff.; Ti 27dff., 35a–b, 37a–c) und Strebevermögen (*epithymia, erôs, hormê; epithymêtikon, thymoeides, logistikon*; Resp 434dff., 580cff.; Symp 204dff.; Phdr 246a–256e; Ti 69aff., Lg 644c–645c). Ihr werden bestimmte ‚Tugenden' (*aretai*) und ‚Untugenden' (*kakiai*), Lust (*hedonê*), Schmerz (*lypê*) und Affekte (*pathê*) zugeschrieben und sie zeigt sich, je nachdem, ob ihre Erkenntnis- und Strebevermögen in einer Einheit oder uneinheitlich, vollkommen oder unvollkommen aktiv sind, in unterschiedlicher ‚Verfassung, Haltung' (*politeia, hexis*), ‚Ordnung' bzw. ‚Unordnung' (*taxis, nomos, kosmos; ataxia*), ‚Lebensform' (*bios*) oder Bildung (*paideia*; Gorg 503dff.; Resp Bücher 2–4, 8–9; Phlb; Lg 631bff., 726aff. u.ö.). Die Vielzahl der Benennungen der Teile bzw. Vermögen sowohl der All- wie auch der Einzelseele und deren Qualitäten sowie der Befund, dass sie in unterschiedlichen argumentativen Zusammenhängen in Platons Dialogen thematisiert werden (Leißner [1909]: 58–60, 80ff., 91ff.), macht die Deutung dieses an Details reichen Aspekts der Platonischen Psychologie nicht leicht. In Teilen der Forschung vermisst man grundsätzlich eine kohärente, substantielle Einheit innerhalb der psychologischen Vermögenslehre (und Ethik bzw. Handlungstheorie) Platons, hält sie für ein Einzelargument oder zumindest für unzureichend dargestellt (etwa Robinson [1971]; Gill [1985]: 25; Steiner [1992b]: 5, 156, 214; Görgemanns [1994]: 137f.; Irwin [1995]: 205; Schubert [1995]: 71; Blößner [1997]: 170–178, 215, 230–241; Baumgarten [1998]: 168–170), teils sieht man in den Dialogen Zeugnisse für unterschiedliche Entwicklungsphasen innerhalb der Platonischen Psychologie vorliegen (etwa Leißner [1909]; Groag [1913; 1915]; Graeser [1969]: 107–110; Robinson [1995]: 158–163; Szlezák [1976]; Bett [1986]; Klosko [1986]: 95ff.; Baumgarten [1998]), teils sucht man die vielfältigen Aussagen Platons über die S. einem in sich stimmigen Gesamtmodell zu integrieren (etwa Hall [1963]; Cooper [1984]; Klosko [1986]: 93; Patterson [1987]; Reeve [1988]: 301; Thyssen [1998]; besonders Büttner [2000]: 18–130; Schmitt [2000a]: 50–69 und [2003]: 283–306).

Nach Aussage u.a. des Ti besteht die menschliche S. aus einem unsterblichen, ‚göttlichen', und zwei sterblichen bewegenden Teilen (Ti 69c–d, 89d–90d), die allesamt mit körperlichen Elementen zu der lebendigen Einheit eines Organismus verbunden sind (Ti 73b). Diese Teile sind jeweils rational unterschiedlich erkennend tätig und enthalten jeweils unterschiedliche Formen von Lust (bzw. Unlust) und Affekte sowie unterschiedliche Strebemomente (Ti 47d–e, 69c–72d, 80b, 88a–b, 90b–d; Resp 580dff., 474cff.). Die Zwei- bzw. Dreiteilung von Erkennen, Fühlen und Wollen in der S. (etwa Graeser [1969]: 41ff.; Moline [1978]; Cooper [1984]; Kahn [1987]; Büttner [2000]: 26–37, 64ff., 127–130) wird in der Resp aus einer Analyse menschlichen Strebens gewonnen und erklärt, warum und in welchem Sinn davon gesprochen werden kann, dass die menschliche S. einerseits, obwohl selbst stets eine, in Bezug auf Vieles aktiv ist und andererseits das menschliche Streben nach dem Guten (sh. das Gute, Eudaimonie) fehl geht oder nicht (Resp 436a–bff.). Seelische Strebungen unterscheiden sich dadurch, dass die S. jeweils etwas Bestimmtes begehrt oder meidet: so unterscheidet sich etwa der Durst als Streben vom Hunger dadurch, dass der Durst selbst etwas Bestimmtes (*ti, to auto on*) ist, das an sich (*kata tauton*) nur und allein auf ein bestimmtes Etwas (*pros tauton*), nämlich Trinkbares, bezogen ist, während im Unterschied zum Durst der Hunger das, was er ist, nur in Bezug auf Essbares ist (Resp 437d–e, 439a–c, 477b–d und 352d–353d). Ganz entsprechend unterscheidet Platon in der Resp vor dem Hintergrund der Lehre von den ethischen Kardinaltugenden, d.h. der GERECHTIGKEIT (Resp 369b–445e, 502c–541b), die drei Strebevermögen *Logistikon, Thymoeides* und *Epithymetikon*, durch deren gemeinsame auf Gerechtigkeit oder Ungerechtigkeit hingeordnete Aktivität der Charakter eines Menschen und schließlich auch die Verfassung menschlicher Gemeinschaften herausgebildet werden und mehr oder weniger Anteil am Guten haben (Resp 439c–441c; Phd 74d–e; sh. POLIS/POLITEIA, TUGEND).

Die Aktivitäten des sog. *Epithymetikon* entspringen aus der *Wahrnehmungs*erkenntnis, weswegen ihnen die Lust an sinnlich Wahrnehmbarem gemeinsam ist (Resp 442a). Das *Epithymetikon* ist auf die Befriedigung körperbezogener Lust, wie Essen, Trinken oder Fortpflanzung, also seelische Sinnesbefriedigung, sowie auf den Erwerb und Besitz von Mitteln, die diese Lust ausfüllen helfen, hingeordnet. Daraus erklären sich u.a. die Bezeichnungen das ‚Erwerbende' (*chrêmatistikon*) oder ‚Besitzliebende' (*philokerdes, philochrêmaton*), die dem *Epithymetikon* bei Platon öfters beigelegt werden (Resp 369c–372d, 580d–581a). Es hat durch seinen eingeschränkten Erkenntnishorizont den eingeschränktesten Anteil an der rationalen Bewegung der S. und sein Begriff des GUTEN umfasst daher nur ein äußerst geringes Spektrum dessen, was für das Ganze des Menschen sowie die menschliche Gemeinschaft insgesamt gut ist. Es muss aufgrund seiner potentiellen Unersättlichkeit durch das *Logistikon* und *Thymoeides* zur ‚Besonnenheit' ‚gezähmt' werden wie ein ‚wildes Tier' (Resp 589a–b; Ti 70d–71a).

Thymetisches Streben ist im Erkenntnisvermögen der MEINUNG verwurzelt. Das Erkenntnisvermögen der Meinung bezieht sich nach Platon auf etwas, das zwar Anteil an etwas mit sich Identischem hat, aber dieses nicht nur und allein ist, sondern ein ‚Vieles'. Platon grenzt daher das meinende Erkennen als Vermögen vom Erkennen des *Logistikon* ab, weil jenes im Unterschied zu diesem das Identische vom Verschiedenen nicht zu unterscheiden weiß. Das Meinen ist der Erkenntnisbezirk der ‚Hör- und Schaulustigen, Techniker oder Praktiker', die Einzelnes, d.h. Instanzen des ‚Guten' oder ‚Schönen', und nicht, wie die ‚Philosophen', das Gute und Schöne selbst erkennen (Resp 475bff.). Das *Thymoeides* interessiert also eine Mannigfaltigkeit von Einzeldingen (etwa technische, praktische), an denen es seine Lust gewinnt, wobei es diese nach ihrem ‚Ergon' (Leistung), ihrer ‚Tugend' beurteilt. Es ist zudem, im Unterschied zum *Epithymetikon*, ein S.teil, durch den der Mensch auch auf sich selbst Bezug nehmend ein wertendes Urteil über das fällt, was er selbst im Vergleich zu anderen ist oder was ihm und anderen zusteht oder nicht zusteht, so dass er danach strebt, jenes herzustellen und aufrechtzuerhalten, dieses aber zu beseitigen (Resp

429c). Aufgrund des *Thymoeides* ist der Mensch daher ‚tapfer' und ‚muthaft' (*thymoeidês*), entwickelt aber auch eine Lust an Überlegenheit, Ehre und Ansehen, weswegen dieser S.teil öfters das ‚Siegliebende' (*philonikon*) oder ‚Ehrliebende' (*philotimon*) heißt (Resp 581a–d). Weil sein Begriff vom Guten zwar weiter als der des *Epithymetikon*, aber enger als der des *Logistikon* ist, muss auch das *Thymoeides* dem *Logistikon* untergeordnet, d.h. zu einer richtigen Meinung über das Gute oder Schöne, Gerechtigkeit und Ungerechtigkeit im Bereich der zahllosen Einzeldinge, zu ‚besonnenem Eifer und Mut' (*andreia*) erzogen werden, damit seine negativen Qualitäten im Charakter eines Menschen, wie falscher Eifer, Argwohn, Verleumdungssucht, Kleinsinnigkeit, Selbstüberschätzung, Schamlosigkeit, Feigheit, ungerechte Empörung, Neid, Schadenfreude, Misanthropie, ‚Misologie' usw. nicht gegenüber den positiven, wie gerechtem Zorn, gerechter Sanftmut und Milde, Respekt und Achtung vor Göttern und Menschen, vor dem von Göttern und Menschen Geschaffenen oder der Natur, richtiger Selbsteinschätzung, Philanthropie usw. (Resp 376c–412bff.; Phd 89dff.) zur Entfaltung kommen können (etwa Cairns [1993]: 383–392; Büttner [2000]: 31–35; Brinker [2007]).

Die Lust des *Logistikon* schließlich besteht im Lernen und Erkennen des Wahren, d.h. im Streben nach (theoretischem) Wissen (Resp 475b, 485d, 533bff., 585aff., 611bff.), es wird daher auch das ‚Lernbegierige' oder ‚Weisheitsliebende' (*philomathes, philosophon*) genannt (Resp 580dff.). Diese Lust begleitet die Aktivität der erkennenden S. aus sich selbst heraus in Bezug auf Seiendes (Resp 485d–e, 583b). Es ist daher das genuin theoretische, wissenschaftliche Vermögen im Menschen (Resp 521d–522cff.). Im ethischen Kosmos der gerechten Einzels. ist das *Logistikon* deswegen dasjenige Vermögen, das für die ganze S. das Gute und Zuträgliche, d.h. das, was für sie selbst (bzw. ihre Teile) von Vorteil ist, erkennt (Resp 428c–429a, 441e), so dass der Mensch ‚Herr über sich selbst' wird. Das *Logistikon* ist also das eigentliche Wesen des Menschen und, vorausgesetzt der Mensch lernt, sich seiner zu bedienen, lenkt und harmonisiert alle seine Wahrnehmungen, Meinungen, Erkenntnisse, Emotionen, Affekte und Strebungen zu einer von inneren Konflikten freien, d.h. gerechten und vollkommenen Einheit (Resp 443c–444a, 586e–587a, 589a; Phdr 246a–256e (S. als ‚Gespann'); Ti 69cff., 89d–90d; Phlb; Lg (S. als ‚Marionette') 626eff., 643aff., 644a–647d).

V. Die Bedeutung und Relevanz des Begriffs der S. und seelischer Vermögen bei Platon ist für die folgenden Jahrhunderte bis in die Moderne nicht hoch genug zu veranschlagen, auch wenn er differenziert, umgedeutet oder kritisiert wurde (Dörrie/Baltes [2002]; Büttner [2000]: 18ff.; Schmitt [2003]). Wenigstens hingewiesen sei innerhalb der antiken paganen Rezeption, unter Auslassung der hellenistischen Philosophenschulen, auf die peripatetische Tradition seit Aristoteles (*De anima* und die übrigen biologischen Schriften, die *Ethiken* oder die *Rhetorik*, besonders Buch 2) und die Tradition der Aristoteles-Kommentatoren, sowie die schon der Zahl nach außerordentlich reiche mittel- und neuplatonische Tradition der schriftlichen (oder als mündlich bezeugten) Platon-Exegese, deren einführende und/oder kommentierende Werke über die Platonischen Dialoge, darunter besonders des Ti, teils erhalten, teils verloren, teils sekundär nur dem Titel nach oder fragmentarisch erhalten sind (Dörrie/Baltes [1990b]; dieselben [1993]). So etwa und vor allem aus dem 1. Jahrhundert v. und n. Chr. Eudoros von Alexandria, Derkylides oder Moderatos, aus dem 1. und 2. Jahrhundert n. Chr. Albinos von Smyrna und/oder Alkinoos, Apuleius von Madaura, Attikos, Harpokration von Argos, Plutarch, dem 3. und 4. Jahrhundert n. Chr. Amelios Gentilianus, Plotin, Porphyrios, Iamblichos, Theodoros von Asine, dem 5. und 6. Jahrhundert n. Chr. Plutarchos von Athen, Syrianos, Proklos, Marinos, Ammonios Hermeiu, Damaskios, Olympiodoros oder Simplikios.

Literatur: Baumgarten [1998] – Bett [1986] – Blößner [1997] – Brinker [2007] – Brisson [1998c] – Büttner [2000] – Cairns [1993] – Cooper [1984] – Cornford [1952] – Dörrie/Baltes [1990b] – Dörrie/Baltes [1993] – Dörrie/Baltes [2002] – Fine [1999] – Gill [1985] – Görgemanns [1994] – Graeser [1969] – Groag [1913] – Groag [1915] – Hall [1963] – Irwin [1995] – Kahn [1987] – Karfik [2004] – Klosko [1986] – Leißner [1909] – Moline [1978] – Patterson [1987] – Perger [1997] – Pietsch [2003] – Radke [2003] – Reeve [1988] – Robinson [1971] – Robinson [1995] – Schmitt [2000a] – Schmitt [2003] – Schubert [1995] – Steiner [1992b] – Szlezák [1976] – Thyssen [1998] – Wagner [2001]

Wolfram Brinker

Seelenwanderung siehe **Jenseits, Seele**

Sein/Seiendes (*usia, on*)

Wie die meisten Grundbegriffe der Philosophie steht auch der Seinsbegriff nicht für sich, sondern gewinnt erst durch vielfältige Gegenbegriffe Kontur: Sein (S.) und Nichtsein; S. und Schein; S. und Werden. Platons genuine Leistung besteht wohl darin, den Seinsbegriff überhaupt erst einmal auf diese Weise gedacht zu haben: Der Begriff ‚S.' ist in sich festgefügt und dabei gleichzeitig in mannigfache Beziehungen eingelassen.

I. Allgemeines: Als Erbe frühgriechischer Philosophie präsentiert sich Platon sicherlich dadurch, dass er mit ‚S.' die wertbesetzten Eigenschaften oder Vollkommenheiten der Unvergänglichkeit, Unveränderlichkeit, Unteilbarkeit und Allumfassendheit verbindet (vgl. Parmenides VS 28 B 8; Phd 80a–c; Symp 211a; Resp 508d, 527b). Daher kann für Platon dasjenige, was diese Eigenschaften nicht besitzt, also vor allem das sinnlich Wahrnehmbare, auch nicht im vollen Sinne sein und muss demnach zugleich von Nichtsein durchwirkt sein. Es ist das Werdende, das ständig zwischen S. und Nichtsein ‚herumkugelt' (Resp 479d): Es ist nur, insofern es etwas nicht ist bzw. noch nicht oder nicht mehr ist.

Wenn also Platon in Gestalt seines Sokrates immer wieder die Frage aufwirft, was etwa Tugend (Men 72a ff.), Tapferkeit (La 190b ff.) oder Wissen (Tht 145e) ist, so ist in dieser Frage schon impliziert, dass es sich bei diesem ‚Was' um eine Form beständigen und unveränderlichen S. handeln muss, das jedes konkrete Vorkommen von tapferem Handeln oder von Einsicht in bestimmte Sachverhalte übersteigt, begründet und verständlich macht. Die Frage nach dem ‚Was' einer Sache ist zugleich die Frage nach ihrem ‚Woher'. Dieses eigentliche ‚Was' oder Wesen von einem oder mehreren

Dingen *ist* demnach auch eigentlich, wie umgekehrt diese Dinge nicht ‚richtig' sind. Platon belegt ein solches wirklich seiendes, nur geistig erfassbares ‚Was' bekanntlich mit dem Terminus „Idee". Im Hinblick auf ihren ontologischen Status bezeichnet Platon die Idee daher auch als *usia* (Phd 65d–e; Resp 479c; Ti 29c): Dem washeitlichen Inbegriff einer Sache kommt auch ‚Seiendheit' oder eigentliches S. zu. Anders gesagt: Der Begriff der *usia* vereinigt in sich washeitlich-begriffliche und aitiologisch-seinsstiftende Aspekte (Symp 210e ff.; Phdr 246 ff.). Daraus folgt nun, dass konkrete Handlungen und sinnenfällige Phänomene nicht nur formal durch ein in sich beständiges ‚Was', z.B. als gerecht, tapfer, kreisförmig usw., bestimmt sind, sondern auch durch dieses ‚Was' erst in ihr S. gelangen. Sie sind, insofern sie ein ihnen transzendentes ‚Was' abbilden oder nachahmen. Letzlich ist für Platon der gesamte Kosmos eine abbildhaft entworfene Nachahmung des ewig Seienden (Ti 28d ff.; 50c ff.).

II. Hierarchie des S.: Deutlich zu erkennen ist hier das Konzept einer wertbesetzten Seinshierarchie (sh. Seinsstufen), die ein abgeleitetes, minderes und eigentliches, gesteigertes S. (*mallon on*) kennt (Resp 515d). Beide Seinsbereiche stehen sich jedoch nicht unvermittelt als zwei Welten gegenüber, die spurlos aneinander vorbeigehen, sondern sind mittels einer Teilhabe des abgeleiteten Seienden am eigentlich Seienden verbunden und zugleich geschieden. Der leicht missverständliche Terminus der Teilhabe kennt dabei einen durchaus eindeutigen Richtungssinn: Das Ideeierte kann niemals ohne seine Idee sein; umgekehrt gilt sehr wohl, dass die Idee unabhängig von dem von ihr Ideeierten Bestand hat. Dieser Umstand erlaubt es Platon, den ontologischen Status der sinnenfälligen Welt noch weiter zu schmälern. Die Dinge verdanken nicht nur das, was sie sind, und damit ihr S. den ihnen jeweils verliehenen *usiai*, sondern führen, für sich betrachtet, geradezu ein schattenartiges, scheinhaftes Dasein (Resp 534c; Ti 52b).

Epistemologisch sind diesen Seinsstufen verschiedene Grade der Erkenntnis zugeordnet: Ein Verhaftetsein an den sinnlichen, dem Werden unterworfenen Eindrücken führt nicht über scheinhaftes Meinen (*doxa*) hinaus (Resp 523a ff.; Tht 185a ff.; Ti 29c; vgl. Meinung). Erst durch eine „strenge Zucht des Denkens" (Hegel) wird ein Aufstieg aus diesem ontologischen Schattenreich hin zur Schau der Ideen möglich. Allerdings ist dieser Aufstieg für Platon keine Frage von bloßem Gedankentraining, da auch diese denkerische Schau von der herausragenden Idee des Guten als dem Ermöglichungsgrund allen S. und Erkennens abhängt. Sie setzt Platon noch „jenseits des S." an (Resp 509b), wohl deshalb, weil selbst noch das S. der Ideen von einer Mannigfaltigkeit und Hierarchie geprägt ist und der alles begründende, voraussetzungslose Grund (*anhypotheton*) nicht den Charakter des von ihm Gegründeten haben kann. Gerade an der in der Resp nur knapp umrissenen Idee des Guten hat sich eine breite Forschungsdiskussion um eine ungeschriebene Prinzipienlehre bei Platon entzündet (sh. Ungeschriebene Lehre).

Mit dieser Seinshierarchie eröffnet sich zwar ein weites Betätigungsfeld für ein Denken, das sich in seiner Abseitigkeit von der Welt der sinnfälligen Erscheinungen legitimiert und heimisch weiß. Dass es sich damit in den Augen eines hausbackenen

Realismus der Lächerlichkeit preisgibt, hat Platon mit meisterhafter Ironie des Öfteren thematisiert. So könnte auch die berühmte Thales-Anekdote (Tht 174a–b) als ein parodistisches Seitenstück zum Höhlengleichnis (Resp 514a ff.) gelesen werden: Die philosophischen Wonnen der Seinsspekulation finden hier nicht im aggressiven Unverständnis der Höhlenbewohner ihr vorhersehbares Ende, sondern werden unverhofft unterbrochen durch die Bruchlandung in einem Reich der Schatten, das durchaus von dieser Welt ist: in einem Brunnen.

III. Probleme der Seinshierachie: Unter diesem heiteren Gewand verbirgt sich jedoch ein ernsthaftes Problem: Wird diese ‚idealistische' *theoria*, die für das Faktische kein Auge mehr hat, nicht doch durch dessen Macht überrumpelt? Kann also aus dem Konzept der Seinshierarchie überhaupt gefolgert werden, dass das abgeleitete, schattenhaft Seiende im strikten Sinne gar nicht ist und daher auch nicht be- und gedacht zu werden braucht? Indem Platon diese Frage gerade nicht pauschal bejaht, zeigt er sich auch als Kritiker der frühgriechischen Philosophie und hier insbesondere des Parmenides. Dieser hatte die strikte Undenkbarkeit und Unaussagbarkeit des Nichtseienden verfochten (VS 28 B 7). Platon begnügt sich hier nicht mit einem Retorsionsargument: Wer die Unaussagbarkeit des Nichtseienden vertritt, muss auch dafür eine Aussage über das Nichtseiende treffen (Soph 237b). Für Platon geht es nämlich augenfällig um mehr als nur darum, scharfsinnige Gegenargumente gegen eine These vorzubringen: Es geht um eine prinzipielle Verhältnisbestimmung des ‚Ideenfreundes' zum Nichtseienden. Vor allem aber bedarf das Verhältnis von Platons eigener ‚Ideenlehre' zu konkurrierenden philosophischen Unternehmen seiner Zeit einer Klärung, die über die Polemik und Karikierung des Gegners nach Art des Gorg hinausgeht. Denn wenn Nichtseiendes nicht ist und auch nicht ausgesagt werden kann, dann wird auf dem freien Markt philosophischer Meinungen unterschiedslos jede Äußerung und das darin Geäußerte seiend und mithin wahr.

Es ist also kein Wunder, dass Platon in seinem Spätdialog, der den Titel Soph trägt, nun den Begriff des S. selbst ins Zentrum seiner Analyse rückt und nicht nur als Merkmal behandelt, das den Ideen deren Unveränderlichkeit und Unteilbarkeit attestiert. Beweisziel ist dabei, dass der Begriff des S. nicht beziehungslos und unbewegt in sich verharrt, sondern „in bestimmter Hinsicht nicht ist, wie auch das Nichtseiende irgendwie ist" (Soph 241d). Um die Denkbarkeit von ‚S.' *und* ‚Nichtsein' überhaupt demonstrieren zu können, ist es erforderlich, ‚S.' und ‚Nichtsein' als Begriffe zu fassen, die eine jeweils in sich feststehende oder ruhende Einheit bilden und die zugleich *als* Begriffe Gemeinschaft miteinander haben. In der Reflexion auf diese Begriffe bringt das Denken diese Begriffe in Bewegung (Soph 248e ff.), es verändert sie, indem es sie voneinander sondert (Soph 253d) und zugleich ihre gegenseitige *symplokê* oder Verschlingung (Soph 259e) aufzeigt (sh. Dihärese).

IV. Dialektik des Seinsbegriffes: Im Detail führt hier Platon vor, dass fünf Grundbegriffe oder *megista genê* anzusetzen sind: S., Ruhe, Bewegung, Identität sowie Differenz im Sinne von Andersheit (Soph 254b ff.). In diesen Begriff des ‚Anderen' (*thateron*) wird Platon den rigiden eleatischen Begriff des Nichtseins transformieren und ihn als fruchtbares Erbe für ein Platonisch inspiriertes Philosophieren hinterlassen: Andersheit ist nicht gleichbedeutend mit radikaler Nichtigkeit, sondern indiziert einen Seinsmangel; alles, dessen S. durch Andersheit gekennzeichnet ist, kann kein vollgültiges S. haben. Entscheidend ist nun, dass diese fünf *genê* untereinander in einem Teilhabeverhältnis stehen: Um es selbst sein zu können, muss etwa ‚S.' am ‚Nichtsein' teilhaben; es ist nur mit sich identisch, wenn es selbst die anderen vier *genê* nicht ist, d.h. von ihnen verschieden ist. Es ist mit sich identisch aufgrund seiner Teilhabe am Eidos der Identität, ist jedoch von diesem Eidos selbst verschieden aufgrund seiner Teilhabe am Nichtsein; es ruht als selbstidentisch in sich selbst, ist jedoch nicht die Ruhe selbst; es bewegt sich aufgrund seiner Teilhabe an den anderen *genê* auf diese zu, ist jedoch nicht reine Bewegung, da sonst alle fünf Begriffe unterschiedslos sich vermischen oder ineinander übergehen würden (Soph 252e).

Bei seiner Entwicklung dieser *symplokê tôn genôn* ist Platon jedoch streng darauf bedacht, die Bedeutungsebene nicht mit der Eigenschaftsebene eines jeweiligen Begriffes zu konfundieren. Gerade weil bereits der Teilhabe-Begriff selbst ein Verhältnis der Identität und zugleich der Differenz impliziert, ermöglicht er auch eine differenzierende Hinsichtnahme: So zeigt etwa die Aussage „Das Nichtseiende ist seiend" eine Teilhabe des Begriffs „Nichtseiend" am Eidos des Seins und der Identität an; der *Begriff* „Nichtseiend" kann daher als eine einheitliche Begriffsgestalt (*eidos hen*) unter das viele Seiende gerechnet werden (Soph 258c). Erst aufgrund dieser seiner Teilhabe konstituiert sich für den Begriff „Nichtseiend" auch dessen Bedeutung als eine einheitliche. Der Satz „Das Nichtseiende ist nichtseiend" meint somit: Der Begriff „Nichtseiend" hat die Bedeutung „Nichtseiend", indem er gerade nicht das Eidos des S. und der Identität ist, sondern nur als Begriff an ihnen teilhat und insofern seiend und mit sich selbst identisch ist. Das Eidos des S. und der Identität gehen jedoch nicht in die Bedeutung von „Nichtseiend" ein. Und genau darauf kommt es Platon im Soph letztlich an: Nichtseiendes kann sehr wohl gedacht und ausgesagt werden. Damit ist auch die Möglichkeit gegeben, eine Aussage von Nichtseiendem überhaupt als falsche Aussage (*logos*) und nicht bloß als sinnloses Geräusch (*phthongos*) zu klassifizieren (Soph 237e).

Eine falsche Aussage *ist* dann zwar eine Aussage, als Aussage seiend, aber das damit Bedeutete ist nichtseiend; sie ahmt eine Aussage über Seiendes oder Wahres nach. Eine falsche Aussage stellt somit für Platon eine (nachmals als ‚privativ' bezeichnete) Ausfallserscheinung dar; ihr geht etwas ab von dem, was sie sein soll. Für Platon scheint demnach selbst aussagelogische Falschheit ein gutes Stück wertbesetzter Seinsmetaphysik zu implizieren, ja in Letzterer zu gründen: Die Falschheit einer Aussage ist kein bloßes faktisches Vorkommnis, sondern ein Seinsmangel, der in sich selbst schon die Forderung nach seiner Aufhebung trägt. So wird denn auch etwa im Tht der *homo-mensura*-Satz des Protagoras – demzufolge der Mensch als das Maß aller vorkommenden Dinge (*pragmata*) über deren S. und Nichtsein entscheidet (VS 80 B 1) – als eine Aussage traktiert, die ihren Anspruch auf universal gültige Wahrheit eben aufgrund ihrer faktischen Behauptung gar nicht einlösen kann. Denn auch für diesen Protagoreischen Satz als einem faktischen Vorkommnis muss gelten: Für seine Wahrheit bleibt der kontingente Standpunkt seines Sprechers oder Hörers maßgebend, der den Aussagegehalt dieses Satzes für seiend oder für nichtig erklärt (Tht 170d ff.). Abgesehen von solchen in sich widersprüchlichen Aussagen, die förmlich nach ihrer Aufhebung schreien, scheint Platon jedoch nicht daran gelegen zu sein, konkrete Kriterien zur Auffindung von aussagelogischer Falschheit zu erarbeiten. Ihnen wird erst Aristoteles in seinem *Organon*, das das Platonische Konzept der *usia* aufgreift und zugleich modifiziert, klassische Gestalt verleihen.

V. Kurzer Ausblick: Mit der dialektischen Entfaltung des S.begrifffs hat Platon den Grund gelegt für einen Sinn von ‚S.', der für seine Denkbarkeit und Explizierbarkeit ‚Nichtsein' im Sinne von Andersheit konstitutiv voraussetzt. Damit verschärfen sich freilich in der Dimension des letzten, Einen Grundes von allem S. die Probleme, was Platon selbst durchaus im Blick hat (Parm 133a ff.). Denn entweder muss angenommen werden, dass dieser Grund nicht ist – eben jenseits bzw. noch über allem S. steht –, weil er absolut einer und daher frei von Andersheit ist. Dann aber ist dieser Grund allem diskursiven Denken und Sprechen radikal unzugänglich, wie dies etwa vom Plotinischen *hen* gilt. Insofern nimmt Plotin den höchsten und ersten Begriff von „seiend sein" erst für die Ideen (und den sie denkenden Geist) als *kyriôs on* oder *prôtê usia* der S.analogie in Anspruch (*Enneaden* II.4[12].16.2 und I.8[51].2.21). Oder dieser Grund ist so zu denken, dass Andersheit in dessen S. integriert wird, ohne dass damit dessen absolute Einheit in Frage steht. Der Grund von allem gewinnt so die Struktur absoluter Selbstreflexion, für die Aristoteles mit seinem Terminus ‚Denken des Denkens' (*noêseôs noêsis*, *Metaphysik* 1074b) eine äußerst wirkungsmächtige Formel gefunden hat. An diesen und den damit verbundenen Problemen der Einheit und Vielheit und deren Bezug zueinander werden sich sowohl der pagane Neuplatonismus als auch die christliche Spätantike mit aller Intensität abarbeiten.

Literatur: Beierwaltes [1972] – Beierwaltes [1980a] – Bröcker [1959] – De Vogel [1969] – Dörrie [1975] – Düsing [1980] – Frede [1988] – Fritz [1978] – Gadamer [1971] – Hartmann [1909] – Hölscher [1976] – Marten [1976] – Merlan [1969] – Merlan [1976] – Stenzel [1961]

Stephan Grotz

Seinsstufen/ontologische Hierarchisierung

I. Die Grundlagen bei Platon: Die Stufung des Seins ist ein Topos der platonischen Tradition und hat auch erst in ihr, und zwar in zunehmendem Maße, systematisches Gewicht für die philosophische Welterklärung gewonnen. Die thematische Vorlage aus Platons Dialogen, aus der sich diese Tradition speist, findet sich insbesondere in Soph 248a–249a, Symp 210a–211c und Ti 39e–44d. Im Ti ist es der Demiurg, der im Hinblick auf die Ideen die himmlischen Götter erschafft und dann die Bildung weiterer Lebewesen in verschiedenen Abstufungen an andere Gottheiten weiterdelegiert. Von Bedeutung wurde dabei für die Tradition, dass es nach Ti 41b–c noch weitere Stufen des Seins abwärts von den seligen Göttern geben müsse, damit der Kosmos nicht halbfertig bleibe, „denn er würde sonst nicht alle Arten lebendiger Wesen in sich haben, doch das muss er, wenn er denn wirklich vollständig sein soll". Während sich die Aussage des Ti vor allem auf die lebendigen Wesen bezieht, hat der Soph dadurch stärker gewirkt, dass hier von dem Eleatischen Fremden als Gesprächsführer des Dialogs für die Vertreter der Ideenlehre nahegelegt wird, sie dächten an eine Stufung alles Seienden vom alles umgreifenden Sein über das zudem lebendige bis zum schließlich auch vernunftbegabten. Das ist eine Verfeinerung und teilweise Fragmentierung, zumindest aber eine Aspektbereicherung des Grundgedankens eines durch den *chôrismos* getrennten Zweistufenaufbaus der Wirklichkeit in der Ideenphilosophie (sh. TRENNUNG). Der Reiz dieser Auffassung liegt für den Dialog wie für die Tradition darin, dass die damit vorgelegte, mehrstufige Aufbaufolge sich umkehrt, je nachdem, ob man nach der Extension oder Intension fragt. Je nachdem lassen sich dem Seienden dann auch in verschiedener Weise Bestimmungen zu- oder absprechen, wie in der dialektischen Etüde des Parm vorexerziert (sh. ABSTIEG/AUFSTIEG). Dass man bei Platon tatsächlich von „Stufen" des Seins spricht, hängt mit der Wortwahl Platons in Aufstiegsmetaphern wie Symp 211c zusammen.

II. Die ontologische Hierarchisierung im Platonismus: Während diese Seinsstufen bei Platon selbst keine prominente Rolle in weiteren Dialogen spielen, tauchen die eben genannten Momente in der platonischen Tradition verfeinert und systematisiert als tragendes Gerüst des philosophischen Ansatzes und vor allem seiner Ausführung auf. Mag sein, daß Xenokrates, der zweite Scholarch der Akademie, in dieser Entwicklung von epistemisch parallelisierbaren, hierarchisch aufbauenden Seinsstufungen eine maßgebende Rolle gespielt hat. Dass es sich hier um eine „Hierarchie" handelt, scheint übrigens erst seit dem fünften Jahrhundert n. Chr. terminologisch so festgelegt (Stiglmayr [1898]: 185ff.). Auch ist der eingebürgerte Terminus „Stufe" für die ontologischen Überordnungs- und Unterordnungsniveaus nicht unumstritten: Es werden ja auch, und eigentlich frei damit austauschbar, innere Nachvollzüge der ontologischen Ordnung damit beschrieben, denen – gemäß der Unterscheidung von extensionaler und intensionaler Betrachtung – eine Terminologie von Expansion und Konzentrik besser anstünde (O'Meara [1975]: 109–114). Plotin etwa spricht nicht von „Stufen", sondern bezeichnet die Folge des Seins meist durch Nennung (oftmals im generalisierenden Neutrum Plural) der gemeinten „Stufeninhalte" (z. B. „das Seelische", „das Geistige"), oder sagt einfach deiktisch und kontextverweisend „Jenes" oder „Dieses" (vgl. *Enneaden* II.9[33].1.16; Schäfer [2002a]: 55f.). Das soll wohl insbesondere der Vorstellung eines Stakkato in der Emanationsreihe vorbeugen und verhindern, dass die wesensgemäßen Verweisungszusammenhänge innerhalb der Hervorbringungsreihe verdeckt werden. Getragen wird Plotin von der aus dem Ti gestützten Überzeugung, dass die Derivation des Seins aus dem Ersten Prinzip nicht schlechterdings auf der Stufe des reinen Geistes Halt machen konnte: „Auf der Stufe nämlich des Geistes durfte die Welt nicht stehenbleiben, wo die Möglichkeit gegeben war, dass die Reihe sich fortsetzte in einem weiteren Glied, welches zwar geringer ist, dessen Existenz aber mit Notwendigkeit folgt aus der Existenz dessen, was vor ihm und über ihm ist" (*Enneaden* IV.8[6].3.22–31, ähnlich V.4[7].1.27 und 38, III.2[47]. 2.8, III.3[48].3.18, I.8[51].7.21). Plotins Lehre möchte eigentlich nichts weiter als treue Platon-Exegese sein, und so findet Plotin in den oben zitierten Platonischen Stellen auch die Grundlegung der neuplatonischen Seinshierarchie (*Enneaden* V.1[10].8.10–14; vgl. Gatti [1996]: 17 ff.; Halfwassen [1992]: 183–185). In *Enneaden* I.8[51].20.6 ff. taucht die von da an für die platonischen Denker kanonische Trias von Sein (Wirklichkeit), Leben (Seele) und Geistbetätigung (Vernunft) als Beschreibung der allumfassenden Hervorbringungsaktivität des Guten explizit auf. Als grundlegende Prinzipien, als „Ecksteine" der Seinsstufen verleihen die Elemente dieser Trias durch die gesamte platonische Tradition hindurch den Seienden ihre verschiedengradige Seinsintensität. Im Verlauf der Zeit werden allerdings die Übergänge gerne durch Einfügung weiterer Zwischenwesenheiten und -prinzipien aufgefüllt, und es tritt etwa der *logos* als Vermittlungsstufe zwischen Ideen und Einzeldingen auf (Armstrong [1967]: 252) oder das *pneuma* als Umsetzungsmedium zwischen Seele und körperlicher Wirklichkeit (Verbeke [1945]: 363). So entsteht am Ende eine detaillierte Stufenfolge, die vom Ersten Ursprung über den Geist, verschieden hierarchisierte reine Geistwesen, Götter, Dämonen und die Seele bis zu den beseelten Lebewesen reichen und schließlich zum letzten Wirklichkeitssaum des bloß materiell Vorliegenden. Doch sind es auch bei Proklos noch die drei ursprünglichen „Stufen", die als eigentliche Prinzipien der Seinsgliederung fungieren, wobei die extensionale Betrachtungsvariante der ontologischen Intensität zur Darstellung gewählt wird: „Unter diesen [drei Prinzipien] ist das Sein an erster Stelle, da es in allen Dingen gegenwärtig ist, die über Leben und Vernunft verfügen, da alles, was lebt und am Geist teilhat auch Sein hat [...]. Leben kommt an nächster Stelle [...], das dritte Prinzip ist der Geist" (*Elementatio Theologiae* 101). Das damit angesprochene Verhältnis von wachsender ontologischer Intensität bei abnehmender Extensionalität verdeutlicht die enge Verbindung der Seinsstufen-Philosophie mit der Platonischen Partizipationslehre (sh. TEILHABE) und ihrem Klärungsanspruch der grundlegenden Probleme von Immanenz und Transzendenz einerseits, Einheit und Vielheit andererseits. Bezeichnend ist, dass die ontologische Stufung dabei auch die traditionellen Probleme der Partizipationslehre ererbt und insbesondere dem Vorwurf nicht ausweichen kann, eher eine poetische Metapher zu bieten als eine philosophische Erklärung (Schäfer [2002 a]: 56 f.; Armstrong [1967]: 220 f.). Wie sich Plotin etwa entsprechend die Seinsmitteilung in ontologischen Stufen durch Partizipation des Abbilds an seinem Vorbild vorstellt, ist zu ersehen aus *Enneaden* V.1[10].6.34, III.7[45].11.29, II.3[52].18.17, VI.5[23].8.1–9 sowie V.5[32].4.2.

Schließlich ist auch der Gedanke, durch die Seinsstufung das Problem des augenscheinlichen Dualismus bei Platon zu überwinden oder doch zumindest zu relativieren, in der Tradition nach Platon präsent geblieben. So plädiert Plutarch gegen eine Interpretation des Menschen als eines in Leib und Seele zweigeteilten Lebewesens und schlägt im Sinne der ontologischen Aufbaufolge Sein – Leben – Geist traditionsbildend für die folgende platonische Schulphilosophie eine differenziertere, aber auch ineinandergreifende Dreiteilung in Leib, Seele und Geist vor, da der Geist sich vom bloßen Leben genauso sehr unterscheide wie die Seele vom Körperlichen und das Verhältnis aller drei zueinander im Sinne wachsender ontologischer Intensität bei abnehmender Extensionalität verdeutlicht werden könne (*De facie in orbe lunae* 28).

Literatur: Armstrong [1967] – Gatti [1996] – Halfwassen [1992] – O'Meara [1975] – Schäfer [2002a] – Stiglmayr [1898] – Verbeke [1945]

Christian Schäfer

Sinneswahrnehmung (*aisthêsis*)

I. Zur Terminologie und zur historischen Rolle Platons: Das griechische Wort *aisthêsis* bzw. das korrespondierende Verb *aisthanesthai* haben ein wesentlich weiteres Bedeutungsfeld als das, was im Deutschen „Sinneswahrnehmung" (S.) bzw. „sinnliche Wahrnehmung" genannt wird, und bezeichnen jegliches Auffassen von Wirklichkeit, auch ein rationales Begreifen (Krat 432d; Symp 202a; Tht 149d). Das gilt namentlich für das Erfassen seiner selbst in einer gewissen Situation (Thg 122c; Alk 1 135c). Die *aisthêsis* seiner selbst ermöglicht eine ausformulierbare Meinung (*doxa*) über den Gegenstand, den man an sich selbst erfährt (Charm 159a). Ferner kann *aisthêsis* auch jeden einzelnen Sinn bezeichnen (Resp 507e; Phd 73c). – Wenn der angehende Mathematiker Theaitet das Wissen (*epistêmê*) dadurch erklärt, dass jemand etwas auffasst (*aisthanetai*; Tht 151e), meint er daher nicht, dass alles Wissen in S. besteht, sondern dass es ein Auffassen der Dinge ist, wie sie nach Protagoras' Lehre dem Betrachter im Moment des Betrachtens „erscheinen" (*phainetai*; Tht 152b; deswegen handelt es sich um eine subjektive Wahrheit im genannten Sinn selbstbezogener Erkenntnis: Tht 160c); dabei geht es nur um Dinge, die sich in Heraklits Sinn beständig verändern (Tht 152e). Allerdings besteht Platons endgültige Widerlegung von Theaitets These (Tht 184–186) gerade in einer Beschreibung der S. im Vergleich zu einem rationalen Urteil. Diese Untersuchung ist das wichtigste Zeugnis für Platons begriffsgeschichtliche Leistung, den Begriff der *aisthêsis* auf die S. bezogen und damit die philosophische Erforschung dieses Phänomens begründet zu haben (Frede [1987]: 3).

II. Die Möglichkeiten der S. in Tht 184–186: Das Besondere an dieser Stelle ist, dass die S. nicht von ihren – im Gegensatz zu den Ideen zeitlichen und wandelbaren – Objekten her bestimmt wird, sondern in ihrer Art des Erkennens (Cooper [1970]). Sie ist eine Aktivität der SEELE, vermittelt durch ein Erleiden bzw. durch Affektionen (*pathêmata*; Tht 186c–d) der verschiedenen körperlichen Organe, die ohne die vereinheitlichende Wirkung der Seele so unverbunden wären wie die vielen einzelnen Krieger im trojanischen Pferd (Tht 184c–e). Dieser Vorstellung, der zufolge jeder Einzelsinn ein eigenes Subjekt wäre, stellt Platon die Idee eines einheitlichen Bewusstseins gegenüber (Burnyeat [1976]: 29–36). Anders als rationale Erkenntnis geschieht die S. automatisch und von Natur aus, erfordert also kein Erlernen (Tht 186b–c).

Jeder Sinn nimmt nur seine Objekte wahr, z.B. das Gehör Geräusche (Burnyeat [1976]: 47f.); allgemeine Einschätzungen (*ta koina*) der wahrgenommenen Objekte, etwa über ihr Sein, ihr Nichtsein, ihre Identität, Verschiedenheit und Zahl (Tht 185c–d) muss daher die Seele selbst erbringen (Tht 185e), deren diesbezügliche Aktivität von der durch körperliche Fähigkeiten vermittelten (Tht 185e) S. verschieden ist. S. ist demnach ein leib–seelisches Auffassen einzelner wahrnehmbarer Merkmale mithilfe eines körperlichen Organs; während diese direkte Beziehung zwischen jedem Einzelsinn und seinen Objekten auf Aristoteles' detailliertere Theorie vorausweist, thematisiert Platon nicht eine sinnliche Erkenntnis von Gegenständen, die mehreren Einzelsinnen gemeinsam sind, wie das Aristoteles für die allgemeinen Wahrnehmungsobjekte tut (*koina aisthêta*; vgl. Aristoteles *De anima* 418a). Wichtiger als eine möglichst genaue Beschreibung der S. ist für Platon die Feststellung ihrer epistemologischen Grenzen: Da sie nicht das SEIN (*usia*) ihrer Gegenstände erkennen kann, hat sie auch keinen Zugang zur WAHRHEIT, und daher kann sie keine geeignete Definition des Wissens abgeben (Tht 186c–e). Gemeint ist wohl weniger, dass S. ein bloßes Vergegenwärtigen ist, das, anders als Vernunfterkenntnis, überhaupt kein inhaltlich gefülltes Urteil wie „dies ist rot" treffen kann. Eher ist ihr Auffassen ein inhaltlich gefülltes, aber subjektives Empfinden: Wenn jemand etwas als „rot" wahrnimmt, heißt das, er meint: „es sieht rot aus", wie das Meer beim Sonnenuntergang, ohne dass damit gesagt ist, ob das die eigene Farbe des Gegenstands ist (Cooper [1970]: 138–144).

III. S. in den mittleren Dialogen: Die Andeutungen im Phd nehmen die Diskussion im Tht insofern vorweg, als die S. den Einzelsinnen zugeschrieben und vom Wissen der Seele selbst klar abgegrenzt wird (Phd 65b–66a). Letzteres entsteht, indem die Seele den von den Einzelsinnen erkannten Eindrücken, durch Erinnerungen an ihr früheres Leben, weitere Merkmale hinzufügt (Phd 73c–d; vgl. Phlb 34a). – Die im Tht diskutierte Verhältnisbestimmung von Einzelsinn und rationaler Erkenntnis greift auf Resp Buch 7 zurück. Dort wird gesagt, S. rege das Denken nur dann an, wenn ein Objekt von verschiedenen Sinnen beurteilt werde (Resp 523a–524a). Damit ist eine exaktere Erkenntnis und der Kontext gegeben, innerhalb dessen auch die Erkenntnisse nur eines Sinns durch das Denken konkretisiert werden: Während der Gesichtssinn z.B. „groß" und „klein" nur als etwas nicht näher Bestimmtes (*synkechymenon ti*), d.h. als die eine, bei den verschiedenen Objekten jeweils unterschiedlich vorhandene Größe, wahrnimmt, erkennt das Denken beides voneinander klar unterschieden (*dihôrismena*), also „groß" und „klein" als zwei begrifflich trennbare Phänomene (Resp 524a–c). Nach dieser Beschreibung ist der Einzelsinn nicht nur auf spezifische Objekte, wie das Sehen auf Farben oder das Hören auf Geräusche beschränkt, sondern hat auch ganze Gegenstände wie etwa Finger (Resp 523c–d) als Objekt, wenn auch in seiner ganz eigenen Perspektive. Er ist also deutlicher als im Tht eine generelle Fähigkeit zum unartikulierten Auffassen der veränderlichen Welt. Wie im Phd wird aus der Art des Erkennens auf den unterschiedlichen ontologischen Status der jeweiligen Objekte geschlossen (Resp 524c, 525b–c). In der daraus folgenden Unterscheidung rationaler und sinnlich wahrnehmbarer Objekte scheint der Hauptunterschied zum Tht zu liegen: Die Wahrnehmungsobjekte sind per definitionem veränderlich und von den ewigen und unveränderlichen Ideen klar verschieden (Phd 79a; Ti 28a), während im Tht die Seele zunächst auf das Sein, die Ähnlichkeit usw. der wahrgenommenen Gegenstände selbst bezogen ist, wobei deren Ideen keine Rolle spielen (Cooper [1970]: 126–138). Allerdings wird auch dort eine Beziehung von S. und veränderlicher Welt hergestellt, und es ist nicht klar, ob Platon diesen Gedanken ablehnt (z. B. Tht 160d–e; vgl. die Interpretationsmöglichkeit „A" bei Burnyeat [1990]: 8 f., 60–65). Aus der Identifizierung der „Wahrnehmungsobjekte" mit der veränderlichen Welt folgt auch eine Unklarheit darüber, was genau Objekt der Wahrnehmung ist: Nur die direkten Objekte der Einzelsinne, also bestimmte Qualitäten der Gegenstände, oder jeder Gegenstand der materiellen Welt, der unter Mitwirkung der S. erkannt wird? Was Platon Objekte der S. nennt, hängt, wie auch bei Aristoteles, häufig eher vom Kontext der jeweiligen Stelle als von grundsätzlichen Überlegungen ab (Burnyeat [1976]: 35). Wo er sich genauer äußert, ist allerdings klar, dass für die seinsmäßige Erkenntnis von Gegenständen neben der S. auch ein rationales Erkennen erforderlich ist, das freilich als eine Meinung (*doxa*) den anderen rationalen Erkenntnisformen nachsteht (Soph 264b [vgl. hiermit Tht 152b–c]; Ti 28a). Mit seiner Hilfe können auch täuschende Wahrnehmungen korrigiert werden, für die Platon bereits das aus der skeptischen Tradition bekannte Beispiel des im Wasser gebrochen erscheinenden Stocks anführt (Resp 602c–603a).

IV. Physiologische Überlegungen: Was unter den *pathêmata* des Körpers (sh. oben II.) zu verstehen ist, wird im Ti näher erläutert: Hier ist es die leichte Bewegbarkeit (*to eukinêton*), die die Weitergabe von Informationen durch gewisse Teile des Körpers an die Seele ermöglicht, während andere Teile, denen diese Beweglichkeit fehlt, zu einer solchen Weitergabe nicht in der Lage sind. Die Wahrnehmungsfähigkeit von Gesichtssinn und Gehör wird mit deren Natur aus Feuer und Luft erklärt (Ti 64b–c; vgl. Phlb 33d). Zumindest beim Sehen ist dabei eine körperliche Vereinigung des im Auge befindlichen Feuers mit dem äußeren erforderlich, das als Quelle des Tageslichts eine Verbindung mit den Objekten verursacht, doch muss die so entstehende Bewegung in der Seele enden, damit tatsächlich eine Wahrnehmung entsteht (Ti 45b–46a). Andererseits verursachen diese Wahrnehmungen auch weder Freude noch Schmerz, da sie nicht mit Gewalt geschehen (Ti 64d–e).

V. Die S. in der platonischen Tradition: In der platonischen Tradition bleibt besonders Platons skeptische Position im Hinblick auf die Wahrheitsfähigkeit der S. präsent (Proklos *In Timaeum* 2, 82, 25–30 Diehl [1903–1906]). Das gilt teilweise auch für Platons Aussagen zum Ablauf der Wahrnehmung: So spielt die Erklärung des Sehens in Ti 45a–e eine gewisse Rolle für Plotins Beschreibung der Funktion dieses Sinns, die freilich ohne einen materiellen Kontakt zwischen Organ und Objekt auskommt (Emilsson [1988]: 47–62). Generell gewinnt aber Aristoteles' detaillierter ausgearbeitete Wahrnehmungslehre immer mehr Gewicht, zumal dieser als Theoretiker der materiellen Welt angesehen und das Thema S. am ausführlichsten in Kommentaren zu seinem *De anima* behandelt wird. Die Terminologie aus dem Ti bleibt dabei aber präsent (vgl. z. B. Priskian von Lydien [Pseudo-Simplikios, um 530 n. Chr.]: *Commentaria in Aristotelem Graeca* 11, 228, 32 mit Ti 65c). Die neuplatonischen Autoren unterscheiden, ähnlich wie Platon im Tht, deutlich zwischen dem Wahrnehmungsorgan und der wahrnehmenden Seele und betonen die Aktivität der S. als eines seelischen Vermögens gegenüber der unbeseelten Umwelt (Priskian: *Commentaria in Aristotelem Graeca* 11, 125, 31–126, 7; Johannes Philoponos: *Commentaria in Aristotelem Graeca* 15, 289, 27–32). Inwieweit man in der Wahrnehmungslehre von Platon abweicht, darüber gibt es unter den Platonikern unterschiedliche Ansichten: Während Stephanos von Alexandrien (Pseudo-Philoponos, um 600 n. Chr.) in Platons Bild vom trojanischen Pferd (Tht 184d) Aristoteles' Annahme eines Gemeinsinns (*koinê aisthêsis*) ausgesprochen sieht (*Commentaria in Aristotelem Graeca* 15, 482, 15–18), betont der sonst sehr harmoniefreudige Priskian, dass Aristoteles den materiellen Prozess beim Sehen mithilfe des Wassers erklärt und sich dadurch von Platons Erklärung mithilfe des Feuers unterscheidet (*Commentaria in Aristotelem Graeca* 11, 326, 15–19; vgl. [vom selben Autor] *Commentaria in Aristotelem Graeca* Supplement 1, 2, 20, 14–20).

Literatur: Burnyeat [1976] – Burnyeat [1990] – Cooper [1970] – Emilsson [1988] – Frede [1987]

Matthias Perkams

Sonnengleichnis siehe **Abbild I–IV, Analogie I, Gute (das) III, Trennung III**

Sprache

I. Im Zentrum frühgriechischer Reflexionen auf die Sprache (S.), speziell der Platonischen Sprachphilosophie, steht das Wort *logos* (sh. LOGOS), das in diesem Kontext auf das menschliche Denken und Sprechen und deren Zusammenhang verweist. Von angrenzender terminologischer Bedeutung sind die Wörter *glôssa* (attisch: *glôtta*; S., Sprachfertigkeit, Zunge, Redegabe, Äußerung, Mundart), *lexis* (Wort, Rede, Redeweise, sprachlicher Ausdruck), *phônê* (Stimmlaut, S., Mundart), *stoma* (Mund, S., Rede) und *dialektos* (Gespräch, Redeweise).

Der Ausdruck *logos* bezeichnet bei Platon im engeren sprachphilosophischen Zusammenhang die Rede, etwa als Ausdruck des Inhalts der SEELE (Resp 400d) oder im Rahmen der Unterscheidung von wahrer und falscher Rede (Krat 385b), der Bestimmung der Rede als Benennen (Krat 387c) oder der Feststellung, es gebe keine Rede von nichts (Soph 263c). Konkreter bezeichnet *logos* den lautsprachlichen Ausdruck des Denkens (Soph 263e) und den Satz als das aus Nomen und Verb Zusammengesetzte (Soph 262a). Selten findet auch das Wort *dialektos* zur Bezeichnung von Rede, Gespräch oder Gesprächsführung Verwendung (Resp 454a; Tht 146b). Den Ausdruck *lexis* verwendet Platon als Bezeichnung für den mündlichen Vortrag (Soph 225d; Ap 18a; Hipp Ma 300c), gelegentlich im Sinne einer der nachahmenden schauspielerischen Präsentationen neben Gesang und Tanz (Lg 816d), oder die Rede im Gegensatz zur HANDLUNG (Resp 396c). In Resp 392c lässt Platon der Erörterung der Rede (*logos*) eine Erörterung der Rede- bzw. Vortragsweise (*lexis*) folgen, die er in eine mittels Ton und Gebärden nachahmende und eine rein erzählende differenziert (Resp 393c, 396e, 397b). In uneigentlicher Weise bezeichnet *lexis* die S. der Musen (Lg 795e). Größere terminologische Bedeutung gewinnt *lexis* bei Aristoteles, der den Ausdruck u.a. für die Verständigung bzw. Mitteilung durch Worte verwendet (*Poetik* 1450b). Das Wort *phônê* findet bei Platon unterschiedlich für S. bzw. Mundart und für den Stimmlaut Verwendung. So steht *phônê* für die konventionelle S. im Kontext der Kritik an Sprachwandel und -erneuerungen (Krat 418b, 421d), spezieller auch für eine Einzels. oder einen Dialekt als eine auf Herkunft bzw. Gewohnheit verweisende Mundart (Krat 383a, 398d, 410a; Prot 341c, 346d; Ap 17d; Phd 62a), z.B. die Mundart der Athener (Lg 642c). Auch unterschiedliche Herrschaftsformen werden wechselnd mit einer je eigenen S. (*phônê*) oder spezifischen Reden (*logoi*) identifiziert (Ep 5, 321d–322a). Meist bezeichnet *phônê* die Stimme bzw. den Stimmlaut (Phlb 17b; Tht 190a; Plt 306c; Prot 310b, 322a; Lg 654c), wie er etwa dem Buchstaben „b“ abgeht (Tht 203b), speziell auch den lautsprachlichen Ausdruck der Gedanken (Tht 206d) oder das lautsprachliche Zeichen für Dinge (Soph 261e–262a). Stimme (*phônê*) und Gehör als Voraussetzungen bzw. Komponenten der Rede (*logos*) des Menschen sind Teil des zweckmäßig eingerichteten Kosmos (Ti 47c–d). Sokrates beruft sich gelegentlich auf ein Daimonion (sh. DÄMON), gleichsam etwas Göttliches in der Funktion eines Gewissens, dessen Stimme (*phônê*) ihm in Entscheidungssituationen warnt bzw. von etwas abrät (Ap 31d; Phdr 242c). In Lg 938a findet die Stimme des Gesetzes (*phônê nomu*) gegen die Ungehorsamen Erwähnung. Mit dem Ausdruck *stoma* bezeichnet Platon neben dem Mund als Organ (Prot 329d; Ti 78c) vor allem den Mund als Sprachwerkzeug (Krat 414d; Soph 238b, 263e; Resp 463e; Ti 75d–e). Auch die Zunge (*glôssa*) findet allgemein als Organ (Ti 65c, 66c, 75a; Tht 159d), konkreter als Sprachwerkzeug Erwähnung (Krat 427a–b; Tht 185d, 203b). Daneben kann *glôssa* auch das Gesprochene bezeichnen (Tht 154d) und als Gegenbegriff zu *psychê* (SEELE) fungieren (Symp 199a). Mit Mund und Zunge bildet die *phônê* im Sinne von Stimme eine Gruppe von drei Sprachwerkzeugen (Krat 423b).

II. Den sachlichen Hintergrund von Platons Sprachphilosophie bilden kritische Überlegungen in Naturphilosophie (Empedokles, Anaxagoras) und Atomistik (Leukipp, Demokrit) im späten 5. Jahrhundert, die in Zweifeln an der Natürlichkeit der Beziehung zwischen Name und Sache und an der Eignung der S. mündeten, die Wirklichkeit adäquat wiederzugeben. Zugleich blühte die Rhetorik, die ihre eristische (streitkunstmäßige) und ästhetische Wirkung besonders im Umfeld der Sophistik oft unabhängig von jener Name-Sache-Beziehung zu erreichen beanspruchte. Platons Sprachphilosophie nimmt diese Voraussetzungen implizit oder explizit auf und kreist um eine Klärung des Wirklichkeitsbezugs der S., eine Bestimmung ihrer erkenntnistheoretischen Funktion, eine Analyse sprachlicher Ausdrücke als Bedeutungs- und Wahrheitsträger sowie der Bedingungen sprachlicher Kommunikation.

Platons Reflexionen über die S. werden zunächst und hauptsächlich im Krat entwickelt, der verbreitet als das erste große Dokument antiker Sprachwissenschaft und Sprachphilosophie gilt. Leitthema des Krat ist, ausgehend von einer grundlegenden Analyse sprachlicher Ausdrücke, die Richtigkeit der Wörter (*onomata*) als Bedingung für gegenständliche Erkenntnis. Im Mittelpunkt steht dabei die Frage, ob die Verweisungsfunktion sprachlicher Ausdrücke naturhaft gegeben und für alle Sprachbenutzer dieselbe ist, wie die Titelfigur Kratylos annimmt (Krat 383a–b), oder auf Konvention beruht, wie der Dialogpartner Hermogenes meint (Krat 384c–d). Die Kontroverse, die die sophistische Antithese von Natur (*physis*) und menschlichem Brauch oder Gesetz (*nomos*) widerspiegelt, zielt nicht auf eine Sprachursprungstheorie im historischen Sinn, sondern auf die Klärung der systematischen Frage, worauf eigentlich die Beziehung sprachlicher Ausdrücke und der Wirklichkeit beruht bzw. was uns im Sinne dieser Beziehung von richtiger und falscher Namenszuordnung reden lässt. Dabei operiert Platon mit der hypothetischen Figur eines Namenssetzers oder Wortbildners, verstanden als Gesetzgeber oder Brauchstifter (*nomothetês*; Krat 388e–389a), für den sich die Alternative ergibt, ob er bei seiner Tätigkeit willkürlich zu verfahren oder sich an einer naturgegebenen Richtigkeit zu orientieren habe. Die Rolle des Sokrates besteht zunächst darin, die konventionalistische und die naturalistische Position zu radikalisieren. So treibt er Hermogenes zu dem Zugeständnis, sprachliche Ausdrücke könne jeder Einzelne nach individuellem Belieben festsetzen (Krat 385a und d–e), Kratylos aber zu der zugespitzten Auffassung, es gebe für jedes Ding nur den einen richtigen Namen, während alle anderen Stimmlaute nicht Namen, sondern jeweils nur bedeutungsleeres Geräusch seien (Krat 429b–430a). Da es aber um eine Theorie geht, die sowohl richtige als auch falsche Namen(gebung) erklärlich macht, versucht Sokrates, die beiden radikalen Theorieversionen durch verschiedene Argumente ad absurdum zu führen, wobei er Reden und Benennen bzw. Namengeben mit handwerklichen Tätigkeiten wie Schneiden, Weben oder Bohren gleichsetzt (Krat 387d–388b). Da diese Tätigkeiten nicht nach Willkür, sondern sachgerecht auszuführen seien, müsse auch für das Benennen ein maßgeblicher Sachbezug angenommen werden. Wie beim Handwerk die Werkzeuge (Messer, Weberlade, Bohrer) dem zu bearbeitenden Gegenstand angemessen sein müssten, so gehe es analog bei den sprachlichen Ausdrücken bzw. Namen um sachliche Eignung, die letztlich nur der Dialektiker aufgrund seines Zugangs zu den Ideen kompetent beurteilen könne (Krat 390c).

In einem ausgiebigen Exkurs versucht Sokrates im Sinne der naturalistischen Position des Krat, Übereinstimmungen von Namen und Dingen durch etymologisierende Analyse unterschiedlichster Namen und Wörter nachzuweisen (Krat 391d–427d). Das Zwischenergebnis, wonach viele Etymologien auf Begriffe der Bewegung zu verweisen scheinen (z. B. *theos*, Gott, auf *thein*, laufen), lässt Sokrates hypothetisch annehmen, dass die ursprüngliche Namengebung auf einen Anhänger der herakliteischen Lehre vom beständigen Fluss der Dinge zurückgehe (Krat 411b–c). Erst bei nicht zusammengesetzten Stamm- oder Ursprungswörtern gelangt die etymologische Analysierbarkeit an ihre Grenzen. Gleichwohl lässt sich die These, dass beim Sprechen mit Stimme, Mund und Zunge das wahre Wesen der Dinge nachgeahmt oder abgebildet werde (Krat 422e–424a), versuchsweise bis zur Annahme der Entsprechung kleinster qualitativer Elemente der Dinge und kleinster sprachlicher Bestandteile wie Buchstaben und einzelnen Stimm- und Zischlauten fortführen. So ausführlich der phonemanalytische Teil des Krat auch gestaltet ist, so lassen doch andererseits der gelegentlich ironische Unterton, die hypothetische Darstellungsweise sowie offensichtliche Grenzen der Erklärungskraft der etymologischen Methode (Krat 434c–d, 437a–d) daran zweifeln, dass er Platons eigentliche Lehrmeinung wiedergibt. Eher handelt es sich um eine Bestandsaufnahme der Entsprechung sprachlicher Ausdrücke und der fluktuierenden Erfahrungswirklichkeit, wobei vielfältige sprachwissenschaftliche Erkenntnisse, etwa über Sprachwandel und idiomatische Einflüsse, gewonnen werden. Indessen verlaufen Versuche, den Ursprung der S. zu ergründen, weitgehend aporetisch. So scheitert die Annahme, die Götter selbst hätten die S. geschaffen, an der Widersprüchlichkeit bzw. Doppelgesichtigkeit der Wörter und anderen sprachlichen Unvollkommenheiten (Krat 425d, 438c–d). Die Frage nach dem Sprachursprung wird für Platon weiterhin dadurch erschwert, dass viele Wörter etwa durch Veränderungen in den Buchstaben (Krat 418a–e) oder das Streben der Dichter nach Sprachverschönerung (Krat 414c) ihre anfängliche Form verloren haben, während andere Wörter barbarischen Ursprungs seien (Krat 425e–426a). Kratylos muss angesichts dieser Befunde und weiterer, grundlegender Schwächen des Ansatzes – auch ein nachahmendes Wort kann falsch verwendet werden (Krat 430a–431b), ein vollkommen nachahmendes Wort kann es nicht geben (Krat 432b–d) usw. – zugestehen, dass sprachliche Kommunikation ohne konventionelle Elemente nicht erklärbar ist (434e–435c). Wenn das Wort als ein informationsübermittelndes (*didaskalikon*) und wesensunterscheidendes (*diakritikon tês usias*) Werkzeug bestimmt wird (Krat 388b–c), zeigt sich, dass Platon nur eine Sprachtheorie anerkennt, die neben dem Seinsbezug auch die kommunikative Leistungsfähigkeit der S. gewährleistet, welcher in der u. a. durch Gorgias von Leontinoi repräsentierten sophistischen Tradition eine besondere, aus sokratisch-platonischer Sicht einseitige Gewichtung zukommt.

Im Dialogverlauf des Krat erweisen sich also beide betrachteten Grundpositionen als defizitär: Die konventionalistische wird (außer in ihrer Radikalisierung, die isolierte Privats. zulässt) eher den kommunikativen Aspekten der S. gerecht, verzichtet aber auf ontologische Fundierung, während für die naturalistische Position die Namen-Ding-Beziehung (unter problematischer Konzentration auf das Korrespondenzverhältnis zwischen Lauts. und herakliteisch verstandener fluktuierender Welt) im Vordergrund steht, wobei aber die kommunikative Funktion aus dem Blick gerät. Die sich abzeichnende platonische Lösung des Problems liegt in der Ideenlehre, nach der sich Worte nicht auf Sinnendinge, sondern primär auf ihnen urbildlich zugrundeliegende Ideen als das eigentlich Seiende, das den Wirklichkeitsbezug der Worte gewährleistet, beziehen. Mit der Ideenlehre eng verbunden ist die Lehre der Wiedererinnerung (*anamnêsis*), die sprachliche Kommunikation aufgrund der Identität der Ideenvorstellung bei allen Menschen erklärbar machen soll. Auf die Ideenlehre rekurriert der Krat insbesondere im Rahmen der Werkzeugkonzeption des Wortes (Krat 389a–390a), der zufolge der Wortbildner oder Namenssetzer bei seiner Tätigkeit zunächst das, was ein Name an sich ist, d. h. die Idee des Namens, berücksichtigen müsse (Krat 389d). Außerdem gebe es für verschiedene Gegenstandsarten verschiedene Namensformen, die der Wortbildner lautlich nachbilde. Dabei kommt es auf die Angemessenheit der Form (*eidos*) des Wortes an, nicht aber auf die konkrete einzelne Lautgestalt, so dass also gleichermaßen adäquate Namen für dieselbe Sache in verschiedenen S. und Idiomen vorkommen können (Krat 390a). So vermittelt Platons Standpunkt zwischen beiden Modellen in der Weise, dass über den Ideenbezug der Namengebung eine wesensdifferenzierende Funktion und über die ideenbezogene Tätigkeit des Wortbildners sowie die konventionalistisch verstandene konkrete Lautgestalt des Wortes eine kommunikative Funktion der S. zur Geltung gebracht werden. Für die Platonische Vermittlungsposition kennzeichnend sind also der Instrumentalcharakter sprachlicher Ausdrücke einerseits und die Rolle des Dialektikers als Fachmann für die Verwendung sprachlicher Ausdrücke andererseits.

III. Platons sprachphilosophische Reflexionen im Krat setzen sich vor allem in den Dialogen Tht und Soph fort. In den erkenntnistheoretischen Überlegungen des Tht wird die auch im Krat vertretene Position aufgegriffen, dass eine herakliteische Ontologie mit ihrer Voraussetzung einer beständig fluktuierenden Wirklichkeit eine Benennung mit konstanten Namen nicht zulasse, insofern hier sogar Ausdrücke wie „etwas“, „dieses“ oder „jenes“ nicht mehr sinnvoll benutzbar seien, so dass im Rahmen dieser Weltauffassung geradezu eine andere S. erforderlich werde (Tht 152d–e, 157b, 182d–183b). Wenn Platon ferner das Denken als Gespräch (*logos*) der Seele mit sich selbst definiert, das Fragen und Antworten, Bejahen und Verneinen umfasst (Tht 189e–190a, 263e–264a), scheint er eine grundsätzliche Sprachgebundenheit oder strukturelle Sprachlichkeit des Denkens anzunehmen, die für die Frage nach Wissen und Erkenntnis richtungweisend ist. Diese Sprachgebundenheit des Denkens wird auch dort deutlich, wo die zunächst vorgeschlagene Definition von Wissen als wahre Meinung durch den Zusatz der Erklärungsfähigkeit (Tht 201c–d) und schließlich durch eine nähere Bestimmung von Erklärung (ebenfalls *logos*) ergänzt wird. Demnach besteht das Wesen der Erklärung in der Verknüpfung von Namen (Tht 202b), und erklärbar sei nur Zusammengesetztes als Verknüpfung seiner einfachen Urbestandteile. Während z. B. die Anfangssilbe des Eigennamens „Sokrates“ als aus den Buchstaben „S“ und „O“ bestehend erklärt werden kann, sind diese Buchstaben selbst nicht erklärbar, sondern nur nennbar (Tht 203a–b). Sokrates problematisiert allerdings die Vorstellung, es könne eine Erklärung zusammengesetzter Dinge durch Rekurs auf selbst nicht erklärbare Elemente geben, und stellt zwei zusätzliche Definitionen für Erklärung zur Diskussion. Demnach sei Erklärung die lautsprachliche Spiegelung der Meinung mittels der Wörter, wobei hier erstmals zwischen den Wortklassen der Namen bzw. Nennwörter (*onomata*) und der Zeit- bzw. Aussagewörter (*rhêmata*) unterschieden wird (Tht 206d), oder aber die Erklärung sei die Angabe eines unterscheidenden Merkmals des zu Erklärenden von allen anderen Dingen (Tht

208c). Die Frage nach der abschließenden Definition der Erklärung als Kriterium für Wissen bleibt im Tht letztlich offen.

IV. Der Soph knüpft an diese Diskussion durch die Analyse falschen Redens und Meinens an. Nach tradierter altgriechischer Auffassung ist falsches Reden mit dem Aussagen von Nichtseiendem gleichzusetzen, was zu der parmenideischen These führt, es sei unmöglich, Nichtseiendes auszusagen. Im Rahmen einer ontologischen Fundierung seiner Prädikationstheorie ermittelt Platon nun fünf oberste Gattungen – das Seiende, die Ruhe, die Bewegung, das Selbige, das Verschiedene –, die jeweils Seiende, untereinander aber verschieden sind, d.h. am Verschiedenen (*heteron*) teilhaben (Soph 254b–255e; sh. Identität). Während Antisthenes, Schüler des Sokrates und des Gorgias, alle nichttautologischen Prädikationen (z.B. „Der Mensch ist tugendhaft“) wegen ihrer Gleichsetzung von Verschiedenem für unzulässig erklärt und nur Tautologien (z.B. „Der Mensch ist der Mensch“) akzeptiert, lässt Platon Verbindungen zwischen den fünf obersten Gattungen und insbesondere eines Subjekts mit mehreren Prädikaten zu, wobei aber nicht beliebige, sondern immer nur bestimmte, durch die Dialektik festlegbare Verbindungen zulässig seien, wie auch nur bestimmte, durch die Grammatik festlegbare Buchstabenverbindungen vorkommen dürfen (Soph 251a–253c). In diesem Modell wird also das Nichtseiende mit dem Verschiedenen gleichgesetzt und ontologisch aufgewertet, da es Anteil an allen anderen – untereinander verschiedenen – Gattungen hat und Verbindungen mit ihnen eingeht, auch mit dem Seienden. Denn alles ist, da es ist, insofern zugleich ein Nichtseiendes, als es etwas anderes nicht ist (Soph 255e–259d).

Das Grundmodell der Gattungsverbindungen, wonach Reden durch Verknüpfung von Begriffen oder Ideen zustande kommt (Soph 259e), lässt Platon im Soph erstmals eine eigentliche Konzeption des Satzes (*logos*) entwickeln. Dieser gilt als Verknüpfung von Nennwörtern und Aussagewörtern, die allein als verbundene bereits einen Satz bilden können (Soph 261e–262d; Tht 206d), während in Platons früheren Dialogen oft bereits die Benennung durch Eigennamen als Kurzform einer elementaren Prädikation erscheint, indem Eigennamen prädikative Bestimmungen einschließen. Ein Satz entsteht weder durch Aneinanderreihung von Zeitwörtern (z.B. „geht läuft schläft“) noch durch eine Aneinanderreihung von Dingwörtern (z.B. „Mensch Hirsch Pferd“), sondern durch die geordnete Verknüpfung von Ding- und Zeitwort (z.B. „(Der) Mensch lernt“). Die kleinste derartige Verknüpfung bezeichnet Platon als erste Rede (*prôtos logos*; Soph 262c) in offensichtlicher Affinität zu den Stammwörtern oder ersten Namen (*prôta onomata*) des Krat (Krat 422c). Erst ein vollständig und richtig konstruierter Satz erfüllt eine Mitteilungsfunktion, indem er nicht nur etwas benennt, sondern das Benannte auch bestimmt (Soph 261c–262d). Der so definierte Satz muss sich weiterhin auf Seiendes beziehen, er muss einen Wahrheitswert aufweisen, der durch seine Beziehung zu der korrespondierenden Ideenverknüpfung festgelegt wird (Soph 262d–263d), wobei verknüpfbare Ideen (z.B. „Mensch“, „sitzt“) einen (möglicherweise) wahren und unverknüpfbare Ideen (z.B. „Mensch“, „fliegt“) einen (notwendigerweise) falschen Satz bilden. Dieses Erklärungsmodell falscher

Rede ermöglicht Platon eine weitergehende Erklärung falschen Denkens, Meinens und Vorstellens vor dem Hintergrund der im Tht gewonnenen Bestimmung des Denkens als Gespräch der Seele mit sich selbst (Soph 263d–264b). Die sprachphilosophische Bedeutung des dem *logos* gewidmeten Teils des Soph besteht in der Einsicht, dass die Frage nach der Wahrheit der Rede von der nach der Bedeutung der Wörter abgetrennt werden kann, wie dies auch bei Aristoteles und in der nachfolgenden Tradition üblich wird. Die Wahrheit bzw. Falschheit wird nunmehr bestimmt als eine Eigenschaft (*poion*) (Soph 262e–263b) des Satzes und nicht mehr des Wortes gemäß der im Krat vertretenen Auffassung (Krat 385c).

V. Im Gegensatz zu der fortschreitenden Klärung des Wirklichkeits- und Ideenbezugs der S. in den Spätdialogen zeigt sich die weitere Erörterung ihrer kognitiven und kommunikativen Funktion eher skeptisch geprägt. Vor allem die Leistungsfähigkeit der Schrifts. wird im Zuge der bekannten Platonischen Schriftkritik in Zweifel gezogen, etwa wenn Sokrates gegen falschen und übermäßigen Schriftgebrauch argumentiert, dass die Erfindung der Schrift die Erinnerung nicht fördert, sondern das Gedächtnis schwächt und nur leblose Scheinweisheit tradiert (Phdr 274c–275a). Schriftliche Texte, ein starres, totes Abbild der lebendigen Rede, können, da der abwesende Verfasser als mögliche Beistandsinstanz fehle, böswilligen Lesern und ihren Beschimpfungen schutzlos ausgeliefert sein (Phdr 275d–e). Der Wissende werde seine Erkenntnis nur als Spiel oder im Hinblick auf die eigene Altersvergesslichkeit der Schrift anvertrauen (Phdr 276d). Reflexionen über Kriterien für kunstgerechtes Reden – Sachkenntnis, Erklärungs- und Analysevermögen, Seelenkenntnis hinsichtlich der Adressaten (Phdr 277b–c) – sowie die Unterscheidung eines minderwertigen, nur auf Überredung oder Erinnerung ausgerichteten von einem sachhaltigen, auf Belehrung ausgerichteten Vortrag (Phdr 277e–278a) summieren sich zu einer Methodologie und Ethik sowohl schriftlicher als auch mündlicher Rede, wie sie den Weisheitsliebenden bzw. Philosophen ausmacht (Phdr 278d). In radikalisierter Form wird die Schriftkritik im Siebenten Brief vertreten, wo Platon dem jungen Tyrannen Dionysios und anderen vorwirft, sie hätten mit ihrem Versuch, seine Lehre in schriftlicher und damit unangemessen erstarrter Form zu publizieren versucht, Unverstand und falschen Ehrgeiz bewiesen (Ep 7, 341a–c, 344c–345c). Platon selbst schließt hier eine Schriftfassung seiner Lehre definitiv auch für die Zukunft aus (Ep 7, 341c–d), was die Platon-Forschung vor das Problem gestellt hat, ob die Schriftkritik nur die Weigerung bedeute, seine Lehre in einem einheitlichen monographischen Werk niederzulegen, oder darüber hinaus auch als Ablehnung der Verschriftlichung der Dialoge zu verstehen sei. Wiederum lässt Platon die Schriftkritik in eine allgemeine Kritik auch der gesprochenen S. münden, wenn er dieser den Rang eines tauglichen Erkenntnismittels abspricht und zugunsten einer unmittelbaren Ideenschau abzuwerten scheint (Ep 7, 342d–344c). Im Nachweis der Unzulänglichkeit und gleichzeitigen Unentbehrlichkeit der S. zeigen Platons Reflexionen eine grundsätzliche Ambivalenz. Die S. dient der Dialektik als der Wissenschaft geordneter Begriffsverwendung und Rede (Soph 253b–d), mit vielen Menschen allerdings sind keine dialektischen Unterhaltungen zu führen, weil ihre philosophische Überzeugung, ihre mangelnde Kenntnis oder ihr verfehlter zwischenmenschlicher Umgang dagegen steht. So will Sokrates mit den Vielen nicht dialektisch sprechen (Gorg 474a–b), mit den Anhängern des Heraklit ist ein dialektisches Gespräch nicht möglich (Tht 179e–180a). Wiederholt zeigt sich eine allgemeine Abwertung von Wort und Wortgebrauch (Krat 439a–b; Gorg 489e; Resp 454a). Unterschiedliche Wörter dienen dem Bezug auf unterschiedliche Wirklichkeitsbereiche. Auf Bleibendes und Ewiges bezieht man sich mit Wörtern, die dauerhaft und unfehlbar sind, soweit Wörter das überhaupt sein können (Ti 29b–c).

VI. Die Nachwirkung der Platonischen Sprachphilosophie durchzieht in vielfältiger Weise die gesamte spätere Geistesgeschichte. Die Ausführungen des Aristoteles zur S. bieten Weiterführungen, Differenzierungen und Präzisierungen früherer Autoren, besonders Platons. Zentrale Orte der Aristotelischen Sprachbetrachtung sind einerseits die Wahrnehmungslehre einschließlich ihrer differenzierenden Analyse der Semantizität akustischer Phänomene als ein Teil der Seelenlehre (besonders *De anima* 2, 8), andererseits die Logik, in der die Rede (*logos*) auf ihre einfachen und zusammengesetzten Teile insbesondere mit Blick auf ihre Wahrheitsfähigkeit hin analysiert wird, die Kategorienschrift als Fortführung der Platonischen Prädikationstheorie und schließlich die *Poetik*, in der die sprachliche Form der Tragödie durch eine Übersicht über die Elemente der S. fundiert wird (Kapitel 20–22). Die in Platons Krat begründete Kontroverse zwischen naturalistischer und konventionalistischer Sprachauffassung setzt sich in der hellenistischen Debatte über Analogie oder Anomalie der S. fort und hinterlässt Spuren im mittelalterlichen Universalienstreit ebenso wie in neuzeitlichen Diskussionen über Sprachrichtigkeit (Leibniz) bis hin zu Theoriebildungen in der modernen Sprachwissenschaft (De Saussure). Dieselbe Kontroverse prägt die Tradition der Sprachursprungstheorien von Epikur und Lukrez bis zur Aufklärung (Condillac, Rousseau, Herder), das Motiv der Sprachlichkeit des Denkens bleibt in der Neuzeit zentral (Wilhelm von Humboldt). Selbst der oft nicht ernst genommene umfangreiche Etymologie-Exkurs hinterließ deutliche Spuren in hellenistischen und stoischen Sprachbetrachtungen, in der lateinischen Grammatiktradition, in der mittelalterlichen Etymologie (Isidor von Sevilla) sowie in etymologisch-sprachwissenschaftlichen Theoriebildungen des 18. und 19. Jahrhunderts (De Brosses, Nodier). Platons Modell einer vermittelten Beziehung des sprachlichen Ausdrucks über die Idee auf die Sache beeinflusst die nachfolgende Tradition von Aristoteles über die Stoiker, Porphyrios, Boethius und die mittelalterliche Sprachphilosophie (Abaelard, Thomas von Aquin, William of Ockham) bis in die Neuzeit (Locke) und Gegenwart (Husserl). Die Unterscheidung von Bedeutung (Intension) und Referenz (Extension) der modernen analytischen Philosophie (Frege, Russell, Quine) lässt sich ebenso wie das Werkzeugsmodell des Wortes (Bühler) unschwer zu Platon zurückverfolgen. Der Erklärungsbegriff des Tht hat der modernen Auffassung diskursiver Erkenntnis Impulse gegeben, die Satzkonzeption des Soph hat die spätere Grammatiktradition, Prädikations- und Verifikationstheorien des 20. Jahrhunderts geprägt.

Platons Sprachphilosophie ist bleibender Bezugspunkt nahezu aller sprachphilosophischen Schulen und Positionen der Gegenwart.

Literatur: Annas [1982b] – Baxter [1992] – Borsche [1991] – Bühler [1998] – Coseriu [2003] – Denyer [1991] – Derbolav [1972] – Everson [1994] – Hennigfeld [1994] – Kraus [1996] – Mojsisch [1986] – Rehn [1982] – Rijlaarsdam [1978] – Soulez [1996]

Christoph Kann

Täuschung siehe **Irrtum**

Teilhabe/Partizipation (*metochê, methexis*)

I. Eingrenzung und Probleme des Partizipationsbegriffs: Partizipation (P.) spricht in erster Linie das intrikate und in der Platonforschung höchst umstrittene Problem der Immanenz von transzendenten ‚Urbildern' (sh. IDEEN) in ihren ‚Abbildern' (sh. ABBILD) der sinnlich fassbaren Welt an (Devereux [2000]: 206–215) und, insofern dies zudem das Problem der einen Primärinstanz gegenüber der Mehrzahl von ihr bestimmter Instanziierungen mit einschließt, auch das Problem von Einheit und Vielheit (sh. EINES/VIELES). Anders gesagt: P. soll die Relation zwischen der jeweils einen Idee und der Vielzahl ihrer immer nur abgestuft teilweisen und nie vollkommenen Einzelumsetzungen in der Werdewelt erklären (Phd 74e). Stellen, die das so verstandene P.verhältnis von Einem und Vielem ansprechen, sind im Platonischen Werk Legion (u.a. Phlb 14c–18d; Phdr 265dff.; Resp 476aff.; Tht 184d). Platon hat jedoch in seinem Dialogwerk die Schwierigkeit weitgehend ungelöst gelassen, wie es zu verstehen sei, dass z.B. einzelne Handlungen, bestimmte Menschen oder konkrete Gesetze deswegen gerecht sind, weil sie an der Idee der GERECHTIGKEIT teilhaben und auch, wie die eine Gerechtigkeit in vielen gerechten Taten, Personen und Dingen ihre Präsenz nimmt und/oder aufrechterhält (so bereits die Kritik des Aristoteles an der P., *Metaphysik* 991a, 1045b, 1079b). Festgestellt wird lediglich und emphatisch, dass es so ist: der Mensch ist allein und ausschließlich aufgrund seiner Teilhabe (T.) an der Idee der Größe („der Größe selbst") groß. Eine andere, geschweige denn körperliche oder gar quantitativ arbeitende Erklärung für seine individuelle Größe wird explizit abgelehnt (Phd 100d–101b). Ähnlich konstatiert Soph 255e weitergehend, dass jedes Einzelne von den anderen nicht dank seiner eigenen Wesensbeschaffenheit, *physis*, verschieden ist, sondern durch T. an der Idee des Anderen (zum Verhältnis von *physis* und T. sh. auch weiter unten). Immerhin zeigt die Verwendung des Wortes T. bei Platon eine bedenkenswerte Besonderheit: Während das Bestimmende in der T.relation mit sich selbst identisch *ist*, kann vom durch dieselbe Relation Bestimmten lediglich anerkannt werden, dass es dadurch seine jeweilige Bestimmung nur *hat*, also nicht mit ihr identisch ist und sie auch wieder verlieren kann (Phd 78e, 102b; Parm 130c, 133d; Ti 52a), was auch zur Erklärung der Vergänglichkeit und Veränderlichkeit der sinnenfälligen Welt gegenüber der Unveränderlichkeit der geistigen Welt der Ideen beiträgt. Gleichzeitig ist die P. aber das *chôrismos*-überbrückende (sh. TRENNUNG) Bindeglied zwischen konstitutiver geistiger und konstituierter sinnlich erfahrbarer Welt, die sonst unvermittelt nebeneinander stehen würden (Soph 237a–b, 258c). Im Hintergrund bleiben demgegenüber im Folgenden z.B. prädikatenlogische oder mengentheoretische Klassifizierungsversuche, wie man sie in der Nachfolge Freges an Platon herangetragen hat, also etwa die Problemauffassung, dass „ein Gegenstand x genau dann F ist, wenn eine gleichnamige [!] Idee F(Heit) existiert und x an ihr Teil hat" (Graeser [1975]: 79) und was sich philosophisch daraus im Weiteren ergibt.

Wenig explizite Aufmerksamkeit wird in Platons Werk zudem der Frage gewidmet, wie die „P.srichtung" zu denken sei: Während das Wort „P." die Richtung von Teilgeben und Teilnehmen offenlässt, kann das Griechische ähnlich wie das Deutsche einen Unterschied machen zwischen *methexis* als Teilgabe von Seiten der Idee und *metochê* als Teilnehmen der Einzelinstanz an der Idee. Dass die Initiative, das donative Partizipieren, auf Seiten der Idee liegen muss, ist wohl in den meisten Fällen klar, und so tritt auch gern das Wort *metalambanein*, „aufnehmen" oder „empfangen", an Stelle von *metechein*, wo von der P. der Dinge an den Ideen die Rede ist (Phd 102b; Parm 129a, 131a). Doch wird offenkundig z.B. im Fall der Tugenden eine aktive Anverwandlung des Menschen an die Idee als P. vorausgesetzt, etwa dann, wenn gefordert wird, der Mensch müsse der Idee einer bestimmten Tugend strukturähnlich werden. In diesen Zusammenhang mag auch das Beispiel der „Kleinbuchstaben" und „Großbuchstaben" gehören, die trotz Verschiedenheit doch dieselben Buchstaben sind (Resp 368d; vgl. Gorg 507e). Diese Strukturähnlichkeit würde die Seele dann – Gleiches zu Gleichem – (wenn auch unter Umständen erst nach dem Tod: Phd 78b–80b) zu den Ideen aufsteigen lassen (Resp 614a–621d). Die Selbststrukturierung des Menschen oder gewisser Dinge des menschlichen Zugriffsbereichs (vgl. die „Tugend der Polis" in Resp 432b) ist eine Art aktiver, wenn auch nie ganz selbstgeleisteter P. im Sinne von intendierter Teilnahme. Insofern ist hier der Mensch sein eigener Demiurg. Dessen Aufgabe ist es ja auch, im Hinblick auf die reinen Wesenheiten und Zuordnungen in der Ideenwelt die sichtbare Welt als deren bestmögliches Imitat zu gestalten. Damit ist das Problem der P. philosophisch keineswegs geklärt (so wiederum die Kritik des Aristoteles *Zweite Analytik* 97b; *Topik* 139b), doch immerhin in mythischer Sprache der Vorstellung zugänglich gemacht: Wie ein Künstler sich in der Betrachtung des Schönen und Vollkommenen zur Nachahmung (*mimêsis*) gedrängt fühlt, wobei das Künstlerische im Versuch liegt, das Wesen, *physis*, des Nachgeahmten möglichst in das Kunstwerk hineinzutragen oder zu übersetzen, so ist das geistige Bild der *physis* wahrer Wesenheiten im erkennenden Demiurgen auch das, was er sozusagen als causa efficiens möglichst in sein Kunstwerk hinein abbilden will. Wo das gelingt, partizipiert das Abbild über das Bindeglied der *physis* am Urbild. Physis und *ergon* (Werk) können somit im Sprachgebrauch bei der Charakterisierung des einem bestimmten Ding definitorisch, und d.h. im Platonischen Kontext stets: hinblicklich der Idee, Eigentümlichen bei Platon auch durchaus konvergieren (vgl. Resp 477c, 352d ff.; dazu Schmitt [2000a]: 42). Dieses *ergon-physis* Verhältnis taucht – gekoppelt an das Problem von Einem und Vielem – wieder auf in dem Bild, das Tht 207a–c vom Wagen mit den vielen Einzelteilen zeichnet: Nur im Hinblick auf das Wissen um die Funktion der einzeln sinnlosen Teile für den Sinnzusammenhang des fertigen Wagens lassen diese ihre Beschaffenheit (*physis*) sinnvoll erschließen. Das, wozu sie gedacht sind, konstituiert ihr Wesen, anders ausgedrückt: Nur dadurch, dass die vielen Einzelteile an der Sinneinheit des Wagens partizipieren, ergibt sich ihre Bestimmung, d.h. ihr *ergon* und somit ihre *physis* (Perls [1973]: 336f.).

II. P. und Idee: In einem zweiten Sinne kann Platon auch zwischen den Ideen T.relationen sehen. Insbesondere im Soph (angefangen mit der Themeneröffnung Soph 251a), wenn von der Verknüpfung, *symplokê*, der Ideen die Rede ist (Soph 259e), wird die *physis* als das Gemeinsame auch zwischen Ideen (also nicht nur von Idee zu Instanziierung) geltend gemacht und die Relation zwischen ihnen als eine ideeneigene Art der T., als teilweise oder aspekthafte Mischung, *meixis*, durchdacht (zu Mischung und T. allerdings auch schon Phd 100c) – *meros* heißt im Griechischen ja beides, extensionaler Teil und intensionaler Teil, also Aspekt (vgl. die Differenzierung bei Aristoteles: *meros megethei* und *meros logô*). T.relationen sind hier also zu denken wie solche zwischen Genus und Subgenus oder Species. Hier übrigens mehr als in der Idee-Instanz Relation der T. scheinen mengentheoretische Interpretationsvorschläge zweckdienlich. Als exponiertes Beispiel für die P. im Ideenkosmos kann neben den in Soph 254e angesprochenen *megista genê*, den höchsten Bestimmungen allen Seins, auch die Gerechtigkeit dienen: sie ist gleichfalls nicht nur ein Urbild aller gerechten Handlungen und Menschen, sondern sozusagen die Koordinierungsidee, an der die Ideen der anderen Kardinaltugenden jede auf andere Weise ihre Eigenart erfüllend teilhaben, indem sie in einem bestimmten dialektischen Verhältnis zu ihr stehen, das für jede von ihnen konstitutiv ist. In den Randbereich dieser Problemstellung gehört auch die Frage nach dem, was ein wenig unglücklich zuweilen „Selbstprädikation" genannt wird (sh. Idee), also ob die Idee der Gerechtigkeit sich selbst Gerechtigkeit verleiht, ob sie selbst gerecht ist und damit an sich selbst teilhat. Das hieße dann: „The Form is a universal which has itself as an attribute and is thus a member of its own class" (Allen [1965b]: 43). Ausgangspunkt ist die klare Aussage Symp 210e–211d, die Idee der Schönheit sei selbst schön. Das Problem, das im sog. Argument vom „dritten Menschen" gipfelt (sh. Dritter Mensch), war Platon selbst bekannt, er spricht es z.B. in Parm 132a–b und Prot 330c und 331d an. Die Schwierigkeiten, die Platon damit hinterlassen hat, bilden ein bleibendes Diskussionsfeld der Platonforschung (vgl. z.B. Strobach [1997]). Zu konstatieren ist an dieser Stelle insbesondere, dass die Vorstellung einer „Selbstprädikation" von Ideen bei Platon in der antiken Tradition seit Plotin als unsinnig abgetan wurde: *Enneaden* II.4[12].90.5f. Neben logischen Konsistenzgründen hat diese Ablehnung auch damit zu tun, dass die Unterscheidung von Idee als das, was sie ist, und Instanziierung, die das ist, was sie hat, in der „Selbstprädikation" aufgeweicht würde, da hier die Idee eigentlich nur hat, was sie doch wesensgemäß ist. Nehamas [1979; 1999] argumentiert, dass diese Unterscheidung Platon erst durch das Argument vom „dritten Menschen" bewusst wird, und wertet den Parm als entscheidenden Wendepunkt hin zur Ideenkonzeption der „Spätphilosophie": Während in der mittleren Periode Selbstp. kategorisch ausgeschlossen ist, weil nur empirische Gegenstände an Ideen partizipieren können, so dass die Aussage „die Idee F-selbst ist F" (Selbstprädikation) etwas über die Natur der Idee sagt und nicht, dass die Idee Element der von ihr begründeten Klasse wäre – die Idee hat nicht, was sie ist –, erkennt Platon durch den Parm, dass auch Ideen Eigenschaften haben können. Deshalb erlaubt Platons Spätwerk die P. von Ideen an Ideen.

Weil einige wenige Ideen zugleich haben, was sie sind, unterstellt Nehamas Platons Spätwerk die Möglichkeit der Selbstp., welche mit der Selbstprädikation (nach Nehamas' Deutung!) nichts zu tun hat, sowie die daraus resultierende Aufhebung des Chorismos (sh. TRENNUNG).

III. Lösungsvorschläge: Zur sachgemäßen Interpretation sind jedenfalls T.vorstellungen nach extensionalen Teilen fernzuhalten. Die Absurdität solcher Deutungen wird im Parm (131b ff.) am Beispiel eines Segeltuchs, das sich über viele Dinge und Menschen breitet, vorgeführt. Durch die P. wird das Teilgebende nicht weniger, wohl aber das Teilnehmende bereichert. Nicht von ungefähr steht die P. in den Platonischen Werken vielfach in auffälliger Nähe zu pädagogischen und erkenntnistheoretischen Passagen: ähnlich wie im tagtäglichen Erleben die Wissensvermittlung den Vermittelnden nicht ärmer macht, wohl aber den Zuhörer reicher, so bei der Vermittlung von Ideenbestimmungen in der P. Zweitens ist für alle Interpretationsversuche der T. an eine dynamische Relation zu denken. Nicht umsonst zieht Platon allem Anschein nach das Verb *metechein* dem Substantiv *methexis* vor, das erst in den späteren Dialogen auftritt (Graeser [1975]: 81). Ein weiteres Mal sei dazu an die definitorische Nähe von *physis*, Wesen, und *ergon*, (Selbst)Vollzug, erinnert. Ein erster teleologischer Lösungsvorschlag für das P.problem ergibt sich im Anschluss an die Bemerkung im Phd (98a–b), dass alles in der Welt so ist, wie es ist, weil es so am besten ist. Das Gemeinte lässt sich anhand der Doppeldeutigkeit des Begriffs „Bestimmung" im Deutschen gut entwickeln: Alles hat seine Bestimmung (im Sinne von Definition) aufgrund seiner Bestimmung (im Sinne von Ziel, Destination). In der ontologischen Konvergenzpyramide auf den Gipfelpunkt des Guten als des anhypothetisch letzten Wozu hin (sh. das GUTE) tendieren alle Dinge somit zu den verschiedenen Ideen und gleichen sich in dieser Tendenz dem Intendierten an, bestimmen sich (definitorisch, wesenhaft) nach ihrer (ZIEL-)Bestimmung. Aus dieser Selbstbestimmung durch Intention kommt augenscheinlich auch Platons anthropomorphisierende Rede, dass das Partizipat zur letztlichen Selbsterfüllung so sein „will" (*buletai*, Phd 74d–e) wie das Partizipierende und somit dessen definitorische Bestimmungen erhalte. P. ist in dieser Sicht eine – durchaus und vor allem – ontologische Begründung dessen, was wie ist (Graeser [1975]: 83f.). Ein zusätzlicher, im weitesten Sinne sprachphilosophischer Lösungsvorschlag lässt sich von der oben angesprochenen Kritik des Aristoteles am P.begriff her entwickeln. An die Stelle der P. setzt Aristoteles nach Meinung zahlreicher Interpreten seine Lehre von der Analogie, von dem einen Hauptanalogat, an dessen Bedeutung alle Nebenanalogate hängen und von dem her sie ihre Bestimmung und ihren Sinn haben. Wie man eben im Fall des Wortes „gesund" hauptanalog den intakten Zustand eines Organismus bezeichnet, nebenanalog aber auch alles, was zu diesem beiträgt und von ihm abhängt, einen Apfel etwa oder eine bestimmte Gesichtsfarbe (vgl. *Metaphysik* 1003b). So wäre zur Plausibilisierung der T. das Partizipierende wie ein Nebenanalogat anzusehen, das Partizipierte wie das Hauptanalogat. Der spätere Platonismus hat sich diese Deutungsvariante teilweise zu eigen gemacht, problematisch erscheint aber, dass durch diese Deutung zunächst nur unser Sprechen über die Sachverhalte quoad nos zum Thema wird, nicht aber die welterklärende metaphysische Konstellation per se. Proklos entgeht dieser Problematik, indem er die Aristotelische Relation *aph' henos* (von einem) und *pros hen* (auf eines bezogen) für die analoge Benennung – wie schon andere vor ihm – ontologisch umdeutet: Weil die Instanzen von der Idee abstammen, werden sie auch nach ihr benannt (vgl. *In Parmenidem* 704). Diese Interpretation führt zur vielleicht vielversprechendsten Erklärung der P. durch Ähnlichkeitsbeziehungen, bei der die ontologische Abhängigkeit der Partizipierenden vom Partizipierten die Ähnlichkeit der Instanz zur Idee als asymmetrisch konstituiert. Proklos begreift diese Ähnlichkeit als Abschwächung gegenüber einem Archetyp (*hôs hypheimenon pros archetypon*) und unterscheidet sie von der symmetrischen Ähnlichkeit zwischen Gleichrangigen (vgl. *In Parmenidem* 912). Dieser Deutung folgen Taylor [1916]: 85ff., Cherniss [1944]: 295ff. und Allen [1965a]: 186: Das Passbild von Herrn Meier ähnelt diesem, aber dieser nicht seinem Passbild. Owen [1953] wendet sich mit Hardie [1936]: 96 gegen diese Deutung und behauptet, dass die Abbildtheorie die symmetrische Ähnlichkeit nach sich zieht und Platon diese Theorie wegen des daraus resultierenden „Dritten Menschen" (sh. Dritter Mensch) im Anschluss an Parm aufgegeben habe und Ti (wegen 48e) folglich vorzudatieren sei. Dieser Einwand verkennt jedoch die ontologische Vorrangigkeit der Idee, auf die Allens ([1965a]: 204) tiefgründige Analyse der Aporien zum P.-Verhältnis im ersten Teil des Parm abzielt: Die in Parm kritisierte Ideenkonzeption ist deshalb aporetisch, weil sie die eigenständige Existenz der empirischen Dinge voraussetzt und die P. mithin nicht als formale oder logische, sondern als reale Relation zwischen eigenständigen Entitäten konzipiert. Unter dieser Voraussetzung aber führen die im Dialog diskutierten Vorschläge für das P.-Verhältnis (Teil-Ganzes-Dilemma; Ähnlichkeit) notwendig in die Irre. Auch der späte Neuplatonismus wollte mit seiner Deutung der P. eine etwaige Inanspruchnahme der transzendenten Idee unbedingt vermeiden. Proklos' ausgefeilte und voraussetzungsreiche Ausbuchstabierung des P.-Verhältnisses hat zum Ziel, die Idee rein und unbefleckt (*In Parmenidem* 731: *achrantos*) von ihren Instanzen zu halten. Daher konzipiert er die Idee im Gefolge von Iamblichos (vgl. Proklos *In Timaeum* 2, 313) als *amethekton* (unpartizipierbar) und führt das *metechomenon* (das Partizipierbare) ein, jenes merkwürdige Bindeglied, dem die Last aufgebürdet ist, zwischen transzendenter Idee und immanenter Instanz zu vermitteln. Sein Status ist notorisch unklar. Bald erscheint es als über die Instanzen transzendente Einheit, bald als ihnen immanente Vielheit (vgl. *Institutio Theologica* 23ff.), weshalb es De Rijk [1992] mit der *dynamis* (Wirkmächtigkeit) identifiziert, die bei Proklos als Bindeglied eines jeden (ontogenerisch konzipierten!) Verursachungsverhältnisses fungiert. Das dynamische Verhältnis zwischen Idee und Instanz verdeutlicht Proklos' Beschreibung des Bindegliedes als Funke (*Institutio Theologica* 98: *ellampsis*), eine Metapher, die dem Übergang von Transzendenz zu Immanenz gerecht wird. Nicht zuletzt durch seine Einführung von etwas Mediatorischem zwischen Idee und Instanz gelingt es Proklos, die im Parm diskutierten Vorschläge zum P.-Verhältnis so zu deuten, dass die Idee nicht als ein der Instanz gleichgestelltes Relatum beansprucht wird. Dem Teil-Ganzes-Dilemma (vgl. Parm 131a) entgeht Proklos mit einem Sowohl-als-Auch: Insofern die Instanz das Charakteristikum der Idee bewahrt, ist die Idee als Ganze in ihr, allerdings in einem unkörperlichen, transzendenten Sinne (vgl. *In Parmenidem* 859, 861). Als Teil ist sie in ihr, weil die Instanz nur einen Teil der Wirkmächtigkeit (*dynamis*) der Idee aufnimmt. Was demnach geteilt wird, ist das Mediatorische der Kausalbeziehung zwischen Idee und Instanz, die *dynamis*, und die Idee bleibt von dieser Relation unberührt (*In Parmenidem* 921: *ascheton*). Auch die Deutung der Ähnlichkeit der Instanz zur Idee als asymmetrisch befreit die Idee von der relationalen Inanspruchnahme. Die relationale Bezogenheit der Sinnendinge ist unumkehrbar: *ou chrê tên schesin antistrephein pros ta têide tôn eidôn* (vgl. *In Parmenidem* 912 und 914).

Literatur: Allen [1965a] – Allen [1965b] – Cherniss [1944] – De Muralt [1995] – De Rijk [1992] – Devereux [2000] – Gerson [1981] – Graeser [1975] – Hardie [1936] – Mainberger [1959] – Marten [1967] – Meinhardt [1968] – Nehamas [1979] – Nehamas [1999] – Owen [1953] – Perls [1973] – Schmitt [2000a] – Seek [1997] – Strobach [1997] – Taylor [1916]

Veronika Roth/Christian Schäfer

Teleologie siehe **Ziel**

Trennung (*chôrismos*)

I. In der neueren, insbesondere deutschsprachigen Philosophiegeschichtsschreibung wird das Wort „Chorismos“ häufig für die Bestimmung des Verhältnisses zwischen Ideen und Einzeldingen verwendet; damit wird die Grenzlinie bezeichnet, die das Reich der rein geistigen Ideen (*kosmos noêtos*) vom Reich der materiellen Sinnendinge (*kosmos aisthêtos*) trenne (*chôrizein* = trennen). Dabei ist jedoch zu berücksichtigen, dass Platon an keiner original überlieferten Stelle vom *chôrismos* (ch.) oder vom *kosmos noêtos/aisthêtos* in diesem Sinne spricht. Das Wort ch. verwendet er nur einmal, und zwar nicht im Bezug auf die Ideen, sondern innerhalb seiner Seelenlehre in der Bestimmung des Todes als „Erlösung und Trennung der Seele vom Leib“ (Phd 67d); und das dazugehörige Verbum *chôrizein* begegnet im selben Zusammenhang, wenn es Platon als vordringlichste Aufgabe der Philosophen bezeichnet, „die Seele möglichst vom Leibe zu trennen“ (Phd 67c–d – zu den Implikationen für das Leib-Seele-Verhältnis sh. Dualismus). Erst Aristoteles macht in seinem kritischen Referat der Platonischen Ideenlehre von dieser Wortfamilie Gebrauch; allerdings verwendet auch er primär das Verbum *chôrizein* und das Adverb *chôris* (getrennt), nicht aber ch. als begrifflichen Fachterminus. Nach Aristoteles sei die Lehre Platons dadurch bestimmt, dass sie die allgemeinen Wesensbestimmungen von den Dingen abtrenne und als Ideen bezeichne, die getrennt neben den Einzeldingen bestünden (*Metaphysik* 1039a, 1040b–1041a, 1078b–1079a, 1086a–1086b). Nach des Aristoteles eigener Auffassung ist weder das allgemeine Wesen, das er „Form“ nennt, noch die Seele als Ganze von der materiellen Körperlichkeit abtrennbar (*Physik* 193b, 217a; *De anima*

413a, 413b). Selbst mathematischen Gegenständen spricht Aristoteles ein materiegetrenntes Sein ab, wobei er es aber zugesteht, dass sie in der Mathematik als unabhängig von der Materie betrachtet werden können (*Metaphysik* 1026a, 1080a, 1085b, 1093b). Lediglich das „Erste unbewegt Bewegende" (der philosophische Gottesbegriff des Aristoteles) wird von ihm als von den Sinnendingen „abgesonderte Substanz" gedacht (*Metaphysik* 1073a). Die kritische Aristotelische Sicht der Ideen Platons als abgesonderter Substanzen wurde insbesondere auch für die mittelalterliche Auffassung von der Platonischen Ideenlehre bestimmend. So verstand z.B. auch Thomas von Aquin die Ideen als „species separatas per se subsistentes" („abgetrennte, durch sich selbst seiende Erkenntnisbilder"; *Summa theologiae* I, 6,4). Zum Fachterminus innerhalb der Darstellung der Platonischen Ideenlehre wurde das Wort ch. aber erst im Umkreis neukantianischer Philosophiehistoriker im frühen 20. Jahrhundert (Natorp, Cassirer, E. Hoffmann; vgl. dazu die Nachweise bei Meinhardt [1971]). Dabei stützte sich die Verwendung dieses Begriffes vor allem auf die in der platonischen Tradition geläufige und für die Ideenlehre als zentral erachtete Unterscheidung zwischen intelligibler und sensibler Welt (*kosmos noêtos/aisthêtos*). Dem Wortlaut nach ist dieses Begriffspaar aber noch nicht bei Platon selbst (er spricht nur vom *noêtos topos*; Resp 517b), sondern erst im Mittelplatonismus belegt (vgl. Alkinoos *Didaskalikos* 4, 8,1).

II. Die Zwei-Welten-Lehre der platonischen Tradition empfing ihre entscheidenden Impulse primär von der Kosmologie des Platonischen Ti-Dialoges (27d–47e). Dort führt Platon die folgende Aussage als die Grundlage des Seinsverständnisses ein: „Zuerst haben wir, meiner Meinung nach, dies zu unterscheiden: Was ist das stets Seiende, das Entstehen nicht an sich hat, und was das stets Werdende, aber niemals Seiende; das eine, stets gemäß demselben Seiende ist durch Vernunft (*nus*) mit Denken zu erfassen; das andere hingegen durch Vorstellung vermittels vernunftloser Sinneswahrnehmung vorstellbar, als entstehend und vergehend, nie aber wirklich seiend" (Ti 27d–28a). Beeinflusst vom Seinsverständnis des Parmenides (VS 28 B 8) spricht Platon den mit den Sinnen wahrnehmbaren, werdenden Dingen kein wahres Sein zu; aufgrund ihrer Veränderlichkeit sind sie nicht beständig und können daher auch nicht Gegenstand verlässlicher Erkenntnis, sondern nur der wandelbaren Meinung des „Scheins" (*doxa*) sein (Ti 51d–52a). Die Sinnendinge haben den Charakter von Abbildern, weil sie vom Weltbildner (dem Demiurg) nach dem Vorbild (*paradeigma*) der rein geistigen Ideen (*noêta*) gestaltet worden sind (Ti 29a–31b). Dies impliziert ein selbstständiges Sein dieser Urbilder vor und jenseits der Sinnendinge. Zwischen dem Bereich der rein intelligiblen Urbilder und ihrer sinnlich-materiellen Ähnlichkeiten vermittelt die „Weltseele" (*psychê tu pantos*), die vom Demiurgen durch eine Mischung von unveränderlich Unteilbarem und körperlich Teilbarem zusammengesetzt wurde (Ti 35a).

III. Die Unterscheidung zwischen dem geistigen Bereich idealen Seins und dem Bereich des Sinnlichen, das sich zwischen Sein und Nicht-Sein befindet, hatte Platon in den großen Gleichniszusammenhängen im sechsten und siebten Buch der Resp grundgelegt. Bevor er Sokrates das Sonnengleichnis darlegen lässt, rekapituliert dieser die Grundzüge der Platonischen Ideenlehre: „Vieles Schöne, sprach ich, und vieles Gute und alles dieses sonst nehmen wir doch an und bestimmen es uns durch Erklärung. Dann aber auch wieder das Schöne selbst und das Gute selbst und so auch alles, was wir vorher als Vieles setzten, setzen wir als eine Idee eines jeden und nennen jedes, ‚was ist'. Und von jenem Vielen sagen wir, dass es gesehen werde, aber nicht gedacht; von den Ideen hingegen, dass sie gedacht werden, aber nicht gesehen" (Resp 507b). In der Bestimmung des „Guten", die im übergeordneten Zusammenhang der Gleichnisse gesucht wird, weigert sich Sokrates zunächst, über das Gute selbst zu handeln; er will zuerst über einen „sehr ähnlichen Sprössling" des Guten sprechen, als welchen er die Sonne bezeichnet. In seiner gleichnishaften Betrachtung der Sonne und ihres Lichtes führt Sokrates indirekt eine Unterscheidung der Gesamtheit des Seins in zwei unterschiedlich bestimmte Seinsbereiche ein, die aber durch ein Urbild-Abbild-Verhältnis miteinander verbunden sind. Ebenso wie die Sonne durch ihr wärmendes Licht den Sinnendingen das Leben schenkt und den Sinnesorganen die Möglichkeit eröffnet, die Dinge zu sehen, so ist auch die Idee des Guten Prinzip für das Sein und die Erkennbarkeit des Geistes: „Wie das Gute in dem Gebiet des Denkbaren zu dem Denken und zu dem Gedachten sich verhält, so die Sonne in dem des Sichtbaren zum Sehsinn und zum Gesehenen" (Resp 508c, vgl. 517c). Trotz seiner urbildlichen „Vater"-Funktion für das Sinnliche bleibt das Gute als das höchste Prinzip des Geistigen aber im Verhältnis zu dem aus ihm Hervorgegangenen unabhängig und erhaben. Diese absolute Transzendenz des Guten bestimmt Platon näher, indem er am Schluss des Sonnengleichnisses über das Gute sagt, es sei „jenseits des Seins, dieses an Würde und Kraft überragend" (Resp 509b).

Im anschließenden Liniengleichnis (Resp 509d–511b) stellt Platon die dem Bereich des Sichtbaren und des Denkbaren jeweils korrelierenden Erkenntnisstufen dar: Dem Bereich des materiellen Werdens (Schatten, Spiegelbilder und sichtbare Dinge) entspricht die Meinung (*doxa*) auf den Stufen von Vermuten (*eikasia*) und Glauben (*pistis*); dem Bereich der unveränderlichen Wesenheiten (mathematische Gegenstände, Ideen) entspricht das Denken (*noêsis*) auf den Stufen von Verstand (*dianoia*) und Vernunft-Wissen (*noêsis – epistêmê*). Das abschließende Höhlengleichnis (Resp 514a–518b) veranschaulicht die anthropologischen, vor allem das Leben des Philosophen betreffenden Konsequenzen der Platonischen Ontologie zweier Seinsbereiche.

Nicht zuletzt im Sonnengleichnis wird deutlich, dass die Platonische Tendenz zur geistigen „Abtrennung" jener bleibenden, idealen Wesenseigenschaften, die auf der Stufe der unklaren Sinneserkenntnis noch als „unabgetrennt" (*achôristos*; vgl. Resp 524c) wahrgenommen werden, nur richtig verstanden wird, wenn man sie als die eine komplementäre Hälfte eines dialektischen Gedankenzusammenhanges sieht. Platon bringt dadurch zum Ausdruck, dass die idealen Prinzipien des Seins ihre Begründungsfunktion nur dann erfüllen können, wenn sie dem von ihnen Begründeten ontologisch überlegen sind. Paradoxerweise sind die Ideen nur dann und deshalb als Teilhabe-Ursache in den werdenden Sinnendingen anwesend (vgl. Phlb 26e; Ti

28a), weil sie diese zugleich überragen. Dass diese dialektische Vermittlung der zwei Seinsbereiche die Grundintention Platons darstellt, ist nicht zuletzt von seinem Spätdialog Soph her naheliegend. Dort stellt er die Frage nach dem Sinn von Sein; er versucht sie zu lösen, indem er die „Gigantomachie“ zwischen zwei Gruppen von Philosophen schlichtet, von denen die einen nur dem Körperlichen allein Sein zusprechen, die anderen nur den geistig erfassbaren Ideen (Soph 248e–249a). Dies gelingt ihm, indem er das Sein primär als „Werden auf das Wesen hin“ (*genesis eis usian*) versteht (Soph 53d–54c).

IV. Im Neuplatonismus rückte diese Idee einer dialektischen Unterscheidung und Vermittlung zwischen geistigem und sinnlichem Seinsbereich in die Mitte des systematischen Denkens und erhielt – etwa in Plotins Gedanken, dass das Eine-Gute nicht nur jenseits des Seins, sondern auch jenseits der Erkenntnis sei (vgl. *Enneaden* V.1[10].8.8, V.3[49].120.47f., VI.7[38].370.23f.) – eine ‚mystische‘ Spitze. Im Rahmen seiner Hypostasenlehre identifiziert Plotin den *kosmos aisthêtos* mit der *psychê* ([Welt-]Seele) als der dritten Hypostase und den *kosmos noêtos* mit dem *nus* ([Welt-] Geist) als der zweiten Hypostase (*Enneaden* V.3[49].16.8–12). Die erste Hypostase des absoluten Einen (*hen*) bezeichnet er als *chôriston* (*Enneaden* V.1[10].9.2). Diese „Abtrennung“ des absoluten Ursprungs von den aus ihm hervorgehenden Seinsbereichen wird von Proklos radikalisiert, indem er das Eine selbst als „nicht-teilhabbar“ (*amethektos*; *Elementatio theologica* 23) denkt und so auch über alle Prinzipien der Teilhabe, die dennoch aus ihm hervorgehen, erhebt.

Literatur: Blumenthal [1971] – Blumenthal [1983] – Cherniss [1962] – De Strycker [1955] – Frede [1988] – Guthrie [1955] – Kahn [1987] – Meinhardt [1971] – Ricken [1979] – Ricken [1989] – Robinson [1970] – Steiner [1992b] – Szlezák [1976] – William [1951]

Martin Thurner

Tugend/Bestform/Exzellenz (*aretê*)

I. Gewöhnlich mit ‚Tugend‘ (T.) übersetzt, hat der Terminus ‚*aretê*‘ (a.) im Griechischen einen wesentlich größeren Bedeutungsumfang, der sich nicht nur über ethische Sachverhalte, sondern auch über Ontologie, Psychologie oder Erkenntnistheorie erstreckt, weshalb er auch mit Bestheit, Exzellenz oder Tauglichkeit übersetzt werden kann, außerdem mit Tüchtigkeit (Gorg 479b) und Vollkommenheit (Gorg 518a; Lg 765e, 903b), woran sich die Nähe der a. zum Guten offenbart (Natorp [1921]: 7, 49), denn die Anwesenheit einer bestimmten T. bedingt das Gutsein dessen, worin sie besteht (Gorg 506d). Die a. kann so als Zentralbegriff des Dialogwerks bezeichnet werden (Krämer [1959]: 37). Ihr Gegenbegriff liegt in der Schlechtigkeit (*kakia* oder *phaulotês*: Krat 415c–d; Gorg 499d, 504c–e; Resp 353b–c, 444d; Lg 745d). Der aus der Alltagssprache stammende Begriff wird in seiner Bedeutungsvielfalt von Platon aufgegriffen, aber philosophisch neu fundiert. Seit Homer lässt er sich als Index für das Helden- und Adelsideal nachweisen, so dass er auch zum Zweck der Legitimation politischer Macht gebraucht wird, woran Platon in seinem Staatsentwurf weiterarbeitet; noch in den Lg (630e–631a) werden Gesetze wegen der T. und im Ausgang von ihr erlassen. Gleichwohl wird die ursprüngliche Kriegstüchtigkeit – Tapferkeit verbunden mit strategisch überschauender Klugheit – als Rangordnungsprinzip in der politischen Ethik von der GERECHTIGKEIT abgelöst werden (Maurer [1970]: 59–61, 73), wobei Platon beide Stufen in der Resp hierarchisch verbindet; bereits im La (198a) gilt die Tapferkeit als Teil der T. Stets bedenkt Platon die Bedeutung der traditionellen Güter für die T. bzw. das gute, glückliche, gelingende Leben, und er versucht, frühere, zum Teil konkurrierende T.auffassungen zu kritisieren, aber auch gereinigt in seine Bestimmungen zu integrieren. Daraus resultiert die häufige Unterscheidung zwischen wahrer, auf Vernunft beruhender T. (Phd 69a–c, 82a–b; Lg 632c, 710a, 951b) und deren Ab-, Schein- und Schattenbildern, die auf göttlicher Zuteilung, Übung, Gewohnheit, ERZIEHUNG, Naturanlage, Kalkulation von Handlungskonsequenzen oder gar IRRTUM beruhen können (Men 70a, 99e; Symp 179a; Phd 68c; Resp 429d–430c, 518e–519b, 536a, 572d; Plt 306a–b; Soph 266c–d; Lg 653b, 968a), mithin auf wahren oder falschen Meinungen und Vorstellungen. Diese Formen der T., die nie WISSEN werden, aber dennoch stabile, handlungsleitende Funktion gewinnen können, nennt Platon volksmäßige oder bürgerliche T. (Ap 20b; Prot 324a; Phd 82a–b; Resp 430b; 500d; Lg 968a), die zum Bestehen einer Gemeinschaft unabdingbar sind (Gould [1955]: 206; Vlastos [1981]: 204–217). Dieser a.-Begriff wird als Sich-Auszeichnen (La 184c), Vollbringen hochwertiger Leistungen (Mx 241c) oder Qualität (Alk 1 122d) gefasst. Eine Anleitung zur Verwirklichung dieses Konzepts liegt im Einhalten der Mitte zwischen zwei (üblen) Extremen, dem auf Aristoteles voraus weisenden Prinzip des *mesos bios* (Resp 619a), das ein vollständiges Verfehlen der T. ausschließt. Grundsätzlich soll die T. einen Selbstzweck, ein autarkes Gut bilden, nicht wegen etwaiger Folgen, wie Lohn- oder Straferwartungen, erstrebt werden (Resp 357b–358d, 608c, 612b–d).

II. Platon begreift die a. als Realisation des Wesens einer Sache und Zustand ihres eigentümlichen, bestimmten Selbstseins, in dem sie zu einer spezifischen Aufgabe, Leistung und einem WERK tauglich ist. Dies gilt für Gegenstände, Lebewesen und die menschliche SEELE, für alles Seiende insgesamt. So bedingt z.B. die T. des Körpers die Gesundheit als sein Gut (Gorg 479b). Die a. kann die einfache Tauglichkeit natürlicher und technischer Gegenstände, ihre Brauchbarkeit, Trefflichkeit und Qualität hinsichtlich eines bestimmten Zwecks meinen (Resp 353b–c; Krit 110e, 113c, 117a–b), die Tüchtigkeit von Tieren (Resp 335b) oder die a. komplexer Entitäten wie der Seele (Phd 93e; Resp 444d, 554e) – wegen ihrer vielschichtigen Vermögensstruktur und ihrer vielen Leistungen stellt sich für die Seele das Problem der Koordination, der optimalen Verhältnisbestimmung ihrer immanenten Vielheit zur Einheit ihrer Gesamta. Die T. bezeichnet das, was etwas ist, was ihm eigentümlich und wesenhaft angehört und es von anderem abgrenzt (*oikeion*: Lys 219c–222b; Resp 463b–e, 470b, 586e), was es also mit Ähnlichem verbindet, Einheiten erzeugt und das höchste naturgemäße Gut einer Entität begreift. Die a. stellt die Forderung an alle Entitäten dar, das erkannte, wesenseigene Sein als das Gesollte zu realisieren (Phd 99c; Krat 418e).

Es ist deshalb kein Zufall, wenn die Gesamta. des Menschen – über die funktionale Tauglichkeit von Gegenständen zu speziellen zweckhaften Leistungen (Resp 352d–354d) und sozial relevante, hervorragende Charaktereigenschaften hinaus – seit den Frühdialogen mit ihren *ti estin*-Fragen (in ihrer Bedeutung für die Ausbildung der Ideenproblematik) durch die Suche nach dem Wesen bestimmter Einzelt., wie Tapferkeit, Besonnenheit, Frömmigkeit, Freundschaft oder Klugheit, fixiert werden soll. Der diesbezügliche Denkweg führt vom Aufweis des Ungenügens besonderer, relativer Handlungsmuster und -normen zur allgemeinen Wesensbestimmung von T. (La 190c–194b). Damit zugleich stellen sich die zentralen Fragen nach Einheit bzw. Vielheit der T., nach dem Verhältnis der Einzeltugenden zur T. und zum Guten insgesamt (La 199d–e; Prot 325a, 329c–d, 349b–e; Men 73c–74c; Resp 428a, 445c; Plt 306a; Lg 963c–d), nach der Herkunft, insbesondere der Lehr- und Erlernbarkeit der T. (Ap 19d–20d; Prot 319a–328e, 361a–d; Euthyd 273d–274e, 282c–d; Men 70a–71a, 86c–100c), nach ihrer inhaltlichen Bestimmung als Glück (Resp 576c; vgl. EUDAIMONIE) und danach, ob dieses in LUST oder Vernunft (*nus*) besteht, nach ihrem epistemologischen Status und potentiellen *technê*-Charakter sowie nach den Gründen für ihre Verwirklichung bzw. VERFEHLUNG.

Haben einige Dinge ihre a. von Natur aus, so ist bei technischen Gegenständen und höheren Entitäten ein Herstellungs- und Entwicklungsprozess hin zur T. notwendig, womit sie in einer Kunstfertigkeit und verschiedenen Wissensformen gründet; die T. gilt als höchstes fachliches Können (Lg 643d) und technische Tüchtigkeit, auch im Kontext der Selbsterkenntnis (Alk 1 124d–129a, 135a). Im Gegensatz zu technisch-handwerklichen Spezialvermögen, die die *aretai* bestimmter Gegenstandsbereiche hervorbringen, sollen die seelisch-politischen T. allgemein und jedem Menschen zugänglich sein (z.B. an Gerechtigkeit und Besonnenheit: Prot 322d–e), wobei problematisch bleibt, worin das technische Wissen etwa des Gerechten oder Tapferen besteht; was eine solche T. ist und was der sie Besitzende mit ihr vermag und weiß, ist somit strittig. Die Intellektualisierung der T. zum praktischen T.wissen (Van Ackeren [2003]: 1–4, 339–340), in Analogie zum fachlich-technischen Wissen als der handlungsbedingenden und gegenstandserzeugenden a. bestimmter Fachleute, wirft die Frage auf, was das T.wissen dann objektiv hervorbringt (La 192e; Charm 165e; Euthyph 13e; Resp 333a), wenn die a. des Menschen das Wissen schlechthin sein soll (La 194d–195a; Euthyph 14c; Men 87b–88d). Platon sucht die Lösung dieser Frage in der Bestimmung des T.wissens als Ideenwissen und ERKENNTNIS des Guten und Schlechten (La 199c–d; Charm 174b–d) und schließlich in dem, was dem Glück, als dem Guten des menschlichen Lebens, nützt oder schadet, womit das GLÜCK zum *ergon* der a. wird (Charm 175e–176a; Euthyd 282c–d; Gorg 507c–e; Resp 352d–354a, 576c; Lg 660e–661e, 705e–706a, 829a–b, 962c–d). Das Wissen gilt als das Gute und zuhöchst als Wissen vom Guten (und damit von sich selbst: Resp 505b–c); die T. sind Formen der Verwirklichung und des Gebrauchs des Guten, wobei die Idee des Guten jeder T. ihren Nutzen verleiht und sie damit erst zur T. macht. Jede inhaltliche Bestimmung der a. impliziert den Nachweis ihrer Glückszuträglichkeit, ihrer partiellen oder vollständigen Hervorbringung des Glücks. Andere potentiell glücksfördernde Güter müssen dazu vom T.wissen erst in den richtigen Gebrauch genommen werden (Ap 30a–b; Euthyd 278e–281a; Men 87e–88e; Phd 69a–b; Resp 618a–619b). Dieses Gebrauchswissen ist zeitbezogen, wie alles praktische Wissen (Wieland [1999]: 190). In jedem Fall gilt das Wissen als einziges intrinsisches Gut, die Unwissenheit als einziges intrinsisches Übel. Ob das Glück in Wissen und Erkennen besteht – als wesensmäßigem Tätigsein des Menschen –, oder ob T. und Wissen nur bloße Mittel zur als Lust bestimmten Glückseligkeit darstellen (Irwin [1977]), beantwortet der Phlb zugunsten einer vernunftdominierten Mischung von *nus* und *hêdonê*, Platons Auffassung korrespondierend, die T. sei eine durch Vernunftanstrengungen vollziehbare, aktive Nachahmung Gottes (Tht 176 b–c). Die a. ist für jeden Einzelnen (gradweise) durch seinen freien Willen erreichbar (Resp 617e; Lg 904a–d).

III. Ist die T. ein handlungsleitendes Wissen und dieses die notwendige und hinreichende Bedingung korrekten Handelns in jedem Bereich (Men 87c), dann stellt sich die Frage, worin die Differenzen zwischen Wissen und Handeln gründen, also das Problem der Sokratischen Paradoxa, die Platon zumeist durch Willensschwäche (*akrasia*), Unwissenheit (*amathia*), Irrtum (*sphallesthai*) oder den Aufstand (*stasis*) der unteren Seelenteile auflösen will. Nur wer tut, was er soll, kann als vernünftig bezeichnet werden (Charm 164b; Krat 418e). Die Bestimmung der a. des Menschen als eines komplexen Wesens kann ausschließlich qua pädagogischer *technê*, die die T. in ihrer Einheit ermöglicht (Kube [1969]: 122ff.), verwirklicht werden und erst unter Berücksichtigung seiner Seelenvermögen erfolgen, die Platon in der Resp analog zum Staatsentwurf entwickelt, wobei ein Primat der individuellen vor der politischen T. zu konstatieren ist, weshalb von einer Zentralstellung der Resp in Platons Ethik gesprochen werden kann (Irwin [1995]: 169–297). Die Seele wird als Kampf und Kräftegefüge aufgefasst (Resp 439c–d). Alle Seelenteile haben eine spezifische Leistung und Wirkung, die – ohne Rücksicht auf die anderen maximal entfaltet – zur Störung der seelischen Gesamtordnung führen können. Daher besitzt jede Seelenfunktion eine besondere T., die sie gemäßigt optimal realisiert und zur Wahrung des gesamtseelischen Idealzustandes beiträgt – so die Besonnenheit für den begehrenden, die Tapferkeit für den ehrliebenden und die Weisheit für den vernünftigen Seelenteil. Konkrete Maß- und Proportionsgesetze regeln die Relationen der Einzeltugenden zueinander sowie zur T. überhaupt; die Gerechtigkeit als T. der Gesamtseele und Idiopragie bedeutet nichts anderes als den Zustand des maßbestimmten Ausgleichs zwischen den Seelenvermögen in einer stabilen, vernunftdominierten Universalordnung, die das Verwirklichtsein aller Teilt. impliziert und aufrechterhält. Es lässt sich eine Vierzahl von T. konstatieren (Euthyd 279b–c; Phd 69a–c; Symp 196d). Allein der Intellekt weiß, was gut für die Seelenteile ist, d.h. wie ihre *aretai* vereinbar sind (Resp 441e–442c). Wie schon im Gorg (504c–e) ist die a. als Sein, *taxis* und *kosmos* (vgl. Ordnung) zu deuten (Krämer [1959]: 41–145), als maßbestimmtes Proportionsgefüge eines komplexen Ganzen, in dem sich die eine T. in vielen Gestalten zeigt (Lg

963c–d), das eine vollständige Gestimmtheit der Seele ohne Grade ausmacht (Phd 93e) und als *euporia* der Seele bezeichnet wird (Krat 415c–d). Vor diesem Hintergrund wird klar, inwiefern Platon von der a. als Gesundheit, SCHÖNHEIT oder Wohlbefindlichkeit der Seele, von der Schlechtigkeit hingegen als Krankheit, Hässlichkeit und Übelverfasstheit derselben redet (Resp 431e–432a, 444d–e, 591d), denn die T. repräsentiert die Einheit und innere Relationsharmonie der Seele bzw. ihrer Teilvermögen (Resp 443d–e); wie die T. eine Gestalt hat, so hat die *kakia* viele (Resp 445c). ÜBEL sind das, was die Einheit der Seele zersetzt, weshalb die Vernunftherrschaft als Bewahrung der Einheit eines Komplexen zu sehen ist. Ohne a. geht jedes Ding zugrunde, während ihre Anwesenheit es im Sein und Bestzustand erhält (*sôtêria*: Lg 961d), wobei Platon die Struktur und das Verhältnis der verschiedenen T. – etwa des Leibes, der Seelenteile und der Seele (Resp 403d) – in ihrem Verhältnis als vom Gebrauch und Zweck dominierte Hierarchie entwickelt (Resp 601d). Mit der Fixierung des Guten als T., Abgemessenheit und Proportionssymmetrie „flieht" das GUTE jedoch ins Schöne (Phlb 64e). Um den Menschen als Zentrum geordnet, unterliegt alles Seiende einem einheitlichen a.-Begriff: Natur, Lebewesen, Handlungen, Lust und Schmerz, äußere Güter, Staat und Gesetze, Technik und Kosmos. Ihr Ideal- und Normzustand bestimmt sich aus dem Prinzip des Maßes, der Ordnung, der Mitte zwischen seinszerstörenden Extremen (Krämer [1959]: 146–243) und im graduellen Kontinuum zwischen konträren Gegensätzen als Übeln.

Das a.-Konzept bildet eine relationale Einheitsstruktur für alles Gegebene, die vom Menschen mithervorgebracht wird und auf die Idee des Guten als letzten Bedingungs- und Einheitsgrund hinweist, wodurch mit a. und *agathon* auch eine Entfaltung des universalen Einheits-Vielheits-Problems vorliegt.

IV. An die Bedeutungsbestimmung der äußeren Güter für das Glück knüpft Aristoteles im Sinne ihrer Notwendigkeit, die Stoa im Sinne ihrer Kontingenz an. Dennoch sind auch für Aristoteles das Wissen – freilich nicht mehr nur das T.wissen – und die Verwirklichung des Vernunftvermögens die spezifische Hervorbringung des Menschen, an der seine T. und Güte zu messen sind, was Aristoteles in der Differenz von dianoetischen und ethischen T. weiterentwickelt, wobei Letztere am Ideal der *mesotês* gemessen werden. Wie bei Platon setzen die ethischen Charaktert. die Klugheit (als dianoetische T.) voraus, weil diese das dem gesamten Leben Glückszuträgliche erfasst. So sind zwar nicht mehr alle T. Wissen, aber keine T. ist ohne Wissen möglich, und alle T. bestehen gemeinsam oder gar nicht. Das höchste Glück des menschlichen Lebens liegt in *sophia* und theoretischem Leben, sofern der Mensch in ihm gemäß seiner höchsten a. tätig ist. – Der Mittelplatonismus (Attikos, Alkinoos) vertritt die Autarkie der T. und des Wissens für das Glück ohne weitere Bedingung und die Anakoluthie aller T. Der Neuplatonismus (vor allem Iamblichos, Proklos) entwickelt eine Hierarchie von T.formen (natürliche, politische, kathartische, theoretische, paradigmatische, theurgische T.), die eine zunehmende Lösung vom Körper und Hinwendung zu Geist und Einem ausdrücken, also der ontologischen Stufenfolge dynamisch entsprechen; mit dem Zustand der Apathie beginnt die Seele den Übergang ins Theoretisch-Geistige und befreit sich vom Sinnlich-Materiellen, so dass die T. die Befreiung des Menschen zu seinem eigentlichen Selbst bewerkstelligen.

Literatur: Dent [1984] – Gould [1955] – Hermann [1972] – Irwin [1977] – Irwin [1995] – Krämer [1959] – Kube [1969] – Kunsemüller [1979] – Maurer [1970] – Natorp [1921] – Penner [1973] – Stenzel [1961] – Van Ackeren [2003] – Vlastos [1981] – Wieland [1999] – Wolf [1999]

Dirk Cürsgen

Übel, das siehe Böse, das

Ungeschriebene Lehre (*agrapha dogmata*)

I. Platons Philosophie äußerte sich im Schriftwerk und in mündlicher Lehre. Obwohl die Letztere mit dem Ersteren nach den vorliegenden Zeugnissen nicht identisch ist, muss man annehmen, dass beides eine Lehre ausmacht. Im Schriftwerk erscheint sie ausnahmslos dialogisch-problematisierend und relativ unabgeschlossen, die Ungeschriebene Lehre (U.L.) zeigt dagegen deutlicher systematisierende Züge. Bis in die Neuzeit wurden diese Unterschiede wenig wahrgenommen (Wippern [1972]: vii ff.). Erst Schleiermacher ließ in der Einleitung zu seiner Platon-Übersetzung (1804) als Platons Lehre nur das „sokratische Gespräch" der Dialoge gelten. Die SCHRIFTKRITIK des (in seiner Chronologie „frühen") Phdr bezog er auf diese Dialoge offenbar nicht.

In der Folgezeit wurde die Bedeutung der U.L. neu hervorgehoben von Hermann [1839], Robin [1963], Stenzel [1924] u.a., aber auch entschieden negiert u.a. von Cherniss [1966]. Über die Testimonien der U.L. sh. die Sammlungen: Gaiser [1963], Isnardi Parente [1997 und 1998a], Arana [1998], zur Überlieferung: Gaiser [1968b].

Abgesehen von Platon (bei dem man schriftliche Hinweise auf das Ungeschriebene, begreiflich aber irrtümlich, nicht suchte), ist die wichtigste Quelle Aristoteles. Sein Zeugnis ist vielfältig, aber schwer fassbar, da es mit dem Platonischen Schriftwerk weder im Einklang steht noch durchweg davon abweicht, außerdem in sich selbst nicht recht übereinstimmt. Dass Platons Lehre von Aristoteles missverstanden worden ist (Cherniss [1966]), ist nicht vorstellbar. Man muss beachten, (1.) dass die Aristotelischen Texte oft nur skizzenhaft formuliert sind und die Platontestimonia meist aus der schlecht überlieferten *Metaphysik* stammen, (2.) dass er nicht in erster Linie referiert, sondern kritisiert, wobei er gerne alle denkbaren Gesichtspunkte ‚abhakt' (vgl. Cleary [2003]: 12 ff.). Dadurch führt er nie ganze Gedankenzüge Platons an, sondern disiecta membra. Für die Rekonstruktion der U.L. muss der ‚Referatgehalt' seiner Testimonien nach Möglichkeit vom ‚Kritikgehalt' getrennt werden.

Neben Zeugnissen von unmittelbaren Platonschülern stehen einige aus hellenistischer Zeit (die das metaphysische Element der Platontradition im Allgemeinen wenig schätzte). Umfangreicher und bedeutsamer (aus dem entgegengesetzten Grunde, sh. Isnardi Parente [1997]: 393 ff.) sind die kaiserzeitlichen Platon- und Aristoteleskommentare, Sextus Empiricus u.a.

Die Termini, in denen die Testimonien formuliert sind (*archê*: Prinzip – „Anfang", *stoicheion*: Element – „Buchstabe", *aition*: causa – „Ursache", *synanaireisthai*: „mitaufgehoben-werden" usw.), sind als Fachausdrücke von Aristoteles geprägt. Sie kommen bei Platon auch vor, aber im Schriftwerk in der typisch Platonischen, nicht terminologisch fixierten Weise. Wieweit Platon sie in der U.L. streng terminologisch verwendet hat (und seit wann, unter Umständen von Aristoteles beeinflusst?), lässt sich nicht sagen.

II. Zur Form der U.L.: Man hat zuerst nur nach den Inhalten der U.L. gefragt. Es zeigt sich jedoch, dass man durch Formbetrachtungen die Erwartung bezüglich der

Inhalte klären kann. Die Referate des Aristoteles legen den Schluss nahe, dass Platon auch in der Akademie einen offen-problematisierenden Lehrstil pflegte (Cherniss [1966]: 90f.; Steinthal [2000]: 63ff.). Daraus folgt zwar nicht zwingend, dass Platon kein abgeschlossenes und feststehendes Lehrsystem vor Augen hatte. Mit der Möglichkeit darf man aber umso mehr rechnen, als darin ein höchst persönlicher Zug Platons zu erkennen wäre, der sich im Schriftwerk ebenso ausprägt wie in der U.L. Auch von den nach-Aristotelischen Testimonien breitet keines die ganze U.L. aus, obwohl die Gründe, die oben bezüglich Aristoteles genannt sind, auf sie nicht zutreffen. Das dürfte daran liegen, dass Platon mit der U.L. weniger auf systematische Deduktion als auf lehrende Hinführung zielte. Eine Deduktion, die von den allgemeinsten, denknotwendigen Prinzipien des Seienden lückenlos hinunter reichen würde bis zum Einzeln-Zufälligen, wäre auch unmöglich. Schon bei Aristoteles stellt sich die Frage, welche der für die U.L. bezeugten Lehrstücke von Platon selbst, welche von anderen Angehörigen der Akademie stammen. Aristoteles erwähnt die „Ideenlehre" überaus häufig, nennt aber ihre Vertreter auffällig selten beim Namen, weder Platon noch einen der anderen Akademiker. Meist spricht er im anonymen Plural von „denjenigen, die Ideen setzten" oder Ähnliches. Das führt auf den methodischen Grundsatz, eine spezielle Lehrmeinung nur dann einer bestimmten Person zuzuweisen, wenn Aristoteles diese namentlich nennt. An einigen Stellen werden unter den Ideentheoretikern diejenigen herausgehoben, „die als erste Ideen setzten". Da könnte Platon gemeint sein. *Metaphysik* Buch 1, 9 und *Metaphysik* Buch 13, 4–5 bringen seitenlang Wort für Wort die gleiche Ideenkritik, aber in Buch 1, 9 werden die Verfechter der Lehre oft als „wir" erwähnt (z.B. 990b und 992a, – Aristoteles schließt sich also mit ein), in Buch 13, 4–5 dagegen steht durchweg das distanzierende „sie". Man mag vermuten, dass die zuerst genannte Stelle der Zeit entstammt (oder dass sie in ihr nachklingt), als Aristoteles der Akademie angehörte, die Ideenlehre aber ablehnte, und dass er in dem späteren (?) Text *Metaphysik* Buch 13, 4–5 diese Reminiszenz tilgte.

III. Bei Würdigung alles dessen drängt sich eine weitere methodische Überlegung auf: bei den nach-Aristotelischen Testimonien, selbst wenn eine Lehrmeinung ausdrücklich Platon zugeschrieben ist, ist dies nicht unbedingt als zuverlässig zu betrachten. Denn wenn schon Aristoteles zwischen Platon und der übrigen Akademie nicht scharf schied, mochte es für die Späteren vollends naheliegen, die akademische Lehre pauschal als „Platons" zu bezeichnen. Das hat auch Sinn: Platon war der spiritus rector. Wenn man überdies den offen-problematisierenden Stil der Akademie (sh. oben) in Rechnung stellt, ergeben sich für die Rekonstruierbarkeit der U.L. nicht genau abschätzbare Einschränkungen: (1) Auf die Frage, von wem welche Lehrmeinungen stammen, ist eine jedesmalige Antwort weder möglich noch nötig, – „Platon ohne Platonismus" (vgl. Isnardi Parente [1998b]) lässt sich nicht glatt wiederherstellen. (2) Die Lehrstücke der U.L. blieben vermutlich oft lange in Diskussion (vgl. Ferber [1991]) und erscheinen schon deshalb in den Testimonien nicht eindeutig. (3) Unsicher ist insbesondere, wie man die U.L. mit heutigen Kategorien (etwa ob die Ideen intensional oder extensional gemeint sind) erfassen kann. – Diese Folgerungen legen jedoch die Erforschung der U.L. nicht lahm. Sie befreien sie aber von unsachgemäßer Beweislast.

Die Inhalte der U.L.: Schon die wenigen Aristoteles-Stellen mit Platons Namen erweisen die U.L. als Prinzipien-Theorie. Prinzipien sind das „Eins" und das „Groß-Kleine". Letzteres heißt auch „unbestimmte Zweiheit" (*aoristos dyas*), wobei die Bezeichnung „unbestimmt" die Konnotation des „Grenzenlosen, Unabsehbaren" enthält. Daraus folgt, dass das „Eins" als Prinzip der Bestimmtheit und Ordnung gilt, und daraus, dass die Lehre wohl nicht streng dualistisch, sondern monistisch ist (Halfwassen [1992 und 1997]; etwas anders Wippern [1972]: xxvii). Aristoteles sagt dazu (*Metaphysik* 987b), das „Groß-und-Kleine" sei Prinzip „als Stoff" (*hôs hylê*), das „Eins" dagegen „als Wesenheit" (*hôs usia*).

Diese Prinzipien stehen über den Ideen und geben den „Grund" (*aition*) für sie ab, die Ideen wiederum seien „Gründe" für das sinnlich-Wahrnehmbare (*ta aisthêta*), dem ein Sein nur durch „Teilhabe" an den Ideen zukomme. Zwischen den *aisthêta* und den Ideen nehme „das Mathematische" (*ta mathêmatika*) eine Mittelstellung ein. Anders als die Pythagoreer habe Platon die Ideen nicht mit Zahlen gleichgesetzt. – Soweit etwa der ‚Referatgehalt' der Aristoteles-Stellen mit ausdrücklicher Nennung Platons (vgl. Steinthal [2004]: 374–378).

Der Versuch, diese knappe Skizze mit Zügen aus späteren Testimonien zu einem vollen Bild zu gestalten, ist legitim. Man muss aber im Auge behalten, dass auch das ‚volle Bild' lückenhaft ist und man nicht von jedem seiner Einzelzüge sagen kann, dass er von Platon stammt (vgl. Isnardi Parente [1997]: 403 f.). Die Neuplatoniker haben das ‚Bild' später aufs Raffinierteste systematisch verfeinert (vgl. Radke [2003]).

IV. In dieser ‚Skizze' der U.L. zeigt sich noch nicht deutlich die Stufen-Gliederung des Seienden. Ansätze dazu gibt es auch im Schriftwerk, wo die Sinnenwelt aus der Klarheit des Ideenreiches hergeleitet wird. Die U.L. lässt sich als Überformung des dort Unternommenen verstehen. Theophrast (*Testimonia Platonica*, Gaiser [1963]: Testimonium 30 = Isnardi Parente [1998 a]: B 4) berichtet dazu, Platon habe die Sinnenwelt auf die Ideen zurückgeführt, die Ideen auf „die Zahlen", und erst diese auf die höchsten Prinzipien. „Zahl" und „Zahlen" erscheinen in der Stufengliederung in mehreren Positionen und nicht durchweg übereinstimmend (vgl. Gaiser [1963]: 89 ff.). Die „mathematischen" Zahlen, mit denen man zählt und rechnet, dienen wie alles „Mathematische" der Propädeutik auf die Ideenerkenntnis, sind also nicht Prinzipien. „Zahl" in höchster Allgemeinheit hingegen fasst diskrete Vielheit zu begrifflicher Einheit zusammen (sh. Mathematik und Idee). Diese „Idee-Zahl" (*eidêtikos arithmos*) hat den Rang eines Prinzips (Radke [2003]: 435), eigentlich sogar den des höchsten, noch oberhalb von „Eins" und „Zweiheit". Im Rang unter den Prinzipien und über den Ideen erscheint jedoch auch eine Mehrheit von „Idee-Zahlen": manchmal die Zahlen bis zur Vier, manchmal bis zur Zehn (Gaiser [1963]: 116, 128 und *Testimonia Platonica*, Gaiser [1963]: Testimonium 61 = Isnardi Parente [1997]: A 11; dazu auch Krämer [1996]: 274, und Cleary [2003]: 27 ff.). Vermutlich war dieser Teil der U.L. mehr als andere umstritten. Aristoteles vermerkt an einer einzigen Stelle

(*Metaphysik* 1078b), dass die Ersten, die Ideen annahmen, diese Annahme noch nicht mit Zahlentheorie (mit der *physis*, „dem Wesen, der Idee" der Zahlen) verknüpft hätten. Wie diese Angabe genau zu verstehen ist, ist offen. Die Ontologie wird auch als ganze „mathematisiert": Die vier Stufen des ontologischen Aufbaus (Sinnendinge – Ideen – Zahlen – Prinzipien) stehen in Analogie zu den vier Raum-Dimensionen, die sich in Körper, Fläche, Linie und Punkt zeigen (*Testimonia Platonica*, Gaiser [1963]: Testimonium 22B = Isnardi Parente [1998a]: C 3). Nach Gaiser hat Platon diese Analogie als visualisierende „Vergewisserung" beim Denken des sinnlich nicht Fassbaren geschätzt. Die Rangfolge im Stufenreich folgt aus den Relationen des „Mit-aufgehoben-Werdens" bzw. „Mit-eingeführt-Werdens". Wenn z.B. der Begriff der Fläche „aufgehoben" wird, wird notwendig der Begriff des Körpers „mit-aufgehoben" (*synanaireitai*), denn ohne (äußere Ober-)Fläche gibt es keinen stereometrischen Körper. Umgekehrt: Bei Einführung des Begriffs Körper wird der Begriff der (ihn begrenzenden Ober-)Fläche notwendig „mit-eingeführt" (*synepipheretai*). Folglich rangiert der Begriff „Fläche" über dem Begriff „Körper" usw.

Schon im Schriftwerk mindestens seit der Resp kündigt sich an, dass das Prinzip, welches formal als „Eins" bezeichnet wird, unter wertendem Aspekt „das Gute" heißt. Die Gleichsetzung von „Eins" und „Gut" liegt nahe, wenn das „Eins" als Prinzip der Ordnung und Bestimmtheit gilt. Sie bedurfte aber zweifellos der Fundierung durch eine pointierte Einsicht. Proklos sagt dazu in seiner *Theologia Platonica*, das höchste Prinzip heiße „Eins", sofern es alles hervorbringt (*hyphistatai*), „Gut" jedoch, sofern alles ihm zugewandt ist (*epestraptai*): sh. Radke [2003]: 554. Platon hat dieses Problem in einer *akroasis* („Vorlesung", vielleicht einer [regelmäßigen] Vorlesungsreihe?) mathematisierend behandelt, mindestens einmal öffentlich, wobei das Publikum mit Spott und Unverständnis reagierte (*Testimonia Platonica*, Gaiser [1963]: Testimonium 7 = Isnardi Parente [1998a]: B 1). Eine Alters-Vorlesung braucht man darin nicht zu sehen: Sie könnte seit Gründung der Akademie ihren Platz in der U.L. gehabt haben. Der Titel „Über das Gute" wurde im Laufe der Überlieferung so prominent, dass stellenweise die gesamte U.L. darunter verstanden wird.

V. Seit geraumer Zeit steht im Mittelpunkt der Auseinandersetzungen die „Tübinger Schule" um H. J. Krämer, K. Gaiser, T. A. Szlezák. Sie setzt voraus, dass U.L. und Schriftwerk sich gegenseitig erhellen. Die „Schriftkritik" (Phdr 275c–277a zusammen mit Ep 7, 341c–d) nimmt sie als Beweis dafür, dass Platon nie die Absicht hatte, seine ganze Philosophie der Schrift anzuvertrauen (Szlezák [1993a]: 63). Die nicht veröffentlichten, weitaus wichtigeren Lehrstücke (im Phdr: *timiôtera*) habe er nur mündlich in der Akademie „in geeignete Seelen ausgesät".

Als bewusste Verweisungen auf die U.L. gelten dabei die in den Dialogen zahlreich anzutreffenden „Aussparungsstellen" (sh. Krämer [1959]: 389ff.), an denen eine weiterführende Erläuterung nötig wäre, die jedoch ausdrücklich unterbleibt. Zwar wäre der fiktive Dialogführer (meist Sokrates) durch seinen unbezweifelten Erkenntnisvorsprung (Szlezák [1993a]: 31) stets fähig, den Partnern „Hilfe zu leisten", d.h. *timiôtera* vorzutragen, die das Verständnis auf eine höhere Stufe führen und sichern würden. Aber er pflege diese Hilfe „auszusparen", wenn der Partner ihr (intellektuell und/oder moralisch) nicht oder noch nicht gewachsen wäre.

Eine Geheimlehre sei die U.L. jedoch nicht (Szlezák [1985]: 400ff.). Da die Schrift „wahllos zu jedem spricht und immer das gleiche sagt", sei sie für Platon kein geeignetes Mittel philosophischer Lehre gewesen. Er erkenne ihr zwar einen Wert als Erinnerungshilfe zu (d.h. für den, der schon wissend ist). Daneben sehe er in ihr ein für den Autor (Szlezák [1993a]: 66) erfreuliches Spiel, im Übrigen habe sie geringe Bedeutung. Aus der Verschweigung der *timiôtera* im Schriftwerk sei zu schließen, dass Platon auch in der Akademie eine „Hilfe", um die er gebeten wurde, unter Umständen verweigert habe, weil sie *aprorrhêton* „nicht vorweg aussprechbar" sei (nach Lg 968e). Absolut unaussprechbar sei aber kein Lehrgegenstand (Gaiser rechnet jedoch mit einem Bereich des gänzlich Unsagbaren: Gaiser [1963]: 5 u.ö.).

Diese hier knapp referierte Deutung rief und ruft Einwände hervor (vgl. Szlezák [1993b]): (a) Der früher oft erhobene Vorwurf der „mangelnden philosophischen Relevanz" oder „inhaltlichen Magerkeit" der U.L. träfe nur zu, wenn man die „Abstraktheit" der Prinzipien als Sinn-Leere (miss)verstehen müsste. Der Vorwurf impliziert überdies eine unhaltbare Einschränkung des Relevanzbegriffs. (b) Da die Rekonstruktion der U.L. notgedrungen unzureichend bleibt, kann man es für förderlicher halten, sich auf die Klärung der in den Dialogen oft versteckt angedeuteten Zusammenhänge zu beschränken: Heitsch [1992]. Wenn diese Beschränkung freilich absolut gälte, begäbe man sich ohne Not der Deutungshilfen, die aus der U.L. kommen könnten. (c) Der Tübinger Deutung steht (im ersten Ansatz) die Auffassung entgegen, dass mit den *timiôtera* nicht inhaltlich andere, höherrangige Argumente gemeint sind (so Szlezák [1990]), sondern lediglich die formal intensivierte dialektische Klärung (so Heitsch [1989]). Wenn man diesen Dissens über den „ersten Ansatz" hinausverfolgt, bemerkt man, dass jede intensivierte Dialektik inhaltlich höher führt und umgekehrt jedes inhaltlich andere höherführende Argument formaler wird, d.h. weniger speziellen Inhalt hat. Man könnte den Dissens vielleicht beilegen. (d) Heutige Leser sind vom „nie einholbaren Erkenntnisvorsprung" des Dialogführers befremdet. Der Vorsprung ist aber stets begleitet von einer (den Lesern sehr vertrauten) Erkenntnis-Sorge. Sie zeigt sich im Immer-wieder-Prüfen, im Problematisieren, im Lehren-Wollen, in der Dialogform überhaupt, in ihrem Grenzenlosen, Offenen – Schleiermachers romantisches Platonbild war nicht völlig falsch (vgl. Steinthal [1996]: 18ff.). (e) Die Bedeutung des „Spiels" für die philosophische Erkenntnis und Lehre kann man höher einschätzen, als dies oben zum Ausdruck kommt. Philosophie ist Sache des Ernstes. Wo aber der Ernst nicht hinreicht, darf das Spiel eintreten: Es ist dem Ernst an Würde unterlegen, aber nicht nur an Anmut, sondern auch an Reichweite überlegen. (f) Die Tübinger Deutung stellt mehr den Schulleiter Platon vor Augen als den Schriftsteller (zu deren mutmaßlich prekärem Verhältnis Steinthal [2000]: 65f.). Sie zeigt konsequent und überzeugend, wie Platons Lehre von seinen Schülern, sofern sie den „Funken" (Ep 7, 341d) aufnahmen, verstehend angeeignet wurde, und wie alle übrigen sie verständnislos anstaunten oder schmähten.

Der heutige Platonleser muss voraussetzen, dass auch die schriftliche Lehre Aussicht hat, so angeeignet zu werden. Bei aller Bevorzugung des mündlichen Worts sagt Platon nirgends, dass die Schrift stets unheilbar missverstanden wird. Auch hat er sich durch die U.L. nicht davon abhalten lassen, sein Schriftwerk bis zu seinem Tode fortzuführen, sodass es unwahrscheinlich ist, dass er an spätere Leser seines Werks nie gedacht hat. Im Schriftwerk spricht er davon nirgends, aber bei seiner sonstigen Verschwiegenheit in personalibus besagt das nicht viel. Er dürfte gewusst haben, dass zur verständigen Weitergabe der Lehre beides unentbehrlich ist: der ‚Funke' und die Schrift (vgl. Steinthal [1996]: 23f.).

Literatur: Arana [1998] – Cherniss [1966] – Cleary [2003] – Ferber [1991] – Gaiser [1963] – Gaiser [1968b] – Halfwassen [1992] – Halfwassen [1997] – Heitsch [1989] – Heitsch [1992] – Hermann [1839] – Isnardi Parente [1997] – Isnardi Parente [1998a] – Isnardi Parente [1998b] – Krämer [1959] – Krämer [1968] – Krämer [1982] – Krämer [1990] – Krämer [1996] – Radke [2003] – Robin [1963] – Steinthal [1996] – Steinthal [2000] – Steinthal [2004] – Stenzel [1924] – Szlezák [1985] – Szlezák [1990] – Szlezák [1993a] – Szlezák [1993b] – Wippern [1972]

Hermann Steinthal

Unsterblichkeit

I. Nach allgemeiner griechischer Überzeugung überdauert etwas den Tod des Menschen; in der Homerischen Sicht ist dies ein Schattenwesen, *eidôlon*, das in die Totenwelt des Hades eingeht, wo es, fern vom Leben, unbegrenzt weiter vegetiert. Ein „Leben" im Hades verheißen später die Mysterien. Aber erst bei der Annahme der Reinkarnation wird die Unsterblichkeit (U.) der Seele als unvergänglicher Trägerin des Lebens vorausgesetzt. Derartige Vorstellungen gibt es vor Platon in zwei Ausprägungen: entweder gelangen die Seelen nach einem jenseitigen Gericht und entsprechenden Phasen von Lohn oder Strafen zur neuen Geburt, vielleicht am Ende auch für immer in ein lichtes Jenseits, oder sie gehen unmittelbar oder bald nach dem Tod in ein neues Lebewesen ein, wobei Tierinkarnationen einbezogen werden (Annahme der Pythagoreer). Platon greift verschiedene tradierte Vorstellungen auf, prägt sie um, versucht aber auch, die U. zu beweisen.

II. U. bei Platon vorausgesetzt: Sokrates meint in Ap 40c–41c, der Tod sei ein traumloser Schlaf oder die Reise der Seele von hier zu einem anderen Ort, dem Hades, wo sich alle Toten befänden; dort wolle er seine Tätigkeit des Prüfens fortführen. Nur scheinbar schließt diese Sicht an die Homerische an: hier wird im Hades ein Lebendigsein angesetzt; Sokrates sagt, die Menschen dort seien glückseliger als die hiesigen und für die restliche Zeit unsterblich (41c). Er beruft sich auf eine gewisse Überlieferung (*kata ta legomena*, womit Platon auf nicht Homerisches verweist), und fügt hinzu: „wenn dies wahr ist". So bleibt diese Aussicht vage; dass aber der Tod etwas Gutes bedeute, gilt als sicher (40c).

In späteren Texten erscheint die eigenständige Existenz der Seele nach dem Tod als Gewissheit. Definiert wird der Tod als Trennung der Seele vom Körper (Gorg 524b;

Phd 64c, 67d; sh. DUALISMUS). Nach dem Mythos Gorg 525b–c erfahren die Seelen gemäß dem Urteil der Richter im Jenseits Freuden oder Qualen; dabei sollen die Seelen durch ihre Leiden „besser werden" und selber profitieren, oder aber bei extremen, „unheilbaren" Verfehlungen anderen zum warnenden Exempel dienen. Hier dürfte an die Reinkarnation, die nicht eigens genannt wird, gedacht sein. Auf eine mögliche Umwertung von Leben und Tod wird in Gorg 492e hingewiesen.

Erwähnt wird die Reinkarnation in Men 81b–c, ohne nähere Angaben, zur Begründung der Anamnesis-Lehre: infolge vieler Wiedergeburten habe die Seele hier wie im Jenseits vieles gesehen und gelernt, könne daher zur Erinnerung daran gelangen.

Zum Thema wird die U. im Phd. In einer Art Apologie bekennt Sokrates sich zur Fortexistenz der Seele (63b–69e): nach dem Tod werde sie bei sich selbst sein in einem Zustand der Reinheit, dem wir im Leben durch Tugend (*aretê*) und Vernunft nahe kommen können; infolge dieser Reinigung (*katharsis*) mittels der PHILOSOPHIE, der wahren Einweihung, werden wir nach dem Tod bei den Göttern weilen. Überzeugt von der U. äußert sich Platon auch in Ep 7, 335a.

III. Versuche, die U. zu beweisen unternimmt Platon in Phd (mehrmals), Resp, Phdr; sie bleiben alle unbefriedigend. Gewisse Zweifel der Gesprächspartner führen in Phd 70c–72d zum ersten Beweis: Sokrates argumentiert, alles ergebe sich aus Gegensätzen, und wie Wachsein und Schlaf wechselweise auseinander entstehen, so sei dies auch für Leben und Totsein anzunehmen; gäbe es diese Umkehr nicht, wäre schließlich alles nur tot. Kebes fügt ergänzend das Motiv der Anamnesis (aus Men 81c–d) hinzu (sh. WIEDERERINNERUNG), welches Sokrates mit Einbeziehen der Ideenlehre weiterführt (Phd 72e–77a): die Seelen haben vor der Geburt Wissen aufgenommen, existierten also außerhalb des Körpers. Die Existenz der Ideen und die Präexistenz der Seele werden miteinander verbunden. Ein weiterer Beweis (Phd 78b–80d) basiert auf der Unterscheidung zweier Arten des Seienden, des Sichtbaren und des Unsichtbaren, Geistigen; das Erste ist zusammengesetzt und auflösbar, das Unsichtbare ist eingestaltig, unauflösbar, unvergänglich. Der Körper gehört zum Auflösbaren, die Seele aber ist dem Unsichtbaren ähnlich und verwandt, somit dem Göttlichen, Geistigen, Unsterblichen zugehörig. Ist sie vollkommen rein, geht sie nach dem Tod in den als das Unsichtbare (*aides*) verstandenen geistigen Hades ein. Einwände des Simmias und Kebes, die Seele könne vergänglich sein wie die Harmonie eines Musikinstruments oder wie ein Weber, der sich verschiedene Kleider webt und sie überdauert, deswegen aber nicht selbst unsterblich ist, werden von Sokrates weit ausholend widerlegt, wobei ein generelles Eingehen auf die Problematik von WERDEN und VERGEHEN sich als notwendig erweist. Hier werden die IDEEN nicht nur als höchstes Seiendes, sondern als Ursachen definiert. Von dieser Voraussetzung her erfolgt der letzte Beweis (Phd 102b–107b): wie Gegensätze nicht zugleich anwesend sein können (hier handele es sich nicht um Dinge, sondern Ideen), so auch jenes, das ihnen notwendig zugehört: Schnee und Wärme (die zum Feuer gehört) sind unvereinbar. Wenn die Seele lebenbringend ist, kann sie den Tod nicht aufnehmen, ist mit ihm unvereinbar. Folglich ist die Seele unsterblich, unzerstörbar. Als Simmias (Phd 107b) dennoch eine gewisse Skepsis äußert, mahnt Sokrates, man müsse noch schärfer analysieren und prüfen; dann werde man Klarheit finden und nicht weiter forschen.

Ein Beweis wird ferner in Resp 608d–611a vorgetragen vor Glaukon, dem der Gedanke der U. neu ist; Sokrates hält diese Darlegung für nicht schwierig und argumentiert: eine jede Sache habe ein ihr zugeordnetes Übel, das sie zerstört oder schlecht macht. Die Seele nun werde schlecht durch Ungerechtigkeit und andere Laster, werde aber davon nicht zerstört oder aufgelöst, daher müsse sie unsterblich sein. Hinzugefügt wird (611b–612a): um die wahre Natur und Schönheit der Seele zu schauen, müsse man sie frei von ihrer Verbindung mit dem Körper und den Übeln mit der Vernunft betrachten, denn hier im Leben sei sie, wie der Meergott Glaukos, überwuchert von Erdartigem und Muscheln. Erst dann könne man ihr Wesen erkennen, auch ob sie vielgestaltig oder eingestaltig sei. Die Frage, ob nach dieser Aussage in Resp die Gesamtseele oder nur ihr geistiger Teil als unsterblich gelte, ist viel und kontrovers behandelt worden (vgl. Szlezák [1976]; Holtermann [1998]; Papadis [1989]). Mag dies offen bleiben; jedoch dürfte das Argument, die Seele könne durch Laster schlecht werden, die Gesamtseele betreffen, da für Platon Geistiges sich nicht ins Negative wenden kann, und auch der MYTHOS lässt sich nur auf diese beziehen.

Ein Beweis anderer Art findet sich in Phdr 245c–246a. Hier wird die Seele als das Prinzip der Bewegung definiert: sie ist das ewig sich selbst Bewegende, das anderes bewegt und dabei nie enden kann. Als Ursprung (*archê*) und Quelle der Bewegung ist sie ungeworden (sonst wäre sie nicht *archê*, sh. ANFANG), daher muss sie unvergänglich, also unsterblich sein.

Keinen Beweis, aber eine Erklärung bietet die Rede des DEMIURGEN (Ti 41a–42e) an die gewordenen Götter (die Fixsterne), die unsterblich zwar nicht absolut, aber doch nach dem Willen des Gottes seien (sh. GOTT/GÖTTER). Ihnen übergibt er die Geist-Samen der individuellen Seelen, die er aus den Resten der Mischung der WELTSEELE entnommen hatte; die Sterngötter sollen je einer Einzelseele das Sterbliche, die emotionalen Seelenteile, hinzufügen, die Seelen in sterbliche Körper bringen und diese Lebewesen gut leiten. Hier gilt eindeutig nur die Geistseele als unsterblich.

IV. (1.) Die Annahme der Reinkarnation nach einer Jenseitsphase. In den Mythen (sh. MYTHOS) greift Platon überwiegend die Tradition des Totengerichts mit folgenden Freuden oder Qualen der Seelen auf. Im Schlussmythos des Phd 107d–114c werden die Seelenregionen ausführlich geschildert (sh. JENSEITS), die Reinkarnation wird kurz erwähnt (113a): die Seelen am Acheronsee werden nach schicksalhafter, unterschiedlich langer Zeit zur neuen Geburt gelangen. Dies gilt auch für die auf der „wahren Erde“ weilenden Seelen, die dort ein langes, kein ewiges Leben haben (Phd 111b). Ausgeschlossen vom neuen Körperdasein bleiben die unheilbar Bösen im Tartaros wie andererseits die völlig gereinigten Philosophenseelen, die in eine nicht vorstellbare Existenz, in ein geistiges Jenseits für immer eingehen dürfen (Phd 114c, vgl. 80d–e). Der Mythos Resp 614b–621b kennt kein ewiges lichtes Dasein für reine Seelen, wohl aber die ewige Tartaros-Qual für die bösesten. Bedeutsam ist hier, dass die Seelen nach tausend Jahren im Jenseits ihr künftiges Leben selber wählen mit dem zugehörigen Dämon, der für die Erfüllung dessen, was gewählt wurde, sorgen wird (Resp 617e, 620de). Der Mensch ist also verantwortlich für die Art seines Lebens; Sokrates betont nachdrücklich die Bedeutung dieser Entscheidung, auf die man sich durch die Philosophie vorbereiten solle. Bei der Lebenswahl sind die Tiere einbezogen, ohne dass ein Unterschied deutlich würde; Orpheus wählt das Dasein als Schwan, aber auch Tiere wählen ein Menschenleben. Im Mythos Phdr 246a–257b werden wichtige Motive aus Resp übernommen, so die tausendjährige Jenseitsphase und die Lebenswahl. Jedoch wird in Phdr 249b die Relation zwischen Mensch und Tier modifiziert: Menschen können ein Tierdasein wählen, Tiere aber nur dann ein Mensch werden, wenn sie zuvor schon Mensch gewesen sind, nämlich die Ideen geschaut haben und daher zur Erinnerung, *anamnêsis*, finden können (sh. Wiedererinnerung). Im Gewand des Mythos der U. hat Platon nur im Phdr die Ideenschau dargestellt, dabei auch die Anstrengung der Seelen im Jenseits hervorgehoben (247b: *ponos kai agôn eschatos*); hier wie bei der Lebenswahl ist die geistige Kraft der Seelen gefordert.

(2.) Reinkarnation ohne Jenseitsphase. Auch hier ist die Gerechtigkeit dominant. Nach der Version in Phd 80c–82c gelangen nur vollkommen reine Seelen in den als geistig-unsichtbare Region verstandenen Hades; jene, die noch Körperliches an sich haben, reinkarnieren sich nach kurzem Umherschweifen erneut, und zwar ihrer Wesensart (*êthos*) gemäß. Es folgt eine ironische Aufzählung möglicher Tierexistenzen: die den Lüsten Verfallenen werden Esel, die Tyrannischen Wölfe und Geier, aber auch die Rechtschaffenen werden nur Bienen, Ameisen oder allenfalls mittelmäßige Menschen, wenn sie die bürgerlichen Tugenden nur aus Gewohnheit und nicht durch Philosophie und geistiges Streben übten.

Ohne Jenseitsphase erfolgt die neue Inkarnation in der Regel auch nach Ti 42b–d, 91a–92c: am Beginn steht das Dasein des philosophischen Mannes, der nach einem vollkommenen Leben vorübergehend auf „seinen" Fixstern gelangen kann; zumeist aber erfolgt die rasche Reinkarnation, ein Abstieg je nach Art des Versagens. Platons ironische Skizze nennt als Stufen: Frauen, Vögel, vierfüßige, dann vielfüßige Tiere, Kriechtiere, zuletzt Wassertiere. Alle Wesen haben Anteil am Geist (*nus*), und je nach dessen Verminderung oder Zugewinn geschieht über alle Zeiten hin der Wechsel der Lebewesen ineinander in Ab- und Aufstieg (Ti 92c).

Von der Reinkarnation handelt Lg 903b–905b: Nach dem Schicksalsgesetz geschieht die Versetzung der Seelen ihrem Charakter gemäß an einen besseren oder geringeren Ort (in Inkarnationsformen), doch werden auch Hades-Strafen erwähnt. Für den Gott bedeutet dieses dem Elementwandel vergleichbare Ordnungsprinzip „Leichtigkeit" (*rhastônê*). Auf das Talion-Gesetz wird in Lg 872e hingewiesen: nach einem alten Spruch müsse der Muttermörder als Frau wiedergeboren und vom Sohn getötet werden.

V. Nachwirkung: U. und Reinkarnation sind feste Vorstellungen der Platoniker. Einige Besonderheiten finden sich in Plutarchs Mythen: In *De sera numinis vindicta* 25 wird notiert, dass unheilbar böse Seelen vernichtet werden (was weder bei Platon noch anderen Platonikern möglich ist). Ferner wird die Zubereitung der Seelen für die neue Geburt, auch als Tiere, geschildert (*De sera numinis vindicta* 32). In *De genio Socratis* 24 können vollkommene Seelen nach zahllosen Inkarnationen für immer auf dem Mond als DÄMON existieren. Dagegen gibt es in *De facie in orbe lunae* 28–30 zwei Tode; nach dem irdischen Tod und nötigen Reinigungen gelangt die mit dem Geist verbundene Seele auf den Mond, wo sie als Dämon glücklich lebt, bis der Geist sich von ihr, die sich dann auflöst, absondert und aufsteigt in eine geistige Sonnenregion. Von dort erfolgt die neue Inkarnation: zum herabkommenden Geist bildet sich auf dem Mond eine neue Seele und auf Erden der Körper. Vergleichbar mit dieser Konzeption einer graduellen U. ist die des Numenios (Fragment 35 und 44 des Places [1973]), der von zwei Seelen spricht: beim Aufstieg nach dem Tod löst sich die niedere Seele vor dem Eintritt in die Galaxie auf, in welche nur die unsterbliche, göttliche Seele gelangt. Wie in Ti ist die Fixsternsphäre die höchste der Geistseele erreichbare Region. Alkinoos vermerkt in *Didaskalikos* 25, 178,24ff., die U. der geistigen Seele sei für Platon gewiss, die der vernunftlosen Seelen aber sei umstritten; er selber halte diese wegen ihrer andersartigen Substanz für sterblich. Für die Reinkarnation gibt er verschiedene Motive an, u.a. eine gewisse Affinität (*oikeiotês*) der Seele zum Körper.

Für Plotin ist die U. evident. Er lehrt, dass etwas von der geistigen Seele immer im oberen Bereich verbleibt (u.a. *Enneaden* IV.8[6].8). Für den Aufstieg nach dem Tod unterscheidet er die Himmelsregion und den geistigen Bereich „außerhalb", in den nicht alle Seelen, wohl aber (anders als in Ti) die reinsten gelangen können (z.B. *Enneaden* III.4[15].6). Der Reinkarnation unterliegen alle Seelen; bei geistigem Versagen kann der Abstieg nicht nur bis zu den Tieren, sondern bis zu den Pflanzen erfolgen, doch ist von jeder Stufe wieder der Aufstieg möglich (*Enneaden* III.4[15].2). Alles vollzieht sich nach ewigem göttlichen Gesetz.

Literatur: Alt [2002] – Frede [1999] – Gadamer [1985a] – Holtermann [1998] – Papadis [1989] – Szlezák [1976]

Karin Alt

Unvermittelt(heit) siehe **Augenblicklich(keit)**

Ursache siehe **Grund**

Ursprung siehe **Anfang**

Verfehlung (*hamartia*)

I. Ähnlich wie der deutsche Begriff ‚Verfehlung' (V.) weisen die griechischen Äquivalente *hamartia*/*hamartêma* sowie die davon abgeleiteten Verben ein weites Bedeutungsspektrum vom Verfehlen des Ziels im Literalsinn (etwa beim Bogenschießen: Tht 194a; Hipp Mi 375a–b), über moralisch irrelevante Fehler (etwa beim Kinderspiel: Tht 146a) bis hin zu schwerwiegenden sittlichen Vergehen (etwa Tempelraub, Mord: Phd 113e; Gorg 525c–d). Im Folgenden soll das Augenmerk auf der V. im Sinne einer ethisch relevanten Fehlhandlung liegen.

Dass Fehler im Erkennen in enger Beziehung zu V. im Handeln stehen, wird von Platon immer wieder betont. Unwissenheit (*amathia*, sh. Irrtum) ist ja gerade deshalb so verwerflich, weil sie zu falschen Handlungen führt. Umgekehrt zielen die Elenchoi (sh. Elenchos) letztlich auf ein glückliches Leben (Ap 38a; Soph 230d–e). Gerade in den frühen Dialogen scheint Platon davon auszugehen, dass das Wissen um das Richtige bereits sittlich richtiges Handeln garantiert (sog. „ethischer Intellektualismus") und umgekehrt Fehlhandlungen einfach aus Unkenntnis zu erklären sind. Zwar reicht für das Vermeiden von Fehlern in der Praxis auch eine richtige Meinung hin; doch Meinungen sind instabil – erst wenn sie zu einem Wissen (*epistêmê*) gefestigt sind, können sie eine sichere Grundlage für ethisch richtiges Verhalten sein (Men 97b und 98a; vgl. Resp 413b; Ti 51e). So wird Alkibiades belehrt, dass V. im Handeln aus der Unwissenheit, die zu wissen glaubt, entstehen (Alk 1 117d–118a, vgl. auch 134a; Charm 171–173). Im La (199d–e) wird die Tugend geradezu als das Wissen um Gutes und Schlechtes bestimmt (vgl. Prot 360c) und im Euthyd (281d–e) heißt es prägnant, allein die Weisheit (*sophia*) sei ein Gut, allein die Unwissenheit (*amathia*) ein Übel. Im Verbund mit dem Axiom, dass kein Mensch über das Wahre im Irrtum sein möchte (Resp 382b) und keinem Menschen das scheinbar Gute genügt, sondern jeder alles um des wahrhaft Guten willen tut (Resp 506d), folgt daraus, dass niemand wissentlich, d. h. freiwillig schlecht handelt (z. B. Prot 345e; Lg 861d; so auch bei den Neuplatonikern, sh. Plotin *Enneaden* III.2[47].10, IV.8[6].3; Proklos *In Rem publicam* 2, 355). Denn das Schlechte macht, da es schadet, unglücklich; unglücklich möchte jedoch niemand werden. Wer Schlechtes tut, tut es, weil er es für subjektiv nützlich hält, d. h. unter dem Anschein des Guten. Da er es aber nicht tun würde, wenn er wüsste, dass es objektiv schlecht ist, handelt er in diesem Fall zwar nach seinem Gutdünken, nicht jedoch nach dem, was er eigentlich will (Gorg 467–468; Men 77b–78b; Lg 731c und 861d; vgl. Plotin *Enneaden* VI.8[6].3). Daraus folgt zum einen, dass eine V. selbst ihre eigene Strafe nach sich zieht, da sie objektiv unglücklich macht, auch wenn man subjektiv glücklich ist (z. B. Gorg 472e; Tht 176e–177a; Lg 728b). Zweitens ergibt sich daraus, dass der rechte Umgang mit den Fehlenden zuallererst in Belehrung und Zurechtweisung besteht (Ap 26a). Auch Gesetze sollen nicht wie Despoten Zwang ausüben, sondern belehren und überreden (Lg 720–22 und 859a).

II. Dass Platon damit allerdings keine intellektualistische Ethik vertritt, zeigt sich schon darin, dass er im Menschen neben dem *Logistikon* mit dem *Thymos* und dem

Epithymetikon zwei weitere seelische Vermögen annimmt und die Tugend – und damit das Glück – des Menschen in der Vervollkommnung dieser drei Vermögen und ihrem harmonischen Zusammenspiel (*symphônia*) in Freundschaft (*philia*) und Einvernehmen (*homonoia*) ansiedelt. Diesen Zustand, in dem jeder Seelenteil die ihm zukommende Erkenntnis hat, das ihm Zukommende erstrebt und daraus die ihm zukommende Lust zieht (alle Seelenteile haben Lust und Streben: Resp 580d), wobei der oberste Teil, da er eine umfassende Perspektive auf das Gute des Ganzen hat, die leitende Funktion ausübt, die anderen beiden ihm in Übereinstimmung (*homodoxia*) dienen, bezeichnet Platon als Gerechtigkeit (Resp 441d–442d; vgl. Plotin *Enneaden* III.6[26].2). Er hat die größtmögliche Lust für alle Seelenteile (Resp 586d) und das Glück des ganzen Menschen zur Folge. Umgekehrt führt die Zwietracht (*stasis*) unter den Seelenteilen zu den verschiedensten Formen verfehlter Praxis und damit zum Unglück des gesamten Menschen. Dieser Zustand der Ungerechtigkeit ist letztlich Wurzel jeder Art von Schlechtigkeit (*kakia*; Resp 444b). Welche Formen verfehlten Lebens daraus entstehen können, führt Platon im 8. und 9. Buch der Resp exemplarisch vor Augen. So bringt die Herrschaft des *Thymos* in der Seele ein einseitiges Streben nach Macht mit sich (timokratischer Mensch, Resp 548f.), die Despotie der sinnlichen Begierde bewirkt teils eine Fixierung des Lebens auf den Gelderwerb (oligarchischer Mensch, Resp 550–554), teils ein unterschiedsloses Verfolgen aller Lüste (demokratischer Mensch, Resp 561) und im Extremfall die Abhängigkeit auch noch von den geringsten und perversesten Lüsten (tyrannischer Mensch, Resp 571–580, vgl. auch Resp 589d–590c).

Bezeichnenderweise nennt Platon nun auch die Ungerechtigkeit in der Seele bzw. die Meinung, aus der ungerechte Handlungen hervorgehen, *amathia*, die Gerechtigkeit bzw. das Wissen, aus dem gerechte Handlungen hervorgehen, Weisheit (*sophia*; Resp 350d–351a bzw. 443e–444a). Das bedeutet aber, dass das oben genannte Wissen um das Gute, das Ursache der richtigen Handlungen sein soll, kein abstrakt-allgemeines Verstandeswissen ist, das die von ihm unabhängigen Affekte im Zaum hält, sondern vielmehr das vom Logos geleitete Einvernehmen der *gesamten* Seele, welches die größte Lust für alle Seelenteile im Gefolge hat. In diesem Sinne wird auch das Phänomen der Unbeherrschtheit nicht als ein Überwältigtwerden der Vernunft durch irrationale Begierden verstanden, sondern als ein falsches Einschätzen der Lüste erklärt, indem sich die Seele auf die gegenwartsbezogene Perspektive der *epithymia* (oder des *thymos*) einlässt und sich die unter Umständen falsche Meinung bildet, die gegenwärtige Lust sei ein großes Gut, anstatt eine „Messkunst" anzuwenden, die auch Vergangenheit und Zukunft im Blick hat und deshalb den langfristig lustvollsten *bios* wählen kann (Prot 357b–358c). Dazu ist im strengen Sinn nur der Philosoph in der Lage, da er allein über die nötige Erfahrung, praktische Klugheit und rationale Begründungsfähigkeit verfügt (Resp 582f.). Um der schlimmsten Form der *amathia*, die darin besteht, dass man etwas für gut hält, aber etwas anderes liebt (Lg 689a–b), zu entgehen, bedarf es also gleichzeitig einer Anstrengung nach oben und nach unten: Man muss einerseits seine am Einzelnen gewonnenen Meinungen über das Gute rational überprüfen auf seine Voraussetzungen bis hin zum „größten Lehrstück", der Idee des GUTEN selbst (Resp 505a; vgl. auch den Aufstieg zur Idee des Schönen in Symp 210a–211c), und man muss andererseits in der Lage sein, wie es im Phdr vom guten Redner verlangt wird, sein Wissen in den mannigfaltigen Einzelsituationen gleichsam „durchzuarbeiten" (*diaponeisthai*: Phdr 273e; vgl. Resp 518d–519a). Es nimmt nicht wunder, wenn Sokrates in der Resp emphatisch erklärt, es sei ein „großer Kampf", (Resp 608b) tüchtig zu werden. Aufgrund seiner Endlichkeit ist der Mensch prinzipiell für Fehler anfällig, hinzu kommt unter Umständen eine ungünstige physische Veranlagung (Ti 86b–87b; vgl. Plotin *Enneaden* I.8[51].8) und häufig eine schlechte ERZIEHUNG. Schon in den kleinen Kindern müssen durch Übung und Gewöhnung *epithymia* und *thymos* in der Weise erzogen werden, dass sie Lust an den Dingen entwickeln, die später ihr *logos* gutheißen kann (Lg 643 und 653). Später muss der im Kindesalter erworbene Habitus gefestigt werden durch die richtige musische und gymnastische Bildung, bis schließlich die Beschäftigung mit der Philosophie den Blick aufs „große Meer" (Symp 210d) des Guten eröffnen kann.

Grundsätzlich bleibt festzuhalten, dass bei Platon das, was als äußerlich richtiges oder verfehltes Handeln erscheint, auf seinen inneren seelischen Grund zurückgeführt wird. GERECHTIGKEIT und Ungerechtigkeit sind zuallererst seelische Verfassungen (Resp 443c–d) und nach ihnen müssen die konkreten Handlungen beurteilt werden. Immer wieder verwickelt Sokrates seine Gesprächspartner, die bestimmte Verhaltensmuster als tapfer, gerecht usw. festschreiben wollen, in Widersprüche, weil dasselbe Verhalten unter anderen äußeren Umständen auch falsch sein kann. Nach dem Grundsatz, dass die Beurteilung von Handlungen nach inneren Kriterien erfolgen muss, wird auch in den Lg zwischen Schädigung (*blabê*) und Ungerechtigkeit (*adikia*) differenziert. Für den Schaden muss Wiedergutmachung geleistet werden, die Gesetze zielen aber in erster Linie auf die Heilung der Ungerechtigkeit, indem sie durch geeignete Maßnahmen, Taten oder Worte, Schmerz oder Lust, Ehre oder Schande, Strafen oder Belohnungen, dafür sorgen, dass die Bürger das Gerechte lieben lernen (Lg 861 f.). Selbst wenn sie keinen äußeren Schaden verursacht, ist die Despotie von *thymos* oder *epithymia* in der Seele Unrecht; umgekehrt ist eine durch die richtige Auffassung über das Gute geordnete Seele gerecht, auch wenn sie einmal fehlgeht (Lg 863e–864a).

III. Die von Platon entwickelten Grundgedanken zum Entstehen von IRRTUM und V. werden von der späteren platonischen Tradition übernommen und systematisiert. Der Fokus ist dabei gerichtet auf zwei Aspekte, die komplementär zu verstehen sind: zum einen auf die MATERIEhaftigkeit der Welt als Voraussetzung jeder Art von V. – so bezeichnet Plotin die Materie als das „erste Schlechte" (*Enneaden* I.8[51].3, vgl. auch II.9[33].9, III.2[47].4; Proklos *In Alcibiadem* 108 und 225) –, andererseits auf die schuldhafte Abwendung der Seele von ihrem göttlichen Ursprung und den in ihr liegenden Kriterien richtigen Handelns hin zur Vereinzelung und perspektivischen Verengung, die Ursache von konkreten V. ist (Plotin *Enneaden* IV.8[6].4, V.1[10].1, Proklos *In Rem publicam* 2, 277 f.).

Literatur: Bremer [1969] – Detel [1972] – Hager [1987] – Irwin [1995] – Oehler [1962] – Schäfer [2002a] – Schmitt [2003] – Szaif [1998] – Wieland [1982]

Brigitte Kappl

Vermögen/Möglichkeit (*dynamis*)

I. In Anknüpfung an traditionelle Verwendungsweisen, wie sie sich in der epischen, medizinischen und vorsokratischen Literatur finden lassen, gebraucht Platon *dynamis* (d.) in der Hauptbedeutung eines aktiven Vermögens (V.) bzw. einer Fähigkeit, mit einer deutlichen Konnotation von „Kraft“ bzw. „Macht“. Der Terminus fungiert des Öfteren als eine Art Gattungsbegriff, unter den andere zentrale Konzepte der Platonischen Philosophie fallen: So wird das Wissen (*epistêmê*) im Vergleich zu Meinung und Nichtwissen als höchste d. bestimmt (Resp 477e), die Tugend der Tapferkeit wird als d. gekennzeichnet (La 192a–b), und verschiedene Künste (*technai*) werden unter dem extensional weiteren Oberbegriff d. subsumiert bzw. durch ihr jeweiliges V. untereinander differenziert (Soph 219a–b; Resp 346a–b; Gorg 447c). D. steht also hauptsächlich für „eine gewisse Art des Seienden (*genos ti tôn ontôn*), wodurch sowohl wir vermögen, was wir vermögen, als auch jegliches andere, was etwas vermag“ (Resp 477c). Die Unterscheidung zwischen solchen V. erfolgt sowohl durch ihre Hinordnung auf spezifische Objekte als auch durch die von ihnen hervorgebrachte Wirkung (Resp 477c–d).

II. Als subjektiv-praktische Disposition bzw. als seelisches V. setzt d. ihren Träger (in Abwesenheit hinderlicher äußerer Umstände) in die Lage zur instantanen willensgesteuerten Tätigkeit: „Vermögend (*dynatos*) ist doch wohl jeder, der das, was er will, alsdann tut, wann er es will“ (Hipp Mi 366b–c). In der generellen Verfügbarkeit des V. liegt jedoch, wie vor allem im Hipp Mi herausgearbeitet wird, auch eine fundamentale Ambivalenz: Wer fähig ist, die Wahrheit zu sagen, kann auch bewusst lügen; jede Fähigkeit ist also mit der Möglichkeit verbunden, sie vorsätzlich auf ihr Gegenteil hin zu realisieren. Die entstehende Aporie im Blick auf die als d. verstandene Tugend der Gerechtigkeit liegt dann darin, dass derjenige, der absichtlich Unrecht tut, im Hinblick auf seine grundlegende Fähigkeit zur Gerechtigkeit besser ist als der unvorsätzlich Fehlende (Hipp Mi 372–376). Diese scheinbare moralische Neutralität von V. verträgt sich offensichtlich schlecht mit dem ebenfalls unter d. subsumierten Tugendbegriff. Bei Platon erfolgt der normative Abgleich dieses Dilemmas durch die Feststellung, dass die ungerecht Handelnden letztlich sowohl individuell als auch gemeinschaftlich „vollkommen unvermögend (*adynatoi*) sind, etwas auszurichten“ (Resp 352c), und durch die konsequente Betonung der Sokratischen Paradoxie, dass niemand vorsätzlich das Schlechte tut, insofern Wissen eine zureichende Bedingung für gutes Handeln ist. Der Erwerb philosophischer Erkenntnis macht dem Mythos von Er zufolge hierbei die Seele im jenseitigen Zustand „fähig und kundig (*dynaton kai epistêmona*), gute und schlechte Lebensweise unterscheidend, aus allen möglichen (*tôn dynatôn*) immer und überall die beste auszuwählen“ (Resp 617). Dass nicht jede dem Menschen verfügbare d. sich eigener Leistung verdankt, zeigt hierbei die Kennzeichnung der Rhapsodistik als göttlicher Fähigkeit (*theia dynamis*) in Abgrenzung von einer bewusst erworbenen und kognitiv fundierten *technê* (Ion 533c, 534c), was in Verbindung mit dem *enthusiasmos*-Motiv zur Erklärung der Fähigkeiten der Dichter zu sehen ist.

III. Neben diesen aktiven V. spricht Platon teilweise auch von korrespondierenden passiven, etwa der Fähigkeit der sinnlichen Gegenstände, wahrgenommen zu werden (Resp 507e–508a). In diesem Minimalsinn ist auch den Ideen eine d. zum Erkanntwerden zuzusprechen (Soph 248e). Die Bedeutung der d. für den Ideenkosmos und damit für die Platonische Ontologie im eigentlichen Sinne des Wortes muss jedoch vor allem mit Blick auf das Spätwerk als problematisch gelten. Einerseits bleibt für die Anwendung eines prozessual konzipierten V.sbegriffs auf Grund der Charakterisierung der Ideen als ewiger und unwandelbarer Entitäten, denen jede Form von Bewegung und Veränderung fremd ist, kaum konzeptueller Raum. Dem steht jedoch die Anerkennung der Fähigkeit der Ideen und ihrer obersten Gattungen (*megista genê*) gegenüber, miteinander Gemeinschaft zu haben (*dynamis tês koinônias*) bzw. sich zu mischen (Soph 251d, 253b–c, 254b–c), was von einer dynamischeren Sichtweise der Ideenwelt im Spätwerk zu zeugen scheint. Die vom Fremden aus Elea im Soph vorgetragene definitorische Gleichsetzung von Seiendem (*to on*) und Fähigkeit zum Tun und Leiden (Soph 247e) ist jedoch hinsichtlich ihrer Akzeptanz durch Platon in der Forschung höchst umstritten. Jedenfalls eröffnet sich in diesem Kontext auch der Rahmen für einen ontologischen Möglichkeitsbegriff, insofern alles als möglich erscheint, was nicht eine Verknüpfung oder Mischung von einander im Gegensatz stehenden Ideen involviert (Soph 252d–e, 255a–b; vgl. auch Phd 102–107). Das Wissen um solche Möglichkeiten bzw. Unmöglichkeiten kennzeichnet gerade das dialektische Wissen des Philosophen (Soph 253d–e). Auch in der kosmologischen Spekulation zeichnet sich ein ontologischer Möglichkeitsbegriff ab, insofern der als Weltbaumeister konzipierte Demiurg die Welt nicht nach Belieben schafft, sondern an die Vorgaben der Ideen, des Raums und der vier Elemente gebunden ist, wobei auch Letztere bereits vor ihrer Durchformung nach Gestalt und Zahl „gewisse Spuren von sich selbst“ (Ti 53a–b) und „starke Kräfte“ (Ti 33a), also bestimmte Entwicklungspotenziale bzw. -anlagen, besitzen: „Schon unabhängig von Gott und den Ideen wird also die Möglichkeit der Welt in bestimmter Weise vorbereitet und im voraus festgelegt“ (Faust [1931]: 56). Deshalb ist die erfolgende Ordnung des Kosmos auch nur *kata dynamin* gut (Ti 30a, vgl. auch 53b), insofern das vorgegebene Material das gestaltende V. des Demiurgen in seinem möglichen Umfang begrenzt: Die reale sinnliche Welt ist nicht die denkbar beste, sondern die unter den beschriebenen Limitationen bestmögliche (vgl. Erkka [1967]). Diese Ansätze zu einem ontologischen Möglichkeitsbegriff werden von Platon jedoch nicht vertieft, insofern d. bzw. *dynaton* doch weitgehend im Sinne von aktiver Potentialität und nicht als seinsbezogene Possibilität verstanden werden. Dass dieser d.-Begriff für den Ideenkosmos in toto eine (freilich erst bei Plotin konsequent entfaltete) konstitutive Funktion hat, zeigt sich nicht zuletzt darin, dass die Idee des Guten den anderen Ideen Sein und Erkennbarkeit erst verleiht und sie dabei insgesamt an „Würde und Vermögen“ (*presbeiai kai dynamei*) überragt (Resp 509b).

IV. Bei Aristoteles wird d. in Verbindung mit seinen Korrelaten *entelecheia* bzw. *energeia* zum Grundbegriff seiner Naturphilosophie und Ontologie. Zur Analyse der Prozesse im Bereich des Werdens und Vergehens entwickelt er eine differenzierte Theorie aktiver und passiver kinetischer V. sowie der kausal auf ihnen beruhenden Veränderungen (*Metaphysik* Buch 9, 1–5), die schließlich auch zu einem ontologischen Möglichkeitsbegriff führt (*Metaphysik* Buch 9, 6–7): Das Seiende ist nicht nur kategorial, sondern auch als mögliches bzw. wirkliches Seiendes betrachtbar (*Metaphysik* Buch 5, 7), wobei die Rede vom *dynamei on* einen auf das Sein bzw. die Wesenheit der Dinge bezogenen Möglichkeitsbegriff indiziert. Darüber hinaus entfaltet Aristoteles einen von der realen d. unterschiedenen modallogischen, d.h. auf Widerspruchsfreiheit im Denken beruhenden Möglichkeitsbegriff (*Metaphysik* 1019b). Das im Neuplatonismus sichtbar werdende Bestreben einer Harmonisierung von Platon und Aristoteles zeigt sich exemplarisch in der Möglichkeitslehre Plotins, der den Aristotelischen d.-Begriff insbesondere in seiner real-ontologischen Dimension aufnimmt (vgl. *Enneaden* II.5[25]: *Peri tu dynamei kai energeiai*) und ihn auf seine Hypostasenordnung anwendet. Das als V. bzw. Möglichkeit von allem (*dynamis pantôn*, *Enneaden* V.3[49].15.33 und V.3[49].16.2, V.4[7].2.38) charakterisierte Eine (*hen*) ist quellhafter Urgrund der gesamten Seinswirklichkeit, in der „ein und dieselbe Dynamis, sich allmählich abschwächend und erschöpfend, vom Ersten herunterreicht bis zur Materie“ (Buchner [1970]: 139). Das Ausströmen der d. aus dem Einen und seine Übertragung von einer Hypostasenstufe auf die jeweils nächstniedrigere schafft in Verbindung mit der für die Seinskonstitution verantwortlichen Rückwendung auf das Höhere einen kontinuierlichen dynamischen Seinszusammenhang, welcher die in der Platonischen Ontologie in toto angelegte *chôrismos*-Problematik zu überwinden versucht (sh. TRENNUNG). Die Plotinische d. nimmt somit wieder (vermutlich auch unter Einfluss stoischen Gedankenguts) zunehmend die bei Platon vorherrschende Konnotation von „aktivem V.“ bzw. „Kraft“ in einer umfassenden, auf Transzendenz und Immanenz anwendbaren und sie zugleich verzahnenden Bedeutung an.

Literatur: Buchner [1970] – Erkka [1967] – Faust [1931] – Pritchard [1990] – Seidl [1984] – Souilhé [1919] – Stallmach [1959]

Jörn Müller

Verschiedenheit siehe **Identität**

Verwirklichung siehe **Vollendung**

Vieles siehe **Eine, das**

Vollendung/Verwirklichung

I. Insofern der Gedanke der Verwirklichung bzw. der Vollendung (V.) prozessual aufgefasst wird, d.h. als die sukzessive vollständige Realisierung des (eigenen) Seins im Sinne einer ontologischen Perfektibilität, ist die Anwendung dieses Konzepts bei Platon notwendig auf die Welt der sinnlichen Gegenstände beschränkt: Die Ideen sind ja gerade das jederzeit im vollendeten Maße Seiende (*teleôs on*, Resp 597a, vgl. auch Resp 477a: *pantelôs on*), das keiner Veränderung unterliegt (Phd 78c). In der Gradation der Platonischen Ontologie (sh. Seinsstufen; vgl. Vlastos [1965]) sind sie konsequenterweise auch mehr seiend (*mallon onta*) als die sinnlichen Gegenstände (Resp 515d), die ihrerseits eine Mittelstellung (*metaxy*) zwischen dem wahrhaft Seienden und dem Nicht-Seienden einnehmen. Dieses Defizit an Sein bzw. Perfektion gegenüber den Ideen als vollendeten Paradeigmata, das in der notwendigen Unvollkommenheit der Abbildungsrelation begründet liegt (Krat 432b–c), eröffnet für den mundus sensibilis ein Potenzial für Perfektibilität: Die raum-zeitlichen Dinge streben danach, so wie die Idee zu sein, an der sie teilhaben (Phd 74e–75b), sie ahmen sie also soweit wie möglich nach (sh. Teilhabe). Diese mimetische Relation bzw. das Streben nach einer weitgehenden Angleichung an die Idee ist ein Ausdruck des Bedürfnisses der Sinnendinge nach Verwirklichung des wahren Seins und nach V., und der Mensch ist letztlich „ein Spezialfall dieser allgemeinen ontologischen Beziehung“ (van Ackeren [2003]: 164).

Die menschliche V.sbewegung ist dabei als „Verähnlichung mit Gott“ (*homoiôsis theô*, Tht 176a–b) konzipiert, die bereits zahlreichen antiken Testimonien (u.a. von Areios Didymos, Albinios, Clemens von Alexandria und Diogenes Laertios) zufolge das Ziel bzw. den Zweck (*telos*) des menschlichen Lebens nach Platon bildet. Der Weg zu diesem Ziel lässt sich als eine zunehmende Annäherung an das Sein der Ideen durch die Ausübung der Philosophie beschreiben, die ihren Niederschlag sowohl in der theoretischen Erkenntnis als auch in der praktischen Lebensführung findet. Dadurch, dass die menschliche Seele den Ideen wesensverwandt (*syngenês*) ist (Phd 79d), vermag sie – gemäß dem Axiom, dass Gleiches nur von Gleichem erkannt werden kann – zu ihrer Erkenntnis vorzudringen. So schildert Platon im Symp 210a–211c einen über mehrere Stufen verlaufenden, durch philosophische Erziehung angeleiteten Aufstieg zur Idee des Schönen (sh. Schönheit). Dieses anagogisch konzipierte Modell (vgl. auch den in Resp Buch 7 geschilderten philosophischen Erziehungsgang) findet seinen Endpunkt darin, dass man in der Schau der Idee „das Ziel fast berührt“ (*schedon an ti haptoito tu telus*, Symp 211b), und diese Einschränkung ist für Platon durchaus programmatisch: Der Philosoph, der auf Wohlgeordnetes und sich immer Gleichbleibendes schaut und sich selbst in mimetischer Manier geordnet und geregelt verhält, wird eben nur „göttlich, soweit es dem Menschen möglich ist“ (Resp 500c–d, vgl. auch Tht 176b: *kata to dynaton*). Die Nachahmung der sich im Kosmos ausdrückenden göttlichen Harmonie in den Bewegungen seiner Seele ermöglicht es dem Menschen, im Rahmen seiner Natur an der Unsterblichkeit der Ideenwelt teilzuhaben (Ti 90a–d) und dadurch seine eigentliche

Wesensbestimmung zu verwirklichen. Die mit den Ideen angefüllte menschliche Seele ist deshalb nach Platon auch mehr seiend als die anderen (Resp 585d): Damit zeigt sich die Suche des Philosophen nach der Erkenntnis des Seins (Resp 485a–b) letztlich als ein Streben nach seiner eigenen Seinsvervollkommnung, die freilich notwendig immer hinter dem vollendeten Sein der göttlichen Ideen zurückbleibt.

II. Dieses Motiv der V. der menschlichen Existenz in der Vergöttlichung ist in der Folgezeit bis in den christlichen Neuplatonismus hinein immer wieder emphatisch aufgegriffen worden (vgl. Merki [1952]). Hierbei wurde die von Platon deutlich markierte Grenze zwischen weitestmöglicher Angleichung an Gott und Gottgleicheit bzw. Gottwerdung des Öfteren, etwa im Gedanken der *henosis* als Wiedervereinigung bzw. Identität mit dem Göttlichen bei Plotin, überschritten.

In begriffsgeschichtlicher Hinsicht von fundamentaler Bedeutung für das Motiv von Verwirklichung und V. ist die Entwicklung bei Aristoteles, der hierfür – möglicherweise in Anlehnung an inhaltliche Motive bei Platon (vgl. Menn [1994]: 78–87) – mit *energeia* und *entelecheia* zwei auch im Platonismus rezipierte termini technici ausprägt. Beide Ausdrücke sind komplementärer Gegenbegriff zu *dynamis* und bezeichnen mit unterschiedlicher Nuancierung sowohl die Verwirklichung der in einem Seienden angelegten Vermögen bzw. Möglichkeiten als auch das bereits erreichte Verwirklicht-Sein der Sache in toto und d.h. auch: ihre V. Charakteristisch für die aristotelische Philosophie in toto ist hierbei der enge, final konzipierte Zusammenhang von Sein und Tätigkeit, von Aktualität und Aktivität: Die Realisierung des artspezifischen Werks (*ergon*) ist die ontische Zieldimension einer Sache; in diesem Sinne heißt „im Werk zu sein" (*en ergô einai*) zugleich „das Ziel in sich zu haben" (*en telos echein*), wie man in – freilich nicht unumstrittener – etymologischer Rekonstruktion des von Aristoteles in *Metaphysik* 1050a hergestellten Zusammenhangs von *energeia* und *entelecheia* sagen kann (vgl. auch den offensichtlich synonymen Gebrauch von *kat' entelecheian* und *kata to ergon* in *Metaphysik* 1045b). Die *energeia* wird jedenfalls eindeutig als ontologisch vorrangiges Ziel (*telos*) bzw. als Weswegen der *dynamis* bestimmt (*Metaphysik* 1050a), und Wesen (*usia*) sowie Form (*eidos*) werden als *energeia* gekennzeichnet (*Metaphysik* 1050b). Folgerichtig ist der unbewegte Beweger, der Schlussstein der Aristotelischen Ontologie, als eine von jeder unverwirklichten Möglichkeit freie *energeia*, d.h. als reine Tätigkeit oder Wirklichkeit konzipiert (*Metaphysik* 1071b).

Eine ähnliche Verbindung von Seins- und Aktphilosophie findet sich bei Plotin, der die Aristotelische Terminologie von *dynamis* und *energeia* aufgreift, sie jedoch für ein platonisches Verständnis von Verwirklichung bzw. V. in Dienst nimmt. Die *energeia* aller Seinsstufen geht unmittelbar auf die Schau der ihnen jeweils vorhergehenden Stufe, und in dieser sich im Denken vollziehenden Rückbeziehung auf den eigenen Ursprung erfolgt die sich ständig erneuernde Konstitution der Seinswirklichkeit selbst. Zumindest mittelbar hat hierbei jede *energeia* das Eine bzw. das Gute zum Ziel (*Enneaden* V.6[24].50.18f.), insofern die Dinge als Abbilder von verschiedener Güte ihm so weit wie möglich nacheifern (*mimeisthai*, *Enneaden* V.4[7].1.26). Damit ist ein grundlegender Gedanke Platons (sh. oben I.) aufgegriffen, der sich wiederum auf den Menschen übertragen lässt: In der Schrift „Über die Schönheit" (*Enneaden* I.6[36]) z.B. entfaltet Plotin den Gedanken der Betrachtung des Schönen als Voraussetzung für die Schau des *nus* und für die Vereinigung mit dem Einen, was an Platons Kennzeichnung der Ideenerkenntnis und der „Berührung des Ziels" als Zweck der Beschäftigung mit dem Schönen (*telos tôn erôtikôn*, Symp 210e) erinnert. Etwas unklar bleibt bei Plotin, inwiefern der Begriff der *energeia* auf das Eine selbst anzuwenden ist: Einerseits wird das *hen* explizit erste *energeia* genannt (*Enneaden* VI.8[39].18.51); andererseits wird die zweite Hypostase, der *nus*, in identischer Form gekennzeichnet (*Enneaden* VI.7[38].400.18ff.). Gegen eine *energeia* im Einen spricht die Überlegung, dass eine als Denkakt verstandene Seinswirklichkeit eine Differenz von Subjekt und Objekt des Denkens voraussetzt, die im Gegensatz zur vollkommenen Einfachheit bzw. Einheitlichkeit des *hen* steht (vgl. Buchner [1970]: 99–102). Unzweifelhaft ist jedenfalls der begriffliche Unterschied zu dem als reine Tätigkeit und höchste Wirklichkeit (*energeia*) charakterisierten unbewegten Beweger bei Aristoteles, insofern das Plotinische Eine als unermessliche *dynamis* (*Enneaden* IV.8[6].6.11 und 14) konzipiert ist.

Literatur: Buchner [1970] – Menn [1994] – Merki [1952] – Stallmach [1959] – van Ackeren [2003] – Vlastos [1965]

Jörn Müller

Wahrheit (*alêtheia*)

I. Im Zentrum des Platonischen Wahrheitsverständnisses stehen die bereits vorphilosophisch gebräuchlichen Wörter *alêthês* und *alêtheia*, welche die (schon von Sextus Empiricus *Adversus mathematicos* 8, 8 erwähnte) etymologisch-anschauliche Bedeutung von *a-lêtheia*, d.h. „Unverborgenheit", konnotieren. Die Frage nach einer Erkenntnis oder Wissenschaft von dem, was Wahrheit (W.) ist, wird bei Platon formuliert (Parm 134a), aber nicht in einer einheitlichen, abschließenden Weise beantwortet. Vielmehr finden sich teils ausführliche, teils beiläufige wahrheitstheoretische Reflexionen in unterschiedlichsten Kontexten. So beinhaltet der *alêtheia*- bzw. der *alêthês*-Begriff bei Platon epistemische, logische, ontologische und ethisch-praktische Aspekte, indem er Meinungen oder Aussagen als wahr, Dinge oder Sachverhalte als echt bzw. wirklich und Personen als wahrhaftig qualifizieren kann. Diesen verschiedenen Aspekten korrespondieren jeweils Aspekte von Unw. im Sinne von Falschheit, bloßem Anschein, Unwirklichkeit, Irrtum bzw. Täuschung und Lüge.

II. Platons frühe Dialoge sind zunächst von dem nichtterminologischen Gebrauch von *alêthês* und *alêtheia* geprägt, wobei die Verbindung von *alêthê* mit einem verbum dicendi, z.B. „die W. sagen" (*alêthê legein*), gegenüber Wendungen, bei denen *alêthês* adjektivisch mit einem Substantiv wie „Satz" (*logos*) oder „Meinung" (*doxa*) verbunden werden, dominiert. Die Verbindung *alêthê legein* bzw. das Verb *alêtheuein*, d.h. die W. sagen oder ‚treffen', bezeichnet den epistemisch-sprachlichen Zugang des Menschen zur W. Indessen wird nach Platons Verständnis W. nicht vorrangig als eine Eigenschaft von Aussagesätzen aufgefasst, sondern mit dem jeweiligen Teil oder Aspekt der Wirklichkeit identifiziert, der ausgesagt wird. Entsprechend kann *alêthê* hier auch ohne signifikanten Bedeutungsverlust durch „Seiendes" (*onta*) vertreten werden, so dass sich in der Forschung die Rede von einem veritativen Gebrauch von *einai* etabliert hat. Dem terminologischen W.begriff wohl noch vorausliegend bzw. ihn vorbereitend sind Wendungen des kognitiven Bezugs auf W., wenn etwa gesagt wird, dass man die W. (über etwas) erkenne, wisse, zu wissen meine usw. Die attributive Verwendung im Sinne einer ‚wahren' bzw. ‚wirklichen' oder ‚echten' Eigenschaft soll zum Ausdruck bringen, ob eine bestimmte Sache eine Eigenschaft in W., d.h. tatsächlich und nicht nur scheinbar, oder aber in ausgezeichneter Weise, d.h. im Unterschied zum weniger Mustergültigen, aufweist. In Anwendung auf Personen stehen *alêtheia* und *alêthês* bzw. *alêthinos* für die Bezeichnung der Wahrhaftigkeit als Charaktereigenschaft.

III. Insbesondere ab den mittleren Dialogen entwickelt Platon mit seiner Metaphysik und Erkenntnistheorie eng verbundene Reflexionen auf W. und Problematisierungen von W.ansprüchen. Emphatisch bestimmt er W. als eine überpersonale, autoritative Instanz, weshalb durchaus dem Sokrates, nicht aber der W. widersprochen werden könne (Symp 201c; Resp 595c; Phd 91b–c). Demnach hat sich die Philosophie um das Wahre zu bemühen (Phdr 247c–d; Phlb 57d), welches, obgleich durch falsche Zeugen suspendierbar (Gorg 472b), selbst nicht widerlegbar ist (Gorg 473b), um der Erkenntnis selbst willen gesucht (Resp 499a) und ausgesprochen (Lg 779e) werden muss und dem man nicht zürnen darf (Resp 480a). Die W. ist der Weisheit (Resp 485a) und dem Ebenmaß (Resp 486d) verwandt, sie stellt etwas Schönes und Bleibendes dar (Lg 663e) und gilt sogar als höchstes Gut (Lg 730c). Die Orakelsprecher und Wahrsager sagen viel Wahres, ohne aber ein Wissen von dem zu haben, was sie sagen (Men 99c; Ti 71d–72a). Systematisch konkreter wird „W." (*alêtheia, alêthês*) als korrelativer Begriff zu „Wissen" (*epistêmê*) verwendet, wenn er (ähnlich wie in der eleatischen Schule) als Inbegriff der erkennbaren Wirklichkeit überhaupt fungiert, soweit sie Gegenstand jenes Wissens ist (Parm 134a–b). Die W. des Seienden macht die eigentliche Wirklichkeit in ihrer Intelligibilität aus und befindet sich in diesem Sinn gleichsam in der Seele (Men 86a–b), woraus sich die Charakterisierbarkeit des Wissens und der Rede als wahr ergibt (Phd 90c–d; Soph 233c). Die Vernunft (*nus*) ist entweder mit der W. gleichzusetzen oder ist ihr am ähnlichsten und das Wahrste (Phlb 65d). Entsprechend mündet die intellektuelle Entwicklung des Menschen in der *alêtheia* der Seele, für die schließlich W. im Sinne von Wahrhaftigkeit als Charaktertugend die beste Daseinsform ausmacht (Phd 114e–115a; Ti 90b–c). Entsprechend bezeichnet *alêtheia* in Platons erkenntnistheoretischen Reflexionen die epistemische Verfasstheit des in einem umfassenden und ausgezeichneten Sinne Erkennenden (Phd 66a–67b; Resp 490a–b; Ti 29c). *Alêtheia* bedeutet dann Einsicht im Gegensatz zu *doxa* in der (subjektiven) Bedeutung des Meinens – das Wahre ist das der Meinung nicht Unterworfene (Phd 84a). Ist dagegen von der W. einer Sache die Rede, dann steht *alêtheia* im Gegensatz zu *doxa* in der (objektiven) Bedeutung des Scheinens.

Die W. (*alêtheia*) einer Sache ist entweder diese Sache selbst im Unterschied zu jedweden Nachbildungen (Plt 300c) oder ihre tatsächliche Beschaffenheit als dasjenige, was die Sache ‚in W.' ist (Phdr 262a; Symp 198d). In abstrakter Weise kann Platon daher auch davon sprechen, gedanklich die W. des Seienden (*tôn ontôn tên alêtheian*) anzuschauen (Phd 99e). Hierunter ist dasjenige zu verstehen, was als wahres und eigentliches Sein der Wirklichkeit im Gegensatz zu ihren sinnlichen Erscheinungsweisen genuiner Erkenntnisgegenstand der Philosophie sei, nämlich die Ideen. Da für Platon nicht schon die Gegenstände der sinnlich erfahrbaren Wirklichkeit, sondern erst deren ideelle Gehalte aufgrund ihrer besonderen metaphysischen Eigenschaften den genuinen Gegenstand der *epistêmê* ausmachen, sind es die Ideen selbst, die jenen Bereich der W. oder des Wahren – ausnahmsweise auch des Wahrsten (Resp 484c) – bilden, welcher der *epistêmê* korrespondiert (Phd 65a–67b; Ti 51b–52c; Symp 212a; Resp 519b; Phdr 247d–248c; Soph 240a–b). Die spezifische Erkennbarkeit der Ideen ist für Platon in deren metaphysischem Sonderstatus, d.h. in ihrer Sach- oder Seinsw. (im Sinne der erwähnten attributiven Bedeutung von *alêthês*) begründet. Jene Seinsw. kommt den Ideen hinsichtlich der Reinheit bzw. Unvermischtheit ihrer Beschaffenheit (Phlb 52d–53b, 58c–d, 59c) und hinsichtlich ihrer Urbildhaftigkeit zu (Phd 69b–c; Resp 510a, 520 c; Symp 212a; Soph 240a–b). Zugleich gelten die Ideen als das Wahre bzw. Wahrste im Sinne des Maßstäblichen, an dem der Wissende sich in seiner Zuwendung zu den Einzelfällen des sinnlichen Bereichs sowie in seiner sprachlichen Bezugnahme auf diese orientiert (Resp 484c–d, 520c). Platons durchgehend enge Verknüpfung der Rede vom Wahren als dem erkennbaren Wirklichen mit der Rede vom Wahren als dem ontologisch ausgezeichneten Seienden wird besonders deutlich in den ANALOGIEbeschreibungen des Sonnen-, Linien- und Höhlengleichnisses (Resp 508a–518b): Wie das Sonnenlicht den Dingen ihre Sichtbarkeit verleiht, so verleihen ihnen die *alêtheia* und das ideelle Sein, letztlich die Idee des Guten, ihre Erkennbarkeit, weshalb die W. nicht selbst das Gute, sondern mit ihm verwandt (Resp 508d–509b) oder ihm beigemischt ist (Phlb 64e–65a). Gerade der Rekurs auf Licht und Sichtbarkeit dürfte die oben erwähnte etymologisierende Assoziation von „*alêtheia*" mit „Unverborgenheit" intendieren und stützen. Aufgrund der Annahme, dass es einen dem geistigen Erfassen korrespondierenden Bereich wahrer Dinge gibt (Resp 507b), schildert Platon, wie unterschiedlichen Wissensstufen SEINSSTUFEN mit jeweils unterschiedlichem W.gehalt korrespondieren bzw. proportional entsprechen (Resp 509d, 511d–e), um schließlich zu zeigen, wie ein schrittweises Aufdecken von W. (Resp 515c–d) sowie ihre Nutzbarmachung für das Gemeinwesen (Resp 520b–c) realisiert werden kann. Die Ideen fungieren somit als maßgebliche Voraussetzung dafür, dass der Wissende zu wahren Urteilen über Gegenstände des sinnlichen Bereichs gelangen kann. Gleichwohl haben diese Urteile aufgrund der Unbeständigkeit, perspektivischen Bedingtheit und allgemeinen Kontingenz ihres Gegenstandsbereichs für Platon nicht den Charakter von *epistêmê* im Sinne der Ideenlehre. Der ontologisch-gnoseologische W.begriff der Ideenlehre verweist also auf den epistemischen Kontrast zwischen dem intellektuellen Erfassen oder Begreifen ideeller bzw. eidetischer Gehalte einerseits und der zweitrangigen kognitiven Ausrichtung auf den sinnlichen Bereich: Demzufolge ist die W. bzw. das Wahre nicht den Sinnen, die hierbei unzulänglich oder sogar hinderlich sind, sondern dem (Nach-)DENKEN zugänglich (Phd 65a–67b).

IV. Der Gegensatz der W.werte ‚wahr' und ‚falsch', die Platon der MEINUNG (*doxa*) und der diese wiedergebenden Rede ausdrücklich zuschreibt (Phlb 37b–c, 38e–39a), wird besonders in den Dialogen Krat, Tht und Soph zum Gegenstand ausgreifender, über weite Strecken aporetischer Erörterungen der Aussagen- oder Urteilsw. Die Platonische W.theorie basiert hier auf Voraussetzungen und Vorverständnissen, wonach wahre Rede als ganze oder in ihren Teilen mit einer bestehenden Wirklichkeit in Zusammenhang gebracht oder identifiziert wird (Krat 385b–c). Während sich etwa nach der Position des Sophisten Protagoras die W. nach den jeweiligen subjektiven Auffassungen über Sein und Nichtsein bemesse (Tht 166d), bedeutet die W. zu sagen nach Platon, von den Dingen so zu reden, wie sie wirklich sind, und damit – in durchaus einzuübender Weise (Parm 135c–136e) – die W. zu ‚treffen'. Indessen ergibt sich für die komplementäre Auslegung der falschen Aussage bzw. des ausgesagten Falschen das Problem, wie das hierdurch ausgesagte Nichtwirkliche oder Nichtseiende ontologisch zu bestimmen ist. Denn was nicht wirklich (d.h. wahr) ist, ist in diesem Sinne überhaupt nicht und kann daher auch nicht vorgestellt oder ausgesagt werden (Soph 240d–241a; Tht 188c–189b; Euthyd 283e–284c; Krat 429d). Diesem Problem begegnet Platon in Tht 189c–200d mit einer Argumentation, die das Falschsein bzw.

sein Zustandekommen ohne jene problematische Voraussetzung vom Nichtsein des Gesagten oder Gemeinten erklärbar macht. Platon beschreibt nämlich das Vorkommen eines falschen Urteils in der Weise, dass man dasjenige, was man eigentlich zu ‚treffen' versucht, in der Weise verfehlt, dass man stattdessen etwas anderes denkt oder sich vorstellt (Tht 189b–c). Darin kann allerdings eher eine Vermeidung als eine Erklärung der Schwierigkeiten des veritativen Nichtseins gesehen werden, zumal auch die für das wahre und falsche Urteilen wesentliche Subjekt-Prädikat-Struktur hier nicht thematisiert wird. Eine Klärung deutet sich allerdings im Soph an, wo die Aussage (des dort behandelten elementaren Typs) als ein Reden von etwas über etwas verstanden und dabei das veritative Nichtsein als ein relationales Nichtsein für sich genommen seiender Relate, d.h. eine falsche Verknüpfung von Ideen, gedeutet wird. In einer falschen Aussage wird dann das Prädizierte bzw. von etwas Ausgesagte nicht als schlechthin Unwirkliches oder Nichtseiendes aufgefasst, sondern gilt nur relativ zu einem jeweiligen realen Aussagegegenstand als nichtseiend (Soph 261d–263d).

Das Wahre steht nicht nur dem Falschen (*pseudos*), sondern auch der Lüge (gleichfalls *pseudos*) gegenüber (Hipp Mi 366c–367d). Sokrates verspricht den Athenern die W., die seine Ankläger, indem sie lediglich Redekunst praktizierten, verfehlt haben (Ap 17a–b). Lügenfreiheit bzw. W.liebe ist Erziehungs- und Bildungsziel sowie ethischer Anspruch in Platons Resp. Die Lüge ist zu hassen, die W. zu lieben, da nichts der Weisheit Verwandteres als die W. anzugeben ist, weshalb auch nicht ein und dieselbe Natur philosophisch und lügenfreundlich sein kann. Ziel und Anspruch ist, von Jugend an so weit als möglich die W. lernen zu wollen (Resp 485b–d), zumal diese das Erwerben von Kenntnissen reguliert (Lg 667c). Die Beteiligung an der Philosophie ist somit engstens an den Zugang zur W. gebunden (Resp 489e–490c). Entsprechend betont Platon, dass die Götter niemals lügen, betrügen und täuschen (Resp 380d–383c; sh. Gott). Daher wird sich auch der tugendhafte Mensch jeder Lüge zu seinem eigenen Vorteil und zum Schaden anderer enthalten. Nur in Ausnahmefällen (etwa wenn ein Wahnsinniger die Herausgabe von Waffen fordert) kann das Verschweigen der W. gerechtfertigt sein (Resp 331c–d). Legitimiert ist auch der Sonderfall der pädagogischen Lüge. Sollen die Menschen zur Annahme eines Gesetzes oder einer Vorschrift veranlasst werden, die für sie selbst bzw. das Gemeinwesen nützlich sein wird, wobei aber nicht ohne weiteres eine Einsicht der Menschen in diese Nützlichkeit vorausgesetzt werden kann, ist dem Gesetzgeber bzw. Staatsmann die Lüge erlaubt, um mangelnde Einsicht durch die Autorität der Tradition und der Götter zu ersetzen. Als Beispiel für die Lüge, die dann einer Arznei vergleichbar ist (Resp 389b, 459c–d), wird u.a. der von Sokrates vorgebrachte Mythos angeführt, wonach den Menschen unterschiedlicher Stände bei ihrer Entstehung verschiedene Metalle beigefügt worden seien (Resp 414b–415c). Bei der Kindererziehung ist zuerst auf Märchen und damit auf das für sie charakteristische Gemisch von Wahrem und Falschem zurückzugreifen (Resp 376e–377a). Legitimiert wird die pädagogische Lüge auch in den Lg 663b–664b.

V. Deutlicher als Platon stellt Aristoteles den Begriff der Aussagenw. in den Mittelpunkt des philosophischen W.verständnisses. Wie Aristoteles betont, kommt nicht bereits durch den Gebrauch eines einzelnen Terminus, sondern erst durch die Verbindung von Termini zu einem Satz bzw. einer Aussage eine sprachliche Einheit zustande, der die W.werte ‚wahr' und ‚falsch' zugeordnet werden können. So gelangt Aristoteles zu seiner klassischen, an die erwähnte Falschheitsdefinition Platons in Soph 240e anklingende W.definition: „Von etwas, was ist, zu sagen, dass es nicht ist, oder von etwas, was nicht ist, zu sagen, dass es ist, ist falsch; hingegen von etwas, was ist, zu sagen, dass es ist, oder von etwas, was nicht ist, zu sagen, dass es nicht ist, ist wahr" (*Metaphysik* 1011 b). Angesichts der Affinität dieser Definition zu Platons Falschheitsbestimmung kann nicht erst das Aristotelische sondern bereits das Platonische W.verständnis, insofern es die Urteils- oder Aussagenw. zum Gegenstand hat, als rudimentäre Version der Korrespondenztheorie der W. angesprochen werden, d.h. der Auffassung, dass die W. einer Aussage darin besteht, dass der ausgesagte Sachverhalt mit dem tatsächlichen Sachverhalt übereinstimmt.

Die Tradition eines ontologisierenden W.begriffs setzt sich dagegen in der Alten Akademie fort. Deren zweiter Schulleiter Xenokrates von Chalcedon konzipiert in Anlehnung an Platon eine kosmologische Stufenfolge des Seienden, wonach allein das Intelligible (die Himmelssphäre und der noch jenseits von ihr verortete Bereich) der über W. und Beständigkeit charakterisierten *epistêmê* zugänglich ist. Die Skepsis der Mittleren und Neuen Akademie kommt einerseits in der Ablehnung des metaphysisch begründeten Ideals absoluter W. und W.erkenntnis zum Ausdruck, wie er damals vor allem von der Stoa vertreten wurde, andererseits aber auch in der Auffassung, dass keine wahre Vorstellung so beschaffen sei, wie nicht auch eine falsche Vorstellung beschaffen sein könnte. Insofern vieles Falsche glaubhaft sei, könne kein verlässliches W.kriterium gefunden werden. Zugleich versuchte man aber, die Praxis von skeptischen Bedenken zu entlasten, da für Entscheidungssituationen nicht die definitive W. über die jeweiligen Handlungsbedingungen, sondern lediglich Wahrscheinlichkeit zu fordern sei. Erst im Mittel- und Neuplatonismus setzt sich die Vorstellung einer absoluten, von der Erfahrung prinzipiell unabhängigen W. und W.erkenntnis erneut durch und prägt u.a. den Platonismus des Augustinus, der Plotin die Konzeption einer unveränderlichen, mit Gott identischen W. verdankt, der Schule von Chartres (Thierry von Chartres) und des Johannes Scotus Eriugena.

Literatur: Bühler [1998] – Enders/Szaif [2006] – Frede [1992] – Gloy [2004] – Röd [1994] – Szaif [1998] – Szaif [2000 a] – Szaif [2000 b] – Vlastos [1971] – Wieland [1982]

Christoph Kann

Wahrscheinlich(keit) (*eikos/eikasia, endoxos, pithanos*)

I. Die geläufigsten terminologisch fixierten Ausdrücke für Wahrscheinlich(keit) in der altgriechischen Philosophie sind *eikos* bzw. *eikasia, endoxos* und *pithanos*. Die durch sie ausgedrückte subjektive oder epistemische Wahrscheinlichkeit (W.) im

Sinne von Glaubwürdigkeit und Zustimmungsfähigkeit, etwa aufgrund ihrer Konformität mit einer allgemein akzeptierten oder autoritativ abgesicherten Meinung, steht in Gegensatz zu sich erst in der Neuzeit herausbildenden quantifizierbaren bzw. numerischen Häufigkeitsbegriffen. *Eikos* bedeutet „wahrscheinlich" im Sinne von „natürlich" oder „naheliegend", *endoxos* bezeichnet das Angesehene oder (als wahr) Gewürdigte; beide Ausdrücke, von denen der Letztere bei Platon nur ausnahmsweise Verwendung findet, beziehen sich in der Regel auf Aussagen oder MEINUNGEN. *Pithanos* charakterisiert eine Sache bzw. einen Sachverhalt als wahrscheinlich, ein Argument als plausibel oder eine Person als überzeugend bzw. glaubwürdig.

II. Platon analogisiert im Liniengleichnis der Resp vier Wirklichkeitsbereiche mit vier epistemischen Zuständen (Resp 509d–511e), wobei im Bereich der sinnlichen Welt die Bilder (*eikones*), gleichsam Schatten und Spiegelungen (Soph 266b–c), undeutlicher und ‚weniger wahr' seien als die abgebildeten Dinge (Gegenstände, Lebewesen), so dass ihnen der nachrangige epistemische Zustand der Vermutung (*eikasia*) korrespondiert. Ein Bild oder ABBILD kann für Platon auch eine bildhafte Rede oder ein Gleichnis mit entsprechend reduziertem Wahrheitsanspruch sein. So werden in der Resp der Staatsschiff-Vergleich (Resp 487e) und das Höhlengleichnis (Resp 515a–517a) als *eikôn* bezeichnet.

Im Ti kennzeichnet „wahrscheinlich" (*eikos*) den wahrnehmbaren Kosmos als Abbild des intelligiblen ebenso wie den Status der Rede über den Kosmos. Da die Welt nur abbildhafter Gegenstand sei, könne ihre Charakterisierung und Erklärung nur ‚gleichend' oder ‚ähnelnd' sein (Ti 29b–d). Die wahrscheinliche Rede (*eikos logos*) ist daher nicht notwendig unwiderlegbar, präzise und konsistent, sondern entspricht in ihrer Vagheit der Veränderlichkeit dessen, worauf sie sich bezieht. Sie erzeugt nur ein Glauben (*pistis*) oder Vermutungswissen, das sich für Platon zur WAHRHEIT so verhält wie das Werden zum Sein (Ti 29c). In Ti 48d bekräftigt Platon, dass er im Modus der wahrscheinlichen Rede fortfahren und weiterhin das Wahrscheinliche in vertiefender Untersuchung erproben will, wofür er göttlichen Beistand anruft. Schließlich plädiert Platon für die wahrscheinliche Rede als Erholung von den auf das ewig Seiende bezogenen Untersuchungen (Ti 59c–d). Nach Ti 68b und 68d ist niemand imstande, über Maßverhältnisse bei Mischfarben notwendige oder auch nur wahrscheinliche Gründe anzugeben.

Unter rhetorischer Perspektive charakterisiert Platon die Reden vor Gericht als (nur) wahrscheinlich (sh. RHETORIK). Hier gehe es um das Glaubhafte (*pithanon*), und dieses sei eben das Wahrscheinliche (*to eikos*; Phdr 272d–e) als das dem Wahren Ähnliche (Phdr 273e), so dass die Redekunst von der Kenntnis des Wahren nicht völlig unabhängig sein kann (Phdr 262a–c, 273d). Das Glaubhafte beeindruckt freilich nur die Menge, die es, im Gegensatz zu den Sachkundigen, nicht aus eigenem Wissen überprüfen kann (Gorg 458e–459b). In diesem Sinn, so lässt Platon den Simmias im Phd sagen, gelangen die meisten Menschen allein durch eine gewisse W. und Plausibilität zu ihren Meinungen (*meta eikotos tinos kai euprepeias*; Phd 92c–d). Die Sophisten Teisias und Gorgias kritisiert Platon dafür, dass sie das Wahrscheinliche (*ta eikota*) höher schätzten als das Wahre (Phdr 267a). Im Tht wird eine Rede, die auf W. und Überredungskünsten beruht, der beweisenden Rede des Mathematikers abwertend gegenübergestellt (Tht 162e–163a).

III. Für Aristoteles ist das Wahrscheinliche (*eikôs*) dasjenige, von dem man weiß, dass es sich nicht notwendig, aber meistens so verhält, wie es sich verhält (*Analytica Priora* 70a) oder das, was in der Regel geschieht (*Rhetorik* 1357a–b). Damit nähert sich der W.begriff einer statistischen Regelmäßigkeit oder Häufigkeit an, ohne dass dieser aber ein numerischer W.wert zugemessen würde. W.schlüsse werden in der *Rhetorik* und in der *Topik* untersucht. Das dialektische Argumentieren in diesen Disziplinen betrachtet Aristoteles als eine Methode, die uns ausgehend von wahrscheinlichen Aussagen (*endoxa*) über jedes Problem diskutieren lässt (*Topik* 100a). Diese *endoxa* sind nach *Topik* 100b und 104a Meinungen, die von allen oder einer qualifizierten Mehrheit vertreten bzw. akzeptiert werden. Die Darstellung von Ereignissen in der Tragödie soll keine wirklichen Ereignisse wiedergeben, sondern wahrscheinlich (*eikos*) sein (*Poetik* 1451a, 1451b, 1454a).

Die Mittlere Akademie stellt die W. ins Zentrum ihrer Erkenntnistheorie, indem sie im Rahmen der sog. akademischen Skepsis Zweifel an der Möglichkeit gesicherter Erkenntnis schlechthin – nicht nur, wie Platon, an der Erkenntnis der Sinnenwelt – formuliert und lediglich die begründete Vermutung gelten lässt. Cicero, dem wir ausführliche Informationen über die akademische Skepsis verdanken, gibt in seinen *Academici libri quattuor* 99ff., *pithanos* mit dem Ausdruck „probabile" wieder, der das bezeichnet, was nach sorgfältiger Prüfung gebilligt wird und gewissermaßen der Wahrheit ähnelt („quasi veri simile", 32).

Literatur: Asbaugh [1988] – Görler [1992] – Vogt [2004]

Christoph Kann

Weisheit (*sophia*)

I. Vorplatonisch: Den vorplatonischen Verwendungen von *sophia* (s.) lag gemeinsam die Bedeutung ‚Fähigkeit zu etwas', ‚Sachverstand', ‚Geschick' zugrunde. Der *sophos* ist in einem jeweils bestimmten Fachgebiet Experte. Diese besondere Kompetenz beruht auf sicherem Wissen, einer Verbindung von Intelligenz und praktischem Geschick. S. konnte dabei technische Fertigkeiten wie die Zimmermannskunst bezeichnen (Homer *Ilias* 15, 412), aber auch intellektuelle Künste wie Musik (Homerischer *Hymnus an Hermes* 483) oder Medizin (Pindar *Pythische Ode* 3, 54). Es konnte schließlich aber auch ohne Bezug auf spezifische Sachbereiche die Kenntnis von Maximen bedeuten, die im Sinne der Lebensklugheit Maßstäbe für das ethische Verhalten bilden, etwa in den Sprüchen der sog. Sieben Weisen. Doch Weisheit (W.) konnte auch negativ konnotiert sein, wenn sie das allzu große Vertrauen des Menschen auf sein Wissen und sein Vordringen in ihm nicht zustehende (göttliche) Bereiche meinte (Euripides *Bakchen* 395f.). Auf den Weg zum philosophischen Terminus wurde s. in Vorsokratik und Sophistik gebracht, indem u.a. speziell die eigene Tätigkeit (Protagoras VS 80 A 32a), eine kontemplative, den irdisch-menschlichen Bereich hinter sich lassende

Kenntnis des Himmelsgeschehens (Philolaos VS 44 A 16) oder eine moralisch autarke, von Konventionen freie Lebensweise (Demokrit VS 68 A 166) damit bezeichnet werden konnte.

II. Platon: Platons Gebrauch von s. weist drei aufeinander aufbauende Stufen auf. Die gemeinsame Grundbedeutung ist die der vollendeten Einsicht in einen bestimmten Sachverhalt und der Fähigkeit zur praktischen Umsetzung (Euthyd 289b). Die W. führt jede durch sie bestimmte Tätigkeit zum Erfolg (*eutychia*, Euthyd 279d–280b). Sie beruht auf einer kognitiven Leistung und lässt sich als ‚wahres Denken' (*alêthês dianoia*) oder Wissen (*epistêmê*) in einem bestimmten Bereich definieren, während ihr Gegenteil in einem auf falscher Meinung (*pseudês doxa*) beruhenden Unwissen (*amathia, aphrosynê*) besteht (Tht 145e, 170a–c; Prot 332a).

1. Vorphilosophisch: Zunächst findet sich s. umgangssprachlich im Sinne von ‚Sachverstand', ‚Geschick', ‚Fähigkeit' zur Ausübung einer Fertigkeit (*technê*), ‚Expertenwissen' in einem bestimmten Bereich (*epistasthai*, Ap 20d; Symp 203a). Das gilt zum einen für alle Handwerkskünste wie Weben, Gravieren, Schusterei (Hipp Mi 368b ff.) oder Bildhauerei (Euthyph 11e), dann aber auch für die Arztkunst (Resp 406b), für musische Fertigkeiten wie Rhythmik, Harmonielehre, Grammatik, Dichtkunst (Hipp Mi 368c–d; Ap 22b; Resp 602a) sowie für politischen Sachverstand etwa im Bereich von Rhetorik oder Gerichtswesen (Resp 365d; Euthyd 272b). Fertigkeiten dieser Art können Gegenstand von Unterricht sein (Hipp Ma 283c), im Falle etwa der durch die Sophisten vermittelten Redekunst gegen Bezahlung (Hipp Ma 282d).

2. Philosophische s. als Nicht-Wissen: Hier liegt nicht einfach nur eine weitere Bedeutung von s. vor, sondern eine qualitative Steigerung gegenüber (1.). Im Unklaren über den genauen Sinn des vom Delphischen Apollon ergangenen Spruches, er sei der Weiseste unter den Menschen, begann Sokrates, die W. seiner Mitmenschen zu überprüfen (Ap 20e–21e, 23a–c). Dabei stellte sich tatsächlich eine Überlegenheit der Sokratischen s. gegenüber den Überprüften heraus. Denn diese ließen sich durch ihre unbestreitbare Kompetenz in einem technisch-partikulären Bereich durchweg zu der Selbstüberschätzung verführen, auch in allen anderen Belangen Bescheid zu wissen (Ap 22d–e). Tatsächlich aber ist eine derartige menschliche, auf praktische Lebensbewältigung ausgerichtete W. im Vergleich zur W. Gottes unbedeutend (Ap 23a; Tht 176c–d), ist doch selbst der weiseste Mensch im Vergleich mit Gott wie ein Affe (Hipp Ma 289b = Heraklit VS 22 B 83). Wer sie für W. hält, befindet sich in einem Zustand doppelter Unwissenheit, da er nicht nur das wahre Wissen nicht hat, sondern auch um dieses Unwissen nicht weiß (Alk 1 117d–118a). Es ist offenbar nicht so sehr ein quantitativ, sondern qualitativ andersartiges, höheres Wissen gefordert. Erst sein Besitz macht im eigentlichen Sinne weise. Die Sokratische s. besteht daher nicht in einem positiven Wissen. Sie besteht in der relativierenden Einschätzung menschlichen Wissens und – komplementär dazu – in dem Wissen über Art und Ausmaß des eigenen Unwissens (Ap 21b, 21d; Phdr 235c). Dieses wissende Nicht-Wissen bedeutet im Vergleich zu dem fälschlich für ein All-Wissen gehaltenen technischen Wissen eine höhere W. (Ap 23b). Es bildet den Ansatz für die Suche nach dem eigentlichen, positi-

ven Wissen, der dritten, höchsten Bedeutungsebene von s. In diesem dritten Sinn bringt Sokrates selbst keine W. hervor (Tht 150c: *agonos sophias*). Er hat jedoch eine Methode der Gesprächsführung entwickelt, die DIALEKTIK, die ebenso zur Entlarvung vermeintlichen wie zur Freilegung echten Wissens in der Lage ist. Sokrates vergleicht sie mit der Hebammenkunst (*maieutikê*), die das, was an „echten Kindern" und an „Mondkälbern" (= Fehlgeburten) in einer Seele steckt, ans Tageslicht zu bringen versteht (sh. MAIEUTIK). Mit Hilfe der DIALEKTIK kann Sokrates anderen zu positivem Wissen verhelfen, das allerdings in gewisser Weise schon in der Seele vorhanden sein muss. Ein Lernprozess ist dann gewissermaßen nur ein Gebären, d.h. ein Aktualisieren von bzw. ‚Erinnern' an potentiell Gewusstes (Tht 149a–151d; sh. WIEDERERINNERUNG).

3. Philosophische s. als Wissen: Der Sokratische Nachweis des Nicht-Wissens ergab sich, vor allem in den Frühdialogen, aus der Unfähigkeit der Gesprächspartner, das Wesen ihrer jeweiligen W. definitorisch zu fassen. Wirkliche W. besteht in der Kenntnis des Wesens bzw. desjenigen Sachverhaltes, der jede einzelne, empirische Instanz zu eben dem macht, was sie ist (Hipp Ma 287c; Hipp Mi 314c). Dies ist ein Wissen nicht-empirischer Prinzipien bzw. Ideen (Ep 6, 322d–e), die in der Idee des GUTEN gipfeln, von der her alles Empirische Sein und Erkennbarkeit besitzt (Resp 509b). Dieses Wissen besteht laut Liniengleichnis in der Erkenntnis des Intelligiblen (*noêta*, Resp 511b–c), zu dem im Gleichnis vom Seelenwagen die Menschenseelen durch die olympischen Götter hingeführt werden (Phdr 247b–e).

Diese s. als Kontemplation des wahren Seienden hat ethische Auswirkungen, sofern das erfasste Seiende der intelligible Maßstab ethisch relevanten Verhaltens ist (Resp 484b–d). So besteht die größte W. bzw. Unkenntnis in der harmonischen inneren Ordnung (*symphônia*) bzw. in der Unordnung der menschlichen Seelen und infolgedessen auch der Gesellschaft (Lg 689a–e). Die Ordnung von Seele bzw. Gesellschaft beruht aber auf dem richtigen Verhältnis der verschiedenen Seelenteile bzw. Stände zueinander (sh. GERECHTIGKEIT). Die s. bedeutet dabei die VOLLENDUNG/TUGEND des vernünftigen Seelenteils (*logistikon*) bzw. des Philosophenstandes (Resp 428e–429a, 442c). Als praktische Vernunft (*phronêsis*) (Resp 433b–c; Alk 1 133b) ist sie das leitende Wissen (Resp 443e: *epistatusa epistêmê*) über das für jeden einzelnen Teil und für das Ganze Nützliche (*sympheron*) und begründet durch vernünftige Herrschaft die gerechte ORDNUNG (Resp 442c). In dieser für die psychische Verfassung und für das von ihr ausgehende individuelle und gesellschaftliche Handeln grundlegenden Funktion ist die s. die höchste der vier Kardinaltugenden (Resp 431e–432b, 442b–d). Da im Verhältnis gut disponierter Teile zueinander zugleich auch die Gerechtigkeit (*dikaiosynê*) besteht, ist die W. ein besonders mit der Gerechtigkeit, dann aber auch mit den Tugenden der übrigen Teile verbundenes Wissen (*epistêmê*, Resp 350d; Mx 246e; Prot 333b). Sie bedeutet wahre, das heißt innere SCHÖNHEIT und Reichtum (Phdr 279b–c), sie ist das einzige an sich Gute (*kath' hauto agathon*), da nur sie gute Handlungsziele vorgeben kann und da nur im Blick auf diese Ziele die dafür eingesetzten Mittel (z.B. Geld, Gesundheit, Ansehen) sekundär zu Gütern werden (Euthyd 281b–e). Über diese Kenntnis umfassend zu verfügen ist prinzipiell das Ziel eines jeden Menschen (Resp 475b), da sie die Bedingung ist für Lebensglück und Erfolg (*eudaimôn*; *eutychês*). Sie ist lehr- bzw. erlernbar (Euthyd 282c–d) und bedeutet Erkenntnis des wahren Seins, mithin der Wahrheit (Resp 485a–c). Vollendete W. besitzt nur Gott allein. Doch der Mensch, sofern er sich über sein Unwissen nicht täuscht, weiß um sie als sein Ziel und strebt danach. Damit befindet er sich in dem für jeden philosophischen Menschen charakteristischen Zustand geistiger Erotik zwischen Wissen und Unwissen, er ist im prägnanten Wortsinn ‚philo-sophisch' (Symp 203e–204b; Phdr 278d; sh. Philosophie). Sein Streben zielt auf weitestmögliche Annäherung an Gott (*homoiôsis theôi*), die jedem Menschen als Aufgabe gesetzt ist (sh. Vollendung). Das Wissen um diese Aufgabe mit all ihren Implikationen für die Formung der Persönlichkeit auf Gerechtigkeit hin, deren Urbild Gott ist, bedeutet die wahre W.

III. Nachwirkung: In der Folgezeit wurde im Kreis der Platon-Schüler offenbar an der Unterscheidung der positiven s. in einerseits technisch-partikuläre Kenntnis und andererseits philosophisches Grundlagenwissen von den Prinzipien und ihren notwendigen Konsequenzen (= *nus* + *epistêmê*) grundsätzlich festgehalten (Aristoteles *Nikomachische Ethik* 1141 a–b). Allerdings wurde bei letzterer der Akzent auf den Bereich „der werthaft höchststehenden Dinge" (*tôn timiôtatôn* = theoretische Wissenschaften) gelegt, der Bereich menschlichen Handelns (= Ethik) blieb dagegen ausgeschlossen. Die bei Platon noch mit der s. identifizierte praktische Vernunft (*phronêsis*) trat als eigener Bereich der (theoretischen) s. gegenüber (Aristoteles *Nikomachische Ethik* 1141 a–b; *Metaphysik* 982a; Pseudo-Platon Def 414b; Xenokrates, Fragment 6 Heinze [1892] = 259 Isnardi-Parente [1982]).

Primär an der Lebenspraxis interessiert, orientierte der Hellenismus die W. auf das menschliche Handeln hin. Wenn auch nicht mit dem konkreten Handlungsvollzug befasst (*Stoicorum Veterum Fragmenta* I 374), erfasst etwa die stoische s. als „Wissen von den göttlichen und menschlichen Dingen" (*Stoicorum Veterum Fragmenta* II 35 f.) Güter und Übel als Prinzipien des Handelns (*Stoicorum Veterum Fragmenta* I 374). Ihr Besitz bedeutet einen vollendeten Charakter (*aretê*: Diogenes Laertios 7, 116–125).

Die Spätantike kehrte wieder zu Platon zurück unter Betonung der theologischen Komponente. W. ergibt sich aus der Kontemplation der idealen Seinsprinzipien als Inhalten des göttlichen Intellekts (*nus*) im mystischen Aufstieg der Seele zu Gott. Nach dem Abstieg des menschlichen Selbst von dort in die innerweltliche Existenz entsteht aus der Entfaltung dieser noetischen s. in eine leibgebundene Seele eine niedere, seelische Form der s., auf der das ethische Verhalten und die Charaktertugenden (*aretai*) basieren (Plotin *Enneaden* I.2[19].6, VI.9[9].11).

Literatur: Benson [2000] – Flaig [1994] – Gaiser [1989] – Gigon [1973] – Graham [1997] – Leisegang [1927] – Piepmeier [1989] – Rhodes [2003] – Roochnik [1996] – Vlastos [1985] – Volpi [2003]

Christian Pietsch

Weltseele (*psychê tu pantos*)

I. In Platons Ti findet sich innerhalb einer Erzählung darüber, wie ein Handwerker, griechisch *demiurgos* (sh. Demiurg), die Welt geschaffen hat, eine ausführliche Schilderung davon, wie die Weltseele (W.) hergestellt worden ist (Ti 34a–37c). Die Form des Schöpfungsmythos und die Rede von der Herstellung wird man dabei nicht wörtlich verstehen dürfen; es geht Platon darum, anhand der Herstellung der W. etwas darüber deutlich zu machen, wie die W. ihrer Natur nach beschaffen ist (vgl. Baltes [1976]). Platon geht dabei der Sache nach von einer Analogie zwischen dem Menschen und dem Kosmos aus. Das, was der Mensch im Kleinen ist, ist der Kosmos im Großen. Der Mensch besteht aus Körper (d.h. Materie) und der Seele, die den Körper belebt; ebenso hat der Kosmos einen Körper, d.h. besteht aus Materie, und wird durch eine Seele, eben die W., zu einem Lebewesen. Die Materie, aus der der Kosmos auch besteht, wird von der W. durchdrungen und von ihr umgeben (sh. Ordnung). Der Demiurg erschafft die W. in einem komplexen Prozess, und die verschiedenen Schritte der Herstellung der W. sagen etwas über den differenzierten ontologischen Status der W. aus. Später im Dialog wird deutlich, dass die Vernunft des Menschen aus demselben Material besteht wie die W., dass also eine Wesensgleichheit zwischen der Seele des Menschen und der des Kosmos besteht (Ti 41d–e, 42c–d).

In einem ersten Schritt lässt Platon schildern, aus welchem Material die W. besteht (Ti 35a–b), in einem zweiten Schritt untersucht er die Form der W. (Ti 35b–36d). Das Material, aus dem die W. besteht, ist eine komplexe Mischung: Der Demiurg mischt erstens unteilbares Sein mit teilbarem Sein zu einer dritten Form des Seins. Zweitens mischt er unteilbares Identisches mit teilbarem Identischen zu einer dritten Form des Identischen und drittens unteilbares Verschiedenes mit teilbarem Verschiedenen zu einer dritten Form des Verschiedenen. Diese drei jeweils gemischten Formen werden in einem vierten Schritt miteinander zu dem Material der W. verbunden. Diese komplizierte Mischung soll deutlich machen, dass die W. alle Elemente jeder anderen Wirklichkeit enthält und durch ihre unterschiedlichen Bestandteile in der Lage ist, alles, was ist, wahrzunehmen und zu erkennen (vgl. Brisson [1996b]). Es ist zwar im Detail nicht ganz klar, was z.B. genau unter dem ‚unteilbaren Identischen' und ‚teilbaren Identischen' zu verstehen ist, aber eine wahrscheinliche Deutung ist, dass das unteilbare Identische das ist, was das Identische selbst ist (bzw. das, was in Platons Ausdrucksweise auch die Idee des Identischen heißen könnte), und dass das teilbare Identische das ist, was an dem Identischen teilhat, d.h. alle anderen Ideen außer der Idee des Identischen und alle Dinge, die dadurch, dass sie etwas sind, stets an dem Identischen teilhaben, weil sie, insofern sie etwas sind, mit sich identisch sind (sh. Identität). Ebenso wäre das unteilbare Verschiedene die Idee des Verschiedenen selbst; das teilbare Verschiedene wiederum umfasst alle diejenigen Dinge, die dadurch, dass sie etwas sind, am Verschiedenen teilhaben, weil sie stets, insofern sie etwas sind, auch von etwas anderem verschieden sind. Dadurch also, dass sich das Sein, das Identische und das Verschiedene in der W. sowohl als Idee als auch als die Dinge, die an der Idee teilhaben, befinden, wird ausgedrückt, dass die W. alles, was ist, den Bereich der Ideen und den Bereich derjenigen Dinge, die an den Ideen teilhaben, erkennen kann. Das auf diese Art und Weise gemischte Material wird in einem weiteren Prozess anhand komplizierter mathematischer bzw. geometrischer Proportionen geformt und dazu in verschiedene Teile geteilt, so dass die so geformte W. ein komplexes Gebilde ist, deren einzelne Teile durch mathematisch beschreibbare Regeln miteinander verbunden sind. Das Ergebnis dieses Prozesses ähnelt der Form nach einem antiken Himmelsglobus mit einem Ring für den Himmelsäquator und einem anderen Ring für den Zodiak. Dieser zweite Ring ist selbst noch einmal in sieben Teile aufgespaltet, und jedem dieser sieben Ringe entspricht die Bewegung eines der zu Platons Zeit bekannten Himmelskörper (Sonne, Mond, Merkur, Venus, Mars, Jupiter und Saturn). Hier setzt Platon offenbar folgende Annahme voraus, für die im Ti nicht eigens argumentiert wird: Alles, was sich bewegt, braucht etwas, von dem es bewegt wird. Die Himmelskörper selbst bestehen auch aus Materie. Materie allein kann nichts in Bewegung setzen. Um zu erklären, dass sich die Himmelskörper bewegen, brauchen wir ein Prinzip der Bewegung, das selbst nicht materiell ist, sondern eine Seele ist. Es ist die W., die dieses Bewegungsprinzip ist.

II. Dieses im Ti nur vorausgesetzte Argument wird von Platon im zehnten Buch seiner Lg ausgearbeitet (Lg 896d–899d). Ein Argumentationsziel des zehnten Buches ist es, den Materialismus zu widerlegen. Ein Hauptargument gegen den Materialismus ist, dass er die Bewegung der Himmelskörper nicht erklären kann. Zu Beginn dieser Passage (Lg 896e) lässt Platon offen, ob man nicht mehr als eine W. annehmen müsse, eine gute und vernünftige W. und eine schlechte und unvernünftige (vgl. die zusammenfassende Darstellung der Rezeption dieser Annahme in der Antike bei Steiner [1992a]: 157–161). Dieser Frage wird in den Lg nicht weiter nachgegangen. Selbst dann, wenn man eine schlechte W. annehmen möchte, ist allerdings deutlich, dass es die gute W. sein muss, die im Kosmos herrscht. Kriterium dafür zu entscheiden, ob eine gute oder eine schlechte W. herrscht, ist nämlich die Frage, ob die Bewegungen, die durch eine W. verursacht werden, geordnet, d.h. mathematisch beschreibbar sind, oder nicht (sh. Böses). Weil nun die Himmelsbewegungen geordnet sind, muss eine gute W. den Kosmos beherrschen. Dass die Bewegungen, die die W. verursacht, geordnet sind, ist nicht allein ein Verdienst der W. selbst, sondern ein Verdienst der W., insofern sie die Vernunft, den *nus*, zu Hilfe nimmt. Die Auffassung der Lg, dass es eine Vernunft gibt, die selbst nicht Teil der W. ist, sondern sich die W. an der Vernunft ausrichten muss, damit sie geordnete Bewegungen verursachen kann, entspricht der Konzeption im Ti insofern, als dort der Demiurg stellvertretend für die Vernunft, den *nus*, ist. So wie der Demiurg, d.h. der *nus*, die W. schafft und selbst kein Teil von ihr ist, so ist auch in den Lg der *nus* unabhängig von der W. und ihr ontologisch vorgeordnet.

III. Die Diskussion im Platonismus knüpft an Fragen an, die im Ti aufgeworfen werden. Eine zentrale Frage ist dabei das Verhältnis der W. zur Vernunft. Ist die Vernunft ein Teil der W. oder ist sie der W. vorgeordnet? Hat die W. eine eigene Vernunft, die von der Vernunft, die ihr vorgeordnet ist, unterschieden werden muss? Die Funktion der W. innerhalb der Kosmologie ist dabei meistens, zwischen den Ideen (und Gott und dem der W. vorgeordneten *nus*) und dem Körper der Welt zu vermitteln. Durch die W. kann Gott die Welt lenken (z.B. Apuleius *De Platone et eius dogmate* 1, 9,199 Beaujeu [1973]). Diskutiert wird ferner das Verhältnis zwischen den vom Demiurgen geschaffenen Göttern und der W. Sind die Götter mit dem nicht vernünftigen Teil der W. identisch? Bei einigen Platonikern wird die W. unmittelbar in die Prinzipienlehre integriert. Moderatos z.B. geht von drei Prinzipien aus, die jeweils das Eine sind, wobei das dritte Eine die W. ist. Im Neuplatonismus verbindet sich in der Auseinandersetzung mit dem Determinismus vor allem der Stoiker die Überlegungen zur W. mit dem Anteil an der Natur, der dem Schicksal entspricht (vgl. z.B. Proklos *Theologia Platonica* 5, 32, p. 119,9–19). Bei Plotin ist die W. vollkommen der Vernunft zugewandt, ohne mit ihr identisch zu werden. Die Seele eines Menschen kann sich auf die Ebene der W. begeben (vgl. Blumenthal [1971]).

Literatur: Baltes [1972] – Baltes [1976] – Blumenthal [1971] – Bordt [2006] – Brisson [1996b] – Cornford [1937] – Dombrowski [1991] – Görgemanns [1960] – Mohr [1985] – Perger [1997] – Steiner [1992a]

Michael Bordt SJ

Werden (*gignesthai*)

I. Der Begriff des Werdens (W.) ist ein zentraler Begriff der Platonischen Ontologie. Alles, was sich verändert, bewegt (sh. Bewegung), wächst oder auch vergeht – alles also, was unsere sinnlich wahrnehmbare Welt umfasst, kann ontologisch durch den Begriff des W. charakterisiert werden (der dann nicht einfach mit dem Begriff des Wachsens oder des Entstehens identifiziert werden darf). Für die Platonische Ontologie in den mittleren Dialogen ist dabei eine sehr deutliche Unterscheidung zwischen zwei Wirklichkeitsbereichen charakteristisch (vgl. z.B. Symp 210e–211b): Der Bereich des W. wird vom Bereich des Seins unterschieden (wobei Platon terminologisch verschiedene Begriffe verwenden kann). Zu dem Bereich des Seins gehören nicht die Dinge unserer auch durch die Sinne erfassbaren Welt, sondern das, was man die Platonischen Ideen oder Formen nennt (auch hier gibt es bei Platon keine terminologische Festlegung; sh. Idee). Anders als die Dinge, die dem W. unterliegen, sind die Ideen bzw. Formen unveränderlich. Dabei sind die Ideen die Ursachen dafür, dass die Dinge unserer Erfahrungswelt so sind, wie sie sind. Die Unterscheidung zwischen dem Bereich des W. und den Bereich des Seins hat eine Konsequenz für die Einschätzung der Art und Weise, wie wir über unsere wahrnehmbare Wirklichkeit sprechen: Wir sprechen zwar z.B. davon, dass Theaitetos schön *ist* oder dass Sokrates gerecht *ist* und sagen so das Sein (nämlich das Schönsein oder das Gerechtsein) von Dingen, die wir wahrnehmen können, aus, aber streng genommen dürften Platon zufolge wir in diesen Fällen lediglich davon sprechen, dass Theaitetos schön *wird* oder Sokrates gerecht *wird*, weil Theaitetos und Sokrates eben zu den Dingen gehören, die in den Bereich des W. gehören. Die Standardinterpretation dieser Kritik an der Umgangssprache beruft sich darauf, dass die Dinge, die wir wahrnehmen, sich fortwährend ändern und sich insofern immer nur im W. befinden. Diese Standardinterpretation ist insofern unbefriedigend, weil sie die ontologische Unterscheidung zwischen dem Bereich des Seins und des W. zu wenig berücksichtigt. Zwei weitere Interpretationen sind folgende: Eine erste Möglichkeit, diese Revision des Sprachgebrauchs genauer zu verstehen, hat Vlastos [1981] vorgeschlagen: Wenn wir in unserer Alltagssprache sagen: „Theaitetos ist schön", dann täuscht uns der Sprachgebrauch in einer wichtigen Hinsicht. Es gibt nur eine Sache, die ohne weitere Qualifikationen in jeder Hinsicht schön *ist*, und das ist die Idee der SCHÖNHEIT. Alles in unserer Erfahrungswelt *ist* nicht schön, sondern hat an der Idee der Schönheit teil (sh. TEILHABE). Wenn etwas aber nur an einer Idee teilhat, dann gibt es auch immer eine Hinsicht, unter der das, was an der Idee teilhat, auch andere Eigenschaften aufweist, die dem, was durch die Teilhabe an der Idee ausgesagt wird, widersprechen: Von nichts in unserer Erfahrungswelt lässt sich die Schönheit ohne jede weitere Qualifikation aussagen; ein Mensch wie Theaitetos ist z.B. nicht in jeder Hinsicht schön. Es gibt immer auch einen Aspekt, unter dem er hässlich ist. Eine zweite Möglichkeit, die Rede vom W. zu verstehen, hat Frede [1988] vorgeschlagen. Er geht davon aus, dass ‚werden' nicht notwendig impliziert, dass das, was wird, sich immer ändert. Es gibt im Griechischen auch einen anderen Sprachgebrauch: Das Wort ‚werden' (*gignesthai*) wird in einem Ausdruck der Form ‚x wird F' vielmehr auch dann verwandt, wenn x lediglich die äußeren Merkmale an den Tag legt, die eigentlich nur F zugesprochen werden können. Wenn wir z.B. von einem Menschen sagen, dass eine Handlung nett von ihm gewesen ist, dann meinen wir nicht, dass der Mensch selbst nett ist, sondern dass er so gehandelt hat, wie ein Mensch handeln würde, der selbst nett ist. Seine Handlung hat die äußeren Merkmale an den Tag gelegt, die charakteristisch sind für jemanden, der selbst nett ist. Nun lässt sich z.B. schön zu sein oder gerecht zu sein eigentlich nur von der Idee des Schönen oder der Idee der Gerechtigkeit aussagen. Alles, was an der Idee teilhat, wird nur schön oder gerecht, nicht, weil es sich in einem Prozess befindet, sondern weil es als etwas, das teilhat, immer nur die äußeren Merkmale an den Tag legen kann, die im eigentlichen Sinn nur von der Idee aussagbar sind.

II. Verbunden mit der Unterscheidung zwischen W. und SEIN ist die epistemische Unterscheidung zwischen MEINUNG und WISSEN (bzw. Verstehen). Nur die unveränderlichen Ideen sind Objekte des Wissens. Von dem, was dem W. unterliegt, können wir bloß Meinungen haben. Im Liniengleichnis der Resp (509d–511e) werden diese Unterscheidungen besonders klar ausgeführt. Die Welt des W. ist ein ABBILD der Welt der Ideen, die das Urbild sind. Über die Welt des W., die alle sichtbaren Gegenstände sowie deren Schatten- oder Spiegelbilder umfasst, lassen sich nur Vermutungen und Meinungen anstellen, allein die Welt der erkennbaren Dinge, die die Ideen und die mathematischen Gegenstände umfasst, lässt sich mit der Vernunft bzw. mit dem Verstand erfassen.

III. Im Ti wendet sich Platon einer genaueren Analyse der Dinge, die dem W. unterliegen, zu. Das Ziel des Ti ist es u.a. zu verstehen, was es heißen kann, dass die

Ideen die Ursachen für die Dinge in der sinnlich wahrnehmbaren Wirklichkeit sind. Platon bringt einen Mythos von der Erschaffung der Welt durch einen Handwerker, griechisch *demiurgos*, der die Vernunft, den *nus*, repräsentiert und alles, was er schafft, so schaffen will, dass es so gut wie möglich ist (sh. Demiurg). Der Mythos soll im Bild des handwerklichen Schaffens erklären, warum die gesamte Wirklichkeit jetzt so ist, wie sie ist (vgl. Baltes [1976]). Anders als im biblischen Schöpfungsmythos schafft der Demiurg die Welt nicht aus dem Nichts. Ihm sind zwei Dinge vorgegeben: Die Welt der Ideen und die ungeordnete und unstrukturierte Materie, der Stoff also, aus dem alles, was materiell ist, besteht. Der Demiurg schaut auf die Ideen und formt nach den Ideen die Materie. Die Tätigkeit des Demiurgen besteht also in einer Strukturierung der Materie. Je weniger die Materie dabei eine Eigengesetzlichkeit entfaltet, die sich der vollkommenen Strukturierung durch den Demiurgen widersetzt, desto mehr entspricht das, was geschaffen wird, dem Demiurgen selbst (der die Vernunft ist) und den Ideen. Die Weltseele oder die Zeit z.B. kann der Demiurg so schaffen, dass sie ganz und gar vernünftig sind, d.h. vollständig mathematisch beschreibbar. Weder die Weltseele noch die Zeit hat als ihr „Material" irgendwelche sichtbaren materiellen Teile. Alle Dinge, die aus einem körperlichen Material bestehen, können nicht vollständig der Vernunft gehorchen, denn das körperliche Material hat eine Eigengesetzlichkeit, die es unmöglich macht, dass die Dinge vollständig mathematisch beschreibbar sind. Es sind diese Dinge, die die Welt des W. konstituieren. Um diese Welt des W. und die Art und Weise, wie die Ideen für diese Welt Ursachen sein können, genauer zu beschreiben, arbeitet Platon mit verschiedenen Begriffen und Bildern (vgl. Ti 47e–53c). Ein wichtiger Begriff ist dabei derjenige der Notwendigkeit. Die Welt des W. unterliegt nicht nur der Vernunft, d.h. sie lässt sich nicht vollständig mathematisch beschreiben, sondern auch der Notwendigkeit. Unter der Notwendigkeit versteht Platon hier nicht die Notwendigkeit von Naturgesetzen (die, Platons Unterscheidung zufolge, ein Ausdruck der Vernunft wären), sondern die nicht vernünftige Faktizität des Gegebenen, ohne Sinn und Ziel. Im Bereich des W. ist die Vernunft mit der Notwendigkeit gemischt (Ti 48a). Dabei, so Platon, herrsche die Vernunft über die Notwendigkeit. Die Vernunft habe die Notwendigkeit überredet, das meiste von dem, was wird, dem Besten entgegenzuführen. Diese Herrschaft der Vernunft zeigt sich an Folgendem. Alles, was aus Materie besteht, besteht aus einer Kombination von vier möglichen Dreiecken, die die Bausteine der Elemente der materiellen Welt sind. Diese Dreiecke, die insofern der Vernunft gehorchen, als sie mathematisch beschreibbar sind (hier hat die Vernunft die Notwendigkeit also mit Erfolg überreden können), bestehen ihrerseits wiederum aus Spuren von Materie, und diese Spuren gehören in den Bereich der Notwendigkeit. Sie lassen sich nicht mehr vollständig mathematisch beschreiben. Platon bringt dafür das Bild einer Amme des W., die sich nicht im Gleichgewicht befindet. Die Bewegungen der Amme, die für den Bereich des W. steht (Ti 52d), werden mit der des Worfelns von Getreide verglichen (Ti 52e–53a): Die Spuren der Dreiecke werden hin- und hergerüttelt, und dieses Schütteln ist vernunftlos, d.h. lässt sich nicht mathematisch beschreiben. Diesen Zustand des Chaos findet der Demiurg vor, er überredet daraufhin die Notwendigkeit und schafft aus diesem chaotischen Material die Dreiecke.

IV. Die Frage nach dem Verhältnis der Materie und den Ideen in der Welt des W. wird im Platonismus vor allem anhand der Frage nach der Entstehung des Kosmos diskutiert. Numenios nimmt drei Götter an, der erste ist der Vater, der zweite der Schöpfer und der dritte die Schöpfung; der zweite Gott ist der Gott des W. Der Höhepunkt der Auseinandersetzung und Vertiefung der Thematik ist Plotins Schrift über die Nichtaffizierbarkeit der Materie (*Enneaden* III.6[26]). Er untersucht, wie der Begriff der Materie so konzipiert werden kann, dass Materie trotz des Eintritts der Ideen in die Materie nicht von den Ideen affiziert werden kann.

Literatur: Baltes [1976] – Bordt [2006] – Cornford [1937] – Frede [1988] – Vlastos [1981]

Michael Bordt SJ

Werk/Funktion (*ergon*)

I. Der Gebrauch des Terminus *ergon* (e.) ist bei Platon in mehrfacher Hinsicht zweideutig. Zum einen spiegelt sich in ihm eine für den griechischen Sprachgebrauch typische Verquickung von „machen" (im Sinne von „hervorbringen" bzw. „herstellen") und „tun" („tätig sein") wider: e. bezeichnet so einerseits das Produkt einer bestimmten Aktivität, insbesondere von verschiedenen Künsten (*technai*), sodass etwa das Haus als e. des Bauens oder die Gesundheit als e. der Heilkunst erscheint (Charm 161e, 165c; Euthyd 280c). Charakteristisch für diesen poietischen Gebrauch ist die ontische Unterschiedenheit des Werks (W.) als Resultat von der es hervorbringenden Tätigkeit. Im Gegensatz hierzu sind das W. und das, zu dem es gehört, im Falle der zweiten, praktischen Verwendung des Begriffs nicht voneinander getrennt: So ist das e. des Auges die Aktivität des Sehens und das W. des Messers das Schneiden. In diesem zweiten Sinne wird sowohl Lebewesen als Ganzen sowie ihren Körperteilen als auch Artefakten ein e. zugeschrieben (Resp 352e–353a). Sowohl in der poietischen als auch in der praktischen Verwendung ist der Aspekt der Funktionalität in bestimmten (teilweise intentional konzipierten) Systemzusammenhängen konnotiert (Krat 388c–d), weshalb man e. an vielen Stellen auch als „Funktion" bzw. als „Aufgabe" übersetzen kann. Die Zuweisung einer solchen Funktion verdankt sich entweder göttlicher Schickung (Ion 537c) oder sozialpragmatischen Erwägungen: So ist im gut geordneten Staat „jedem eine Aufgabe aufgetragen [...], die er notwendig verrichten muss" (Resp 406). Das Funktionieren des Ganzen ist dabei abhängig von der Funktionserfüllung der einzelnen Teile, also etwa im Falle der Platonischen Staatslehre: von der Rollenausübung der einzelnen Stände, von denen eben jeder das Seine zu tun hat (sh. Gerechtigkeit).

II. Diese Verbindung des e. mit ethischen bzw. politischen Überlegungen ist nun Indiz der zweiten Ambiguität: Neben den dargestellten deskriptiven Momenten weist der Gebrauch von e. auch häufig eine normativ-wertende Komponente auf. In Anlehnung an Hesiod wird z. B. e. als etwas grundsätzlich Schönes und Nützliches von anderen (wertneutralen oder schlechten) Hervorbringungen unterschieden (Charm 163b–c). Dass eine Reduktion von e. auf rein deskriptive Momente, d.h. als wertfreie Kennzeichnung der charakteristischen Aktivität einer Sache oder einer Person, in praktischen Kontexten zu kurz greift, zeigt die Charakterisierung des W. des Politikers bzw. der Staatskunst: Der Politiker hat nicht bloß den Bau von Schiffen oder Mauern zu verfügen, sondern sein e. besteht primär darin, dafür zu sorgen, dass die Bürger besser werden (Gorg 517b–c); die Staatskunst hat den Bürgern Kenntnisse zu vermitteln, die ihnen Nutzen und Glückseligkeit bringen (Euthyd 292a–c). Der normative Zielpunkt des W. liegt folglich nicht darin, nur „irgendwie" ausgeführt zu werden, sondern eben in guter bzw. bestmöglicher Weise. Gerade zu dieser qualitativen Ausführung des e. bedarf es einer bestimmten Form von Tüchtigkeit bzw. Tugend, weshalb zum Beipiel den drei Ständen im Hinblick auf ihre Funktion im Staatsganzen auch jeweils eine spezifische Kardinaltugend zugeordnet ist (Resp 427c–432b). Durch das geordnete und harmonische Zusammenspiel aller Teile, ausgedrückt in der übergeordneten Kardinaltugend der Gerechtigkeit (Resp 432b–434b), wird das W. der Polis in toto realisiert.

III. Diese politischen Überlegungen sind hierbei ein Spiegel der Verhältnisse in der menschlichen Seele. Das hierfür einschlägige e.-Argument in Resp 352d–354a rekurriert auf die oben erläuterten deskriptiven und wertenden Aspekte des Begriffs. Der Grundgedanke des Arguments, das im Kontext der Frage nach dem richtigen Leben bzw. der Widerlegung der These, dass der Ungerechte glücklich ist, steht, lässt sich wie folgt subsumieren: Für jedes X, das ein e. hat, gilt, dass dieses entweder etwas ist, was man nur mit X tun kann, oder etwas, was man mit X am besten tun kann. Um dieses W. gut zu verrichten, bedarf X jedoch einer spezifischen Tugend (*oikeia aretê*). Für die Seele gilt nun, (a) dass ihr W. im „Leben machen" (*zên poiein*) besteht, und (b) dass die Gerechtigkeit ihre Tugend ist. Die Gerechtigkeit sorgt also dafür, dass die Seele ihr e., das Leben, gut verrichtet. Folglich lebt die gerechte Seele bzw. der Gerechte gut und glücklich, der Ungerechte auf Grund der Privation der Tugend hingegen schlecht und elend. Das Argument fasst den e.-Begriff somit im praktischen Sinne, d.h. als nicht von dem Ausführenden getrenntes Produkt; der Begriff des „Lebens" beschreibt hierbei nicht bloß eine biologische Kategorie, sondern einen geordneten Gesamtzusammenhang aller seelischen Aktivitäten (vgl. Buddensiek [1999]: 111–115), was durch den analogen Gebrauch der Gerechtigkeit als Tugend der ganzen Seele und der vollständigen Polis in der Resp unterstrichen wird. Die Fehlschlüssigkeit des Arguments besteht in zweierlei: (1) Die Prämisse, dass die Gerechtigkeit die (spezifische) Tugend der Seele ist, kann trotz ihrer Einräumung durch Thrasymachos im Dialog nicht als wirklich bewiesen gelten. (2) Das Argument operiert mit einer Äquivokation von „gut", das sowohl im funktionalen als auch im intrinsischen Sinne verwendet wird (vgl. Blößner [1991]). Aus dem Umstand, dass X sein e. im funktionalen Sinne gut ausführt, ist jedoch nicht ohne weiteres ableitbar, dass es für X gut (also intrinsisch erstrebenwert) ist, genau dies zu tun.

IV. Ein expliziter Zusammenhang zwischen e. und Glückseligkeit (*eudaimonia*, vgl. EUDAIMONIE) wird von Platon zwar nur rudimentär hergestellt (Resp 354a), ist aber unverkennbar impliziert (vgl. Irwin [1995]: 252 f.). Bezeichnenderweise greift Aristoteles das Platonische e.-Argument gerade bei der definitorischen Bestimmung der *eudaimonia* auf: Seine beiden e.-Argumente (*Eudemische Ethik* 1218 b–1219 a; *Nikomachische Ethik* 1097 b–1098 a), von denen das erste der Resp terminologisch erkennbar sehr nahe steht, lassen sich hierbei auf eine gemeinsame argumentative Tiefenstruktur zurückführen (vgl. Müller [2003]). Das e. der menschlichen Seele muss nach Aristoteles in einer artspezifischen VERWIRKLICHUNG bzw. Tätigkeit (*energeia*) bestehen, wofür letztlich nur eine vernünftige bzw. vernunftgeleitete Aktivität in Frage kommt. Zur guten Ausführung dieser Tätigkeit bedarf es des Hinzukommens der vollkommenen menschlichen TUGEND(en), so dass Aristoteles das menschliche GUTE bzw. die Glückseligkeit abschließend als der vollkommenen Tugend gemäße Tätigkeit eines ganzen Lebens bestimmen kann. Um zu diesem Ergebnis zu gelangen, muss der bei Platon vorgebildete konzeptuelle Zusammenhang von Gutheit, W. und Tugend vorausgesetzt werden, den Aristoteles selbst wie folgt formuliert: „Es ist nun zu sagen, dass jede Tugend das, woran sie sich findet, und sein Werk gut macht, (...) und so muss auch die Tugend des Menschen ein Habitus sein, vermöge dessen er selbst gut wird und sein Werk gut verrichtet" (*Nikomachische Ethik* 1106 a; vgl. auch *Eudemische Ethik* 1218 b–1219 a). Das e.-Konzept ist bei Aristoteles auch außerhalb der Ethik von zentraler Bedeutung für seine Naturphilosophie, Ontologie und Metaphysik, was seinen paradigmatischen Ausdruck in der etymologischen Ableitung der VERWIRKLICHUNG bzw. Tätigkeit (*energeia*) einer Sache vom Begriff e. (*Metaphysik* 1050 a) und dem damit verbundenen Gedanken der Seinsvollendung einer Sache in der Ausübung ihres spezifischen W. findet: Jede Sache ist nur sie selbst, wenn sie ihr e. realisieren kann (*Meteorologica* 390a). Das W. einer Sache ist somit ihre raison d'être (*De caelo* 286a). Dies hat immer wieder Anlass dazu gegeben, von einer metaphysischen Fundierung der Aristotelischen Ethik zu sprechen (vgl. Irwin [1980]) oder die Argumentation in toto eines naturalistischen Fehlschlusses zu bezichtigen. Das Argument lässt jedoch auch alternative (zum Beipiel dialektische) Lesarten zu, die solchen Vorwürfen entgehen. Abseits dieser exegetischen Fragen dürfte die systematische Herausforderung weiterhin in der bereits für Platon konstatierten Problematik bestehen, wie im Hinblick auf die Glücksfrage zu plausibilisieren ist, dass es für den einzelnen Menschen gut ist, ein guter (d.h. hier: sein spezifisches Werk realisierender) Mensch zu sein. Hierbei ist zu konstatieren, dass neuere Ansätze zu einer Theorie des guten Lebens den von Platon und Aristoteles entwickelten e.-Begriff teilweise durchaus konstruktiv aufnehmen (vgl. Stemmer [1998]).

Literatur: Blößner [1991] – Buddensiek [1999] – Hintikka [1973] – Irwin [1980] – Irwin [1995] – Müller [2003] – Stemmer [1998]

Jörn Müller

Wesen siehe **Idee, Physis**

Widerspruch(sprinzipien)

I. Das *schwache Widerspruchsprinzip* (Wp.) besagt, dass von zwei beliebigen Aussagen, von denen die eine die Negation der anderen ist (und zwar im echten Sinn, d.h.: *ohne* Relativierung auf verschiedene Hinsichten), mindestens eine nicht wahr sein muss. Das *starke Wp.* ist das schwache Wp. zusammen mit der Behauptung, dass von zwei Aussagen, von denen die eine die Negation der anderen ist, mindestens eine wahr sein muss. Das starke Wp. besagt also, dass von zwei beliebigen Aussagen, von denen eine die Negation der anderen ist, genau eine nicht wahr (und deshalb auch genau eine wahr) sein muss. Die große Bedeutung der Wp. liegt u.a. in ihrer Verwendung in der dialektischen Praxis: Schließt man (gewöhnlich unter Verwendung von Voraussetzungen) logisch korrekt aus der hypothetisch angenommenen Wahrheit einer Behauptung B, dass sowohl ein Satz S als auch dessen (echte) Negation, *non* S, wahr ist – d.h. einen (echten) Widerspruch (W.) –, so ist damit gemäß dem schwachen Wp., das im starken Wp. enthalten ist, gezeigt, dass B nicht wahr ist (wäre B wahr, so ergäbe sich ja logisch zwingend eine Verletzung des schwachen Wp.). Gemäß dem starken Wp. ergibt sich daraus des Weiteren, dass die Negation von B, *non* B, wahr ist (nur so ist das starke Wp. nicht verletzt). Hiernach beruht also die Argumentationsform der sog. reductio ad absurdum – der stärkste *elenchos* – auf dem starken Wp. (in dem das in jeder reductio ebenfalls zum Tragen kommende schwache Wp. enthalten ist). Objektsprachlich – also unter Vermeidung des metasprachlichen Wahrheitsbegriffs – ausgedrückt lautet das schwache Wp. wie folgt: Es ist unmöglich, dass B und *non* B (wobei für „B“ eine beliebige Aussage eingesetzt werden kann und Thesis und Antithesis ohne Relativierung auf verschiedene Hinsichten – verschiedene Zeitpunkte etwa – aufzufassen sind). Und das starke Wp. lautet objektsprachlich ausgedrückt wie folgt: Es ist unmöglich, dass B und *non* B, und unmöglich, dass weder B noch *non* B.

II. Platon hat das schwache Wp. in objektsprachlicher Fassung unverkennbar explizit formuliert: Euthyd 293b–c – zwar durch den Mund eines Sophisten, aber Platons Sokrates bestätigt die Formulierung und greift sie später selbst auf (Euthyd 293d). Platon war zudem die Argumentationsform der reductio ad absurdum, und damit implizit auch das starke Wp., wohlbekannt. Wohlbekannt war ihm auch, dass man von dieser Argumentationsform fehlerhaften Gebrauch machen kann. Die Fehlerhaftigkeit fehlerhafter reductiones ist darauf zurückzuführen, dass der in ihnen anscheinend deduzierte anscheinende W. nicht in logisch korrekter Weise aus der zu widerlegenden Annahme (plus Voraussetzungen) gewonnen worden ist oder/und gar keinen W. (im echten Sinn) darstellt. Ein schönes Beispiel einer fehlerhaften – sophistischen – reductio findet sich gleich im Anschluss an die Formulierung des schwachen Wp., auf die eben verwiesen wurde (sh. Euthyd 293b–c). Das erwähnte Beispiel dürfte repräsentativ sein und indiziert somit, dass sich die reductio ad absurdum bei den Sophisten großer Beliebtheit erfreute. Sie gehörte zweifelsohne zu Platons – und insbesondere zu Sokrates' – dialektischem Milieu. In der Tat macht Platons Sokrates von der reductio in den Dialogen geradezu gewohnheitsgemäß Gebrauch (sh. etwa Prot 332d–333b; Euthyph 10d–11a; Euthyd 296d–297a).

III. Die Widerlegung durch logische Ableitung von Widersprüchen wurde durch Parmenides' Schüler Zenon populär gemacht, der sie systematisch in seiner Verteidigung parmenideischer Thesen verwendete, worauf in Parm 128d angespielt wird. Viel deutlicher ist VS 29 B 2 zu Zenon, wonach alle Beweisgänge seiner Verteidigungsschrift in der Herleitung von Widersprüchen aus der Annahme der Vielheit bestünden. Passend hierzu wird in Parm 127d–e anhand einer bestimmten Zenonschen Widerlegung der Vielheit die logische Struktur der reductio ad absurdum von Sokrates klar dargestellt.

Und passend zum eleatischen Ursprung der Dialektik (Logik) und ihrer zentralsten Prinzipien, den Wp., liefert Platons Parmenides im gleichnamigen Dialog eine lange, gegliederte Litanei dialektischer Argumentationen formal-ontologischen Inhalts (Parm 137c–166c) – „das mühsame Kinderspiel spielen" nennt es Parmenides (Parm 137b). Allerdings weist die Argumentationslitanei das aus logischer Sicht (und auch aus Platonischer Sicht, angesichts von Gorg 473b) höchst fragwürdige Charakteristikum auf, dass *angeblich* einerseits, für zusammengehörige Aussagen A und B (wobei B zudem oft als die Negation von A erscheint), sowohl A als auch B in ihr widerlegt werden, und *angeblich* andererseits, für dieselben Aussagen A und B (und unter gleichen Voraussetzungen), sowohl A als auch B in ihr bewiesen werden: sh. etwa Parm 137c–d, wo eine solche angebliche Widerlegung – mittels reductio – erfolgt, und entsprechend dazu Parm 142c–d, wo das vorher Widerlegte, unter gleicher Voraussetzung, nun angeblich bewiesen wird. Wenn dies von Platon ernst gemeint wäre, so würde er hiermit dem schwachen Wp. *widersprechen*, und darum a fortiori auch dem starken. Und erst recht würde er dies tun, wenn das, was am Schluss des Parm als „vollkommen wahr" hingestellt wird, auch als vollkommen wahr von Platon geglaubt würde, nämlich dass alles auf alle Weise ist und nicht ist und scheint und nicht scheint (Parm 166c). Auch ohne von der Annahme auszugehen, dass der immer noch in seiner Deutung höchst umstrittene zweite Teil des Parm (d.h. 137c–166c) *auch* als eine parodistische Relativierung eleatischer Argumentationspraktiken – eleatischer *philonikia* (vgl. Parm 128d) und *paidia* (vgl. Parm 137b) – gemeint ist (und zwar im Gewande einer monumentalen impliziten Metareductio), darf fraglos daran festgehalten werden, dass Platon im Parm keinem der beiden Wp. widersprechen will, auch nicht hinsichtlich einzelner Aussagen. Die weitaus meisten Leser des Parm – von den Neuplatonikern bis Hegel und danach – haben dessen zweiten Teil freilich nicht in diesem Sinne verstanden, sondern als die Darlegung einer esoterischen höheren Wahrheit über *das Eine*, in der Platon jedenfalls das starke Wp. hinter sich lässt, durch es – auf ihm – über es hinaussteigt und ihm nur eine begrenzte, niederrangige Gültigkeit bescheidet.

Literatur: Kutschera [1995] – Vlastos [1983] – Zeller [1963b]

Uwe Meixner

Wiedererinnerung/Anamnesis (*anamnêsis*)

I. Die Grundlagen bei Platon: Neben der Lehre von den IDEEN ist Platons SEELENlehre eines der wichtigsten Elemente seiner Philosophie. Trotz der Tatsache, dass sowohl von den Ideen als auch von der Seele keineswegs eine ausgearbeitete Theorie von Platon vorliegt, lassen sich doch die wesentlichen Inhalte beider Lehren als Theorieansätze aus den Dialogen herausarbeiten (zu Platons Theorie von den Ideen vgl. Ross [1953]: 11–21). Die unsterbliche dreigegliederte Seele (*logistikon, thymoeides, epithymêtikon*, Resp 435a–441c, besonders 440e und 441a) erlangt von den Göttern vor der Einsetzung in einen Körper, der „Einkörperung" (Ti 42e–43a), die Möglichkeit der Schau der Ideen am überhimmlischen Ort (*hyperuranios topos*, Phdr 247c, sh. auch Phdr 249b–c und 250b und Ti 41d–e; vgl. Lee, S.-I. [2001]: 136–139). Die Seele blickt also zunächst auf die Ideen als das wahre SEIN und dessen Grund (vgl. u.a. Beierwaltes [1980a]: 9–12). Gelangt die Seele jedoch in einen Körper, verliert sie dieses geschaute Wissen. Aber sie vergisst das, was sie am *hyperuranios topos* gesehen hat, nicht völlig, da sie die Gabe der Wiedererinnerung (W.), der Anamnesis (A; *anamnêsis*) an diese Erkenntnisse hat. Anders als die *anamnêsis* ist die *hypomnêsis* ein einfaches Erinnern von vergessenen Tatsachen oder Informationen (Phdr 274c–275b). Wie in Symp 209e–212c dargestellt, dienen phänomenale Sinnesdaten als ein bloßer äußerer Stimulus zur inneren Bewegung der A.: Der Mensch erblickt etwas Schönes auf Erden, und seine Seele erinnert sich deshalb des Schönen wieder, das immer ist, ungeschaffen und ewig; sie erinnert sich also der Schau der Idee des Schönen (Symp 211c) am überhimmlischen Ort zu der Zeit vor ihrer „Einkörperung". Die A. ist des Weiteren Grundlage für ein wichtiges, vielleicht sogar für das wichtigste Argument zugunsten der Präexistenz, Wiedergeburt und UNSTERBLICHKEIT der Seele (Men 85d–86c und Phd 76d–77a; vgl. Waldenfels [1961]: 129f.), da sich die Seele ja nicht an Erkenntnisse erinnern könnte, die vor oder nach ihrem Dasein im Körper gewonnen wurden, wäre sie sterblich und würde sie mit dem Körper vergehen. Die Seele sehnt sich während ihres Verweilens im Körper nach dieser Schau der Ideen, insbesondere der Idee des GUTEN. Sie strebt dahin zurück, von wo sie herstammt, wobei sie den Menschen mit seinem Körper emporhebt, wie nicht zuletzt sein aufrechter Gang zeigt. Neben den Dialogen Symp, Phdr und Ti sowie Tht (191c–196c) und Phlb (34a–c) ist gerade in den Dialogen Men (80d–86c) und Phd (72e–84b und 91e–92e) Entscheidendes über die Lehre von der A. zu erfahren (vgl. Huber [1964]: 41–55, Guthrie [1975]: 345f. und Ebert [1994]: 51–56 sowie Reale [1996]: 77–80). Dabei ist stets darauf zu achten, dass Platons Philosophie nicht ins Gegenteil verkehrt wird: Nicht aufgrund der Phänomene sind Ideen zu begründen, sondern genau umgekehrt, die Ideen begründen das SEIN der Phänomene (Phd 72e–78b; vgl. Lee, S.-I. [2001]: 123–136). Es bedarf also nicht notwendig der Sinnesdaten, um die A. zu erlangen. Auch eine Unterredung mit jemandem, der in den jeweils gefragten Dingen unkundig ist, kann sie hervorrufen, wie Sokrates' Gespräch mit dem Sklaven im Dialog Men zeigt (Men 82b–86c; vgl. Waldenfels [1961]: 115–124 und Lee, S.-I. [2001]: 97–119). Hier wird die sokratische HEBAMMENKUNST deutlich (Mäeutik von *maieutikê*; vgl. Tht 148e–151d, besonders 150b: *Tê de g'emê technê tês maieuseôs* [...], „Von meiner Hebammenkunst [...]"), die einen Gedanken im menschlichen Geist dadurch „zur Welt kommen lässt", dass sich Sokrates mit jemandem über ein Problem unterhält und ihn aus der Ratlosigkeit (*aporia*, z.B. Men 84a–d; sh. Aporie) zur richtigen Lösung führt (Men 84d–85c). Dieser Gedanke ist eine W., eine A. Das gesamte Lernen ist demnach ein Wiedererinnern der Seele. Der Mensch nimmt zwar bei der A. im Geiste seinen Anlauf bei den vergänglichen Phänomenen, um im besten Falle bis zur Erkenntnis der Idee des Guten aufzusteigen. Jedoch ist in der Philosophie Platons immer jeweils von den Ideen, dem wahren Sein, her zu denken, das überhaupt erst Denken und Phänomene möglich macht, sie durch Teilhabe (*methexis*, Parm 132d; sh. auch Phd 100c und 101c; Resp 476d sowie Symp 211b) an den Ideen im Sein hält. Die A. richtet sich also immer an den Ideen aus, ist sie doch eine W. der Seele in Form einer inneren Schau der Ideen durch die Seele (Hirschberger I [1980]: 91). Sinnesdaten geben dabei zwar einen ersten Impuls, jedoch sind sie allein keineswegs hinreichend für die A. Die Seele muss überdies entsprechend geschult sein (Ap 29d–30b und 36c; Kri 48b sowie Phd 80e–82c und 107d und Alk 1 130e und 132c), um die Impulse der Sinneswahrnehmung nutzen zu können und um somit zur A. und schließlich zur Schau der Ideen zu gelangen. Dabei hält sich die Seele, solange sie im menschlichen Körper verharrt, stets zwischen (*metaxy*, Symp 202d–e) der phänomenalen Sinnenwelt und der noumenalen Ideenwelt auf. Diese Schau der Ideen hat, da sie eine rein geistige Einsicht ist, mystische Qualität, wenn auch Platon nicht direkt als Mystiker zu verstehen ist (vgl. Wehr [1995]: 17–24), da er den Weg der Erkenntnis der reinen Innenschau vorzieht. Zwar geschieht der Einblick in die Ideenwelt, die Schau der Idee plötzlich (*exaiphnês*, Ep 7, 341c–d; sh. Augenblicklichkeit), jedoch muss vorher der menschliche Geist mühsam durch dialektisches Abwägen zur Ebene der Ideen vordringen. Dieses dialektische Vordringen des menschlichen Geistes zu den Ideen nennt der Platonische Sokrates in seiner Diskussion der Naturphilosophie des Anaxagoras „zweitbeste Seefahrt" (*deuteros plus*, Phd 99c–d; vgl. Reale [1996]: 72–77). Wie sich ein Segelschiff auf der zweitbesten Fahrt von Hafen zu Hafen an der Küste „entlanghangelt", um über Umwege zum Zielhafen zu gelangen, so kann sich der menschliche Geist von Phänomen zu Phänomen und über Vorstellung zu Vorstellung bis hin zum Bereich der Ideen selbst „hangeln". Die A. ist demnach als geistige Einsicht der Seele in die Ideenwelt zu verstehen. Die Ideen und besonders die Idee des Guten sind nach Platon das Sein selbst; das Sein aber ist wahr. Daher ist die A. Erkenntnis der Wahrheit; sie bildet einerseits in gewisser Weise eine Klammer zwischen Erkenntnistheorie und Metaphysik im Denken Platons und öffnet andererseits den Weg zur Ethik, da die Erkenntnis des Guten notwendig zum guten Handeln führt (sh. Bildung). Nur die Seele kann aufgrund ihrer qualitativen Ähnlichkeit zu den Ideen diese Wahrheitserkenntnis leisten (*anankaion, hutôs hôsper kai tauta estin, hutôs kai tên hêmeteran psychên einai*, „so muss notwendig, ebenso wie dieses [die Idee] beschaffen ist, so auch unsere Seele beschaffen sein", Phd 76e; vgl. Ross [1953]:

213–215 und Huber [1964]: 583–588); es gilt hierbei nach Empedokles, dass Gleiches durch Gleiches erkannt wird (*homoion pros homoion*, „Gleiches durch Gleiches", Ti 45c; *hê de gnôsis tu homoiu tô homoiô*, „die Erkenntnis des Gleichen durch das Gleiche", Aristoteles *Metaphysik* 1000b; sh. auch *De anima* 404b und Sextus Empiricus *Adversus mathematicos* 7 (= *Adversus dogmaticos* 1) 119–122). Platon legt systematisch die Korrespondenztheorie der Wahrheit zugrunde: Ein Urteil ist wahr, wenn es dem entsprechenden Sachverhalt, dem Sein und damit der Idee, entspricht. Die Korrespondenztheorie bleibt die herrschende Wahrheitstheorie bis in die Hochscholastik. Sie wird durch Thomas von Aquin wie folgt definiert: *veritas est adaequatio rei et intellectus*, „Die Wahrheit ist die Übereinstimmung von Sachverhalt und Verstandesurteil" (Thomas von Aquin *Quaestiones disputatae de veritate*, qu.1, a.1 und a.2; sh. auch *Summa contra Gentiles* I c.59).

II. Die A. im Platonismus: Die Vorstellung der A. spielt im Platonismus, insbesondere später im christlichen Platonismus, eine große Rolle, verweist sie doch auf etwas Transzendentes, das diese phänomenale Welt übersteigt. Ferner dient die A.lehre auch im Platonismus zur Begründung der Unsterblichkeit der Seele. Plotin geht in seiner Abhandlung über das Schöne (*Enneaden* I.6[1]) ähnlich wie Platon in seinem Dialog Symp davon aus, dass die höchste Vorstellung des Schönen, das höchste und eigentliche Schöne, stufenweise durch einen Aufstieg des Geistes erreichbar ist (*Enneaden* I.6[1].4, 1–6, 30; vgl. Armstrong [1975], Halfwassen [1992]: 53–61 und [2004]: 38–43). In Porphyrios' Biographie des Plotin wird dieses methodische Vorgehen Plotins, das sich an Platons Symp orientiert, bestätigt (*kata tas en tô ‚Symposiô' hyphêgêmenas hodus tô Platôni*, „auf den von Platon im Symp gewiesenen Wegen", Porphyrios *Vita Plotini* 23, 9f.). Die Erkenntnis des Schönen beruht auch nach Plotin auf der W. der Seele an das präexistent geschaute Schöne, also auf der A. (*Enneaden* I.6[1].2, 7–13, ferner IV.6[41].3, 1–16). Auch für Plotin ist demnach die Seele in ihrer Innenschau notwendig am Erkenntnisgewinn beteiligt: weniger durch sinnlich erfasste Eindrücke, die in der Seele weiterverarbeitet werden, sondern vielmehr durch Erkenntnis als Aufstieg und Einung des Geistes mit dem höchsten Prinzip des Einen (vgl. Beierwaltes [1985]: 123–147). In der mystischen Theologie des Christentums lebt dieses Prinzip der Einung (*henôsis*) mit dem höchsten Prinzip, mit Gott (*theôsis*), fort (vgl. Beierwaltes [1985]: 147–154, ferner Wehr [1995]: 27–36 und 81–91). Im zehnten Buch der *Confessiones* untersucht Augustinus das Bewusstsein, das Gedächtnis, *memoria* (*mnêmê*): Hier ist der Ort des Lernens, der Erinnerung und der Ort Gottes im Menschen (Augustinus *Confessiones* 10, 8–26, besonders 12). Im elften Buch analysiert Augustinus die Zeit als Vergegenwärtigung im Bewusstsein (*memoria*), die als Ausdehnung in der Seele gemessen wird und drei Dimensionen aufweist: Vergangenheit, Gegenwart und Zukunft (Augustinus *Confessiones* 11, 14–29, besonders 21 und 27). Mit dem Konzept der A. steht Platon am Beginn der erkenntnistheoretischen Lehre von apriorischem Wissen. Dieser Position steht die empiristische Position gegenüber, der zufolge das gesamte Wissen aus Erfahrung gewonnen wird.

Literatur: Armstrong [1975] – Beierwaltes [1980a] – Beierwaltes [1985] – Borsche [1996] – Ebert [1994] – Guthrie [1975] – Halfwassen [1992] – Halfwassen [2004] – Hirschberger [1980] – Huber [1964] – Lee, S.-I. [2001] – Reale [1996] – Rehn [1996] – Ross [1953] – Waldenfels [1961] – Wehr [1995]

Hans Otto Seitschek

Wille/Wollen (*boulêsis, thelêma, hormê*)

Platon spricht vielfach von einem Wollen (W.), Wünschen (*boulêsis*) oder Streben, nicht aber von einer Instanz oder Fakultät, die später als „Wille" bezeichnet wird. Gleichwohl ist bei ihm eine Reihe von Fragen vorgezeichnet, die später auch in Diskussionen über den Willen aufgenommen werden – so etwa Fragen zum Verhältnis von Ratio und Willen oder zur Freiheit bzw. Selbstverantwortlichkeit des Willens oder insbesondere auch zu Problemen der sog. „Willensschwäche".

I. W. zeichnet sich bei Platon zunächst dadurch aus, dass es immer auf etwas bezogen ist, das für den Wollenden tatsächlich gut ist – im Unterschied zum Begehren, das auch auf scheinbar Gutes, tatsächlich aber Schlechtes gerichtet sein kann (sh. Gorg 466d–e, 467b–468e; Men 77b–78b; Charm 167e; vgl. entsprechend zum Willentlichen Prot 345d–e; Resp 412e–413a; Ti 86d–e). Das Gute, auf das das W. gerichtet ist und das aktiv verfolgt wird, ist das, wodurch man glücklich ist (Symp 205a). Wenn man tut, was man für das (für einen selbst) Bessere hält, es aber schlechter ist, tut man de facto nicht, was man will (Gorg 468d; vgl. Lg 688b–c: es „geschieht" nicht, was man will). Im Gorg ist nicht davon die Rede, dass es neben dem W. ein „eigentliches W." gebe oder dass es neben dem Ziel des Handelns ein „eigentliches Ziel" gebe. Vielmehr liegt, soweit identifizierbar, *ein* Vorkommnis von W. vor, nämlich eben das auf das Gute gerichtete. Der Widerstreit in der Seele, von dem zumindest später bei Platon die Rede ist (u.a. Resp 437b–441c; Soph 228b), ist nicht ein Widerstreit zwischen verschiedenem W.: das W. oder Wünschen ist ein bestimmtes Streben oder An-sich-Ziehen nach bzw. von etwas Bestimmtem (Resp 437b–c), das dem Begehren entgegenstehen kann und dann, mit dem *logismos* (Erwägen) verbunden, Macht über das Begehrende haben kann (Resp 439c–d). Diese Passagen besagen allerdings nicht, dass unser W. in einem subjektiven Sinn vernünftig sei. Allenfalls lassen sie sich damit vereinbaren, dass das W. als objektiv vernünftig beschreibbar ist. Intellektualistisch wird die Konzeption erst dadurch, dass wir, wenn wir das entsprechende Wissen haben, dann auch das Richtige wollen werden.

Eines der hier anknüpfenden Probleme ist das der *akrasia*, d.h. jenes Zustands, der in Mangel an Selbstkontrolle besteht und in der Regel mit Willensschwäche identifiziert wird. Dem Sokrates etwa des Prot zufolge gibt es dergleichen nicht: Willensschwäche, so das „Sokratische Paradox", ist tatsächlich Mangel an Wissen, der etwa durch ein falsches Einschätzen oder Abmessen der zu erwartenden Lust zustande kommt (vgl. Prot 357d–e). Wenn hingegen das handlungsrelevante Wissen (um die Situation, das zu Tuende usw.) vorliegt, handelt man auch entsprechend (vgl. Prot 351b–359a). Die These, Wissen ziehe Handeln unmittelbar nach sich, erfasst nun jedoch nicht jenes Phänomen, wonach wir z. B. mit Blick auf den Zugriff auf einen Gegenstand, der kurzfristige Lust verspricht, langfristig aber bekanntermaßen schädlich ist, hin und her gerissen sein können. Zumindest was den wahrnehmbaren inneren Konflikt betrifft, scheint dieses Phänomen in der Resp in der Konzeption vom inneren Widerstreit von Seelenvermögen besser aufgenommen zu sein. Der Gorg erläutert die These, W. sei immer auf das Gute gerichtet, mit dem Verweis auf eine Mittel-Ziel-Relation: wenn man *F* um *G* willen tut, wolle man nicht *F*, sondern *G* (Gorg 467c–e). Unklar ist hier jedoch, weshalb nicht auch Mittel für das Erreichen eines Ziels Gegenstand von W. sein können sollten (Gorg 467d–e, 468b–c). Immerhin heißt es in 468c, dass wir etwas, das vom Guten (d. h. vom Ziel) verschieden ist, als etwas (für das Ziel) Nützliches wollen. Vielleicht will die Passage daher nur sagen, dass wir nicht ohne weitere Qualifikation davon sprechen können, dass wir die Mittel zum Erreichen eines Ziels ihrerseits wollen.

II. Platon spricht nicht von einer Fakultät oder Instanz des Willens bzw. tut dies nicht auf solche Weise, dass seine Rede einer solchen Fakultät eindeutig zuzuordnen wäre, und es bleibt zumindest offen, wie sich die Einteilungen der Seele (vgl. Resp 437b–441c; Phdr 246a–b, 253c–255a) zu jener Fakultät verhielten. Dennoch finden sich Probleme angedeutet, die später auch im Zusammenhang etwa der Diskussion zur Willensfreiheit erörtert wurden. Prinzipiell scheint Platon die Entscheidungsfreiheit und Verantwortung des Menschen für sein Handeln angenommen zu haben. Mehrere Passagen scheinen zudem so etwas wie Spontaneität des Handelns vorzusehen. Gleichwohl ist keine dieser Passagen in dieser Hinsicht eindeutig. Zum einen könnte für die Annahme von Spontaneität die Rede von der Seele als etwas herangezogen werden, das sich selbst und anderes bewegt und das den Anfang seiner Bewegung nicht von anderem her hat, sondern selbst ohne Anfang ist (Phdr 245c–246a; zur Selbstbewegung der Seele sh. auch Lg 893c–d, 894b–896b; Ti 89a). Daraus ergibt sich jedoch nur, dass die Seele nicht ursprünglich von anderem bewegt wird. Über eine eventuelle Spontaneität der Seele ist noch nichts Definitives gesagt. Zum Zweiten heißt es in den Lg, dass wir nur dann darum bitten würden, dass alles unserem W. folge, wenn das W. weit mehr noch der eigenen Einsicht folge (Lg 687e). Es ist offen, ob diese Passage die enge Sokratische Verknüpfung von Einsicht und W. aufhebt, etwa in dem Sinn, dass man nicht nur um Einsicht bittet, sondern auch darum, dass das W. ihr folgt. Doch weder im Fall der Verknüpfung noch in dem der Nicht-Verknüpfung liefert die Passage eine Grundlage für die Annahme von Spontaneität. Zum Dritten heißt es von der Seele, dass sie alles, was sie lenkt, durch ihre eigenen Bewegungen lenkt (nämlich durch W., Erwägen, Sich-Kümmern, Mit-sich-Zurategehen, richtiges oder falsches Meinen, indem sie sich freut oder betrübt ist, verwegen ist oder sich fürchtet, hasst oder liebt) und durch alle Bewegungen, die diesen verwandt sind (Lg 896e–897b). Doch auch diese Passage sagt nichts über das Vorliegen von Spontaneität. Allenfalls deutet sie das Bestehen eines Verhältnisses von Seele und bestimmten ihrer Aktivitäten an. Zum Vierten könnte man sich zur Annahme einer Spontaneität durch Platons Rede von einer Lebenswahl im Er-Mythos veranlasst sehen (sh. Resp 617d–620e). Allerdings ist auch hier nicht von einer Spontaneität bei der Wahl die Rede: wiewohl den Wählenden unterstellt wird, dass sie anders hätten wählen können (die *aitia* liegt bei ihnen, nicht beim *theos*, 617e), wird doch hervorgehoben, dass sie in Reaktion auf ihr früheres Leben jene neue Lebensform wählen, die sie wählen. Ob mit zunehmendem Wissen über die Wahloptionen Wahlfreiheit entsteht, hängt wieder davon ab, ob die Resp hier im Fall des Wissens des Guten Handlungsalternativen einräumt. Es bleibt offen, wie sich die Rede von der *aitia* zu einer Rede vom freien Willen, jedenfalls in Bezug auf die Lebenswahl, verhielte.

Tatsächlich deutet sich schon hier ein größeres Problem an, nämlich das der eigenen Verantwortung für den eigenen Zustand in einer bestmöglich geordneten Welt. Den Lg zufolge soll jeder in einer solchen Welt kraft seiner *boulêseis* (seiner „Wollens-Akte" oder „Entscheidungen") für seine eigene Beschaffenheit verantwortlich (*aitia*) sein (Lg 904a–c) und dann infolge seiner Beschaffenheit und der Ordnung und des Gesetzes des Schicksals (*heimarmenê*) den entsprechenden Platz einnehmen (zu dieser geplanten Ordnung sh. auch Lg 967a). Dieser Konzeption zufolge sind feste Plätze vorgesehen, und man selbst hat die Wahl der Beschaffenheit, die notwendig zur Einnahme eines bestimmten Platzes führt.

III. Eine der Hauptfragen hellenistischer Philosophie ist die hier anschließende Frage nach der Determiniertheit allen Geschehens und Handelns. Aus der frühen platonischen Tradition ist hierzu wenig überliefert (Xenokrates' Schrift zur *heimarmenê* ist nicht erhalten). Spätere Platoniker fassen, im Versuch, Handlungsfreiheit zu bewahren, *heimarmenê* als hypothetische Notwendigkeit auf: etwas wird frei gewählt, alles Weitere folgt mit Notwendigkeit (vgl. Alkinoos *Didaskalikos* 26; ferner Pseudo-Plutarch *De fato* 5, 570d–e).

Für Plotin stellt sich die Frage nach dem Willentlichen (*hekusion*) und dem W. (*thelêma, thelêsis*) insbesondere für die oberste Instanz, nämlich das Eine (sh. *Enneaden* VI.8[39]). Dass etwas „beim Einen" liegt, verlangt nach Plotin keine Aktivitätsalternativen: ungenau gesprochen, fallen das W. und die *usia* des Einen in eins, es bedarf keiner Alternativen zum „Tun" des Guten, das heißt seiner selbst (*Enneaden* VI.8[39].13.5–8, VI.8[39].21.1–19, VI.8[39].21.30–33). Was die Freiheit und den freien Willen des Einzelnen betrifft, so ist die Seele des Einzelnen, sofern ohne Leib, ganz Herrin über sich selbst und frei und steht außerhalb des Ursachezusammenhangs der physikalischen Welt (*Enneaden* III.1[3].8). Sofern sie sich nicht von äußeren oder körperlichen Einflüssen bewegen lässt und soweit der Antrieb (*hormê*) vom eigenen reinen und affektfreien *logos* her kommt, liegt er bei uns (*Enneaden* III.1[3].9). „Bei uns liegen" heißt, dass etwas unserem Willen (*boulêsis*) folgt und dass wir Herr über es sind, „willentlich" ist, was ohne Zwang und unter handlungsrelevantem Wissen getan wird (*Enneaden* VI.8[39].1.30–34), und dies kann nur Gutes sein (*Enneaden* VI.8[39].6.29–43). Auch hier hängt Willens- und Handlungsfreiheit wieder nicht davon ab, dass Handlungsalternativen bestehen: die „schlechte Option“ ist tatsächlich keine Option.

Literatur: Baumgarten [1998] – Gosling [1990] – Spitzley [1992]

Friedemann Buddensiek

Wissen(schaft) siehe **Erkenntnis**

Wollen siehe **Wille**

Zeit (*chronos*)

I. Platons Dialoge thematisieren die Zeit (Z.) häufig und aus vielen Perspektiven. Zu denken ist an den sukzessiven Erwerb von Wissen und Bildung (Phd 72e ff.; Resp 514a ff.), an das Immersein der Ideen (z. B. Resp 479e) und die Plötzlichkeit der Erkenntnis (Symp 210e; Ep 7, 341c; sh. Augenblicklichkeit) oder an psychologische, kosmologische und historische Entwicklungsbedingungen bzw. ihre mythologische Gestaltung (Phdr 246a ff.; Phlb 268d ff.; Lg 676a ff.). Wichtig sind auch die Hypothesen des Parm, die danach fragen, ob das Eine an der Z. teilhat, und dabei zu widersprüchlichen Ergebnissen gelangen (Parm 141a ff., 151e ff.). Eine Bestimmung, die als Platonische Z.theorie verstanden werden kann, findet sich jedoch nur in der Kosmologie des Ti. Z. ist demnach „ein bewegtes Abbild der Ewigkeit" (*eikô kinêton tina aiônos*, Ti 37d), das ein göttlicher Demiurg bei der „Durchordnung des Himmels" (*diakosmôn hama uranon*) hervorbringt, und zwar „ein nach Zahl voranschreitendes ewiges Abbild der im Einen bleibenden Ewigkeit" (*menontos aiônos en heni kat' arithmon iusan aiônion eikona*, Ti 37d). Dabei werden Tage, Nächte, Monate und Jahre als „Teile der Z." (*merê chronu*) von Vergangenheit und Zukunft bzw. „war" und „wird sein" als „Formen der Z." (*eidê chronu*) unterschieden (Ti 37e). Woraus sich die Teile der Z. ergeben, sagt der Text ausdrücklich. Es handelt sich um feste Z.abschnitte, die durch regelmäßige Umläufe von Himmelskörpern begrenzt und bewahrt werden, weshalb sie als „Zahlen der Z." (*arithmoi chronu*) Z.messung ermöglichen (Ti 38c). Besonders wichtig sind die Umläufe der Fixsterne, des Mondes und der Sonne, auf denen die Länge von Tag, Monat und Jahr beruht. Aber auch andere Himmelskörper sollen feste Umlaufz. besitzen, obwohl diese noch nicht erkannt wurden (Ti 39c). Die „vollendete Zahl der Z." (*teleos arithmos chronu*) sei dann erfüllt, wenn alle Himmelskörper wieder dieselbe Konstellation erreicht hätten (Ti 39d). Wie lange das „vollendete Jahr" (*teleos eniautos*) dauert, muss wegen der unbekannten Umlaufz. von Planeten offen gelassen werden. Deutlich ist allerdings das Bestreben, alle astronomischen Bewegungen als vernünftig auszuweisen. Und deutlich ist auch, dass dies im Blick auf die Z. geschieht. Sonne, Mond und Planeten sind nur zur „Begrenzung und Bewahrung" der Z.zahlen entstanden (Ti 38c). Der sichtbare Himmel ist insofern nichts anderes als eine astronomische Uhr. Er ermöglicht, die Dauer aller Bewegungen zu messen, indem seine regelmäßigen Bewegungen beobachtet und gemäß Zahlen aneinander gemessen werden (*pros allêla symmetruntai skopuntes arithmois*, Ti 39c). Als genauestes Maß gilt der tägliche Umlauf der Fixsternsphäre, der als Umlauf des Selbigen (*tauton*) von den sieben Umläufen des Verschiedenen (*heteron*/*thateron*) abgehoben wird (Ti 38c ff.). Die Himmelskörper besetzen dabei die Umläufe der Weltseele (Ti 36c), die auch aus Selbigem und Verschiedenem zusammengesetzt ist (Ti 35a). Unter den Umläufen des Verschiedenen kommt der Sonne eine herausragende Bedeutung zu, weil sie den Umlauf der Fixsterne durch den Wechsel von Tag und Nacht offensichtlich macht (*metron enarges*, Ti 39b). Die zentrale Erde dürfte dagegen nur insofern als „Wächterin und Bewirkerin" von Tag und Nacht gelten (Ti 40b–c), als ihre gegenläufige Rotation eine feste Basis für die Beobachtung astronomischer Bewegungen schafft.

Für die Formen der Z. wird die Differenz von Vorbild und Abbild betont. Es sei nicht richtig, vom ewigen Sein (*aidios usia*) zu sagen, dass es „war, ist und sein wird". Denn in Wahrheit komme ihm nur das „ist" (*estin*) zu, während das „war" (*ên*) und „wird sein" (*estai*) nur vom Werden in der Z. gelte. Das ewige Sein, das sich unbewegt (*akinêtôs*) immer auf dieselbe Weise verhalte, besitze keine Eigenschaft wahrnehmbarer Bewegungen (*kinêseis*): Es werde nicht älter oder jünger mit der Z., entstehe nicht irgendwann, sei nicht jetzt entstanden und werde auch nicht zukünftig sein (Ti 38a). Das ewige Sein ist von Formen der Z. freizuhalten, weil es sonst verzeitlicht und in seiner Ewigkeit missverstanden wird. Umgekehrt sprechen wir nicht genau (*uden akribes legomen*), wenn wir zeitlichen Vorgängen Sein zuschreiben (Ti 38b). Warum dies so ist, bleibt offen, lässt sich aber leicht einsehen. Denn durch eine Übertragung des ewigen Seins auf zeitliche Vorgänge würde die Differenz von Vorbild und Abbild ebenso unterlaufen wie durch eine Übertragung von Formen der Z. auf die Ewigkeit. Dahinter steht Parmenides, in dessen Lehrgedicht vom Sein (*eon*) gesagt wird, dass es weder irgendwann einmal war noch sein wird, „da es jetzt ist" (*epei nyn estin*), und zwar „zugleich ganz" (*homu pan*), eins und zusammenhängend (VS 28 B 8, 5–6). Allerdings geht es in der Z.theorie des Ti keineswegs nur darum, ewiges Sein und zeitliches Werden zu kontrastieren, sondern vielmehr darum, Z. als Abbild der Ewigkeit zu erläutern. Und dies kann erst dann gelingen, wenn neben dem Unterschied deutlich wird, worin ihre Ähnlichkeit liegt. Darauf verweist nicht nur die Abbildtheorie anderer Dialoge (Soph 240a), sondern auch der Ti. Bei der Herstellung der Z. geht es darum, den bewegten Kosmos seinem immer seienden Vorbild „noch ähnlicher" zu machen (*mallon homoion pros to paradeigma*, Ti 37c). Auch für die Formen der Z. wird daran festgehalten. Denn die Z. soll die Ewigkeit nachahmen, indem sie nach Zahl im Kreise läuft (*chronu tauta aiôna mimumenu kai kat' arithmon kyklumenu*, Ti 38a).

II. Bei der Interpretation dieser Bestimmung ergeben sich zahlreiche Schwierigkeiten. Es liegt zwar auf der Hand, dass die Z. nach Zahl voranschreitet bzw. im Kreise geht, weil sie sich durch regelmäßige und kreisförmige Bewegungen von Himmelskörpern messen bzw. zählen lässt. Ihr Voranschreiten kann aber nicht einfach mit astronomischen Bewegungen identifiziert werden, ohne Z. unangemessen zu vergegenständlichen. Es gilt deshalb zu beachten, dass Z. primär ein Aspekt der vernünftigen Bewegung der Weltseele ist, der sich in den wahrnehmbaren Bewegungen der Himmelskörper lediglich zeigt. Da die Länge von Tagen, Monaten und Jahren durch diese astronomischen Bewegungen festgelegt wird, können sie sich nur insofern bewegen, als gegenwärtige Tage, Monate und Jahre in ihrer Gegenwärtigkeit vergehen. Blickt man auf die Formen der Z., sieht es jedoch so aus, als gehöre die Gegenwart gar nicht zur Z., sondern ausschließlich zur Ewigkeit. Der Schwierigkeit lässt sich wohl nur begegnen, indem man eine vergehende Gegenwart der Z. und eine bleibende Gegenwart der Ewigkeit unterscheidet. Dies liegt auch deshalb nahe, weil bei der Differenzierung von Ewigkeit und Z. durchaus mit gegenwärtigen Vorgängen gerechnet wird (Ti 38a). Dass das Gewordene geworden sei (*einai*) und das Werdende im Entstehen sei usw., soll zwar nur eine ungenaue Rede sein (Ti 38b). Dies bedeutet aber keineswegs, dass sie ungerechtfertigt wäre. Vielmehr zeigt die kosmologische Ähnlichkeit, die in der Z. ihr Maximum erreicht, wodurch sie zu rechtfertigen ist, ohne die Differenz von Vorbild und Abbild aufzuheben. Der bewegte Kosmos verfügt insofern über Sein, als er Abbild immer seiender Ideen ist (vgl. Ti 28a ff.). Auf dieser Grundlage wird später gesagt, das Abbild sei die ganze Z. vergangen, gegenwärtig und zukünftig (*gegonôs te kai ôn kai esomenos*), während das Vorbild die ganze Ewigkeit Sein besitze (Ti 38c). Auch die Z. verfügt also über eine Gegenwart, allerdings nur, indem sie vergeht. Wie die zeitliche Gegenwart die ewige Gegenwart abbildet, ist schwer zu sagen, weil die Ewigkeit (*aiôn*) nur durch ihr Bleiben im Einen bestimmt wird. Dabei soll sie als Bestimmung eines ewigen Lebewesens gelten (Ti 37d). Gemeint ist das vollkommene Lebewesen (*panteles zôon*), das auf der Ebene des idealen Vorbilds eingeführt worden war (Ti 30c ff.), um das kosmische Abbild als ein Lebewesen einsichtig machen zu können (Ti 30b). In dieselbe Richtung deutet die vorplatonische Bedeutung von „*aiôn*", die als Leben, Lebendigkeit oder Jugendlichkeit zu übersetzen ist. Sie darf allerdings nicht auf den Ti bezogen werden, ohne die Differenz von Z. und Ewigkeit ausreichend zu berücksichtigen. Vielmehr dürfte dessen Ewigkeit eine zeittranszendente Lebendigkeit von Ideen sein, weil zunächst Ideen als Vorbilder des Kosmos erläutert werden (Ti 27d ff.). Worin die Lebendigkeit von Ideen besteht, führt der Ti zwar nicht aus, wohl aber der Soph, der dem vollkommen Seienden (*pantelos on*) Bewegung, Leben, Seele und Vernunft zuschreibt, um seine Erkennbarkeit verständlich zu machen (Soph 248e ff.), und für die höchsten Gattungen (*megista genê*) betont, dass das Seiende sowohl an Bewegung wie an Ruhe teilhat, obwohl sich Bewegung und Ruhe ausschließen (Soph 249d ff.). Dies spricht dafür, dass Ewigkeit für Platon eine Lebendigkeit des Seienden ist, die sich in der zeittranszendierenden Ideendialektik zeigt. Die bleibende Gegenwart der Ewigkeit zeigt sich in einer DIALEKTIK, die von Idee zu Idee übergehen muss, um sie bestimmen zu können, darin jedoch immer in der Einheit desselben Ideenzusammenhangs bleibt. Die Ewigkeit bleibt im Einen, weil die Dialektik Teilhabeverhältnisse aufweist, deren Geltung von der Z. unabhängig ist. Ein solches Bleiben ist dem körperlich bewegten Kosmos nicht mitzuteilen, weil körperliche Bewegung immer eine Differenz im RAUM voraussetzt. Mitzuteilen ist ihm nur ihr zeitliches Abbild. Indem die Z. nach Zahl voranschreitet, weil jeder Tag, jeder Monat und jedes Jahr wieder ein Tag, ein Monat und ein Jahr von bekannter Dauer ist, bildet sie die Ewigkeit einer Dialektik ab, die beim Übergang zu anderen Ideen im selben Ideenzusammenhang bleibt.

III. Aristoteles konzentriert sich auf den Aspekt der Z.messung, indem er Z. als „Zahl bzw. Maß der Bewegung nach früher und später" (*arithmos/metron kinêseôs kata to proteron kai hysteron*) bestimmt (*Physik* 219b, 220b). Eine ausdrückliche Bezugnahme auf die Ewigkeit unterbleibt, weil die Strukturen der messbaren Z. aus der

Perspektive der Wahrnehmung erläutert werden (*Physik* 219a). An einer zeittranszendenten Ewigkeit von Ideen kann Aristoteles nicht festhalten, weil er die Platonische Ideenannahme kritisiert. Allerdings erläutert er den unbewegten Beweger als eine letzte Ursache aller Bewegung, die bewegungstranszendent ist und damit auch zeittranszendent sein dürfte (*Metaphysik* 1072a). Die vollkommene Tätigkeit (*energeia*) des göttlichen Bewegers, sein Denken des Denkens (*noêsis noêseôs*), vollzieht sich jenseits von Bewegung und deren Z., obwohl sie als permanentes Bewegungsziel dient. Es ist deshalb keineswegs klar, dass Aristoteles die Ewigkeit dieses Denkens mit unbegrenzter Z. identifiziert. Die neuplatonische Z.theorie greift darauf zurück, indem sie die Ideen nach mittelplatonischen Vorarbeiten in einen selbstbezüglichen Geist (*nus*) verlegt. Von besonderer Bedeutung ist Plotin, der Platon traditionsbildend gegen Aristoteles und die Stoa verteidigt. Plotin erläutert die Ewigkeit als zugleich ganzes, ganz gegenwärtiges und unausgedehntes Leben des Geistes, in dessen vollkommenem Denken jeder einzelne Gedanke schon das Ganze ist (*Enneaden* III.7[45].3–6). Im Hintergrund steht eine Interpretation der höchsten Gattungen des Soph. Die Z. ist demgegenüber das nur nacheinander ganze, nach Zukünftigem strebende und ausgedehnte Leben der Seele, die durch ihr diskursives Denken (*dianoia*) hinter der Vollkommenheit des Geistes zurückbleibt (*Enneaden* III.7[45].11). Auch Plotin betrachtet die Z. als Abbild der Ewigkeit. Allerdings übersetzt er die Platonische Vorbild-Abbild-Struktur in die demiurgische Dynamik einer Seele, die zeitlos aus dem Geist heraustritt und darin Z. konstituiert. Da die Seele nach Neuem strebt, gewinnt die Zukunft eine konstitutive Bedeutung. Nicht zuletzt dies führt dazu, dass die Differenz von Vorbild und Abbild stärker akzentuiert wird als bei Platon. Außerdem tritt die kosmologische Bedeutung der Z. hinter ihre ontologische zurück.

Literatur: Beierwaltes [1981] – Böhme [1974] – Böhme [1996] – Brague [1982] – Cornford [1937] – Festugière [1949] – Gloy [1986] – Mesch [2003]

Walter Mesch

Ziel/Zweck (*telos*)

I. Die größte Bedeutung besitzt der Begriff des *telos* (t.) bei Platon im handlungstheoretischen Kontext, und zwar im Hinblick auf die Strukturbeschreibung intentionaler Tätigkeit. Bei deren Analyse stößt Platon auf den Umstand, dass nicht alle faktisch erstrebten Ziele (Z.) gleichwertig sind, sondern von einer dreigliedrigen Hierarchie auszugehen ist. (1) Manche Güter werden um ihrer selbst willen geliebt, (2) andere teils um ihrer selbst, teils wegen der aus ihnen hervorgehenden Folgen, (3) und wieder andere (etwa der Gelderwerb) ausschließlich wegen ihrer Folgen (Resp 357b–d). Damit kein regressus in infinitum entsteht, bedarf es eines äußersten Zwecks oder Z., in welchem alle unsere willentlichen Aktivitäten „enden" (*teleutôsin*): Dieses kann nichts anderes als das Gute (*to agathon*) sein (Lys 220b), und so konstatiert Platon, „dass aller Handlungen Z. (t.) das Gute ist und dass um seinetwegen alles andere getan werden muss, nicht aber dieses um des anderen willen“ (Gorg 499e). Die Bestimmung des Guten als Z. menschlichen Handelns lässt nun eine starke und eine schwache Lesart zu: In der starken (objektivistischen) Deutung ist hiermit eine Ausrichtung auf das wahrhaft GUTE gemeint, das stets auf Grund seiner intrinsischen Gutheit erstrebt wird (Resp 505d). In schwacher Lesart kann das subjektiv verstandene Gute als Formalobjekt des Handelns erscheinen: Wir tun alles sub ratione boni, d. h. „in der Meinung, es sei uns besser, dieses zu tun als nicht“ (Gorg 468b). In beiden Varianten droht ein Hiat zwischen dem eigentlichen intendierten und dem de facto realisierten Z., also ein aus Unwissenheit resultierendes schlechtes Handeln. Deshalb bedarf es für das auf das „Z. des guten Handelns“ (*t. tu eu prattein*) ausgerichtete Leben einer adäquaten Erkenntnis, und zwar spezifisch im Hinblick auf das Gute und Schlechte (Charm 173d–174c).

Diese formale Analyse erfährt eine begriffliche Anreicherung, indem das Gute als höchstes t. menschlicher Handlung näher bestimmt wird. Alle Menschen wollen immer nur das Gute haben und gerade durch seinen Besitz sind sie glückselig (Symp 204c–205a). Zum einen ist hiermit ein unhintergehbarer explanatorischer Endpunkt für die Begründung menschlichen Handelns erreicht, denn „hier bedarf es nun keiner weiteren Frage mehr, weshalb doch der glückselig sein will, der es will, sondern hier scheint die Antwort ein Ende (t.) zu haben“ (Symp 205a). Zum anderen ist damit in Gestalt des Glücksstrebens ein inhaltliches Movens zielorientierter Aktivität aufgedeckt, das allen Menschen fundamental gemeinsam ist (Euthyd 282a). Glückseligkeit (*eudaimonia*) ist mit dem Besitz von schönen und guten Dingen identifizierbar (Symp 202c–d), erfordert aber auch den rechten Gebrauch dieser Güter, wozu wiederum eine entsprechende Erkenntnis unabdingbar ist (Euthyd 280a–282d). Das Gute und die Glückseligkeit als t. menschlichen Handelns setzen somit für ihre Realisierung eine erfolgreiche Suche nach Wissen bzw. WEISHEIT, mit anderen Worten: die PHILOSOPHIE voraus. Als t. des menschlichen Lebens wird von Platon auch explizit die Verähnlichung mit dem Göttlichen bezeichnet (Ti 90d), die als höchste VERWIRKLICHUNG/VOLLENDUNG humaner Existenz konzipiert ist.

II. In der Platonischen Naturphilosophie und Kosmologie spielt der Begriff des t. zwar explizit keine prominente Rolle, aber es liegt eindeutig eine Teleologie bzw. ein teleologischer Weltaufbau vor, der durch die zielgerichtete, vernünftige Aktivität des Demiurgen gewährleistet wird (vgl. Theiler [1965]: 62–82). Im Ti wird eingelöst, was Sokrates im Phd (96a ff.) als Desiderat einer adäquaten Erklärung des natürlichen Werdens und Vergehens gefordert hatte, nämlich eine durch Vernunft (*nus*) etablierte Ordnung, die nicht auf zufällige Resultate, sondern auf die bestmögliche Verfasstheit der jeweiligen Sache und des Kosmos in toto abzielt. Platon unterscheidet den *nus* als göttliche Ursache grundlegend von der materiell bedingten Kausalität (*anankê*), insofern Letztere ein „blindes“ (d. h. nicht-zielgerichtetes) Wirkprinzip darstellt (Ti 68e–69a; Lg 889–899). Der Maßstab des göttlichen Wirkens ist hierbei das Gute, insofern GOTT als der Inbegriff des Guten wollte, „dass alles gut und nach Möglichkeit nichts schlecht sei“ (Ti 30a). Der durch ihn hergestellte Zustand der Ordnung im Chaos der materiellen Elemente erschien ihm besser als der vorherige Status; deshalb bezeichnet Platon das Resultat seines Wirkens auch als „das seiner Natur nach schönste und beste Werk" (Ti 30b) und bezeichnet Gott auch als „Baumeister des Schönsten und Besten" (*tu kallistu te kai aristu dêmiurgos*, Ti 68e). Die natürliche Teleologie weist somit offensichtlich Parallelen zur handlungstheoretischen auf, etwa eine hierarchische Finalitätsstruktur, in welcher z. B. das Werden (*genesis*) um des Seins (*usia*) willen erfolgt, insofern Letzteres ein höheres Gut darstellt (vgl. Phlb 54a–c). Eine angemessene Naturerklärung gibt folglich an, warum der beobachtbare Zustand der Dinge gut bzw. besser als seine Alternative ist, ebenso wie das Sokratische Verbleiben im Kerker nach seinem Todesurteil nur mit seiner Vorstellung vom gesellschaftlich Besseren hinreichend erklärbar ist (Phd 97b–99a). Menschliches Handeln und das sich in der kosmischen Ordnung äußernde vernünftige Tun Gottes wurzeln also im gleichen Motiv: der „Wahl des Besten" (*hairesis tu beltistu*; Phd 99a–b).

III. Aristoteles greift in seiner Ethik auf zahlreiche Momente der Platonischen Handlungsteleologie zurück: So bestimmt er t. als das Beste und das Äußerste, dessentwegen alles andere geschieht (*Eudemische Ethik* 1219 a); das höchste bzw. vollkommene Z. (*t. teleiotaton*, *Nikomachische Ethik* 1097 a), das stets nur um seiner selbst und nie um eines anderen willen gewählt wird, und nach dem alle Menschen streben, ist auch ihm zufolge die Glückseligkeit (*eudaimonia*). Die für die Aristotelische Ethik charakteristische Verknüpfung von Z.haftigkeit und Gutheit (vgl. White [1981]) ist auch ein Leitmotiv seiner Naturteleologie: „Schließlich (sind Dinge ursächlich) als das Ziel und das Gute der anderen. Das Weswegen will doch ein Bestes und Z. der anderen Dinge sein" (*Physik* 195a). Die Natur (*physis*) strebt immer nach einem Z. (*De generatione animalium* 715b) und nach dem Besseren (*De generatione et corruptione* 336b). Folgerichtig wird die im Mittelpunkt der Aristotelischen Naturphilosophie stehende Finalursache, durch die ein Prozess von seinem t. her erklärt wird, sehr häufig mit dem Guten gleichgesetzt (*Metaphysik* 982b, 983a, 1013 a, 1059 a). Die Durchdringung der Aristotelischen Naturerklärung mit evaluativer Terminologie lässt sich durchaus als Platonisches Erbgut interpretieren. Ihre Originalität besteht neben der expliziten Einführung und konsequenten explanatorischen Verwendung des t.-Konzepts in der Naturerklärung vor allem in der Ersetzung einer extern zwecksetzenden Instanz (in Gestalt des Platonischen Demiurgen) durch eine der *physis* immanente Teleologie: Obwohl die Verwirklichung der artspezifischen Anlagen als t. natürlicher Prozessualität in Verbindung mit dem als externes Z. bzw. als letzter Finalursache konzipierten unbewegten Beweger zu sehen ist (vgl. Gaiser [1969 b]), wird das natürlich Seiende gerade dadurch charakterisiert, dass es den Ursprung von Bewegung und Stillstand in sich hat und dass es aus sich selbst heraus seine Endgestalt erreicht (*Physik* 193b und 199b). Das Motiv einer durch ein oberstes Prinzip hervorgebrachten und geordneten Seinswirklichkeit, die zugleich wieder nach ihrem Ursprung als t. strebt (Schema von exitus und reditus; sh. Aufstieg/Abstieg) ist im Neuplatonismus in der Konzeption des Einen (*to hen*) in vielfältiger

Form präsent. Zum Beispiel charakterisiert Proklos das Eine als aller anderen Ursächlichkeit vorausliegende äußerste Z.ursache (*to telikon aition kai to hu heneka, Theologia Platonica* II 9, 59, 13–16).

Literatur: Gaiser [1969b] – Horn [2002a] – Irwin [1995] – Moreau [1971] – Theiler [1965] – White [1981]

Jörn Müller

Zweck siehe **Ziel**

Genannte Autoren der platonischen Tradition

Die Liste nennt Philosophen oder Autoren mit Werken philosophischen Inhalts, auf die in den Lexikoneinträgen explizit Bezug genommen wird, und ihre Bedeutung für die platonische Tradition bis ins 6. Jh. n. Chr. Die (meist sehr unsicheren) biographischen Jahresangaben sind optimistisch aufzufassen und sollen v. a. als Hilfestellung für die Zuordnungsverhältnisse zwischen den einzelnen Denkern dienen. (Namen und Werktitel werden je nach Konvention lateinisch oder griechisch angegeben.)

Alexander von Aphrodisias: Wende 2./3. Jh. n. Chr. Verfasser von einflussreichen Kommentaren zu Werken des Aristoteles sowie von eigenständigen Werken zu verschiedenen philosophischen Fragen.

Alkinoos/Albinos von Smyrna: 2. Jh. n. Chr. Mittelplatonischer Philosoph und Verfasser des *Didaskalikos*, eines Kompendiums der platonischen Philosophie, Lehrer des Galen.

Alkmaion von Kroton: 5. Jh. v. Chr. Vorsokratischer Naturphilosoph, angeblich Schüler des Pythagoras. Bei Aristoteles und Theophrast sind Teile seiner Wahrnehmungslehre überliefert.

Amelios Gentilianus: ca. 216/226–290/300 n. Chr. Platonischer Philosoph aus dem römischen Plotinkreis, möglicherweise Lehrer des Iamblichos. Verfasste Werke zu Numenios und Plotin sowie kommentierende Schriften zu Platons Dialogen.

Ammonios: 1. Jh. n. Chr. Peripatetischer Philosoph, versammelte in Athen eine Schule um sich, die eine programmatische Annäherung von platonisch-pythagoreisierender und peripatetischer Philosophie betrieb und der auch Plutarch zuzuzählen ist.

Ammonios Hermeiu: 6. Jh. n. Chr. Proklosschüler mit Lehrtätigkeit in Alexandria. Veröffentlichte Vorlesungen und Kommentare zu den Schriften von Platon und Aristoteles, deren Wirkung bei Simplikios und Johannes Philoponus spürbar ist.

Anaxagoras: ca. 500–428 v. Chr. Vorsokratischer Philosoph aus Klazomenai. Auf die Welterklärung seines verschollenen Werks wird von Platon und Aristoteles mehrfach Bezug genommen.

Anaximander: 6. Jh. v. Chr. Naturphilosoph der sog. milesischen Schule. Ihm wird die Lehre von der *archê* als dem *apeiron*, dem inhaltlich Indeterminierten und äußerlich Unbegrenzten, aus dem nach bestimmten Abläufen die Wirklichkeit hervorgeht, zugeschrieben.

Anaximenes: 6. Jh. v. Chr. Letzter Vertreter der sog. milesischen Schule. Obwohl die *archê* bei ihm wie bei Anaximander nach innen und außen „unbegrenzt" ist, wird sie als Luft spezifiziert.

Antiphon: 1. der Redner: ca. 480–411 v. Chr. Autor rhetorischer Schriften, angeblich Lehrer des Thukydides. Vielleicht identisch mit: 2. dem Sophisten: Verfasser von Schriften wie *Peri alêtheias* und *Peri homonias*, deren umfangreiche Fragmente u. a. in den *Papyri Oxyrhynchi* zutage gefördert wurden.

Antisthenes: ca. 445–365 v. Chr. Angeblich Schüler des Gorgias, später im Kreis um Sokrates zu finden, Lehrer des Diogenes von Sinope. Der bei Diogenes Laertios überlieferte Katalog der Schriften verzeichnet rund 60 Titel zu Erkenntnistheorie, Logik, Ethik und Rhetorik.

Apuleius von Madaura: 2. Jh. n. Chr. Apuleius schrieb lateinisch und griechisch; erhalten sind von seinen Schriften philosophischen Inhalts jedoch nur lateinische Werke, so *De deo Socratis*, *De Platone et eius dogmate libri II* (eine systematische Darstellung der platonischen Lehre nach dem Stand des 2. Jhdts.) und *De mundo.*

Arkesilaos von Pitane: 316/315–241/240 v. Chr. Skeptischer Philosoph und Schuloberhaupt der Zweiten (mittleren) Akademie. Hinterließ keine Schriften. In Anknüpfung an aporetische Argumentationsmuster Platons und in Auseinandersetzung mit stoischen Positionen leitete er die skeptische Phase der Akademie ein.

Aristoteles: 384–322 v. Chr. Bedeutendster Schüler Platons in der Akademie von Athen, Gründer des Lykeion, Begründer der peripatetischen Tradition. Von seinem umfangreichen Werk sind die Pragmatien, die für den Lehrbetrieb bestimmten Schriften, fast vollständig überliefert, während seine zur Veröffentlichung gedachten Schriften, meist Dialoge, sich nur in einigen Fragmenten erhalten haben.

Attikos: 2. Jh. n. Chr. Platonischer Philosoph, Verfasser von Kommentaren zu Platons Dialogen und möglicherweise einer Schrift *Gegen diejenigen, die vorgeben, die Lehren Platons durch die des Aristoteles erklären zu können.* Seine Lehren fanden Aufnahme bei Galen und Longinos, kritische Beachtung bei Porphyrios, Iamblichos, Syrianos, Hierokles, Proklos, Damaskios, Simplikios u. a.

Augustinus: 354–430 n. Chr. Der „Vater des Abendlandes“ wirkte mit seinen Schriften wie kaum ein anderer im Sinne der Verbindung von platonischer Philosophie und christlichem Denken. Aus seinem gewaltigen Lebenswerk sind seine *Confessiones*, sein „opus magnum“ *De civitate Dei* und sein dogmatisches Hauptwerk *De trinitate* als besonders einflussreich zu nennen.

Boethius: ca. 480–524 n. Chr. Kommentator und Übersetzer Aristotelischer Schriften, Verfasser von Kommentaren zu Porphyrios und Cicero sowie verschiedener philosophischer Traktate; integrierte v. a. die aristotelische Logik in sein platonisch-christliches Philosophieverständnis.

(Marcus Tullius) Cicero: 106–43 v. Chr. Römischer Politiker, Redner und Philosoph. Von seinen philosophischen Werken sind für die platonische Tradition in erster Linie *De re publica* und *De legibus*, die *Academici libri*, die *Tusculanae disputationes* sowie Übersetzungen aus dem Platonischen *Timaios* von Bedeutung.

Clemens von Alexandria: ca. 150–215 n. Chr. Christlicher Philosoph und Theologe, Verfechter einer Synthese aus griechischer (insbesondere platonischer) Philosophie und christlicher Offenbarung. In dieser Hinsicht ist v. a. sein Werk *Stromata* bedeutsam.

Damaskios: ca. 460–540 n. Chr. Neuplatoniker, seit 515 letzter Leiter der platonischen Akademie in Athen, Schüler des Proklos und Lehrer des Simplikios. Von Bedeutung sind seine Kommentare zu Platons *Parmenides* und *Philebos*; weitere Werke sind bei verschiedenen Gewährsmännern belegt, aber nicht erhalten.

Demokrit: ca. 460–371 v. Chr. Vorsokratischer Hauptvertreter des antiken Atomismus, den er von Leukipp übernommen hatte. Seine über 60 Schriften zu verschiedenen philosophischen Fragen sind nur in Fragmenten erhalten.

Derkylides: Wende 1. Jh. v. Chr./1. Jh. n. Chr. Verfasser eines mehrbändigen Werks *Über die Philosophie Platons*, aus dem noch Porphyrios und Proklos schöpfen. Nach dem Zeugnis des Albinos geht die Einteilung der Platonischen Dialoge in Tetralogien auf Derkylides zurück.

Diogenes Laertios: 3. Jh. n. Chr. Verfasser der (wenig platonfreundlichen) *Vitae philosophorum*, eines wertvollen Werks zur Philosophiegeschichte auf prosopographischer Grundlage.

Dionysius (pseudo-)Areopagita: wohl Wende 5./6. Jh. n. Chr. Von der hagiographischen Tradition als Paulusschüler behandelt. Christlicher Autor verschiedener philosophischer und theologischer Schriften, gehörte möglicherweise dem Athenischen Kreis an, aus dem neben anderen auch Damaskios, Proklos und Marinos hervorgingen.

Empedokles von Akragas: ca. 483–423 v. Chr. Vorsokratiker, von dem aus versprengten Notizen bei Plutarch, Aristoteles und seinen Kommentatoren, besonders Simplikios, bekannt ist, dass er eine Weltdeutung mit Hilfe der vier Elemente Feuer, Wasser, Luft und Erde und der beiden abstrakten Prinzipien Liebe und Hass vorlegte.

Epiktet: ca. 50–125 n. Chr. Stoischer Philosoph. Seine „Lehrgespräche" (*Diatribai*), von denen die ersten vier Bücher bekannt sind, wurden postum ediert und waren ähnlich einflussreich wie schon Epiktets mündliche Lehrtätigkeit. Das gilt insbesondere für die Zusammenfassung der Lehren in seinem „Handbüchlein" (*Encheiridion*), dessen Nachwirkung durch die folgenden Jhdte. (u. a. Simplikios schrieb einen Kommentar dazu) spürbar ist.

Epikur: 342/1–271/0 v. Chr. Begründer der nach ihm benannten Schule, auch Kepos („Garten", nach dem Athener Versammlungsort) genannt. Im Werk des Diogenes Laertios haben sich neben Fragmenten auch Lehrbriefe Epikurs erhalten. Der gleichen Quelle verdankt sich die Kenntnis der sog. „Hauptlehrsätze" (*Ratae sententiae*), in denen Epikur wie in einem Katechismus seine Grundlehren über den Atomismus und seine hedonistische Ethik zusammenfasst.

Eudoros von Alexandria: 1. Jh. v. Chr. Platonischer Philosoph, gilt manchen als der erste Vertreter des „Mittelplatonismus". Verfasser zahlreicher Schriften, die bis in die Zeit des Simplikios nachwirkten. Erhalten haben sich (auszugsweise) eine *Einteilung der Lehre der Philosophie* und Bruchstücke eines Kommentars zu Platons *Timaios* sowie ein Referat über den Pythagoreismus.

Euklid: 1. von Megara: ca. 450–380 v. Chr. Schüler des Sokrates und Begründer der Megarischen Schule, Verfasser einer Anzahl von philosophischen Dialogen, aus denen sich nur wenige Bruchstücke erhalten haben. 2. von Alexandria: Wende 4./3. Jh. v. Chr. Mathematiker und Musiktheoretiker, dessen bedeutendstes Werk die *Elemente* in 13 Büchern darstellen. Diese „Elemente" für sein Lehrgebäude stellen Definitionen (*horoi*), Postulate (*aitêmata*) und Axiome (*koinai ennoiai*) dar. Davon ausgehend leitet er Lehrsätze (*theôrêmata*) oder Konstruktionsaufgaben (*problêmata*) ab, die er in deduktiver Methode durchgeht.

Galen: ca. 129–216 n. Chr. Griechischer Arzt und Philosoph. Seine Verbindung von Arzneikunst und philosophischer Bemühung schlägt sich in Werken wie der *Institutio logica* und seiner philosophischen Hauptschrift *De demonstratione* nieder. Aristotelische Metaphysik und platonische Anthropologie bestimmen seine medizinischen und ethischen Lehrschriften, u. a. *De placitis Hippocratis et Platonis*, *De usu partium*, *De moribus* und *Quod animi mores*.

Harpokration von Argos: 2. Jh. n. Chr. Noch von Proklos hochgeschätzter Schüler des Attikos oder Numenios. Erstellte u. a. Kommentare zu Platon sowie ein Platon-Lexikon.

Herakleides Pontikos: ca. 390–nach 322 v. Chr. Schüler Platons, Leiter der Akademie während dessen dritter sizilischer Reise. Gründete nach Platons Tod eine eigene Schule in Herakleia, wo er auch Annäherungen an die Philosophie des Peripatos und anderer Philosophenschulen suchte. Verfasser zahlreicher Schriften, von denen nur geringe Reste tradiert sind.

Heraklit: Wende 6./5. Jh. v. Chr. Vorsokratiker aus Ephesos, dessen wohl einzige orakel- oder aphorismenhaft gefasste Lehrschrift einem universellen, alles durchdringenden *logos* gilt, der den Kosmos der Wechsel und des ständigen Werdens strukturiert und leitet.

Hermias: Wende 2./3. Jh. n. Chr. Wahrscheinlich christlicher Verfasser einer Spottschrift auf die „Philosophen".

Hippasos von Metapont: 5. Jh. v. Chr. Bedeutender Pythagoreer und möglicherweise eine Zentralfigur der Differenzierung von „Akusmatikern" und „Mathematikern" innerhalb der Pythagoreischen Schule.

Hippokrates: 1. von Chios: 5. Jh. v. Chr. Mathematiker und Astronom pythagoreischer Färbung. Verfasser nur noch in Fragmenten vorliegender Schriften, auf die Alexander von Aphrodisias, Simplikios u. a. Bezug nehmen. 2. von Kos: ca. 460–370 v. Chr. Berühmtester Arzt der Antike. Die Schriften des sog. *Corpus Hippocraticum* wurden später in Alexandria unter seinem Namen herausgegeben, auch wenn die Textzusammenstellung recht heterogen ist und offensichtlich von verschiedenen Verfassern stammt.

Iamblichos: ca. 240–325 n. Chr. Die Philosophie des Iamblichos ist im Wesentlichen eine Verfeinerung des Systems von Plotin in Auseinandersetzung mit Porphyrios, die auf einer eigenständigen, stark vom Neupythagoreismus und von den Chaldäischen Orakeln beeinflussten Interpretation beruht. Erhalten sind neben eigenständigen Schriften eine beträchtliche Zahl von Fragmenten eines *Timaios*-Kommentars sowie eines *Parmenides*- und eines *Phaidros*-Kommentars. Von seiner Kommentierung Aristotelischer Schriften weiss man nur sekundär.

Johannes Philoponos: ca. 490–575 n. Chr. Universalgelehrter in Alexandria, mit Simplikios Schüler des Ammonios Hermeiu. Von besonderer Bedeutung sind seine erhaltenen Aristoteles-Kommentare, ferner die polemischen Schriften *De aeternitate mundi contra Proclum*, *De aeternitate mundi contra Aristotelem* sowie ein Kommentar zum Sechstagewerk (*De opificio mundi*) und der theologische Traktat *De trinitate.*

Julian Apostata: 331/332–362 n. Chr. Römischer Kaiser, Vorreiter einer antichristlichen Reform des Reiches auf Grundlage platonisch-heidnischer Überzeugungen, Verfasser christenfeindlicher Schriften. Zu seinen erhaltenen Werken gehören *Contra Galileos* und *Misopôgôn.*

Libanios: 314–393 n. Chr. Rhetor, möglicherweise Lehrer des Johannes Chrysostomus und des Basilius, Freund und Mitstreiter Kaiser Julians, Verfasser eines umfangreichen Werks von Reden, Briefen, Pamphleten, Traktaten usw.

Marcus Aurelius: 121–180 n. Chr. Römischer Kaiser und stoischer Philosoph. Seine philosophischen Reflexionen haben in seinen sentenzenhaften, in griechischer Sprache verfassten „Selbstbetrachtungen" (*Eis heauton*) Niederschlag gefunden.

Marinos: 5. Jh. n. Chr. Neuplatonischer Philosoph aus Neapolis in Samaria und Schüler des Proklos in Athen, der ihm seine Schrift über den Mythos des Er widmete. Nach dem Tod des Proklos trat Marinos für wenige Jahre seine Nachfolge als Leiter der platonischen Akademie an, sein Nachruf auf den Lehrer, *Proklos oder Über das Glück*, ist erhalten.

(Gaius) Marius Victorinus: ca. 280–365 n. Chr. Rhetor, Grammatiker, Philosoph und Theologe, Übersetzer neuplatonischer Schriften ins Lateinische, schrieb Kommentare zu Aristoteles und Cicero.

Maximos von Tyros: 2. Jh. n. Chr. Autor zahlreicher kurzer *dialexeis* (Vorlesungen) über Fragen der Ethik, Physik, Theologie und Epistemologie mit platonisierenden Tendenzen.

Moderatos von Gades: 1. Jh. n. Chr. Neupythagoreischer Autor eines Werkes, das im Spannungsfeld von Pythagoreischem und Platonischem stehend bei Porphyrios und Iamblichos herangezogen wird. Von besonderer Bedeutung ist seine trinitarische Konzeption des Einen unter Einfluss des Platonischen *Parmenides.*

Numenios: 2. Jh. n. Chr. Einflussreicher philosophischer Lehrer, der Platon in der Nachfolge des Pythagoras sah und in seinem Entwurf einer um Platon kreisenden „philosophia perennis" eine Prinzipienlehre vertrat, die in ihrer Verdreifachung des ersten Prinzips teilweise an Neupythagoreer wie Eudoros und Moderatos erinnert. Aus seinen bekannten Schriften haben sein Hauptwerk (?) *Über das Gute* und seine Schrift *Über den Abfall der Akademiker von Platon* große Beachtung gefunden. Numenios wurde in der Schule Plotins gelesen und dieser sogar des Plagiats an Numenios geziehen.

Olympiodoros: 6. Jh. n. Chr. Platonischer Philosoph und Autor von drei erhaltenen Kommentaren zu Platons *Alkibiades, Gorgias* und *Phaidon* sowie zweier Aristoteles-Kommentare. Seit 541 n. Chr. Nachfolger seines Lehrers Ammonios Hermeiu in der platonischen Schule von Alexandria.

Parmenides: Wende 6./5. Jh. v. Chr. Hauptvertreter der Eleatischen Schule, Figur des Platonischen Dialogs gleichen Namens. Verfasste ein einziges, in Teilen erhaltenes Gedicht in epischen Hexametern, das über Platons Aufnahme seiner Gedanken auf die platonische Tradition großen Einfluss ausübte.

Philolaos: ca. 470–nach 399 v. Chr. Pythagoreer aus Kroton. Verfasser eines naturphilosophischen Buches, von dem einige Fragmente und Testimonien erhalten sind und auf die sich die Ausführungen des Aristoteles über die Pythagoreer großenteils zu stützen scheinen.

Philon von Alexandria: ca. 15 v. Chr.–ca. 50 n. Chr. Bedeutendster geistiger Repräsentant des griechischsprachigen Judentums in Alexandria. Neben exegetischen, historischen, psychologischen und apologetischen Werken verfasste er philosophische Werke, von denen einige im Original erhalten sind, während weitere in einer armenischen Übersetzung aus dem 6. Jh. vorliegen. Höchst einflussreich waren seine theologischen Abhandlungen und Kommentare, die getragen sind von der Lehre vom göttlichen *logos*, die griechische Philosophie und Bibeltext erklärend verbindet.

Plotin: 205–270 n. Chr. Begründer des Neuplatonismus. Dank der von Porphyrios besorgten Ausgabe sind seine Schriften in ihrer Gesamtheit überliefert. Porphyrios ordnete sie in sechs Gruppen zu jeweils neun Traktaten (sog. *Enneaden*) an. Plotin wollte nach eigenem Bekunden nichts weiter als die Lehre Platons darstellen, seine für viele Jhdte. schulbildende Auslegung dieser Lehre über Hypostasenhierarchien aus der Entäußerung des überseienden Einen ist aber durchaus originell und eigenständig.

Plutarch: 1. von Chaironeia: ca. 45–125 n. Chr. Platonischer Philosoph, Historiker und Universalgelehrter. Der sog. „Lamprias-Katalog" aus dem 3./4. Jh. n. Chr., listet insgesamt 227 Werke auf, von denen eine große Zahl verloren ist. Philosophisch aufschlussreich sind die unter dem Titel *Moralia* zusammengefassten 78 Werke zu verschiedensten Themen. 2. von Athen: 4./5. Jh. n. Chr. Neuplatoniker, der die platonische Philosophie in Athen wiederbelebte, als er dort seine neuplatonische Schule begründete, die bis 529 n. Chr. Bestand hatte. Lehrer des Syrianos und des Proklos, Verfasser von Kommentaren zu verschiedenen Platonischen und Aristotelischen Schriften.

Polyxenos: 4. Jh. v. Chr. Philosophischer Widersacher Platons. Möglicherweise läuft eine Spielart des *tritos-anthrôpos*-Arguments zur Widerlegung der Platonischen Ideenlehre auf ihn zurück.

Porphyrios: ca. 234–305/310 n. Chr. Schüler des Longinus, den er im Jahre 263 verließ, um in Rom Plotin zu hören. Er überarbeitete und korrigierte dessen Schriften und traf so die Vorbereitungen zu seiner Edition der *Enneaden*. Verfasser der wirkungsreichen *Eisagogê* („Einführung in die Kategorien des Aristoteles"), welche die Transfusion aristotelischen Gedankenguts in den Neuplatonismus entscheidend beeinflusste, sowie von zahlreichen anderen Schriften wie *Über die Enthaltsamkeit, Über das, was an uns liegt, Über den Unterschied zwischen Platon und Aristoteles*, usw. Neben philosophischen Werken schrieb er über Mathematik, Astronomie, Musik, Rhetorik und Geschichte.

Priskian von Lydien/Pseudo-Simplikios: 6. Jh. n.Chr. Neuplatonischer Verfasser eines Buchs zu verschiedenen wissenschaftlichen Fragen, von dem eine lateinische Übersetzung erhalten ist: *Solutiones eorum de quibus dubitavit Chosroes Persarum rex* („Antworten auf die Fragen des Chosroes, des Königs der Perser"). Erhalten ist ferner die von ihm verfasste Paraphrase eines Werkes des Theophrast (*Metaphrasis in Theophrastum*) sowie ein Kommentar zu Aristoteles' *De anima*.

Prodikos von Keos: 5. Jh. v.Chr. Angeblicher Schüler des Protagoras und Sophist. Mehrere Zeugnisse weisen ihm übereinstimmend religionsphilosophische Schriften zu. Nach Galen Verfasser einer Abhandlung *Über die Natur des Menschen*.

Proklos: ca. 412–485 n.Chr. Schüler des Syrianos und des Plutarch von Athen, nach Syrianos' Tod für nahezu ein halbes Jh. Oberhaupt der platonischen Schule in Athen. Fast alle überlieferten Schriften seines umfangreichen Werks sind nur unvollständig erhalten. Verfasser zahlreicher Kommentare zu Platonischen (sowie Aristotelischen und Plotinischen) Schriften sowie eigenständiger Abhandlungen zu verschiedenen Einzelfragen. Seine Kommentare gewannen Vorbildcharakter, ihre „scholastische" Methode wurde in den arabischen und lateinischen Kommentaren der folgenden Jhdte. weitergeführt.

Protagoras: 485–425 v.Chr. Sophist aus Abdera, von dessen literarischem Schaffen sich einige Fragmente erhalten haben. Die prominenteste dem Protagoras zugeschriebene Aussage, der sog. *homo-mensura*-Satz („Der Mensch ist das Maß aller Dinge") ist in übereinstimmenden Formulierungen mehrfach überliefert.

Pythagoras: Wende 6./5. Jh. v.Chr. Gründer der nach ihm benannten Schulrichtung. Von seinen Lehren scheint zumindest die von der Seelenwanderung unzweifelhaft bezeugt. Die Einzelheiten seiner weitergehenden Lehre, die Zahlenmystik und ihre Bedeutung für die Entwicklung der griechischen Musiktheorie und Mathematik etwa, bleiben wegen der Überlieferungsprobleme allerdings weitgehend unsicher und umstritten.

Quintilian: ca. 35–95 n.Chr. Rhetoriker, Autor der einflussreichen *Institutio oratoria*. Ebenfalls unter seinem Namen überliefert sind die sog. *Declamationes maiores* und *Declamationes minores*, ein Corpus von ganz oder teilweise ausgearbeiteten Übungsreden mit Erläuterungen.

Salustios: 4. Jh. n.Chr. Autor einer kleinen Abhandlung *De dis et mundo*, die wohl unter der Herrschaft Kaiser Julians Apostata im Sinne der paganen Restauration verfasst wurde und eine Art Katechismus heidnisch-platonischer Lehren bildete.

(Lucius Annaeus) Seneca: 4 v.Chr.–65 n.Chr. Politiker, Dichter und stoischer Philosoph, Autor philosophischer Schriften typisch stoischer Themengebung: *De ira, De clementia, De providentia, Epistulae morales, Naturales quaestiones, De vita beata* u.a.; dazu nicht erhaltener Werke wie *Moralis philosophia* und *De beneficiis*.

Sextus Empiricus: 2. Jh. n.Chr. Skeptischer Philosoph der pyrrhonischen Tradition, Arzt der empirischen Schule und Verfasser der erhaltenen Werke *Grundzüge der pyrrhonischen Skepsis* und *Adversus Mathematicos*.

Simplikios: 6. Jh. n.Chr. Neuplatonischer Philosoph, Schüler von Ammonius und Damaskios. Erhalten ist ein Kommentar zum *Encheiridion* des Epiktet sowie Kommentare zu verschiedenen Schriften des Aristoteles. Bekannt sind des Weiteren Arbeiten zum 1. Buch von

Euklids *Elementen*, zur *Metaphysik* und den *Meteorologica* des Aristoteles, zu Iamblichos' Pythagoreerschrift sowie eine *Epitome* der *Physik* des Theophrast.

Speusipp: ca. 410–339/8 v. Chr. Akademischer Philosoph, Neffe Platons und dessen Nachfolger als Oberhaupt der Akademie. Von seinen Schriften (30 Titel bei Diogenes Laertios) sind nur Bruchstücke aus zweiter Hand erhalten.

Stephanos von Alexandria: 6./7. Jh. n. Chr. Neuplatoniker der Alexandrinischen Schule. Von seinen Platonexegesen ist nichts erhalten, dagegen ein Kommentar zu Aristoteles' *De interpretatione* und *De anima* sowie Fragmente eines Kommentars zur *Eisagogê* des Porphyrios.

(Johannes) Stobaios: 5. Jh. n. Chr. Griechischer Verfasser einer Anthologie literarischer, historischer, rhetorischer und philosophischer Themen von den Sieben Weisen bis Themistios. Die Grundtendenz der Sammlung ist platonisch mit starker Bezugnahme u. a. auf Iamblichos und Porphyrios.

Syrianos: 5. Jh. n. Chr. Neuplatonischer Philosoph und Scholarch der Athenischen Akademie, Schüler des Plutarch von Athen und Lehrer des Proklos, in dessen Schriften sich sein Denken teilweise fortsetzt. Verfasser verlorengegangener Schriften über die vollständige Übereinstimmung der Lehren von Orpheus, Pythagoras und Platon mit den Chaldäischen Orakeln sowie anderer Abhandlungen zu Platon, Aristoteles, u. a.

Thales: 6. Jh. v. Chr. Einer der Sieben Weisen, Philosoph, Astronom und Mathematiker, nach Aussage des Aristoteles der erste, der auf philosophische Weise dachte. Die Lehre, alles sei aus „Wasser" oder dem „Nass" (*hydôr*), wird ihm zugeschrieben.

Theodoros von Asine: ca. 275–360 n. Chr. Hörte Porphyrios in Rom, später auch Iamblichos, dessen berühmtester Schüler er wurde, obwohl er gegen den Meister die Lehren des Numenios, des Amelios und des Porphyrios unterstützte. Zwei bedeutendere Schriften werden ihm zugewiesen: *Über die Namen* und *Dass die Seele alle Gestalten [der Lebewesen] ist.*

Theophrast: ca. 371/0–287/6 v. Chr. Peripatetischer Philosoph, Schüler und Nachfolger des Aristoteles als Leiter seiner Schule. Verfasser zahlreicher Werke über mannigfache, insbesondere „naturwissenschaftliche" Themen, aber auch zur Logik, Physik und Metaphysik, Ontologie, Erkenntnistheorie, Sinneswahrnehmung und Psychologie, Ethik, Rhetorik und Poetik, sowie zur Musik.

Xenokrates: 396/5–314/3 v. Chr. Schüler Platons, den er auf mindestens einer der sizilischen Reisen begleitete, und nach Speusipps Tod Scholarch der Akademie. Soweit es die doxographische Überlieferung angesichts des Verlusts seiner Originalschriften durchblicken lässt, verstand er sich offenbar in erster Linie als konservativer Sachwalter und systematisierender Exeget und Kommentator der Philosophie Platons. Von seinem Denken gingen aber gerade somit entscheidende Impulse für die spätere Entwicklung des Platonismus aus.

Xenophon: ca. 430–354 v. Chr. Griechischer Historiker aus Athen, Freund/Schüler des Sokrates, Verfasser historiographischer Werke und von Lehrschriften, die durch den persönlichen Umgang mit Sokrates inspiriert waren.

Zenon: 1. von Elea: ca. 495–445 v. Chr. Schüler des Parmenides, dessen Lehre er u. a. mit seinen berühmten „Paradoxien" zu verteidigen suchte. 2. von Kition: ca. 333–262 v. Chr. Begründer der stoischen Philosophie. Die Quellenlage zu seinen Schriften ist denkbar schlecht und dürftig und beschränkt sich auf wenige Fragmente seines umfangreichen Werks.

Index

Begriffe

Artikel

Angeführte/zitierte Platonstellen

Angegeben sind Stellen aus dem Corpus Platonicum, auf die in den Stichwortartikeln des Lexikons Bezug genommen wird. Die Schriften werden in alphabetischer Ordnung aufgeführt.

510b–511e, 533c, 595c–597e; Soph 241d, 259e–262d; Symp 210a–b, 210e–211a, 211c, 211e–212a; Ti 27d–28a, 28c–29b, 29e–30a, 31bff., 48e, 53b.

Identität/Verschiedenheit

Soph 236e, 237a–c, 238e–239a, 240e, 241d, 242b–252e, 253b–e, 254c–259d, 261d–263b, 263e; Tht 184b–187a, 187d–200d; Ti 29c–d, 35a, 36c.

Irrtum

Alk 1 118a; Ap 29b; Gorg 454c; Hipp Ma 288d, 289e; Lg 732a–b, 863c; Lys 218a–b; Men 84a–c; Phd 65–66, 100f., 102a–c; Phdr 249b–c, 265d–266c, 275a–b; Phlb 16c–e; Plt 285a–b; Resp 382b, 436b–c, 475d–480a, 485f., 490e–495c, 502f., 524c, 535d–e; Soph 228c–d, 229c, 230a–e, 252e–253e, 263d; Symp 204a; Ti 49.

Jenseits/Jenseits-Gericht

Ap 40c–41c; Gorg 523a–527a; Men 81b–c; Phd 80d–e, 107c–d, 108e–113c, 113d–114d; Phdr 246a–248c, 249a; Resp 614b–621b; Ti 42b.

Klugheit

Euthyd 280d–281c, 282a–d; Men 87e–89a, 97a–c, 98d–e; Phd 66e, 68e–69e; Phlb 13ef.; Prot 352a–357e; Resp 443ef.; Soph 247a–b.

Liebe

Lg 713c–d, 837a–c; Lys 212a–213d, 217a–218c, 219d–220b, 222e–223a; Phdr 237df., 247c, 248d, 253c–256e; Symp 178a–180b, 182a–185c, 188d, 189d–193c, 194e–197e, 198c–199b, 199c–201c, 203a–e, 204a–b, 204e–205a, 205d–206b, 206c–209e, 210a–211b, 215a–222b.

Logos

Ap 29df.; Gorg 465a; Krat 385c, 399b, 425a, 431b–c; La 187eff.; Lg 653b, 774b, 946c–e; Men 72a–b, 98a; Phd 90bf., 99dff.; Phdr 245e, 260d, 261e, 264c, 272d–274a; Plt 286a; Resp 343a, 439d, 454a, 454c, 510c, 531ef., 534b, 538d–539d; Soph 226a, 232b, 232e, 259ef., 260a–b, 262a–e, 263b; Tht 147d, 189ef., 189e–190a, 201c, 206c–210c; Ti 29b–d, 30b, 32b, 37a, 70a.

Lust

Gorg 462c, 494c–495b, 495e–499b, 500a, 500d, 503a, 504c–e, 506c–508b; Lg 636d–e, 644d–645c, 646c–d, 660e–663d, 732e–734e, 792d, 875b–c; Phd 66b–67a, 68c–69d, 83c–d; Phdr 249d–252b, 258e; Phlb 11d, 12c–13a, 14a, 20b–21c, 22a, 26b, 26e–27d, 28a, 31b–32c, 32e–33b, 34dff., 35a, 36c–38b, 40b–c, 41d, 42b, 43c, 44b–c, 45a, 45d–e, 46cff., 51a–52d, 53d–59b, 60a–61b, 61d–e, 62e, 64c–66d; Plt 284eff.; Prot 351b–359a; Resp 430e, 439d, 440ef., 508e, 558d, 576c–588a.

Maieutik

Men 80d–86c; Phdr 72e–77, 276e; Symp 206c–212a; Tht 148e–151d, 157c–d, 160d–e, 210c.

Materie/Material

Krit 114e, 118e; Lg 705c, 761c, 843e, 849d; Phlb 26d, 54c; Ti 25c, 27dff., 28b, 30a–b, 31c, 32b–33b, 34a, 46c, 48b, 48eff., 49c, 49e, 50cff., 51a, 52a–b, 53bff., 54c, 56c, 69a.

Mathematik

Euthyd 290b–c; Phdr 274cff.; Phlb 56d; Resp 505a, 509d–511e, 522cff., 525b–531c, 560b; Ti 31aff., 35aff., 47aff., 53aff.

Meinung/Anschein

Euthyd 286c–d; Gorg 454d–e; Men 97a–98c; Resp 477a–b, 478c–d, 479d–480a, 509d–510a, 511e, 534a; Symp 202a; Tht 151e–152b, 187b, 200e, 201b–c, 202d; Ti 27d–28c, 29c–d, 37b–c, 51d–52a.

Bibliographie

Primärliteratur

Aischylos

Tragoediae: Page, D.: Aeschyli septem quae supersunt Tragoedias (Persae, Septem contra Thebas, Supplices, Agamemnon, Choephoroe, Eumenides, Prometheus Vinctus). Oxford 1972.

Prometheus desmotes: Griffith, M.: Aeschylos. Prometheus bound, edited by Mark Griffith. Cambridge 1983.

Alexander von Aphrodisias

Gigon, O.: Aristotelis Opera III. Librorum deperditorum fragmenta. Berlin/New York 1987.

Alexander of Aphrodisias: On Aristotle's Metaphysics 1–5. Translation by W. E. Dooley & A. Madigan. Ithaca/NY 1989 ff.

Alkinoos (= Albinos)

De doctrina Platonis (= Didaskalikos): Whittaker, J./Louis, P.: Alcinoos, Enseignement des doctrines de Platon. Paris 1990.

–: Reedy, J.: The platonic doctrines of Albinus. Translated from the Greek by J. Reedy. Grand Rapids/MI 1991.

–: Dillon, J. M.: The handbook of Platonism. Translation with an introduction and commentary by J. M. Dillon. Oxford 1993.

Anaximenes

Fuhrmann, M.: Ars rhetorica quae vulgo fertur Aristotelis ad Alexandrum. München/Leipzig ^{2}2000.

Chiron, P.: Rhétorique à Alexandre. Pseudo-Aristote. Texte établi et traduit par Pierre Chiron. Paris 2002.

Anonymus

Commentaria in Theaetetum: Bastianini, G./Sedley, D. N.: Edition of Anonymous Commentary on Plato's Theaetetus, in: Corpus dei papiri filosofici greci e latini, vol. III. Florenz 1995.

Apuleius Madaurensis

Beaujeu, J.: Apulée. Opuscules philosophiques (Du dieu de Socrate, Platon et sa doctrine, Du monde) et fragments. Texte établi, traduit et commenté par Jean Beaujeu. Paris 1973.

Aristophanes

Hall, F. W./Geldart, W. M.: Aristophani Comoediae Vol. I (Acharnenses, Equites, Nubes, Vespae, Pax, Aves). Oxford ^{2}1906.

Aristoteles
Aristotelis Opera. Recognovit I. Bekker. Berlin 1831 (ND 1960).
Analytica Priora und Posteriora: Ross, D./Minio-Paluello, L.: Aristotelis Analytica Priora et Posteriora. Oxford 1978.
De anima: Ross, D.: Aristotelis De Anima. Oxford 1956.
–: Seidl, H.: Aristoteles, Über die Seele, gr./dt., mit Einleitung, Übersetzung (nach W. Theiler) und Kommentar. Hrsg. von H. Seidl. Hamburg 1995.
De caelo: Allan, D. J.: Aristotelis De caelo libri quattuor. Oxford 1936.
De generatione animalium: Drossaart Lulofs, H. J.: Aristotelis De Generatione Animalium. Oxford 1965.
–: Louis, P.: Aristote. De la génération des animaux. Texte établi et traduit par Pierre Louis. Paris 1961.
De generatione et corruptione: Williams, C. J. F.: Aristotele's De Generatione et Corruptione, translated with notes by C. J. F. Williams. Oxford 1982.
–: Mugler, C.: Aristote. De la génération et de la corruption. Texte établi et traduit par Charles Mugler. Paris 1966.
Eudemische Ethik: Walzer, R. R./Mingay, J. M.: Aristotelis Ethica Eudemia. Oxford 1991.
–: Gohlke, P.: Eudemische Ethik. Paderborn 1954 (Die Lehrschriften des Aristoteles. Hrsg., übertragen und in ihrer Entstehung erläutert von Paul Gohlke; 7,2).
Fragmente: Ross, W. D.: Aristotelis fragmenta selecta. Oxford 1955.
Metaphysik: Jäger, W.: Aristotelis Metaphysica. Oxford 1957.
–: Ross, D.: Aristotle's metaphysics 1/2. A revised text with introduction and commentary by William D. Ross. Oxford 1924.
Meteorologica: Fobes, F. H.: Aristotelis Meteorologicorum libri quattuor. Recensuit, indicem verborum addidit Francis Howard Fobes. Cambridge/Mass. 1919 (ND Hildesheim 1967).
–: Lee, H. D. P.: Aristotle. Meteorologica. With an English translation by Henry D. P. Lee. London 1952 (ND London u. a. 1962).
Nikomachische Ethik: Bywater, I.: Ethica Nicomachea. Oxford 1894.
–: Nickel, R.: Aristoteles, Die Nikomachische Ethik gr./dt. übersetzt von Olof Gigon, neu hrsg. von Rainer Nickel. Düsseldorf u. a. 2001.
Physik: Ross, D.: Aristotelis Physica. Oxford 1950.
Poetik: Fuhrmann, M.: Aristoteles. Poetik, gr./dt., übersetzt und hrsg. von Manfred Fuhrmann. Stuttgart 2001.
Politik: Ross, D.: Aristotelis Politica. Oxford 1957.
–: Gigon, O.: Aristoteles, Politik. Ungekürzte Ausgabe. München [7]1996.
Rhetorik: Ross, D.: Aristotelis Ars Rhetorica. Oxford 1959.
–: Sieveke, F. G.: Aristoteles, Rhetorik. Übersetzt mit einer Bibliographie, Erläuterungen und einem Nachwort von Franz G. Sieveke. München [5]1995.
Sophistici Elenchi: Ross, D.: Aristotelis Topica et sophistici elenchi. Oxford 1958.
Topik: Ross, D.: Aristotelis Topica et Sophistici Elenchi. Oxford 1958.
–: Wagner, T.: Aristoteles, Topik. Übersetzt und kommentiert von T. Wagner. Stuttgart 2004.

Augustinus
In Ioannis evangelium tractatus CXXIV: Specht, T.: Des heiligen Kirchenvaters Aurelius Augustinus ausgewählte Schriften, Bd. 4–6. Vorträge über das Evangelium des Heiligen Johannes. Übersetzt und mit einer Einleitung versehen von T. Specht. Bd. 1–3. Kempten/München 1913–1914.

De trinitate: Kreuzer, J.: Augustinus, De trinitate, lat./dt. Neu übersetzt und mit einer Einleitung hrsg. von J. Kreuzer. Hamburg 2001.

De Civitate Dei: Walsh, P. G.: Augustine, De Civitate Dei (The City of God), Books I & II. Edited with introduction, translation and commentary by P G. Walsh. Oxford 2005. [Kritischer Text: Corpus Scriptorum Ecclesiasticorum Latinorum Bd. 40/1 und 40/2]

Confessiones: Skutella, M.: Augustinus, Confessiones. Stuttgart/Leipzig 1996. [Kritischer Text: Corpus Scriptorum Ecclesiasticorum Latinorum Bd. 33]

Aulus Gellius

Marshall, P. K.: A. Gellii Noctes Atticae, Vol. I & II. Oxford 1968 (ND Oxford 1990).

Cicero

Academici libri quattuor: Reid, J. S.: The Academica of Cicero. The text revised and explained by J. S. Reid. London 1874 (ND Hildesheim 1966 und [2]1984).

De officiis: Winterbottom, M.: M. T. Cicero, De Officiis. Oxford 1994.

–: Büchner, K.: Marcus Tullius Cicero, Vom rechten Handeln, lat./dt. Hrsg. und übersetzt von K. Büchner. München u. a. [4]2001.

De re publica: Ziegler, K.: Tulli Ciceronis scripta quae manserunt omnia fasc. 39: De re publica librorum sex quae manserunt septimum recognovit K. Ziegler. Leipzig [7]1969 und ND 1992.

Orator: Wilkins, A. S: M. T. Ciceronis Rhetorica. Vol. I (De Oratore). Oxford 1902.

–: Kytzler, B.: M. T. Cicero, Orator, lat./dt. München 1975.

Paradoxa stoicorum: Marinone, N.: Cicerone, I paradossi degli stoici. Con introduzione e commentarii de Nino Marinone. Mailand/Messina 1958.

–: Badalì, R.: Cicero, Paradoxa Stoicorum. Mailand 1968.

–: Nickel, R.: Cicero, De legibus. Paradoxa Stoicorum, lat./dt. Hrsg. und übersetzt von Rainer Nickel. Zürich 1994.

Clemens Alexandrinus

Stromata: Stählin, O. (Hrsg.): Clemens Alexandrinus, gr./dt. Bd. 2: Stromata Buch I–VI. Leipzig [4]1985, Bd. 3: Stromata Buch VII–VIII. Leipzig [2]1970.

Damaskios

In Phaedonem: L. G. Westerink: The Greek Commentaries on Plato's Phaedo, Vol. 2. Amsterdam u. a. 1977.

Diogenes Laertios

De vitis clarorum philosophorum: Long, H. S. (Hrsg.): Diogenis Laertii Vitae philosophorum recognovit brevique adnotatione critica instruxit Herbert S. Long. Oxford 1964.

Dionysios Areopagita

Corpus Dionysiacum: Suchla, B. R./Heil, G./Ritter, A. M.: Bd. 1: De divinis nominibus. Berlin 1990. Bd. 2: De coelesti hierarchia. De ecclesiastica hierarchia. De mystica theologia. Epistulae. Berlin 1991.

Epiktet

Billerbeck, M.: Vom Kynismus. Hrsg. und übersetzt von Margarethe Billerbeck. Leiden 1978.

Euklid

Elemente: Heiberg, J. L./Stamatês, E. S.: Euclidis elementa, post J. L. Heiberg edidit E. S. Stamatis, 6 Bde. Leipzig [2]1969 ff.

Euripides
Diggle, J.: Euripidis Fabulae I–III. Oxford 1981–1994.

Herakleides Pontikos
Wehrli, F.: Herakleides Pontikos. Basel u. a. ²1969.

Hermias
In Phaedrum: Couvreur, P.: In Platonis Phaedrum scholia. Ad fidem codicis Parisini 1810 denuo collati ed. et apparatu critico ornavit P. Couvreur. Paris 1901, ND Hildesheim 1971.

Herodot
Hude, K.: Herodoti Historiae. Vol. I & II. Oxford 1927 (³1963).

Hesiod
Theogonie und Erga: Solmsen, F./Merkelbach, R./West, M. L.: Hesiodi Theogonia, Opera et Dies, Scutum, Fragmenta Selecta. Oxford ³1990.
Erga: Schönberger, O.: Hesiod, Werke und Tage, gr./dt., übersetzt und hrsg. von O. Schönberger. Stuttgart 1996.
Theogonie: Schönberger, O.: Hesiodus, Theogonie, übersetzt und hrsg. von O. Schönberger. Stuttgart 1999.

Hippokrates
Corpus Hippocraticum: Littré, E.: Oeuvres complètes d'Hippocrate. 10 Bde. Paris 1839–1861.

Homer
Homeri opera: Monro, D. B./Allen, T. W.: Vol. I. Iliad I–XII & Vol. II. Iliad XIII–XXIV. Oxford ³1920. Vol. III. Odyssey I–XII & Vol. IV. Odyssey XIII–XXIV. Oxford ²1917 & ²1919. Vol. V. Hymns, etc. (Hymni, Cyclus, Fragmenta, Margites, Batrachomyomachia, Vitae). Oxford 1912, 1946.
Ilias: Thiel, H. van: Homeri Ilias, recognovit H. van Thiel. Hildesheim u. a. 1996.
Odyssee: Thiel, H. van: Homeri Odyssea, recognovit Helmut van Thiel. Hildesheim u. a. 1991.

Iamblichos
De mysteriis: Clarke, E. C.: Iamblichus, De mysteriis. Translation with an introduction and notes by E. C. Clarke. Leiden u. a. 2004.

Johannes Philoponos
In Aristotelis De Anima libros: Hayduck, M.: Ioannis Philoponi In Aristotelis De anima libros commentaria. Berlin 1897 (Commentaria in Aristotelem Graeca 15).
In libros De generatione et corruptione Aristotelis: Bagolino, G.: Commentaria in libros De generatione et corruptione Aristotelis. Stuttgart-Bad Cannstatt 2004.
In libros posteriorum Aristotelis: Gratiolo, A./Verrycken, K.: Johannis Philoponi commentaria in libros posteriorum Aristotelis. Stuttgart-Bad Cannstatt 1995.
In libros priorum resolutivorum Aristotelis: Doroteo, G./Verrycken, K.: Johannis Philoponi Commentariae annotationes in libros priorum resolutivorum Aristotelis. Stuttgart-Bad Cannstatt 1994.
In omnes XIV Aristotelis libros metaphysicos: Patrizi, F./Lohr, C.: Expositiones in omnes XIV Aristotelis libros metaphysicos. Stuttgart-Bad Cannstatt 1991.

Lysias
Orationes: Hude, K. : Lysiae Orationes. Oxford 1962.
Lamb, W. R. M.: Lysias. With an English translation by W. R. M. Lamb. Cambridge/Mass. u. a. 1988.

Macrobius
In somnium Scipionis: Marinone, N.: Il „Somnium Scipionis“ ciceroniano nell'esegesi di Macrobio. Turin 1970.
–: Stahl, W. H.: Macrobius, Commentary on the Dream of Scipio, translation with an introduction and notes by W. H. Stahl. New York 1990.

Marcus Aurelius
Ta eis heauton: Nickel, R.: Marc Aurel, Wege zu sich selbst, gr./dt., hrsg. und übersetzt von R. Nickel. München u.a. 1990.

Maximus Tyrius
Trapp, M. B.: Maximus of Tyre, The philosophical orations. Translation with an introduction and notes by M. B. Trapp. Oxford 1997.

Numenios
Fragmente: Des Places, E.: Numenius, Fragments. Paris 1973.

Olympiodor
Westerink, L. G.: Olympiorodri in Platonis Gorgiam commentaria, ed. L. G. Westerink. Leipzig 1970.

Philon von Alexandria
Yonge, C. D.: The works of Philo. Complete and unabridged translation by C. D. Yonge. Peabody/Mass. 1993.
Pfeiffer, A. F.: Philonis Iudaei opera omnia. Graece et Latine. Ad Editionem Thomae Mangey Collatis Aliquot Mss. Edeuda Curavit A. F. Pfeiffer. Erlangen 1785–1792.

Pindar
Carmina: Bowra, C. M.: Pindari Carmina cum fragmentis. Oxford ^{2}1947 (ND 1963).
Fragmente: Snell, P./Maehler, H.: Pindari carmina cum fragmentis. Ed. Bruno Snell/Herwig Maehler. Teil 2: Fragmenta, Indices. Leipzig 1989.

Platon
Platonis opera, recognovit brevique adnotatione critica instruxit I. Burnet (et al.). Vol. I–V. Oxford 1900–1907 (zahlreiche ND).

Plotin
Enneaden: Henry, P./Schwyzer, H. R.: Plotini Opera: I. Enneades I–III cum vita Porphyrii. Oxford 1964, II. Enneades IV et V. Oxford 1977, III. Ennead VI. Oxford 1982.

Plutarch
De defectu oraculorum: Turnèbe, A.: De oraculorum defectu liber ab A. Turnebo latinitate donatus. Lutetia 1556.
De E apud Delphos: Mutti, C.: Plutarco di Cheronea. Sulla E di Delphi. A cura di C. Mutti. Parma 1981.
De facie in orbe lunae: Lehnus, L.: Il volto della luna. Traduzione e note di L. Lehnus. Mailand 1991 (Piccola bibliotheca Adelphi; 273).
De genio Socratis: Corlu, A.: Plutarque. Le démon de Socrate. Texte et traduction avec une introduction et de notes par A. Corlu. Paris 1970.
De Iside et Osiride: Griffiths, J. G.: Plutarch's De Iside et Osiride, edited with an introduction, translation and commentary by J. G. Griffiths. Cardiff 1970.

De sera numinis vindicta: Wyttenbach, D. A.: Liber de sera numinis vindicta, recensuit D. A. Wyttenbach. Lugdunum 1772.

Moralia: Babbitt, F. C. u. a.: Plutarch's Moralia in 15 Vol. London 1969 ff.

–: Gärtner, H. / Lindskog, C. / Ziegler, K.: Plutarchus, Moralia, Vol. I–VI/3. Stuttgart/Leipzig 1966 ff.

Quaestiones convivales: Scarcella, A. M.: Plutarco. Conversazinoi a tavola. Introduzione, testo critico, traduzione e commento a cura di A. M. Scarcella. Neapel 2001.

Vitae parallelae: Gärtner, H. / Lindskog, C. / Ziegler, K.: Plutarchus vitae parallelae. Stuttgart/Leipzig 1993 ff. (4 Bde.).

Porphyrios

Ad Marcellam: Pötscher, W.: Porphyrios, Pros Markellan. Leiden 1969.

De abstinentia: Bouffartigue, J.: Porphyre. De l'abstinence. Texte établi et traduit par J. Bouffartigue. Paris 1979.

Fragmente: Smith, A.: Porphyrii Philosophi fragmenta. Stuttgart 1993.

Isagogê: Busse, A.: Porphyrii Isagoge et in Aristotelis categorias commentarium. Berlin 1887.

Vita Plotini: Harder, R.: Porphyrius, Vita Plotini. Über Plotins Leben und über die Ordnung seiner Schriften, gr./dt. von Richard Harder, in: Plotins Schriften Bd. Vc. Hamburg 1958.

Proklos

De malorum subsistentia: Erler, M.: Über die Existenz des Bösen. Meisenheim 1978.

–: Isaac, D. / Steel, C., Proclus, Trois études sur la providence, III. De l'existence du mal, avec une note additionnelle par C. Steel. Paris 1982.

Elementatio theologica: Dodds, E. R.: Proclus, The elements of theology. A revisted text with translation, introduction and commentary by Eric R. Dodds. Oxford [2]1963.

–: Boese, H.: Proclus, Elementatio theologica, editor H. Boese translata a Guillelmo de Morbecca. Leuven 1987.

In Platonis Parmenidem: Cousin, V.: Procli Commentariu in Platonis Parmenidem. Hrsg. von V. Cousin. Paris 1864. ND Hildesheim 1961.

–: Stallbaum, G.: Proclus, In Platonis Parmenidem Commentarii, nunc emendatius editi cura G. Stallbaumi. Lipsia 1839.

–: Morrow, G. R.: Proclus' commentary on Plato's Parmenides, editor G.R. Morrow. Princeton 1992.

–: Bartholomai, R.: Proklos, Kommentar zu Platons Parmenides 141e–142A, hrsg. von R. Bartholomai. Sankt Augustin [2]2002.

In Platonis Rem publicam: Kroll, W.: Procli In Platonis Rem publicam commentarii, editor W. Kroll. Leipzig 1899 (ND Amsterdam 1965).

In Platonis Timaeum: Diehl, E.: Proclus, In Platonis Timaeum commentaria. Leipzig 1903–1906 (ND Amsterdam 1965).

In primum Euclidis: Friedlein, G.: Procli Diadochi in primum Euclidis elementorum librum commentarii. Leipzig 1873 (ND Hildesheim 1967).

Institutio physica = Elementatio physica: Ritzenfeld, A.: Proklu Diadochu Lykiu Stocheiôsis physikê. Leipzig 1912.

Institutio theologica = Elementatio theologica: Creuzer, F.: Proklu Diadochu Platôniku Stoicheiôsis Theologikê. Graece et Latine, edidit F. Creuzer. Frankfurt a. M. 1822.

–: Taylor, T.: Proclus' elements of theology. Translation by T. Taylor. New edition, Sommerset 1994.

Theologia Platonica: Saffrey, H. D./Westerink, L. G.: Proclus: Théologie platonicienne, 6 vol. Paris 1968–1997.

In Alcibiadem Primum: Segonds, A. P.: Proclus, Sur le premier Alcibiade de Platon. Texte établi et traduction par A. P. Segonds. Paris 1986.

Pseudo-Plutarch

De Fato: De Lacy P.H./Einarson, B.: Plutarch's Moralia. Bd. VII: 523c–612B. London/Cambridge 1959.

De Physicis Philosophorum: Beck, C. D.: Plutarchi De Physicis Philosophorum Decretis Libri Quinque. Emendatiores ed. et lectionis varietatem adiecit C. D. Beckius. Lipsiae 1787.

Pseudo-Simplikios (Priskian von Lydien)

In libros Aristotelis De Anima: Hayduck, M.: Simplicii in libros Aristotelis De anima commentaria. Berlin 1882 (Commentaria in Aristotelem Graeca 11).

Quintilian, Marcus Fabius

Institutio Oratoria: Winterbottom, M.: Institutionis Oratoriae libri duodecim, Vol. I & II. Oxford 1970.

–: Zumpt, K. G.: M. Fabii Quintiliani Institutionis oratoriae libri duodecim. Adiecta est varietas scripturae Spaldingiane et brevis annotatio critica. Ad fidem codicum manu scriptorum recensuit C. T. Zumptius. Lipsia 1831.

–: Butler, H. E.: The institutio oratoria of Quintilian with an English translation by H. E. Butler in 4 vol. London 1958.

Salustios

De dis et mundo: Rochefort, G.: Saloustios. Des dieux et du monde. Texte établi et traduction par G. Rochefort. Paris 1960, ²1983, ³2003.

Seneca

Briefe: Reynolds, L. D.: L. Annaei Senecae Ad Lucilium Epistulae morales, Vol. I: Libri I–XIII & Vol. II: Libri XIV–XX. Oxford 1965.

–: Rosenbach, M.: L. Annaeus Seneca, Ad Lucilium epistulae morales, lat./dt. Übersetzt, eingeleitet und mit Anmerkungen versehen von M. Rosenbach. Darmstadt ⁴1995.

Sextus Empiricus

Mutschmann, H./Mau, J.: Sexti Empirici Opera I–III. Leipzig 1912/1914/1954.

Simplikios

In Decem categorias Aristotelis: Doroteo, G.: Simplicius Commentarium in Decem categorias Aristotelis, übersetzt von G. Dorotheus. ND der Ausgabe Venedig 1540, mit einer Einleitung von R. Thiel und C. Lohr. Stuttgart-Bad Cannstatt 1999.

In Aristotelis De anima libros: Hayduck, M.: Simplicii in libros Aristotelis de anima commentaria. Berlin 1882 (Commentaria in Aristotelem Graeca 11).

Speusipp

Tarán, L.: Speusippus of Athens. A critical study with a collection of the related texts and commentary. Leiden 1981.

Lang, P.: De Speusippi academici scriptis accedunt fragmenta. Bonn 1911 (ND Hildesheim 1965).

Isnardi Parente, M.: Speusippo, Frammenti. Edizione, traduzione e commento a cura di M. Isnardi Parente. Neapel 1980.

Stephanos von Alexandrien
In Aristotelis De interpretatione libros: Hayduck, M.: Stephani in librum Aristotelis De interpretatione commentarium. Berlin 1885.

Theophrast
Metaphysik: Laks, A./Most,G. W.: Théophraste, Métaphysique. Paris 1993.

Thukydides
Jones, H. S./Powell, J. E.: Thucydidis Historiae. Vol. I & II. Oxford ²1942.

Xenokrates
Fragmente: Heinze, R.: Xenokrates. Darstellung der Lehre und Sammlung der Fragmente. Leipzig 1892 (ND Hildesheim 1965).
–: Isnardi Parente, M.: Senocrate, Ermodoro: Frammenti, edizione, traduzione e commento a cura di M. Isnardi Parente. Neapel 1982.

Xenophon
Marchant, E. C.: Xenophontis Opera II. Libri Socratici. Oxford 1963.

Textsammlungen

Arnim, H.v. [2004]: Stoicorum veterum fragmenta, 4 Bde. München u. a. 2004.
Diels, H. [1879]: Doxographi Graeci. Collegit, recensuit, prolegomenis indicibusque instruxit H. Diels. Berlin 1879.
Diels, H./Kranz, W. [1934]: Die Fragmente der Vorsokratiker, gr./dt. Berlin ⁵1934 (und Folgeauflagen).
Dörrie, H./Baltes, M. [1990]: Der Platonismus in der Antike. Bd. 1 und Bd. 2. Stuttgart-Bad Cannstatt 1990.
Dörrie, H./Baltes, M. [1993]: Der Platonismus in der Antike. Bd. 3. Stuttgart-Bad Cannstatt 1993.
Dörrie, H./Baltes, M. [1996]: Der Platonismus in der Antike. Bd. 4. Stuttgart-Bad Cannstatt 1996.
Dörrie, H./Baltes, M. [1998]: Der Platonismus in der Antike. Bd. 5. Stuttgart-Bad Cannstatt 1998.
Dörrie, H./Baltes, M. [2002 a]: Der Platonismus in der Antike. Bd. 6, 1. Stuttgart-Bad Cannstatt 2002.
Dörrie, H./Baltes, M. [2002 b]: Der Platonismus in der Antike. Bd. 6, 2. Stuttgart-Bad Cannstatt 2002.
Gaiser, K. [1963]: Platons ungeschriebene Lehre. Stuttgart 1963. Darin: Gaiser, K.: Testimonia Platonica. Quellentexte zur Schule und mündlichen Lehre Platons.
Giannantoni, G. [1990]: Socratis et Socraticorum Reliquiae. Collegit, disposuit apparatibus notisque instruxit Gabriele Giannantoni. Neapel 1990.
Hermann, K. F. [1920]: Appendix Platonica, continens isagogas vitasque antiquas, scholia, Timaei glossarium, indices, editor K. F. Hermann. Leipzig 1920.
Isnardi Parente, M. [1997]: Testimonia Platonica I, le testimonianze di Aristotele. Rom 1997.
Isnardi Parente, M. [1998 a]: Testimonia Platonica II, di età ellenistica e di età imperiale. Rom 1998.

Sekundärliteratur und (kommentierte) Übersetzungen

Ackrill, J. L. [1970]: In Defence of Plato's Divisions, in: Pitcher, G./Wood, O. (Hrsg.): Ryle. New York 1970, 372–392.

Adam, J. [1897 und 1902]: The *Republic* of Plato I/II. Cambridge 1897 und ²1902.

Adam, J. [1963]: The *Republic* of Plato. Ed. with critical notes, commentary and appendices. Second edition by D. A. Rees. I/II. Cambridge 1963.

Adkins, A. W. H. [1973]: Democracy and Sophists: *Protagoras* 316d–328d. The Journal of Hellenic Studies 93 (1973), 3–12.

Albert, K. [1998]: Griechische Religion und Platonische Philosophie, in: Albert, K. (Hrsg.): Platon und die Philosophie des Altertums. Bd. 1. Dettelbach 1998, 15–208.

Algra, K. [1995]: Concepts of Space in Greek Thought. Leiden/New York/Köln 1995.

Allen, R. E. [1960 und 1965b]: Participation and predication in Plato's middle dialogues, in: Allen, R. E.: Studies in Plato's Metaphysics. London 1965, 43–60 [Zuerst erschienen in: The Philosophical Review 69 (1960), 147–164].

Allen, R. E. (Hrsg.) [1965a und 1968]: Studies in Plato's Metaphysics. London 1965, ND London/New York 1968.

Allen, R. E. [1983 und 1997]: Plato's *Parmenides*, translation with Commentary by R. E. Allen. New Haven/London 1983 und ²1997.

Alt, K. [1982]: Diesseits und Jenseits in Platons Mythen von der Seele, Teil 1. Hermes 110 (1982), 278–299.

Alt, K. [1983]: Diesseits und Jenseits in Platons Mythen von der Seele, Teil 2. Hermes 111 (1983), 15–33.

Alt, K. [1990]: Philosophie gegen Gnosis. Plotins Polemik in seiner Schrift II.9. Mainz/Stuttgart 1990.

Alt, K. [1993]: Weltflucht und Weltbejahung. Mainz/Stuttgart 1993.

Alt, K. [2000]: Der Daimon als Seelenführer. Hyperboreus 6 (2000), 219–251.

Alt, K. [2002]: Zu einigen Problemen in Platons Jenseitsmythen und deren Konsequenzen bei späteren Platonikern, in: Janka, M./Schäfer, C. (Hrsg.): Platon als Mythologe. Darmstadt 2002, 270–289.

Annas, J. [1981]: An Introduction to Plato's *Republic*. Oxford 1981.

Annas, J. [1982a]: Plato's Myths of Judgement. Phronesis 27 (1982), 119–143.

Annas, J. [1982b]: Knowledge and language: the *Theaetetus* and the *Cratylus*, in: Nussbaum, M. C./Schofield, M. (Hrsg.): Studies presented to G. E. L. Owen. Cambridge 1982, 95–114.

Annas, J. [1992 und 1994]: Plato the Sceptic, in: Klagge, J. C./Smith, N. D. (Hrsg.): Methods of Interpreting Plato and His Dialogues. Oxford Studies in Ancient Philosophy, Ergänzungsband. Oxford 1992, 43–72 und in: Van der Waerdt, P. A. (Hrsg.): The Socratic movement. Ithaca/London 1994, 309–340.

Annas, J./Waterfield, R. [1995]: Plato, *Statesman*. Cambridge/New York 1995.

Apelt, O. [1891]: Beiträge zur Geschichte der griechischen Philosophie. Leipzig 1891 (ND Aalen 1975).

Apelt, O. [1914]: Platons Dialog *Politikos*. Leipzig 1914.

Apelt, O. [1923]: Platon. *Phaidon*. Leipzig 1923.

Arana, J. R. [1998]: Platón. Doctrinas no escritas. Antologia. Bilbao 1998.

Armstrong, A. H. [1967]: Plotinus, in: Armstrong, A. H. (Hrsg.): The Cambridge History of Later Greek and Early Medieval Philosophy. Cambridge 1967, 193–268.

Armstrong, A. H. [1975]: Beauty and the Discovery of Divinity in the Thought of Plotinus, in: Mansfeld, J./De Rijk, L. M. (Hrsg.): Kephalaion. Studies in Greek Philosophy and its Continuation offered to Professor C. J. De Vogel. Assen 1975, 155–163.
Asbaugh, A. F. [1988]: Plato's Theory of Explanation. New York 1988.
Aubenque, P. [1989]: Prinzip. HWPh 7 (1989), 1336–1345.
Ballauff, T. [1952]: Die Idee der Paideia. Eine Studie zu Platons „Höhlengleichnis" und Parmenides' „Lehrgedicht". Meisenheim 1952.
Baltes, M. [1972]: Timaios Lokros. Über die Natur des Kosmos und der Seele. Leiden 1972.
Baltes, M. [1976/1978]: Die Weltentstehung des Platonischen *Timaios* nach den antiken Interpreten. Bd. 1. Leiden 1976; Bd. 2. Leiden 1978.
Baltes, M. [1996 und 1999]: *Gegonen* (Platon, Tim. 28b7). Ist die Welt real entstanden oder nicht? In: K. A. Algra u. a. (Hrsg.): Polyhistor: Festschrift für J. Mansfeld. Leiden/New York/Köln 1996, 76–96 [Wieder abgedruckt in: Baltes, M. [1999]: DIANOHMATA. Kleine Schriften zu Platon und zum Platonismus. Hrsg. von Hüffmeier, A./Lakmann, M. L./Vorwerk, M. Stuttgart/Leipzig 1999, 303–325].
Barnes, J. [1992]: Aristoteles. Stuttgart 1992.
Barnes, J. [2003]: Porphyry „Introduction", translation with commentary. Oxford 2003.
Bärthlein, K. [1996]: Der Analogiebegriff bei den griechischen Mathematikern und bei Platon. Würzburg 1996.
Baeumker, C. [1879]: Über den Sophisten Polyxenos. Rheinisches Museum 34 (1879), 64–83.
Baumgarten, H.-U. [1998]: Handlungstheorie bei Platon. Platon auf dem Weg zum Willen. Stuttgart 1998.
Baumgartner, H. M. [1965]: Von der Möglichkeit, das Agathon als Prinzip zu denken. Versuch einer transzendentalen Interpretation, in: Flasch, K. (Hrsg.): Parusia, Festschrift J. Hirschberger. Frankfurt a. M. 1965, 89–101.
Baxter, T. M. S. [1992]: The *Cratylus.* Platos Critique of Naming. Leiden 1992.
Becker, O. [1959]: Die ARXAI in der griechischen Mathematik. Einige ergänzende Bemerkungen zum Aufsatz von K. v. Fritz. Archiv für Begriffsgeschichte 4 (1959), 210–226.
Becker, O. [1964]: Die Grundlagen der Mathematik in geschichtlicher Entwicklung. Freiburg/München 1964.
Beeretz, F. L. [1963]: Die Bedeutung des Wortes *physis* in den Spätdialogen Platons. Köln 1963.
Beierwaltes, W. [1957]: Lux intelligibilis. Untersuchung zur Lichtmetaphysik der Griechen. München 1957.
Beierwaltes, W. [1972]: Andersheit. Grundriß einer neuplatonischen Begriffsgeschichte. Archiv für Begriffsgeschichte 16 (1972), 166 ff.
Beierwaltes, W. [1979]: Proklos. Grundzüge seiner Metaphysik. Frankfurt a. M. ²1979.
Beierwaltes, W. [1980 a]: Identität und Differenz. Frankfurt a. M. 1980.
Beierwaltes, W. [1980 b]: Marsilio Ficinos Theorie des Schönen im Kontext des Platonismus. Heidelberg 1980.
Beierwaltes, W. [1981]: Plotin über Ewigkeit und Zeit. Frankfurt a. M. ³1981.
Beierwaltes, W. [1985]: Denken des Einen. Studien zur neuplatonischen Philosophie und ihrer Wirkungsgeschichte. Frankfurt a. M. 1985.
Beierwaltes, W. [1989]: Logos im Mythos. Marginalien zu Platon, in: Langer, M./Bilgri, A. (Hrsg.): Weite des Herzens. Weite des Lebens. Festschrift zum 25-jährigen Abtjubiläum von O. Lechner. Regensburg 1989, Bd. 1, 273–287.
Belfiore, E. [1980]: Elenchus, Epode and Magic: Socrates as Silenus. Phoenix 34 (1980), 128–137.

Benardete, S. [1963]: Eidos and diaeresis in Plato's *Statesman*. Philologus 107 (1963), 193–226.
Benson, H. H. (Hrsg.) [1992]: Essays in the Philosophy of Socrates. New York/Oxford 1992, 53–65.
Benson, H. H. [1995]: The dissolution of the problem of the elenchus. Oxford Studies in Ancient Philosophy 13 (1995), 45–112.
Benson, H. H. [2000]: Socratic Wisdom: The Model of Knowledge in Plato's Early Dialogues. Oxford 2000.
Benz, H. [1990]: Materie und Wahrnehmung in der Philosophie Plotins. Würzburg 1990.
Bett, R. [1986]: Immortality and the Nature of the Soul in the Phaedrus. Phronesis 31 (1986), 1–26.
Bett, R. [1999]: Immortality and the Nature of the Soul in the *Phaedrus*, in: Fine, G. (Hrsg.): Plato 2. Ethics, Politics, Religion, and the Soul. Oxford Readings in Philosophy. Oxford 1999, 404–449.
Bett, R. [2001]: Immortality and the Nature of the Soul in the *Phaedrus*, in: Wagner, E. (Hrsg.): Essays on Plato's Psychology. Lanham 2001, 335–362.
Bien, G. [1989]: Praxis, praktisch. I. Antike. HWPh 7 (1989), 1277–1287.
Billerbeck, M. [1978]: Epiktet, Vom Kynismus. Hrsg. und übersetzt von M. Billerbeck. Leiden 1978.
Binder, G./Effe, B. (Hrsg.) [1990]: Mythos. Erzählende Weltdeutung im Spannungsfeld von Ritual, Geschichte und Rationalität (Bochumer Altertumswissenschaftliches Colloquium 2). Trier 1990.
Blondell, R. [2002]: The play of character in Plato's Dialogues. Cambridge 2002.
Blößner, N. [1991]: Zu Platon, *Politeia* 352d–357d. Hermes 119 (1991), 61–73.
Blößner, N. [1997]: Dialogform und Argument. Studien zu Platons *Politeia*. Stuttgart 1997.
Blößner, N. [2001]: Sokrates und sein Glück, oder: Weshalb hat Platon den *Phaidon* geschrieben? In: Havlíček, A./Karfík, F. (Hrsg.): Proceedings of the Second Symposium Platonicum Pragense (1999). Prag 2001, 96–139.
Bluck, R. S. [1957]: Forms as Standards. Phronesis 2 (1957), 115–127.
Blumenberg, H. [1960]: Paradigmen zu einer Metaphorologie. Archiv für Begriffsgeschichte 6 (1960), 7–142.
Blumenthal, H. J. [1971]: Plotinus' psychology. Den Haag 1971.
Blumenthal, H. J. [1983]: Some problems about body and soul in later pagan Neoplatonism. Jahrbuch für Antike und Christentum. Ergänzungs-Band 10 (1983), 75–84.
Böhme, G. [1974]: Zeit und Zahl. Studien zur Zeittheorie bei Platon, Aristoteles, Leibniz und Kant. Frankfurt a. M. 1974.
Böhme, G. [1996]: Idee und Kosmos. Platons Zeitlehre – Eine Einführung in seine theoretische Philosophie. Frankfurt a. M. 1996.
Bordt, M. [1993]: Platon: *Lysis*. Übersetzung und Kommentar. Göttingen 1993.
Bordt, M. [2006]: Platons Theologie. Freiburg 2006.
Borsche, T. [1991]: Platon, in: Schmitter, P. (Hrsg.): Sprachtheorien der abendländischen Antike. Tübingen 1991, 140–169.
Borsche, T. [1996]: Die Notwendigkeit der Ideen: *Politeia*, in: Kobusch, T./Mojsisch, B. (Hrsg.): Platon. Seine Dialoge in der Sicht neuer Forschungen. Darmstadt 1996, 96–114.
Boudouris, K. J. (Hrsg.) [1991]: The philosophy of Socrates. Athens 1991.
Brague, R. [1982]: Du temps chez Platon et Aristote. Paris 1982.
Bremer, D. [1989]: Von der Physis zur Natur. Eine griechische Konzeption und ihr Schicksal. Zeitschrift für philosophische Forschung 43 (1989), 241–264.

Bremer, J. M. [1969]: Hamartia. Amsterdam 1969.

Brinker, W. [2007]: Platons Ethik und Psychologie. Philologische Untersuchungen über thymetisches Erkennen und Handeln in den platonischen Dialogen. Frankfurt u.a. 2007.

Brisson, L. [1974, 1994a und 1998b]: Le même et l'autre dans la structure ontologique du *Timée* de Platon. Sankt Augustin 1974, ²1994 und ³1998.

Brisson, L. [1982 und 1994b]: Platon. Les mots et les mythes. Paris 1982 und ²1994.

Brisson, L. [1983]: Platon 1975–1980. Lustrum 25 (1983), 31–320.

Brisson, L. [1995]: Interprétation du Mythe du *Politique*, in: Rowe, C. J. (Hrsg.): Reading the *Statesman*. St. Augustin 1995, 349–363.

Brisson, L. [1996a]: Einführung in die Philosophie des Mythos, Bd. 1: Antike, Mittelalter und Renaissance. Darmstadt 1996.

Brisson, L. [1996b]: Platons *Timaios*, in: Kobusch. T./Mojsisch, B. (Hrsg.): Platon: seine Dialoge in der Sicht neuer Forschungen. Darmstadt 1996, 210–242.

Brisson, L. [1998a und 2000]: Platon, *Le Banquet*. Traduction inédite, introduction et notes par Luc Brisson. Paris 1998 und ²2000.

Brisson, L. [1998c]: Vernunft, Natur und Gesetz im zehnten Buch von Platons Gesetzen, in: Havlíček, A./Karfík, F. (Hrsg.): The Republic and the Laws of Plato. Proceedings of the First Symposium Platonicum Pragense. Prag 1998, 182–200.

Brisson, L. [1999a]: Logos et logoi chez Plotin. Leur nature et leur rôle. Les Cahiers philosophiques de Strasbourg 8 (1999), 87–108.

Brisson, L. [1999b]: Plato the mythmaker. Chicago 1999.

Bröcker, W. [1959]: Platons ontologischer Komparativ. Hermes 87 (1959), 415ff.

Bröcker, W. [1967]: Platos Gespräche. Frankfurt a.M. ²1967.

Buchheim, T. [1986]: Die Sophistik als Avantgarde normalen Lebens. Hamburg 1986.

Buchheim, T. [1994]: Die Vorsokratiker. München 1994.

Buchner, H. [1970]: Plotins Möglichkeitslehre. München/Salzburg 1970.

Büchner, K. [2001]: Marcus Tullius Cicero, Vom rechten Handeln, lat./dt. Hrsg. und übersetzt von K. Büchner. München u.a. ⁴2001.

Buddensiek, F. [1999]: Die Theorie des Glücks in Aristoteles' Eudemischer Ethik. Göttingen 1999.

Bühler, A. [1998]: Vorstellung und Vorstellungsinhalt im sprachtheoretischen Denken Platons, Aristoteles' und der Stoiker, in: Lechner, J. (Hrsg.): Analyse, Rekonstruktion, Kritik: logisch-philosophische Abhandlungen. Frankfurt a.M. 1998, 1–18.

Burkert, W. [1960]: Platon oder Pythagoras? Zum Ursprung des Worts „Philosophie". Hermes 88 (1960), 159–176.

Burkert, W. [1962]: Weisheit und Wissenschaft. Nürnberg 1962, 14–26.

Burkert, W. [1972]: Lore and science in Ancient Pythagoreanism. Cambridge/Mass. 1972.

Burkert, W. [1979]: Mythisches Denken, in: Poser, H. (Hrsg.): Philosophie und Mythos. Berlin/New York 1979, 16–39.

Burkert, W. [1984]: Mythos, Mythologie. HWPh 6 (1984), 281–283.

Burkert, W. [1996]: Creation of the sacred. Cambridge/Mass. 1996.

Burnet, J. [1911]: Plato's *Phaedo*. Edited with introduction and notes. Oxford 1911.

Burnyeat, M. [1976]: Plato on the Grammar of Perceiving. Classical Quarterly NS 26 (1976), 29–51.

Burnyeat, M. [1977]: Socratic Midwifery, Platonic Inspiration. Bulletin of the Institute of Classical Studies 24 (1977), 7–16 [neu in: Benson, H. (Hrsg.) [1992]: 53–65].

Burnyeat, M. [1990]: The *Theaetetus* of Plato. Indianapolis/Cambridge 1990.

Bury, R. G. [1932]: The *Symposium* of Plato. Ed. with introduction, critical notes and commentary. Cambridge ²1932.
Büttner, S. [2000]: Die Literaturtheorie bei Platon und ihre anthropologische Begründung. Tübingen/Basel 2000.
Buxton, R. [1994]: Imaginary Greece. The contexts of mythology. Cambridge 1994.
Cairns, D. L. [1993]: Aidos. The psychology and ethics of honour and shame in ancient Greek literature. Oxford 1993.
Catan, J. [1969]: Plato on noetic intermediaries. Apeiron 3 (1969), 14–19.
Cerri, G. [1996]: Platone sociologo della communicazione. Lecce ²1996.
Chantraine, P. [1953]: Grammaire homérique. Bd. 2. Paris 1953.
Cherniss, H. [1944]: Aristotle's criticism of Plato and the Academy. Baltimore 1944.
Cherniss, H. [1945]: The Riddle of the Early Academy. Berkeley 1945.
Cherniss, H. [1954]: The Sources of Evil according to Plato. Proceedings of the American Philosophical Society 98 (1954), 23–30.
Cherniss, H. [1957]: The Relation of the *Timaeus* to Plato's Later Dialogues. American Journal of Philology 78 (1957), 225–66.
Cherniss, H. [1962]: Aristotle's criticism of Plato and the Academy. New York ²1962.
Cherniss, H. [1966]: Die Ältere Akademie: ein historisches Rätsel und seine Lösung. Heidelberg 1966.
Cherniss, H. [1977]: Selected Papers. Leiden 1977.
Christ, F. [1985]: Schleiermacher zum Verhältnis von Mythos und Logos bei Platon, in: Selge, K.-V. (Hrsg.): Internationaler Schleiermacher-Kongress Berlin 1984. Berlin/New York 1985, 837–848.
Clagge, J./Smith N. [1992] (Hrsg.): Methods of Interpreting Plato and His Dialogues. Oxford Studies in Ancient Philosophy Supplement. Oxford 1992.
Cleary, J. J. [2003]: Aristotle's Criticism of Plato's Theory of Form Numbers, in: Damschen, G./Enskat, R./Vigo, A. G. (Hrsg.): Platon und Aristoteles sub ratione veritatis. Festschrift W. Wieland. Göttingen 2003, 3–30.
Cohen, S. M. [1973]: Plato's Method of Division, in: Moravcsik, J. M. E. (Hrsg.): Patterns in Plato's Thought. Dordrecht 1973, 181–191.
Colloud-Streit, M. [2005]: Fünf platonische Mythen im Verhältnis zu ihren Textumfeldern. Freiburg/Schweiz 2005 (Diss.).
Cooper, J. M. [1970]: Plato on Sense–Perception and Knowledge. *Theaetetus* 184 to 186. Phronesis 15 (1970), 123–146.
Cooper, J. M. [1984]: Plato's Theory of Human Motivation. History of Philosophy Quarterly 1 (1984), 3–21 [auch in: Fine [1999]: 186–206; Wagner [2001]: 91–114].
Cornford, F. M. [1935, 1957 und 1979]: Plato's Theory of Knowledge. London 1935, ND New York 1957 und ND London 1979.
Cornford, F. M. [1937, 1952 und 1977]: Plato's Cosmology. The *Timaeus* of Plato translated with a running commentary. London/New York 1937 und London ³1952 und ⁴1977.
Cornford, F. M. [1939]: Plato and Parmenides. London 1939.
Coseriu, E. [2003]: Geschichte der Sprachphilosophie. Tübingen/Basel 2003.
Couturat, L. [1896]: De Platonicis mythis. Paris 1896 (Diss.).
Croiset, A. [1896]: Compte rendu de la soutenance de thèse de Couturat. Revue de métaphysique et de morale 4 (1896), Supplementband.
Cürsgen, D. [2002]: Die Rationalität des Mythischen. Der philosophische Mythos und seine Exegese im Neuplatonismus. Berlin/New York 2002.

Dalfen, J. [1974]: Polis und Poiesis. München 1974.
Dalfen, J. [1979]: Voraussetzungen und Entwicklungen des griechischen Begriffs *kosmos*. Philosophia Naturalis 17 (1979), 460–478.
Dalfen, J. [1998]: Wie, von wem und warum wollte Platon gelesen werden? Grazer Beiträge 22 (1998), 29–79.
Dalfen, J. [2002]: Platons Jenseitsmythen: Eine neue Mythologie?, in: Janka, M./Schäfer, C. (Hrsg.): Platon als Mythologe. Neue Interpretationen zu den Mythen in Platons Dialogen. Darmstadt 2002, 214–230.
Dalfen, J. [2004]: Platon, Gorgias. Übers. und Kommentar (Platon Werke VI,3), Göttingen 2004.
Daux, G. [1942]: Sur quelques passages du *Banquet* de Platon. Revue des Etudes Grecques 55 (1942), 236–271.
Deitz, L. [1989]: Physis/Nomos, Physis/Thesis. HWPh 7 (1989), 967–971.
De Muralt, A. [1995]: Néoplatonisme et aristotelisme dans la métaphysique médievale: analogie, causalité, participation. Paris 1995.
Dent, N. [1984]: The Moral Psychology of the Virtues. Cambridge 1984.
Denyer, N. [1991]: Language, Thought and Falsehood in Ancient Greek Philosophy. London/New York 1991.
Derbolav, J. [1972]: Platons Sprachphilosophie im *Kratylos* und in den späteren Schriften. Darmstadt 1972.
De Rijk, L. M. [1966]: Plato's *Sophist*. A Philosophical Commentary. Amsterdam u.a. 1966.
De Rijk, L. M. [1992]: Causation and Participation in Proclus. The Pivotal Role of Scope Distinction in his Metaphysics, in: Bos, E.P./Meijer, P.A. (Hrsg.): On Proclus and his Influence in Medieval Philosophy. Leiden 1992, 1–34.
De Strycker, É. [1955]: La notion aristotélicienne de séparation dans son application aux Idées de Platon. In: Autour d'Aristote. Recueil d'études de philosophie ancienne et médiévale; offert à Monseigneur A. Mansion. Louvain 1955, 119–139.
Detel, W. [1972]: Platons Beschreibung des falschen Satzes im *Theätet*. Göttingen 1972 (Hypomnemata 36).
Devereux, D. T. [1994 und 2000]: Separation and Immanence in Plato's Theory of Forms, in: Fine, G. (Hrsg.): Plato. Oxford 2000, 194–216 [Zuerst erschienen in: Oxford Studies in Ancient Philosophy 12 (1994), 63–90].
De Vogel, C. J. [1969]: Philosophia. Part I: Studies in Greek Philosophy. Assen 1969.
Dihle, A. [1985]: Die Vorstellung vom Willen in der Antike. Göttingen 1985.
Dillon, J. [1995]: The Neoplatonic exegesis of the *Statesman* myth, in: Rowe, C. J. (Hrsg.): Reading the *Statesman*. St. Augustin 1995, 364–374.
Dixsaut, M. [2000]: Platon et la question de la pensée. Études Platoniciennes I. Paris 2000.
Dodds, E. R. [1959]: Plato. *Gorgias*. A revised text with introduction and commentary. Oxford 1959.
Dodds, E. R. [1963]: Proclus. The Elements of Theology. A Revised Text with Translation, Introduction and Commentary. Oxford ²1963.
Dombrowski, D. A. [1991]: Taking the world soul seriously. The Modern Schoolman 69 (1991), 33–57.
Dönt, E. [1995]: Platon und der Mythos. Wiener humanistische Blätter, Sonderheft 1995: Zur Philosophie der Antike. Wien 1995, 7–20.
Dorion, L.-A. [1990]: La subversion de l'elenchos juridique dans *l'Apologie de Socrate*. Revue Philosophique 88 (1990), 311–344.

Dörrie, H. [1975]: Platonica Minora. München 1975.

Dörrie, H./Baltes, M. [1990a]: Der Platonismus in der Antike 1. Die geschichtlichen Wurzeln des Platonismus. Bausteine 1–36, Text, Übersetzung, Kommentar. Stuttgart-Bad Cannstatt 1990.

Dörrie, H./Baltes, M. [1990b]: Der Platonismus in der Antike 2. Der hellenistische Rahmen des kaiserzeitlichen Platonismus. Bausteine 36–72: Text, Übersetzung, Kommentar. Heinrich Dörrie, aus dem Nachlass hrsg. und bearbeitet von Matthias Baltes unter Mitarbeit von Annemarie Dörrie und Friedhelm Mann. Stuttgart-Bad Cannstatt 1990.

Dörrie, H./Baltes, M. [1993]: Der Platonismus in der Antike 3. Der Platonismus im 2. und 3. Jahrhundert nach Christus: Bausteine 73–100. Text, Übersetzung und Kommentar. Stuttgart-Bad Cannstatt 1993.

Dörrie, H./Baltes, M. [1996]: Der Platonismus in der Antike 4. Die philosophische Lehre des Platonismus: Einige grundlegende Axiome; Platonische Physik I. Bausteine 101–124. Stuttgart-Bad Cannstatt 1996.

Dörrie, H./Baltes, M. [1996]: Der Platonismus in der Antike 5. Die philosophische Lehre des Platonismus: Platonische Physik II. Bausteine 125–150. Stuttgart-Bad Cannstatt 1998.

Dörrie, H./Baltes, M. [2002]: Der Platonismus in der Antike 6. Die philosophische Lehre des Platonismus: Von der „Seele“ als der Ursache aller sinnvollen Abläufe. Bausteine 151–168. 169–181. Stuttgart-Bad Cannstatt 2002.

Dorter, K. [1987]: Justice and method in the *Statesman*, in: Panagiotou, S. (Hrsg.): Justice, law and method in Plato and Aristotle. Edmonton 1987, 105–122.

Dorter, K. [1994]: Form and Good in Plato's Eleatic dialogues. The *Parmenides*, *Theaetetus*, *Sophist* and *Statesman*. Berkeley/Los Angeles/London 1994.

Dover, K. J. [1966]: Aristophanes' speech in Plato's *Symposium*. Journal of Hellenic Studies 86 (1966), 41–50.

Dover, K. J. [1980]: Plato. *Symposium*. Edited with introduction and commentary. Cambridge 1980.

Dreyer, L. (Hrsg.) [1998]: Das Wechselspiel von Mythos und Logos. Die Dialektik der griechischen Aufklärung als europäisches Paradigma. Frankfurt a. M. 1998.

Droz, G. [1992]: Les mythes platoniciens. Paris 1992.

Düsing, K. [1980]: Ontologie und Dialektik bei Platon und Hegel. Hegelstudien 15 (1980), 95–150.

Ebert, T. [1974]: Meinung und Wissen in der Philosophie Platons. Berlin 1974.

Ebert, T. [1991]: Von der Weltursache zum Weltbaumeister. Antike und Abendland 37 (1991), 43–54.

Ebert, T. [1994]: Sokrates als Pythagoreer und die Anamnesis in Platons *Phaidon*. Stuttgart 1994.

Ebert, T. [1995]: Phronesis, in: Höffe, O. (Hrsg.): Die Nikomachische Ethik. Berlin 1995, 165–186.

Ebert, T. [2001]: Why is Euenos called a philosopher at *Phaedo* 61c? Classical Quarterly 51 (2001), 423–434.

Ebert, T. [2002]: „Wenn ich einen schönen Mythos vortragen darf.“: Zu Status, Herkunft und Funktion des Schlussmythos in Platons *Phaidon*, in: Janka, M./Schäfer, C. (Hrsg.): Platon als Mythologe. Neue Interpretationen zu den Mythen in Platons Dialogen. Darmstadt 2002, 251–269.

Ebert, T. [2004]: Platon, *Phaidon*. Übersetzung und Kommentar. Göttingen 2004.

Edelstein, L. [1949]: The function of the myth in Plato's philosophy. Journal of the History of Ideas 10 (1949), 463–481.

Effe, B. [1996]: Der Herrschaftsanspruch des Wissenden: *Politikos*, in: Kobusch, T./Mojsisch, B. (Hrsg.): Platon. Seine Dialoge in der Sicht neuer Forschungen. Darmstadt 1996, 200–212.

Eggers Lan, C. [1984]: Las nociones de tiempo y eternidad de Homero a Platón. Mexiko 1984.

Elias, J. A. [1984]: Plato's defence of poetry. London 1984.

Elm, R. [2002]: Phronêsis. WanPh, 340–343.

Emilsson, E. K. [1988]: Plotinus on Sense–Perception. Cambridge 1988.

England, E. B. [1921]: The *Laws* of Plato. The text edited with introductions, notes etc. Manchester 1921.

Enders, M./Szaif, J. (Hrsg.) [2006]: Die Geschichte des philosophischen Begriffs der Wahrheit. Berlin/New York 2006.

Enders, M. [1999]: Platons 'Theologie': Der Gott, die Götter und das Gute. Perspektiven der Philosophie. Neues Jahrbuch 25 (1999), 131–185.

Erffa, C. E. v. [1937]: Aidos und verwandte Begriffe in ihrer Entwicklung von Homer bis Demokrit. Leipzig 1937.

Erkka, M. [1967]: Plato on Plenitude. Ajatus 29 (1967), 12–50.

Erler, M. [1978]: Über die Existenz des Bösen. Meisenheim 1978.

Erler, M. [1986]: Streitgesang und Streitgespräch bei Theokrit und Platon. Würzburger Jahrbücher für die Altertumswissenschaft 12 (1986), 73–92.

Erler, M. [1987a]: Der Sinn der Aporien in den Dialogen Platons. Berlin/New York 1987.

Erler, M. [1987b]: Platons Schriftkritik und der Sinn der Aporien im *Parmenides* nach Platon und Proklos, in: Pépin, J./Saffrey, H. D. (Hrsg.): Proclus. Lecteur et interprète des anciens. Paris 1987, 153–163.

Erler, M. [1992]: Anagnorisis in Tragödie und Philosophie – eine Anmerkung zu Platons Dialog *Politikos*. Würzburger Jahrbücher für die Altertumswissenschaft 18 (1992), 147–170.

Erler, M. [1995]: Kommentar zu Brisson und Dillon, in: Rowe, C. J. (Hrsg.): Reading the *Statesman*. St. Augustin 1995, 375–380.

Erler, M. [1996]: *Charmides*, in: Kobusch, T./Mojsisch, B. (Hrsg.): Platon. Seine Dialoge in der Sicht neuer Forschungen. Darmstadt 1996, 25–46.

Erler, M. [2001]: Vom Werden zum Sein. Über den Umgang mit Gehörtem in Platons Dialogen, in: Jain, E./Grätzel, S. (Hrsg.): Sein und Werden im Lichte Platons. Festschrift für Karl Albert zum 80. Geburtstag am 2. Oktober 2001. Freiburg/München 2001, 123–142.

Erler, M. [2002]: Hilfe der Götter und Erkenntnis des Selbst. Sokrates als Göttergeschenk bei Platon und den Platonikern, in: Kobusch, T./Erler, M. (Hrsg.): Metaphysik und Religion. München/Leipzig 2002, 387–414.

Erler, M. [2003]: To hear the right thing and to miss the point: Plato's implicit poetics, in: Michelini, A. N. (Hrsg.): Plato as author: The Rhetoric of Philosophy. Leiden 2003, 153–174.

Everson, S. (Hrsg.) [1994]: Language (Companions to Ancient Thought 3). Cambridge 1994.

Fattal, M. (Hrsg.) [2003]: Logos et langage chez Plotin et avant Plotin. Paris 2003.

Faust, A. [1931]: Der Möglichkeitsgedanke. Erster Teil: Antike. Heidelberg 1931, 43–66.

Feil, E. [1986]: Religio. Bd. I: Die Geschichte eines neuzeitlichen Grundbegriffs vom Frühchristentum bis zur Reformation. Göttingen 1986.

Ferber, R. [1984 und 1989]: Platos Idee des Guten. St. Augustin 1984 und ²1989.

Ferber, R. [1991]: Die Unwissenheit des Philosophen oder Warum hat Plato die Ungeschriebene Lehre nicht geschrieben? St. Augustin 1991.

Ferrari, G. R. F. [1995]: Myth and conservativism in Plato's *Statesman*, in: Rowe, C. J. (Hrsg.): Reading the *Statesman*. St. Augustin 1995, 389–397.

Ferrari, F. [1998]: Theologia, in: Vegetti, M.: Platone – *La Repubblica*, Traduzione e commento a cura di Mario Vegetti. Napoli, Vol. II (1998), 403–425.
Festugière, A. J. [1949]: Le sens philosophique du mot AION. La Parola del Passato 10 (1949), 172–189.
Festugière, A. J. [1973]: Les trois „Protreptiques" de Platon. *Euthydème, Phédon, Epinomis.* Paris 1973.
Figal, G. [2000]: Die Wahrheit und die schöne Täuschung. Zum Verhältnis von Dichtung und Philosophie im Platonischen Denken. Philosophisches Jahrbuch 107 (2000), 301–315.
Findlay, J. N. [1978]: The myths of Plato. Dionysius 2 (1978), 19–34.
Fine, G. [1978]: Knowledge and Belief in *Republic* V. Archiv für Geschichte der Philosophie 60 (1978), 121–139.
Fine, G. [1984]: Separation. Oxford Studies in Ancient Philosophy 2 (1984), 31–87.
Fine, G. [1993]: On Ideas. Aristotle's Criticism of Plato's Theory of Forms. Oxford 1993.
Fine, G. (Hrsg.) [1999]: Plato 2. Ethics, Politics, Religion, and the Soul. Oxford Readings in Philosophy. Oxford 1999.
Fine, G. [2004]: Forms as Causes: Plato and Aristotle, in: Fine, G.: Plato on Knowledge and Forms. Oxford 2004, 350–396.
Fink, E. [1970]: Metaphysik der Erziehung im Weltverhältnis von Plato und Aristoteles. Frankfurt a.M. 1970.
Flaig, E. [1994]: Weisheit und Befehl. Platons *Politeia* und das Ende der Politik. Saeculum 45 (1994), 34–70.
Flasch, K. (Hrsg.) [1965]: Parusia. Studien zur Philosophie Platons und zur Problemgeschichte des Platonismus. Festgabe für Johannes Hirschberger, hrsg. von K. Flasch. Frankfurt a.M. 1965.
Flashar, H. [1958]: Der Dialog Ion als Zeugnis platonischer Philosophie. Berlin 1958.
Fornaro, S. [2001] : Friedrich Creuzer und die Diskussion über Philologie und Mythologie zu Beginn des 19. Jahrhunderts, in: Korenjak, M./Töchterle, K. (Hrsg.): Pontes I. Akten der ersten Innsbrucker Tagung zur Rezeption der klassischen Antike. Innsbruck u.a. 2001, 28–42.
François, G. [1957]: Le polythéisme et l'emploi au singulier des mots ΘΕΟΣ, ΔΑΙΜΩΝ dans la littérature grecque d'Homère à Platon. Paris 1957.
Frank, E. [1923]: Plato und die sogenannten Pythagoreer. Halle 1923.
Fränkel, H. [1962]: Dichtung und Philosophie des frühen Griechentums. München 1962.
Frede, D. [1996]: The Philosophical Economy of Plato's Psychology: Rationality and Common Concepts in the Timaeus, in: Frede, M./Striker, G. (Hrsg.): Rationality in Greek Thought. Oxford 1996, 29–58.
Frede, D. [1997a]: Die ungerechten Verfassungen und die ihnen entsprechenden Menschen (Buch VIII 543a–IX 576b), in: Höffe, O. (Hrsg.): Platon, *Politeia.* Berlin 1997, 251–270.
Frede, D. [1997b]: Platon. *Philebos.* Übersetzung und Kommentar. Göttingen 1997.
Frede, D. [1999]: Platons *Phaidon.* Der Traum von der Unsterblichkeit der Seele. Darmstadt 1999.
Frede, D. [2003]: Plato's Ethics: An Overview, in: Zalta, E. N. (Hrsg.): The Stanford Encyclopedia of Philosophy (Fall 2003 Edition), <http://plato.stanford.edu/archives/fall2003/entries/plato-ethics/>.
Frede, D. [2004]: Dialektik in Platons Spätdialogen, in: Van Ackeren, M. (Hrsg.): Platon Verstehen. Themen und Perspektiven. Darmstadt 2004, 147–167.
Frede, M. [1967]: Prädikation und Existenzaussage. Göttingen 1967 (Hypomnemata 18).

Frede, M. [1980]: The original Notion of Cause, in: Schofield, M./Burnyeat, M./Barnes, J. (Hrsg.): Doubt and Dogmatism. Oxford 1980, 215–249.

Frede, M. [1987]: Perception in Plato's later dialogues, in: Frede, M.: Essays in Ancient Philosophy, Minneapolis 1987, 3–8.

Frede, M. [1988]: Being and Becoming in Platon. Oxford Studies in Ancient Philosophy. Supplementary Volume (1988), 37–52.

Frede, M. [1992]: Plato's *Sophist* on Flase Statements, in: Kraut, R. (Hrsg.): The Cambridge Companion to Plato. Cambridge 1992, 397–424.

Friedländer, P. [1964]: Platon. Bd. 1. Seinswahrheit und Lebenswirklichkeit. Berlin ^{3}1964.

Friedländer, P. [1960 und 1975]: Platon. Bd. 3. Die platonischen Schriften. Zweite und dritte Periode. Berlin ^{2}1960 und ^{3}1975.

Fritz, K. v. [1945]: *Nous, noein* and their Derivatives in Pre-Socratic Philosophy (Excluding Anaxagoras) I. Classical Philology 40 (1945), 223–242.

Fritz, K. v. [1946]: *Nous, noein* and their Derivatives in Pre-Socratic Philosophy (Excluding Anaxagoras) II. Classical Philology 41 (1946), 12–34.

Fritz, K. v. [1949]: The so-called historical Present in early Greek. Word: Journal of the linguistic circle of New York 5 (1949), 186–201.

Fritz, K. v. [1955]: Die APXAI in der griechischen Mathematik. Archiv für Begriffsgeschichte 1 (1955), 13–103.

Fritz, K. v. [1964]: Der *Nous* des Anaxagoras. Archiv für Begriffsgeschichte 9 (1964), 87–102.

Fritz, K. v. [1968]: Die Rolle des *NOUS*, in: Gadamer, H.-G. (Hrsg.): Um die Begriffswelt der Vorsokratiker. Darmstadt 1968, 277–359.

Fritz, K. v. [1971]: Der *nous* des Anaxagoras, in: ders.: Grundprobleme der Geschichte der antiken Wissenschaft. Berlin 1971, 576–593.

Fritz, K. v. [1978]: Zur antisthenischen Erkenntnistheorie und Logik, in: ders.: Schriften zur griechischen Logik I. Stuttgart-Bad Cannstatt 1978, 119ff.

Frutiger, P. [1930 und 1976]: Les mythes de Platon. Étude philosophique et littéraire. Paris 1930, ND New York 1976.

Fuhrmann, M. [2001]: Aristoteles, *Poetik*, gr./dt., übersetzt und hrsg. von M. Fuhrmann. Stuttgart 2001.

Furley, D. J. [1965]: Physis. LAW, Bd. 2. Zürich/Stuttgart 1965, 2326f.

Furley, D. J. [1989a]: Cosmic problems. Essays on Greek and Roman philosophy of nature. Cambridge 1989.

Furley, D. J. [1989b]: Thruth as what survives the Elenchos, in: Furley, D. J. (Hrsg.): Cosmic problems. Essays on Greek and Roman Philosophy of Nature. Cambridge 1989, 38–46.

Gadamer, H.-G. [1968a und 1985b]: Platon und die Dichter, in: ders.: Platons dialektische Ethik und andere Studien zur platonischen Philosophie. Hamburg 1968, 179–204 und in: Gesammelte Werke 5. Tübingen 1985, 187–211.

Gadamer, H.-G.: [1968b]: Platons dialektische Ethik, in: ders.: Platons dialektische Ethik und andere Studien zur platonischen Philosophie. Hamburg 1968, 1–80.

Gadamer, H.-G. [1971]: Platons ungeschriebene Dialektik, in: ders.: Kleine Schriften III. Tübingen 1971, 27ff.

Gadamer, H.-G. [1978]: Die Idee des Guten zwischen Plato und Aristoteles. Heidelberg 1978.

Gadamer, H.-G. [1985a]: Die Unsterblichkeitsbeweise in Platons *Phaidon*, in: Gesammelte Werke 6. Tübingen 1985, 187–200.

Gadamer, H.-G. [1991]: Die Idee des Guten zwischen Plato und Aristoteles, in: Gesammelte Werke 7. Tübingen 1991, 128–227.

Gaiser, K. [1959]: Protreptik und Paraenese bei Platon. Stuttgart 1959.
Gaiser, K. [1963 und 1968 a]: Platons ungeschriebene Lehre. Stuttgart 1963 und ^{2}1968.
Gaiser, K. [1968 b]: Quellenkritische Probleme der indirekten Platonüberlieferung, in: Gadamer, H.-G. (Hrsg.): Idee und Zahl. Studien zur platonischen Philosophie. Heidelberg 1968, 31–83.
Gaiser, K. (Hrsg.) [1969 a]: Das Platonbild. Hildesheim 1969.
Gaiser, K. [1969 b]: Das zweifache Telos bei Aristoteles, in: Düring, I. (Hrsg.): Naturphilosophie bei Aristoteles und Theophrast. Heidelberg 1969, 97–113.
Gaiser, K. [1984]: Platone come scrittore filosofico. Napoli 1984.
Gaiser, K. [1989]: Das Gold der Weisheit. Zum Gebet des Philosophen am Schluß des *Phaidros*. Rheinisches Museum 132 (1989), 105–140.
Gaiser, K. [2004]: Gesammelte Schriften. Hrsg. von T. A. Szlezák u. a. St. Augustin 2004.
Gatti, M. L. [1996]: Plotinus: The Platonic Tradition and the Foundation of Neoplatonism, in: Gersh, L. P. (Hrsg.): The Cambridge Companion to Plotinus. Cambridge 1996, 10–37.
Geach, P. T. [1956]: The Third Man again. The Philosophical Review 65 (1956), 72–82.
Geerlings, W. [1997]: Libri Platonicorum. Die philosophische Bildung Augustins, in: Kobusch, T./Mojsisch, B. (Hrsg.): Platon in der abendländischen Geistesgeschichte. Darmstadt 1997, 60–70.
Gersh, S. E. [1973]: Kinesis akinetos. A Study of Spiritual motion in the Philosophy of Proclus. Leiden 1973.
Gerson, L. P. [1981]: Dialectic and Forms in Part One of Plato's Parmenides. Apeiron 15 (1981), 19–28.
Gerson, L. P. [1994]: Plotinus. London 1994.
Gerson, L. P. [2005]: Plato on Understanding. The Southern Journal of Philosophy 23 (2005), 1–28.
Gigon, O. [1973]: Theorie und Praxis bei Platon und Aristoteles. Museum Helveticum 30 (1973), 65–87; 144–165.
Gigon, O./Zimmermann, L. [1975]: Platon. Lexikon der Namen und Begriffe. Zürich/München 1975.
Gigon, O. [1996]: Aristoteles, Politik. Ungekürzte Ausgabe. München ^{7}1996.
Gigon, O. [2001]: Aristoteles, Die Nikomachische Ethik, gr./dt. übersetzt von O. Gigon, neu hrsg. von R. Nickel. Düsseldorf u. a. 2001.
Gill, C. [1980]: Plato. The Atlantis story. *Timaeus* 17–27. *Critias*. With introduction, notes and vocabulary. Bristol 1980.
Gill, C. [1985]: Plato and the Education of Character. Archiv für Geschichte der Philosophie 67 (1985), 1–26.
Gill, C. [1993]: Plato on falsehood – not fiction, in: Gill, C./Wiseman, T. P. (Hrsg.): Lies and fiction in the Ancient World. Exeter 1993, 38–87.
Gill, C./McCabe, M. M. (Hrsg.) [1996]: Form and Argument in Late Plato. Oxford 1996.
Gill, C. [1999]: The *Symposium*. Translated with an introduction and notes by Christopher Gill. London 1999.
Gill, C. [2004]: The Socratic Elenchus and knowledge: Where do we go from Vlastos, in: Karasmanis, V. (Hrsg.): Socrates. Delphi 2004, 249–265.
Gloy, K. [1981]: Einheit und Mannigfaltigkeit. Berlin/New York 1981.
Gloy, K. [1986]: Studien zur platonischen Naturphilosophie im *Timaios*. Würzburg 1986.
Gloy, K. [2004]: Wahrheitstheorien. Eine Einführung. Tübingen 2004.
Gohlke, P. [1954]: Eudemische Ethik. Paderborn 1954 (Die Lehrschriften des Aristoteles. Hrsg., übertragen und in ihrer Entstehung erläutert von Paul Gohlke, 7,2).

Goldschmidt, V. [1947] : Le paradigme dans la dialectique platonicienne. Paris 1947.
Goldschmidt, V. [1949]: La religion de Platon. Paris 1949.
Gooch, P. W. [1982]: The celebration of Plato's birthday. Classical World 75 (1982), 239–240.
Görgemanns, H. [1960]: Beiträge zur Interpretation von Platons *Nomoi*. München 1960.
Görgemanns, H. [1994]: Platon. Heidelberg 1994.
Görgemanns, H. [2000]: Wahrheit und Fiktion in Platons Atlantis. Hermes 128 (2000), 405–419.
Görler, W. [1992]: Ein sprachlicher Zufall und seine Folgen. 'Wahrscheinliches' bei Karneades und Cicero, in: Müller, C. W./Sier, K./Werner, J. (Hrsg.): Zum Umgang mit Fremdsprachlichkeit in der griechisch-römischen Antike. Stuttgart 1992 (Palingenesia 36), 159–171.
Görler, W. [1994]: Älterer Pyrrhonismus. Jüngere Akademie. Antiochos aus Askalon, in: Flashar, H. (Hrsg.): Die Hellenistische Philosophie, in: Grundriß der Geschichte der Philosophie. Die Philosophie der Antike 4. Basel 1994, 717 ff.
Gosling, J. [1960]: *Republic.* Book V: *ta polla kala.* Phronesis 5 (1960): 116–28.
Gosling, J. [1990]: Weakness of Will. London/New York 1990.
Gould, J. [1955]: The Development of Plato's Ethics. Cambridge 1955.
Graeser, A. [1969]: Probleme der platonischen Seelenteilungslehre. Überlegungen zur Frage der Kontinuität im Denken Platons. München 1969.
Graeser, A. [1975]: Platons Ideenlehre. Sprache, Logik und Metaphysik. Eine Einführung. Bern/Stuttgart 1975.
Graeser, A. [1987]: Zeitlichkeit und Zeitlosigkeit: Bemerkungen zu Plotins Unterscheidung zweier „immer" (III 7). Philosophisches Jahrbuch 94 (1987), 142–154.
Graeser, A. [1996]: Wie über Ideen sprechen?: *Parmenides*, in: Kobusch, T./Mojsisch, B. (Hrsg.): Platon. Seine Dialoge in der Sicht neuer Forschungen. Darmstadt 1996, 146–166.
Graeser, A. [1999]: Prolegomena zu einer Interpretation des zweiten Teils des Platonischen *Parmenides.* Bern/Stuttgart/Wien 1999.
Graeser, A. [2003]: Platons *Parmenides.* Mainz 2003.
Graham, D. W. [1997]: What Socrates Knew, in: McPherran, M. L. (Hrsg.): Wisdom, Ignorance, and Virtue. New Essays in Socratic Studies. Apeiron 30 (1997), 25–36.
Greene, W. C. [1968]: Moira. Fate, Good, and Evil in Greek Thought. Gloucester/Mass. 1968.
Gregory, M. J. [1968]: Myth and transcendence in Plato. Thought 43 (1968), 273–296.
Groag, E. [1913]: Platos Lehre von den Seelenteilen I: Die Widersprüche in der Platonischen Seelenlehre und ihre Lösung. Wiener Studien 35 (1913), 323–352.
Groag, E. [1915]: Platos Lehre von den Seelenteilen II: Die genetische Entwicklung der Platonischen Seelenteilungslehre. Wiener Studien 37 (1915), 118–141.
Grote, G. [1865, 1888 und 1973]: Plato and the other companions of Socrates. London 1865, 1888. A new edition in four volumes, New York 1973.
Grube, G. M. A. [1935]: Plato's Thought. London 1935.
Guthrie, W. K. C. [1955]: Plato's views of the nature of the soul. Entretiens sur l'Antiquité Classique 3 (1955), 3–19.
Guthrie, W. K. C. [1971]: Socrates. Cambridge 1971.
Guthrie, W. K. C. [1975]: A History of Greek Philosophy. Vol. 4: Plato. The Man and his Dialogues. Earlier Period. Cambridge 1975.
Guthrie, W. K. C. [1978]: A History of Greek Philosophy. Vol. 5: The later Plato and the Academy. Cambridge 1978.
Habermehl, P. [1996]: 'Jenseits': 'Griechenland'. RAC 17 (1996), 258–288.
Hackforth, R. [1936]: Plato's Theism. Classical Quarterly 30 (1936), 439–447.

Hackforth, R. [1955]: Plato's *Phaedo*. Translated with an introduction and commentary. Cambridge 1955.
Hackforth, R. [1958]: Plato's Examination of Pleasure. New York ²1958.
Hager, F.-P. [1963]: Die Vernunft und das Problem des Bösen im Rahmen der Platonischen Ethik und Metaphysik. Stuttgart 1963.
Hager, F.-P. [1984]: Natur. HWPh 6 (1984), 421–441.
Hager, F.-P. [1987]: Gott und das Böse im antiken Platonismus. Würzburg 1987.
Hägler, R. [1983]: Platos *Parmenides*. Berlin/New York 1983.
Halfwassen, J. [1992]: Der Aufstieg zum Einen. Untersuchungen zu Platon und Plotin. Stuttgart 1992.
Halfwassen, J. [1997]: Monismus und Dualismus in Platons Prinzipienlehre. Bochumer Philosophisches Jahrbuch für Antike und Mittelalter 2 (1997), 1–21.
Halfwassen, J. [2000]: Der Demiurg: Seine Stellung in der Philosophie Platons und seine Deutung im antiken Platonismus, in: Neschke–Hentschke, A. (Hrsg.): Platos *Timaios*. Beiträge zu seiner Rezeptionsgeschichte. Louvain/Paris 2000.
Halfwassen, J. [2004]: Plotin und der Neuplatonismus. München 2004.
Hall, R. W. [1963]: *archê* as Differentiated Unity in the Philosophy of Plato. Phronesis 8 (1963), 63–82.
Halliwell, S. [1997]: The *Republic*'s Two Critiques of Poetry (Books II 376c–III 398b, Book X 595a–608b), in: Höffe, O. (Hrsg.): Platon: *Politeia*. Berlin 1997, 313–332.
Halliwell, S. [2002]: The Aesthetics of Mimesis. Ancient texts and modern problems. Princeton 2002.
Happ, H.[1971]: Hyle. Studien zum Aristotelischen Materie – Begriff. Berlin/New York 1971.
Hardie, W. F. R. [1936 und 1993]: A Study in Plato. Oxford 1936 (ND Bristol 1993).
Hardy, J. [2001]: Platons Theorie des Wissens im *Theaitet*. Göttingen 2001.
Hartmann, N. [1909 und 1965]: Platos Logik des Seins. Gießen 1909 und Berlin ²1965.
Häsner, B. [2004a]: Der Dialog: Strukturelemente einer Gattung zwischen Fiktion und Theoriebildung, in: Hempfer, K. W. (Hrsg.): Poetik des Dialogs. Stuttgart 2004, 13–66.
Häsner, B. [2004b]: Mündlichkeit und Schriftlichkeit in Tassos *Cataneo overo de le conclusioni amorose*, in: Hempfer, K. W. (Hrsg.): Poetik des Dialogs. Stuttgart 2004, 131–160.
Hegel, G. W. F. [1959]: Einleitung in die Geschichte der Philosophie, hrsg. von J. Hoffmeister. Hamburg ³1959.
Hegel, G. W. F. [1971]: Vorlesungen über die Geschichte der Philosophie I. Moldenhauer, E./ Michel, K. M. (Hrsg.): Hegel. Werke in zwanzig Bänden, Bd. 18. Frankfurt a. M. 1971.
Heidegger, M. [1947, 1967 und 1997]: Platons Lehre von der Wahrheit. Bern 1947 und (GA Bd. 9) Frankfurt a. M. ⁴1997 [auch in Heidegger, M.: Wegmarken. Frankfurt a. M. 1967, 109–144].
Heidegger, M. [1997]: Vom Wesen der Wahrheit (Gesamtausgabe Bd. 34). Frankfurt a. M. ²1997.
Heinimann, F. [1945 und 1972]: Nomos und Physis. Herkunft und Bedeutung einer Antithese im griechischen Denken des 5. Jahrhunderts. Basel 1945 und Darmstadt ²1972.
Heinze, R. [1892]: Xenokrates. Leipzig 1892.
Heitsch, E. [1984]: Willkür und Problembewußtsein in Platons *Kratylos*. Akademie der Wissenschaften und der Literatur, Abhandlung der Geistes- und Sozialwissenschaftlichen Klasse Jahrgang 1984, Nr. 11. Stuttgart 1984.
Heitsch, E. [1988]: Überlegungen zum *Theätet*. Akademie der Wissenschaften und der Literatur, Abhandlung der Geistes- und Sozialwissenschaftlichen Klasse Jahrgang 1988, Nr. 9. Stuttgart 1988.

Heitsch, E. [1989]: timiôtera. Hermes 117 (1989), 278–287.
Heitsch, E. [1991]: πλημελούμενος καὶ οὐκ ἐν δίκηι λοιδορηθείς. Würzburger Jahrbücher für die Altertumswissenschaft 17 (1991), 143–151.
Heitsch, E. [1992]: Wege zu Platon, Beiträge zum Verständnis seines Argumentierens. Göttingen 1992.
Heitsch, E. [1993 und 1997]: Platon: *Phaidros*. Übersetzung und Kommentar. Göttingen 1993 und ²1997.
Heitsch, E. [2002]: *Apologie* des Sokrates. Übersetzung und Kommentar (Platon Werke I, 1). Göttingen 2002.
Hellwig, A. [1973]: Untersuchungen zur Theorie der Rhetorik bei Platon und Aristoteles. Göttingen 1973.
Hellwig, D. [1980]: Adikia in Platons *Politeia*. Interpretationen zu den Büchern VIII und IX. Amsterdam 1980.
Hempfer, K. W. [2002]: Lektüren von Dialogen, in: ders. (Hrsg.): Möglichkeiten des Dialogs. Stuttgart 2002, 1–38.
Hennigfeld, J. [1994]: Geschichte der Sprachphilosophie. Antike und Mittelalter. Berlin/New York 1994.
Hermann, A. [1972]: Untersuchungen zu Platons Auffassung von der Hedonê. Ein Beitrag zum Verständnis des platonischen Tugendbegriffs. Göttingen 1972.
Hermann, K. F. [1839 und 1969]: Über Platons schriftstellerische Motive (1839), in: Gesammelte Abhandlungen. Göttingen 1849, 281–305. ND in: Gaiser, K. (Hrsg.): Das Platonbild. Hildesheim 1969, 33–57.
Herter, H. [1958 und 1975]: Gott und die Welt bei Platon. Eine Studie zum Mythos des *Politikos*, in: Herter, H.: Kleine Schriften. München 1958 und ²1975, 316–358.
Hintikka, J. [1973]: Remarks on Praxis, Poiesis and Ergon in Plato and Aristotle. Studia philosophica in honorem Sven Krohn – Annales Universitatis Turkuensis, ser. B., 126 (1973), 53–62.
Hirsch, W. [1971]: Platons Weg zum Mythos. Berlin/New York 1971.
Hirschberger, J. [1980]: Geschichte der Philosophie, 2 Bde. Freiburg ¹²1980.
Hirzel, R. [1871]: Ueber das Rhetorische und seine Bedeutung bei Plato. Leipzig 1871.
Hobbs, A. [2000]: Plato and the hero: courage, manliness, and the impersonal good. Cambridge 2000.
Höffe, O. [1987 und 2002]: Politische Gerechtigkeit. Grundlegung einer kritischen Philosophie von Recht und Staat. Frankfurt a. M. 1987 und ³2002.
Höffe, O. [1997]: Vier Kapitel einer Wirkungsgeschichte der *Politeia*, in: ders. (Hrsg.): Platon, *Politeia*. Berlin 1997, 333–361.
Hölscher, U. [1976]: Der Sinn von 'Sein' in der älteren griechischen Philosophie. Heidelberg 1976.
Holtermann, M. [1998]: Die Suche nach der Struktur der Seele in Platons *Phaidros*, in: Baumbach, M./Köhler, H./Ritter, A. M.: Mousopolos stephanos. Festschrift für Herwig Görgemanns. Heidelberg 1998, 426–442.
Horn, C. [1995 a]: Plotin über Sein, Zahl und Einheit. Stuttgart/Leipzig 1995.
Horn, C. [1995 b]: Der Platonische *Parmenides* und die Möglichkeit seiner prinzipientheoretischen Interpretation. Antike und Abendland 41 (1995), 95–114.
Horn, C. [1997]: Platons *epistêmê-doxa*–Unterscheidung und die Ideentheorie, in: Höffe, O. (Hrsg.): Platon, *Politeia*. Berlin 1997, 291–312.
 Horn, C. [2002 a]: telos. WanPh (2002), 427–429.

Horn, C. [2002b]: Warum zwei Epochen der Menschheitsgeschichte? Zum Mythos des *Politikos*, in: Janka, M./Schäfer, C. (Hrsg.): Platon als Mythologe. Neue Interpretationen zu den Mythen in Platons Dialogen. Darmstadt 2002, 137–159.
Huber, C. E. [1964]: Anamnesis bei Plato. München 1964.
Hübner, K. [1979]: Mythische und wissenschaftliche Denkform, in: Poser, H. (Hrsg.): Philosophie und Mythos. Ein Kolloquium. Berlin/New York 1979, 75–92.
Ilting, K.-H. [1973]: Aporie. HphG 1 (1973), 110–118.
Irwin, T. [1977]: Plato's Moral Theory. Oxford 1977.
Irwin, T. [1980]: The Metaphysical and Psychological Basis of Aristotle's Ethics, in: Rorty, A. O. (Hrsg.): Essays on Aristotle's Ethics. Berkeley 1980, 35–53.
Irwin, T. [1995]: Plato's Ethics. New York/Oxford 1995.
Isnardi Parente, M. [1997]: Testimonia Platonica I, le testimonianze di Aristotele. Roma 1997.
Isnardi Parente, M. [1998a]: Testimonia Platonica II, di età ellenistica e di età imperiale. Roma 1998.
Isnardi Parente, M. [1998b]: Platone senza Platonismo. Bolletino filosofico Sardo (1998), 3–14.
Ivánka, E. v. [1964]: Plato Christianus. Übernahme und Umgestaltung des Platonismus durch die Väter. Einsiedeln 1964.
Jaeger, W. [1936]: Paideia Bd. III. Berlin 1936.
Jaeger, W. [1959]: Paideia. Die Formung des griechischen Menschen. Berlin ^{3}1959.
Jaeger, W. [1961 und 1963]: Early Christianity and Greek Paideia. Cambridge/Mass. 1961 [in deutscher Übersetzung: Jaeger, W.: Das frühe Christentum und die griechische Bildung. Berlin 1963].
Jäger, G. [1967]: 'Nus' in Platons Dialogen. Göttingen 1967.
Janaway, C. [1995]: Images of excellence. Plato's critique of the arts. Oxford/New York 1995.
Janka, M. [2001]: Helena und Menelaos: Meister der verstellten Rede. Rhetorik im Gewand homerischer Redepraxis. Würzburger Jahrbücher für die Altertumswissenschaft N.F. 25, (2001), 7–26.
Janka, M. [2002a]: Von Teilen, Mengen und großen Brocken. Rheinisches Museum 145 (2002), 186–197.
Janka, M. [2002b]: Semantik und Kontext. MYTHOS und Verwandtes im *Corpus Platonicum*, in: Janka, M./Schäfer, C. (Hrsg.): Platon als Mythologe. Neue Interpretationen zu den Mythen in Platons Dialogen. Darmstadt 2002, 20–43.
Janka, M./Schäfer, C. (Hrsg.)[2002]: Platon als Mythologe. Neue Interpretationen zu den Mythen in Platons Dialogen. Darmstadt 2002.
Johansen, T. K. [2004]: Plato's Natural Philosophy. A study of the *Timaeus-Critias*. Cambridge 2004.
Jowett, B. [1892]: The dialogues of Plato IV. Oxford ^{3}1892.
Kafka, G./Eibl, H. [1928 und 1973]: Der Ausklang der antiken Philosophie und das Erwachen einer neuen Zeit. München 1928 (ND 1973).
Kahn, C. H. [1987]: Platos Theory of Desire. Review of Metaphysics 41 (1987), 77–103.
Kahn, C. H. [1988]: On the relative date of the *Gorgias* and the *Protagoras*. Oxford Studies in Ancient Philosophy 6 (1988), 69–102.
Kahn, C. H. [1996]: Plato and the Socratic dialogue. The philosophical use of a literary form. Cambridge 1996.

Kannicht, R. [1996]: 'Der Alte Streit zwischen Philosophie und Dichtung'. Grundzüge der griechischen Literaturauffassung. In: ders.: Paradeigmata. Aufsätze zur griechischen Poesie. Heidelberg 1996, 83–223.

Kapp, E. [1962]: Der Ursprung der Logik bei den Griechen. Göttingen 1962.

Kapp, E. [1968]: Syllogistik (1931). Ausgewählte Schriften. Berlin 1968, 254–277.

Kardaun, M. [1993]: Der Mimesis-Begriff in der griechischen Antike. Neubetrachtung eines umstrittenen Begriffes als Ansatz zu einer neuen Interpretation der platonischen Kunstauffassung. Amsterdam 1993.

Karfik, F. [2004]: Die Beseelung des Kosmos. Untersuchungen zur Kosmologie, Seelenlehre und Theologie in Platons *Phaidon* und *Timaios*. München/Leipzig 2004.

Katz, P. [1917]: Der freie Mensch bei Platon. Erlangen 1917.

Kaufmann, W. [1959]: Philosophy versus poetry. From Shakespeare to existentialism. Studies in Poetry, Religion and Philosophy. Boston 1959.

Kauffmann, C. [1993]: Ontologie und Handlung. Untersuchungen zu Platons Handlungstheorie. Freiburg/München 1993.

Kaulbach, F. [1971]: Bewegung I. Antike. HWPh 1 (1971), 864–869.

Kerényi, K./Lanckoronski, L. M. [1941]: Der Mythos der Hellenen in Meisterwerken der Münzkunst. Amsterdam/Leipzig 1941.

Keuls, E. C. [1978]: Plato and Greek Painting. Leiden 1978.

Kirk, G. S./Raven, J. E. [1957]: The Presocratic philosophers. A critical history with a selection of texts. Cambridge 1957.

Kirk, G. S./Raven, J. E./Schofield, M. [1983 und 1995]: The Presocratic philosophers. A critical history with a selection of texts. Cambridge ^{2}1983 (Seitengleicher ND mit Zusatzbibliographie 1995).

Kleihues, A. [2002]: Der Dialog als Form. Würzburg 2002.

Klosko, G. [1986]: The Development of Plato's Political Theory. London 1986.

Kneale, W./Kneale, M. [1984]: The Development of Logic. Oxford 1984.

Kobusch, T. [1978]: Sprechen und Moral. Überlegungen zum platonischen *Gorgias*. Philosophisches Jahrbuch 85 (1978), 87–108.

Kobusch, T. [1990]: Die Wiederkehr des Mythos. Zur Funktion des Mythos in Platons Denken und in der Philosophie der Gegenwart, in: Binder, G./Effe, B. (Hrsg.): Mythos. Erzählende Weltdeutung im Spannungsfeld von Ritual, Geschichte und Rationalität (Bochumer Altertumswissenschaftliches Colloquium 2). Trier 1990, 13–32.

Kobusch, T. [1996]: Wie man leben soll: *Gorgias*, in: Kobusch, T./Mojsisch, B. (Hrsg.): Platon. Seine Dialoge in der Sicht neuer Forschungen. Darmstadt 1996, 47–63.

Kolb, P. [1997]: Platons *Sophistes*. Theorie des Logos und der Dialektik. Würzburg 1997.

Koller, H. [1954]: Die Mimesis in der Antike. Nachahmung, Darstellung, Ausdruck. Bern 1954.

Krämer, H. J. [1959]: Arete bei Platon und Aristoteles. Zum Wesen und zur Geschichte der platonischen Ontologie. Heidelberg 1959.

Krämer, H. J. [1964 und 1967]: Der Ursprung der Geistmetaphysik. Amsterdam 1964 und ^{2}1967.

Krämer, H. J. [1968]: Die grundsätzlichen Fragen der indirekten Platonüberlieferung, in: Gadamer, H.-G. (Hrsg.): Idee und Zahl. Studien zur platonischen Philosophie. Heidelberg 1968, 106–150.

Krämer, H. J. [1982]: Platone e i fondamenti della Metafisica. Milano 1982.

Krämer, H. J. [1990]: Plato and the Foundations of Metaphysics. New York 1990.

Krämer, H. J. [1996]: Platons Ungeschriebene Lehre, in: Kobusch, T./Mojsisch, B. (Hrsg.): Platon. Seine Dialoge in der Sicht neuer Forschungen. Darmstadt 1996, 249–275.
Krämer, H. J. [1997]: Die Idee des Guten. Sonnen- und Liniengleichnis, in: Höffe, O. (Hrsg.): Platon, *Politeia*. Berlin 1997, 179–203.
Kranz, M. [1986]: Das Wissen des Philosophen. Platons Trilogie *Theaitet*, *Sophistes* und *Politikos*. Tübingen 1986 (Diss.).
Krapinger, G. [2005]: Das Platonische in der aristotelischen *Rhetorik*, in: Knape, J./Schirren, Th. (Hrsg.): Aristotelische Rhetorik-Traditionen. Stuttgart 2005, 38–50.
Kraus, M. [1996]: Platon (428/27–348/47 v.Chr.), in: Borsche T. (Hrsg.): Klassiker der Sprachphilosophie: von Platon bis Noam Chomsky. München 1996, 15–32.
Kraut, R. [1992] (Hrsg.): The Cambridge Companion to Plato. Cambridge 1992.
Krawietz, W. [1974]: Gesetz I. HWPh 3 (1974), 480–493.
Krückeberg, E. [1 1997]: Autarkie. HWPh 1 (1971), 686–693.
Krüger, G. [1948]: Einleitung zu: Platon. Die Werke des Aufstiegs. Übertragen von R. Rufener. Zürich 1948.
Kube, J. [1969]: Techne und Arete. Berlin/New York 1969.
Kucharski, P. [1954]: Observations sur le mythe des *Lois*, 903b–905d. Bulletin de l'Association Guillaume Budé 13 (1954), 31–51.
Kuhn, H. [1968]: Platon und die Grenze philosophischer Mitteilung, in: Gadamer, H.-G. (Hrsg.): Idee und Zahl. Studien zur platonischen Philosophie. Heidelberg 1968, 151–173.
Kuhn, H. [1973]: Das Gute. HphG 2 (1973), 657–677.
Kuhn, H. [1975]: Liebe. Geschichte eines Begriffs. München 1975.
Kuisma, O. [2003]: Art or Experience. A Study on Plotinus' Aesthetics. Helsinki 2003.
Kunsemüller, O. [1979]: Die Herkunft der platonischen Kardinaltugenden. New York 1979.
Kutschera, F. v. [1995]: Platons *Parmenides*. Berlin/New York 1995.
Kutschera, F. v. [2002]: Platons Philosophie. 3 Bände. Paderborn 2002.
Kytzler, B. [1997]: Platons Mythen. Ausgewählt und eingeleitet. Frankfurt a.M./Leipzig 1997.
Lain-Entralgo, P. [1958]: Die Platonische Rationalisierung der Besprechung (EPÔIDÊ) und die Erfindung der Psychotherapie durch das Wort. Hermes 86 (1958), 298–323.
Lamberton, R. [1986]: Homer the theologian. Neoplatonist allegorical reading and the growth of the epic tradition. Berkeley 1986.
Landmann, M. [1950]: Elenktik und Maieutik. Drei Abhandlungen zur Antiken Psychologie. Bonn 1950.
Lane, M. S. [1998]: Method and politics in Plato's *Statesman*. Cambridge/New York 1998.
Lane Fox, R. [2005]: Alexander der Große. Stuttgart 4 2005.
Lee, H. D. [1952 und 1962]: Aristotle. Meteorologica. With an English translation by H. D. Lee. London 1952 (ND London u.a. 1962).
Lee, K. J. [2001]: Platons Raumbegriff. Studien zur Metaphysik und Naturphilosophie im *Timaios*. Würzburg 2001.
Lee, S.-I. [2001]: Anamnesis im *Menon*. Platons Überlegungen zu Möglichkeit und Methode eines den Ideen gemäßen Wissenserwerbes. Frankfurt a.M. 2001.
Leisegang, H. [1926]: Logos. RE/1, 13/1 = 2. Halbbd. Stuttgart 1926, 1035–1081.
Leisegang, H. [1927]: Sophia. RE/2, 3,1 = 5. Halbbd. Stuttgart 1927, 1019–1039.
Leisegang, H. [1941]: Physis 2. RE XX/1. Stuttgart 1941, 1130–1164.
Leißner, A. [1909]: Die platonische Lehre von den Seelenteilen nach Entwicklung, Wesen und Stellung innerhalb der platonischen Philosophie. Nördlingen 1909.

Lesher, J. H. [1984]: Parmenides' Critique of thinking. The poludereis elenchos of fragment 7. Oxford Studies in Ancient Philosophy 2 (1984), 1–30.
Leszl, W. [2004]: Plato's Attitude to Poetry and the Fine Arts and the Origins of Aesthetics, Part I. Études platoniciennes 1 (2004), 113–197.
Leszl, W. [2005]: Plato's Attitude to Poetry and the Fine Arts and the Origins of Aesthetics, Part II. Études platoniciennes 2 (2005), 113–197.
Levi, A. [1946]: I miti platonici. Rivista di storia della filosofia 1 (1946), 197–225.
Lieberg, G. [1980]: Lust, Freude: I. Antike. HWPh 5 (1980), 552–553.
Lizano-Ordovás, M. A. [1995]: 'Eikasia' und 'Pistis' in Platons Höhlengleichnis. Zeitschrift für philosophische Forschung 49 (1995), 378–397.
Loewenclau, I.v. [1958]: Mythos und Logos bei Platon. Studium Generale 11 (1958), 731–741.
Löhr, G. [1990]: Das Problem des Einen und Vielen in Platons *Philebos*. Göttingen 1990.
Lorenz, K./Mittelstraß, J. [1966]: Theaitetos fliegt. Zur Theorie wahrer und falscher Sätze bei Platon (*Soph* 251d–263d). Archiv für Geschichte der Philosophie 48 (1966), 113–152.
Lumpe, A. [1955]: Der Terminus 'Prinzip' (*archê*) von den Vorsokratikern bis auf Aristoteles. Archiv für Begriffsgeschichte 1 (1955), 104–116.
Mackenzie, M. M. [1988]: Impasse and explanation: from the *Lysis* to the *Phaedo*. Archiv für Geschichte der Philosophie 70 (1988), 15–45.
Maier, H. [2003]: Politische Theologie – neu besehen (Augustinus, De civitate Dei VI, 5–12). Zeitschrift für Politik 50 (2003), 363–376.
Mainberger, G. K. [1959]: Die Seinsstufung als Methode und Metaphysik: Untersuchungen über „Mehr und Weniger" als Grundlage zu einem möglichen Gottesbeweis bei Platon und Aristoteles. Freiburg/Schweiz 1959 (Diss.).
Mannsperger, D. [1969]: Physis bei Platon. Berlin 1969.
Mansfeld, J. [1988]: Compatible Alternatives: Middle Platonist Theology and the Xenophanes Reception. In: Van den Broeck, R. [1988] (Hrsg.): Knowledge of God in the Greco-Roman World. Leiden 1988, 92–117.
Mansfeld, J./Runia, D. T. [1997]: Aëtiana. The method and intellectual context of a doxographer. Vol. I, The sources (Philosophia antiqua 73). Leiden 1997.
Manuwald, B. [1996]: Platon oder Protagoras? Zur großen Rede des Protagoras (Plat. *Prot.* 320c8–328d2), in: Mueller-Goldingen, C./Sier, K. (Hrsg.): ΛΗΝΑΙΚΑ. Festschrift für Carl Werner Müller (Beiträge zur Altertumskunde 89). Stuttgart/Leipzig 1996, 103–131.
Manuwald, B. [1999]: Platon. *Protagoras*. Übersetzung und Kommentar. Göttingen 1999.
Manuwald, B. [2002]: Platons Mythenerzähler, in: Janka, M./Schäfer, C. (Hrsg.): Platon als Mythologe. Neue Interpretationen zu den Mythen in Platons Dialogen. Darmstadt 2002, 58–80.
Marten, R. [1954]: Ousia und Arche und die Frage nach Platons Dialog *Politikos*. Freiburg 1954 (Diss.).
Marten, R. [1965]: Der Logos der Dialektik. Berlin 1965.
Marten, R. [1967]: „Selbstprädikation" bei Platon. Kant Studien 58 (1967), 209–226.
Marten, R. [1976]: Ousia im Denken Platons. Meisenheim 1976.
Martin, A./Primavesi, O. [1999]: L'Empédocle de Strasbourg (P. Strasb. gr. Inv. 1665–1666). Introduction, édition et commentaire. Straßburg/Berlin/New York 1999.
Mattéi, J.-F. [1988]: The theater of myth in Plato, in: Griswold, C. L. (Hrsg.): Platonic writings, Platonic readings. New York/London 1988, 66–83.
Matuschek, S. [1992]: Aporie. HWRh 1 (1992), 826–828.

Maurer, R. [1970]: Platons Staat und die Demokratie. Berlin/New York 1970.
Mayr, F. [1960]: Das Freiheitsproblem in Platons Staatsschriften. Wien 1960.
McCabe, M. M. [1997]: Chaos and control: reading Plato's *Politicus*. Phronesis 42 (1997), 94–115.
McCabe, M. M. [2000]: Plato and his predecessors: the dramatisation of reason. Cambridge 2000.
McDowell, J. [1973]: Plato, *Theaetetus*. Oxford 1973.
McKim, R. [1988]: Shame and truth in Plato's *Gorgias*, in: Griswold, C. L. (Hrsg.): Platonic writings, Platonic readings. New York/London 1988, 34–48.
McPherran, M. L. [1990]: Kahn on the pre–Middle Platonic dialogues. Comments on Charles Kahn, „On the relative date of the *Gorgias* and the *Protagoras*". Oxford Studies in Ancient Philosophy 8 (1990), 211–236.
Meinhardt, H. [1968 und 1973]: Teilhabe bei Platon. Freiburg 1968 und ²1973.
Meinhardt, H. [1971]: Chorismos. HWPh 1 (1971), 1007–08.
Meinhardt, H. [1976]: Idee I. HWPh 4 (1976), 55–65.
Meinwald, C. C. [1991]: Plato's *Parmenides*. New York 1991.
Meinwald, C. C. [1992]: Good–bye to the Third Man, in: Kraut, R. (Hrsg.): The Cambridge Companion to Plato. Cambridge 1992, 365–367.
Menn, S. [1994]: The Origin of Aristotle's Concept of Energeia: Energeia and Dynamis. Ancient Philosophy 14 (1994), 73–114.
Menn, S. [1995]: Plato on God as Nous. Carbondale 1995.
Merki, H. [1952]: Homoiôsis theô. Von der platonischen Angleichung an Gott zur Gottähnlichkeit bei Gregor von Nyssa. Freiburg/Schweiz 1952.
Merlan, P. [1976]: Beiträge zur Geschichte des antiken Platonismus, in: ders.: Kleine philosophische Schriften. Hildesheim/New York 1976, 51 ff.
Mesch, W. [1997]: Die ontologische Bedeutung der Zeit in Platons *Timaios*, in: Calvo, T./Brisson, L. (Hrsg.): Interpreting the *Timaeus-Critias*. Proceedings of the IV. Symposium Platonicum. Selected papers. St. Augustin 1997, 227–237.
Mesch, W. [2002]: Die Bildlichkeit der platonischen Kosmologie. Zum Verhältnis von Logos und Mythos im *Timaios*, in: Janka, M./Schäfer, C. (Hrsg.): Platon als Mythologe. Neue Interpretationen zu den Mythen in Platons Dialogen. Darmstadt 2002.
Mesch, W. [2003]: Reflektierte Gegenwart. Eine Studie über Zeit und Ewigkeit bei Platon, Aristoteles, Plotin und Augustinus. Frankfurt a. M. 2003.
Meyer, M. F. [2004]: Platon als Erfinder und Kritiker der Rhetorik, in: van Ackeren, M. (Hrsg.): Platon verstehen. Themen und Perspektiven. Darmstadt 2004, 210–235.
Meyer-Abich, K. M. [1973]: Eikos Logos: Platons Theorie der Naturwissenschaft, in: Scheibe, E./Süßmann, G. (Hrsg.): Einheit und Vielheit. Festschrift für C. F. von Weizsäcker. Göttingen 1973, 20–44.
Michelakis, E. [1953]: Platons Lehre von der Anwendung des Gesetzes und der Begriff der Billigkeit bei Aristoteles. München 1953.
Miller Jr., M. H. [1980]: The philosopher in Plato's *Statesman*. The Hague/Boston/London 1980.
Mittelstraß, J. [1997]: Die Dialektik und ihre wissenschaftlichen Vorübungen, in: Höffe, O. (Hrsg.): Platon, *Politeia*. Berlin 1997, 229–249.
Mohr, R. [1978]: Plato's final thoughts on evil: *Laws* X, 899–905. Mind 87 (1978), 572–575.
Mohr, R. D. [1985]: The Platonic Cosmology. Leiden 1985.

Mojsisch, B. [1986]: Platons Sprachphilosophie im *Sophistes*, in: Mojsisch, B. (Hrsg.): Sprachphilosophie in Antike und Mittelalter. Amsterdam 1986, 35–62.
Moline, J. [1978]: Plato and the Complexity of the Psyche. Archiv für Geschichte der Philosophie 60 (1978), 1–26.
Momigliano, A. [1969 und 1979]: Time in Ancient historiography (1966), in: ders. (Hrsg.): Quarto contributo alla storia degli studi classici e del mondo antico. Roma 1969, 13–41 [teilweise wieder abgedruckt in: Musti, D. (Hrsg.): La storiografia greca. Guida storica e critica. Roma/Bari 1979, 71–90].
Moors, K.F. [1982]: Platonic myth. An introductory study. Washington D.C. 1982.
Moraux, P. [1968] : La joute dialectique d'après le huitième livre des Topiques, in: Owens, G. E. L. (Hrsg.): Aristotle on Dialectic. The Topics. Proceedings of the Third Symposion Aristotelicum. Oxford 1968, 277–31.
Moravcsik, J. M. E. [1962]: Being and Meaning in the *Sophist.* Acta Philosophica Fennica 14 (1962), 23–78.
Moravcsik, J. M. E. [1963]: The 'Third Man' Argument and Plato's Theory of Forms. *Phronesis* 8 (1963), 50–62.
Moravcsik, J. M. E. [1973]: Plato's Method of Division, in: Moravcsik, J. M. E. (Hrsg.): Patterns in Plato's Thought. Dordrecht 1973, 158–180.
Moreau, J. [1971]: *Telos* et *arete* d'après EE II 1 et la tradition platonicienne, in: Moraux, P./ Harlfinger, D. (Hrsg.): Untersuchungen zur Eudemischen Ethik. Berlin 1971, 223–229.
Morgan, K. A. [2000]: Myth and philosophy from the Presocratics to Plato. Cambridge/New York 2000.
Mortley, R. [1972]: Apuleius and Platonic Theology. American Journal of Philology 93 (1972), 584–590 (deutsch: Apuleius und die platonische Theologie (1972), übersetzt von Kindermann, U., in: Zintzen, C. (Hrsg.): Der Mittelplatonismus (= Wege der Forschung, Bd. LXX. Darmstadt 1981, 275–282).
Moser, P. K. [1994]: Gettier problem, in: Dancy, J./Sosa, E. (Hrsg.): A Companion to Epistemology. Oxford 21994.
Most, G. W. [1999 und 2001]: From Logos to Mythos, in: R. Buxton (Hrsg.): From myth to reason? Oxford 1999, 25–47 [gekürzte deutsche Fassung: Vom Logos zum Mythos, in: Korenjak, M./Töchterle, K. (Hrsg.): Pontes I. Akten der ersten Innsbrucker Tagung zur Rezeption der klassischen Antike Innsbruck u.a. 2001, 11–27].
Most, G. W. [2002]: Platons exoterische Mythen, in: Janka, M./Schäfer, C. (Hrsg.): Platon als Mythologe. Neue Interpretationen zu den Mythen in Platons Dialogen. Darmstadt 2002, 7–19.
Motte, A./Rutten, C. (Hrsg.) [2001]: Aporia dans la philosophie grecque des origines à Aristote. Louvain-La-Neuve 2001.
Mugnier, R. [1930]: Le sens du mot ΘΕΙΟΣ chez Platon. Paris 1930.
Müller, G. [1951]: Studien zu den platonischen *Nomoi.* München 1951.
Müller, G. [1975]: Platons Dichterkritik und seine Dialogkunst. Philosophisches Jahrbuch 82 (1975), 285–308.
Müller, G. [1986]: Die Mythen der platonischen Dialoge, in: Graeser, A./Maue, D. (Hrsg.): Platonische Studien. Heidelberg 1986, 110–125.
Müller, J. [2003]: *Ergon* und *eudaimonia.* Plädoyer für eine unifizierende Interpretation der *ergon*-Argumente in den aristotelischen Ethiken. Zeitschrift für philosophische Forschung 57 (2003), 513–542.
Müri, W. [1944]: Das Wort Dialektik bei Platon. Museum Helveticum 1 (1944), 152–168.

Murray, P. [1996]: Plato on poetry. *Ion*; *Republic* 376e–398b9; *Republic* 595–608b10. Edited with introduction and commentary. Cambridge 1996.
Murray, P. [1999]: What is a muthos for Plato?, in: Buxton, R. (Hrsg.): From myth to reason? Oxford 1999, 251–261.
Musti, D. [1983]: Il sapere storico e l'idea greca del tempo. Annali della pubblica instruzione 29 (1983), Heft 2, 177–192.
Muth, R. [1956]: Studien zu Platons *Nomoi* X, 885b2–889d3. Wiener Studien 69 (1956), 140–153.
Nails, D. [2002]: The people of Plato. Indianapolis 2002.
Natorp, P. [1902, 1921 und 1961]: Platos Ideenlehre. Leipzig 1902, ^{2}1921 und Hamburg ^{3}1961.
Nehamas, A. [1975]: Plato on the Imperfection of Sensible World. American Philosophical Quarterly 12 (1975), 105–117.
Nehamas, A. [1979]: Self-Predication and Plato's Theory of Forms. American Philosophical Quarterly 16 (1979), 93–103.
Nehamas, A. [1999]: Virtues of authenticity. Essays on Plato and Socrates. Princeton 1999, 176–195.
Neschke, A. B. [1983]: Griechischer Mythos: Versuch einer idealtypischen Beschreibung. Zeitschrift für philosophische Forschung 37 (1983), 119–138.
Nestle, W. [1940 und 1942]: Vom Mythos zum Logos. Stuttgart 1940 und ^{2}1942 (ND Aalen 1966).
Nestle, D. [1967]: Eleutheria. Tübingen 1967.
Nicholson, P./Rowe, C. J. (Hrsg.) [1993]: Plato's *Statesman*. Selected papers from the Third Symposium Platonicum, in: Polis. Newsletter of the Society for the Study of Greek Political Thought 12 (1993).
Nickel, R. [1990]: Marc Aurel, Wege zu sich selbst. Gr./dt., hrsg. und übersetzt von R. Nickel. München u. a. 1990.
Niehues-Pröbsting, H. [1987]: Überredung zur Einsicht. Der Zusammenhang von Philosophie und Rhetorik bei Platon und in der Phänomenologie. Frankfurt am Main 1987.
Nightingale, A. W. [1995]: Genres in dialogue. Plato and the construct of philosophy. Cambridge 1995.
Nikiprowetzky, V. [1967]: La doctrine de l'élenchos chez Philon, in: Arnaldez, R. u. a. (Hrsg.): Philon d'Alxandrie. Colloques internationaux du Centre National. Paris 1967, 255–275.
Nussbaum, M. C. [1979 und 1985]: The speech of Alcibiades: a reading of the *Symposium*. Philosophy and literature 3 (1979), 131–172 [neu abgedruckt als Kapitel 6 von Nussbaum, M. C. [1985]: The fragility of goodness. Luck and ethics in Greek tragedy and philosophy. Cambridge u. a. 1985, 165–199].
O'Brien, D. [1980]: Temps et intemporalité chez Parménide. Les études philosophiques 3 (1980), 257–272.
O'Brien, D. [1985]: Temps et éternité dans la philosophie grecque, in: Tiffenau, D. (Hrsg.): Mythes et représentations du temps. Paris 1985, 59–85.
O'Brien, D. [1993]: Théodicée plotinienne, théodicée gnostique. Leiden/New York/Köln 1993.
O'Brien, D. [1997]: L'Empédocle de Platon. Revue des études grecques 110 (1997), 381–398.
O'Brien, D. [1999]: Plato and Empedocles on evil, in: Cleary, J.J. (Hrsg.): Traditions of Platonism. Essays in honour of John Dillon. Aldershot 1999, 3–27.
O'Brien, D. [2002]: Die Aristophanes-Rede im *Symposion*: Der empedokleische Hintergrund und seine philosophische Bedeutung, in: Janka, M./Schäfer, C. (Hrsg.): Platon als Mythologe. Neue Interpretationen zu den Mythen in Platons Dialogen. Darmstadt 2002, 76–193.

O'Connell, R. [1985]: God, Gods, and Moral Cosmos in Socrates' Apology. International Philosophical Quarterly 25 (1985), 31–50.

Oehler, K. [1962 und 1985]: Die Lehre vom noetischen und dianoetischen Denken bei Platon und Aristoteles (Zetemata 29). München 1962 und Hamburg ²1985.

Oesterle, H.-J. [1978]: Platons Staatsphilosophie im Dialog *Politikos.* Gießen 1978 (Diss.).

O'Meara, D. J. [1975]: Structures hierarchiques dans la pensée de Plotin. Leiden 1975.

O'Meara, D. J. [1989]: Pythagoras Revived. Oxford 1989.

O'Meara, D. J. [1993]: Plotinus. An Introduction to the Enneads. Oxford 1993.

O'Meara, D. J. [2003]: Platonopolis. Platonic Political Philosophy in Late Antiquity. Oxford 2003.

Opsomer, J. [2002]: Logos. WanPh (2002), 254–261.

Opsomer, J. [2004]: Syrianus on Homonymy and Forms, in: Van Riel, G./Macé, C. (Hrsg.): Platonic Ideas and Concept Formation in Ancient and Medieval Thought. Leuven 2004.

Østergaard, K. [1999]: Die Antithese Physis/Nomos als rhetorische Problemstellung im Dialog *Gorgias.* Classica et Medievalia 50 (1999), 81–96.

Ostwald, M. [1977]: Plato on Law and Nature, in: North, H.F. (Hrsg.): Interpretations of Plato. A Swarthmore Symposium. Leiden 1977, 41–63.

Ottmann, H. [2001]: Geschichte des politischen Denkens. Band 1/2: Die Griechen. Von Platon bis zum Hellenismus. München 2001.

Otto, W. F. [1934 und 1970]: Die Götter Griechenlands. Das Bild des Göttlichen im Spiegel des griechischen Geistes. Frankfurt a. M. ²1934 und ⁶1970.

Otto, W. F. [1956 und 1993]: Theophania. Der Geist der altgriechischen Religion. Hamburg 1956 (ND Frankfurt a. M. 1993).

Owen, G. E. L. [1953]: The Place of the *Timaeus* in Plato's Dialogues. Classical Quarterly NS 3 (1953), 79–95.

Owen, G. E. L. [1960]: Logic and Metaphysics in Some Earlier Works of Aristotle, in: Düring, I./ Owen, G. E. L. (Hrsg.): Aristotle and Plato in the mid-fourth century. Papers of the Symposium Aristotelicum held at Oxford in August, 1957. Göteborg 1960, 163–190 [Deutsche Übersetzung in: Hager, F.-P. (Hrsg.) [1969]: Metaphysik und Theologie des Aristoteles. Darmstadt 1969, 399–435].

Owen, G. E. L. [1965 und 1968]: The Place of the *Timaeus* in Plato's Dialogues, in: Allen, R. E. (Hrsg.): Studies in Plato's Metaphysics. London 1965 und ND London/New York 1968, 313–338.

Owen, G. E. L. [1966]: The Platonism of Aristotle, in: Proceedings of the British Academy 51 (1966), 125–150.

Owen, G. E. L. [1971]: Plato on Not-Being, in: Vlastos, G. (Hrsg.): Plato I: Metaphysics and Epistemology. A Collection of Critical Essays. New York 1971, 223–67.

Owen, G. E. L. [1986]: Plato and Parmenides on the timeless present, in: Owen, G. E. L.: Logic, science and dialectic. Collected papers in Greek philosophy. Hrsg. von Nussbaum, M. C. London 1986, 27–44.

Papadis, D. [1989]: Der Begriff der Seele bei Platon zwischen Dialektik und Mythos. Eranos 87 (1989), 21–32.

Parry, R. D. [1985]: The Uniqueness Proof for Forms in Republic 10. Journal of the History of Philosophy 23 (1985), 133–50.

Patterson, R. [1987]: Plato on philosophical character. Journal of the History of Philosophy 25 (1987), 325–350.

Patzer, H. [1993]: Physis. Grundlegung zu einer Geschichte des Wortes. Stuttgart 1993.
Pelikan, J. [1993]: Christianity and Classical Culture. New Haven 1993.
Pender, E. E. [2000]: Images of Persons Unseen. Plato's Metaphors for the Gods and the Soul. St. Augustin 2000.
Penner, T. [1973]: The Unity of Virtue. Philosophical Review 82 (1973), 35–68.
Perger, M. v. [1997]: Die Allseele in Platons *Timaios*. Stuttgart/Leipzig 1997.
Perls, H. [1973]: Lexikon der Platonischen Begriffe. München/Bern 1973.
Pfannkuche, W. [1988]: Platons Ethik als Theorie des guten Lebens. Freiburg/München 1988.
Philip, J. A. [1969]: The megista gene of the *Sophistes*. Phoenix 23 (1969), 89–103.
Pieper, J. [1962]: Über die Wahrheit der platonischen Mythen, in: Oehler, K./Schaeffler, R. (Hrsg.): Einsichten. Gerhard Krüger zum 60. Geburtstag. Frankfurt a.M. 1962, 289–296.
Pieper, J. [1965]: Über die platonischen Mythen. München 1965.
Piepmeier, R. [1989]: *ê philosophos ê toiutos ti* – Ein Freund der Weisheit oder so etwas Ähnliches, in: Oelmüller, W. (Hrsg.): Philosophie und Weisheit. Paderborn u.a. 1989 (Kolloquien zur Gegenwartsphilosophie 12), 122–134.
Pietsch, C. [2003]: Die Dihairesis der Bewegung in Platon, *Nomoi* X 893b1–894c9. Rheinisches Museum für Philologie 146 (2003), 303–323.
Plumpe, G. [1974]: Gesetz II/1. HWPh 3 (1974), 494f.
Pohlenz, M. [1947]: Der hellenische Mensch. Göttingen 1947.
Pohlenz, M. [1953]: Nomos und Physis. Hermes 81 (1953), 418–438.
Pohlenz, M. [1955]: Griechische Freiheit. Heidelberg 1955.
Politis, V. [2004]: Aporia and searching in the early Plato, in: Karasmanis, V. (Hrsg.): Socrates. Delphi 2004, 303–317.
Pòrtulas, J. [1993]: Heráclito y los maîtres à penser de su tiempo. Emerita 61 (1993), 159–176.
Prauss, G. [1966]: Platon und der logische Eleatismus. Berlin 1966.
Press, G. A. (Hrsg.) [2000]: Who Speaks for Plato? Studies in Platonic Anonymity. Lanham 2000.
Price, A. W. [1989]: Love and Friendship in Plato and Aristotle. Oxford 1989.
Primavesi, O. [1994]: Die Aristotelische Topik: Ein Interpretationsmodell und seine Erprobung am Beispiel von Topik B. Frankfurt a.M. 1994 (Diss.).
Primavesi, O. [1996]: Die Aristotelische Topik: Ein Interpretationsmodell und seine Erprobung am Beispiel von Topik B. München 1996.
Pritchard, P. [1990]: The Meaning of Dynamis at *Timaeus* 31c. Phronesis 35 (1990), 182–193.
Pritchard, P. [1995]: Plato's Philosophy of Mathematics (International Plato Studies 5). St. Augustin 1995.
Race, W. H. [1978/79]: Shame in Plato's *Gorgias*. Classical Journal 74 (1978/79), 197–202.
Radke, G. [2003]: Die Theorie der Zahl im Platonismus. Ein systematisches Lehrbuch. Tübingen/Basel 2003.
Reale, G. [1993a]: Zu einer neuen Interpretation Platons. Eine Auslegung der Metaphysik der großen Dialoge im Licht der „ungeschriebenen Lehre". Paderborn 1993.
Reale, G. [1993b]: Aristotele. Metafisica. Saggio introdutorio, testo greco con traduzione a fronte e commenti a cura di G. Reale. Mailand [2]1993.
Reale, G. [1995]: „Tutto ciò che è profondo ama la maschera". Aristofane nel *Simposio* come maschera emblematica delle dottrine non scritte di Platone, in: Belloni, L./Milanese, G./Porro, A. (Hrsg.): Studia classica I. Tarditi oblata. Vol. II. Milano 1995, 989–1015.
Reale, G. [1996]: Die Begründung der abendländischen Metaphysik: *Phaidon* und *Menon*, in:

Kobusch, T./Mojsisch, B. (Hrsg.): Platon. Seine Dialoge in der Sicht neuer Forschungen. Darmstadt 1996, 64–80.
Reeve, C. D. C. [1988]: Philosopher-Kings. The Argument of Plato's *Republic.* Princeton 1988.
Regen, F. [1988]: Formlose Formen. Plotins Philosophie als Versuch, die Regreßprobleme des platonischen *Parmenides* zu lösen. Göttingen 1988.
Rehn, R. [1982]: Der logos der Seele. Wesen, Aufgabe und Bedeutung der Sprache in der platonischen Philosophie. Hamburg 1982.
Rehn, R. [1996]: Der entzauberte Eros: *Symposion,* in: Kobusch, T./Mojsisch, B. (Hrsg.): Platon. Seine Dialoge in der Sicht neuer Forschungen. Darmstadt 1996, 81–95.
Reichel, M. [1997]: Eine übersehene Reaktion auf Platons Dichterkritik: Xenophon, Kyrupädie 2,2. In: Günther, H.-C./Rengakos, A. (Hrsg.): Beiträge zur antiken Philosophie (Festschrift für W. Kullmann). Stuttgart 1997, 103–112.
Reiner, H. [1974]: Gut. HWPh 3 (1974), 940–946.
Reinhardt, K.: [1927 und 1960]: Platons Mythen. Bonn 1927. Sowie in: Reinhardt, K.: Vermächtnis der Antike. Gesammelte Essays zur Philosophie und Geschichtsschreibung (hrsg. von C. Becker). Göttingen 1960, 219–295.
Renaud, F. [2001]: Maieutik. HWRh 5 (2001), 727–733.
Renaud, F. [2002]: Humbling as Upbringing: The Ethical Dimension of the Elenchos in the *Lysis,* in: Scott, G. (Hrsg.): Does Socrates have a method. University Park, Pa. 2002, 183–198.
Renger, A. B. [2005]: Geschichte eines Topos: Von *mythoi graôn/tithôn* über *fabulae aniles/nutricularum* zu „Altweibergeschwätz" und „Ammenmärchen", in: Kofler, W./Töchterle, K. (Hrsg.): Pontes III. Die antike Rhetorik in der europäischen Geistesgeschichte. Innsbruck u.a. 2005, 64–76.
Rhodes, J. M. [2003]: Eros, Wisdom, and Silence. Plato's Erotic Dialogues. Missouri 2003.
Ricken, F. [1979]: Die Unsterblichkeitsgewissheit in Platons *Phaidon,* in: Rhabanus Maurus-Akademie (Hrsg.): Stichwort: Tod. Frankfurt a.M. 1979, 98–116.
Ricken, F. [1989]: Gerechtigkeit Eros Freiheit. Platon über das Verhältnis des Menschen zum Tod, in: Jansen, H. H. (Hrsg.): Der Tod in Dichtung, Philosophie und Kunst. Darmstadt ^{2}1989, 27–34.
Riginos, A. S. [1976]: Platonica. The anecdotes concerning the life and writings of Plato. Leiden 1976.
Rijlaarsdam, J. C. [1978]: Platon über die Sprache: ein Kommentar zum *Kratylos.* Utrecht 1978.
Ritter, C. [1931]: Die Kerngedanken der Platonischen Philosophie. München 1931.
Robin, L. [1908 und 1963]: La théorie Platonicienne des Idées et des Nombres d'après Aristote. Paris 1908 und ND Hildesheim 1963.
Robin, L. [1968]: Platon. Paris ^{2}1968.
Robinson, R. [1953]: Plato's Earlier Dialectic. Oxford ^{2}1953.
Robinson, R. [1971]: Plato's Separation of Reason from Desire. Phronesis 16 (1971), 38–48.
Robinson, T. M. [1970 und 1995]: Plato's psychology. Toronto 1970 und ^{2}1995.
Röd, W. [1994]: Der Weg der Philosophie I. Altertum, Mittelalter, Renaissance. München 1994.
Roochnik, D. [1996]: Of Art and Wisdom. Plato's Understanding of Techne. Pennsylvania 1996.
Rosen, S. [1979]: Plato's myth of the reversed cosmos. Review of Metaphysics 33 (1979), 59–85.
Rosen, S. [1995]: Plato's *Statesman.* The web of politics. New Haven/London 1995.

Rosenbach, M. [1995]: L. Annaeus Seneca, Ad Lucilium epistulae morales, lat./dt. Übersetzt, eingeleitet und mit Anmerkungen versehen von M. Rosenbach. Darmstadt [4]1995.
Ross, D. [1951 und 1953]: Plato's Theory of Ideas. Oxford 1951 und [2]1953.
Rossetti, L. [1986]: Sui rischi di un'attitudine troppo benevola dell'interprete verso il testo: il caso del *Politico*, in: Eggers Lan, C. (Hrsg.): Platón: los diálogos tardíos. St. Augustin 1986, 9–34.
Rowe, C. J. [1986a]: Public and private speaking in Plato's later dialogues, in: Eggers Lan, C. (Hrsg.): Platón: los diálogos tardíos. St. Augustin 1986, 130–137.
Rowe, C. J. [1986b und 1988]: Plato. *Phaedrus.* With translation and commentary. Warminster 1986 und [2]1988.
Rowe, C. J. [1993a]: Plato. *Phaedo.* Edited with introduction and commentary. Cambridge 1993.
Rowe, C. J. [1993b]: Explanation in the *Phaedo.* Oxford Studies in Ancient Philosophy (1993), 49–69.
Rowe, C. J. [1995a]: Plato. *Statesman.* Edited with an introduction, translation and commentary. Warminster 1995.
Rowe, C. J. (Hrsg.) [1995b]: Reading the *Statesman.* Proceedings of the III Symposium Platonicum. Sankt Augustin 1995.
Rowe, C. J. [1998]: Plato. *Symposium.* Edited with an introduction, translation and commentary. Warminster 1998.
Rowe, C. J. [1999a]: Plato. *Statesman.* Translated, with introduction. Indianapolis 1999.
Rowe, C. J. [1999b]: Myth, history and dialectic in Plato's *Republic* and *Timaeus-Critias*, in: Buxton, R. (Hrsg.): From myth to reason? Oxford 1999, 263–278.
Rowe, C. [2002]: Zwei oder drei Phasen? Der Mythos im *Politikos*, in: Janka, M./Schäfer, C. (Hrsg.): Platon als Mythologe. Neue Interpretationen zu den Mythen in Platons Dialogen. Darmstadt 2002, 160–175.
Rudolph, E. [1994]: Platons Weg vom Logos zum Mythos, in: Rudolph, E. (Hrsg.): Mythos zwischen Philosophie und Theologie. Darmstadt 1994, 95–112.
Ruhnau, J. [1992]: Scham, Scheu. HWPh 8 (1992), 1208–1215.
Ruíz Yamuza, E. [1986]: El mito como estructura formal en Platón. Sevilla 1986.
Runia, D. [1997]: The literary and philosophical status of Timaeus' Prooemium, in: Calvo, T./ Brisson, L. (Hrsg.): Interpreting the *Timaeus-Critias.* Proceedings of the IV Symposium Platonicum. Selected papers. St. Augustin 1997, 101–118.
Ryle, G. [1939]: Plato's *Parmenides* (II.). Mind 48 (1939), 302–325.
Saunders, T. J. [1992]: Plato's later political thought, in: Kraut, R. (Hrsg.): The Cambridge Companion to Plato. Cambridge 1992, 464–492.
Scaltas, T. [1992]: A Necessary Falsehood in the Third Man Argument. Phronesis 37 (1992), 216–232.
Schadewaldt, W. [1972]: Pindars Olympische Oden. Frankfurt a.M. 1972.
Schäfer, C. [1996]: Xenophanes von Kolophon. Ein Vorsokratiker zwischen Mythos und Philosophie. Stuttgart/Leipzig 1996.
Schäfer, C. [1999]: Proklos' Argument aus De malorum subsistentia 31 in der modernen Interpretation. Philosophiegeschichte und logische Analyse 2 (1999), 172–185.
Schäfer, C. [2002a]: Unde Malum. Die Frage nach dem Woher des Bösen bei Plotin, Augustinus und Dionysius vom Areopag. Würzburg 2002.
Schäfer, C. [2002b]: Herrschen und Selbstbeherrschung: Der Mythos des *Politikos*, in: Janka, M./ Schäfer, C. (Hrsg.): Platon als Mythologe. Darmstadt 2002, 115–136.

Schenke, S. [1997]: Logik des Rückstiegs. Vom Sinn der *katabasis* in Platons Höhlengleichnis. Philosophisches Jahrbuch 104 (1997), 316–335.
Schiappa, E. [1990]: Did Plato Coin *Rhetorike*? American Journal of Philology 111 (1990), 457–470.
Schicker, R. [1995]: Aspekte der Rezeption des *Politikos* im Mittel- und Neuplatonismus, in: Rowe, C. J. (Hrsg.): Reading the *Statesman*. St. Augustin 1995, 381–388.
Schindel, U. [1992]: Ursprung und Grundlegung der Rhetorik in der Antike, in: Classen, C. J./ Müllenbrock, H.-J. (Hrsg.): Die Macht des Wortes. Aspekte gegenwärtiger Rhetorikforschung. Marburg 1992, 9–27.
Schirren, T. [2000]: Elenchos. HWRh 5 (2000), 1013–1017.
Schleiermacher, D. F. [1804]: Einleitung zu Platons Werken. Berlin 1804.
Schleiermacher, D. F. [1855]: Einleitung in: Platon. Sämtliche Werke. Berlin 31855, Bd. I, 5–36. ND Gaiser, K. (Hrsg.): Das Platonbild. Hildesheim 1969, 1–32.
Schmidt, J.-U. [1986]: Die Bedeutung des Gerichtsmythos im *Gorgias* für Platons Auseinandersetzung mit der Sophistik. Saeculum 37 (1986), 22–33.
Schmidt-Berger, U. [1997]: Platon. *Das Trinkgelage* oder *Über den Eros*. Frankfurt a.M./Leipzig 1997.
Schmidt Osmanczik, U. [1986]: *Epicheirein … katà Pólin therapeían téchnei gnorízein*, in: Eggers Lan, C. (Hrsg.): Platón: los diálogos tardíos. St. Augustin 1986, 35–48.
Schmitt, A. [1990]: Selbständigkeit und Abhängigkeit menschlichen Handelns bei Homer. Mainz 1990, 174–221.
Schmitt, A. [2000a]: Der Einzelne und die Gemeinschaft in der Dichtung Homers und in der Staatstheorie bei Platon. Stuttgart 2000.
Schmitt, A. [2000b]: Der Philosoph als Maler – der Maler als Philosoph. Zur Relevanz der platonischen Kunsttheorie, in: Boehm, G. (Hrsg.): Homo Pictor. München/Leipzig 2000, 32–54.
Schmitt, A. [2002]: Mythos und Vernunft bei Platon. In: Janka, M./Schäfer, C. [2002]: Platon als Mythologe. Neue Interpretationen zu den Mythen in Platons Dialogen. Darmstadt 2002, 290–309.
Schmitt, A. [2003]: Die Moderne und Platon. Stuttgart u.a. 2003.
Schmitt, A. [2004]: Mythos bei Platon, in: Brandt, R./Schmidt, S. (Hrsg.): Mythos und Mythologie. Berlin 2004, 55–88.
Schmitz, H.-G. [1988]: Physis versus Nomos. Platons politiktheoretische Auseinandersetzung mit Kallikles, Thrasymachos und Protagoras. Zeitschrift für philosophische Forschung 42 (1988), 570–596.
Schofield, M. [1970]: Did Parmenides discover eternity? Archiv für Geschichte der Philosophie 52 (1970), 113–135.
Schofield, M. [1988]: The retrenchable present, in: Barnes, J./Mignucci, M. (Hrsg.): Matter and metaphysics. Neapel 1988, 331–370.
Schönberger, O. [1996]: Hesiod, Werke und Tage, übersetzt und hrsg. von O. Schönberger. Stuttgart 1996.
Schönberger, O. [1999]: Hesiodus, Theogonie gr./dt. übersetzt und hrsg. von O. Schönberger. Stuttgart 1999.
Schönberger, R. [1998]: Teilhabe. HWPh 10 (1998), 961–969.
Schöpsdau, K. [1994]: Platon: *Nomoi* I–III. Übersetzung und Kommentar. Göttingen 1994.
Schöpsdau, K. [2003]: Platon: *Nomoi* IV-VII. Übersetzung und Kommentar. Göttingen 2003.
Schreckenberg, H. [1964]: Ananke. München 1964.

Schroeder, F. M. [1992]: Form and Transformation. A study in the philosophy of Plotinus. Montreal 1992.
Schubert, A. [1995]: Platon: *Der Staat.* Paderborn u. a. 1995.
Schubert, P. [1997]: L'anneau de Gygès: réponse de Platon à Hérodote. Antiquité Classique 66 (1997), 255–260.
Schulz, D. J. [1966]: Das Problem der Materie in Platons *Timaios.* Bonn 1966.
Schulz, W. [1960]: Das Problem der Aporie in den Tugenddialogen Platons, in: Henrich, D./ Schulz, W./Volkmann-Schluck, K.-H. (Hrsg.): Die Gegenwart der Griechen im neueren Denken. Tübingen 1960, 261–275.
Schütrumpf, E. [1997]: Konventionelle Vorstellungen über Gerechtigkeit. Die Perspektive des Thrasymachos und die Erwartungen an eine philosophische Entgegnung (Buch I), in: Höffe, O.: Platon, *Politeia* (Klassiker auslegen). Berlin 1997, 29–53.
Schweizer, P. [1994]: Self-Predication and the Third Man. Erkenntnis 40 (1994), 21–42.
Scodel, H. R. [1987]: Diaeresis and Myth in Plato's *Statesman.* Göttingen 1987 (Hypomnemata 85).
Sedley, D. [1989]: Teleology and myth in the *Phaedo,* in: Proceedings of the Boston Area Colloquium in Ancient Philosophy V. Boston 1989, 359–383.
Seek, G. A. [1997]: Nicht-Denkfehler und natürliche Sprache bei Platon. Gerechtigkeit und Frömmigkeit in Platons *Protagoras.* München 1997.
Seidl, H. [1984]: Möglichkeit. HWPh 6 (1984), 72–92.
Seidl, H. [1995]: Aristoteles, Über die Seele, gr./dt., mit Einleitung, Übersetzung (nach W. Theiler) und Kommentar. Hamburg 1995.
Sellars, W. [1955]: Vlastos and „The Third Man". The Philosophical Review 64 (1955), 405–437.
Sheppard, A. D. R. [1980]: Studies on the 5th and 6th Essays of Proclus' Commentary on the *Republic.* Göttingen 1980.
Sider, D. [1991]: Did Socrates Call Himself a Midwife? The Evidence of the Clouds, in: Boudouris, K. (Hrsg.): The philosophy of Socrates 1991, 333–338.
Sier, K. [1997]: Die Rede der Diotima. Untersuchungen zum platonischen *Symposion.* Stuttgart/Leipzig 1997.
Sieveke, F. G. [1995]: Aristoteles, Rhetorik. Übersetzt mit einer Bibliographie, Erläuterungen und einem Nachwort von F. G. Sieveke. München ^{5}1995.
Skemp, J. B. [1952 und 1987]: Plato's *Statesman.* A translation of the *Politicus* of Plato with introductory essays and footnotes. Bristol 1952 und ^{2}1987.
Slings, S. R. [1989]: Critical notes on Plato's *Politeia,* II. Mnemosyne 42 (1989), 380–397.
Sloterdijk, P. [1986]: Der Denker auf der Bühne. Nietzsches Materialismus. Frankfurt a. M. 1986.
Smith, J. E. [1985]: Plato's myths as „likely accounts", worthy of belief. Apeiron 19 (1985), 24–42.
Smith, J. E. [1986]: Plato's use of myth in the education of philosophic man. Phoenix 40 (1986), 20–34.
Snell, B. [1980]: Die Entdeckung des Geistes. Göttingen ^{5}1980.
Solmsen, F. [1942]: Plato's Theology. Ithaca/New York 1942.
Sorabji, R. [1980]: Necessity, Cause and Blame. Perspectives on Aristotle's Theory. London 1980.
Sorabji, R. [1983]: Time, creation and the continuum. London 1983.
Sorabji, R. [1988]: Matter, Space & Motion. Theories in Antiquity and their Sequel. London 1988.

Souilhé, J. [1919]: Étude sur le terme 'dynamis' dans les dialogues de Platon. Paris 1919.

Soulez, A. [1996]: Das Wesen der *phônê*. Die Relevanz eines phonetischen Symbolismus für eine Bedeutungslehre: *Kratylos*, in: Kobusch, T./Mojsisch, B. (Hrsg.): Platon: seine Dialoge in der Sicht neuer Forschungen. Darmstadt 1996, 131–145.

Spaemann, R./Löw, R. [1981]: Die Frage Wozu?, München 1981 [= Natürliche Ziele. Stuttgart 2005].

Spaemann, R. [1997]: Die Philosophenkönige (Buch V 473b–VI 504a), in: Höffe, O.: Platon, *Politeia*. Berlin 1997, 161–177.

Speiser, A. [1937]: Ein Parmenideskommentar. Leipzig 1937.

Spitzley, T. [1992]: Handeln wider besseres Wissen. Eine Diskussion klassischer Positionen. Berlin/New York 1992, 5–62.

Sprute, J. [1992]: Philosophie und Rhetorik bei Platon und Aristoteles, in: Classen, C. J./Müllenbrock, H. J. (Hrsg.): Die Macht des Wortes. Aspekte gegenwärtiger Rhetorikforschung. Marburg 1992, 29–45.

Staiger, E. [1971]: Die Kunst der Interpretation. In: ders.: Studien zur deutschen Literaturgeschichte. München 1971, 7–28 (ND der Erstausgabe Zürich 1955).

Stallmach, J. [1959]: Dynamis und Energeia. Untersuchungen am Werk des Aristoteles zur Problemgeschichte von Möglichkeit und Wirklichkeit. Meisenheim 1959.

Steel, C. [1987] : L'anagogie par les apories, in: Proclus et son influence, in: Boss, G./Steel, C. (Hrsg.): Actes du colloque de Neuchâtel, Juin 1985. Zürich 1987, 101–128.

Steiner, P. M. [1992a]: Platon. *Nomoi* X. Mit einer Einleitung von H. Kuhn. Übersetzt und kommentiert von P. M. Steiner. Berlin 1992.

Steiner, P. M. [1992b]: Psyche bei Platon. Göttingen 1992.

Steinthal, H. [1969]: Platons problematische Lehre. Gymnasium 103 (1996), 2–24.

Steinthal, H. [2000]: Zur Form der mündlich-persönlichen Lehre Platons. Grazer Beiträge 23 (2000), 59–70.

Steinthal, H. [2004]: Sieben Erwägungen zur Ungeschriebenen Lehre Platons. Gymnasium 111 (2004), 359–379.

Stemmer, P. [1992]: Platons Dialektik. Die frühen und mittleren Dialoge. Berlin/New York 1992.

Stemmer, P. [1998]: Was es heißt, ein gutes Leben zu leben, in: Steinfath, H. (Hrsg.): Was ist ein gutes Leben? Philosophische Reflexionen. Franfurt a. M. 1998, 47–72.

Stenzel, J. [1924 und 1959]: Zahl und Gestalt bei Platon und Aristoteles. Leipzig/Berlin 1924 und ^{3}1959.

Stenzel, J. [1928a]: Platon der Erzieher. Leipzig 1928.

Stenzel, J. [1928b]: Das Problem der Willensfreiheit im Platonismus. Antike 4 (1928), 293–313.

Stenzel, J. [1959]: Zahl und Gestalt bei Platon und Aristoteles. Darmstadt 1959.

Stenzel, J. [1961]: Studien zur Entwicklung der platonischen Dialektik von Sokrates bis zu Aristoteles. Darmstadt ^{3}1961.

Stewart, J. A. [1905 und 1960]: The myths of Plato. London 1905. ND Carbondale 1960.

Stewart, R. S. [1989]: The epistemological function of Platonic myth. Philosophy and Rhetoric 22 (1989), 260–280.

Stiglmayr, J. [1898]: Über die Termini Hierarch und Hierarchie. Zeitschrift für Katholische Theologie 22 (1898), 180–187.

Stöcklein, P. [1937]: Über die philosophische Bedeutung von Platons Mythen. Philologus Supplement 30, Heft 3. Leipzig 1937.

Strobach, N. [1997]: Die logische und die dialogische Form des Arguments vom „Dritten Menschen" in Platons *Parmenides.* Prima philosophia 10 (1997), 165–182.

Szabó, A. [1969]: Anfänge der griechischen Mathematik. München/Wien 1969.

Szabó, A. [1994]: Die Entfaltung der griechischen Mathematik. Mannheim/Leipzig/Wien/Zürich 1994.

Szaif, J. [1996 und 1998]: Platons Begriff der Wahrheit. Freiburg/München 1996, ^{2}1998 und ^{3}1998.

Szaif, J. [2000 a]: Platon über Wahrheit und Kohärenz. Archiv für Geschichte der Philosophie 82 (2000), 119–148.

Szaif, J. [2000 b]: Sprache, Bedeutung, Wahrheit. Überlegungen zu Platon und seinem Dialog *Kratylos.* Allgemeine Zeitschrift für Philosophie 26 (2000), 45–60.

Szlezák, T. A. [1976]: Unsterblichkeit und Trichotomie der Seele im zehnten Buch der *Politeia.* Phronesis 21 (1976), 31–58.

Szlezák, T. A. [1979]: Platon und Aristoteles in der Nuslehre Plotins. Basel/Stuttgart 1979.

Szlezák, T. A. [1985]: Platon und die Schriftlichkeit der Philosophie. Berlin/New York 1985.

Szlezák, T. A. [1990]: Zum Kontext der platonischen *timiôtera.* Würzburger Jahrbücher für die Altertumswissenschaften N.F. 16 (1990), 75–86.

Szlezák, T. A. [1993 a]: Platon lesen (Legenda 1). Stuttgart-Bad Cannstatt 1993.

Szlezák, T. A. [1993 b]: Zur üblichen Abneigung gegen die Agrapha Dogmata. Methexis (1993), 155–174.

Szlezák, T. A. [1997]: Das Höhlengleichnis, in: Höffe, O. (Hrsg.): Platon, *Politeia.* Berlin 1997, 205–228.

Szlezák, T. A. [2003]: Die Idee des Guten in Platons *Politeia.* Beobachtungen zu den mittleren Büchern. Sankt Augustin 2003.

Szlezák, T. A. [2004]: Das Bild des Dialektikers in Platons späten Dialogen. Berlin/New York 2004.

Tarrant, H. A. S. [1982]: The composition of Plato's *Gorgias.* Prudentia 14 (1982), 3–22.

Tarrant, H. A. S. [1988]: Midwifery and the Clouds. Classical Quarterly 38 (1988), 116–122.

Tarrant, H. A. S. [1990]: Myth as a tool of persuasion in Plato. Antichthon 24 (1990), 19–31.

Tarrant, H. A. S. [2000]: Plato's First Interpreters. London 2000.

Taylor, A. E. [1915/16 und 1976]: Parmenides, Zeno, and Socrates. Proceedings of the Aristotelian Society 16 (1915–1916), 234–89. [abgedruckt in: A. E. Taylor: Philosophical Studies. New York 1976. 28–90.

Taylor, A. E. [1928]: A commentary on Plato's *Timaeus.* Oxford 1928.

Taylor, T. [1994]: Proclus' Elements of theology. Translation by T. Taylor. Sommerset 1994.

Teloh, H. [1986]: Socratic education in Plato's dialogues. Notre Dame 1986, 1–16.

Teodorsson, S. T. [1996]: A commentary on Plutarch's table talks. Vol. III (Books 7–9). Göteborg 1996.

Theiler, W. [1965]: Zur Geschichte der teleologischen Naturbetrachtung bis auf Aristoteles. Berlin ^{2}1965.

Thimme, O. [1935]: physis, tropos, êthos. Semasiologische Untersuchungen über die Auffassung des menschlichen Wesens (Charakters) in der älteren griechischen Literatur. Göttingen 1935 (Diss.).

Thissen, H. J. [2002]: Ägyptologische Randbemerkungen. Rheinisches Museum 145 (2002), 46–61.

Thyssen, H. P. [1998]: The Socratic Paradoxes and the Tripartite Soul, in: Ostenfeld, E. N. (Hrsg.): Essays on Plato's *Republic.* Aarhus 1998, 59–72.

Tomin, J. [1987]: Socratic midwifery. Classical Quarterly 37 (1987), 97–102.
Tomin, J. [1997]: Plato's First Dialogue. Ancient Philosophy 17 (1997), 31–45.
Tornau, C. [2005]: Eros versus Agape? Von Plotins Eros zum Liebesbegriff Augustins. Philosophisches Jahrbuch 112 (2005), 271–291.
Tornau, C. [2006]: Der Eros und das Gute bei Plotin und Proklos, in: Perkams, M./Piccione, R. M. (Hrsg.): Proklos. Methode, Seelenlehre, Metaphysik. Leiden u. a., 2006.
Trapp, M. B. [1997]: Maximus of Tyrus, The philosophical orations. Translation with an introduction and notes by M. B. Trapp. Oxford 1997.
Trendelenburg, A. [1855]: Notwendigkeit und Freiheit in der griechischen Philosophie. Beiträge zur Philosophie 2 (1855), 112–187.
Usener, S. [1994]: Isokrates, Platon und ihr Publikum. Hörer und Leser von Literatur im 4. Jahrhundert v. Chr. (ScriptOralia 63). Tübingen 1994.
van Ackeren, M. [2003]: Das Wissen vom Guten. Bedeutung und Kontinuität des Tugendwissens in den Dialogen Platons. Amsterdam/Philadelphia 2003.
Vancamp, B. [1992] : Historicité de la maieutique socratique: réflexions critiques. Antiquité classique 61 (1992), 111–118.
Van Camp, J./Canart, P. [1956]: Le sens du mot ΘΕΙΟΣ chez Platon. Louvain 1956.
Van den Berg, R. [2002]: Proclus' Hymns. Essays, Translation, Commentary by R. M. Van den Berg. Leiden/Boston 2002.
Van Groningen, B. A. [1953]: In the grip of the past. Essay on an aspect of Greek thought. Leiden 1953.
Varessis, E. [1996]: Die Andersheit bei Plotin. Stuttgart 1996.
Verbeke, G. [1945]: L'évolution de la doctrine du pneuma du stoïcisme à S. Augustin. Paris/Louvain 1945.
Verbeke, G. [1974]: Gesetz, natürliches. HWPh 3 (1974), 523–531.
Verdenius, W. J. [1954]: Platons Gottesbegriff, in: Entretiens sur l'Antiquité Classique, Bd. 1: La Notion du divin depuis Homère jusqu'à Platon. Vandouvres/Genf (1954), 241–283.
Vlastos, G. [1954]: The Third Man Argument in the *Parmenides*. The Philosophical Review 63 (1954), 319–49 [neu abgedruckt in: Allen, R. E. (Hrsg.) [1965 a und 1968]: 231–261].
Vlastos, G. (Hrsg.) [1956]: Plato's *Protagoras*, translated by B. Jowett, revised by M. Ostwald. New York 1956.
Vlastos, G. [1965]: Degrees of Reality in Plato, in: Bambrough, R. (Hrsg.): New Essays on Plato and Aristotle. London 1965, 1–19.
Vlastos, G. [1969]: Plato's „Third Man" Argument (*Parm.* 132a1-b2): Text and Logic. The Philosophical Quarterly 19 (1969), 289–301 [abgedruckt in: Vlastos, G. [1973]: 342–360].
Vlastos, G. (Hrsg.) [1971]: Plato I: Metaphysics and Epistemology. A Collection of Critical Essays. New York 1971.
Vlastos, G. [1972]: The Unity of the Virtues in the *Protagoras*. The Review of Metaphysics. Philosophical Quarterly 25 (1972), 413–458.
Vlastos, G. [1973 und 1981]: Platonic Studies. Princeton 1973 und ^{2}1981.
Vlastos, G. [1983]: The Socratic elenchus. Oxford Studies in Ancient Philosophy 1 (1983), 27–58.
Vlastos, G. [1985]: Socrates' Disavowal of Knowledge. The Philosophical Quarterly 35 (1985), 1–31.
Vlastos, G. [1991]: Socrates: Ironist and Moral Philosopher. Cambridge 1991.
Vlastos, G. [1994]: Socratic Studies. Cambridge 1994.

Voegelin, E. [1957/2000]: Order and History (5 Bde.), Bd. III: Plato and Aristotle, hrsg. von D. Germino, in: The collected Works of Eric Voegelin, hrsg. von P. Caringella u. a., Bd. 16. Columbia, London 2000 (dt.: Ordnung und Geschichte, hrsg. von P. J. Opitz und D. Herz, Bd. VI: Platon, übersetzt von V. Weinberger, hrsg. von D. Herz. München 2002).

Vogt, K. [2004]: Wahrscheinlichkeit II. Antike. HWPh 12 (2004), 252–256.

Volkmann-Schluck, K.-H. [1966]: Gedanken zu Platos *Politikos*, in: H. Rombach (Hrsg.): Die Frage nach dem Menschen. Freiburg 1966, 311–325.

Volpi, F. [2003]: Weisheit. I. Griechisch-Römisch. Der Neue Pauly, Bd. 12/2. Stuttgart 2003, 436–440.

Vretska, K. [1982]: Platon. *Der Staat.* Stuttgart 1982.

Vrugt-Lentz, J. ter [1976]: 'Geister (Dämonen)', 'Vorhellenistisches Griechenland'. RAC 9, 598–615.

Wackernagel, J. [1950]: Vorlesungen über Syntax. Bd. 1. Basel ²1950.

Wagner, E. (Hrsg.) [2001]: Essays on Plato's Psychology. Lanham 2001.

Wagner, H. [1980]: Kritische Philosophie. Systematische und historische Abhandlungen. Würzburg 1980.

Wagner, T. [2004]: Aristoteles, Topik. Übersetzt und kommentiert von T. Wagner. Stuttgart 2004.

Waldenfels, B. [1961]: Das sokratische Fragen. Aporie, Elenchos, Anamnesis. Meisenheim 1961.

Warnholz, R. [1995]: Die Idee der Maieutik. Grundlagen einer Metadidaktik. Flensburg 1995 (Diss.).

Waterfield, R. [1994]: Plato, *Symposium.* Translated by Robin Waterfield. Oxford 1994.

Wedberg, A. [1955]: Plato's Philosophy of Mathematics. Stockholm 1955.

Wehr, G. [1995]: Europäische Mystik zur Einführung. Hamburg 1995.

Wengert, R. G. [1988]: The Paradox of the Midwife. History of Philosophy Quaterly 5 (1988), 3–10.

West, M. L. [1963]: Three presocratic cosmologies. Classical Quarterly 13 (1963), 154–176.

West, M. L. [1999]: Towards Monotheism, in: Athanassiadi, P./Frede, M. (Hrsg.): Pagan Monotheism in Late Antiquity. Oxford 1999, 21–40.

White, N. P. [1981]: Goodness and Human Aims in Aristotle's Ethics, in: O'Meara, D. J. (Hrsg.): Studies in Aristotle. Washington 1981, 225–246.

Widmann, G. [1967]: Autarkie und Philia in den aristotelischen Ethiken. Tübingen 1967 (Diss.).

Wieland, G. [1974]: Gesetz, ewiges. HWPh 3 (1974), 514–516.

Wieland, W. [1976]: Platon und der Nutzen der Idee. Zur Funktion der Idee des Guten. Allgemeine Zeitschrift für Philosophie 1 (1976), 19–33.

Wieland, W. [1982 und 1999]: Platon und die Formen des Wissens. Göttingen 1982 und ²1999.

Wieland, W. [1996]: Das sokratische Erbe, *Laches*, in: Kobusch, T./Mojsisch, B. (Hrsg.): Platon. Seine Dialoge in der Sicht neuer Forschungen. Darmstadt 1996, 5–24.

Wiesing, L. [2001]: Platons Mimesis-Begriff und sein verborgener Kanon, in: Kaiser, G. R./ Matuschek, S. (Hrsg.): Begründungen und Funktionen des Kanons. Heidelberg 2001.

Wiggers, R. [1927]: Beiträge zur Entwicklungsgeschichte des philosophischen Mythos der Griechen. Rostock 1927 (Diss.).

Wiggins, D. [1986]: Teleology and the Good in Plato's *Phaedo*. Oxford Studies in Ancient Philosophy 4 (1986), 1–18.

Wilamowitz-Moellendorff, U. v. [1955]: Der Glaube der Hellenen. Darmstadt ²1955.

Wili, W. [1925]: Versuch einer Grundlegung der platonischen Mythopoiie. Zürich/Leipzig/Berlin 1925.
Wilke, B. [1997]: Vergangenheit als Norm in der platonischen Staatsphilosophie (Philosophie der Antike 4). Stuttgart 1997.
William, D. R. [1951]: Plato's theory of Ideas. Oxford 1951.
Williams, B. [2000]: Scham, Schuld und Notwendigkeit. Berlin 2000.
Wippern, J. (Hrsg.) [1972]: Das Problem der Ungeschriebenen Lehre Platons. Darmstadt 1972.
Witte, B. [1964]: Der Eikos Logos in Platons *Timaios.* Archiv für Geschichte der Philosophie 46 (1964), 1–16.
Wolf, U. [1996]: Die Suche nach dem guten Leben. Platons Frühdialoge. Hamburg 1996.
Wolf, U. [1999]: Die Philosophie und die Frage nach dem guten Leben. Hamburg 1999.
Woodruff, P. [1986]: The Sceptical Side of Plato's Method. Revue international de philosophie 156/7 (1986), 22–37.
Wyller, E. A. [1960]: Platons *Parmenides* in seinem Zusammenhang mit *Symposion* und *Politeia.* Oslo 1960.
Xenakis, J. [1957]: On the Theological Interpretation of Plato's Ethics. The Harvard Theological Review 50 (1957), 67–70.
Yonge, C. D. [1993]: The works of Philo. Complete and unabridged translation by C. D. Yonge. Peabody/Mass. 1993.
Zaslavsky, R. [1981]: Platonic myth and Platonic writing. Washington D.C. 1981.
Zeitler, W. M. [1983]: Entscheidungsfreiheit bei Platon. München 1983.
Zekl, H. G. [1971]: Der *Parmenides.* Hamburg 1971.
Zeller, E. [1922, 1963 und 2005]: Die Philosophie der Griechen in ihrer geschichtlichen Entwicklung II. Teil, 1. Abteilung. Leipzig [4]1922 und ND Darmstadt 1963 und 2005.
Zeller, E. [1963a und 2005]: Die Philosophie der Griechen in ihrer geschichtlichen Entwicklung. III. Teil, 1. Abteilung. Darmstadt 1963 und ND 2005.
Zeller, E. [1963b und 2005]: Die Philosophie der Griechen in ihrer geschichtlichen Entwicklung. III. Teil, 2. Abteilung. Darmstadt 1963 und ND 2005.
Zimbrich, U. [1984]: Mimesis bei Platon. Untersuchungen zu Wortgebrauch, Theorie der dichterischen Darstellung und zur dialogischen Gestaltung bis zur *Politeia.* Frankfurt a.M. 1984.

Lexika

Perls, H. (Hrsg.) [1973]: Lexikon der Platonischen Begriffe. München/Bern 1973.
Gigon, O./Zimmermann, L. (Hrsg.) [1975]: Platon. Lexikon der Namen und Begriffe. Zürich/München 1975.
Der Neue Pauly. Enzyklopädie der Antike (26 Bd.). Hrsg. von H. Cancik, H. Schneider. Weimar und Stuttgart 1996ff.
Handbuch philosophischer Grundbegriffe (HphG). Hrsg. von H. Krings, M. Baumgartner, C. Wild. München 1973f. (Bd. 1, 2, 3, 4: 1973; Bd. 5, 6: 1974).
Historisches Wörterbuch der Philosophie (HWPh). Hrsg. von J. Ritter, K. Gründer u.a. Basel/Stuttgart 1971ff. (Bd. 1: 1971; Bd. 2: 1972; Bd. 3: 1974; Bd. 4: 1976; Bd. 5: 1980; Bd. 6: 1984; Bd. 7: 1989; Bd. 8: 1992; Bd. 9: 1995; Bd. 10: 1998; Bd. 11: 2001; Bd. 12: 2004).

Historisches Wörterbuch der Rhetorik (HWRh). Hrsg. von G. Ueding. Tübingen 1992ff.

Wörterbuch der antiken Philosophie (WanPh). Hrsg. von C. Horn und C. Rapp. München 2002.
Lexikon der Alten Welt (LAW). Hrsg. von C. Andresen u.a. ND Düsseldorf 2001.
Paulys Realencyclopädie der classischen Altertumswissenschaft (RE). Hrsg. von G. Wissowa u.a., in 2 Reihen, Stuttgart 1894–1980 und ND 1997ff.
Reallexikon für Antike und Christentum (RAC). Hrsg. von T. Klauser u.a. (bisher 21 Bde. erschienen). Stuttgart 1950ff.

Autorinnen und Autoren

Prof. Dr. Karin Alt, Berlin
PD Dr. Norbert Blößner, Berlin
Prof. Dr. Michael Bordt SJ, München
Dr. Wolfram Brinker, Mainz
Prof. Dr. Friedemann Buddensiek, Erlangen
Dr. Dirk Cürsgen, Bochum
Prof. Dr. Michael Erler, Würzburg
Prof. Dr. Dorothea Frede, Hamburg
PD Dr. Günter Fröhlich, Regensburg
Dr. Stefan Grotz, Regensburg
Prof. Dr. Christoph Horn, Bonn
PD Dr. Markus Janka, München
Prof. Dr. Christoph Kann, Düsseldorf
Dr. Brigitte Kappl, Marburg
Prof. Dr. Uwe Meixner, Saarbrücken
Prof. Dr. Walter Mesch, Heidelberg
PD Dr. Jörn Müller, Bonn
PD Dr. Matthias Perkams, Jena
Prof. Dr. Christian Pietsch, Münster
Dr. Friederike Rese, Freiburg i. Br.
Dr. Veronika Roth, Frankfurt a. M.
Prof. Dr. Christian Schäfer, München
Prof. Dr. Rolf Schönberger, Regensburg
Dr. Michael Schramm, Leipzig
Dr. Hans Otto Seitschek, München
Prof. Dr. Peter Staudacher, Potsdam
Prof. Dr. Hermann Steinthal, Tübingen
PD Dr. Martin Thurner, München
Prof. Dr. Christian Tornau, Jena